LOUIS-PIERRE D'HOZIER

ET

D'HOZIER DE SÉRIGNY

JUGES D'ARMES DE FRANCE

ARMORIAL GÉNÉRAL

DES REGISTRES

DE LA

NOBLESSE DE FRANCE

RÉSUMÉ ET PRÉCÉDÉ D'UNE NOTICE

SUR LA FAMILLE D'HOZIER

D'APRÈS DES DOCUMENTS INÉDITS

PAR

ÉDOUARD DE BARTHÉLEMY

PARIS

E. DENTU, ÉDITEUR

LIBRAIRE DE LA SOCIÉTÉ DES GENS DE LETTRES

3, PLACE DE VALOIS, PALAIS-ROYAL

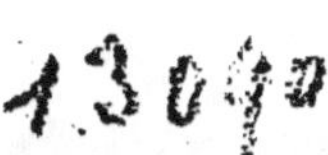

LOUIS-PIERRE D'HOZIER

ET

D'HOZIER DE SÉRIGNY

JUGES D'ARMES DE FRANCE

ARMORIAL GÉNÉRAL

DES REGISTRES

DE LA

NOBLESSE DE FRANCE

RÉSUMÉ ET PRÉCÉDÉ D'UNE NOTICE

SUR LA FAMILLE D'HOZIER

D'APRÈS DES DOCUMENTS INÉDITS

PAR

ÉDOUARD DE BARTHÉLEMY

C'est ce fameux d'Hozier d'un mérite sans prix,
Dont le vaste savoir et les rares écrits
Des illustres maisons ont publié la gloire;
Ses talents surprendront tous les âges suivants.
Il rendit tous les morts vivants dans sa mémoire,
Et ne mourra jamais dans celle des vivants.

(BOILEAU-DESPRÉAUX.)

PARIS

E. DENTU, ÉDITEUR

LIBRAIRE DE LA SOCIÉTÉ DES GENS DE LETTRES

PALAIS-ROYAL, 17 ET 19, GALERIE D'ORLÉANS

1867

ARMORIAL

GÉNÉRAL

DE FRANCE

Imprimerie de L. TOINON et Cie, à Saint-Germain.

AVANT-PROPOS

Nous croyons ne pas donner un travail tout à fait inutile en publiant ce volume; un grand nombre de familles trouveront d'intéressants renseignements dans cet abrégé succinct du grand travail composé, de 1738 à 1768, par Louis-Pierre d'Hozier et par M. d'Hozier de Sérigny, juges d'armes de France. Nous avons, en effet, placé toutes les familles dans un ordre alphabétique, — ce qui manque à l'*Armorial Général* et y rend les recherches si difficiles, — donnant les noms et qualités de chaque produisant, et ceux du plus ancien auteur de la famille, relatant les membres les plus éminents de la maison, donnant toutes les seigneuries, les titres, les alliances et les armes. De la sorte, on pourra aisément se rendre compte des documents que l'on peut rencontrer dans l'œuvre des d'Hozier.

L'*Armorial Général*, composé de dix volumes in-folio, a atteint dans les ventes un prix exorbitant auquel ne nuit pas encore l'excellente réimpression en fac-simile, entreprise par la maison Didot, qui est déjà presque à moitié terminée. C'est dire combien cet ouvrage est estimé : il est, en effet, avec « l'Histoire des grands officiers de la Couronne » du P. Anselme, le seul recueil généalogique général auquel on puisse ajouter entièrement foi : je ne prétends pas, bien entendu, médire des excellents armoriaux de Champagne, exécutés d'ailleurs par M. d'Hozier, de Picardie, du Comtat, et d'autres provinces, publiés presque officiellement au XVIIe siècle; mais bien de presque tous ces travaux, grands et petits, éclos depuis deux siècles et demi sur la matière nobiliaire et dans lesquels, le plus souvent, les généalogies se tarifaient à beaux deniers comptants.

Nous avons accompagné ce travail d'une notice sur la famille d'Hozier, en insistant naturellement sur ceux de ses membres qui pendant six générations ont exercé avec tant de probité la charge de juges d'armes de France. Jusqu'à présent, on ne possédait que des indications très-incomplètes à ce sujet : nous y avons ajouté un certain nombre de lettres dignes d'être connues par le rang élevé et l'esprit de leurs auteurs : elles montrent la position que les d'Hozier occupaient dans le monde, et en même temps elles composent, si je ne me fais pas trop d'illusions, le tableau d'un coin de la société du temps de Louis XIV. Nous avons trouvé ces documents dans les registres intitulés : *Lettres diverses à d'Hozier*, conservés à la Bibliothèque impériale, et nous avons pu compléter cette notice, grâce aux indications des descendants de nos anciens juges d'armes qui portent encore dignement ce nom justement honoré.

Courmelois, 18 novembre 1866.

NOTICE HISTORIQUE

SUR LA FAMILLE D'HOZIER

I

La famille d'Hozier[1] a produit six générations de juges d'armes également doués d'un goût particulier pour les recherches historiques et d'un scrupuleux amour de la vérité auquel il convient d'attribuer, non moins qu'à l'importance de leur charge, l'autorité que leurs décisions ont conservée jusqu'à nos jours dans les questions si nombreuses et si variées que soulèvent parfois la possession et la transmission de la noblesse.

Mon intention n'est point de donner ici une histoire complète de la famille d'Hozier : l'occasion s'en présentera probablement un jour. Je me contenterai donc de rappeler brièvement l'origine de cette maison en y joignant quelques pièces dignes d'intérêt extraites de divers recueils et un assez grand nombre de lettres inédites ou de documents qui, si je ne me trompe, n'ont point encore été livrés à la publicité[2].

1. L'ancienne orthographe est *Hozier* ou *Ozier* : Pierre le premier prit la particule et écrivit *d'Hozier;* on écrivit longtemps aussi *Dozièr.*

2. Nous laisserons de côté toutes les pièces intéressantes contenues en grand nombre dans la généalogie de la famille d'Hozier, dans le troisième registre de *l'Armorial général,* tels que brevets, contrats de mariages, lettres de Nostradamus, extraits de journaux du temps, etc. Ces documents sont connus et faciles à consulter, et je n'ai voulu donner ici que des pièces inédites.

Les d'Hozier appartiennent à la noblesse provençale. Guy Allard nous apprend que Thomas d'Hozier[1] figure dans un état de pensions du Dauphiné pour l'année 1516 :

« Estat des finances ordinaires et extraordinaires « des pays de Daulphiné contez de Valentinoys et « Dioys pour deux années commançant quant au do- « maine à la feste de Saint-Jehan-Baptiste mil cinq « cent et seize, et quant à l'Ayde le premier jour de « janvier mil cinq cent quinze, et finissant à la dicte « feste de Saint-Jehan-Baptiste mil cinq cent dix-huit, « et le dernier jour de décembre mil cinq cent dix- « sept.

« A Maistre Ph^rt^ Babou, pour convertir en l'extraor- « dinaire de la guerre du moys d'avril dernier passé, « la somme de iij ^{m} l.

« A Maistre André le Roy, pour la pension des Suys- « ses, iiijxx x ^{m} l.

« *A Thomas Dozier, vieil officier du feu Roÿ Charles*, « pension xl l. cy pour deux années iiijxx l. appoincté « année Mil v^{c} dix-huit xl. et cy iiijxx l.

« A Monsieur le Président du Daulphiné, Messire « Falles d'Arvillac, pension iiij^{c} l., etc. »

Son fils, Étienne (1511-1590) embrassa la carrière des armes et servit au siége de Marseille, sous le connétable de Bourbon, puis il revint habiter Salon, l'une des trois villes d'États de Provence d'où ses ancêtres étaient originaires, et il y fut choisi comme viguier : il y épousa Catherine Humbert et en eut huit enfants

1. La généalogie dans *l'Armorial général* ne commence qu'à Étienne Ier.

dont trois fils, savoir : Étienne dont nous allons parler; Jean qui devint viguier de Salon après son frère, en 1589; Antoine qui donna, le 7 janvier 1580, procuration générale à son frère Étienne pour l'administration de son bien, *s'en allant en cour pour se mettre aux gardes du Roi;* il servit, en effet, et commandait une compagnie lorsqu'il fut tué à 33 ans, le 26 juillet 1582, dans le combat naval donné contre les Espagnols par Philippe Strozzi près l'île de Tercère.

Étienne d'Hozier, né le 18 octobre 1547, fut fait capitaine de Salon en 1580 ; pendant qu'il exerçait cette charge il mit en ordre les archives de l'hôtel de ville et en inventoria les papiers qui étaient dans une grande confusion ; chercheur infatigable, il avait un goût singulier pour les vieilles chartes, et l'on peut croire qu'il exerça une grande influence sur la direction prise par ses descendants.

On a de lui quelques pièces de vers imprimées de son temps, tant en français qu'en provençal ; mais il avait surtout une passion véritable pour l'étude de l'histoire. Il a composé des chroniques dont de nombreux extraits sont cités dans l'*Armorial Général* de France, et l'on ne peut douter qu'il ait consenti à les communiquer à César de Nostradamus, gentilhomme provençal, son cousin du côté de sa mère, puisque cet historien cite en tête de son ouvrage *Étienne d'Hozier, gentilhomme de Salon*, au nombre de ceux à qui il était redevable des différents mémoires qui lui avaient servi pour la composition de ses Chroniques de Provence.

Il était naturel qu'un homme aussi avide de savoir

qu'Étienne d'Hozier et qui occupait le premier rang dans sa ville fût tenté de voyager. Ses Mémoires relatent, de 1572 à 1609, dix-neuf voyages tant à Paris qu'à la Cour où il jouissait, paraît-il, d'un réel crédit. Il eut souvent beaucoup à souffrir dans ces courses, et, une fois entre autres, en 1587, il courut grand risque de la vie, ayant été pris par un parti de huguenots qui lui demandèrent deux mille écus de rançon[1].

Étienne d'Hozier fut aussi l'un des trois gentilshommes qui accompagnèrent, en 1589, Christine de Lorraine en Toscane, où elle allait épouser Ferdinand de Médicis. Il profita de ce voyage pour parcourir toute l'Italie et fut accueilli avec faveur par le pape Sixte-Quint[2]. M. d'Hozier fit donner à ses enfants l'éduca-

1. Une autre fois, à la date de juillet 1596, M. d'Hozier écrit dans son *Journal:* « Estant sur la rivière de Loire entre Briare et Saint-Fermin, les troupes de M. d'Espernon s'estant rencontrées là même du côté de Briare, nous auroient voulu faire prendre terre pour nous foulher. A notre refus lache si grande quantité d'harquebusades que nostre bateau en estoit persé comme une crible en la couverte, nous estant tous couchez dedans. Enfin ayant franchi le bord opposite contre la volonté de nos bateliers qui nous voloient mener à eux, et aulcuns des dits soldats traversant ladite rivière avec un autre bateau qu'ils avoient recouvré, ceux dudit village de St-Fermin qui estoient au château, ayant refusé de nous retirer, aurions esté contrains de courre à perte d'halene, chargez de nos hardes, à travers des broussailles, ronces et terres emblavées jusques à Gyen, une lieue de là, avec un soleil fort ardent, les soldats nous estant toujours après, si qu'ayant gagné Gyen la sueur avoit persé mon pourpoint qui estoit trempé comme si eust esté plongé dans l'eau. »

2. Voici comment M. d'Hozier raconte ce voyage dans son *Journal :* « 1589, le 8 avril. Madame Cristierne filhe de M. Charles, duc de Lorrène, et de madame Claude de France norrie en ce royaume près la feu reyne mère son ayeule maternelle, ayant esté accordée en mariage à Ferdinand, grand duc de Toscane par le Roy et la feu reyne, arrive à Marselhe où je m'estés retiré... Le 11 s'embarque dans la capitanne de Florence. Trois Marsellés et moy nous sommes mis dans la patronne de Malte... Le 18 sommes arrivez à Gênes. Les estrangers de quelque qualité qu'ils soyent

tion la plus soignée. A sa mort, Pierre, le troisième de ses fils[1], racheta à ses aînés la seigneurie de La

n'y osent porter l'espée par ville si elle n'est liée d'ung filet ou esgulleté avec le forreau. Estans arrivez, faut aler consigner son nom au Palais, et autrement sans ung billet les hosteliers n'oseroient avoir logé... Le 27, sommes arrivez à Pise. Le 29, nous sommes arrivez à Florence. Le 30e, jour de dimanche, esté à l'église Saint-Laurent... Dans le cloître vu la bibliothèque du grand duc dans laquelle il y a 3000 volumes tous escripts à la main, d'aucuns illuminez en l'ordre très beau. Le segond mei après disner, le grand duc estant assis sur une chèse, une table au devant et dans ung bassin de bulètes de verre bleu ou estoit son portraict, nous en a donné une à chacun... Le 10e nous sommes arrivez à Venise... Avons remarqué le somptueux et superbe bastiment tant de l'église que du palais Saint-Marc... Et, à la sacristie... veu une image de la Vierge fète de la main de S. Luc, et le propre original de l'Évangile de S. Marc escripte en grec sur parchemin... Le 30e, entrez dans la grande et ancienne Rome... Esté à la librerie ou Bibliothèque vielhe. Et entre autres veu les œuvres de Virgile escriptes de sa main propre... Le 25e juin nous sommes trouvé à l'issue du disner de S.S.; luy avons besé la pantoufle, et elle a béni nos chapelets et fet donner des Agnus Dei. »

1. Né à Marseille le 15 juillet 1592. Son frère aîné épousa, le 20 février 1636, Jeanne d'Arennes, dont deux filles et un fils, Esprit d'Hozier de la Garde (1644-1705), marié en 1673 à Marie de Vignal dont il eut deux fils et deux filles : l'aîné, né en 1678, servit avec distinction et fut blessé à l'attaque de Castel-Follet : il devint chevalier de Saint-Louis, major du château de Lichtemberg, et mourut en 1745, ne laissant qu'une fille reçue à Saint-Cyr le 1er février 1721 et mariée à M. d'Entraigues. Le second fils eut des débuts pénibles à en juger par cette lettre de Charles-René d'Hozier à Gaignières qui prouve en même temps l'intérêt avec lequel celui-ci suivait ses parents : « Les vieux amis, Monsieur, sont toujours les vieux amis, et on les retrouve au besoin et vous surtout quand on a à faire de vos ofices. Dans cette confiance, je vous demande les vôtres auprès de Mgr le maréchal de Noailles. J'ai un pauvre parent sergent dans le régiment des gardes de la compagnie de Montpezat, c'est M. le maréchal de Boufiers qui lui a donné cette place. Je puis vous assurer qu'il est brave et honnête homme, il est des mieux faits du régiment. Car il est aussi grand que vous. Tout le régiment rend témoignage en sa faveur, son capitaine, ses officiers et M. le maréchal de Bouflers l'honorent de leur estime, avec tout ce bonheur il n'a pas de quoi vivre et il demande que pour 12 ans de service qu'il a dans le régiment, quoiqu'il n'ait que 26 ans, Mgr (le duc de Guiche) ait la bonté de lui faire avoir une petite

Garde, dont il porta le nom en même temps que ses frères, puis il entra en 1615 dans la compagnie des chevau-légers de M. de Créquy-Bernieules, précisément vers le temps où celui-ci travaillait à la généalogie de sa famille. L'inclination naturelle de Pierre d'Hozier l'ayant déterminé à aider M. de Créquy dans ses recherches, il fit son coup d'essai de l'histoire de cette ancienne maison. Dès cette époque, il se lia avec MM. de Sainte-Marthe, de docte renom, comme on en jugera par cette lettre datée de Paris le 24 juillet 1622 :

« Monsieur, le long temps qu'il y a que je n'ay receu de vos nouvelles me fait mettre la main à la plume pour vous dire que je ne manquay pas de vous envoyer les généalogies que vous me demandiez tirées d'Heuninges. Il est vray que ce ne fut pas au voyage que vous m'en écrivites mais au suivant; j'estime que vous les aurez maintenant receues, ensemble la réponse de Mimol, si vous avez pris la peine de lui faire tenir mes lettres. Il semble que vous ayez quitté la bonne ville de Paris et que n'y vouliez plus retourner veu le long temps

pension de 100 livres que le roi donne aux sergents quand ils sont bien protégés. Je ne sais pas de plus puissante protection auprès de Mgr le duc de Guiche qui connoît assez ce sergent pour lui avoir fait justice dans une occasion injuste, que la protection de Mgr le duc de Noailles. Demandés la lui, Monsieur, je vous en supplie en mon nom, pour ce pauvre soldat; il est petit-fils du frère aîné de feu mon père, il s'apelle La Garde, comme on m'apeloit autrefois. Je voudrois le secourir, et vous êtes bienfaisant, aussi je compte sur toute votre amitié et votre recommandation. Vous ne doutés pas de ma reconnaissance et de la fidélité avec laquelle je serai jusqu'au tombeau, Monsieur, votre très-humble et très-obéissant servit eur.

« DHOZIER.

« Le 7 février 1707. »

(Bib. Impér., fonds Gaignières, regist. 492 f° 421.)

Il devint lieutenant au régiment d'Oléron.

qu'il y a que vous estes absent. Vous avez eu tout loisir de travailler à vostre bel ouvrage et de parachever vostre table ; vous ne debvez plus différer de la mettre au jour. Quant à nostre histoire nous y faisons toujours des additions et corrections ; nous n'avons point encores sceu les noms propres et armoiries des comtes de Noyelles et marquis de Marnay qui ont espousé Marguerite et Isabel de Bourgongne, s'il vous plaist vous en éclaircir nous mettrons ceste obligation avec beaucoup d'autres que nous vous avons. Il n'y a pas grandes nouvelles par deçà si non que le Roy assiége toujours Saint-Antonin qu'il espère avoir dans peu de jours. Sa Majesté est dans Thoulouze où le Sr Catel luy a présenté son histoire de laquelle vous avez ouy parler. On a donné des commissaires à M. de Contenant pour luy faire son procès, estant accusé d'avoir laissé entrer des vivres et munitions de guerre dans Montauban. M. de Soissons est devant La Rochelle avec dix mille hommes. On attend de jour à autre l'armée du Roy qui sera fort puissante. M. de Guise en est admiral, M. de Saint-Luc vice-admiral et M. le marquis de Rouillac maistre de bataille.

« Ceux de La Rochelle ont receu six cens Anglois. M. le comte de Tillières a escript que M. de Soubise est arrivé en Angleterre. Je vous baise bien humblement les mains comme fait mon frère à M. de Grelay et suis, monsieur,

« Vostre très-humble et très-affectionné serviteur,

« DE SAINTE-MARTHE.

» A Paris, 24 juin 1622. »

L'histoire de la maison de Créquy fit grand bruit. Et le succès qu'elle obtint encouragea Pierre d'Hozier à entreprendre la recherche générale des maisons principales et particulières du royaume[1]. On voit en effet dans l'épître dédicatoire écrite par lui au roi en lui adressant *les noms, surnoms, armes et blasons des chevaliers et officiers de l'ordre du Saint-Esprit créez par Louis XIII le* 16 *mars* 1633, qu'il se proposait de lui faire voir « la généalogie de tous ceux qui avoient été honorez de l'ordre du Saint-Esprit depuis son institution : qu'il espéroit ensuite luy faire connoître par un plus grand ouvrage et tel qu'il ne s'en étoit point encore vu de pareil en France que S. M. pouvoit se vanter d'avoir plus de gentils hommes dans son royaume, que beaucoup de monarques n'ont eu de sujets dans leurs Estats; » et il ajoutait qu'il travaillait depuis dix-huit ans (par conséquent depuis 1616) à un plus grand ouvrage par lequel il comptait « détailler les généalogies de toutes les maisons de ce royaume et faire connoître sa grandeur aux étrangers par la multitude des races illustres et nobles qu'on y voit fleurir depuis tant de siècles. »

Bientôt toute la noblesse de la cour voulut être comprise dans les travaux du jeune d'Hozier, et ce dernier ne tarda pas à s'adonner avec passion à un genre d'occupations vers lequel son éducation et les goûts de son père l'avaient déjà naturellement dirigé.

1. Ménage attribue ce travail à l'abbé Le Laboureur, mais le P. Le Long explique cette erreur par les conseils que Le Laboureur donna au jeune chevau-léger. Il s'agit bien entendu ici de l'oncle du docte abbé de ce nom, prévôt d'une abbaye du Lyonnais et auteur d'un travail sur l'origine des armes.

Tallemant raconte que le marquis de La Capelle, ayant obtenu de lui sa généalogie, la portait toujours bien reliée, et que, faisant adroitement tomber la conversation sur ce sujet, il tirait de sa poche à tout bout de champ son *in-quarto*.

Le roi, pour lui faciliter les moyens de se livrer à ces recherches, s'était attaché d'Hozier comme l'un des cent gentilshommes de l'ancienne bande de sa maison, par brevet du mois de mars 1620. Tant en cette qualité qu'en celle de gentilhomme de la suite de Gaston, duc d'Orléans, dont il fut pourvu le 2 janvier 1627, il fit de fréquents voyages et trouva de la sorte l'occasion de visiter de nombreux dépôts d'archives et de rassembler une grande quantité de matériaux ; il reçut le collier de l'ordre de Saint-Michel en 1628, temps où cet ordre était recherché par la noblesse la plus distinguée, et une pension sur la cassette en 1629. Dès ce moment en effet, Pierre d'Hozier jouissait d'une grande réputation de savoir. MM. de Sainte-Marthe lui témoignaient une flatteuse déférence, comme on en jugera d'après ce billet :

« Monsieur, nous avons esté par deux fois en vostre logis, tant pour avoir ce bien de vous voir et de vous conjouir de vostre heureux retour, que pour vous réitérer les vœux de nostre service. Cependant nous vous envoyons nostre histoire qui vous attend il y a longtemps. Elle vous estoit néanmoins vouée des premiers, comme à l'un de nos plus intimes et auquel nous sommes particulièrement obligés. Aussy devez-vous faire estat de nostre service que nous recherchons toute occasion de vous en faire paroistre les effets. et que nous sommes et desirons demeurer toute nostre vie, monsieur, vos humbles et affectionnés serviteurs,

« S. et L. DE SAINTE-MARTHE[1].

« 7 octobre 1628. »

Mais voici un billet qui prouve encore mieux la situation faite dès ce moment à d'Hozier :

« Monsieur, j'espère un jour de faire un gros volume de toutes les chères lettres que vous me faites l'honneur de m'écrire, car en matière de choses véritables, je vous tiens M. de la Forest et vous pour deux évangélistes de nostre temps et si jamais je suis Pape, vous serez infailliblement canonisé.

« LAPEYRERE[2].

« 10 septembre 1630. »

Le billet suivant montrerait mieux encore quelle position occupait M. d'Hozier auprès des membres de la plus grande noblesse du royaume. Il est du marquis de Gesvres et daté du 2 août 1632, du camp devant Maestricht :

« Monsieur, c'est tout de bon que je commence à croire que vous ne vous souvenez point de moy : faites-vous comme Gomberville qui dans une espèce de faveur où j'estois, me vouloit dédier Polexandre, et à la moindre de toutes les disgrâces qui arrivent aux hommes ne me cognoissoit plus? Je n'ay jamais vu ces choses-là de vous et serois très-fâché de vous

1. Scévole et Gaucher-Louis de Sainte-Marthe, jumeaux, nés en 1571, morts en 1652 et 1656, historiographes de France.

2. Jean de Lapeyrere (1594-1676), bibliothécaire du prince de Condé, auteur du livre des *Préadamites* qu'il désavoua en se réconciliant avec l'Église catholique.

comparer à de telles petites gens. Je vous estime trop ; si mes lettres estoient criminelles, j'ay cette discrétion de ne pas embarasser mes amis et je suis de tout mon cœur vostre, etc. »

Ces trois autres billets prouvent que M. de Gesvres était l'un des correspondants qui renseignaient sûrement d'Hozier sur les événements. Le premier constate en outre qu'il aimait assez, qu'à l'occasion, la *Gazette* insérât quelque réclame en sa faveur, comme on dirait aujourd'hui.

« Monsieur, je vois par les gazettes que je vous suis très-obligé et à M. Renaudot. Je vous prie de l'en remercier de ma part. Nous sommes malheureux : mais au moins j'ay cette satisfaction que j'ay fait ce qui a dépendu de moy. Nous sommes à cette heure, les ennemis et nous, à nous regarder, la rivière entre deux. Ils avoient passé déjà cent cinquante hommes ; j'y courus et les fis repasser bien vite ; hier ils en voulurent faire autant et plus fort. M. de La Valette y alla et moy avec luy, et après une assez longue escarmouche nous les fîmes jetter dans leurs bateaux en fort grand désordre et il y en eust de noyés. Je ne crois pas que l'envie leur preigne de venir de sa. Je ne laisse pas d'aller quoyque je ne sois pas encore guéri de ma teste. Je vous prie de m'aymer toujours et croyre que je rechercheray avec soin les occasions de vous servir.

« Je suis, Monsieur,

« Vostre très-humble serviteur,

« Gesvres.

« Ce 28, au camp devant... »

« Monsieur, je vous suis très-obligé de l'amitié que vous me témoignez, quand je me plains de vous ce n'est qu'en raillant. Un de mes regrets, c'est que ma fortune n'est en estat de vous témoigner combien je vous estime. Pour nouvelles de nostre arrivée je vous diray que ceux de Philisbourg avoient fait passer quarante hommes de là le Rhin vis à vis de leur place pour faire quelque retranchement. De quoy le marquis de La Force qui estoit allé à la guerre vers Spire, ayant eu avis s'est avancé avec trente mestres à la rencontre, lesquels Allemands se retirèrent dans leurs pontons, il y en eust deux de noyés et pas un de tué. Le marquis suivoit avec le reste de sa cavallerie. Il se retira après ce bel effaict. Regardés si nous ne faisons pas de belles actions. Nous repassons demain le Rhin avec le reste des troupes qui estoient demeurées de sa et l'on croit que l'on va attaquer Spire.

« Je suis, Monsieur, vostre très-humble serviteur,

« GESVRES. »

« Monsieur, je suis ravi que vous vous soyez souvenu de moy. Je commençois à me plaindre de vous. Il ne faut pas oublier les vieux amis, ce sont les meilleurs. Monsieur de Sainct-Mauris et moy avons parlé des blasons. Je vous rendray compte à mon retour de tout nostre voyage, il m'est heureux jusqu'icy. Dès que les nouvelles seront arrivées de ce qui se sera passé à Sale. — J'ay veu le marquis de Cullon, qui m'a fort parlé de vous et le bonhomme Jornès. Faites-mes très-humbles baise-mains à M. le comte de Bétune. A M. de Humières, M. Douailley, que je leur suis trop (sorti) de leur souvenir et mémoires,

« Monsieur,

« Vostre très-humble serviteur,

« Le marquis DE GESVRES.

« Ce 20 octobre. »

Henry de Lorraine, comte d'Harcourt, lui mandait de Toulon, le 12 octobre 1637 :

« Monsieur, je vous suis infiniment obligé du témoignage que vous me donnez de vostre affection, par vostre lettre. Je vous conjure de me la continuer et de croire qu'ayant toujours fait grand cas de vostre mérite, je reçois une grande satisfaction de savoir que vous me tenez au nombre de vos amis. Je souhaitterois avec passion de rencontrer les occasions de vous témoigner comme je suis le vostre. Vous connoistriez par des véritables effects que je suis de tout mon cœur,

« Vostre affectionné à vous servir,

« HARCOURT. »

L'académicien Gomberville se plaignait de ne le jamais pouvoir rencontrer.

« Monsieur, je suis bien fâché de ce que vous estes devenu rosecroit, auparavant vos amis avoient l'honneur de vous voir, mais à présent vostre invisibilité est telle qu'il faut estre aussy grand sorcier que Grandier pour vous découvrir. J'ay esté dix fois depuis huit jours, chez vous, et tout cela inutilement. Mandez-moy quand vous vous montrerez afin que là-dessus je dispose mon retour. Cependant si vous m'aymez encore, je vous prie de faire une œuvre de charité pour mon fermier et de donner ou faire donner par vos amis des placets que je vous envoye à quatre de Messieurs de la chambre des vacations et surtout à Monsieur le Président le Bailleul et à Monsieur Durand, qui est le rapporteur. Je vous en auray une extrême obligation, estant comme je suis,

« Monsieur, vostre serviteur
« très-humble et très-obéissant,

« GOMBERVILLE. »

Nous avons trouvé encore du même ce billet :

« Monsieur, faites-moi la grâce de me mander s'il est possible de vous voir, où et quand ce bien peut arriver à ceux qui ont besoin de vous. Ne vous ensevelissez pas tout entier dans les livres pour confondre la Cronologie de M. Le Fèvre. Il y a des choses au monde plus divertissantes que celles-là. Je vous en souhaite de dignes de vous et de la haute opinion que, etc.

« Ce 17 May. »

C'est ce même académicien qui composa les vers suivants en l'honneur de Pierre d'Hozier :

Exemple des cœurs généreux
Dont les travaux et la mémoire
Rendent aux nobles malheureux
Ce qu'ilz avaient perdu de gloire.
Grand amy de la vérité,
Mon Hozier, ta sincérité
Faict un miracle qui m'estonne.
Tu ne sais mentir, n'y flatter,
Et toutes fois il n'est personne
Qui ne se plaise à t'escouter.

II

M. d'Hozier entretenait la plus vaste correspondance dans le royaume et dans les pays voisins ; ses travaux généalogiques lui avaient créé un grand nombre de relations, procuré beaucoup d'obligés désireux de lui être agréables en le tenant au courant des événements politiques. Il se lia de bonne heure avec le célèbre Théophraste Renaudot, et il paraît qu'il lui fournit l'idée première de convertir son *bureau d'adresses* en un journal régulier, qui fut la *Gazette de France.*

Théophraste Renaudot arriva à Paris en 1612 et y reçut presque immédiatement le titre de médecin du roi. Il était, assure-t-on, savant praticien ; mais il était encore plus ingénieux inventeur et il multiplia avec succès de nombreuses innovations : il organisa une maison de prêt pour les pauvres qui était un véritable mont-de-piété. Il monta aussi son *bureau d'adresses et de rencontres*, centre d'informations et de publicité où chacun pouvait venir se renseigner sur toute espèce de sujets, et qui fut bientôt subdivisé en nombreux bureaux dont Renaudot demeura « maître général. » Il connut vers cette époque M. d'Hozier, qui devait en effet avoir souvent à recourir à son bureau central, et celui-ci lui offrant dans sa correspondance étrangère un inépuisable répertoire d'anecdotes, il se mit à composer des nouvelles à la main. Elles eurent une si grande vogue que Renaudot se trouva bientôt dans l'impossibilité de suffire aux demandes qui lui en étaient faites. M. d'Hozier l'engagea vivement à faire imprimer ses *nouvelles à la main*, et le 30 mai 1632 parut le premier numéro de la *Gazette de France*, contenant des correspondances de Constantinople, Rome, Freistad, Venise, Vienne, Stettin, Lubeck, Francfort, Prague, Hambourg, Leipsick, Mayence, Amsterdam et Anvers.

D'Hozier prêtait généreusement à Renaudot un grand nombre de ses lettres, stimulait le zèle de ses correspondants, mais il ne voulait pas laisser ses lettres dans des mains étrangères, et il se les faisait au contraire exactement rendre.

« M. d'Hozier est très-humblement supplié, écrivait Renaudot, de me vouloir envoyer la lettre qui parle de la première bataille ou combat naval d'entre notre armée et les galères d'Espagne, qu'il me fit l'honneur de m'envoyer il y a sept ou huit jours par son homme. Je la renverrai aussitôt.

« Son très-humble serviteur,

« RENAUDOT.

« Paris, 7 octobre 1636, à 7 heures du matin. »

« Monsieur, lui écrivit-il le 25 décembre 1641, vous m'avez dit ci devant que vous avez le testament du cardinal Infant : vous me ferez un singulier plaisir de me l'envoyer avec ce que vous aurez de Bruxelles, même du mariage du duc de Guise, et en général le plus de nouvelles que vous pourrez de ce côté et même d'ailleurs. Je m'engage pour le présent à vous renvoyer vos lettres et mémoires dès demain au soir par le même porteur, ce qu'espérant de votre courtoisie, etc. » Une autre fois, Renaudot lui demandait une page et demie de copie « pour remplir la fin de la Gazette. » Une autre fois encore il lui écrit : « Monsieur, je vous prie de m'envoyer quelques nouvelles pour faire une page au plus d'impression, ayant besoin de matières. »

Tout ce qu'il y avait de plus éminent dans les divers ordres du royaume tenait à être en correspondance avec Pierre d'Hozier, et il suffit pour s'en convaincre de lire le billet que lui écrivait Henri, prince de Lorraine, comte d'Harcourt, grand écuyer de France, le 28 septembre 1637 :

« Henri de Lorraine vous rend mille grâces de vostre souvenir et de vos nouvelles; il vous prie de les lui continuer et de croire que vous n'avez point de plus assuré amy que luy. »

Ou bien encore ce billet de Jeanne de Schomberg, depuis duchesse de la Roche-Guyon :

« Monsieur, je vous ay une extrême obligation du soin que vous avez pris de me mander des nouvelles. Sy vous aviez moins d'occupations je vous supplierois de continuer. — Mais sachant le peu de temps qui vous reste, je ne vous en veux demander que ce qu'il faut pour achever l'affaire que vous avez commencée pour nous. Et sy la peine que nous vous donnons en cela ne vous rebutte point de prendre encore celle de m'écrire ce sera ogmenter le sujet que j'ay de me dire, monsieur, vostre très-affectionnée servante [1]. »

1. Le Rhingrave de Marchils remercie d'Hozier dans le même sens par une lettre du 13 décembre 1650.

Il est regrettable que dès l'année 1750 l'on n'ait plus retrouvé à la Bibliothèque plusieurs portefeuilles de lettres adressées à MM. d'Hozier par divers princes étrangers et seigneurs ou dames de la cour, et que Charles-René d'Hozier avait données au roi en 1717, ainsi que le constata l'inventaire dressé à cette époque. Cependant les cinq volumes de lettres diverses de d'Hozier que possède encore la Bibliothèque renferment un nombre immense de lettres qu'il recevait de ses correspondants; presque toutes seraient intéressantes à publier: la plupart sont écrites par les nommés Esuche, Gilbert, Chifflet, Philippe, de Boucher et Mme des Loges; Charles de Combault, baron d'Auteuil, est le plus actif de ces nouvellistes, et date habituellement ses lettres de l'armée qu'il suivait.

Charles de Combault, baron d'Auteuil [1], était aussi l'un des amis les plus intimes de M. d'Hozier, quoique ce dernier ne fût point l'auteur, ainsi que quelques personnes l'ont prétendu, et de ce nombre le P. Lelong, d'un travail assez considérable relatif à la famille de Larbours, et qui portait le titre très-solennel de « Histoire de la maison des sieurs de Larbours, dicts Com-

1. Charles de Combault, baron d'Auteuil, né en 1588; il publia en 1640, le *Discours abrégé de l'histoire d'Artois* et en 1642, l'*Histoire des premiers ministres de la troisième race*, ouvrage auquel on croit que d'Hozier travailla. Le tome 1er des *lettres diverses à d'Hozier* renferme seize lettres très-curieuses de M. d'Auteuil de l'année 1641, sur les opérations militaires en Champagne, dans les Ardennes et la Flandre, pour être remises à Renaudot. Tallemant se moqua agréablement du baron d'Auteuil — terre qu'il tenait de Marie Pajot, sa mère, — « lequel a l'honneur d'estre un peu fou par la teste, » et « s'avisa en sa petite jeunesse de dire qu'il estoit de la maison de Bourbon, non royale, » comme fils d'un cadet d'Archambaud, sire de Bourbon. Il mourut vers 1670 : sa descendance subsiste encore.

bault, sortis autrefois puînés de l'ancienne race de Bourbon, non royale. » Cet ouvrage n'est pas le seul qui ait été attribué à tort à Pierre d'Hozier, et pour ne blesser aucune des familles qui possèdent des généalogies au bas desquelles on a placé le nom de d'Hozier, quoiqu'elles n'aient jamais été de lui, nous nous contenterons de citer le fait suivant relaté par le Père Lelong, et qui s'y rapporte. Il convient de le renvoyer à un ouvrage, qui avait été publié avant l'Armorial du célèbre juge d'armes, et qui portait pour titre : « Tables contenant les noms des Provençaux illustres par leurs actions et faits militaires, par leur élévation aux grandes dignitez de l'Église ; colligées de quantités d'histoires chrétiennes et militaires, imprimées ou manuscrites, chartes d'églises, archives, grefs et autres monuments publics, par Pierre d'Hozier, conseiller d'État et juge général des armes et blazons de France, in-folio. Aix, 1677. » Le P. Lelong ajoute immédiatement après ce titre ce qui suit : « Messire d'Hozier n'est point l'auteur de ces tables, mais Louis de Cornus, sieur de Beaurecueil, président à mortier au parlement d'Aix. Elles sont pleines de faussetez et de répétitions inutiles et d'un grand nombre de noms étrangers et de personnes qui ne se sont rendues illustres en aucune manière. »

Il serait impossible de dresser une liste exacte des ouvrages de Pierre d'Hozier, dont plusieurs sont demeurés manuscrits ; cependant on peut citer, dès 1632, « la Table généalogique pour faire voir que la maison de Saint-Simon descend par les femmes de la maison de France, justifiée par titres et preuves : » mais il est certain qu'il la composa en collaboration avec André Du Chesne, d'après cette lettre qu'il écrivit à ce dernier : « Ce dimanche. — Monsieur. J'ai desjà fait feste à MM. de Saint-Simon des remarques que vous m'avez dit que vous avez faites de mon travail........ de trouver bon que j'en fasse imprimer la généalogie avec les armoiries. Je m'en vais après disner à Saint-Germain : c'est ce qui me fait vous supplier de me donner ce que vous en avez livré, affin que je le leur puisse faire voir, et n'oubliez pas celui qui est dans vos historiens de Normandie qui estoit à la bataille de Bouvines. Je vous serviray en autre occasion quand vous le désirerez, et demeureray cependant, Monsieur, votre très-humble et très-affectionné serviteur. » D'Hozier fit, en 1634, la « Liste des Chevaliers de l'ordre du Saint-Esprit créés le 1er janvier 1633[1], » et en 1638 le « Recueil armorial contenant par ordre alphabétique les blazons des anciennes maisons de Bretagne, avec les seize quartiers du baron de Molac. » Dès ce moment il jouissait d'une notoriété reconnue et d'une compétence sans appel et incontestée pour toutes les questions nobiliaires.

« Le feu Roy qui étoit malin, raconte Tallemant des Réaux, quand il voyoit le carosse de quelque nouveau venu, il appeloit d'Hozier et luy montrant ce carosse, il luy disoit : « D'Hozier, connois-tu ces armes-là? — « Non, Sire. — Mauvais signe pour cette noblesse, » disoit le Roy. Tallemant cite encore cette anecdote : « D'Hozier est un gentilhomme de Provence qui est l'homme du monde le plus né aux généalogies. Pour

1. Paris, Tavernier, in-folio.

l'esprouver, Le Pailleur, comme il dînoit un jour chez la maréchale de Temnies : « Or ci, me dites-vous bien « la race d'un M. de La Forest? — Est-ce, dit-il, La « Forest-Montgommery: La Forest-ceci? La Forest- « cela ?Il y en a tant en Normandie, tant en Picardie. (Il « lui en dit trente.)—Non, c'est vers Dreux.—Ah! c'est « donc La Forest-Fay? — Ouy. — Mais c'est un hobe- « reau de 500 livres de rente.—Cela est vray.—Mais il « est de bonne maison ; il vient d'un chancelier, il a tant « de sœurs, etc. » —Une sœur de la maréchale survint. « —Il faut, luy dit-il, que vous vous nommiez Jeanne « et vostre fils Henry. » Et luy dit qui elle avoit épousé « et combien son mary avoit de frères et de sœurs. »

Monsieur, frère du roi, avait donné, le 22 janvier 1627, à M. d'Hozier, un brevet de gentilhomme ordinaire de sa maison afin d'avoir occasion de le consulter plus facilement : il admirait sa mémoire prodigieuse. Elle était telle en effet, suivant l'abbé Ladvocat, qu'il citait sur-le-champ et sans se tromper, les dates des contrats, les noms, les surnoms et les armes de chaque famille qu'il avait une fois étudiée, ce qui faisait dire plaisamment à Perrot d'Ablancourt, qu'il fallait que M. d'Hozier eût assisté à tous les mariages et à tous les baptêmes de l'univers.

Dès 1634, nous voyons d'Hozier prenant, en publiant la *Liste des chevaliers du Saint-Esprit*, les titres d'historiographe et généalogiste de France ; en 1641, le roi le nomma gentilhomme ordinaire de sa maison, mais bientôt il allait lui confier complétement la direction des questions héraldiques du royaume. En 1614, les États généraux ayant demandé une recherche sévère des faux nobles, déjà fort nombreux à ce qu'il paraît, avait présenté diverses remontrances tendant à ce qu'il fût établi un juge d'armes, lequel dresserait des registres universels des familles nobles du royaume. Le roi, pour satisfaire à cette juste réclamation, avait créé en titre d'office, par édit du mois de juin 1615, une charge de juge-général d'armes, « pour en estre ores et à l'advenir pourveu par luy, *ung gentilhomme d'ancienne race, expert et bien congnoissant au fait des armes et des blazons lequel seroit ordinairement à la suite de Sa Majesté*, avec plain pouvoir, auctorité et mandement spécial et juge au rapport des héraultz d'armes, lesquels y auront leurs voies délibératives, des blazons, faulsetez et mésséances des armoiries, et de ceux qui en peuvent et doibvent porter, simples timbres, parties diverses, brisées, chargées, escartelées, avecq cimiers, suppostz, cercles, chappeaux, couronnes, mantellets et pavillons d'armes ; ensemble de congnoistre des differendz que pour raison d'icelles naissent et naistront entre les particuliers; voullant S. M. que cy après le dict juge général d'armes blazonne les armes de ceux qu'elle honorera du titre de noblesse, sans qu'elles puissent estre enluminées au milieu des lettres qui leur en seront expédiées, qu'elles n'ayent esté receues et jugées par le dict juge général d'armes qui en baillera son attache ; et que toutes les recherches, poursuites et registre des armes des nobles du royaume ne puissent estre faictes que ce ne soit de son advis et ordonnance; luy ayant pour les cas et matières contenues en ces présentes attribuez toute cour, juridiction et congnoissance et icelle interdicts et deffendu à tous autres juges et officiers quelzconques ; voullant en oultre que les appellations qui interviendront des sentences et jugement du dict juge général d'armes ressortissent sûrement par devant les mareschaux de France. » Les premières provisions de cette charge, qui, comme on vient de le voir, n'était point une charge de robe mais bien une charge d'épée, furent données par lettres de l'année 1615 à François de Chevriers de Saint-Mauris, sieur de Saligny, d'une ancienne maison du Mâconnais, chevalier de l'ordre du Roi, gentilhomme ordinaire de sa chambre et l'un de ses maîtres d'hôtel. Le premier juge d'armes fit peu parler de lui, mais il eut le bon goût avant sa mort, arrivée en 1641, de prier le roi de confier ces fonctions à Pierre d'Hozier, qui fut en effet pourvu de la charge de juge d'armes le 25 avril de la même année.

Le bon vouloir de Louis XIII n'en resta pas là ; en 1642 il le nomma son conseiller et maître d'hôtel ordinaire, charge qui facilitait l'accès de sa personne, et, en 1643, généalogiste des preuves des pages des écuries du Roi. Le gouvernement de la Régence ne goûta pas moins ses services : des lettres patentes du 5 juin 1646 confirmèrent d'Hozier dans tous ses emplois, et, en 1654, l'heureux juge d'armes reçut un brevet de conseiller d'État. Cette faveur sans cesse croissante n'avait pas ralenti l'ardeur de d'Hozier : il publia la « Généalogie de la maison de Gilliers » et des « Remarques sommaires sur la maison de Gondi, » en 1652. La « Généalogie de la maison de Bournonville » date de 1657 ; celle « de la maison d'Amanzé en Mâconnais » fut faite en 1659. Enfin il ajouta des centaines de notes demeurées inédites à l'Armorial d'Artois, assez peu digne de confiance, d'Haudriques de Blancourt. C'est également par centaines qu'il faut compter les notices généalogiques renfermées dans les cent cinquante volumes in-folio de ses papiers actuellement conservés dans notre Bibliothèque impériale.

Mais aussi nous voyons dès ce moment d'Hozier traité avec une rare confiance par tout ce que la cour renfermait de plus considérable. Le maréchal d'Estrades lui écrivait de Bordeaux le 10 août 1653 : « Monsieur, j'ai reçu la lettre que vous m'avez fait l'honneur de m'écrire ; je me remets entièrement à ce que vous trouverez de juste et de véritable touchant ma généalogie et ne désire point autre chose que ce que vous jugerez à propos, sur quoy je me remets entièrement à vous et suis, etc. »

La célèbre comtesse de Fiesque, l'une des maréchales de camp de la grande Mademoiselle : « Monsieur, je vous supplie si votre commodité le permet, qu'aujourd'hui à quelque heure je puisse avoir le bonheur de vous voir ou demain matin. Je vous donne le bonjour. »

De Saint-Fargeau, Mademoiselle lui mande, le 16 février 1657 :

« M. Dozier, je suis fort aise de l'ofre que vous me faicte, de venir ici ; car je seré bien aise de vous entretenir. Les jans aussi curieus que moy aprenent toujours bocoup dans l'entretien de personne aussi capable que vous et tout de bon l'on ne doit pas estre faché de m'aprendre de belle chose ; car si je ne suis capable de les bien conetre, je la suis fort de les retenir ayent une grande mémoire et bocoup d'aplication pour les choses qui me plèse ; et aparemment toutes celles que vous me dirés seront de ce nombre, car il n'est pas facheux à une demoiselle osi fiere que je la suis d'aprendre que s'est avec droit et raison qu'elle l'est, puisque ce seret demantir le sang de tant de Roys dont je sors si je ne l'étés pas.

« Je suis,

« Monsieur Dosier,

« Vostre bien bonne amie.

« ANNE-MARIE-LOUISE D'ORLÉANS. »

La spirituelle Vandy, la favorite de Mademoiselle, dont nous avons publié ailleurs la vie et la correspondance [1], a laissé dans les portefeuilles de d'Hozier deux billets :

« Monsieur, je fus hier pour avoir l'honneur de vous voir et pour avoir recours à votre heureuse mémoire pour savoir en quelle année l'on a donné la bataille de Cerisoles, ensuite de la quelle la paix générale fut rétablie de la quelle l'on jouissoit en 1550 ; vous obligerez parfaitement vostre, etc.

« ASPREMONT.

« 22 mai 1655. »

« De Saint-Farjeau, le 2 apvril 1656.

« Je suis toute glorieuse d'être encore dans le souvenir d'un illustre comme vous. Je n'ay pas manqué de m'en vanter à Mademoiselle et de lui dire tout ce que

1. *La comtesse de Maure*, sa vie et ses œuvres, suivie de la vie de mademoiselle de Vandy, un vol. in-18, Paris, Gay et Roquette. 1863.

vous m'avez mandé pour elle. Son Altesse Royale m'a commandé de vous en remercier de sa part et de vous dire qu'elle vous sera fort obligée du voyage que vous ferez icy et qu'elle vous y attend avec impatience. Pour moy j'auray une grande joie de vous y voir, vous estimant comme vous le méritez et ayant toujours pour vous l'amitié à laquelle vous m'avez obligée.

« D'ASPREMONT. »

La belle Marie de Hautefort lui écrivit :

« Monsieur, je vous envoie mes armes pour savoir si vous les trouvez bien et si vous y trouvez à redire. Je vous supplie de me faire cette faveur de les vouloir corriger et me mander les couleurs de chaque arme parce que je suis fort peu savante en ces choses là. Je vous rends grâce du mémoire que vous m'avez donné, et en revanche si je suis utile à votre service, je vous prie de m'employer comme estant votre servante. »

Voici encore une charmante lettre entièrement inédite, de Mme de Longueville :

« Monsieur, j'ay apris par M. d'Auteuil il y a longtemps la bonne volonté que vous avés toujours eue et pour moy et pour mes proches, et tout de nouveau il m'a mandé que sur la curiosité particulière que je lui avois témoigné de faire faire les quartiers de mes enffants, non seulement vous aviés en joye d'y vouloir contribuer avec lui, mais même vous aviés pris ce travail comme une véritable entreprise pour ma considération, et en aviés fait une recherche sy extraordinaire que nous pouvions espérer un nombre de degrés beaucoup au delà de ce que j'en désirois et mesme au delà de ce que l'on peut croire.

« Ces soings et cette aplication sy prompte m'ont obligé de vous en faire desjà des remercimens par advance et de vous prier de ne vouloir rien oublier pour l'acomplissement de cet ouvrage que je considereray beaucoup par le mérite de l'auteur et par celuy de la chose mesme ; je veux dire de cette science pour la quelle j'ay toujours eu une fort grande inclination me semblant qu'il estoit comme nécessaire aux personnes de ma condition de n'en estre pas entièrement ignorantes. Je m'imagine que vous ne serés pas fasché de me voir dans ces sentimens pour une chose dans la quelle particulièrement vous vous estes rendu sy illustre et sy recomandable. M. d'Auteuil me mende que vous me rendrés bientost une visite j'en ay une extrême impatience. Se sera allors que vous feray paroistre plus emplement ma recognoissance et que je vous assureray avec plus de liberté que je ne le puis faire par une letre, que je suis avec beaucoup d'estime et d'affection,

« Monsieur,

« Votre affectionnée à vous bien servir.

« De Bourbon. »

Je finirai par ce billet de M. de l'Hospital :

« Monsieur, je vous supplie de me vouloir tant obliger que de me mander les armes et blason de ma femme qui est seur du conte de Mérinville de la maison des Moustiers. — Comme aussy je vous prie de me mander quelles armes sont celles que je vous envoye que j'ay trouvées au-dessus d'un hostel où il y a un homme et une femme à genoux avec chasqu'un l'escusson de leur armes, — vous obligerés infiniment, Monsieur,

« Votre très-affectionné serviteur.

« LOSPITAL.

« Quand vous aurés le loisir de me venir voir je vous feray voir quelque chose de nouveau touchant notre généalogie comme aussy je vous prie de vous souvenir de la promesse que m'avés faite de me faire voir un titre d'un de l'Ospital que vous dites..... des Arbalestriers. »

III

D'Hozier, sur la fin de sa vie, se lia très-intimement avec François Du Chesne, fils du célèbre André Du Chesne avec lequel nous l'avons déjà vu en relations de travaux, mais ce semble, sans intimité. François Du Chesne, né en 1616, était beaucoup plus jeune que d'Hozier, mais ses études étaient analogues aux siennes. On sait qu'il continua les œuvres paternelles, notamment les trois derniers volumes des *Historiæ Francorum scriptores* en 1640, et l'*Histoire des chanceliers* en 1650; il composa de son chef celle des Papes en 1656, et il est facile de comprendre de quelle utilité lui devaient être ses relations avec notre juge d'armes. Toujours est-il que la liaison devint excessivement intime, et nous avons un portefeuille des lettres de d'Hozier à Du Chesne pendant les années 1652-1660, lettres pleines d'humour, d'esprit, de bonhomie; mes lecteurs en liront je pense quelques-unes avec plaisir.

La première de ces lettres est datée du samedi 27 janvier 1652, et a pour but simplement d'assigner un rendez-vous à François Du Chesne avec l'incomparable Nicolas Choppin, « pour aller voir un logis rue Saint-Jacques qu'il désiroit beaucoup prendre afin de se trouver dans le voisinage de ses amis. » Nous le voyons ensuite l'inviter pour le dimanche 20 septembre 1653 à venir assister « à l'ouverture d'un pasté de six perdrix de l'invention du sieur Mignot » avec Lange [1].

Nous allons pouvoir constater le goût prononcé de d'Hozier pour les petits dîners fins. Ce laborieux et savant généalogiste aimait à se reposer de ses travaux ardus auprès d'une bonne table, chargée de mets appétissants et en compagnie de quelques amis savants et bons vivants au fond comme lui.

« Ce lundy, 15 décembre 1653.

« Messire François Du Chesne se souviendra 1° qu'il doit venir aujourd'huy achever de manger le pasté de lièpvre de peur qu'il ne se gaste, et que D^lle^ Anne Corard doit estre de la partie puisque son fruit en désire, mais je souhaiterois qu'elle fist amener avec elle par maistre Aliboron *Donne me la*, que Charlot divertira

1. Louis le Fèbre de Caumartin, marquis de Saint-Ange, intendant de Champagne en 1665.

afin qu'il ne s'ennuye; 2° d'apporter le mémoire que M. le président Bigot luy demande des cardinaux de sa province pour luy en envoyer des remarques pour son histoire; 3° d'envoyer ou de passer en venant icy chez le Moyneau et le convier à venir boire un fillet de vin avec nous à la santé de l'envoyeur de Chantemerles; mais s'il est d'humeur de venir de luy faire sçavoir qu'il faut que ce soit à dix heures peu devant ou peu après, car Mre. Pierre qui ne soupa pas hier au soir aura le ventre bien creux à cette heure-là; 4° en exécutant tout ce que dessus avec la ponctualité que tous les honnestes gens doivent faire profitter vous ferez.... salut et délection.

« d'Hozier.

« De quelque façon que ce soit, que le Me Aliboron vienne pour estre nostre verseur, non d'eau mais de vin, et que la femme grosse ne se fasse pas attendre jusques à midy et par dellà, comme elle fist dernièrement; car elle trouveroit non les planètes, mais les *plats nets* et c'est ce qu'il faut éviter. »

Dans une lettre du 19 janvier 1654, d'Hozier annonce à son ami qu'il a les commis de l'épargne et du secrétariat jusques au nombre de quinze personnes de l'un et l'autre sexe, « sans compter les accessoires, » auxquels il donne à dîner « pour commencer le banquet qui se fait tous les ans entre nous, » et il lui demande l'aide de son maître Aliboron, en lui promettant de s'arranger pour qu'il y ait de quoi déjeuner le lendemain, avec lui, Lange et Jean Castel et de lui faire goûter « du cru de Mascon qui sera aujourd'hui mis non pas en Éthiopie mais en Perse! »

« Ce mardy, 4 novembre 1653.

« J'advertis Messire François Quercetanus que c'est demain mercredy 5 novembre, jour de pain tendre par parenthèse, que Messire Scipio Scaliger et moy prétendons avoir l'honneur d'aller disner avec lui en famille, c'est-à-dire sans cérémonie et sans excès, car le temps ne le permet pas. Nous nous contenterons du bœuf et du mouton avec un morceau de lard maigre s'il y eschet, une soupe aux choux, une fricassée de pieds de mouton. *Cum commento, subauditur*, et une demie douzaine de saucisses accompagnées d'un morceau de boudin; de cella et du vin nouveau et du vieux nous nous accommoderons, car nous beuvons aussy bien de l'un que de l'autre. J'adjouterois bien, s'il m'estoit permis de faire les honneurs de la maison d'autruy, que nous pensions avoir le brave Mre Estienne Le Page ou plus tost le Sage, puisque ce nom luy convient bien. Il y a si long-temps que je n'ay beu avec luy qu'il m'en ennuye...

« D'HOZIER. »

« Ce dimanche, 30 janvier 1654.

« Ce n'est point une assignation à comparoistre au conseil n'y aux requestes du palais. Mais bien lez l'hostel de Nevers, où frère François se rendra demain lundy à midy ou à peu près pour essayer si un pasté de canardz dont il est préposé pour faire l'ouverture et la dissection sera aussy bon que celuy qui fut mangé le mardi gras de l'année 1653, si je ne me trompe en mon calcul, et qui vient de même source. Il sera accompagné ou pour mieux dire précédé d'une oye grasse salée aux pois et de quelques gentillesses, et je le feray boire comme j'espère avec les petits tyndarides : M. Denys Godefroy, les deux Agricola, Mézeray et M. le baron Hennequin qu'il ne sera pas fâché de connoistre, et en trinquant à la santé les uns des autres gayement nous parlerons de toutes choses hors des affaires d'Estat, et le tout sans chagrin. Mais comme il n'a pas accoustumé de venir avant douze heures je le supplie de m'envoyer de bon matin son Me Aliboron pour nous ayder, en cas qu'il n'en ayt besoin ailleurs. Je luy souhaite le bonsoir et à la mesnagère.....

« D'HOZIER. »

Le 3 février 1654 d'Hozier invite son ami à venir faire connaissance, « sur le pain et sur le vin, » avec MM. de Wicquefort[1], Bourdelot[2], Mézeray, Cabillau, Mutel, Cramoisy[3], du Toc[4] et Giraud, au logis qui a pour enseigne *Le franc Ozier*, lui promettant « une soupe aux choux ou aux pois avec l'oye grasse, un poulet d'Inde à la daube, une oye rostie avec deux chappons gras (Turonois et non Cénomanois) sans parler d'un ou deux pastés. »

1. Abraham de Wicquefort (1598-1682), diplomate et historiographe des Pays-Bas : il représentait alors l'électeur de Brandebourg à Paris.

2. Pierre Michon, dit l'abbé Bourdelot (1610-1685), médecin célèbre, qui tenait alors une sorte d'académie à l'hôtel de Condé.

3. Libraire célèbre.

4. Antoine Fauvellet du Toc, secrétaire de Monsieur, auteur d'une bonne histoire des *Secrétaires d'État*.

« Ce mercredy, 17 avril 1654.

« Les prisonniers se plaignent qu'on les laisse trop long-temps enfermés dans un cachot et demandent s'ils sont coupables qu'on les expédie promptement et qu'on leur rende justice. On a eu égard à leur requeste, et sans plus de delay, il a esté résolu qu'on procéderoit aujourd'huy incessamment à ouyr leurs differens. Le tribunal est establi joignant l'hostel de Nevers. Un Roy présidera à leur jugement et il aura pour adjoints et conseillers un grand arbre et un petit arbrisseau qui produit de petits brins propres à relier les vaisseaux qui conservent le jus de Bacchus. Il y aura quelques assistans de l'un et de l'autre sexe et de ce nombre sera Mlle Anne Corard. L'audience s'ouvrira à six heures précisément, et comme il y a grande apparence que ceux qui sont prévenus de crimes, ne sont pas innocens, ainsy que les témoins ont déposé, *una voce dicentes*, ils seront executés aux flambeaux de crainte que quelques gens mal intentionnez ne se mettent en estat de les vouloir sauver, et s'il y a effusion, comme il n'en faut pas douter, elle sera plus tost de vin que de sang. Quelques satellites y seront nécessaires pour soustenir le bras de la justice; c'est pourquoy *Dominus Robur* amènera le sien, lequel accompagnera *Uxorem suam* et apportera le sieur Crespin du mary et de la femme, à qui Dieu doint joye, santé et *bona dies*.

« LE GRAND FRONT. »

Le 7 mai 1654, d'Hozier écrit à Du Chesne, pour refuser à son grand regret son invitation : « Mais il y a trois jours que le brave Fauvellet m'a fieffé pour le même jour pour aller paistre avec des Carnivores, si bien que comme qui premier est au moulin, premier engresne, je ne puis me trouver en deux lieux differens en même temps, ny aller manger une carpe au court bouillon que je préférerois volontiers à quelque chapon gras qu'on me présentera. »

« Ce lundy, 15 juin 1654.

« Frère François Quercetanus est très-humblement suplié de faire advertir ce matin le père Cabillo par Me Aliboron de se trouver en son logis à la rue de la Harpe, sur les quatre heures ou environ pour résoudre le voyage Armorique où il n'y a plus de temps à perdre et pour aller retenir place au carosse tout d'une suite. Je vis hier des gens qui sont sçavans et bien informez qui m'ont assuré que nous serions les bien venus et qu'il n'y a rien de changé quelque bruit qui ayt couru au contraire. Enfin, qu'il pleuve ou qu'il vente, quand je devrois faire le voyage tout seul, je suis déterminé à partir mercredy qui sera le 17 de ce mois. Prenez vos mesures là dessus, le brave M. de Challudet nous attend au passage, et par une lettre que je receus de luy samedy au soir il me mande qu'il ne bouge expres de sa maison pour cet effet et que sans l'espérance qu'il a de nous voir il seroit allé en campagne.

« A tantost le reste.

« Salut et délection.

« Messire PIERRE[1]. »

1. Par une lettre du 6 juin il avait déjà prévenu Du Chesne qu'il allait retenir sa place dans le carrosse d'Orléans pour le 10, avec le Père Cabillo, « sans retard. »

« Ce samedy qu'on ne peut pas appeler le béni, premier jour du mois d'Avril.

« Si Messire François Quercetanus me veut donner à disner familièrement demain dimanche 2 du courant, j'iray manger de sa soupe et boire du vin qu'il a receu du curé pseudo-libéral, mais à condition que nous nous mettrons à table de bonne heure afin d'avoir place à St-Estienne, si non des premiers au moins des moins paresseux pour entendre le sermon du bon Père André. Puis s'il veut au sortir de là nous pourrons passer au palais des Cigognes pour donner le bonsoir à Mre Louis et taster d'un doigt de la liqueur André, qui sans contredit au goust des connoisseurs est la meilleure de Paris. J'attends sa réponse là dessus.

« Messire PIERRE. »

« Ce lundy, 22 janvier 1657.

« Messire François, si vous n'avez aujourd'huy esté tout à fait Menguy, il n'y a eu guières à dire, ou tout au moins vous avez esté en tiercelet de Menguy. Vous dites à mon *puer* aisné qui vous alla annoncer la désertion de Cabillo que si je voulois aller aujourd'huy disner avec vous que vous me feriez aussy bonne chère que luy. J'ay cru qu'il n'estoit pas besoin de vous en donner advis, parce que mon intention estoit seulement de manger ce qui se trouveroit en vostre pot, et j'ay esté bien attrapé, lorsque m'estant rendu en vostre manoir environ midy, *Donne me en* qui m'a ouvert la porte m'a dit : « Mon papa disne dehors et maman se va mettre à table. » Si bien que j'ay rengainé et m'en suis revenu tout doucement en mon hostel où je me suis repeu de ce qu'il a pleue à la mesnagère de me présenter, en petite quantité pourtant, car hier elle traita sa sœur et ses nièces, du reliquat de mercredy; et cela m'a fait souvenir du vieux proverbe que « *qui s'attend à l'escuelle d'autruy, il souvent mal disne.* »

« Messire PIERRE AU GRAND FRONT. »

« Ce samedy 7 juillet 1657.

« Messire François Du Chesne et damoiselle Anne Corard sa conjointe se transporteront, s'il leur plaist, demain qui sera dimanche 8 du courant, à l'hostel de Nevers, où tout joignant à dix heures et demie tout au plus tard après avoir bien dévotement entendu la messe[1], ils y trouveront devant ma porte un bateau de gens de Paris vulgairement appelé un carosse qui les voiturera bien et beau à Saint-Cloud, chez le sieur des Noyers où le gentil Jean Richard est allé dès ceste après disnée par advance, afin que quand on arrivera là que le disner soit prest et la nappe mise ; mais surtout qu'ilz ne se fassent pas attendre et qu'ilz se couchent un peu plus tost que de coustume pour se lever un peu plus matin. Cet l'advis qu'a ordre de leur donner leur très-humble serviteur et orateur.

« Messire PIERRE DE PROVENCE. »

1. D'Hozier ne manque jamais de subordonner toutes ses invitations à la possibilité pour son ami d'aller à la messe. Le 4 mai 1657, et le 3 mars 1658, il lui recommande d'avoir surtout soin d'aller à l'office avant de venir s'attabler.

« Ce vendredy, 15 février 1658.

« On m'a fait entendre que nous ferions mauvaise chère, Mr François Quercetanus et moy si nous allions demain disner avec le supérieur des bons religieux des filz de sainte Monique, attendu que les jours maigres ne sont pas propres au temps où nous sommes à régaller les honnestes gens, et que les œufs se sont vendus aujourd'huy à la halle, à ce qu'a rapporté la mesnagère qui les a marchandez, 36 sols le quarteron, si bien que la partie est remise à mercredy prochain, et entre cy et là nous en donnerons un second advis à la rue de la Harpe en cas que nous ne voyions point.

« Je souhaite le bonsoir à toute la famille et suis le très-humble serviteur.

« Le grand Front. »

« Ce lundy, 13 septembre 1660.

« Messire François Quercetanus est très-humblement supplié en allant ou en venant ceste après disnée de la communauté de prendre la peine de luy dire deux mots pour quelque chose qui le regarde. Depuis que nous disnasmes ensemble jeudy dernier, je n'ay pas bien esté... J'eus vendredy la fièvre au sortir du disner d'avec M. Du Plessis. Hier je fus saigné et je me dispose à avaller demain le calice pour couper le mal à sa racine. La mesnagère n'est pas quitte du sien, elle a eu encore sa quarte cette nuit et c'est son troisième accez. Je voudrois bien qu'elle en demeurast là si c'estoit la volonté de Dieu, si non, il faudra qu'elle et moy prenions patience. Je luy souhaite le bonjour et suis son serviteur très-humble,

« d'Hozier. »

« Ce lundy, 27 septembre 1660, jour de la feste de saint Apollinaire et saint Chirurgien, sans que ces qualitez puissent nuire ny préjudicier.

« Je laisse ce billet moy-mesme en passant au domicile de messire François Quercetanus, pour luy donner advis qu'arrivant aujourd'huy de son palais de Verrières, soit en carosse, en litière, en poste ou en relais, ou sur la haquenée des petits Cordeliers, que sans s'amuser à manger le bœuf à la mode que sa vieille luy aura apresté pour son disner, qu'il me vienne prendre sans cérémonie chez le sieur d'Aussay avec le brave Caron Emmanuel qui l'attend et où je me vay rendre tout doucement. Après quoy nous nous en reviendrons ensemble jusques au bout du Pont-Neuf, d'où il ira à sa communauté et moy en mon réduit pour me remettre sur mon lit, car en vérité je suis bien foible et mes jambes ont bien de la peine à me soustenir; mais il faut prendre patience jusques au bout.

« d'Hozier. »

IV

D'Hozier mourut en effet peu de temps après à Paris, le 30 novembre 1660, laissant d'universels et très-légitimes regrets. Loret nous dit à ce propos dans sa *Muse historique :*

Monsieur d'Hozier, cet homme rare,
Qu'aux plus célèbres l'on compare,
Généalogiste du Roy,
En qui chacun ajoûtoit foy
Et qui par sa science illustre
Mettoit la noblesse en son lustre,
Mourut presqu'en semblable jour,
Aux regrets de toute la cour,
Des esprits de haute importance;
Bref, de tous les grands de France.
Par sa noble profession
Il tiroit en perfection
Pour quantité de genre d'élite,
Comme du puys de Démocrite
Tant d'intelligentes clairtez
Et d'obligeantes véritez,
Que les plus nobles de l'Europe,
Où partout son renom galope,
Ne se pouvoient rassasier
D'estimer le dit sieur d'Hozier;
Regrettant d'un ton assez triste
Ce fameux généalogiste
Qui dans son bel art fut parfait,
Mais qui n'est pas mort tout à fait,
Quoiqu'il fut de mortelle race,
Car il laisse son fils en sa place,
Un docte fils, un fils aisné
Ainsy que lui très adonné,
Dans la théorique et la pratique
De son art généalogique
Ayant esprit infiniment,
Vertu, prudence et jugement
Et tous les papiers de son père,
De sorte que chacun espère
De revoir en ce fils sçavant
Monsieur d'Hozier toujours vivant.

D'Hozier méritait réellement ces éloges. Chaudon, dans son *Dictionnaire historique et critique*, le peint comme un homme qui alliait les vertus morales à toutes les vertus chrétiennes, ami fidèle et obligeant, d'une société douce et d'une conversation agréable. Sa correspondance avec François Du Chesne me semble confirmer complétement ce jugement. Sa probité était proverbiale, malgré ces vers de Boisrobert dans son *Épitre à Mazarin* où il parle de la Normandie :

On m'adoroit et les plus apparens
Payoient Dozier pour être mon parent ;
J'ay vu tel noble, illustre de naissance
Qui se vantoit d'estre de mon alliance
Et me disoit, venant m'entretenir,
L'honneur que j'ay de vous appartenir.

Et d'Hozier poursuivit Boisrobert en le priant instamment de remplacer *payoient* par *prioient*, mais le malin rimeur n'y voulut point consentir.

Il convient d'ajouter qu'il est de tradition que si Boileau a inséré dans sa satire du Festin ce vers :

D'Hozier lui trouvera cent ayeux dans l'histoire,

il ne l'a fait que par esprit de contradiction et par pure plaisanterie, car il était l'un des habitués de l'hôtel d'Hozier et c'est lui qui, en décembre 1660, alors qu'il était seulement âgé de vingt-quatre ans, fit le sixain suivant pour mettre sous l'estampe de Pierre d'Hozier, mort le 30 novembre de ladite année :

C'est ce fameux d'Hozier d'un mérite sans prix,
Dont le vaste savoir et les rares écrits
Des illustres maisons ont publié la gloire;
Ses talens surprendront tous les âges suivans,
Il rendit tous les morts vivans dans sa mémoire
Et ne mourra jamais dans celle des vivans.

C'est encore Boileau qui a écrit plus tard en l'honneur de Pierre d'Hozier cet autre sixain :

Du célèbre d'Hozier les écrits, la science,
De toutes les maisons la vaste connoissance
L'ont fait admirer en tous lieux.
Si le ciel l'eût fait vivre en de plus heureux lustres,
Par Ovide placé parmi ses demi-dieux
Plutarque l'auroit mis dans ses hommes illustres.

Je ne finirai pas sans citer encore un mot de d'Hozier recueilli par Tallemant : « Saint-Germain-Beaupré avoit des fleurs de lys d'argent sans nombre, il a voulu que l'escu eut esté de fleurs de lys d'or ; d'Hozier disoit : « Ce sont donc des fleurs de lys d'argent doré. »

Le baron d'Auteuil consacra à son ami une épitaphe en latin qui fut placée sur le tombeau de d'Hozier dans l'église Saint-André-des-Arcs, et ne comptait pas moins de cinquante lignes dans lesquelles il énumère toutes ses qualités, ses titres, son savoir, sa mémoire, ses mœurs excellentes et sa piété [1].

M. d'Hozier avait épousé à Lyon, le 2 octobre 1630, *alors qu'il accompagnoit le roi allant faire son voyage de Savoie*, demoiselle Yolande-Marguerite de Cerrini, fille de Felice di Cerrini, noble Toscan d'une ancienne maison de la ville de Florence, et de demoiselle Marguerite de Naude. C'est à la suite de cette alliance et à partir

1. Cette épitaphe porte la date du 1er décembre, ce qui est une erreur. M. d'Hozier mourut le 30 novembre et fut enterré le 2 décembre. Voici la copie de son acte de décès que je me suis fait délivrer :

« Le jeudy deuxième jour du mois de décembre 1660 fut inhumé dans « l'église Saint-André-des-Arcs le corps de feu Mre Pierre Dozier, gé- « néalogiste du Roy et juge général des armes et blasons de France, qui « décéda le dernier jour du mois de novembre sur le quai de Nesle. »

de la seconde génération que l'un des d'Hozier, et en général le juge d'armes, a porté le nom de Sérigny, lequel n'est autre que le nom de Cerrini corrompu et francisé. Pierre d'Hozier eut six fils dont trois moururent jeunes; les trois autres furent Louis-Roger[1], qui a continué la descendance, Henry, mort en 1662, novice au couvent des Mathurins de la rue Saint-Jacques, et Charles-Réné[2].

V

Louis-Roger d'Hozier, né en 1634, fut reçu en survivance de bonne heure aux charges de son père; en 1658, le roi le nomma gentilhomme ordinaire de sa chambre et lui donna dès l'année suivante le cordon de l'ordre de Saint-Michel. Il continua les traditions de son père; l'on voit par sa correspondance qu'il demeura en relations continues avec la plus haute noblesse, et ce mot de Pélisson-Fontanier, constate que ses décisions étaient accueillies avec la même autorité. Voulant faire recevoir dans la maison de Noisy sa cousine, Mlle de Blancbuisson, Pélisson ajoute :

« De la manière dont madame de Maintenon m'a parlé, je ne doute pas qu'elle ne soit bien aise de la recevoir sur un simple certificat de vous portant que vous avez vu les pièces justificatives de sa filiation... » (6 octobre 1675). Mais cette même année M. d'Hozier perdit complétement la vue et dut se contenter du titre

1. Né à Paris le 7 janvier 1634, mort le 29 juin 1708.
2. Né à Paris le 24 février 1640, mort le 13 février 1732.

de juge d'armes honoraire avec une pension de 1,000 livres sur la cassette du roi. Son frère, Charles-René d'Hozier, ne s'était nullement occupé jusqu'à la mort de son père de travaux héraldiques et généalogiques, et il avait déjà fait quelques grands voyages en Europe quand il fut rappelé à Paris par l'aggravation de la maladie qui menaçait son frère. Cependant il avait été pourvu conjointement avec lui, dès le 3 janvier 1666, de la charge de juge d'armes, et il paraît qu'ayant trouvé dans les papiers de leur père une pièce par laquelle ce dernier manifestait le vif désir de voir ses travaux repris précisément par lui, il se mit résolûment à l'œuvre et il fut le digne successeur de Pierre d'Hozier. Le roi le nomma juge d'armes du royaume, généalogiste des pages de ses écuries et de ses ordres; puis généalogiste de la maison de Saint-Cyr.

Il obtint du roi, le 25 août 1685, la permission d'accepter l'ordre militaire de Saint-Maurice dont le duc de Savoie voulait l'honorer : il dut faire ses preuves de noblesse suivant les constitutions de l'ordre, et les quatre témoins qui déposèrent dans les preuves testimoniales, le 24 juin 1684, furent Roger, prince de Courtenay; Henry de Beringhen, premier écuyer du roi; Louis-François Le Fèvre de Caumartin, conseiller d'État, et François-Roger de Gaignières, gouverneur de Joinville. Les dépositions des témoins furent à peu près identiques. Voici les propres termes de celle du prince de Courtenay :

« Feu monsieur mon père et moy avons toujours eu une entière connoissance de la maison de M. Charles d'Hozier, de cette ville, et par là je say qu'il est issu d'une lignée noble et qu'il a toujours passé pour tel ; que monsieur son père aussy bien que luy ont toujours vescu fort honorablement. Je suis âgé de trente-six ans et ay signé.

« Roger DE COURTENAY. »

Charles d'Hozier reçut solennellement l'habit et la croix de l'ordre de Saint-Maurice, avec les cérémonies en usage, dans l'église des Théatins, des mains du marquis de Ferrero, grand'croix et grand hospitalier de cet ordre, chevalier de l'Annonciade et ambassadeur près du roi, commissionné à cet effet.

Charles-René d'Hozier a laissé des ouvrages considérables et la mémoire la plus justement honorée. C'est vers 1668 qu'il revint à Paris et qu'il commença à étudier la science généalogique. Il débuta en publiant la *Recherche de la noblesse de Champagne*, faite de 1666 à 1672 par l'intendant Le Fèvre de Caumartin, ouvrage capital et d'une très-grande valeur historique[1]. D'Hozier publia aussi une édition annotée de l'*Histoire de Charles IX*, par Varillas, en 1684, et il annota le manuscrit de la *Recherche de la noblesse de Bourgogne*, fait en 1698, si on s'en rapporte à Ch. de Fontette qui possédait, paraît-il, ce précieux travail.

Enfin il convient de ne point passer sous silence tout ce qu'il fit pour perfectionner l'*Histoire généalogique de la Maison royale de France et des grands officiers de la Couronne*, ainsi que le constate le *Journal des Savants* de l'année 1712. Il est dit dans une addition

1. Un volume in-folio contenant environ 650 généalogies, avec preuves; Châlons, 1673.

écrite de sa main sur l'ouvrage du Père Anselme : « Après avoir lu exactement cet ouvrage, j'y fis les notes, les corrections et les observations que l'on peut voir sur mon exemplaire, qui sont en un nombre que je n'oserois dire[1]. Je communiquai mon volume au Père Anselme, il les copia toutes. Elles ont été employées dans la seconde édition in-folio, en 1712, par M. du Fourny. » Il ajoute que « si l'on n'a pas mentionné ce fait, ni dans l'édition de 1712, ni dans celle de 1736, publiées sous les noms du Père Ange et du Père Simplicien, cela provient de ce que les auteurs ont compris que, s'ils avoient mis mon nom en tous les endroits où il devroit être, les lecteurs auroient été forcés de dire qu'ils n'ont été que mes copistes, et cela est vrai. »

Nous allons voir maintenant quelle position considérable il occupait dans le monde.

Bossuet lui écrivait le 15 août 1693 pour lui recommander sa cousine :

« Monsieur, Mme de Choisy m'a mandé que vous aviez esté content des preuves de Mlle de Choisy et que vous aviez apporté toutes les facilités possibles à son affaire. Je me sens obligé de vous en faire mes remercîmens et de vous dire que vous avez obligé une famille où je vois depuis longtemps autant de nécessité que de vertu. Je suis bien aise d'avoir occasion de vous assurer de l'estime toute particulière avec laquelle je suis, etc.

« BÉNIGNE, évêque de Meaux. »

1. Cet exemplaire est à la Bibliothèque impériale.

Le cardinal d'Estrées, le 10 janvier 1697 :

« Si M. d'Osier veut venir disner demain chez moy il y aura chez lui une voiture à midy. Je suis tout à lui.

« Le cardinal D'ESTRÉES. »

Le duc de la Ferté, de Versailles, le 21 avril 1702 :

« Je vous prie, Monsieur, de vouloir bien éclaircir le porteur du présent billet sur la suite de la généalogie de la maison de Pot de Rhodes, qui m'est d'une grande utilité à savoir au vray pour une part que nous avons. J'auray esté moy-même vous demander cette grâce, si je n'estois pas icy pour mon service. Je suis, etc. »

Le marquis de Dangeau :

« Dangeau, le 2 août 1693.

« Je vous envoye la copie de la lettre que vous m'avez demandée : vous en avez vu l'original. Je ne sais pourquoy vous la demandez, mais je suis sûr que c'est à bonne intention, car je connois votre bon cœur et l'intérest que vous prenez à ce qui me regarde : vous en ferez donc l'usage que vous jugerez à propos et je vous en remercie par avance. Vous avez raison de me gronder de ma paresse, d'autant plus, grâce à Dieu, que je n'aurois rien à montrer qui ne me fist honneur. Il faut un peu que vous me réveilliez, car quand je vous vois j'ay toujours envie de travailler avec vous. J'iray bientôt faire un tour à Dangeau d'où j'espère rapporter des matériaux que nous mettrons en œuvre. Il ne faut qu'arranger. J'ay envie aussy d'envoyer à

Courcillon. Enfin j'espère qu'à l'avenir j'auray plus de soin de rassembler tout ce qui est dispersé. Je vous rends grâce, Monsieur, de l'attention que vous avez en ce qui me regarde et seray toujours disposé à vous en marquer ma reconnoissance. Conservez-moi, s'il vous plaît, vos bonnes grâces dont personne ne fait plus de cas que moy.

« DANGEAU. »

Une lettre de Fleury, évêque de Fréjus, du 24 août 1699, montre combien déjà à cette époque on invoquait volontiers la perte des papiers de famille, comme on le fait aujourd'hui avec tant d'abus par rapport à la révolution.

« J'ay reçu, Monsieur, le testament ou donation que je vous envoie : M. de Rosset de Ceilles n'a présentement que cela parce que ses titres sont en fort mauvais ordre, et qu'ils sont fort dispersés [1]. On lui en a beaucoup volé et il tâche de les retirer et de les faire chercher. Voicy aussy les armes que vous demandiez. Je fus avant-hier chez vous pour avoir l'honneur de vous voir et y retournerois encore, si je n'estois à Versailles. »

Cette autre lettre n'est pas moins piquante au même point de vue.

« Janvier, le 27, 1686.

« Je vous suplie, Monsieur, de nous faire l'honneur de venir disner icy avant d'aller à Versailles et de me

1. Il s'agissait de l'admission de son neveu aux pages.

mander quel jour vous le pourrés, afin que je vous envoye un carosse, et en attendant, quelles preuves il faut qu'une demoiselle fasse pour entrer à Noisy. Mme de Maintenon a eu la bonté d'accorder place pour une petite niepce de Mlle de Vandy, dont le père qui est dans le service s'appelle M. de Nollet. Tout est fort bon de ce costé là, c'est-à-dire du paternel, pour la mère, pourvu qu'on ne demande pas le contrat de mariage de M. de Vandy avec la mère, on ne trouvera que beaucoup de qualité. On m'a dit qu'on n'estoit pas obligé aux mesmes choses du costé maternel que de celuy du père. Si je scavois, Monsieur, le jour que vous viendrés disner icy, j'y ferois trouver Mme de Nollet. Vous l'avés peut-estre vue en Champagne [1], elle s'apeloit Mlle de Savyn, elle a esté eslevée et mariée en fille de qualité, mais elle n'a rien. — Sa fille est jolie et n'a que huit à neuf ans, et ce sera une très-grande charité d'aider à la faire entrer; après Mme de Maintenon, vous en aurés, Monsieur, tout le mérite, et je suis asseurée que Mlle de Vandy qui souhoittoit ardemment cette place pour sa niepce, priera bien Dieu pour vous. Si j'estois en bonne santé, j'irois chés vous, mais depuis long-temps je ne me porte point bien et je dirois si je voulois que je suis malade. Je suis, Monsieur, vostre très-humble servante et de Mme d'Hosier.

« De Verthamon [2]. »

1. Ce détail est curieux en ce qu'il prouve que d'Hozier résida en Champagne, probablement à Châlons, lors de la recherche faite par M. de Caumartin.

2. Femme de Michel de Verthamon, marquis de Bréau, premier président du grand conseil.

« Comme M. de Vandy s'est autrefois avisé de trouver une mère à Mlle de Nollet, je crains de vous donner lieu de juger que je le sçais, mais je suis bien aise de vous dire que je n'y ay jamais cru, vous scavés que tout home est menteur. »

Voici maintenant quelques lettres de divers grands personnages :

« J'avés espéré, Monsieur, d'avoir l'honneur de vous voir il y a déjà longtemps, la mort de mon père et d'une fille qui est la seulle que j'avés au monde, est cause que je ne puis encore bouger de ce pays icy, y ayant des affaires pour quelque temps, j'espère néanmoins de les avoir tôt finies et que j'auray la satisfaction de vous embrasser. J'ay prié cependant mon frère le comte, qui s'en va à la cour, de vous faire une embrassade de ma part, je me flatte que vous l'aurés agréable et que vous me continuerés toujours la part que vous m'avez promise en vostre amitié. Je tascheray, Monsieur, par toutes mes actions de ne pas m'en randre indigne et de vous témoigner que je suis toujours avec mon mesme attachement et sincérité ordinaire, vostre très-humble et très-obéissant serviteur.

« Le marquis DE ROCHECHOUART-FAUDOAS[1].

« A Faudoas, ce 6 mars 1684. »

M. le marquis de Montchevreuil lui mandait de Versailles le 3 avril 1684, en lui recommandant un de ses commis[2] :

1. Jean-Roger de Rochechouart, marquis de Faudoas; son père était mort le 15 juillet précédent.

2. Henry de Mornay, marquis de Montchevreuil, chevalier des ordres, gouverneur de Saint-Germain-en-Laye.

« .... Vous scavez bien que Monsieur votre père estoit ami du mien, et je croy que vous voudrez bien aussy continuer cette intelligence avec un homme autant que je le suis vostre très-humble et très-obéissant serviteur. »

Le duc de Noailles, de Saint-Germain, le 24 août 1687 :

« Je vous envoie nostre ordonnance, Monsieur, et vous témoigne en mesme temps la part sincère que je prens à la longue durée de vostre indisposition. Je vous assure que j'en suis fort en peine et je l'aurois esté encore d'avantage si M. de Gaignières ne m'eut donné de temps en temps de vos nouvelles. Je vous prie de ne vous pas incommoder à me faire une réponse, ce sera assés que M. de Gaignières à qui j'adresse ma lettre me fasse scavoir l'estat où vous estes. Soiès bien persuadé que vous n'avès point d'amy qui s'intéresse plus que moy à vostre santé et à tout ce qui vous regarde ny qui soit plus véritablement à vous que j'y suis. »

« A Fontenebelle, ce dimanche deuxième octobre 1687.

« Mon pauvre M. Dausier, je vous prie de faire tous les plaisirs que vous pourès faire à ce gentilhomme pour qui moy et Mme la douairière Dusés, nous nous intéressons. Je conteray cela comme pour moy-même et vous prie de me croire entièrement à vous.

« Le duc Dusés. »

Voici une lettre du marquis de Cavoye, surnommé le

brave Cavoye, et qui fut grand maréchal des logis de la maison du roi :

« Cavoye, 5 novembre 1687.

« M. de Clera, mon beau-frère, m'a écrit toutes vos bontés, en attendant l'honneur de vous en marquer moi-même ma reconnoissance trouvez bon, Monsieur, que je vous en remercie par celle-cy, et que je vous assure que vous n'aurez pas semé en terre ingrate. Je suis plus à vous que personne au monde. »

« 15 décembre 1688.

« Ce ne sera pas, Monsieur, le premier service que vous nous aurais randu de vouloir bien faire le mesmoir qui nous est nésesaire pour la maison de Brancas, lequelle doit estre envoiès au Portugalle. Mme la duchesse de Brancas vous dira de quoy i s'agit, et je me contenteray de vous asurer de l'estime particulier que j'ai pour vous et de la joye de vous témoigner que je suis à vous.

« La princesse d'Harcour. »

« Ce jeudy, 12 février 1693.

« Voicy, Monsieur, une lettre pour Mme la princesse de Montmorancy que je vous prie de luy vouloir faire tenir, et un mémoire de Mme l'abbesse de Remirmont avecz le blason des armes de Monboye.... Elle vous prie de relever la diférance qui se trouvent dans ces armes là. Il seroit bon de scavoir comme elle sont marqué dans l'histoire de Montmorancy, car s'y cela se trouves conforme avec le sertificat de Liége, l'on veroit clairement que la faute vien de ce quelle on esté mal painte dans l'arbre de lignie, mes sy l'histoire de Montmorancy se trouvent au contraire conforme avec l'arbre ligne il faudera en ce cas escrire à Liége pour le faire remarquer, car la faute pouroit bien venir de là. Enfin, Monsieur, cet éclercisseman est naicessaire pour la resseption de Mlle de Montmorancy. Je crois que vous n'oubliré rien pour y satisfaire au plus tost puisque vous y prené beaucoup de part, pour moy je seré très-ayse que la chosse soit faite enfin que nous ayon l'avantage d'avoir dans nostre chapitre une personne de sa qualité et de son mérite. Prené donc la peine, Monsieur, d'i donner vos soins afin de pouvoir terminer c'est affaire.

« La princesse Christine de Salm. »

« Je vous supplie, Monsieur, de retoucher encore l'article qu'il vous a plu me communiquer et d'y retrancher de plus en plus, en sorte qu'il n'ait point l'air d'une généalogie étudiée. Il suffira donc de toucher en passant certains fais qui sont fondez sur l'histoire et de le faire si légèrement qu'on ne puisse y trouver la moindre affectation surtout à l'égard de la mère de cette fille de Laval qui estoit de la maison de Brienne, sans faire sentir l'allience de saint Louis.

« Enfin je vous supplie d'user en tout cela de toutte la précaution et de tout le ménagement possible et d'y en mettre plus tost beaucoup moins qu'un peu trop. Je suis avec passion, Monsieur, vostre très-humble et très-obéissant serviteur.

« Paris, 15 février 1693.

« D'Argenson. »

« A Gannac, le 1er d'octobre 1684.

« J'ai une très-grande joie, Monsieur, que mon frère vous ait aidé à obtenir la grâce que le roy vient de vous faire. Je l'ai apprise par votre lettre avec beaucoup de plaisir. Je n'y ai pas contribué autant que vous le voulez croire, mais je puis vous assurer que si j'avois autant de pouvoir que de bonne volonté vous recevriez des grâces plus considérables, il ne tiendra jamais à moi que je ne vous en donne des preuves plus solides que je n'ai pu faire jusques à présent et que je ne vous fasse connoître l'estime et la sincérité avec la quelle je suis, Monsieur, tout à vous,

« Louis-Ant.[1] Evêque, comte DE CHAALONS. »

Un billet du même prélat, du 1er juin, le complimente encore au sujet d'une nouvelle faveur du roi. M. d'Hozier demeurait alors dans le cloître Saint-Germain l'Auxerrois.

« Je ne puis vous escrire une lettre en forme, Monsieur, mais quoique j'espère vous faire bientost moi-mesme mon compliment je ne puis m'empêcher de vous en faire un dans celle-ci, et vous assurer que personne ne prant une plus véritable part à ce qui vous touche, que la duchesse de Noailles. »

« Ce 12 février 1694.

« Madame de Maintenon m'a chargé, Monsieur, d'avoir une conférence avec vous sur quelques affaires qui re-

1. De Noailles.

gardent la maison de Saint-Cir. Je passerai chès vous demain ou après demain à l'heure que vous voudrès à moins que vos affaires ne vous donnent occasion de venir dans nos quartiers auquel cas je vous prirois que le rendès-vous fust au logis et je vous y attenderès dimanche toute l'après-midi. Je profite avec bien du plaisir de cette occasion pour vous assurer que je suis, Monsieur, vostre très-humble et très-obéissant serviteur.

« CHAMILLART. »

« Ce 25e septembre 1703.

« Je vous suis infiniment obligée, Monsieur, des marques de bonté que vous me donnez, je n'ai jamais doûté que vous n'en ussiez pour toute notre maison et pour moi en mon particulier. J'ose vous assurer que je la mérite par la considération et l'estime que j'ai pour vous et pour madame d'Hosier. Trouvès bon que je l'en assure icy et que je vous demande à l'un et à l'autre la continuation de vos bontez et de votre zèle pour tout ce qui regarde notre maison. Nous sommes très-reconnoissantes pour le passé et le serons de plus en plus pour l'avenir, et suis pour tous les tems, monsieur, avec bien du respect, vostre très-humble et très-obéissante servante.

« Sœur DE FONTAINE,

« Religieuse supérieure (de la maison de Saint-Cyr). »

« A Arras, ce 11 décembre 1709.

« Je ne puis trop vous remercier, Monsieur, de votre atention à me faire plaisir au sujet de la maison de

Montesquiou qui avoit besoin d'un aussi habile homme que vous pour en déchiffrer la vérité. Je prie par cet ordinaire mon frère l'abbé de vous en aller remercier incessamment et vous produire les titres de tout ce qu'il y aura à faire pour remettre cette maison dans son lustre et faire voir clairement que nous en sommes. Je serois bien heureux de trouver occasion de vous en marquer ma très-humble reconnoissance étant bien parfaitement, Monsieur, votre très-humble et obéissant serviteur.

« Le maréchal DE MONTESQUIOU. »

« A Tessé, ce 6 décembre 1710.

« Pendant que je suis icy, Monsieur, dans les crottes de mon bas Maine, dont j'espère partir bientost et avoir la joye de vous embrasser, j'ay découvert les quatre écussons d'armes cy-joint qui sont ceux de Vilette, de Couppel, de Germond et de Chappelle. Je vous envoiré ou portré incessamment celles de Cauvigny et de Lambert Fromentin. Car pour celle de Patri je vous les ay envoyés, faitte-moy toujours l'honneur de m'aimer et de me croire passionément, Monsieur, tout à vous.

« TESSÉ. »

VI

On trouve dans le volume 493, C. des manuscrits de Gaignières, plusieurs lettres de M. d'Hozier; quelques-unes n'ont pour objet que des demandes de renseignements sur les armoiries de diverses familles, particulièrement pour les alliances de la maison de Conflans; d'autres offrent assez d'intérêt pour trouver place ici; elles montreront l'intimité qui existait entre deux hommes bien faits pour s'entendre, et la liaison qui unissait d'Hozier à la famille de Caumartin :

« Vous qui ête, Monsieur, un ami tendre et cordial, pleurès avec moy amèrement la perte irréparable que M. et Mme de Caumartin viennent de faire. — M. de Lange mourut hier à trois heures et demie après midi au douzième jour de la petite vérole. Quelle douleur pour un pauvre père qui avoit un fils si aimable. — Elle se sent et ne s'exprime pas, et rien pouvoit-il d'un plus rude coup afliger le bonheur de la vie de l'homme du monde le plus désolé.

« Je suis assurément, monsieur, votre très-humble et très-obéissant serviteur.

« D'Hozier.

« Le 19 avril 1699. »

« Je suis ravi, Monsieur, que les choses curieuses que vous trouvès vous fassent le plaisir que vous avès à les recueillir. C'est une nouvelle obligation que vous auroit le public et la postérité de leur rassembler tant de documens si vénérables. Je me fais par avance bien de la joie de voir au coin de votre feu, cet hiver, ces volumes précieux que vous raporterès. Il seroit à souhaitter qu'il y eût dans le royaume bien des hommes fais comme vous. De quoi ne l'enrichiroit-on pas et que de trésors seroient découverts et conservés. — Continuès, Monsieur, des occupations si louables et si peu récompensées. Il n'y a que vous qui soyez capable de ce que vous faites. Il y a grande guerre dans la littérature.

Votre ami Valincour fut ressu il y a quinze jours à l'Académie, vous verrès son discours et vous en jugerès. La Chapelle répondit comme directeur, il oublia de louer Despréaux — *inde ira.* — Ch. Baluze a eu un bénéfice de 1,000 écus que lui a envoyé M. le cardinal[1] de Chaulieu. Je vous défie d'en inventer autant dans toute la suite de vos recherches. Voilà ce que c'est d'avoir de l'esprit, voyès ce que vous perdés à n'en point avoir. Ma femme est très-sensible à l'honneur de votre souvenir et moi je vous assure que je suis très-cordialement et à jamais votre très-humble et très-obéissant serviteur.

« D'Hozier.

« Le 13 juillet 1699. »

« Pardonnès-moi, Monsieur, j'ai ressu votre seconde lettre, mais des allées et des venues à Fontainebleau et ailleurs dans les divers changemens qui sont arrivés, et outre cela la croyance où j'étois que vous ne resteriés pas si longtemps éloigné de ceux qui atendent votre retour avec impatience, sont les raisons qui m'ont fait remettre la réponce que je contois de vous faire à vous-même à votre arrivée. Voilà ma justification, M. de Caumartin, qui m'a fait l'honneur de me venir voir ce soir, a lu lui-même votre lettre et elle lui a mieux fait votre compliment que je n'aurois fait. — Il m'a dit qu'il vous a écrit deux fois, qu'il n'a pas répondu à une troisième lettre, qu'il pensoit encore à vous avant-hier, qu'il désire fort de vous revoir et que ce sera avec beaucoup de plaisir pour lui, je vous

1. On comprend que ce titre est employé par raillerie.

rends ses paroles. Les bruits que l'on a débités ne sont pas vrais, les choses sont toujours dans la même situation à son égard et il est très-content du successeur. Ma femme vous est très-obligée de l'honneur de votre souvenir. Elle est à son ordinaire toujours enrumée, tantôt plus, tantôt moins. J'ai ouï dire aujourd'hui des biens infinis de votre bon ami M. le comte de T..., cela excite fort le désir que j'ai depuis longtemps d'avoir l'honneur d'être connu de lui afin de l'apprécier, et si je l'ose dire de l'estimer comme je trouve que le font beaucoup de gens estimables. J'ai apris une fête où vous avés été, c'est Mlle Certain qui me l'a dit car ce fut chés elle qu'elle se fit en bonne compagnie. M. de Parin est revenu en bonne santé, il continue son travail et je fais de mon mieux pour l'aider. Si vous étiés ici comme vous devriès être, dans une saison aussi avancée, votre scavoir ne lui serait pas inutile. Venès donc un peu vous reposer avec vos amis et leur communiquer une partie des trésors que vous avés ramassés, l'on vous atand et l'on vous désire et je vous assure que mon impatience est égale à l'empressement que j'ai de vous dire à vous-même que je suis toujours, monsieur, votre très-humble et très-obéissant serviteur.

« D'Hozier.

« Le 13 novembre 1699. »

D'Hozier était, par exemple, en termes assez froids avec Clairambaut : il le connaissait par M. de Gaignières, auquel il écrivait, le 17 janvier 1690, de demander à son ami Clairambaut des descriptions d'écussons, comme possédant tous les papiers de Le

Laboureur. Il y eut même ce semble un nuage assez épais entre eux :

« J'étois, Monsieur, en peine de n'avoir aucune nouvelle de votre part, et véritablement je commençay à soupçonner qu'il falloit qu'il y eut quelque raison, mais je vous assure que je n'aurois jamais deviné la cause que vous en avez dit depuis quelques jours à mes amis. Je puis bien avoir manqué, mais je n'en ay point eu l'intention. J'ay trop de raisons de me louer des témoignages de votre amitié, et trop envie de la conserver pour rien faire qui y soit opposé. Ne vous avisez donc pas, monsieur, d'estre faché, et recevez bonnement toutes les excuses que vous pouvez exiger de moy que je vous fais très-cordialement en vous demandant la continuation de l'honneur de vostre amitié et de me regarder comme un homme sacrifié à des travaux capables de luy faire oublier une partie de ce qu'il doit et qu'il feroit volontier s'il estoit plus à luy. Je n'en suis pas moins réellement de tout mon cœur, vostre, etc.

« Clairaimbaut. »

« De Paris, le 7 may 1702. »

VII

Depuis quelques années, M. d'Hozier avait été chargé d'un grand travail qui lui causa beaucoup de tracas et d'ennui, mais qui du moins amena des résultats considérables. La situation nobiliaire était restée dans un grand désordre en France malgré la création d'un juge d'armes. Colbert le premier y apporta un remède efficace en faisant publier l'édit ordonnant la recherche des faux nobles dans tout le royaume par province, et qui amena des centaines de condamnations. Nous avons vu que M. d'Hozier fut chargé de dresser les généalogies maintenues à la suite des jugements des intendants commissaires royaux. Un édit du mois de novembre 1696 décida la confection d'un *Armorial général* où seraient enregistrées les armoiries des « personnes, domaines, compagnies, corps et communautés » du royaume, supprima la charge de juge d'armes et créa une grande maîtrise générale et souveraine, avec de nombreuses maîtrises particulières. Cet armorial, véritable mesure fiscale, devait rapporter une somme considérable à l'État. L'enregistrement des écussons était soumis à des droits divers et la ferme en fut adjugée moyennant 5,833,333 livres 13 sols et 4 deniers nets au sieur Adrien Vanier, bourgeois de Paris, 1,166,665 livres 6 sols 1 denier lui étant remis pour frais de recouvrement et de confection de l'armorial.

Ce grand travail devait originairement être fait dans l'espace de deux mois, mais de nombreux délais furent successivement accordés et en conduisirent la confection jusqu'en 1718. M. d'Hozier vit avec une grande inquiétude la suppression de sa charge et l'institution de la grande maîtrise ; des réclamations, des intrigues nombreuses s'élevèrent. Un avis du Conseil, du 18 décembre 1696, lui conféra les fonctions de garde de l'*Armorial général*, ainsi définies par l'édit de novembre : « Il fera faire les brevets et expéditions de l'enregistrement des armoiries dans l'*Armorial général* contenant l'explication, peinture et blason des armes avec noms et qualités de ceux à qui elles appartiendront, et il renvoyera les expéditions aux officiers des maîtrises particulières pour être par eux délivrées et mises en mains de ceux qui en les présentant auront consigné le droit de leur enregistrement et qui en rapporteront la quittance. Ces brevets vaudront lettres d'armoiries. » Chaque brevet était payé trente sols au garde général. D'Hozier, qui devait trouver dans ce droit une large compensation à ses peines, ne ralentit pas cependant ses démarches contre la grande maîtrise. Cet office, non plus que ceux des maîtrises particulières, n'ayant pas été levé, un édit d'août 1700 les supprima tous, y compris celui de garde de l'armorial, et fut suivi d'un autre édit du mois d'avril 1701, rétablissant la charge de juge d'armes de France rendue à d'Hozier par lettres patentes du 24 août suivant. Un dernier arrêt du Conseil, du 9 mars 1706, le chargea de réviser les armoiries enregistrées par Vanier et ses agents, en réformant et corrigeant au besoin les blasons mal expliqués et irrégulièrement composés. Cet arrêt ajoutait « qu'à l'avenir il ne sera expédié aucune lettre tant de noblesse que de mutation de nom ou d'armoiries et de concession d'armes, et qu'elles ne seront vérifiées dans aucune cour, que les particuliers auxquels elles seront accordées n'ayent obtenu l'acte de règlement du dit juge d'armes qui sera attaché sous le contre scel des dites lettres. »

C'est pendant toutes ces négociations que d'Hozier écrivit cette lettre à Gaignières :

« Je conte si bien sur vous, monsieur, que persuadé que vous ne manquerés pas au besoin, je ne doute point que vous ne me fassiés la grâce d'écrire incessamment à Mgr et à Mme la duchesse de Nouailles pour les suplier de parler à Mme de Maintenon en appuyant après d'elle, de toute leur protection, la lettre que j'ai l'honneur de lui écrire et que je prends la liberté d'adresser à Mme la duchesse de Nouailles en la suppliant, par celle que j'ai eu l'honneur de lui écrire aussi pour le mesme sujet, de vouloir bien en faire la lecture elle-même à Mme de Maintenon. J'ai les vingt-un traitans des armoiries qui me veulent opprimer auprès de M. de Chamillard. Je cherche du secours contre cette opression, je crois que je le trouverai efficacement dans la bonté des deux protecteurs que je réclame de la manière dont vous les disposerès à m'être favorable. J'espère que vous me mettrés encore une fois en état de vous marquer, par une reconnoissance vive et parfaite, qu'on ne sauroit être plus sensible à un bienfait que le sera toute sa vie, monsieur, votre très-humble serviteur.

« d'Hozier.

« Ce novembre 1702. »

Mais M. d'Hozier avait complétement ressaisi la situation qui lui appartenait si légitimement : il la recouvrait agrandie, en dépit des efforts de Clairambaut. Il prit ensuite parti dans la grande querelle des ducs et pairs contre les princes de Lorraine pour la préséance dans les ordres du roi, et c'est pour ces derniers qu'il se prononça. Le duc de Saint-Simon, injustement oublieux de la généalogie dressée pour prouver la descendance des Rouvroy de la maison royale, ne mentionne d'Hozier qu'une seule fois et peu favorablement dans ses *Mémoires*, à la date de l'année 1688. « D'Hozier, dit-il, n'acquit pas le même honneur que Clairambaut avec son mémoire sur les princes de Lorraine[1]. » Plus tard il prit sa revanche et se déclara vivement pour les ducs contre les parlementaires, lors de la fameuse affaire des bonnets.

Charles d'Hozier fut chargé, en 1706, par le roi de lui faire connaître dans un mémoire détaillé les origines des familles ayant des charges à la cour, ainsi que les origines, souvent fort plébéiennes, des membres du parlement de Paris. Cette demande fut peut-être motivée par le fameux libelle du sieur Guillard contre les origines des familles ducales, libelle uniquement rempli de calomnies et de mensonges. Le curieux et consciencieux travail du juge d'armes fut fait en trois exemplaires dont un a été remis au roi, le second à Mme de Maintenon et dont le troisième est demeuré entre les mains de la famille[2]. C'est un travail très-important dont il existe un assez grand nombre de copies, mais qui n'a jamais été imprimé. On trouve, sur un grand nombre de maisons, des renseignements excessivement précis et exacts, mais généralement peu flatteurs.

De son mariage avec Edmée-Marie Terrier, veuve d'Eloy Rossignol, écuyer, grand forestier d'Hesdin, Charles d'Hozier n'eut pas d'enfant. Comme nous

1. *Journal de Dangeau*, avec additions de Saint-Simon, t. I, p. 255.

2. Une note autographe de M. d'Hozier établit que ce travail fut fait par lui en mai 1706, sur l'ordre de Chamillard, et que l'original au net est demeuré entre les mains de M. le secrétaire d'État, auquel Mme de Maintenon l'avait donné à garder.

l'avons dit, il mourut à Paris le 13 février 1732, âgé de quatre-vingt-douze ans; mais son frère, depuis la perte de sa vue, avait épousé, le 20 août 1680, Madeleine de Bourgeois de la Fosse, fille du sieur de la Fosse, de Sézanne en Champagne, et il en eut un fils, Louis-Pierre d'Hozier, qui continua la descendance, et deux filles dont l'une, Marguerite-Charlotte d'Hozier de Sérigny, épousa, le 7 novembre 1710, Antoine de Vassart, gentilhomme ordinaire du duc de Lorraine, conseiller d'épée, seigneur de Burnicourt, de Gorze Sallée et d'Audernay, lesquelles trois seigneuries furent érigées en baronnie, le 7 avril 1719.

VIII

Louis-Pierre d'Hozier, né le 20 novembre 1685, fut, le 20 novembre 1710, reçu en survivance des charges de son oncle, auquel il succéda définitivement en 1732, ayant bien avant commencé à s'occuper de travaux généalogiques. C'est en qualité de juge d'armes qu'il obtint un brevet par lequel, le 28 octobre 1730, le grand-écuyer l'informait qu'il lui était permis de faire porter par ses domestiques les casaques et livrées du roi « et cela tant qu'il vous plaira. » Le 21 février 1714, il avait été nommé chevalier de l'ordre du roi et les preuves de noblesse qu'il fit à ce sujet furent admises le 26 mars de la même année. Enfin, le 25 juin 1727, il fut pourvu d'une charge de conseiller maître ordinaire à la cour des comptes de Paris, et avant 1736, il était devenu l'un des dix conseillers de la cour suprême en l'Hôtel-de-Ville de Paris, généalogiste de la maison du roi et de celle de la reine, et des pages de leurs écuries, et conseiller du roi en tous ses conseils.

En exécution de l'arrêt du 9 mars 1706, et conformément aux ordres du roi, M. d'Hozier commença la publication d'un *Armorial général*, mais il avait formé un projet bien autrement vaste que de donner le catalogue des armoiries enregistrées en exécution de l'édit de 1696 : il entreprit l'*Armorial historique* continué par ses successeurs et dont nous donnons aujourd'hui le « sommaire » détaillé. Cette importante publication fut commencée en 1736, et M. d'Hozier en fit paraître deux registres avant sa mort, arrivée à Paris le 25 septembre 1767 ; il publia également une lettre en forme de défi littéraire, signifié au corps entier de la littérature.

La maladie força M. d'Hozier à cesser ses travaux bien avant sa mort, nous le voyons par un billet de Mgr de Beaumont, archevêque de Paris, qui témoigne en même temps de la constance des sentiments de piété des membres de cette famille et de la haute considération dont ils jouissaient.

« A Paris, ce 31 mars 1753.

« On ne peut être, Monsieur, plus affligé que je le suis de l'état où se trouve Monsieur votre père, témoignés lui, je vous prie toute la part que j'y prends. Vous trouverés, ci-joint la permission que vous me demandés pour qu'il puisse entendre la messe le jour de Pasques dans sa chapelle domestique. Je serai toujours charmé quand je trouverai les occasions de vous marquer la sincérité de l'attachement respectueux avec lequel je suis Monsieur, votre très-humble et très-obéissant serviteur.

« ✝ Chr., Arch. de Paris. »

De son mariage, conclu le 23 mars 1716 avec demoiselle Marie-Anne de Robillard, fille de Georges de Robillard, comte de Cosnac, en Saintonge; Louis-Pierre d'Hozier eut sept enfants, dont trois filles : l'aînée, Marie-Marguerite-Félicité, née le 15 novembre 1722, épousa M. Perrotin de Barmont, chevalier de l'ordre du roi, l'un des chefs les plus influents du parti royaliste à la Constituante; la seconde, Marie-Henriette-Louise, née le 15 juillet 1724, a été mariée le 17 mai 1747, à Étienne de Vassart, seigneur d'Audernay, son cousin-germain; la troisième, Anne-Louise, née le 28 septembre 1735, fut reçue à Saint-Cyr le 12 décembre 1743, et épousa depuis M. de Poncey, marquis de la Rivière. Ainsi que nous l'avons déjà dit, Louis-Pierre d'Hozier eut quatre fils, savoir : 1° Denis-Louis d'Hozier, né le 17 avril 1720, qui fut reçu page du roi le 1er janvier 1734, et qui a continué la descendance; 2° Antoine-Marie d'Hozier, dont nous allons parler; 3° Charles-Pierre d'Hozier, qui est entré dans les ordres; il était lors de la Révolution, archiprêtre de Chartres, et abbé de Flabas. Il a été arrêté à Chartres sous le règne de la Terreur, et il est mort sur les pontons de Cherbourg où il avait été transporté; 4° Jean-François d'Hozier, comte de Baudemont, qui après avoir servi dans la marine est devenu successivement chambellan de Stanislas, roi de Pologne et duc de Lorraine, puis de l'électeur palatin, duc de Bavière.

IX

Antoine-Marie d'Hozier de Sérigny, né le 28 août 1721, obtint le 1er octobre 1734, des lettres de retenue dans la charge de juge d'armes en survivance de son père, et il continua plus tard l'*Armorial général* auquel il avait activement collaboré. Il fit imprimer, en 1756, une « Histoire généalogique de la maison de Chastelard, » et composa un Mémoire pour constater la descendance de la maison de Saint-Rémy-Valois, d'un bâtard de Henri II.

M. de Sérigny était connu, comme les autres juges d'armes, pour l'indépendance et la fermeté de son caractère : on cite de lui plusieurs mots devenus célèbres, dont l'un trouvera naturellement ici sa place. Il est relatif aux prétentions d'un certain personnage dont les preuves ne furent point admises par le juge d'armes, malgré la bienveillance que lui témoignaient le roi et plusieurs seigneurs de la cour. « Un jour, on apprit qu'il avait obtenu la faveur de monter dans les carrosses du roi ; la nouvelle fit grand bruit, et comme le juge d'armes se présentait à Versailles pour faire sa cour au roi, l'un des premiers gentilshommes l'accosta en lui disant : « Eh bien! Monsieur le juge d'armes, grande « nouvelle à la cour! » — Ce à quoi M. d'Hozier lui répondit : « La dauphine est grosse? » (On attendait alors la venue d'un fils de France.) — « Non pas, » lui répondit le premier gentilhomme, « mais M. *** est monté « dans les carrosses du roi. » — « Alors, monsieur le « duc, répondit le juge d'armes, nous n'avons plus qu'à « descendre de nos carrosses, et à faire monter nos la- « quais à notre place. »

En 1761, M. de Sérigny et son frère M. de Baudemont furent décorés, comme l'avait déjà été leur grand-père, de l'ordre des SS. Maurice et Lazare de Savoie.

Les insignes leur en furent remis en grande pompe par l'archevêque d'Auch, délégué à cet effet par le roi de Sardaigne, ainsi qu'il résulte de la lettre suivante écrite par ce prélat à M. de Ferrery, conseiller d'État et premier secrétaire de la grande maîtrise de l'Ordre, dans laquelle on lit ce passage :

« La considération dont Messieurs d'Hozier jouissent, et leur liaison avec tout ce qu'il y a de plus élevé en rang et en mérite, ont formé dans cette cérémonie une assemblée de ce qu'il y a de plus distingué dans les différents ordres qui composent cette capitale, et les nouveaux chevaliers ont fait les honneurs à cette illustre compagnie avec la plus grande magnificence. »

La ville de Salon, peu de temps avant la Révolution, voulut rendre un hommage solennel à l'ancienne famille qui avait pris naissance dans ses murs. Elle demanda à ses représentants une copie du portrait de Pierre d'Hozier, et accepta d'être parrain de l'enfant dont madame la comtesse d'Hozier de Baudemont était grosse. Voici la copie du procès-verbal de la séance du conseil de la ville de Salon, tenue le 17 avril 1785 à ce sujet.

« M. de Lamanon, maire, premier consul, portant la

parole, a dit : « Messieurs, dans le nombre des hom-
» mes illustres que notre ville a produits, nous comp-
» tons avec raison Pierre d'Hozier, seigneur de la Garde,
» chevalier de l'ordre du roi, juge d'armes de la no-
» blesse de France, conseiller d'État, fils de noble
» Étienne d'Hozier, capitaine de la ville de Salon, re-
» gardé comme le premier homme de son siècle dans
» l'art des généalogies, et doué d'une mémoire prodi-
» gieuse : il créa parmi nous la science héraldique, et
» la porta à son plus haut degré de perfection ; ses re-
» cherches ont beaucoup servi à l'histoire, et ainsi que
» Nepos le disait d'Atticus : Il a si bien découvert l'o-
» rigine des familles, et suivi leur filiation, que par lui
» nous pouvons connaître les races de nos grands hom-
» mes. Par un nouveau trait de ressemblance avec ce
» Romain, il fut l'ami de tous les personnages distin-
» gués de son temps. C'est à ses correspondances sûres
» et multipliées, que la *Gazette de France* dut son ori-
» gine en 1631 ; il fut en grande partie auteur de cet
» établissement utile, le modèle de tant d'autres qui ins-
» truisent périodiquement chaque citoyen des princi-
» paux événements, l'obligent, pour ainsi dire, à y
» prendre part, et excitent son patriotisme.

» Sur la demande qui avait été faite à MM. d'Hozier
» du portrait de Pierre d'Hozier leur bisaïeul, pour
» être placé dans la salle du conseil municipal de notre
» ville, ils se sont hâtés de nous en envoyer une copie
» très-ressemblante au portrait original, vous l'avez
» dans ce moment sous les yeux. MM. d'Hozier vous
» demandent en même temps de les mettre toujours
» au nombre de vos compatriotes et vous prient de

» vouloir bien, comme représentant le Corps de cette » ville, nommer au baptême l'enfant dont Mme la com- » tesse d'Hozier est enceinte, afin d'avoir, disent-ils, » par devers eux ce témoignage glorieux de leur an- » cienne et chère patrie. »

« Sur laquelle proposition il a été unanimement délibéré de prier MM. le chevalier de Lamanon-Girard et Campi, maire, consul actuels, de remercier MM. d'Hozier originaires de cette ville, du portrait qu'ils ont envoyé de Pierre d'Hozier leur bisaïeul, de nommer au baptême de la part du Corps de la ville, l'enfant dont Mme. la comtesse d'Hozier est enceinte[1], et de témoigner à ces Messieurs combien le conseil municipal est flatté du souvenir que les dignes successeurs de Pierre d'Hozier conservent encore de leur ancienne patrie, qui les placera toujours au nombre des citoyens qui lui font le plus d'honneur, et en conséquence de leur faire parvenir l'extrait de la présente délibération, et se sont tous les assistants au présent conseil soussignés, etc. »

X

M. d'Hozier de Sérigny ne s'étant point marié, la charge de juge d'armes fut transmise de son vivant à son neveu Ambroise-Louis-Marie d'Hozier, fils de son

1. Madame la comtesse d'Hozier de Baudemont donna peu de temps après le jour à une fille qui vit encore actuellement, et qui porte, conformément au vœu exprimé par la ville de Salon, les noms de Claire Salon d'Hozier.

frère aîné Denis-Louis d'Hozier, dont nous allons parler.

Denis-Louis d'Hozier, né le 17 avril 1720, désigné parfois sous le nom du président d'Hozier parce qu'il fut pourvu le 7 avril 1751, de la charge de président en la cour des comptes de Normandie, fut reçu page du Roi le 1er janvier 1734, et servit pendant trois ans en cette qualité. Il épousa en premières noces Élisabeth-Marguerite-Henriette de Besset, dame de la Chapelle-Millon; mais il n'eut point d'enfant de ce premier mariage; puis il épousa en secondes noces, le 10 janvier 1764, Marie-Adélaïde-Geneviève de la Croix, fille de César de la Croix-d'Orangis et de demoiselle Geneviève-Élisabeth de Lévy, qui lui donna; 1° Ambroise-Louis-Marie d'Hozier, né au mois de décembre 1764, dont nous allons parler; 2° Abraham-Charles-Augustin d'Hozier, appelé le comte d'Orangis, né le 11 décembre 1775, page de Louis XVI, écuyer cavalcadour de Monsieur, puis du roi Charles X, qui a continué la descendance; 3° N.... d'Hozier, appelé le vicomte de Sorcy, qui servit dans la marine, et mourut jeune en Amérique.

Ambroise-Louis-Marie d'Hozier, le dernier des juges d'armes de France, fut pourvu de cette charge du vivant de son oncle d'Hozier de Sérigny, mais il n'en a pris possession que le 24 octobre 1788. Il avait déjà été pourvu comme son père de la charge de président en la cour des comptes de Normandie, et c'est pour ce motif qu'il a été parfois désigné comme lui, sous la qualification du président d'Hozier. Il fut incarcéré pendant la Terreur, puis arrêté de nouveau sous le Consulat en raison de ses sentiments royalistes bien connus, et exilé sans jugement à soixante lieues de Paris jusqu'à 1814. Il est mort le 16 août 1846 à Versailles, où il s'était retiré à la suite de la Révolution de 1830[1].

Les d'Hozier possédaient des documents précieux et en très-grand nombre sur presque toutes les familles de France. Nous avons vu que Pierre a laissé cent cinquante volumes manuscrits, conservés actuellement à la Bibliothèque impériale, et desquels son fils Charles-René d'Hozier a fait don au roi, avec tous les manuscrits, lettres originales ou autres documents qu'il avait lui-même réunis. Ses descendants n'ont pas recueilli moins de notes sur l'ancienne noblesse, et nous avons la preuve de l'importance de ce cabinet par ce billet du marquis d'Aubais, le célèbre historien et généa-

1. Abraham-Charles-Augustin, comte d'Hozier d'Orangis, frère du dernier juge d'armes et qui a continué la descendance, est né le 11 décembre 1775. Il a été reçu page du roi le 1er avril 1790 et chevalier de Malte le 1er août 1792: colonel dans l'armée vendéenne, il a été arrêté sous le consulat avec MM. de Polignac et de Rivière, et il est demeuré prisonnier d'État jusqu'en 1814. Le gouvernement de la Restauration l'a nommé successivement chevalier de Saint-Louis et de la Légion d'honneur, écuyer cavalcadour de Monsieur, frère du roi, puis du roi Charles X. De son mariage avec demoiselle Marie-Charlotte de Villereau, il eut trois enfants: 1° Louis-Eugène, chevalier de la Légion d'honneur et de l'ordre de Charles III d'Espagne, qui a servi sous la Restauration en qualité de garde-du-corps de Monsieur et de lieutenant de cavalerie, et qui était désigné pour entrer dans la maison du roi en qualité de gentilhomme ordinaire quand a éclaté la révolution de 1830. Il est actuellement vivant avec une fille.

2° Jeanne d'Hozier, qui est morte sans postérité.

3° Geneviève-Joséphine d'Hozier, mariée à Ambroise-Marie-Jean-Louis, baron de Vassart et d'Audernay, son cousin issu de germain, ancien officier supérieur, chevalier des ordres de Saint-Louis, de la Légion d'honneur et de Saint-Ferdinand d'Espagne, dont le troisième fils, Marie-Edmond-Jean de Vassart a été autorisé, sur la demande de son oncle, et d'après les vœux de son grand-père, à reprendre le nom d'Hozier.

logiste du Languedoc, à Charles-René d'Hozier : « Vous m'avez fait espérer que si j'avais encore besoin de votre cabinet, je pourrois y puiser ; c'est une faveur dont je vous demande, Monsieur, la continuation. » (14 avril 1715.)

Saisis lors de l'arrestation d'Ambroise d'Hozier en 1793, ces papiers furent déposés aux Archives nationales, et rendus à M. d'Hozier en 1814[1]. Depuis, le comte d'Hozier en a remis le plus grand nombre à notre Bibliothèque impériale, où ils forment un fonds spécial et des plus précieux[2].

1. Pas tous, car un procès-verbal de brûlement de papiers nobiliaires transmis par Ameilhon à la commune de Paris en 1794 constate qu'y furent compris avec 34 boites contenant des pièces et titres « des cy devant ordres, » trente-quatre volumes de papiers et titres originaux de l'Armorial de France. — Nous avons publié ce document dans la *Revue indépendante*, nº du 1er août de l'année 1865.

2. Pour l'histoire de Pierre d'Hozier, il faut consulter : Éloge historique de Pierre d'Hozier, par G. R. M. R.;

Autre, par le P. Niceron, t. XXXII, p. 212;

Le même, réimprimé avec des corrections et des notes dans le *Mercure françois* du mois d'avril 1736, p. 717.

Tous les biographes ont répété, avec plus ou moins de paraphrases, le récit du P. Niceron. — Pour les autres membres de la famille, voir la Biographie Didot.

Le portrait de Pierre d'Hozier a été gravé par Cars; celui de Charles d'Hozier a été peint par Rigaud et gravé par Edelinck; enfin celui de Louis-Pierre d'Hozier a été peint par Largilière.

Pour l'*Armorial général* voir :

Mémoires de Trévoux, octobre 1741, octobre 1742, novembre 1752;

Mercure de France, décembre 1739, avril 1741, décembre 1752;

Réflexions sur les ouvrages de littérature, t. V, p. 341;

Journal des savants, janvier 1753;

Observations sur les écrits modernes, lettres 163, 190, 203;

Journal de Verdun, juillet, novembre 1736, août, septembre 1738, février 1740, août, septembre 1752, avril 1753;

Année littéraire, 1756, t. III, p. 31.

Le *Mercure* du mois de mai 1736 contient le prospectus très-détaillé de l'*Armorial général* de d'Hozier, lequel ne devait comprendre alors que la description des armoiries de famille, à raison de 2,500 écussons par volume, les noms et surnoms et qualités des porteurs. MM. d'Hozier demeuraient alors rue Vieille-du-Temple, au coin de la rue Saint-François. Leur hôtel existe encore.

PRÉFACE[1]

« Il n'appartenoit autrefois qu'à la noblesse ou à ceux qui jouissoient de ses priviléges, de porter des armoiries timbrées d'un casque ; et, pour décorer ses armes des couronnes de duc, de marquis, de comte et de vicomte, ou du cercle de baron, il falloit obtenir du prince des lettres qui en attribuassent la permission, ou avoir des terres érigées en duché, marquisat, comté, vicomté, baronnie, etc. Les titres de *haut et puissant*, et de *puissant seigneur* se donnoient proportionnément à la qualité et à la quantité des fiefs que les gentilshommes possédoient. Le grade de chevalier, grade personnel, et qu'on ne transmet point à ses descendants, étoit réservé à ceux qui, pour récompense de leurs grandes actions, en avoient été revêtus par les souverains, ou par des chevaliers commis, de leur part, à cet effet. Parmi les femmes mêmes, celles des chevaliers étoient les seules que l'on qualifiât du nom de *Dames ;* les femmes des écuyers ou autres nobles, étoient simplement nommées demoiselles. Et afin qu'aucun particulier n'usurpât à

[1] Cette préface est celle placée en tête de l'*Armorial général.*

son gré un rang ou un titre qui ne lui étoit pas dû, les rois d'armes, dont les places étoient dès lors très-considérables, ou, sous leur autorité les héraults et les poursuivants d'armes, dans les provinces qui leur donnoient le nom, étoient chargés de tenir ce qu'on appeloit les provinciaux, c'est-à-dire des registres de toutes les familles nobles et de leurs armoiries blasonnées.

» Pour prévenir les abus qui pouvoient naître dans l'usage des blasons, des couronnes, des casques, des timbres et des supports, ces officiers publics faisoient de temps en temps dans les provinces, des visites qui les mettoient en état de renouveler et d'augmenter leurs registres. Charles VIII pourvut encore plus sûrement au bon ordre, en créant un maréchal d'armes, à qui il donna le pouvoir de faire peindre les armoiries de tous les princes, ducs, comtes, barons, châtelains, seigneurs et autres nobles du royaume, et de mettre leurs noms en forme de catalogue, *chacun selon son degré et prééminence.*

» Ces catalogues, qui, tout imparfaits qu'ils étoient, ne laissoient pas d'avoir leur utilité, furent assez constamment en usage, jusqu'au temps d'Henri III. Les troubles arrivés sous le règne de ce prince, sont l'époque des premiers désordres. La guerre civile, ayant introduit la licence, chacun se crut en droit de tout entreprendre; les États se confondirent; la noblesse n'eut plus rien qui la distinguât du peuple. Il auroit fallu remédier au mal dans sa naissance. Henri III périt au milieu des troubles; Henri IV, qui lui succéda, avoit à conquérir son royaume avant que de le réformer. Il venoit de donner plusieurs édits, déclarations et arrêts, pour régler tous les ordres de l'État; et ses peuples touchoient au moment peut-être le plus glorieux qui fût pour la monarchie, lorsqu'ils eurent le malheur de perdre ce grand roi. Le désordre ne fit donc que croître à la faveur d'une tolérance funeste, mais presque inévitable dans des temps aussi fâcheux.

» En 1614, on pensa plus sérieusement à en arrêter les progrès. Le corps de la noblesse, assemblé à Paris pour la tenue des états généraux, représenta entre autres choses au roi Louis XIII « que les armoiries étant » une distinction attachée aux familles nobles, et dont » le légitime usage ne peut venir que de la naissance ou » de la permission du souverain, les usurpations qu'en » faisoient chaque jour les roturiers devoient être » réprimées. » Et il supplia Sa Majesté « de créer en titre » d'office, un juge d'armes qui dressât un registre uni- » versel de tous les nobles et de leurs armoiries, » afin que chacun y étant inscrit suivant ses qualités et ses titres, personne ne pût à l'avenir prendre d'autres armes ni d'autres qualifications que celles qui auroient été registrées dans le catalogue général.

» Sur ces représentations, Louis XIII crée à sa suite un conseiller-juge général d'armes, qu'il voulut être de qualité noble. Il lui donna commission de travailler au registre que lui demandoit la noblesse, et lui attribua toutes les fonctions et toutes les prérogatives qu'avoient eues autrefois les rois, les héraults et les poursuivants d'armes. Il les expliqua même, ces fonctions, en le chargeant de maintenir l'ordre dans les distinctions de la noblesse, d'empêcher l'usurpation des armoiries, des titres et des marques d'honneur; et en lui accordant non-seulement le pouvoir de connoître, à l'exclusion de tous autres juges et officiers, des différends qui pourroient s'élever à ce sujet entre les particuliers, mais encore toute juridiction sur les recherches, les poursuites et les catalogues qui se feroient, tant des nobles du royaume que de leurs armoiries, « sauf l'appel de ses jugements au tribunal des maré- » chaux de France. »

» Cet établissement, dont plusieurs princes de l'Europe se sont fait gloire de suivre le plan, ne pouvoit que produire un grand bien ; c'est aussi ce que la noblesse s'en étoit promis. Cependant toutes les prérogatives accordées au juge d'armes, ne furent alors que des titres d'honneur. Les premiers que le roi pourvut de la charge, firent peu de chose pour la réformation des abus, peut-être effrayés par la grandeur du travail que demandoit un établissement de cette nature, ou intimidés par ceux qu'ils étoient en droit de dépouiller de leurs injustes usurpations.

» Feu M. Colbert forma le dessein d'achever l'ouvrage suivant les vœux de la noblesse ; le projet étoit digne de ce ministre. Louis XIV donna, sur son rapport, plusieurs déclarations et arrêts, pour faire des recherches dans la vue de former le catalogue des nobles. Il envoya des commissaires dans les provinces ; les recherches furent commencées; mais les besoins pressants de l'État ayant obligé le ministère de mettre en traité le produit des recherches, on ne retira pas, de ce projet, tous les avantages qu'on en avoit espéré.

» Louis XIV prit encore diverses autres mesures pendant le cours de son règne. Il supprima la charge de juge d'armes, et créa une grande-maîtrise générale et souveraine des armoiries. Il donna en même temps des ordres pour travailler à un armorial général, dans lequel on devoit remplir le dessein qui avoit été autrefois proposé à Louis XIII. Mais les offices, qui devoient former la grande-maîtrise des armoiries, n'ayant pas été levés, le roi révoqua l'édit de création, et rétablit quelque temps après le juge d'armes dans toutes les fonctions de sa charge. Et comme quelques particuliers avoient négligé de faire mettre leurs armoiries dans les registres publics, s'imaginant, sans doute, que la suppression de l'office de juge d'armes les avoit dispensés de ce devoir, Sa Majesté ordonna, par un arrêt de son conseil, « que personne ne pourroit porter » des armoiries timbrées si elles n'étoient auparavant » réglées et enregistrées par cet officier ; qu'il ne seroit » expédié aucune lettre, soit de noblesse, soit de mu» tation de nom ou d'armes, etc., sans cette clause ; » que l'on ne vérifieroit ces lettres dans aucune cour » supérieure, à moins que les particuliers auxquels » elles auroient été accordées, n'eussent obtenu l'acte » de règlement et d'enregistrement du juge d'armes » de France, pour être attaché sous le contre-scel de la » chancellerie, et que le juge d'armes réformeroit, » lorsqu'il en seroit requis, les armoiries mal prises, » ou mal expliquées dans l'armorial général. »

» Un tel arrêt auroit dû, à ce qu'il semble, proscrire pour toujours les usurpations d'armoiries ; cependant on ne sauroit croire jusqu'à quel point les abus se sont multipliés de nos jours. Les roturiers s'arrogent des armes sans aucun droit. Pour peu de conformité qu'ils trouvent entre leurs noms et ceux de quelque famille noble, ils prennent le même symbole de noblesse. Souvent ils chargent leurs écussons des couronnes et des autres marques d'honneur réservées aux personnes du premier rang. Il y a plus : l'usurpation des qualités suit celle des armoiries, et la noblesse elle-même se soustrait assez communément aux anciennes règles. Quelque constant qu'il soit que tout noble n'est qu'écuyer, jusqu'à ce qu'il ait plu au roi de l'honorer d'une qualité suréminente, on paroît aujourd'hui dédaigner ce titre, pour recourir à des qualifications, aussi vaines qu'illégitimes. C'est être modéré que de se contenter du titre de chevalier, quoique l'on doive savoir que personne n'est chevalier par sa naissance, et que l'on ne peut tenir cet honneur que de la grâce particulière du souverain.

» Il est donc nécessaire de réprimer des excès si opposés au bon ordre ; la gloire du prince y est intéressée, et l'honneur de la noblesse le demande. Mais comment venir à bout d'une si grande entreprise ? Le ministère, attentif jusqu'aux moindres parties du gouvernement, et jaloux de faire revivre les sages ordonnances de nos rois, a jugé que pour réussir, il ne falloit point chercher d'autre moyen que celui qui a été employé en différents temps. C'est de rassembler dans un monument public tout ce qui concerne la noblesse, de distinguer les vrais nobles des usurpateurs, de marquer, autant qu'il est possible, les commencements de chaque famille, de suivre ses progrès et ses accroissements, en un mot, d'en constater l'état passé, présent et à venir, de façon que, quelque accident qui arrive, aucun noble ne soit plus exposé à perdre un titre qu'il a, ou hérité de ses pères, ou mérité par sa vertu, et que le prince puisse connoître ceux de ses sujets sur l'attachement et sur les services desquels il a droit de compter plus particulièrement. Tel étoit le but des divers établissements faits en faveur de la noblesse ; tel est aussi le dessein du catalogue dont le juge d'armes a eu l'honneur de présenter au roi le premier registre, qu'il donne aujourd'hui au public sous le titre d'ARMORIAL GÉNÉRAL DE FRANCE.

» Le juge d'armes ose se flatter que l'on recevra favorablement un ouvrage qui peut être regardé comme le premier fruit de l'établissement de sa charge. Selon son premier plan, il ne devoit donner qu'un état précis des familles actuellement vivantes et de leurs armoiries ; mais comme une grande partie des nobles, en fournissant leurs titres, ont désiré que l'on s'étendît plus au long sur l'ancienneté de leur famille, sur les alliances et sur les différentes branches qui les composent, afin de s'en servir dans le besoin, on s'est prêté volontiers à ce qui a paru pouvoir contribuer au bien public. On est entré dans le détail, non-seulement des noms, des armoiries, des domiciles, des dignités, des charges, et même quand on l'a pu des terres dont la possession s'est perpétuée dans les mêmes familles, mais encore de tous les changements arrivés, soit par des alliances, soit par des substitutions qui aient assujetti à joindre à son nom et à ses armes ceux des substituants. On a aussi réuni les traits les plus honorables et les plus curieux qui se sont trouvés dans les titres ; ainsi cet ouvrage est proprement l'histoire abrégée de la noblesse, et le commencement de ses fastes. Les anciennes familles qui ont subsisté jusqu'à présent avec éclat, y trouveront une voie sûre de faire passer à la postérité les monuments de leur grandeur. Et les nouveaux anoblis auront la satisfaction de voir le public instruit des motifs glorieux qui leur ont mérité l'honneur dont ils jouissent.

» S'il se rencontre des personnes qui croient qu'on n'ait pas fait remonter leur origine aussi haut qu'elle pourroit aller, soit que les titres n'aient point été produits, soit que dans les occasions où ils ont eu à faire leurs preuves, ils se soient contentés de remplir les conditions prescrites par les ordonnances et les règlements, bien qu'ils fussent en état d'aller beaucoup au delà de ce terme, on leur répond que l'exacte vérité étant la règle constante qu'on doit suivre, on s'est fait une loi de ne rien avancer que sur la vue des titres originaux, et on l'a religieusement observée ; mais s'il arrive par la suite à ces personnes de recouvrer ou de fournir des pièces plus anciennes que ce qu'on a sur leur article, on promet, en ce cas, d'en faire mention dans le cours de l'ouvrage. C'est là que l'on renvoie aussi les différents événements dont on aura connoissance et qui auroient été omis, faute d'en être instruit.

» L'*Armorial général* sera divisé en deux parties qui contiendront tout l'alphabet. C'est la forme qu'on a crue la plus propre pour éviter les répétitions continuelles. On y fera entrer un certain nombre d'armoiries, plus ou moins grand, selon la longueur des articles. On ne peut encore fixer le nombre de ces registres ; cela dépend des titres que la noblesse fournira. Chaque famille aura son article à la tête duquel on verra l'écusson gravé ; et au bas de l'article, on trouvera une explication des armoiries, rendue dans des termes simples, et débarrassée d'un jargon barbare qui auroit demandé une seconde explication.

» Quelques personnes auroient peut-être souhaité qu'on fît pour chaque province un registre particulier, tels qu'étoient ceux des rois, des hèraults et des poursuivants d'armes ; mais comme il y a un grand nombre de familles de même nom qui sont dispersées en différents pays, et qui se transplantent tous les jours d'une province dans une autre, selon les événements qui les y déterminent, l'ordre général a paru le plus convenable. On a aussi, par la même raison, abandonné le dessein qu'on avoit conçu d'abord, d'employer chaque personne en particulier avec ses armoiries ; on s'est déterminé depuis à ranger sous un même écusson toutes les branches fournies d'une même famille, et on n'a répété les écussons qu'autant qu'il s'y est trouvé des différences essentielles, occasionnées par des alliances ou par des substitutions.

» On a mis à la fin de la seconde partie du premier registre des extraits de tout ce que les édits, déclarations, règlements et arrêts qui sont tombés sous la main, ont de plus essentiel, en ce qui regarde la noblesse, les armoiries et même les habillements ; lois qui n'ont point été abrogées, et qui subsistent toujours, mais que l'on n'observe point, sans doute parce qu'elles sont ignorées.

» A ce recueil succèdent deux tables, l'une des matières, l'autre des surnoms de famille et des noms de terre joints aux surnoms pour faire connoître ceux d'une même famille qui se font annoncer dans le monde sous des dénominations différentes. »

Chaque exemplaire sera visé et signé par le Juge d'armes de France.

ARMORIAL
GÉNÉRAL
DE LA FRANCE

D'ABANCOURT

Généralité de Paris — Diocèse de Beauvais

JEAN-BAPTISTE D'ABANCOURT, écuyer, justifie sa filiation depuis

ADRIEN D'ABANCOURT (1455).

Un chevalier de Malte, FRANÇOIS D'ABANCOURT (1662).

Seigneuries de Puiseux, — de Courcelles-les-Campeaux, — du Bus-David.

Alliances : famille Gouaix.

Armes : *D'argent, à une aigle de gueules, becquée et membrée d'or, les ailes étendues.*

D'ABILLON

Généralité de Bordeaux — Diocèse de Bordeaux

JOACHIM D'ABILLON, écuyer, justifie sa filiation depuis

JOACHIM D'ABILLON Ier du nom, élu maire de Saint-Jean-d'Angeli le 27 mars 1547.

Seigneurs de Savignac, — du Sudre, — de Béchemore, — de Beaufief, — de la Ligne.

Alliances : familles : de Belhade, — Truchon, — de Sainte-Hermine, — Brachet, — du Bois.

Armes : *De gueules, à cinq billettes d'argent, couchées et posées l'une au-dessus de l'autre, en pal.*

D'ABONDE

Généralité de Paris — Diocèse de Sens

CHARLES-ALEXIS D'ABONDE, écuyer, justifie sa filiation depuis

JEAN ABONDI, citoyen de Mantoue (1511).

Seigneurs de Vulaine.

Alliances : familles : Moreau, — de Catelan, — Piedefer, — Sivelli, — Aldegati.

Armes : *D'azur, à trois étoiles d'or, posées deux et une; parti d'un échiqueté d'or et d'azur, et un chef d'argent chargé d'une aigle de sable, les ailes étendues.*

ABOT

Généralité d'Alençon — Diocèse de Séez

PIERRE ABOT, écuyer, justifie sa filiation depuis

JEAN ABOT, écuyer (1399).

Seigneuries de Champs, — du Rérâi, — de Hautpoix, — de Lignerolles, — de La Chaise, — de la Mauvézinière, — de Loiselière, — du Jarossai, — de la Grande-Bretonière, — de Gournai, — de Mellai.

Alliances : familles : Barril, — Pelard, — du Chesnai, — du Pasti, — de Sans-Avoir, —

Croquet, — de La Cherve, — Gabelle.

Armes : *D'azur, à une coquille d'argent ; écartelé d'argent à une branche de fougère de sinople en pal.*

D'ACHÉ

Évreux

Gabriel d'Aché, écuyer, justifie sa filiation depuis

Eudes d'Aché, chevalier (mort en 1423).

(Charles d'Aché, panetier du roi François Ier.)

Seigneuries de Marbeuf, — de Saint-Aubin, — du Hommet, — de Fontenai, — d'Azeville, — de Serquigni, — de Fumechon, — de la Barre, — de Villequier, — de Beuzeval. —

Alliances : familles : du Rolèt, — de Baudri, — de la Luzerne, — de Mailloc, — le Conte, — de Vassi, — de Dreux, — de Courtenai, — de Tournebu, — Mauvoisin.

Armes : *Chevronné d'or et de gueules, de six pièces.*

D'ADONVILLE

Généralité d'Orléans — Diocèse de Chartres

François d'Adonville, écuyer, justifie sa filiation depuis

Giles d'Adonville, écuyer (vivant avant 1471).

Seigneurs de Pràville en Parisis, — de Nangeville.

Alliances : familles : de Vidal, — — de Fretard, — de Neucarre.

Armes : *D'azur, à six annelets d'or, posés trois, deux et un.*

D'AGUESSEAU

Généralité de Paris — Diocèse de Meaux

Henri-François d'Aguesseau, **seigneur** de Fresnes en Brie, reçu avocat-général au Parlement de Paris, le 12 janvier 1691 et procureur au même parlement, le 19 novembre 1700, fut honoré par le roi de la dignité de chancelier de France le 2 février 1717.

[L'*Armorial* renvoie le lecteur à l'*Histoire de Saintonge* d'Armand Maichin (1671), p. 134.]

Armes : *D'azur, à deux fasces d'or, accompagnées de six coquilles d'argent, posées trois en chef, deux entre les deux fasces et une à la pointe de l'écu.*

D'AILHAUD-DE-MÉOUILLE[1]

En Provence

Noble Paul d'Ailhaud, justifie sa filiation depuis

Noble Pierre d'Ailhaud, damoiseau (1334).

Seigneurie de Méoüille.

Alliances : familles : Ambroisie, — Bérard, — de Raffélis, — de Lascaris, — de Martiny, — Désidéry.

Branche aînée

Noble Jean-Gaspard Ailhaud, écuyer, justifie sa filiation depuis

Laurent Ailhaud, fils aîné de Pierre Ailhaud et de Frémise Ambroisie (vers 1540).

Seigneuries de Vitrolles, — du Castellet, — de Montjustin.

Alliances : familles : Verragesse, — de Castellane, — de Savournin, — Baquet, — Sambue, — Icard.

Armes : *De gueules, à trois têtes de lion d'or arrachées et posées deux et une ; et un chef d'azur chargé d'un soleil d'or.*

[1] La Chesnaye des Bois mentionne Pierre et Guy d'Ailly comme ayant partagé l'héritage de leur père à Barjols, 5 mars 1215, et établit la filiation depuis Guy d'Ailly qui épousa, le 10 mars 1216, Sibille Ailhaud, dont il prit le nom.

D'ALBERTAS

En Provence

Première branche

Noble GASPARD D'ALBERTAS, écuyer (1615), eut pour trisaïeul

Noble JEAN ALBERTAS (1380)[1].

Seigneurie d'Aubenas.

Alliances : familles : de la Roque, — Arcane, — Brun, — de Sade, — Pellegrin, — de Rolland, — de Chaumarle, — de Cosme, — de la Broca.

Seconde branche

Noble AMIEL D'ALBERTAS (avant 1579), eut pour trisaïeul

SUFFREN ALBERTAS, 3e fils de Jean Albertas (1380), et de Catherine de la Roque.

Seigneuries de Villecroze, — de Géménos.

Alliances : familles : Boniface, — de la Cépède, — de Nouveau, — de Candolle, — de Gombert, — de Sabaterüs, — de Blacas, — de Pontèves, — de Laurens, — de Sabran, — de Foresta, — de Vento, — de Baschi.

Troisième branche

JEAN-BAPTISTE D'ALBERTAS, chevalier, premier président en la cour des comptes, justifie sa filiation depuis

Noble BAUDON D'ALBERTAS, quatrième fils de Jean Albertas et de Catherine de la Roque (1452.)

Un grand commandeur de Malte : ANTOINE D'ALBERTAS DE DAUPHIN (1751).

Cinq chevaliers de Malte : SURLÉON D'ALBERTAS DE SAINTE-MAIME (1650). — FRANÇOIS D'ALBERTAS DE SAINTE-MAIME (1658). — PIERRE D'ALBERTAS DE SAINTE-MAIME (1682). — JOSEPH-MARIE-PIERRE-MORGUENTE D'ALBERTAS (1731). — NICOLAS-PIERRE GABRIEL D'ALBERTAS (1731).

Seigneuries de Saint-Chamas, — du Confaux, — de Saint-Paul Fougassier, — de Géménos, — du Cholonnet, — de Ners, — de Roquefort, — du Château de Péchauris, — de Dauphin, — de Saint-Maime, — de la Perne, — de Villegenie, — d'Igny, — de Gommonvilliers, — de Villennes, — de Bouc.

Alliances : familles : de la Cépède d'Escalis, — de Gayette, — de Paullo, — de Forbin, — de Gerente, — de Castellane, — de Glandevés, — de Vento, — de Riquéty de Vandestrade ou Vaudestrade, — de Rodis, — de Beauvoir du Roure, — de Berton, — Humbert, — Joannis de la Roche, — de Lombard du Castellet, — de Couët-de-Marignane de Saint-Sulpice, — de Montullé.

Quatrième branche

MICHEL - GASPARD D'ALBERTAS, chevalier, petit-fils de

SURLÉON D'ALBERTAS, qualifié chevalier, chevalier de Malte (1617), fils puîné d'Antoine-Nicolas d'Albertas et de Marguerite de Riquéty.

Trois chevaliers de Malte : 1° ce SURLÉON D'ALBERTAS (1617); 2° MICHEL-JULES D'ALBERTAS (1658), fils du précédent; — 3° PIERRE-POMPONNE D'ALBERTAS-DE-JOUQUES (1728).

Seigneuries de Jouques, — de Roquefort.

Alliances : familles : du Mas de Castellane, — de Rémond, — de Modène, — de Raffélis, — de Villages, — de Candolle, — de Bougerel.

Cinquième branche

SURLÉON-JEAN-BAPTISTE D'ALBERTAS, écuyer, petit-fils de

SURLÉON D'ALBERTAS, fils puîné de Surléon d'Albertas, auteur au

[1] La Chesnaye des Bois nomme Jean Albertas, comme fils d'Antoine Albertas qui vint s'établir à Avignon en 1360, pour fuir la lutte des Guelfes et des Gibelins.

quatrième degré de la quatrième granche, et de Françoise du Mas-de-Castellane.

Alliances : familles : de Martel, — Bonneau de Mérindol, — de Castellane de Mazaugues.

Armes : *De gueules, à un loup d'or ravissant.*

D'ALDART (anciennement ELDER)

Généralité d'Orléans — Diocèse de Sens

JOSEPH D'ALDART, qualifié chevalier, baronnet d'Angleterre, justifie sa filiation depuis

JEAN ELDER (1591).

Seigneuries de Mignières, — de la Bernardière, — de la Salle, — de Mareau, — de Montpoulin.

Alliances : familles : Picot, — d'Autri, — de Voyer.

Armes : *D'argent, à une fasce câblée de gueules et de sinople, accompagnée en chef de deux étoiles de gueules et en pointe d'un croissant de même; et sur le tout, un écusson d'argent, chargé d'une main gauche apaumée et posée en pal.*

D'ALÈS

D'Hozier, à propos de ce nom, commence par cette observation :

Parmi divers particuliers du surnom d'ULÈS, ALÈS, etc., *de différentes familles*, parmi lesquels (c'est-à-dire parmi ceux-là seulement dont le nom se trouve écrit sans la lettre D jusqu'en 1491) il n'est pas impossible qu'il y en ait quelques-uns qui appartiennent à la famille d'ALÈS DE CORBET.

Mais d'Hozier ajoute qu'on n'a que la seule ressemblance de nom pour le croire.

D'ALÈS DE CORBET

En Touraine, dans le Blésois, dans le Dunois et en Picardie

Première branche

PIERRE-ALEXANDRE D'ALÈS DE CORBET, lieutenant dans le régiment de la vieille marine, justifie sa filiation depuis

JEAN ALÈS, écuyer (1452).

Seigneuries de Corbet, — de Marnou, — du Tref des Trois-Seigneurs, — du Boismitel, — de Thiville, — de Chenay, — de Villechèvre, — de Baugency-le-Cuit, — de la Cigognolle, — de Richeville, — de Membrolles, — de Villengeart, — de Clery-Boisville, — du Petit Lude.

Alliances : familles : du Mesnil, — du Saix, — Vaillant, — de la Roque, — de Bizac, — de Choisi, — de l'Hosme, dit de L'Isle, — de Neddes, — de Lion, — de Chasteauchallon de Bolac, — de Malliveau, — Coigne, — d'Aubusson, — Musset Hatte, — de Brisay, — des Bans, — de Patay, — de Ruest, — de Persil, — Breton, — de Pujol, — Daguet de Beauvoir, — de Perrot.

Seconde branche

JACQUES D'ALÈS DE CORBET, capitaine au régiment d'Agénois, justifie sa filiation depuis

FRANÇOIS D'ALÈS DE CORBET, écuyer (troisième fils de René d'Alès et de Gabrielle de Chasteauchallon).

Seigneuries du Rogier, — de Marnou, — d'Holnon, — de Janville, — de Taillefontaine, — de Reteuil, — d'Oigny.

Alliances : familles : de Mailli, — Richard, — de Hédouville, — le Féron, — Caignet, — de Hourdain, — de Lendifi, — de Folleville, — de Harchies, — Cousturier, — Dennet, — de Pujol-de-Joyeuse, — de Lizy de Poplicourt.

Armes : *De gueules, à une fasce d'argent, accompagnée de trois merlettes de même, posées deux en chef et l'autre à la pointe de l'écu.*

[La Chesnaye établit la filiation depuis Hugues d'Alès, qui signa à une donation à l'abbaye S. Père de Chartres, en 978, quinzième aïeul de celui auquel commence la généalogie de d'Hozier. — Voir aussi Moreri, édition de 1759, tome I.]

D'ALETS

Diocèse de Blois

JACQUES D'ALETS, écuyer, a justifié la possession de sa noblesse depuis

JEAN D'ALETS, écuyer (1453).

Seigneurie du Corbet.

Alliances : famille Musset.

Armes : *De gueules, à une fasce d'argent, accompagnée de trois merlettes de même, posées deux en chef et l'autre à la pointe de l'écu.*

ALEXANDRE

Généralité de Paris — Diocèse de Beauvais

HUGUES ALEXANDRE, écuyer, a justifié sa noblesse depuis

LOUIS ALEXANDRE, écuyer (1501).

Seigneuries de La Motte, — de Hanache, — de Pomereu, — de Fontenelles.

Alliances : famille Legier.

Armes : *D'argent, à une aigle de gueules, à deux têtes, becquée et onglée d'or.*

D'ALICHAMP

Province de Champagne — Diocèse de Troyes

FRANÇOIS-HONORÉ D'ALICHAMP, écuyer, a justifié sa noblesse depuis

JEAN D'ALICHAMP, écuyer (1501).

Seigneuries d'Épaigne, — de Brielle, — de Flamicourt, — de Saint-Aubin.

Armes : *D'azur, à un chevron d'or, accompagné de trois roses de même, posées deux en chef et l'autre à la pointe de l'écu.*

[Pas d'alliances désignées.]

D'ALLARD

Famille de Dauphiné, établie en Vivarais et dans l'Ile de France

Première branche

PIERRE D'ALLARD justifie sa filiation depuis

Noble GABRIEL ALLARD, écuyer (1516).

Seigneuries de Montvendre, — de Chantemerle.

Alliances: familles: du Perrier, — Masuere, — du Bost (ou du Bostz), — de la Faye de Lantozet, — de Corne, — de Chier, — Eymard Chastanier, — du Faur-de-Montjean.

Seconde branche

MARC-ANTOINE-LAURENT D'ALLARD, écuyer, justifie sa filiation depuis

Noble BALTHAZAR ALLARD, écuyer, fils du second lit de Gabriel Allard et de Blanche d'Urre, (avant 1612).

Seigneuries du Mayn, — de Montvendre, — de Mantaille, — du Cros, — de la Crouzillière.

Alliances : familles : Guigou, — de Doncieu, — Serret, — de Blanchard-de-Savinhuc, — de Rostaing, — Lancelin, — du Fresne.

Troisième branche

HUGUES-CHARLES D'ALLARD, écuyer, commissaire d'artillerie, frère puiné de Marc-Antoine-Laurent d'Allard.

Alliances : famille de Montchenu.

Armes : *D'or, à un chevron de sable, accompagné de trois étoiles d'azur, rangées en chef, et d'un croissant de gueules, posé à la pointe de l'écu.*

D'ALMERAS

Montpellier

JEAN-GUILLAUME D'ALMERAS, conseiller du roi en la cour des comptes de Montpellier, justifie sa filiation depuis Guillaume d'Almeras, son aïeul, viguier royal de Bagnols.

GUILLAUME D'ALMERAS, lieutenant-général des armées navales (1676), oncle de Jean-Guillaume.

Seigneuries de Mirevaux, — de Goute, — de Bossuge.

Alliances : famille Chicoineau.

Armes : *D'azur, à un lion d'or, langué et onglé de gueules et un chef d'or, chargé de trois palmes de sinople, rangées en bande.*

D'ALOGNI

Diocèse de Périgueux

CLAUDE D'ALOGNI, écuyer, prouve sa filiation jusqu'à

JACQUES D'ALOGNI, chevalier (vivant avant 1529).

Seigneuries du Puits Saint-Astier, — de la Groie.

Alliances : famille d'Abzac.

Armes : *De gueules, à cinq fleurs de lys d'argent, posées en sautoir.*

D'ALOIGNY DE ROCHEFORT

En Poitou et en Berry

Première branche

LOUIS-PIERRE-ARMAND D'ALOIGNY, chevalier, brigadier des armées du roi, justifie sa filiation depuis

PIERRE D'ALOIGNY, chevalier [1] (1350).

Seigneuries de la Millandière, — de Rochefort-sur-Creuze, — de Rochefroide, — de la Varenne, — de Pontigné, — de la Brière, — de Cenon, — de la Boutière, — de Maille, — de la Forest, — de Chauverton, — d'Oinze, — de Cachet, — de Vilgaudin, — de Vaux, — de Boismorand, — de Cherzay, — de la Chaise, — de Percy, — de Puigiraud, — de Cors, — du Blanc-en-Berry, — de Craon, — de Roches, — d'Alleron, — de Rollenier, — de Preignier.

Alliances : familles : de La Trémoille, — Couraud, — de Karaleu, — de la Touche, — d'Arnac, — de Salignac, — Scolin, — Grajon, — Guérin, — Le Clerc, — de Piégu, — du Plessis, — Barbe, — de Périon, — L'Argentier, — de Bressoles, — Habert, — de Pontevès, — Le Coigneux, — de Brichanteau, — Montmorency de Laval, — Boisdauphin.

[1] Lequel épousa Eglantine de la Trémoille, qui lui apporta la terre, depuis marquisat, de Rochefort. — *Voir* Moreri.

Seconde branche

CHARLES-GUY D'ALOIGNY-DE-ROCHEFORT, qualifié chevalier, justifie sa filiation depuis

GUY D'ALOIGNY, chevalier (second fils de Pierre d'Aloigny et de Marguerite de Salignac), chef de cette branche.

Deux chevaliers de Malte : EUSTACHE D'ALOIGNY, — GUY D'ALOIGNY, reçu en 1625.

Seigneuries de Boismorand, — de Vaux, — d'Oinze, — de la Briouze-aux-Moineaux, — des Groges, — de Louveine, — du Petit Boismorand, — des Bordes, — de l'Espine, — de la Pillaudrie, — de Boué, — de Cherzay, — de la Gosselinière, — de Ligniers, — des Maisons-Neuves.

Alliances : familles : de la Pouge, — Poirier, — de Brettes, — Scourions, — Ajasson, — Autor, — Clabat de la Roulte, — Coytard, — Jouslard d'Airon, — de Beauregard.

Armes : *De gueules, à trois fleurs de lys d'argent, posées deux et un.*

ALORGE

Diocèse de Rouen

EDMOND ALORGE, écuyer, justifie la possession de sa noblesse depuis

ROBERT ALORGE, écuyer (1486).

Seigneuries de Havars, — de Seineville, — du Castellier sur Longueville.

Alliances : famille de Guisancourt.

Armes : *De gueules, à trois gerbes de bled d'or, liées de même, posées deux et une, et accompagnées de*

sept molettes d'éperon aussi d'or, posées trois en chef, une au milieu de l'écu, et trois en pointe deux et une.

D'ALOUE

Généralité de Poitiers — Diocèse de Luçon

FRANÇOIS - HECTOR D'ALOUE, écuyer, prouve sa filiation depuis

ANDRÉ D'ALOUE (vivant avant 1478).

Seigneuries des Ajots.

Alliances : familles : Grellier, — de S. Gelais.

Armes : *D'argent, à deux chevrons de gueules, posés l'un au-dessus de l'autre et accompagnés en chef de deux macles de sable.*

D'ALUYE

En Anjou et en Touraine

Le dernier membre de cette famille, dont parle d'Hozier, est Isabelle d'Aluye, vivante en 1260.

Le premier représentant dont d'Hozier fasse mention, est Hugues de Aluia, ou de Aleia, ou de Aleya, ou de Alleya, ou de Aloya, qui remonte par sa filiation à

HUGUES DE ALOIA (978).

Seigneuries de Châteaux et de Saint-Christophe.

Alliances : familles : de Simpliciaco (peut-être de Semblançay), — d'Amboise, — de Montfort.

Armes: *Ont changé quatre fois.*

NOTA.—D'Hozier cite encore plusieurs personnes du nom de Aluya, sous cette même rubrique :

« Divers particuliers du surnom de Alogia, de Aloia, de Aleia, de Aluya, etc., soit qu'ils soient de la maison des anciens seigneurs d'Aluye, soit qu'ils appartiennent aux de Saint-Christophe du même surnom d'Aluye, soit enfin qu'il n'y ait de commun entre eux que le surnom. »

Le premier de « ces particuliers » est marqué comme vivant en 1080, le dernier comme vivant en 1272.

Les dissertations qui remplissent cet article ont pour but d'établir que la famille d'Alès de Corbet ne doit pas chercher, parmi les membres de la famille d'Aluye, ses premiers représentants.

AMAT

Dauphiné — Élection de Montélimart

LOUIS-BALTAZAR AMAT, écuyer, prouve sa filiation depuis

JACQUES AMAT, écuyer (1646).

Seigneuries du Poet, — de Montauquier, — de Chateaurenard, — de Rabeau, — de Chaudun.

Alliances : familles : Thirement, — Le Maire.

Armes : *De gueules, à un dextrochère d'argent, armé de toutes pièces, tenant une épée de même, la pointe en haut, la garde et la poignée d'or et mouvant d'un nuage aussi d'argent, posé au flanc droit de l'écu* [1].

D'AMBLARD

Diocèse de Lectoure

FRIX ANTOINE D'AMBLARD, premier capitaine du régiment de dragons de Breteuil, justifie sa filiation depuis

PIERRE D'AMBLARD, son septième aïeul.

Seigneuries de Las-Martres, — de Maleras en Agenois.

Alliances : famille Bavelier.

Armes : *D'azur, à une martre d'argent, rampante sur une palme de sinople en pal, le tout mouvant d'une terrasse de même, et un chef de sable, chargé de trois étoiles d'or.*

[1] La Chesnaye établit la filiation depuis Louis Amat, vivant en Dauphiné en 1280, huitième aïeul de Jacques. — Voir aussi le *Nouvel Armorial de Provence.*

D'AMBLI

Comté de Bourgogne — Diocèse de Langres

PHILIPPES - FRANÇOIS D'AMBLI, écuyer, justifie sa filiation depuis

JEAN D'AMBLI (1427).

Seigneuries d'Esevelles, — de Chauvirei, — d'Ambli sur Bar, — de Malmi.

Alliances : famille du Chatelet.

Armes : *D'argent, à trois lions de sable, langués de gueules, posés deux et un.*

D'ANCEL

Généralité de Caen — Diocèse de Coutances

GUILLAUME-HÉLIODORE D'ANCEL, écuyer, justifie sa noblesse depuis

GILES D'ANCEL, écuyer (1574).

Seigneuries de Quineville, — de Videcoville, — d'Audouville.

Alliances : famille d'Anvirai.

Armes : *D'or, à une fasce d'azur, accompagnée en chef d'un lion de gueules naissant et en pointe de trois trèfles de sinople, posés deux et un.*

D'ANDIGNÉ

Paroisse du Lion d'Angers

LOUIS-RÉNÉ D'ANDIGNÉ, écuyer, justifie sa noblesse jusqu'à

JEAN D'ANDIGNÉ, écuyer (vivant avant l'an 1460).

Seigneuries de Maineuf, — de l'Islebriant, — du Bois de la Cour.

Alliances : famille : d'Andigné.

Armes : *D'argent, à trois aigle de gueules, becquées et onglées d'azur, les vols abaissés et posés deux et un.*

D'ANDIGNÉ

En Anjou et en Bretagne

CHARLES-FRANÇOIS D'ANDIGNÉ-DE-RIBOU, justifie sa filiation depuis

Monseigneur GEOFFROI D'ANDIGNÉ (avant 1360). — Un chevalier de Malte, JEAN D'ANDIGNÉ (fils de Joachim qui vivait en 1513).

Seigneuries d'Andigné, — d'Angrié, — du Bois-de-la-Court, — de la Bonaudière, — des Brosses, — des Gillotteries, — des Vignes, — du Fief du Pont, — du Bourg Ribou, — de Vangeau, — de Louvaine, — de l'Espinai, — des Touches, — de Montreuil sur Mayenne, — du Bois-Billé, — de Chazé de la Blanchaie, — de la Jaillette, — de Sainte-Gemme, — de Polligné, — de la Chesnaïe, — de Princé, — de Lesson, — de Grand-Fontaine, — de la Cheluère, — de Segré, — de Maineuf, — de la Grée.

Alliances : familles : de la Porte, — du Gué, — du Bois-de-la-Court, — de la Motte, — de la Faucille, — de Chateaubriand, — Briand, — de Madaillan, — du Chastelet, — de la Roc, — de Vangeau, — de Cancoet, — Véron, — de la Chasse de Montallais, — de Bouillé, — de la Davière, — Le Porc de la Porte, — de Chazé-de-Launai, — Le Goulz, — d'Aubron, — Robin, — de Héliand, — Suirot-des-Champs, — Pentin de Belle-Isle.

Armes : *D'argent, à trois aigles de gueules posées deux et un, becquées et membrées d'azur.*

ANDRAS

Généralité de Paris — Diocèse de Sens

PHILIPPES ANDRAS, écuyer, prouve sa noblesse depuis

JEAN ANDRAS, écuyer (1491).

Seigneuries du Montoi, — de Changi.

Alliances : famille Le Lièvre.

Armes : *D'argent, à un chevron de gueules, accompagné de trois tourteaux de même, posés deux en chef et l'autre à la pointe de l'écu.*

ANDRAULT

Généralité de Moulins — Diocèse de Nevers

Louis - Théodore Andrault, justifie sa filiation depuis

Laurent Andrault, écuyer (1471).

Seigneuries de Langeron, — de l'Isle de Mars, — de Cougni.

Alliances : famille : du Gourai.

Armes : *D'azur, à trois étoiles d'argent, posées deux et une, qui est* d'Andrault; *écartelé d'argent, à trois fasces de gueules vivrées, et une bande d'azur, semée de fleurs de lis d'or et brochante sur le tout, qui est de* Gencien.

D'ANDRÉ DE MONTFORT

Dans le pays de Gévaudan

Cette famille ayant eu le malheur de perdre les monuments de son ancienneté dans les guerres contre les Camisards, ainsi qu'il est justifié par plusieurs attestations authentiques, ne peut établir ses filiations que depuis noble Gabriel d'André (avant 1586).

Noble Jean-Baptiste d'André-de-Montfort justifie sa filiation depuis

Noble Gabriel d'André (avant 1586).

Seigneuries de Lauzières, — de Montfort, — de Béluge, — du Viala, — du Pouget, — des Crouzels, — de Golombert, — du Pont de Montvert, — de Teissonnières.

Alliances : familles : du Boisset, — de Saint-Martin, — de Broche, — d'Ozil, — de Berlie, — de Manoel, — de Gentil, — de Novis.

Armes : *Parti au premier, tranché de gueules sur or, coupé et taillé de gueules sur or, et au second de sable à un lion d'argent, langué de gueules et une bordure denchée d'argent.*

ANDREY DE FONTENAY

En Normandie

François-César Andrey de Fontenay, écuyer, justifie sa filiation depuis

Jacques Andrey qualifié noble homme et écuyer (avant 1609).

Seigneuries de Seillery, — de Baudienville, — de Fontenay, — de Neuville au Plain.

Alliances : familles : Bréart, — de Scelles, — de Fontaine, — de Cardonville, — le Fevre, — du Mesnilurry.

Armes : *De sable, à un sautoir d'argent, accompagné de deux croissants de même, l'un en chef, et l'autre en pointe, et de deux molettes d'éperon d'or, posées une à chaque flanc.*

D'ANDRIEU

Généralité de Paris — Diocèse de Chartres

Jean-Batiste d'Andrieu, écuyer, justifie sa noblesse depuis

Guillaume Andrieu, écuyer (1529).

Seigneuries de la Houssoie, — de la Poterie, — de Guitrancour.

Alliances : famille de Trousseauville.

Armes : *D'argent, à une fasce de sable, chargée de trois molettes d'éperon d'or, et accompagnée en pointe de trois foudres de sable à huit pointes de flèche chacun et un chef de gueules.*

ANFRIE

Diocèse de Bayeux

Jacques - Paul Anfrie, écuyer, justifie sa filiation depuis

Guillaume Anfrie, conseiller au Parlement de Rouen (1592).

Seigneuries de Chaulieu, — de Saint-Martin de Talvende.

Alliances : famille Pelard.

Armes : *D'azur, à trois triangles*

d'or posés deux et un, et un chef de gueules, chargé de trois têtes de licorne d'or, posées de profil et accostées de deux croisettes d'or.

D'ANGENNES

GABRIEL D'ANGENNES (né à la Martinique) justifie sa filiation depuis

RENAUD D'ANGENNES, écuyer (1304).

Seigneuries de Rambouillet, — des Essards, — de Montlouet, — de Dampierre.

Alliances : famille de Mailli.

[V. l'*histoire des grands Officiers de la Couronne.*]

Armes : *De sable, à un sautoir d'argent.*

D'ANGLARS

Diocèse de Bourges

JACQUES D'ANGLARS (*sic*), écuyer, prouve sa noblesse depuis

PIERRE D'ANGLARD, écuyer (1520).

Seigneuries de Crézanci en Berri, — d'Anglard.

Alliances : famille Sergent.

Armes: *D'argent, à un lion de gueules.*

D'ANGLEBERMER

Généralité de Soissons — Diocèse de Laon

ROBERT D'ANGLEBERMER, chevalier (avant 1500) [1].

Seigneuries de Lagni, — de Passi, — de Juvincourt.

Alliances : familles : de Clermont d'Amboise, — de Cahenbert.

Armes : *D'azur, fretté d'or de six pièces.*

[1] La Chesnaye cite une pierre tombale à Irson en Thiérache, mentionnant un Jean d'Anglebermer, seigneur du lieu, mort en août 1302.

D'ANGLOS

Généralité de Paris — Diocèse de Beauvais

ANTOINE D'ANGLOS, écuyer, justifie sa filiation depuis

THOMAS D'ANGLOS, écuyer (vivant avant 1511).

Seigneuries d'Héronval, — de Lépli, — de Provinlieu, — de Froissi.

Alliances : famille Deffitat.

Armes : *D'azur, à un écusson d'argent posé au milieu de l'écu et accompagné de trois quintefeuilles d'or, posées deux en chef et une en pointe.*

D'ANGOS

Généralité de Guyenne — Diocèse de Tarbes

ARNAUD-JEAN D'ANGOS, écuyer, justifie sa filiation depuis

CHRISTOPHE D'ANGOS (1511) [1].

Seigneuries de Boucarez, — de Luc, — de Sizo, — de Villeneuve, — de Bourg, — d'Espiel.

Alliances : familles : de Beaudeau, — de Cazaux.

Armes : *D'or, à trois corneilles de sable, becquées et membrées de gueules, et un fer de lance d'argent, posé au milieu de l'écu, la pointe en haut.*

ANGRAN

AMBROISE-EUVERTE ANGRAN, conseiller du roi, est maintenu dans sa noblesse comme petit fils de

EUVERTE ANGRAN (1634).

Seigneuries de Bouchemont, — de Fontpertuis, — de Lailly.

Armes: *D'azur, à trois chevrons d'or, posés l'un au-dessus de l'autre et accompagnés de trois étoiles de même, deux en chef et l'autre à la pointe de l'écu.*

[1] Une enquête de la noblesse de Bigorre, du 18 novembre 1590, constata les services de Christophe et de ses parents, et l'incendie de sa maison de Villeneuve et de ses papiers. (D'Hozier.)

ANJORRAN

Bourges

GUILLAUME ANJORRAN, justifie sa filiation depuis

LOUIS ANJORRAN, conseiller du roi (1556).

Seigneuries de Villatte, — de Cloië en France.

Alliances : famille Heurtault,

Armes : *D'azur, à trois lis de jardin, d'argent, fleuris d'or, tigés et feuillés de sinople et posés deux et un.*

D'ANNEVILLE

Généralité de Caen — Diocèse de Coutances

JEAN-FRANÇOIS D'ANNEVILLE, écuyer, justifie sa noblesse depuis

GUILLAUME D'ANNEVILLE (1547)[1].

Seigneuries de Chiffrevast, — de Tamerville.

Alliances : familles : Le Hérici, — de Longaunai.

Armes : *D'hermines, à une fasce de gueules.*

D'ANSTRUDE

En Bourgogne

FRANÇOIS-CÉSAR D'ANSTRUDE justifie sa filiation depuis

DAVID D'ANSTRUDE (dans quelques actes Anstrudos), écuyer (1539)[2].

Seigneuries d'Huilli, — de Bierri-lez-Soulias, — de Villiers-les-Eaux, — de Mareuil.

Alliances : familles : de Mussi, — de Clerci, — de Gutteri, — de Lescluse, — de Thelis, — Bente de Chargère, — de Bezanne, — Quarré d'Aligni.

Armes : *Coupé, emmanché de sable sur argent, de trois pièces.*

[1] La Chesnaye mentionne des ascendants de Guillaume d'Anneville, vivant en 1382. Une branche de cette famille a produit les marquis de Chiffrevast, et un chevalier de Malte en 1663.

[2] La Chesnaye fait venir cette famille d'Ecosse; il mentionne plusieurs chevaliers de la Toison d'or, et qualifie François-César de baron.

D'Hozier lui consacre deux articles semblables pour le même produisant. (E. B.).

D'ANTHENAISE

Généralité d'Alençon — Diocèse de Séez

CLAUDE D'ANTHENAISE, écuyer, justifie sa filiation depuis

JACQUES D'ANTHENAISE (1606)[1].

Seigneuries de Rouilli, — du Fresne, — de Villerai.

Alliances : familles : de Courdemanche, — de Froulai.

Armes : *Bandé d'argent et de gueules, de huit pièces.*

ANTHÈS

Province d'Alsace

HENRI ANTHÈS, entrepreneur d'une manufacture d'armes blanches, en vertu de lettres patentes du 15 juillet 1730, qui lui accordent ce privilége exclusif pendant trente années, fut anobli par le roi avec sa postérité née et à naitre en légitime mariage par lettres en forme de charte, données à Versailles au mois de décembre 1731, adressées au conseil supérieur d'Alsace, à Colmar, où elles ont dû être enregistrées.

Armes : *De gueules, à trois épées d'argent liées de sinople, les gardes et les poignées d'or, posées deux en sautoir, les pointes en bas et celle du milieu en pal, la pointe en haut.*

D'ANTIN

HENRI D'ANTIN, lieutenant au gouvernement des villes et châteaux de Dax et Saint-Sever, justifie sa filiation jusqu'à

JEAN D'ANTIN, sénéchal de Bigorre et de Dax (1520).

[1] La Chesnaye nomme Eustachie d'Anthenaise, femme du sire de Monbason, vers 1530. — Maintenue de noblesse du 4 juin 1606.

Seigneuries de Saint-Pé, — de Hon en Bigorre, — d'Antin.

Alliances : familles : Pinton, — de Cardillac.

Armes : *De gueules, à trois lions d'argent, à demi-corps, posés deux et un; écartelé d'argent à trois tourteaux de gueules posés deux et un, et sur le tout d'or, à une clef de sable couronnée de même et posée en pal.*

ANTOINE

JEAN ANTOINE, huissier de la chambre du roi, fut anobli avec sa postérité en considération de ses services depuis vingt-huit ans, par lettres datées de Versailles du mois d'avril 1728.

Armes : *D'or, à un chevron d'azur, accompagné en chef de deux étoiles de même, et en pointe d'une tige de trois roses de gueules, les feuilles et la tige de sinople, mouvantes d'un croissant d'azur.*

D'ANTONNELLE

Arles

JACQUES D'ANTONNELLE, écuyer, justifie sa filiation depuis

GOUIN D'ANTONNELLE, anobli par lettres patentes du mois de mai 1578.

Seigneurie de Saint-Léger.

Alliances : famille de Bousche .

Armes: *D'azur, à cinq étoiles d'or, posées en sautoir.*

AORELI

Pérouse

CLAUDE-PHILIPPE-JOSEPH-MELCHIOR AORELI, page du roi [1], justifie sa filiation depuis

CHERUBINO AORELI, qui testa en 1573.

Seigneurie du Pui-Aquilon.

[1] Fils du comte Ottaviano Aorely du Puy-Aquilon (La Chesnaye des Bois.)

Alliances : familles : Gli-Oddi, — Meniconi.

Armes : *D'azur, à une bande d'argent chargée de trois fleurs de lis d'azur et accompagnée de deux étoiles d'or à six rais, posées une en chef, et l'autre à la pointe de l'écu.*

D'APCHON

Généralité de Lyon — Diocèse de Lyon

JACQUES-ANTOINE-JOSEPH-MARIE D'APCHON justifie sa noblesse depuis

ARTAUD DE SAINT-GERMAIN (1406) [1].

Seigneuries de Boisset, — de Montrond, — de Rochetaillée.

Alliiances : familles : Chapuis, — d'Apchon. — Artaud de Saint-Germain épousa, en 1406, Louise d'Apchon, et c'est environ depuis 1541 que la famille a quitté le nom de Saint-Germain pour prendre celui d'Apchon par des substitutions qui sont justifiées.

Armes : *D'or, semé de fleurs de lis d'azur.*

APRIX DE MORIENNE

Comté de Bourgogne — Diocèse de Besançon

NICOLAS APRIX DE MORIENNE, lieutenant de dragons dans le régiment de Saumeri, justifie sa noblesse depuis

JEAN APRIX, écuyer (1524).

Un chevalier de Malte, FRANÇOIS APRIX DE MORIENNE (1680).

Seigneurie de Vimont.

Alliances : famille Bardenot.

Armes : *D'azur, à un château d'argent.*

[1] La Chesnaye établit qu'au commencement du XIe siècle, la maison d'Apchon se fondit dans celle de Saint-Germain qui lui fut substituée. Il nomme cet Artaud comme fils d'Artaud de Saint-Germain, seigneur de Montrond, et de Louise d'Apchon, ce qui est assez en désaccord avec d'Hozier.

ARBALESTE

Généralité de Paris — Diocèse de Sens

François-Louis Arbaleste, aide de camp des armées du roi, justifie sa filiation depuis

Gui Arbaleste, conseiller au Parlement de Paris (1480).

Seigneuries de la Borde en Gâtinois.

Alliances : familles : Bazin, — Moufle, — de Mailli.

Armes : *D'or, à un sautoir de sable, dentelé, accompagné de quatre arbalestes de gueules, une posée dans chaque angle.*

D'ARBOUSSIER

Diocèse de Toulouse — En Languedoc

Jean-Jacques d'Arboussier, écuyer, justifie sa filiation depuis

Noble Gaspard d'Arboussier (1556).

Seigneuries de Montagut, — de Belloc, — du Bâtiment.

Alliances : familles : Mercier, — Grassaud, — Seignes, — de la Roche-Danel, — de Montfaucon, — de Durfort, — de Cardaillac, — d'Avessens.

Armes : *D'argent, à un arbre de sinople planté sur une terrasse de même, mouvante de la pointe de l'écu, et accosté de deux lions de gueules, affrontés sur le tronc de l'arbre, ayant chacun une patte de derrière posée sur la terrasse.*

D'ARCES

Diocèse de Grenoble

Louis d'Arces, écuyer, justifie sa filiation depuis

Louis d'Arces (1506) [1].

[1] La Chesnaye commence la filiation à Aimon d'Arces, marié en 1289 à Ambroisie de Beaumont, sixième aïeul de Louis, en mentionnant des ascendants dès le milieu du XIe siècle.

Seigneurie de la Bayette.

Alliances : familles : de Pellegrin, — de Fay.

Armes : *D'azur, à un franc quartier d'or, et une cotice, composée d'argent et de gueules, brochant sur le tout en bandes.*

D'ARCI

Généralité de Lyon — Diocèse de Lyon

Pierre d'Arci, écuyer, justifie sa filiation depuis

Philbert d'Arci, écuyer (1481).

Seigneuries de Montfriol, — de Toiri en Beaujolois, — de la Farge.

Alliances : familles : Queste, — de la Tric.

Armes : *De gueules, à trois arcs d'argent, couchés et posés en pal, l'un au dessus de l'autre.*

D'ARCUSSIA

Marseille

Charles-Michel d'Arcussia justifie sa filiation depuis

Jean d'Arcussia, vicomte d'Esparron (mort en 1546. [1])

Un chevalier de Malte, Charles d'Arcussia (1675).

Seigneuries du Revest, — d'Esparron.

Alliances : familles : de l'Isle, — de Glandevez.

Armes : *D'or, à une fasce d'azur, accompagnée de trois arcs de gueules, posés deux en chef et un en pointe.*

DES ARDENS

Généralité de Paris — Diocèse de Sens

Edme-Hector des Ardens, écuyer, justifie sa filiation depuis

[1] La Chesnaye fait descendre cette maison des ducs d'Amalsis à Naples, et nomme de nombreux membres depuis le XIIe siècle.

Jean des Ardens, écuyer (mort avant 1676).

Seigneuries de Gumeri, — de Courtemont, — de Maudetour, — de la Jonquière.

Alliances : familles : Vaillant, — Courtois..

Armes : *De gueules, à un chevron d'or, accompagné en chef de trois besans d'argent, rangés en fasce, et une fleur de lis d'or, posée à la pointe de l'écu.*

D'ARÈRES

Généralité de Rouen — Diocèse de Rouen

Jean-Baptiste d'Arères, écuyer, justifie sa filiation depuis

Guillaume d'Arères (1481).

Seigneuries de La Tour, — du Tuit.

Alliances : famille Le Grand.

Armes : *D'azur, à un sautoir d'or, dentelé de même.*

D'ARGENNES

Avranches

Antoine d'Argennes, écuyer, justifie sa filiation depuis

Pierre d'Argennes, écuyer (avant 1461).

Seigneuries du Franc-fief, — de Montmirel, — de la Chatière.

Alliances : famille Vivien.

Armes : *D'azur, à une croix d'or, accompagnée de quatre aigles de même, les vols étendus et posés un dans chaque canton de la croix.*

D'ARGENT

Généralité de Châlons — Diocèse de Reims

Charles-Antoine d'Argent, écuyer, seigneur de Deux-Fontaines, mousquetaire du roi, justifie sa noblesse depuis son trisaïeul

Louis d'Argent (avant 1566).

Seigneurie de Deux-Fontaines (diocèse de Reims).

Alliances : famille de Serpe.

Armes : *D'azur, à un lion d'argent, et un chef d'or chargé de trois étoiles de gueules.*

D'ARGOUD

En Dauphiné

On trouve dans un ancien registre d'Hommages, conservé dans la chambre de comptes de Dauphiné un :

Aymond Argoud, qualifié homme lige du comte d'Albon (1262) et une suite de nobles du même nom jusqu'à Antoine Argoud (1513), mais ces dénommés ne prouvent que l'ancienneté du nom d'Argoud. Les titres ne justifient la filiation que depuis Maurice d'Argoud, ci-après.

Jean-Baptiste-Gaston d'Argoud, chevalier de Saint-Louis, justifie sa filiation depuis

Maurice d'Argoud, chevalier de Saint-Louis, sergent-major de la citadelle de Tournay (1660).

Seigneuries de Veissilien, — de Panossas, — de Moras.

Alliances : familles : de Celles, — Cellard.

Armes : *D'azur, à trois fasces d'or.*

D'ARLOS

Généralité de Dijon — Diocèse de Lyon

Antoine d'Arlos, écuyer, justifie sa filiation depuis

Pierre d'Arlos (1474).

Seigneuries de la Servette, — de Leimen.

Alliances : familles : du Montet, — de Maleval.

Armes : *D'azur, à un lion d'or, la langue et les griffes de gueules.*

ARLOT DE FRUGIE

Généralité de Bordeaux — Diocèse de Périgueux

Louis-Isaac Arlot de Frugie, justifie sa noblesse depuis

JEAN ARLOT, écuyer (1480).

Seigneuries de la Roque, — de Frugie, — de Sainte-Marie, — de Cumont.

Alliances : famille de La Doire.

Armes : *D'azur, à trois étoiles d'argent, rangées en fasce et accompagnées en chef d'un croissant de même et en pointe d'une grappe de raisin, aussi d'argent, tigée et feuillée de sinople.*

ARMAND

GUILLAUME ARMAND, gendarme de la garde du roi, justifie sa noblesse depuis

ARNULPHE ARMAND (avant 1532)[1].

Seigneurie de Chateauvieux.

Alliances : famille Ferrand.

Armes : *De gueules, à une fasce, échiquetée d'argent et de sable de trois traits, accompagnée en chef d'un croissant d'or et en pointe d'un bœuf de même, paissant.*

ARNAUD

Généralité de Bordeaux — Diocèse de Périgueux

JEAN ARNAUD, écuyer, justifie sa filiation depuis

LOUIS ARNAUD (avant 1561)[2].

Seigneuries de Sarazignac, — de La Borie.

Alliances : famille de Montozon.

Armes : *D'azur, à une bande d'or, chargée de trois losanges de gueules et accompagnée en chef de trois étoiles d'argent posées en bande.*

[1] La Chesnaye attribue à cette maison la même origine que celle des Armand de Blacons et Armand de la Garcinière, et mentionne ses cinq branches à Genève, dans le Comtat, en Bourgogne, en Dauphiné et en Bassigny.

[2] La Chesnaye date la filiation de cette famille du XIIe siècle.

D'ARNAULD

Originaire du Languedoc, établie en Picardie

Première branche

Noble JEAN-HENRI D'ARNAUD justifie sa filiation depuis

HENRI ARNAUD, écuyer (1521).

Seigneuries de Saint-Bonnet, — de Montaren.

Alliances : familles : Milon, — Masmejan, — Bastide, — de Villeneuve, — de Bouet, — de Laval.

Seconde branche

CHARLES D'ARNAUD, écuyer, justifie sa filiation depuis

JEAN D'ARNAUD, écuyer (quatrième fils de Jacques Arnaud et de Jeanne Bastide[1].

Seigneuries de Saint-Bonnet, — de Sérouville, — de Cajeu, — de Frétemeulle, — de Beauvoir.

Alliances : familles : de Fléchin, — Mourette, — de Calonne de le Gorgue.

Armes : *De gueules, à un chevron d'argent, chargé de deux palmes de sinople adossées et accompagné de trois besants d'or, posés deux en chef et l'autre en pointe. Ecartelé d'argent, à une aigle de sable, becquée et membrée de gueules, le vol abaissé.*

D'ARNOULT

EDOUARD D'ARNOULT, écuyer, justifie sa filiation depuis

JEAN D'ARNOULT, écuyer (1485).

Seigneuries de Fontenai, — de Fleuri.

Alliances : famille de Saint-Aubin de l'Epinei.

Armes : *D'argent, à un chevron de gueules accompagné de trois cœurs de même, posés deux en chef et l'autre à la pointe de l'écu.*

D'AROUX DE LA SERRE

Famille originaire du Bordelais, établie en Quercy et en Languedoc

FRANÇOIS D'AROUX, lieutenant dans le régiment d'infanterie de Lostange, justifie sa filiation depuis.

SANCE DE RUSSO (ou Ros), damoiseau (1411).

Seigneuries de Bressols, — de la Bastide Saint-Pierre, — du fief de Roux, — de la Serre.

Alliances : familles : de Blazin, — d'Orgueil, — de Boneu, — du Bosquet, — de Grimoard, — de Sales, — Hébrard (ou Ebrail), — de Roquemaurel, — de Got (ou du Gout), — Bernard, — d'Arjac, — de Gavarret, — de la Tour, — Boyau, — de Vignaulx, — de Bienfour, — de Lo, — de Gestas-de-Floran, — de Maignaud, — de Castillon, — de Bossos (ou de Boussost), — de Caval, — de l'Herm, — Falguière, — de Moulliet, — Marin.

Armes : *D'azur, à un besan d'or; écartelé d'or à l'aigle éployée de sable.*

D'ARRAC DE VIGNES

En Guyenne

JOSEPH D'ARRAC-DE-VIGNES, écuyer, justifie sa filiation depuis

JEAN D'ARRAC, écuyer, anobli pour services militaires par lettres patentes du mois de mai 1596.

Seigneuries de Brostau, — de Vignes, — de Romefort, — de Beiries, — d'Argelos, — de Nassiet de Marpaps, — de Sault-de-Navailles.

Alliances : familles : d'Anglade, — de Bédorède-de-Montolieu, — d'Aren, — de Luppé, — de Mesmes, — de Lestonnac, — de Frexou, — de Lisserasse, — d'Abbadie, — d'Arboucave, — de Laur.

Armes : *D'argent, à un sanglier de sable, écartelé d'azur, à une aigle à deux têtes, d'or, ayant le vol abaissé.*

NOTA. — Dans le dessin des armes, l'Aigle est éployée.

D'ARRAS

Généralité de Châlons — Diocèse de Rheims

PHILIPPE D'ARRAS, écuyer, justifie sa filiation depuis

JEAN D'ARRAS, écuyer (1514).

Seigneuries de Prouilli, — de Montigni-sur-Vesle, — d'Audreci.

Alliances : famille Du Chesne.

Armes : *D'argent, à un chevron d'azur, accompagné en chef de deux oies de sable, becquées et onglées de gueules et affrontées.*

D'ARSONVAL

Généralité de Soissons — Diocèse de Soissons

JEAN D'ARSONVAL, écuyer, justifie sa noblesse depuis

GUILLAUME D'ARSONVAL, écuyer (1518).

Seigneuries des Tournelles, — de Chavignon.

Alliances : famille d'Aumazanche.

Armes : *Tranché d'azur sur or et une étoile à huit rais de l'un en l'autre, chargée d'une croisette de gueules.*

D'ARTIGUES

BERNARD D'ARTIGUES, major du bataillon de Thorigni dans le régiment Royal-Artillerie, fut anobli avec sa postérité en considération de ses longs services, par lettres données à Paris au mois de mai 1721 et adressées aux cour de Parlement et cour des Aides à Bordeaux, et trésoriers de France à Auch pour y être registrées.

Armes : *D'argent, à un chevron d'azur, accompagné en chef de deux étoiles de même, et en pointe d'un lion de gueules.*

ARTHUYS DE VAUX

En Berri

Louis Arthuys, écuyer, justifie sa filiation depuis

François Arthuys, écuyer (1519)[1].

Seigneuries de Vaux, — de la Genevraie.

Alliances : familles : Bigot, — Le Large, — de la Chastre, — Penier, — de Jantis-des-Rodières, — Baraton.

Armes : *D'argent, à un chevron de sinople, accompagné de trois feuilles de houx de même, posées deux en chef, et l'autre en pointe.*

D'ARZAC

Généralité de Montauban—Diocèse de Rhodès

Guion d'Arzac, écuyer, justifie sa filiation depuis

Antoine d'Arzac (1556).

Seigneuries du Caila, — de la Force, — de Sabrazac, — de Campnac, — de Gilorgue en Rouergue.

Alliances : familles : de Peironene, — de La-Roque-Saint-Chamaran, — Isarn.

Armes : *D'azur, à une bande de gueules chargée de trois fleurs de lis d'or et accompagnée en chef de trois étoiles de même, rangées en fasce, et un mouton d'argent, passant sur une terrasse de sinople, mouvante de la pointe de l'écu.*

D'ASSÉ

Généralité de Tours — Diocèse du Mans

Charles d'Assé, écuyer, justifie sa filiation depuis

Jean d'Assé, écuyer (vivant avant 1478).

Seigneuries d'Assé, — de Montfaucon, — d'Auvers, — de Brains, — de Reinefort, — de l'Epinai.

Alliances : familles : Chevalier, — de La Motte.

Armes : *Parti emmanché d'argent et de sable, de huit pièces.*

D'ASSI

Généralité de Bourges — Diocèse de Bourges

Silvain d'Assi, écuyer, justifie sa noblesse depuis

François d'Assi, écuyer (avant 1540).

Seigneuries de Vierzac, — de Rochefolle, — des Ormeaux, — — du Lourdet.

Alliances : familles : de Murat, — Dareau.

Armes : *D'argent, à un lion de sable, la langue et les griffes de gueules et un chef de même, chargé de deux croissants d'argent adossés.*

ASTORG

Auvergne — Diocèse de Clermont

Jean Astorg, écuyer, justifie sa filiation depuis

Pierre d'Astorg, écuyer (1513).

Seigneuries de Chaludet, — de la Feuillade, — de Lascotz, — de Montifaut, — de Monteil.

Alliances : familles : de Saintan, — Anglard, — de Sarazin, — de Monteil.

Armes : *De sable, à un faucon d'argent, longé et grilleté d'or, posé sur une main gantée aussi d'or et accompagné en chef de deux fleurs de lis d'argent, et en pointe d'une demi-fleur de lis de même, mouvante de l'extrémité du flanc droit de l'écu.*

AUBAUD

Diocèse de Saint-Malo

Gilles Aubaud, écuyer, justifie sa filiation depuis

[1] La Chesnaye fait venir cette maison d'Angleterre en Berry, en 1195.

Pierre Aubaud, seigneur de la Durantaye (1480).

Seigneuries du Perron, — de la Durantaye.

Alliances : famille Picart-du-Fagel.

Armes : *D'argent, à une aigle de sable, onglée d'or, et les ailes étendues.*

AUBER

Pays de Caux

René Auber, conseiller au Parlement de Rouen, justifie sa noblesse depuis

Jean Auber, écuyer, seigneur de la Porte (1522).

Seigneuries d'Aubeuf, — de Saint-Aubin, — de Vertot, — de la Porte.

Alliances : familles : de Houdetot, — Boulanc, — de Prie, — de Pellevé.

Armes : *D'argent, à trois fasces de sable, accompagnées de quatre roses de gueules, posées deux, une et une.*

D'AUBER

Famille originaire de Normandie, établie depuis en Agénois

Première branche

Cette famille a perdu les monuments de son ancienneté dans l'incendie du château de noble Raymond d'Auber (auteur du ive degré), mais la filiation n'est établie par titres que depuis Jean d'Auber (1478).

Noble François d'Auber-de-Peyrelongue justifie sa filiation depuis

Noble Jean d'Auber, écuyer, (1478).

Seigneurie de Peyrelongue.

Alliances : familles : de Madaillan, — d'Armantieu, — Bazin, — de Beaupuy, — Pigousset, — Robert, — Brau, — de Cours-de-Thomasseau, — du Laura, — Le Doux-de-Montigni, — Cloupeau, — Héraud.

Seconde branche

François d'Auber-de-Madaillan, écuyer, maintenu dans sa noblesse en 1667, justifie sa filiation depuis

François d'Auber, qualifié chevalier (1555).

Seigneurie de Peyrelongue.

Armes : *D'azur, à un pal d'argent, accosté de quatre étoiles d'or, posées deux de chaque côté, l'une au dessus de l'autre, et un chef de gueules, chargé d'une fasce d'argent ondée.*

AUBERI

Anne-Jacques-Louis Auberi, écuyer, justifie sa noblesse depuis

Frédéric-Paul Auberi (1439), originaire d'Angleterre.

Seigneuries du Maurier, — de la Fontaine d'Augé, — de la Ville-au-Maire, — de Monceau en Anjou.

Alliances : familles : de Nettancourt, — de Beauveau, — Vaillant, — de Harlai, — Anthonis.

Armes : *De gueules, à un croissant d'or, accompagné de trois trèfles d'argent, posés deux en chef et l'autre à la pointe de l'écu.*

AUBERJON

Diocèse de Vienne

Ennemond Bernard Auberjon, écuyer, justifie sa noblesse depuis

Noble Pierre Auberjon (1415) [1].

Seigneurie de Murinais.

Alliances : famille Levron.

Armes : *D'or, à une bande d'azur, chargée de trois cottes d'armes d'argent.*

[1] Pierre Auberjon, échanson du roi, 1388; mention de Humbert, vivant à la fin du xiiie siècle.
(La Chesnaye des Bois.)

AUBERT

Généralité de la Rochelle — Diocèse de Saintes

CHARLES AUBERT, lieutenant des vaisseaux du roi, justifie sa filiation depuis

CHARLES AUBERT, écuyer (vivant avant 1577).

Seigneuries de Courcerac, — de Bardon en Saintonge.

Alliances : famille de Longueville.

Armes : *Losangé de gueules et d'azur, et une bande d'or brochant sur le tout.*

AUBERT

En Poitou, en Touraine, et en Languedoc

Première branche

LOUIS-HENRI-GEORGES AUBERT DU PETIT-THOUARS, chevalier de Saint-Louis, justifie sa filiation depuis

GEORGES AUBERT, dit le capitaine SAINT-GEORGES, écuyer (fin du XVe siècle).

Seigneuries du Petit-Thouars, — de Saint-Georges, — de la Forest, — de Rassay, — de Fournieux (*alias* Fourneyeux), — du Château de Saint-Germain-des-Prés-lès-Cande, — du Chillou.

Alliances : familles : de Buisine, — Briaud, — Philbert, — Mesnard de la Haye, — Le Gras, — Blondé de Messemé, — Desmé-du-Buisson.

Seconde branche

GILLES-RENÉ-GABRIEL AUBERT DE BOUMOIS, écuyer, fils de

GILLES-LOUIS-ANTHOINE AUBERT DU PETIT-THOUARS, chevalier de Saint-Louis (1759).

Seigneurie de Boumois.

Alliances : famille Gohin.

Troisième branche

AUGUSTE-CÉSAR-JOSEPH AUBERT DE RAFFAY, écuyer, fils de

JEAN-BAPTISTE-AUGUSTE-CÉSAR-PIERRE AUBERT DE RAFFAY, écuyer (1694).

Seigneurie de Raffay.

Alliances : familles : de Calmel-du-Cazel, — de Landes-de-Linières.

Armes : *D'azur, à une cotte de maille d'or.*

D'AUBETERRE

Diocèse de Langres

JEAN-JACQUES D'AUBETERRE justifie de la maintenue de la noblesse de sa maison par arrêt rendu en faveur de

JEAN-BAPTISTE D'AUBETERRE (1673).

Seigneuries de Juilli-le-Chatel, — de Vaux.

Alliances : famille Hennequin.

Armes : *D'azur, à trois fasces d'or, accompagnées en chef de trois étoiles de même et en pointe d'une rose aussi d'or.*

D'AUBOURG

Généralité de Paris — Diocèse de Beauvais

JÉROME-ALEXANDRE D'AUBOURG, écuyer, justifie sa filiation depuis

NICOLAS D'AUBOURG, écuyer (1560)[1].

Seigneuries de Wambez, — de Neuvillette, — de Lanlu.

Alliances : famille de La Rue.

Armes : *D'azur, à trois fasces d'or.*

AUBOUST

Province de la Marche — Diocèse de Limoges

JEAN-CLAUDE AUBOUST justifie sa noblesse depuis

[1] La Chesnaye mentionne Robert d'Aubourg, seigneur de Villambray, cité en 1539 parmi les nobles convoqués pour la rédaction des coutumes de Senlis, fils de Rosequim, écuyer et arrière-petit-fils de Philippe, écuyer du seigneur de Malherbe.

Jean Auboust, écuyer (vivant avant 1488).

Seigneuries des Vergnes, — de Saint-Maurice, — de Baqueville.

Alliances : famille du Pouget.

Armes : *D'argent, à un chevron de gueules, accompagné en chef de deux hiboux de sable affrontés, et en pointe d'un arbre de sinople, planté sur une terrasse de même, et un chef d'azur, chargé de trois étoiles d'or.*

AUBRI

Généralité de Bourges

Leonor Aubri justifie sa filiation depuis

Leonor Aubri (1677).

Seigneurie de Lazenai en Berri.

Alliances : famille Coustard.

Armes : *D'argent, à une hure de sanglier de sable, les yeux et les défenses d'argent, et un chef d'azur, dentelé par le bas, et chargé de trois roses d'or.*

D'AUBUSSON

Hubert, vicomte d'Aubusson; la généalogie de cette maison est rapportée fol. 318 du 5e volume de l'*Histoire des grands Officiers*, depuis

Ranulphe d'Aubusson (887).

Seigneuries de Roanès, — de Miremont.

Alliances : famille Bazin-de-Bezons.

Armes : *D'or, à une croix de gueules, ancrée.*

D'AUDIFFRET

Jean-Paul d'Audiffret justifie sa noblesse depuis

Marcellin Audiffret (1455).

Seigneuries »

Alliances : familles : de Foresta, — De Meironis.

Armes : *D'or, à un chevron d'azur, chargé de cinq étoiles d'or, et accompagné en pointe d'un faucon de sable, posé sur un rocher de même, ayant la patte droite levée et la tête couronnée, l'écu bordé d'une bordure de sable, crénelée.*

(Voir *Nouvel Armorial de Provence.*)

D'AUGA

Province du Béarn — Diocèse de Lescar

Bernard d'Auga, justifie sa noblesse depuis

Noble Pierre d'Auga (vivant avant 1589)[1].

Seigneuries de Moussai, — d'Auga en Béarn.

Alliances : famille de Pœmiro.

Armes : *D'argent, à trois fasces de gueules, écartelé d'or, à un lévrier de gueules rampant.*

AUGEARD

Matthieu Augeard, avocat au parlement, écuyer[2].

Seigneuries »

Alliances : familles : Pioger, — de Faveroles.

Armes : *D'azur, à trois jars, ou oies mâles au naturel, posés deux et un.*

AUGET

Généralité de Paris — Diocèse de Meaux

Jean-Baptiste-Robert Auget, écuyer, fils de Jean Auget, président au bureau des finances de Paris.

[1] La Chesnaye commence la filiation à Gracia d'Auga, seigneur du lieu, 1390, avec mention de Domingo, vivant au XIIIe siècle.

[2] Arrêt de maintenue de noblesse de la cour des Aides du 27 juin 1766, comme originaire du Poitou et antérieure au XVIe siècle. (La Chesnaye des Bois).

Seigneuries de Montion en Brie, — de Boissi.

Alliances : familles : Surirei, — Pajot, — Cousinet.

Armes : *D'argent, à une fasce de gueules, accompagnée de trois têtes d'aigles de sable, arrachées et languées de gueules, posées deux en chef, et l'autre en pointe.*

D'AULÈDE

Généralité d'Auch — Diocèse d'Auch

Louis-Bertrand d'Aulède, écuyer, justifie sa noblesse depuis

Pierre d'Aulède, écuyer (1534).

Seigneuries de la Maison noble de Pardaillan, — du Cros, — de Castelmoron, — de Podensac.

Alliances : familles : Blondel, — de Joigni, — de Bellebrune, — de Milhac.

Armes : *D'argent, à un lion de sable, langué, onglé et couronné de gueules, et une bordure de sable, chargée de onze besants d'or.*

D'AUMALE

En Picardie

Famille privée de ses plus anciens titres par les guerres fréquentes qui, dans différents temps, ont ravagé la Picardie.

Jacques d'Aumale, chevalier (1625), remonte par sa filiation à

Méri ou Emeri d'Aumale (1425).

Seigneuries d'Herselines, — d'Hondrechies, — d'Hocquincourt, — de Bouillencourt, — d'Epagny, — du Quesnoy, — de Chavigni, — du Mont-Notre-Dame, — de Branges, — de Lesdain, — de Montbrehan, — du Petit-Antreval, — de Haucourt, — de Châtillon-sur-Marne, — de Vallengoujart, — de Chignoles, — de Lhuis, — de Grigny, — de Quincy, — de Bazoches.

Alliances : familles : d'Epagny, — de Moreuil, — de Hondecoustre, — de Rassé, — d'Estourmel, — de Villiers-l'Isle-Adam, — d'Anglebermer, — de Boussut.

Seigneurs du Quesnoy, vicomtes du Mont-Notre-Dame

Charles d'Aumale (1672) justifie sa filiation depuis

François d'Aumale (second fils de Philippe d'Aumale et de Madeleine de Villiers-l'Isle-Adam), (1545).

Seigneuries du Quesnoy, — de Boifraut, — de Boubers, — de Linières, — du Sauchoi, — de Balastre, — de Chauffoi, — de Talonville, — de Cantigni, — de Vaudrecourt, — du Verger, — de Bellenglise, — de Rieu.

Alliances : familles : de Bayencourt, — de Gadimez, — de la Fons, — de Bemetz, — de Cajac, — de Nais-Custène, — de Saint-Just, — de Calonne.

Seigneurs de Mareuil et de Murtin

Jacques-Louis d'Aumale justifie sa filiation depuis

Jacques d'Aumale (l'un des fils de Jean d'Aumale et de Louise de Cajac).

Seigneuries de Mareuil, — de Murtin.

Alliances : familles : de Courcelles, — de Polastron, — de la Hillière.

Seigneurs de Mareuil-du-Liévin et du Charmel

Adrien-Alexandre-Gabriel d'Aumale, lieutenant dans le régiment de Navarre, fils de

Charles d'Aumale (troisième fils de Jacques d'Aumale et de Suzanne de Courcelles).

Seigneuries de Mareuil, — du Liévin, — du Charmel.

Alliances : famille de Blocquel-de-Croix.

Seigneurs de Balastre, vicomtes du Mont-Notre-Dame

Louis-Michel-François d'Aumale, lieutenant dans le régiment de Vermandois, justifie sa filiation depuis

Gabriel d'Aumale (second fils de François d'Aumale et de Michelle de Bayencourt), (1500).

Seigneuries du Chauffoi, — de Montcler, — de Gagelois, — de Ripot, — de Balastre, — du Mont-Notre-Dame, — de Saint-Mandé, — de Voisin, — de Ban-Saint-Georges, — de Lescouettes, — des Bouleaux.

Alliances : familles : de Paillart, — de Marle, — d'Aunoi, — de Roque, — d'Héricourt, — du Clozel, — d'Harzillemont, — de Bouberts, — Hervé, — Oudan.

Seigneurs de Bugni et d'Ivrencheux

Jean-Baptiste-André d'Aumale, capitaine d'une compagnie de milices dans le régiment d'Anest, justifie sa filiation depuis

Antoine d'Aumale, écuyer (second fils de Gabriel d'Aumale et de Catherine de Paillart), (1634).

Seigneuries de Bugni, — de la Folie, — d'Ivrencheux.

Alliances : familles : de Bovelles, — Blondel, — Fournel, — Hemart.

Seigneurs de Haucourt

Jacques d'Aumale (appelé le marquis de Haucourt) justifie sa filiation depuis

Charles d'Aumale (troisième fils de Jean d'Aumale et de Jeanne de Rassé).

Seigneuries de Haucourt, — de Rieu, — des Chignoles, — de Martinville, — de Marcel-la-Cave, — de Courtemanche, — de Terrigné, — de la Horgne, — de Congerville, — de Gennes, — de Villier-Outreau, — de Montdetour.

Alliances : familles : de Pardieu, — de Hangest, — de Moyencourt, — — de la Porte, — de la Fayette, — du Lac, — Gaillard, — de Jaucourt, — de Gentils, — du Gard, — du Four, — de Saint-Paul, — de la Vespière, — de Schomberg, — de Cuick, — Mierop, — de Noyelles, — du Tour.

Seigneurs de la Horgne

Benjamin d'Aumale (deuxième fils de Nicolas d'Aumale et de Charlotte Gaillard).

Seigneuries de la Horgne, — de la Marche.

Alliances : familles : de Barizi, — de Ranchecourt, — Jaquelin — Lallier.

Seigneurs de Gondreville

Louis d'Aumale (1671), fils de

Paul d'Aumale (cinquième fils de Nicolas d'Aumale, seigneur de Haucourt et de Charlotte Gaillard, 1630).

Seigneuries de Perthes, — de Chignoles, — de Gondreville.

Alliances : familles : Travant, — du Faiget, — de Poizi, — de l'Espingal, — de Pas, — de Maubert, — de Crussol-Uzès.

Seigneurs de Hampsel

Caterin d'Aumale (1616), capitaine lieutenant des Cent-Suisses de la garde du roi, justifie sa filiation depuis

Guillaume d'Aumale (troisième fils de Jean d'Aumale et de Jeanne de Moreuil).

Un chevalier de Malte, Antoine d'Aumale (1580).

Seigneurie de Hampsel.

Alliances : familles : de Villepègue, — de Bissipat, — de Blécourt, — de l'Isle, — de Grouches, — de la Fontaine, — de la Vieuville, — Hotman.

Armes : *D'argent, à une bande de gueules chargée de trois besants d'or.*

D'AUMALE

Généralité d'Amiens — Diocèse d'Amiens

JACQUES-ANTOINE D'AUMALE, justifie sa filiation depuis

JEAN D'AUMALE (avant 1460).

Seigneuries d'Épagny, — du Quesnoy.

Alliances : familles : de Polastron, — de la Hillière, — de Montreuil-Soissons, — de Villiers-l'Isle-Adam.

Armes : *D'argent, à une bande de gueules, chargée de trois besants d'or.*

D'AUMONT

LOUIS-MARIE-AUGUSTIN D'AUMONT, de Rochebaron, duc d'Aumont, pair de France. La généalogie de cette maison est rapportée au f° 870 du 4e vol. de l'*Histoire des Grands Officiers de la Couronne*, où elle est commencée.

JEAN I du nom, sire d'Aumont (1248).

PIERRE II sire d'Aumont, porte-oriflamme de France sous Charles VI.

Seigneuries de Villequier, — d'Isles, — de Nollai, — de Berzé, — de Chappes, — de Roche-taillé, — de Joui, — d'Estrabonne, — de Couvez, — de Molinot, — de Lis, — La Mothe-sous-Sigi.

Alliances : famille de Durfort.

Armes : *D'argent, à un chevron de gueules, accompagné de sept merlettes de même, posées quatre en chef, deux et deux, et trois en pointe, une et deux.*

D'AUMONT

LOUIS D'AUMONT, écuyer, sieur de Jonci, en faveur de ses nombreux services a été anobli avec sa postérité par lettres patentes, en forme de charte, données à Versailles (décembre 1733).

Armes : *D'argent, à un chevron de gueules, chargé à la pointe d'un bâton d'or, raccourci, et posé en barre; le chevron accompagné de sept merlettes de gueules, posées quatre en chef, deux et deux, et trois en pointe, une et deux.*

D'AUNAI

Généralité de Châlons — Diocèse de Troyes

CHARLES D'AUNAI, écuyer, justifie sa noblesse depuis

EDMOND D'AUNAI, écuyer (vivant avant 1570).

Seigneurie de Fligni.

Alliances : famille de Lenharé.

Armes : *D'azur, à un coq d'or, crêté, becqué et barbé de sable.*

D'AUTRI

Généralité d'Orléans — Diocèse de Sens

JOSEPH-ADALBERT D'AUTRI, écuyer, justifie sa filiation depuis

GEORGES D'AUTRI (1554).

Seigneuries de la Mivoye, — de Varennes, — du Tremblai.

Alliances : familles : de Menou-Champlivaut, — de Menou-David, — Grosso de Bauzoles.

Armes : *D'azur, à une fasce d'argent, accompagnée en chef de trois merlettes d'or, et en pointe d'une molette d'éperon de même.*

D'AVESGO

Généralité d'Alençon — Diocèse de Séez

CHRISTOPHE-PIERRE D'AVESGO, écuyer, justifie sa filiation depuis

ANDRÉ D'AVEYSO (1481).

Seigneurie de Coulonges.

Alliances : famille Brossier.

Armes : *D'azur, à un bâton d'or, écoté et posé en fasce, accompagné de trois gerbes de blé, de même, posées deux en chef et l'autre à la pointe de l'écu, et une bordure de gueules, chargée de huit besants d'argent.*

D'AVESSENS

Généralité de Toulouse — Diocèse de Lavaur

JOSEPH D'AVESSENS justifie sa filiation depuis

DURAND D'AVESSENS, seigneur de Saint-Rome (1554).

Seigneuries de Saint-Rome, — de Montesquiou.

Alliances :°famille de Rozel.

Armes : *D'argent, à une bande d'or, potencée et contrepotencée d'or, de cinq pièces; et accompagnée en chef d'une rose de gueules et en pointe d'une aigle de sable, posée en barre, le vol abaissé.*

D'AYMINI

En Provence

HONORÉ D'AYMINI justifie sa filiation depuis [1]

Noble JOSEPH D'AYMINI, écuyer (1677).

Seigneurie du Château de Saint-Georges.

Alliances : familles : de Raymond, de Richieu-d'Argens, — Figuière-Rebut, — Rostaing, — Brithon, — Blanqui, — Nadal de Pui-Michel.

Armes : *Échiqueté d'or et de sable, de douze carreaux, six d'or, six de sable, rangés par trois, ceux de sable chargés chacun d'un besant d'argent.*

D'AZÉMAR

Généralité de Montauban — Diocèse de Rhodez

RENÉ-MARC D'AZÉMAR, écuyer, justifie sa filiation depuis [2]

[1] La Chesnaye nomme pour premier auteur François-Bertrand Aymini, général du temps du roi de Naples, frère de Bertrand, prévôt de la cathédrale d'Avignon, en 1295.

[2] La Chesnaye des Bois, donnant à cette famille la même origine qu'aux d'Adhémar, commence sa généalogie à Adhémar, vicomte de Toulouse, 961; il fait descendre les d'Azémar de Pierre d'Adhémar, chevalier, 1213.

GUILLAUME AZÉMAR, écuyer (avant 1480).

Seigneuries de Panat, — de Capdenaguet, — de la Garinie.

Alliances : familles : de Senneterre, — d'Albignac, — de Selgues, — de Peiruce.

Armes : *D'or, à trois fasces de gueules.*

DE BAAS DE SIVORD

Béarn

JEAN-HENRI-JOSUÉ DE BAAS DE SIVORD, ancien mousquetaire du roi, sur titres qui justifiaient que Raymond de Sivord, l'un de ses ancêtres, était qualifié noble dès le XIVe siècle, etc., fut anobli avec sa postérité par lettres patentes du mois de mai 1734, données à Versailles.

Armes : *D'argent, à deux couleuvres au naturel, affrontées et posées en pal.*

DE BACHELIER

HENRI DE BACHELIER, écuyer, justifie sa filiation depuis

JACQUES DE BACHELIER (1520) [1].

Seigneuries d'Outreville, — du Menillet.

Alliances : familles : du Four, — de la Haulle.

Armes : *D'argent, à une fasce de gueules, chargée de trois sautoirs d'or.*

DU BAHUNO

Province de Bretagne — Diocèse de Vannes

FRANÇOIS-GUILLAUME DU BAHUNO, écuyer, justifie sa filiation depuis

GUILLAUME DU BAHUNO (1493).

Seigneuries de Bérien, — de Kerdisson, — de la Demiville.

[1] On connait plusieurs familles de ce nom : Bachelier de Vigneries (rétabli dans sa noblesse, 1721), au diocèse de Coutances et deux à Paris, dont l'une a fourni plusieurs valets de chambre du roi (La Chesnaye).

Alliances : familles : du Liscoet, — Le Borgne, — Gibon.

Armes : *De sable, à un loup d'argent, langué et onglé de gueules, passant, et surmonté d'un croissant d'argent.*

BAILLARD DES COMBAUX

Diocèse de Viviers—dans le Vivarais

JEAN-MARCELIN BAILLARD DES COMBAUX, écuyer, justifie sa filiation depuis

Noble JEAN BAILLARD, écuyer (1509).

Seigneuries de Chervil, — de la Motte-Mourgon, — de Beaurevoir, — des Combaux, — de la Grange, — de Lapte, — de Champseauve-du-Riviet, — du Riviet.

Alliances : familles : de la Torreille (ou de la Tourcille), — de Grandchamp, — Pinot, — Ferrier, — de Luzy-de-Pellissac, — de Charbonnel-du-Betz, — de Fugy, — Besson, — Galhien-de-Montpinoux, — de Chambarliac, — de Troussebois.

Armes : *D'or, à trois palmes de sinople, réunies en pointe par le bas des tiges, qui est de Baillard. — Ecartelé d'azur à un croissant d'argent, accompagné de trois molettes d'or, posées deux en chef, et une en pointe, qui est de Charbonnel-du-Betz.*

DE BAILLEHACHE

En Normandie

Première branche

JACQUES DE BAILLEHACHE, gentilhomme ordinaire de la chambre du roy, mourut en 1626. Il justifiait sa filiation depuis

RAOUL DE BAILLEHACHE, écuyer (1290)[1].

Seigneuries de Rauville, — d'Escageul, — de Beauregard, — d'Outreval, — de Biesville, — de la Vallée, — de Rubercil, — de Montgoubert, — de Saint-Jullien-sur-Sarthe.

Alliances : familles : de Houtot, — des Jardins, — de Gareynes, — Gervais, — de Grosparmy, — le Chevalier, — Simon, — Guétil, — Baudart, — Gosselin, — Cordhomme, — d'Ennes, — du Mesnil, — de Marconville, — de Normanville.

Seconde branche

OLIVIER DE BAILLEHACHE, écuyer (second fils de Roger de Baillehache, de la branche aînée, et de Geneviève Gosselin) (1559), et ses enfants.

Seigneurie d'Escajeul.

Alliances : familles : Anzerey, — — Baudart, — du Plessis, — Guérout, — Cheval, — du Pont.

Troisième branche

FRANÇOIS DE BAILLEHACHE, écuyer, justifie sa filiation depuis

JEAN DE BAILLEHACHE, écuyer, second fils de Jean de Baillehache (auteur du quatrième degré de la branche aînée) et de Jeanne Gervais.

Seigneurie de Rauville

Alliances : familles : Parisy, — Merlin, — de Foulongne, — Bellenger, — Loliveray, — de la Mariouse, — de Landoys, — Mongis, — Bouchard, — de Beuseville, — le Bourgeois, — Marguerie, — Anzerey, — de la Croix, — de la Mare.

Quatrième branche

GUILLAUME DE BAILLEHACHE, écuyer (sans date), (fils de Parisy de Baillehache et de Gratienne Marguerie, 1570).

Seigneuries de Longueval, — du Bosq-Avril.

Alliances : familles : d'Ennes, — de la Mare, — de Villy.

[1] La Chesnaye cite Albert Baillehache dit La Roque, 1214.

Cinquième branche

Louis de Baillehache, écuyer (sans date), petit-fils de Robert de Baillehache, écuyer (second fils de Parisy de Baillehache et de Louise de la Mariouse).

Seigneurie de la Corderie.

Alliances : familles : de Bouquetot, — Ménage, — du Hamel, de la Boullaye, — de Bénersluys.

Sixième branche

Pierre de Baillehache, écuyer (troisième fils de Jean de Baillehache et de Perrette Parisy) 1523.

Seigneurie de Fontaines-les-Rouges.

Alliances : familles : de Sainte-Croix, — Le Héricy, — de Sémilly, — Le Bourgeois, — Le Grand, — Osmond.

Septième branche

Henri-Auguste de Baillehache, écuyer, justifie sa filiation depuis

Gilles de Baillehache, écuyer (second fils de Pierre de Baillehache et de Perrette de Sainte-Croix) 1560.

Seigneuries de Champgoubert, — de Fontaines-les-Rouges, — de Saint-Germain, — de Verdun, de Beaucoursel, — de Bapaume, — d'Escajeul, — du Quesney, — de Savenay, — du Bassin, — de Mondeville, — de Rocheux.

Alliances : familles : Bourdon, — Jubert, — de Brétignières, — de Camusat, — de Turquetil, — le Fauconnier, — de Marguerie, — Macé, — de Beaurepaire, — de Gaugy, — de Courcelles, — — de Goulaine.

Armes : *De gueules, à un sautoir d'argent, cantonné de quatre merlettes de même.*

DU BAILLEUL

Généralité de Tours — Diocèse du Mans

Pierre-Louis du Bailleul, écuyer, justifie sa noblesse depuis

Alain du Bailleul, écuyer, (1407)[1].

Seigneuries du Bailleul, — d'Hercé, — de Coesme, — de Lucé, — de Goron.

Alliances : familles : Barin de la Galissonnière, — Bernehart.

Armes : *D'argent, à trois têtes de loup de sable, languées de gueules et posées deux et une.*

BAILLI

Généralité d'Orléans — Diocèse d'Orléans

Pierre Bailli, écuyer, justifie sa filiation depuis

Guillaume Bailli, comte de la Ferté-Aleps (1549).

Seigneuries de Saint-Mars-la-Bruyère, — de Saint-Denis-du-Tertre, — de la Ferté-Aleps, — de la Motte.

Alliances : familles : de Pertuis, — — Thibault.

Armes : *D'or, à une fasce d'azur, chargée d'une croix d'or, ancrée, la fasce accompagnée en chef de deux glands de sinople appointés et d'un arbre aussi de sinople, planté sur une terrasse de même, mouvante de la pointe de l'écu.*

DE BAINAST

Artois — Saint-Omer

Charles-François de Bainast justifie sa filiation depuis

Léon de Bainast, écuyer, seigneur des Mazures (1558).

Seigneuries de Sept-Fontaines-en-Tiérache, — de la Motte-Buleux, — de Vergie, — de Calaminois, — des Mazures.

Alliances : familles : de Bethisy, — Acari.

Armes : *D'or, à un chevron de gueules, surmonté de trois fasces de même.*

[1] Autre famille de ce nom au pays de Caux, commençant à Pierre du Bailleul, 1476 (La Chesnaye).

DE BALATHIER

En Dauphiné, en Champagne et en Bourgogne

Première branche

MATHELIN DE BALATHIER, chevalier (qualifié noble et puissant seigneur en 1498), petit-fils de

FRANÇOIS DE BALATHIER (avant 1435).

Seigneuries de Vaux, — de Mirebel, — d'Estigny, — de Praslain, — de Briselle, — de Fontenelle, — de Villiers-le-Merderel, — de Serring, — de Lantage.

Alliances : familles : de Rouerre, — de Courbladoz, — de Cyziculx, — du Plessis, — de Belle-Comble, — de Savoisy, — de Montgilbert, — de Prasdel, — de la Baulme, — de Damaster.

Seconde branche

ELIE-ANTOINE DE BALATHIER, lieutenant au régiment d'infanterie Artois, justifie sa filiation depuis

TENNET DE BALATHIER (quatrième fils de François de Balathier) (av. 1435).

Un chevalier de Malte. ANTOINE-MARIE DE BALATHIER (1744).

Seigneuries de Villemorien, — de Lantage, — des Bordes, — d'Avirey-le-Bois, — de Tresfontaine, — du Vougrey, — de Maleroy, — de Bragelongne, — de Mathaux, — de Fligny, — de Villargeois, — de Conclais, — de Montpommier, — de Connaillon, — de Chasselambert, — des Escures, — de Demoux, — de Mirebeau, — de Plaisance

Alliances : familles : de Mondragon, — Fornis (de Forny), — de Gand, — du Mesgny, — des Chiens, — du Chastel, — de Conigan, — de Gorreault, — d'Arlestin, — d'Amoncourt, — de Fauley, — Raguier, — des Escures, — de Piedefer, — de Sivry, — Caillet, — de Bar, — de Torcy de-Lantilly, — de Riollet, — Dugon, — de Launoy, — de Riollet, — de Feydeau.

Troisième branche

CHARLES DE BALATHIER, fils de

ANTOINE DE BALATHIER (cinquième fils d'Edme de Balathier et d'Antoinette de Sivry).

Seigneuries de Bragelongne, — de Maleroy.

Alliances : familles : d'Abonde, — de Malrois.

Armes : *De sable, à une fasce d'or.*

[D'Hozier parle d'un acte de François de Balathier, fils du chef de la deuxième branche, scellé d'un sceau portant ces armes.]

DE BALAY

Originaire de Champagne, établie dans le Comté de Bourgogne

Première branche

AYMÉ-FRANÇOIS DE BALAY, lieutenant-colonel du régiment de Villequier, justifie sa filiation depuis

JACQUES DE BALAY (1450) [1].

Seigneuries de Balay, — de Marignat, — de la Boissière, — de la Combe, — de Francourt, — de Saint-Martin-sur-Guye, — de Rains, — de Millorie, — du Cret-de-la-Rouze, — de Terrans, — de Cerdirans, — de Goux, — de Longoi, — de Lavans, — de Torpes, — de Peseul, — de Jousserot, — de Moussière, — de Château-Rouillaud, — d'Arc, — de Sénans, — de Régois, — de Vernois.

Alliances : familles : de Luzy, — de Chintrey, — Damas, — Bazan, — de Boissellet, — de Courcelles, — de Saulx, — Mouchet,

[1] La Chesnaye mentionne des de Balay dès 1274 et commence la filiation à Thiébaud de Balay, seigneur de Saint-Martin, 1345.

— Favernier, — de Pardessus, Franchet, — de Grachault, — — Belot-de-Chevigney, — Busson, — de Nozerey, — de Moustier-d'Igny, — de Rains.

Seconde branche

PHILIBERT-MARIE-JOSEPH DE BALAY-DE-CHATEAU-ROUILLAUD justifie sa filiation depuis

EMMANUEL-PHILIBERT DE BALAY (quatrième fils d'Antoine de Balay et de Marguerite Favernier).

Seigneuries de Château-Rouillaud, — des Pois, — de la Fiole, — de Jousseau (baronnie).

Alliances : familles : de Marnix, — Belot, — du Pin-de-la-Chaux, — de Gréfeuille.

Armes : *De sable, à un lion d'or, langué et onglé de gueules.*

DU BAN

Généralité de Châlons — Diocèse de Langres

ANTOINE DU BAN justifie sa filiation depuis

JEAN DU BAN, écuyer (1518).

Seigneuries de Frolois, — de la Feuillée, — de Mézières, — de Valentigni, — de Vannaires, — de Morvilliers.

Alliances : familles : de Sercei, — de Mazilles, — de Bretel.

Armes : *D'azur, à trois feuilles de chêne d'or, posées deux et une.*

DE BARBANÇOIS

Généralité de Bourges — Diocèse de Bourges

FRANÇOIS DE BARBANÇOIS, chevalier de Malte (1680), justifie sa filiation depuis

LÉON dit HÉLION DE BARBANÇOIS, chevalier (vivant avant 1524) [1].

[1] La Chesnaye mentionne un Guillaume de Barbançois, donateur de l'abbaye du Pré-Benoît, au XIe siècle, et commence la filiation à Mathieu, seigneur de Sarzai, 1300. Il mentionne les branches des comtes de Barbançois, des seigneurs de Dorne, des comtes des Roches.

Seigneuries de Sarzai, — de la Salle, — de Vièvre-en-Bourbonnais, — d'Angibaut, — de Villegongis, — de Réville.

Alliances : familles : de Refuge, — Chaspoux, — du Plessis.

Armes : *De sable, à trois têtes de léopards d'or, posées deux et une.*

DE BARDON

Généralité de Bordeaux — Diocèse de Périgueux

FRANÇOIS-LOUIS DE BARDON, écuyer, justifie sa filiation depuis

Noble JEAN BARDON (1518) [1].

Seigneuries de Ségonzac, — de Plazac, — de Saint-Michel, — de Saint-Pardoux-de-Droune.

Alliances : familles : de la Roche-Aymon, — du Pui-de-Lorval, — de Marqueissac, — Vigier.

Armes : *D'or, à une aigle de sable, le bec et les griffes de gueules, fondant sur un barbeau de sable et lui becquetant la tête ; le barbeau posé en fasce, ayant les barbes et les nageoires de gueules, et une rivière d'azur, mouvante de la pointe de l'écu. Le canton droit du chef de l'écu chargé d'une croisette de gueules ancrée.*

BARENTIN

Diocèse de Blois

JOSEPH BARENTIN, écuyer, justifie sa filiation depuis

PIERRE BARENTIN, écuyer (1589) [2].

Seigneuries des Minières, — des Gats.

Alliances : famille Laugier.

Armes : *D'azur, à deux fasces d'argent, ondées, et une fasce d'or en chef, surmontée de trois étoiles de même.*

[1] Érection de la terre de Ségonzac en baronnie, 27 mai 1623. (E. B.)

[2] Cette famille a fourni dix conseillers au Parlement de père en fils. (E. B.

DE BARVILLE

Généralité de Tours — Diocèse du Mans

René-Gaspard de Barville, écuyer, justifie sa filiation depuis

Bertrand de Barville (1496).

Seigneuries de la Bonneville, — de la Mauguinière, — de Barville.

Alliances : famille Cherbonier.

Armes : *D'argent, à deux bandes de gueules.*

BATAILLE

Généralité de Dijon — Diocèse d'Autun

Philippe Bataille, écuyer, justifie sa filiation depuis

Guillaume Bataille, conseiller au Parlement de Bourgogne (1478).

Seigneuries de Mandelot, — de Mavalli, — de Liuxei, — du Tillot.

Alliances : famille de Vallerot.

Armes : *D'argent, à trois flammes de gueules, mouvantes de la pointe de l'écu.*

DE BATZ

En Gascogne

Première branche

Antoine de Batz, vicomte d'Aurice, justifie sa filiation depuis

Noble Mathieu de Batz, capitaine dans le régiment de Vignolles (avant 1552).

Seigneuries de la Mothe, — de Lévy, — d'Artiguebarde, — d'Escoubez, — de Saint-Araille.

Alliances : familles : de Vignolles, — de Tauzin, — de la Borde, — de Cloche, — de Vacquès, — Vincens, — le Blanc, — de Cajatan, — de Caupène, — du Vigier, — Dalon.

Seconde branche

Jean-Pierre de Batz, écuyer, officier au régiment de Lorraine, fils de

Louis de Batz, capitaine d'infanterie dans le régiment royal (troisième fils de Joseph de Batz et de Jeanne de Cajatan) (1720).

Seigneurie de Saint-Araille.

Alliances : familles : d'Artigues, — de Cajatan.

Troisième branche

Antoine de Batz-de-Duisse, écuyer, petit-fils de

Jean de Batz, écuyer (troisième fils de Pierre de Batz et de Catherine de la Borde) (1647).

Seigneuries de Buannes, — de Montaut, — de Mascarar.

Alliances : familles : de la Lanne, — de Noguès, — de la Goyte.

Armes : *D'azur, à un chevron d'or, accompagné de trois chicots de même, posés en pal, deux en chef, l'autre en pointe, et un chef d'argent chargé d'un lion de gueules naissant.*

DE BATZ DE TRENQUELLÉON

En Condomois

Charles de Batz, chevalier, justifie sa filiation depuis

Noble Raimond de Batz, écuyer (1490).

Seigneuries de Batz, — de Trenquelléon, — de Mirepoix, — de Monon, — du Guay, — de Laubidat, — de Gontaut, — de Lille, — de Saint-Julien, — de Sainte-Christie.

Alliances : familles : de Caritan-Rebezies, — Gamardes (dite aussi de Gamardes), — du Luc, — de la Rivière-de-Vaqué, — de Parabère, — Lormier, — du Broqua, — de Rabar, — de la Claverie, — de Lustrac, — de Losse, — de Malide.

Armes : *De gueules, à un saint Michel de carnation, vêtu d'argent à la romaine, perçant avec une lance d'or un dragon au naturel; parti d'azur à un lion d'or posé au-dessus d'un rocher d'argent à cinq pointes rangées trois et deux.*

BAUDOUIN

Généralité d'Alençon — Diocèse de Bayeux

BERNARD-BAPTISTE BEAUDOUIN, écuyer, justifie sa filiation depuis

PIERRE BAUDOUIN, écuyer (1521).

Seigneuries des Pins, — d'Aizi.

Alliances : famille Bellette.

Armes : *D'azur, à un chevron d'argent, accompagné en chef de deux roses de même et en pointe de trois trèfles d'argent posés deux et un, et une fleur de lis d'or, placée au milieu de l'écu.*

BAUDOUIN

Généralité de Soissons — Diocèse de Laon

FIDEL-SÉRAPHIN BEAUDOUIN justifie sa noblesse depuis

PIERRE BAUDOUIN, écuyer, conseiller secrétaire du roi (1589).

Seigneuries de Soupir, — de Verneuil, — de Courtonne, — de Beaune, — de Chéri.

Alliances : familles : de la Mouche, — Cordier, — de Flecelles.

Armes : *D'azur, à un lion d'or, et un chef de même, chargé de trois roses de gueules.*

BAUYN

NICOLAS-PROSPER BAUYN, ministre et secrétaire d'état au département de la guerre, justifie sa filiation depuis

PROSPER BAUYN, conseiller en la cour des Aides (1563).

Seigneuries d'Angervilliers, — de Jalais, — de Bersan.

Alliances : familles : de Maupeou, — de Longueil, — de Rouvroi, — Saint-Simon, — Goret.

Armes : *D'azur, à un chevron d'or, accompagné de trois mains droites d'argent, posées en fasce, deux en chef et l'autre à la pointe de l'écu.*

DE BEAUFRANCHET

Diocèse de Clermont en Auvergne

AMABLE DE BEAUFRANCHET, écuyer, justifie sa noblesse depuis

JEAN DE BEAUFRANCHET, écuyer (1553).

Seigneuries de Gramont, — d'Ayat, — de Beaufranchet.

Alliances : familles : de Servières, — de Sirmond, — de Gilbertès.

Armes : *De sable, à un chevron d'or, accompagné de trois étoiles d'argent, posées deux en chef et l'autre à la pointe de l'écu.*

DE BEAUJEU

CHARLES-LOUIS DE BEAUJEU, commandant à Marsal, justifie sa filiation depuis

JEAN DE BEAUJEU, chevalier de l'ordre du roi (1526) [1].

Seigneuries de Saint-Hubert, — de Jauge, — de la Thuillerie, — de Chazeul.

Alliances : familles : de Baugi, — de Pallas, — de Beaurepaire.

Armes : *De gueules, à cinq burelles d'argent.*

DE BEAUHARNAIS

Dans l'Orléanais et à Paris

Première branche

FRANÇOIS DE BEAUHARNAIS, chevalier, chef d'escadre des armées navales du roi, justifie sa filiation depuis

GUILLAUME BEAUHARNOIS (1390).

Seigneuries de Miramion, — de la Chaussée, — de la Grillère, — de Villechauve, — de Longuesve, — d'Outreville, — de Beaumont, — de Sédenay, — de la Boische, — de Beauville, — de Moulon, — de Montroy.

Alliances : familles : de Loynes, — Hilaire, — Le Maire, — — Boilève, — Le Vassor, — de Contes, — Buastres, — de Saint-Mesmin, — Bourdineau.

[1] La Chesnaye établit cette famille comme branche de la famille de Beaujeu, connue dès 967, et qui a fourni deux connétables, et est issue des comtes de Forez, cadets eux-mêmes des dauphins de Viennois.

— Rousseau de Choisy, — Bonneau, — de Nesmond, — Charretton, — Phelypeaux, — Brachet, — de Mareau, — Bugy, — Thoynard, — le Gloux, — Mallet, — de Drouin, — Egrot, — Pyvart de Chastullé, — de Penillon, — de Ravault, — Bouvier, — Pays, — de Lorgent, — Le Juge, — Hardouineau.

Seconde branche

CLAUDE DE BEAUHARNAIS, chevalier de Saint-Louis (1754).

Seigneuries des Roches-Baritaud, — de la Chaussée, — de la Boufferie, — de la Cour.

Alliance : famille Mouchard.

Armes : *D'argent, à une fasce de sable surmontée de trois merlettes de même.*

DEVISE : *Autre ne sers.*

DE BAULIEU DE BARNEVILLE

Toulon

TOUSSAINT-AUGUSTIN DE BEAULIEU DE BARNEVILLE, garde de la marine au département de Toulon, justifie sa filiation depuis

HENRI DE BEAULIEU, écuyer (1575).

Seigneuries de Barneville-sur-Seine, — de Maurox en Bretagne, — de Pavilli en Normandie.

Alliances : familles : de Cambis, — de Gombert.

Armes : *D'azur, à un chevron d'or, accompagné de trois grelots de même, posés deux en chef et l'autre à la pointe de l'écu.*

DE BEAUPOIL

En Périgord

FRANÇOIS-PHILIPPE DE BEAUPOIL DE SAINTE-AULAIRE, capitaine dans le régiment d'infanterie de la Sarre, justifie sa filiation depuis

JEAN DE BEAUPOIL, écuyer (avant 1521)[1].

Seigneuries de la Luminade, — de Pontet, — de la Rigaudie, — de Valeux, — du Peyrat, — de Beaulaurens, — de la Garde, — de la Reylie, — des Brétoux, — de Beaupoil, — du Mas, — du Bâtiment, — de la Chaize, — de Peyrussal, — de Sainte-Aulaire.

Alliances : familles : de Boirat du Breuil, — des Bordes, — Robinet, — Bécheau, — de Simon, — de Leymarie, — du Puy-de-la-Garde, — de Chaudru-de-Malet, — Chassarel, — Bulle, — de Lestrade-de-la-Cousse — du Mas-de-la-Reyllie, — de Testar, — Chabanier, — du Mas-de-Maigneau, — du Garreau, — du Vivier, — Huguet de la Ségrive, — de Bourdicaud-de-la-Maublanche, — Grénot, — Sanzillon, — de Ribeirex, — d'Abzac-de-Migré-de-la-Douze.

Armes : *De gueules, à trois accouples de chiens d'argent, posés en pal, deux en chef et l'autre à la pointe de l'écu.*

DE BEAUREGARD

Généralité de Tours — Diocèse d'Angers

CHARLES-FRANÇOIS DE BEAUREGARD, écuyer, justifie sa filiation depuis

MATHURIN DE BEAUREGARD, chevalier (vivant avant 1507).

Seigneuries de La Lande, — du Verger, — du Fresne.

Alliances : familles : Le Clerc de Lourmaie, — Sourdille, — de Betz, — du Bouchet de Chourses.

Armes : *D'argent, à un chevron de sable bordé d'azur, accompagné en chef de deux lions de gueules, affrontés.*

[1] Cette maison a fourni deux grands échansons : — Marquis de Lanmari, baron de la Luminade.

Le père Anselme commence la généalogie à Jean, 1369. (E. B.)

DE BEAUVAIS

Généralité de Rouen — Diocèse de Rouen

CHARLES-FRANÇOIS DE BEAUVAIS, écuyer, justifie sa filiation depuis PIERRE DE BEAUVAIS, écuyer (vivant avant 1568).

Seigneuries de Vouti, — de Nullemont, — de Bonelle, — de Faverolles.

Alliances : familles : Roger, — Le Ver.

Armes : *D'argent, à une croix de gueules, chargée de cinq coquilles d'or, écartelée de cinq points d'azur, équipollés à quatre points d'argent et un chef de gueules.*

BECEL

Amiens

JACQUES BÉCEL, sieur de Palmont, fut maintenu dans sa noblesse par ordonnance du 28 mai 1701 comme fils de Jacques Bécel, commissaire ordinaire des guerres, anobli par lettres patentes données à Saint-Germain au mois de février 1677, en considération de ses nombreux services dans les affaires de l'Etat.

Armes : *D'azur, à un chevron d'or, accompagné de trois cygnes d'argent, posés deux et un.*

BEGUIN

En Champagne

REGNAULT-JOSEPH BÉGUIN DE SAVIGNY, qualifié chevalier, justifie sa filiation depuis

PIERRE BÉGUIN (1534).

REMY-FRANÇOIS BÉGUIN, écuyer, fut anobli au mois de février 1708, par lettres patentes.

Seigneuries d'Ardenay, — de Coëgny, — de Chalons-sur-Vesle, — de la Cour, — de Branscourt, — de Vaux, — de Vouzy, — de Sausseuil, — de Crève-cœur, — de Coucy, — de Scelles, — de Rocquincourt, — de Fossé, — de Savigny, — du Mesnil des Annelles, — de Faux, — de Luquy.

Alliances : familles : Le Cerf, — de Paris, — Branche, — d'Escannevelle, — Coquebert de Montbré, — Lombart, — La Goille, — Bignicourt de Bussy, — L'Espagnol, — d'Y, — Aubert de Courserac.

Armes : *D'azur, à un cygne d'argent, becqué et membré de sable et surmonté d'un croissant d'argent, accosté de deux roses de même.*

DEVISE : *Blancheur et candeur sont ma devise.*

DE BELLEVILLE (avant DE HARPEDANE)

Poitou

PHILIPPE-JACQUES DE BELLEVILLE (anciennement de Harpedane), écuyer, justifie sa noblesse depuis

GILLES DE HARPEDANE, dit DE BELLEVILLE, chevalier, conseiller chambellan du roi (1479) [1].

Seigneuries de Richemont, — de Cosnac sur Gironde, — de Belleville, — de Montagut. — de Mirambeau, — de Saint-Hilaire.

Alliances : familles : Chevalier de la Coindardière, — Jaudouin, — de Luxembourg, — de Culant, — de Valois, — de Blois, — de Mussidan, — de Penthièvre, — de Clisson, — Sénechal.

Armes : *Gironné de vair et de gueules, de dix pièces.*

BELOT

Blois

JACQUES-FLORENT BELOT, écuyer, justifie sa filiation depuis

MICHEL BELOT, écuyer, seigneur de la Guillonnière (1545).

Seigneuries de Beauvais en Touraine, — de Moulins, — de Pezai, — de la Guillonnière.

Alliances : famille Lallier.

Armes : *D'azur, à un lacs d'amour*

[1] La Chesnaye commence la filiation à Jean, originaire d'Angleterre, chambellan de Charles VI, mort en 1406.

d'or, surmonté en chef d'une rose de même, accostée de deux étoiles aussi d'or.

BELOT

Généralité de Tours — Diocèse de Tours

GUILLAUME BELOT, écuyer. Sa mère, veuve de Guillaume Belot, écuyer, fut maintenue dans sa noblesse, par arrêt du 22 mai 1691.

Seigneuries de Montiers, — de la Bussière.

Alliances : familles : de Beauchesne, — Ribier, — le Pot.

Armes : *D'azur, à un lacs d'amour d'or, surmonté en chef de deux étoiles de même.*

BENCE

Généralité de Rouen — Diocèse d'Évreux

JACQUES BENCE, écuyer, justifie sa filiation depuis

ROBERT BENCE, écuyer (1463).

Seigneuries du Buisson-Garembourg, — de Cracouville.

Alliances : familles : de Mallevoue, — de Nocei,

Armes : *De gueules, à une fasce d'argent, accompagnée de trois molettes d'or, posées deux en chef et l'autre à la pointe de l'écu.*

BÉRARD

Languedoc

LOUIS-ARMAND BÉRARD, ci-devant lieutenant dans le régiment de Champagne, justifie sa filiation depuis

Noble BERTRAND BÉRARD (vivant avant 1576).

Seigneurie de Montalet.

Alliances : familles : Persin, — de Plane, — de Vesc.

Armes : *D'azur, à un cor de chasse d'or, lié de même : le tour de l'écu crénelé d'argent.*

DE BÉRAUD

Généralité de Bordeaux — Diocèse d'Agen

JEAN DE BÉRAUD, écuyer, justifie sa noblesse depuis

JEAN DE BÉRAUD, écuyer (1490).

Seigneurie de Canteranne.

Alliances : familles : du Vivier de Saint-Martin, — de Besson.

Armes : *D'argent, à un chevron de gueules, et une bande de même, brochante sur le tout.*

BERBIER DU METZ

CLAUDE-GÉDÉON BERBIER DU METZ justifie sa filiation depuis

VIENNOT DE LA MOTTE, écuyer (1490), son quatrième aïeul [1].

Seigneuries de Rance, — de Crespi, — d'Eve, — de Montifaut, — de Rosnai, — de Chaumont en Bassigny, — de Chalette, — de Corbeil, — de la Motte de Varennes.

Alliances : familles : Raguain, — — d'Hautefort-d'Ajac, — le Menestrel, — Peret.

Armes : *D'azur, à trois colombes d'argent, posées deux et une.*

BERNARD DE MONTESSUS

Généralité de Dijon — Châlons-sur-Saône

PAUL-HENRI BERNARD DE MONTESSUS, écuyer, justifie sa filiation depuis

HUGUES BERNARD, écuyer (1505)[2].

Un chevalier de Malte, JULES-ALEXANDRE-BERNARD DE MONTESSUS (1664).

Seigneuries de Ruilli, — de Ser-

[1] Comté de Bosnay, acquis en 1700 par la famille. (E. B.)

[2] Il y avait encore les Bernard de Calonne (Flandres); Bernard de Beaulieu et de Courville (Anjou et Bretagne); Bernard de Coubert (issu de Samuel Bernard); Bernard de Montebise (Orléanais); Bernard de la Bellière (Alençon); Bernard ou Bernardi (Dauphiné); Bernart d'Avernes (Normandie). (E. B.)

vignac, — de Cussi, — de Brandon, — de Bellevefvre.

Alliances : familles : de Buade, — Sarazin, — de Clugni.

Armes : *D'azur, à un chevron d'or, accompagné de trois étoiles d'argent, posées deux en chef et l'autre à la pointe de l'écu.*

DE BERTENGLES

JACQUES DE BERTENGLES ET MICHEL, son frère, furent anoblis tous deux avec leur postérité, par lettres patentes, données à Versailles au mois de mai 1735.

Seigneuries du Vauroux, — de Bouju.

Armes : *D'argent, à trois fusées et deux demies de gueules, posées en fasce, l'écu timbré d'un casque de profil.*

BERTIN

Famille originaire de Champagne, actuellement établie à Paris

Première branche

AUGUSTE-LOUIS BERTIN, chevalier, conseiller du roi en ses conseils, justifie sa filiation depuis

NICOLAS BERTIN, écuyer (1659).

Seigneuries de Vaugien, — de Vinthué, — de Blagny.

Alliances : familles : Gon, — de Sauvion, — Delpech-de-Méréville, — d'Ossun, — de la Tour-du-Pin, — de Montigny-de-Congis, — de Frédefont.

Seconde branche

ANTOINE-LOUIS BERTIN, chevavalier, fils de

LOUIS-CHARLES BERTIN DE BLAGNY et de Anne-Marie de Montigny-de-Congis.

Seigneurie de Blagny.

Alliances : famille d'Estat.

Troisième branche

BALTAZAR-BRUNO BERTIN DE VAUGIEN, qualifié chevalier, petit-fils de

NICOLAS BERTIN, qualifié chevalier (1655).

Seigneuries de Vaugien, — de Chatelain.

Alliances : familles : Feydeau-de-Vaugien, — de Pajot, — Barentin-de-Montchal.

Armes : *D'argent, à un sautoir de sinople engrêlé, cantonné de quatre mouchetures d'hermines de sable.*

DE BESSOU DE MONDIOL

JEAN-CHARLES DE BESSOU DE MONDIOL, major d'Entrevaux en Provence, justifie sa filiation depuis

JEAN DE BESSOU, écuyer (1578).

Seigneuries de Mondiol en Périgord, — de Mouzens.

Alliances : familles : Bacelier de Boridal, — Vivant, — de Rançonnet.

Armes : *D'azur, à un chevron d'or, accompagné de trois étoiles de même, posées deux en chef et l'autre à la pointe de l'écu.*

DE BEURDELOT

Généralité de Paris — Diocèse d'Autun

LOUIS-EDME DE BEURDELOT, écuyer, justifie sa filiation depuis

ETIENNE DE BEURDELOT, écuyer (1522).

Seigneuries de Fontenilles, — de Malfontaines, — de Boistaché, — de la Borde.

Alliances : familles : de la Bussière, — de Giverlai, — de Blosset.

Armes : *D'azur, à une bande d'or, chargée de trois fers de dards de gueules, et accompagnée de deux besants d'argent, un en chef et l'autre en pointe.*

DE BEZANNES

En Champagne et en Picardie

Première branche

COSME DE BEZANNES DE TAISSY, écuyer, justifie sa filiation depuis

Pierre de Bezannes. écuyer (1436) [1].

Un chevalier de Malte, Valentin de Bezannes (1541).

Seigneuries de Bezannes, — de Condé, — de Maigneux, — de Prouvais, — d'Hennonville, — de Taissy, — de la Malmaison, — du Mont Saint-Pierre, — de Montbret, — de Roquignicourt, — du Chastellet, — de Coursy, — d'Estrepy, — de Norrois, — du Plessis, — de Louvigny.

Alliances : familles : de Marne, — Toignel, — de Vignacourt, — Thuisy, — Cauchon, — Chardon, — de Bohain, — de Coucy, — le Rouillé, — de Miremont, — de — Harlus, — de Rouy, — Lallemant, — de Boulamvillier, — de Requestie, — de Fouchères, de Nivenchan, — du Plessis, — du Breuil, — de Hannon, — de Boutillac, — de Godet [2].

[1] Mais l'un des auteurs de cette famille, dont La Chesnaye des Bois ne cite qu'une branche, fut Guillaume de Bezannes, chevalier, vivant en 1248. — Elle existe encore.

[2] Il est extraordinaire que cette famille n'ait pas d'article dans l'*Armorial général*. Elle a fait des preuves à la réforme de Champagne en 1668, et figure dans l'*armorial de Caumartin* : elle fut reconnue de noblesse d'extraction par lettres royales du 25 mai 1688. Son premier auteur est Audebert Godet, chevalier, habitant le Berry en 1250. Deux de ses descendants, Pierre et Guillaume Godet vinrent se fixer, en 1450, à Châlons-sur-Marne. Quatre branches principales se formèrent : des seigneurs de Farémont (un abbé de Toussaint, mort en 1557; un conseiller à la cour des Aides, 1560); — des vicomtes de Gueux (Joachim Godet, conseiller d'Etat, lieutenant général des armées, tué au combat du faubourg Saint-Antoine, en 1652); — des seigneurs de Marson ; — des vicomtes de Vadenay qui était alliée à la maison de Bezannes et a fourni un maréchal de camp général de la cavalerie légère (1690), un grand prieur d'Aquitaine de l'ordre de Malte (1720), sept frères chevaliers de Saint-Louis à la guerre de Sept ans. La dernière représentante de cette branche épousa Philippe Simon de Clozier, écuyer, seigneur d'Ino, lieutenant général d'épée au bailliage de Châlons ; d'où une fille unique mariée, en 1777, à Samson Danré d'Armancy, chevalier, seigneur de Loupeigne, Branges, procureur du roi au bureau des finances de Soissons, d'où trois filles mariées à MM. Deu de Vieux Dampierre, Clicquot de Toussicourt et de Carpentier.

Deu, ancienne famille de Châlons, remontant à Sanche Deu, bourgeois de Châlons en 1375; deux branches principales : de Vieux Dampierre et de Montigny-Marson. — Pierre Deu de Vieux Dampierre, lieutenant général au présidial de Châlons (1720); Pierre-Louis, son fils, premier président du présidial (1760); douze officiers des armées, dont quatre chevaliers de Saint-Louis. — D'argent, au chevron d'azur, accompagné de trois pattes de griffons de sable.

Godet porte d'azur, au chevron d'argent, accompagné de trois pommes de pin d'or.

Clozier (Châlons) : — D'argent, au chevron de gueules, accompagné en chef de deux croissants de même, et en pointe d'une merlette de sable sur une branche d'olivier de sinople.

Danré (Soissonnais) : — D'argent, au chevron de sable, accompagné en chef de deux têtes de serpent d'azur, arrachées de gueules et en pointe d'un pin de sinople. (E. B.)

Seconde branche

SEIGNEURS DE TAISSY

Philippe de Bezannes, écuyer, capitaine au régiment de Nanteuil, justifie sa filiation depuis

Guillaume de Bezannes, écuyer, deuxième fils d'Adrien de Bezannes et de Louise de Miremont.

Seigneuries de Taissy, — du Clicquot, — des Granges, — des Barres, — de la Petitière.

Alliances : familles : Moet, — Cauchon, — de Brion, — de Nivenchem', de Sugny, — de Fougère, — Hatton.

Troisième branche

SEIGNEURS DE GUIGNICOURT

Pierre-Louis de Bezannes, écuyer, lieutenant de cavalerie, justifie sa filiation depuis

NICOLAS DE BEZANNES (troisième fils d'Adrien de Bezannes et de Louise de Miremont) (1551).

Seigneuries de Prouvais, — du Fresnois, — du Chesnoy, — de Montceau, — de Guignicourt.

Alliances : familles : de Rouveroy, — de Riencourt, — de Harlus, — de Harzillemont, — de Héricourt, — de Gras, — de Pradine, — de Baudin, — d'Alenduy, — de Tournebulle, — de Noue, — de Miremont, — de Marle, — Chertemps, — le Vent, — de la Grange-de-Noue.

Quatrième branche.

CHARLES DE BEZANNES, écuyer, justifie sa filiation depuis

GUILLAUME DE BEZANNES, écuyer (troisième fils de Nicolas de Bezannes et de Guillemette de Rouveroy (1583).

Seigneuries de Prouvais, — de Guignicourt, — du Mesnil, — du Fresnois, — de Moregnie, — de Poulandon.

Alliances : familles : du Wez, — Gaudion, — le Dannois, — de Lance, — de Herbin, — de Gonnelieu, — Marquette, — du Cauzé.

Cinquième branche

CHARLES DE BEZANNES, écuyer, fils de

CHARLES DE BEZANNES, écuyer, (troisième fils de Antoine de Bezannes et de Madeleine de Lance) (1698).

Seigneuries de la Plaine, — de Prouvais, — de Guignicourt, — — de Vèle, — de la Malmaison, — de Vauresaine, — de Courtuy.

Alliances : familles : de Gomont, — Philippe, — Parat.

Armes : *D'azur, semé de besants d'or et au lion d'argent armé de gueules, lampassé d'or, brochant sur le tout.*

DE BIDERAN

Généralité de Bordeaux — Diocèse de Sarlat

LOUIS DE BIDERAN, écuyer, justifie sa filiation depuis

JEAN DE BIDERAN, capitaine du château de Cahuzac (1490).

Seigneuries de Saint-Séverin, — de Causé.

Alliances : famille Pol de Malbastit.

Armes : *De gueules, à un château d'argent.*

DE BIENCOUR

Généralité de Moulins — Diocèse de Limoges

FRANÇOIS DE BIENCOUR, écuyer, justifie sa noblesse depuis

LÉONARD DE BIENCOUR, écuyer (1522)[1].

Seigneuries de Paizat, — de la Fortillesse, — de l'Esclause, — de Bédejun.

Alliances : familles : Boeri, — du Peiroux.

Armes : *D'argent, à un lion d'azur, langué, onglé et couronné de gueules.*

DE BIGOS

En Guyenne

Noble JEAN DE BIGOS, écuyer, justifie sa filiation depuis

Noble JEAN DE BIGOS, homme d'armes de la compagnie de M. d'Epernon (1556).

Seigneuries de Douat, — de Belloc, — de la Falitte, — de Laurede, — de Bonnefont, — de Larrouquet.

Alliances : familles : de Marens, — Bacqua, — Dempte, — de la Fitte, — Bachère, — de Monteils, — de Gerbous-de-la Grange, — de Verduc, — de Gaun, — Caillarel, — de Cas-

[1] Cette famille est beaucoup plus ancienne; elle forma trois branches : en Normandie, en Champagne et dans la Marche. (E. B.)

tillon-de-Mouchan-de-Mauvezin. — de Vigier.

Armes : *D'azur, à une levrette d'argent, courante, bouclée, et accolée de même, et surmontée en chef de trois tours aussi d'argent, maçonnées de sable, et posées en fasce.*

BIGOT

Touraine et Vandômois

Pierre-Louis-Charles Bigot, écuyer, justifie sa filiation depuis

Charles Bigot, qualifié noble en 1654.

Seigneuries du Pontbodin, — du Puy-de-Sepmes-du-Plessis, — de la Ribochère, — de la Hamellière, — de Pichon, — de la Grange-Acquet, — de la Seguinière, — de la Vallière, — de Saint-Pé.

Alliances : familles : Toutans, — Le Seur, — Le Moyne-de-la-Chaussée, — Ruau, — Le Breton de la Doüenneterie, — Le Breton de la Perrerie, — Tuffier, — Boudier, — Guyet, — Odit, — Beaupou.

Armes : *De sable, à trois têtes de léopard d'or, languées de gueules et posées deux et une.*

BIGOT

En Berry, en Bretagne — à Paris, et en Hollande

Première branche

Nicolas Bigot (1650) justifie sa filiation depuis

Michel Bigot anobli par le roi Charles V en considération de ses grands mérites (1369).

Seigneuries de Prunay, — de Beaurepaire, — des Roches, — de Gournay, — des Fontaines, — de Morogues, — de la Vacherie, — des Marais, — de Mosnay.

Alliances : familles : de la Rivière, — Benoust, — Chénier, — Bélin, — Le Berruyer, — Surgy, — de la Forest, — Poisle-de-la Chappelle, — Peigné, — Colladon, — Arthuys, — Bridard, Rapine, — Barbes, — de Bongard — Charles, — Hilaire, — de Rambouillet, — Gourde.

Seconde branche

Nicolas Bigot, intendant général des Gabelles de France (1665), fils de

Noble homme Nicolas Bigot (1595), quatrième fils de Nicolas Bigot et de Marguerite Rapine.

Seigneuries des Marais, — de la Honville.

Alliances : familles : Garrault, — Cosse, — Bazin, — de Chénaille, — Valée, — de Sarrau, — de Louvigny, — Galland, — Tallemand, — Guyomar.

Troisième branche

Jacques-Adrien-Isaac Bigot, général major de la cavalerie des troupes de la république de Hollande, justifie sa filiation depuis

Jacques Bigot, contrôleur général de l'infanterie de France (cinquième fils de Nicolas Bigot et de Marie Garrault, 1595).

Seigneuries de la Rainville, — de Vilandry, — de Morogues.

Alliances : familles : du Candal, — le Mercier, — Monceau, — de Genot, — Herbert.

Quatrième branche

Claude-Pierre Bigot, écuyer, justifie sa filiation depuis

Pierre Bigot, écuyer (quatrième fils de Jacques Bigot et de Madeleine du Candal, 1664).

Seigneuries de Saint-Pierre, — de la Touanne, — de la Motte-Bacons, — de Chérelles, — de Villeneuve, — de Villiers.

Alliances : familles : de Bidé, — Caillard, — le Normand.

Cinquième branche

Sébastien-François Bigot, chevalier de Saint-Louis, fils de

Jacques Bigot, conseiller d'Etat

(deuxième fils de Pierre Bigot, et d'Anne Bidé) (1708).

Seigneuries de la Motte, — de Lemerilion, — de la Boyerie, — de la Chapelle-Mauboulin, — de Morogues.

Alliances : familles : Simenel, — Boyetel, — de Bodineau.

Sixième branche

Philippe-Emmanuel le Bigot, écuyer (1671), premier gentilhomme de la chambre du roi, petit-fils de

Philippe le Bigot (fils de Nicolas Bigot et d'Hélène Guyomar (1595).

Seigneuries de Lourmel, — de Neufbourg, — de la Villefréhour, — des Génestays, — des Salles, — de Pennarc, — de la Ville-Tengay.

Alliances : familles : Conen, — Bobillé.

Septième branche

Étienne Bigot, écuyer, avocat au Parlement (1634), justifie sa filiation depuis

Pierre Bigot, écuyer, conseiller du roi (troisième fils de Nicolas Bigot et de Catherine Chénier).

Étienne a été maintenu dans sa noblesse depuis 1639.

Seigneuries de la Chouardière, — de Mosnay.

Alliances : familles : du Pont, — Mallet, — le Redde, — de Saumaize, — du Jon.

Huitième branche

Jacques Bigot, conseiller du roi, petit-fils de

Jacques Bigot, écuyer, conseiller du roi (troisième fils de Pierre Bigot et de Marie du Pont 1583).

Seigneuries de Beaulieu, — de Contremoret.

Alliances : familles : de Sauzay, — Chénier, — Riglet, — le Gras, — Labbé, — Sarrazin, — Maé.

Neuvième branche

Claude Bigot, conseiller du roi, petit-fils de

Étienne Bigot, écuyer (quatrième fils de Nicolas Bigot et de Catherine Chénier).

Seigneuries d'Ormoy, — des Fontaines, — de Quantilly, — de la Vacherie.

Alliances : familles : Thiboust, — Jarret, — Bengy, — Gassot.

Dixième branche

Etienne Bigot, conseiller du roi, fils de

Noble homme Étienne Bigot (deuxième fils d'Étienne Bigot et de Marie Gassot, 1592).

Seigneuries d'Ormoy, — des Fontaines.

Alliances : famille de Large.

Onzième branche

Jacques Bigot (mort en 1623) justifie sa filiation depuis

Robert Bigot (troisième fils de Pierre Bigot et de Marie de la Forest, 1535).

Seigneuries d'Augy, — de Terlant, — de Varennes, — de Senay, — du Brouillet.

Alliances : familles : Bouer, — de Châteauneuf, — de la Croix, — de Boisrouvray, — Bouchard, — Emard, — Gougnon, — Olivier, — du Moulin, — Catherinot, — Bridard, — de Bonnaut, — du Mesnilsimon, — Boju, — de Bengy.

Douzième branche

Jacques Bigot, écuyer, justifie sa filiation depuis

Noble homme Gabriel Bigot (deuxième fils de Simon Bigot et de Catherine Bouchard).

Seigneuries d'Augy, — de Varennes, — de Terlant.

Alliances : familles : Texier, — Fouchier, — de l'Espinasse, — Paulin, — Boytière, — du Pin.

Armes : *De sable, à trois têtes de léopard d'or, languées de gueules et posées deux et une.*

BIGOT

Isaac-Pierre Bigot, écuyer, justifie sa filiation depuis

Nicolas Bigot, conseiller, procureur général du roi en son grand conseil (1565).

Seigneurie de la Toüane.

Alliances: famille Sinson.

Armes: *De sable, à trois têtes de léopards d'or, languées de gueules, et posées deux et une.*

BILLATE

François Billate, citoyen et jurat de la ville de Bordeaux, fut anobli avec sa posterité née et à naitre par lettres patentes données à Versailles au mois de juillet 1722.

Armes: *D'azur, à un château d'argent, côtoyé de deux tours de même.*

DE BILLAULT

Famille originaire de Picardie et actuellement établie à Bar-le-Duc

Noble Sébastien de Billault, écuyer, justifie sa filiation depuis

Noble Innocent de Billault, dit Saint-Martin, écuyer (avant 1515).

[« Cette famille ayant eu le malheur de perdre les titres qui constataient son ancienneté, a produit, pour y suppléer, deux généalogies manuscrites, dont l'une fut dressée juridiquement le 4 février 1604. »]

Seigneuries de Saint-Martin, — de la Mothe, — de Fricamps, — de Beausault, — de Grancart, — de Préville, — de Sauldrupt.

Alliances: familles: de Sarcus, — de Saint-Martin, — Dauchel, — de Franssures, — de Monchy, — Collesson, — de Hangest, — Dramart, — Raulot, — le Bœuf, — de Bar, — de Blaives d'Ambrières, — de Mussey, — de la Morre, — Colliquet, — Regnauldin, — Morison, — Pacquet, — de Boisguérin, — Barbiton, — Bouvet, — de Blaives, — Jobart, — Bugnot, — Porteau, — de Grossolles, — Barbillat Leschicault, — Longeaux.

Branche

Subsistant encore à Bar-le-Duc

Gaspard de Billault, chevalier, ci-devant capitaine de grenadiers au régiment Royal-Barrois, justifie sa filiation depuis

Noble Nicolas de Billault, écuyer, avocat au parlement de Paris et aux siéges de Bar (quatrième fils de Sébastien de Billault et d'Antoinette de Blaives), chef de cette branche.

Seigneuries de Sainte-Livière, — de Combles.

Alliances: familles: Fleury, — Viart, — Laurent de Briel, — Persenot, — de Ballaine, — Broulier, — Estienne, — de Jouvenne, — de Cheppe.

Armes: *D'argent, à une bande d'azur, accompagnée en chef d'une hure de sanglier de sable arrachée de gueules, la langue de même, et en pointe d'un treillis de sable.*

BILLET

En Champagne (Châlons.)

Claude-Jean-Nicolas Billet, écuyer, justifie sa filiation depuis

Claude Billet (avant 1584), qualifié écuyer.

Seigneuries de Sainte-Livière, — de Fagnières, — de Maljouy, — de Moncets, — de Saint-Martin-aux-Champs, — de Marson, — de la Pagerie.

Alliances: familles: Laugault [1], — Gruyer, — Morel [2], Brichot, —

[1] D'azur, à deux épées d'argent emmanchées d'or en sautoir. (Châlons.)

[2] De gueules, à la colombe d'argent, tenant dans son bec une feuille de laurier de sinople. (Châlons.)

Mathé [1], — Lignage [2], — Truc [3], — Deya [4], — de Bar [5], Parchappe, — Clozier [6], — Gargam [7], — de Corvizart.

Seconde branche

Claude-Pierre Billet de Saint-Martin-aux-Champs, justifie sa filiation depuis

Pierre Billet, écuyer (deuxième fils de Germain Billet et de Perrette de Bar), (1658).

Seigneurie de Saint-Martin-aux-Champs.

Alliance : famille Le Moyne [8].

Armes : *D'azur, à un chevron d'argent, accompagné en chef de deux moulinets de même, emmanchés d'or, et en pointe d'une épée aussi d'or posée en pal, la poignée en bas.*

[1] Preuves depuis Jean Mathé, écuyer, seigneur de Dommartin, 1503.— Geoffroy, conseiller au parlement de Paris (1607).— D'argent, au sautoir de gueules, chargé de cinq besants d'or. (Châlons.)

[2] Preuves depuis 1447. Un conseiller au parlement de Paris (1557). — De gueules, au sautoir engrêlé d'or, cantonné de quatre fleurs de lys de même. (Châlons.)

[3] D'azur, au croissant d'argent sommé d'une étoile, accompagné de trois palmes de même. (Châlons.)

[4] D'azur, au chevron d'or, accompagné de cinq œillets de même. (Châlons.)

[5] Preuves depuis Henri de Bar, capitaine pour le roi à Châlons, 1356. — D'argent, à la fasce de sable, surmontée de trois losanges de gueules, rangées en chef.

[6] Voir l'article Bezannes.

[7] D'argent, au chevron d'azur, accompagné de deux roses de gueules en chef, et d'une merlette de sable en pointe. (Châlons.)

[8] Anoblissement du 9 juillet 1490. — D'argent, à la bande de gueules, accompagnée en chef de trois moucheture d'hermine, et en pointe d'un fer à moulin de sable, accosté de deux épis de blé au naturel. (Châlons.)

Pour les notes, E. B.

DE BILLI

dans l'Isle de France

Jean-François de Billi, premier gentilhomme de la chambre de M. le comte de Clermont, justifie sa filiation depuis

Noble homme Jean de Billi (1370), écuyer.

[D'Hozier cite un certain nombre de personnes du nom de Billi qui vivaient avant 1370. Le sieur Robert de Billi paraît dans un titre de 1202.]

Deux chevaliers de Malte, Jean de Billi (avant 1517), Philippe de Billi (1614).

Seigneuries de Meauregard, — de Roissi, — d'Yvor, — de Courville, — du Tremblai, — de Beaulieu, — de Quemi, — de Montguignard, — de Poupri, — de Rochefort, — de la Motte, — des Hayes, — de la Grand'-Cour, — de Villetertre, — de Romesnil, — de Bachaumont, — de Marquemont, — de Monneville.

Alliances : familles : de Puizeux, — de Villers, — d'Orgemont, — de la Grange, — de Fleury, — de Dampont, — de Balluc, — de Caulincourt, — de Lestaudin, — Lallemand, — de la Rainville, — de Beaufils, — Bonnard, — Lamy, — du Rousseau, — de Blair, — Abra de Raconis, — de Bridieu, — Petit.

Seconde branche

René de Billi, écuyer, commissaire départi dans la généralité d'Orléans (1667), petit-fils de

Lancelot de Billi, écuyer (quatrième fils de Jean de Billi et de Claude de la Rainville).

Seigneuries de Mauregard, — de Puizeaux, — du Grand-Hôtel de Billi, — de Poupri, — de Rochefort, — de Foussereau, — d'Oudreville.

Alliances : familles : Chardon, — Le Grand, — de Béthencourt.

Troisième branche

François de Billi, écuyer, capitaine de cavalerie dans le régiment Royal-Piémont, justifie sa filiation depuis

Noble homme Charles de Billi, écuyer (troisième fils de Louis de Billi et de Philippe de Caulincourt), (1565).

Seigneuries de Mauregard, — du Pont, — de Baricourt, — de Quemi, — de la Motte.

Alliances : familles : Maquerel, — de Bragelongne, — Régnier, — de Bertaucourt, — Guibert, — Le Cordier, — de Coquillette, — de Quesnet.

Quatrième branche

Louis de Billi (qualifié chevalier), gentilhomme ordinaire de la chambre du roi, justifie sa filiation depuis son grand-père

Noble personne Perceval de Billi, écuyer (deuxième fils de Jean de Billi et de Marguerite d'Orgemont), (1475).

Seigneuries d'Yvor, — de Courville, — de Vaujoli, — de Launai.

Alliances : familles : de Vieuxpont, — de Gastot, — de Meaucé, — de Languedoc, — Poignant, — de Condé, — de Beaumanoir, — Le Vavasseur, — de Noue, — de Rosny, — de Brie, — de Jouvin, — de Ligneris, — Nicolay.

Cinquième branche

Claude de Billi, écuyer, capitaine de cinquante hommes d'armes des ordonnances du roi, justifie qu'il est fils de

Louis de Billi (deuxième fils de Perceval de Billi et de Louise de Vieuxpont), gouverneur de Guise (avant 1581).

Seigneuries de Prunai-le-Gillon, — de Vertron.

Alliances : familles : de Brichanteau, — d'Alonville, — de Ligni, — de Vieuxpont, — des Courtils.

Sixième branche

Alexandre-François de Billi d'Antilli, lieutenant aux gardes, justifie sa filiation depuis

Noble personne Jean de Billi, écuyer (troisième fils de Jean de Billi et de Marguerite d'Orgemont), (1491).

Seigneuries de Gaune, — d'Antilli, — d'Yvor, — de Cuvergnon, — de Villers-les-Pots, — de Laigneville, — de Fumechon, — de Germaincourt.

Alliances : familles : de Garges, — d'Aspremont, — de Belloi, — de la Fontaine, — de Gomes, — de Gaulne, — du Chesne, — Le Mazier.

Armes : *Vairé d'or et d'azur, à deux fasces de gueules*, qui est de Billi ; *Ecartelé d'or, à une croix d'azur alaisée*, qui est d'Yvor.

DE BILLY

En Bourgogne, en Beaujolais et à Lyon

Pierre de Billy, écuyer, justifie sa filiation depuis

Noble Bon de Billy, écuyer (1536) [1].

Seigneurie de Chantemerle.

Alliances : familles : Courte, — de la Rouzière, — Quentin, — Girinet, — de Fenoil, — Bouilloud, — Stoppa, — Perrosel, — Bourgeat, — Johannin.

Armes : *D'argent, à trois merlettes de sable, posées deux et une.*

DU BLAISEL

Boulogne-sur-Mer

Antoine du Blaisel, gouverneur du château d'Ardelot, justifie sa noblesse depuis

[1] La Chesnaye commence la généalogie à Jean, sieur d'Ivor, 1401.

Henri du Blaisel, écuyer (1523).

Seigneuries de la Neuville, — du Blaisel.

Alliances : familles : de Lardenois, — de Ville, — d'Yves.

Armes : *D'or, à trois bandes d'azur.*

BLANCHARD

[« Famille originaire de Normandie, établie en Bretagne, et depuis environ un siècle à Paris. »]

François-Claude Blanchard de Chaugy, écuyer, justifie sa filiation depuis

Jean Blanchard (1560).

Seigneuries du Mennehic, — de la Maison noble de Launay-Trochard, — de la Ville, — de Saint-Etienne, — de Trébompé, — du Mousterou, — du Rest, — de Tallangouet, — de la Colombière, — du Plessis, — de Kerprigent, — de Lézerdault, — de Changy, — de Montlouis.

Alliances : familles : Guihomnaz, — Le François, — Marot, — Séquart, — Trippe, — Rondel, — Maingard, — Brissard, — Le Gouverneur, — Faynel, — Gravé, — Gaillard, — Le Gendre, — Calloet, — Dozet, — Coroller, — Le Pelletier, — de Perrien, — Prevost, — Corbet, — Geffroy, — Polet, — Guignard, — Bocquet, — Séard, — Fyot, — Berthault, — Voirin, — Le Moyne.

Armes : *D'azur, à trois croissants d'argent posés deux et un.*

BLANCHET

Généralité d'Amiens — Diocèse d'Amiens

Adrien-Joseph Blanchet, écuyer, justifie sa filiation depuis

Nicolas Blanchet, écuyer (1556).

Seigneuries de Sormont, — de Martelet.

Alliances : famille Morgan.

Armes : *De gueules, à une croix d'argent à huit pointes, accompagnée de quatre étoiles d'or, posées une dans chaque canton de la croix.*

BLONDEL DE JOIGNI DE BELLEBRUNE

Diocèse de Poitiers

Gabriel Blondel de Joigni de Bellebrune, écuyer, justifie sa filiation depuis

Jacques Blondel, sénéchal et gouverneur de Ponthieu (1535) [1].

Un chevalier de Malte, Charles Blondel de Joigni de Bellebrune.

Seigneuries de la Bellue, — de Turbinghen, — de Montagni, — de la Poterie, — De Bois-Guillaume, — de l'Isle.

Alliances : familles : Ferrand, — du Mantel, — Cosson-de-l'Isle, — d'Ailli.

Armes : *De gueules, à une aigle d'argent, le bec et les griffes d'or.*

BLOQUEL DE CROIX

Généralité d'Amiens — Diocèse de Saint-Omer

Adrien-Antoine Bloquel de Croix justifie sa filiation depuis

Robert Bloquel, écuyer (1597).

Seigneuries de Wismes, — de Lambi, — de Liévin, — d'Angre.

Armes : *D'argent, à un chevron de gueules, accompagné de trois merlettes de sable, posées deux en chef et une en pointe, l'écu timbré d'un casque de front surmonté d'une couronne de cinq fleurons. Supports. Deux griffons.*

BODIN

Généralité d'Orléans — Diocèse de Blois

François Bodin, écuyer, justifie sa filiation depuis

Abraham Bodin, écuyer (1578) [2].

[1] La Chesnaye donne la date de 1515.

[2] Nicolas, son père, sieur de Villiers en Artois, marié en 1528, d'après le jugement de maintenue du 22 juillet 1706. (*La Chesnaye des Bois.*)

Seigneuries de Vaux, — de la Brosse, — de Boisrenard, — de Ville-Flanzi, — du Chastellier, — de Villers, — de Mainville en Artois.

Alliances : familles : Gordereau, — de Villeneuve, — de Neuville.

Armes : *D'azur, à un chevron d'or accompagné de trois roses de même, posées deux en chef et une à la pointe de l'écu, et un chef d'argent chargé de trois merlettes d'azur.*

DU BOISGELIN

En Bretagne — Évêché de Saint-Brieuc

René-Joseph du Boisgelin justifie sa filiation depuis

Gilles du Boisgelin, écuyer (avant 1602).

Seigneuries de Boisgelin, — de Belle-Fontaine, — de Kerascouet, — de Kenneven, — de la Sourdière, — de Kergouadon, — de Kerbezzeau, — de Longraye, — des Maisons nobles du Ponnet, — de la Ville Josselin, — de Levenereuc, — de la Ville-Neuve, — de Kereveren, — du Kergoet, — du Tran.

Alliances : familles : de Botloi, — de Kernichriou, — Pinart, — Garrouet, — de la Forest, — Oriot, — Guérin de Saint-Brice, — des Nos de la Feuillée.

Armes : *De gueules, à une molette d'éperon d'argent à cinq rais, écartelé d'azur plein.*

BOILESVE

Généralité de Tours — Diocèse d'Angers

Anne Boilesve, chevalier de l'ordre de Saint-Louis, justifie sa filiation depuis

Marin Boilesve, écuyer (1571).

Seigneuries de Razilli, — du Plantis, — de la Modetaïe, — de la Brissarderie, — de Roche, — de la Gillière.

Alliances : familles : Eveillon, — Nicolas, — Hurault, — Julliot, — Gohin, — Charpentier, — de Bonchamp.

Armes : *D'azur, à trois sautoirs d'or, posés deux et un.*

DU BOIS DE FRESNE

Généralité de Bordeaux — Diocèse de Sarlat

François du Bois de Fresne, écuyer, justifie sa filiation depuis

Pierre dit Perrinet du Bois, écuyer (1465).

Seigneuries de Libersac, — de la Grèze, — du Fresne, — du Graspiron.

Alliances : familles : Du Pouget-de-Cazaux, — Béraud, — de Montigné, — Grimoard.

Armes : *D'argent, à une aigle de sable, les cuisses et les pattes de gueules et les ailes abaissées.*

DU BOIS DIT DE HOVES

En Flandre et dans le pays d'Artois

Philippe-Marie du Bois dit de Hoves, écuyer, justifie sa filiation depuis

Jean du Bois dit de Hoves, écuyer (avant 1515).

Seigneuries de Hoves, — d'Hérignies, — du Bucq, — de Reusmes, — de Manain, — de Atïches, — du Bloug, — de Drumet.

Alliances : familles : de Thiennes, — d'Hérignies, — de Bacquehem, — Le Candelle, — de Pronville, — Dragon, — Sourdeau, — Le Mercier, — de Grospré, — Petitpas, — de Gilleman.

Seconde branche

Philippe-Ferdinand du Bois de Hoves, écuyer, justifie sa filiation depuis

Melchior du Bois, fils de Zegre du Bois, dit de Hoves, et de Jeanne de Bacquehem.

Seigneuries d'Haucourt, — de

Fosseux, — de Duisans, — d'Hennaville, — de Lassus, — de la Mouardrie, — d'Hocquincourt.

Alliances : familles : des Pretz, — de Vermeilles, — Galbart, — de Zomberghe, — Mathon, — de Merrat, — Dellano de Vélaxo, — de Bacquehem, — Manchon.

Armes : *D'azur, à trois coquilles d'or, posées deux et une.*

BOISOT

Besançon

Jean-Baptiste Boisot, premier président au parlement de Besançon, fils de

Gabriel Boisot, premier président au même Parlement, mort en 1724.

Seigneurie de Vert.

Alliances : familles : Heuslin, — de Rozières.

Armes : *D'or, à trois tourteaux de gueules, posés deux et un.*

DE BOISSE

Généralité de Limoges — Diocèse de Limoges

Jacques-Joseph de Boisse, écuyer, justifie sa filiation depuis

André de Boisse, chevalier croisé (1237).

Un chevalier de Malte, Michel de Boisse (1665).

Seigneuries de la Farge, — d'Eijaux, — de la Bachellerie, — de Margeride, — de Murat, — de Treignac, — de la Sauguinière, — de Baunac, — de Boisse, — de Jornhac, — de Corcenai, — de la Mazière, — de Saint-Priest, — de Chastaignols.

Alliances : familles : Landouillette de Logivière, — de Moiras, — de la Combe, — Grille, — de Fresne, — de la Jaumont, — d'Auriole, — de la Porte de Treignac, — Vigier, — de Crosent, — Coral, — de Saint-Irier, — du Monteil, — de la Porte, — Aubert, — de Blanchefort de Paudi, — de Vérac, — de Lanteilh, — de Chalus, — Bailhot, — de la Bachellerie, — de Chauveau, — Comte, — de Masvalier, — de Les Boulières, — de Saint-Nectaire, — des Assis, — de Langlade, — de Chevialle, — Hugon du Prat, — de Felines la Renaudie.

Armes : *Fascé d'argent et de gueules de six pièces ; les fasces d'argent, chargées chacune de trois mouchetures d'hermine de sable.*

DE BOISSIEU

Généralité d'Auvergne—Diocèse de Saint-Flour

Joseph de Boissieu, capitaine dans le régiment de Lyonnais, justifie sa noblesse depuis

Jean de Boissieu, écuyer (1540).

Seigneuries du Boisnoir, — de Maisonneuve, — de Boissieu.

Alliances : familles : Bravard d'Aissac, — Brun.

Armes : *D'azur, à une aigle d'or, becquée et membrée de sable, et trois roses d'argent mouvantes d'une même tige, feuillées de même et rangées à la pointe de l'écu.*

BOLLIOUD DE SAINT-JULLIEN

En Forez

François-David Bollioud, receveur général du clergé de France, justifie sa filiation depuis

Pierre Bollioud (Bolhoudi, en latin), (1472).

Seigneuries de Beaumont, — de Saint-Julien, — du Bourg, — d'Argental, — de Montchal, — de Grandmaison.

Alliances : familles : de Villa de Mons (alias Clarona), — Paulat, — Basset, — Gros, — Rochette, — Nardoin, — du Puy, — d'Alier. — Bonnet. — Royer. — Mayol.

— Ollivier, — de Quinson, — Bellet, — du Pin, — de la Tour-du-Pin.

Armes : *D'azur, à un chevron d'or, au chef cousu de gueules, chargé de trois besants aussi d'or.*

DE BONCHAMP

En Anjou

Généralité de Tours — Diocèse d'Angers

Anne-Artus de Bonchamp, écuyer, justifie sa filiation depuis

Louis de Bonchamp, écuyer (1462).

Seigneuries de la Baronière, — de Maurepart, — de Bresse, — de Beauchêne, — du Breuit, — de Sault, — d'Esmes, — de Cherlong, — de la Maison-Forte, — des Cloureaux, — de Pierrefite.

Alliances : familles : de la Fouchardière, — de Vaucelles, — du Quesne, — Guiot, — d'Arsac, — de la Grezille, — Chevrier, — de Boilesve, — de Farci.

Armes : *De gueules, à deux triangles d'or, entrelacés l'un dans l'autre, en forme d'étoiles.*

BONI

Amiens

Jean Boni, écuyer, justifie sa filiation depuis

Germain Boni de la Vergne, écuyer (1571).

Seigneuries de Boisgrenier, — de la Roche, — de la Vergne.

Alliances : familles : de Forges, — Becel, — du Mureau, — Cottet.

Armes : *De gueules, à trois besants d'argent, posés deux et un.*

DE BONIN-DU-CLUSEAU

En Berry et en Nivernois

Daniel-Joseph de Bonin, écuyer, justifie sa filiation depuis

Jean Bonin, écuyer (1545).

On voit un Hugues Bonnin, chevalier, avant 1356.

Seigneuries du Cluseau, — de Bouy, — du Bouquin.

Alliances : familles : Poisson, — Le Muet, — de Briquemault, — de Perreau, — Protheau.

Seconde branche

Paul-Georges de Bonin, écuyer, justifie sa filiation depuis

Perceval ou Georges-Perceval de Bonin, écuyer, fils de Georges Bonin et de Marguerite Le Muet (1601).

Seigneuries du Cluseau, — du Fort-Vieil, — de Tallon, — Judas, — de Beuvron, — de Moissy, — du Molinot, — de Sassaigne, — de Chitry, — du Boucher, — du Mareschal, — de Cuzy, — de Chaumot, — de Mezière, — de Hery.

Alliances : familles : de Lanvaulx, — de Blosset, — de Testefort, — Le Clerc, — de Girard, — de Peronne, — de Charry, — Hinselin, — de Margat.

Armes : *Palé de gueules et d'azur de douze pièces, les pals de gueules chargés de fusées d'or.*

BONOT

En Languedoc

Noble Simon de Bonot, écuyer (1683), justifie sa filiation depuis

Noble Louis de Bonot (1460).

Seigneuries de Saint-Marcel d'Ardèche, — de Saint-Montant, — de Cousignac, — des Plans.

Alliances : familles : de Bellemanières, — Moroan, — de Fain, — Privat, — de Prumeras, — de la Roque, — du Gua, — Fournier, — Redon, — de Silhol, — de Barruel.

Seconde branche

Diocèse de Viviers

PAUL-LOUIS-EMMANUEL DE BONOT, écuyer, justifie qu'il descend en ligne directe de Louis de Bonot (1460), par

Noble ESPRIT DE BONOT (deuxième fils de Jeannot Bonot et de Françoise Fournier (1619).

Seigneuries de Cousignac, — de Villeurain.

Alliances : familles : de Marcel, — de Digoine, — de Galiffet, — de Rochers, — Gaillard, — d'Adhemar, — de Brunier, — d'Espaute, — du Flor.

Troisième branche

Noble ANTOINE DE BONOT (1639) justifie sa filiation depuis

Noble JACQUES DE BONOT, dit DAQUIN, deuxième fils de Jean de Bonot et de Jeanne Privat (1528).

Seigneuries de Saint-Marcel, — de Cousignac.

Alliances : familles : d'Arlonde, — de Montaud, — Martin de Cornillon.

Armes : *D'azur, à trois croix d'argent, posées deux et une, et au chef de gueules, chargé de trois étoiles d'or.*

DE BONVOUST

Généralité d'Alençon — Diocèse de Séez

AUGUSTIN DE BONVOUST, chevalier des ordres royaux et militaires de Notre-Dame de Mont-Carmel et de Saint-Lazare de Jérusalem, justifie sa noblesse depuis

RENÉ DE BONVOUST, écuyer (1560).

Un chevalier de Malte, CHRISTOPHE DE BONVOUST (1575).

Seigneuries d'Aunai, — de Vauxrenout, — de Corneille.

Alliances : familles : de Brunet, du Pont, — de la Motte, — Gruel, — Le Bouleur.

Armes : *D'argent, à deux fasces d'azur, accompagnées de six merlettes de sable, posées trois, deux et une.*

DE BORDES

En Bresse

JOSEPH-GABRIEL DE BORDES, lieutenant dans le régiment d'infanterie de Languedoc, justifie sa filiation depuis

Noble PIERRE BORDES, qualifié secrétaire du duc de Savoye en 1520.

Seigneuries du Chastellet, — de la Balme-sur-Cerdon, — de Nerciac, — de la Couz, — de Montfalcon, — de Lormey, — de Chalay, — de la Tour.

Alliances : familles : du Gour, — Charnet, — Vermeil, — de la Rossière, — Cristin, — Bellet, — Rubal, — Brun, — Grénaud du Breuil, — du Cloz, — Bertrier, — du Crestz, — de Miette, — de Moyria, — de Villette, — de Bouvant, — Simonet, — de Montdor.

Armes : *D'or, à un cheval naissant de gueules, coupé de sinople, à une molette à huit pointes d'or.*

DE BORREL DE CHANOUILLET

Mende en Gévaudan

URBAIN DE BORREL DE CHANOUILLET justifie sa filiation depuis

LOUIS DE BORREL (1521).

Seigneuries de la Grange, — de Servières, — des Vernets, — de Saugières.

Alliances : familles : de Retz-de-Bressoles, — Rivié, — d'Arpajon, — Grégoire, — Coloneau.

Armes : *D'azur, à un chevron d'or, surmonté de trois étoiles de même, rangées en fasce, au chef d'argent.*

DE BOSREDON

Auvergne — Diocèse de Clermont

JÉRÔME-MARIEN DE BOSREDON, écuyer, justifie sa filiation depuis

ANTOINE DE BOSREDON (1549).

Un chevalier de Malte, JEAN-FRANÇOIS DE BOSREDON (1715).

Seigneuries de Vieux-Voisin, — du Luc, — de Menou, — de Combrailles, — de Vastange, — du Pui-Saint-Gulmier, — de Villevaleix.

Alliances : familles : de Chaussecourte, — de Saint-Phale, — Le Groin, — de Murat, — de Rochefort.

Armes : *D'azur, à un lion d'argent, la langue et les griffes de gueules ; écartelé d'un vairé d'argent et de sinople, de quatre traits.*

DE BOSREDON[1]

Généralité de Riom — Diocèse de Clermont

GABRIEL DE BOSREDON, écuyer, justifie sa filiation depuis

LOUIS DE BOSREDON (1547).

Seigneuries du Châtelet, — des Sales, — d'Hermant, — de la Breuille, — de Saint-Marc, — de l'Esclause, — de Martinenche.

Alliances : familles : de la Rochette, — du Plantadis, — d'Aubusson, — de Saint-Julien, — de Calvimont, — Robert de Lignerac, — de Chaslus.

Armes : *D'azur, à un lion d'argent, la langue et les griffes de gueules ; écartelé d'un vairé d'argent et de sinople, de quatre traits.*

DU BOT

Bretagne — Quimper

JACQUES-JOSEPH DU BOT, écuyer, justifie sa filiation depuis

Noble EVEN DU BOT, écuyer (1460).

Seigneuries du Bot, — de Lochan.

[1] Même famille que la précédente quoique d'Hozier lui consacre un article séparé. (E. B.)

Alliances : familles : de Muzuillac, — de la Rivière.

Armes : *D'argent, à une fasce de gueules.*

BOUCHART[1]

Généralité d'Amiens — Diocèse de Beauvais

GUILLAUME BOUCHART, écuyer, justifie sa filiation depuis

ROBERT BOUCHART, écuyer (1537).

Seigneuries de Cambronne, — de Valescourt, — de Ravenel, — de Vaux, — du Mesnil, — de Biermont, — de Milli, — de Saint-Rémi.

Alliances : familles : Le Sart, — Charpentier, — Le Caron, — du Plessier.

Armes : *D'or, à une tour de gueules, maçonnée de sable et surmontée de deux croissants d'azur.*

BOUCHER

En Bourgogne, en Champagne et à Paris

GEORGES DE BOUCHER, écuyer, remonte sa filiation à

FÉLIX BOUCHER, écuyer (vers 1300).

Seigneuries de Monceaux, — de Vertron, — de Chevry, — de Dollot, — de Carisey, — de Paslis, — de Ravières, — de la Brosse, — de Haut, — de la Forest, — de Lignières, — de Cornillon, — du Monthoy, — de Saint-Estienne.

Alliances : familles : de la Plotte, — des Dormans, — de Roffey, — de Sailly, — Le Muet, — Griveau, — de Villeprouvée, — de la Ferté, — d'Aubeterre, — d'Avalus, — de l'Abbaye, — Nugault, — de Combles, — Coiffart, — de Hault, — de Saint-Estienne, — du Parc, — de Vaucelles, — de Veillart.

[1] Autres familles : Bouchard d'Aubeterre (Provence), Bouchard d'Englesqueville (Normandie, Rouen), Bouchard de la Varende (Alençon), Bouchard de Noroy. (E. B.)

Seconde branche

Germain Boucher, écuyer, justifie sa filiation depuis

Pierre Boucher, écuyer (second fils de *Pierre* Boucher, auteur du deuxième degré, et de Marie de la Plotte), auteur de cette seconde branche.

Seigneuries de Saint-Audelin, — du Pavillon, — de Bazoches, — de la Ronce.

Alliances : familles : Chevalier, — Guenin, — L'Evesque, — Thierriat, — Guyon, — Petit, — Rémond, — Puisoye, — Regnard, — Tribolé, — Perrottey, — Boirot, — Girardin, — Marie, — Thomas, — Gilloton, — Merat.

Troisième branche

Jean-Baptiste-Thomas Boucher de la Rupelle, qualifié chevalier, justifie sa filiation depuis

Claude Boucher, écuyer (cinquième fils de Philibert Boucher, auteur du cinquième degré de la seconde branche, et de Claude Rémond), auteur de cette troisième branche.

Seigneuries de Bleury ou de la Motte-Bleury ou des Bouchers, — du Pavillon, — de la Rupelle, — de Bailly, — de Chouilly.

Alliances : familles : Lange, — Tribolé, — de Fondriat ou de Foudriat, — Madot, — Bordes, — Richer, — Thierriat, — Regnauldin, — Prévost, — Baltazard, — Le Muet, — Robinet, — Marie, — Chevalier de Minières, — d'Espences de Villefranche, — Raffin.

Quatrième branche

Eléonor-Elisabeth-Nicolas de Boucher, qualifié chevalier, justifie sa filiation depuis

François-Tristan Boucher, écuyer (fils puiné de Pierre Boucher, auteur du deuxième degré, et de Catherine des Dormans), auteur de cette quatrième branche.

Un chevalier de Malte, Pierre-Elisabeth de Boucher de Flogny (né en 1753).

Seigneuries de Roffey, — de Monceaux, — d'Avigny, — d'Ailland, — de Villiers-sur-Tollon, — de Flogny, — de Marcey, — d'Argenteuil, — du Pelisson, — de Milly, — des Minots-de-Flogny, — de la Rue d'Embas, — de Buttau, — de Villiers-Vineux, — de Marolles, — de Vergigny, — d'Epineul, — de Poilly, — de la Forest-Ferou, — de Percey, — de Carizé, — de Saintes-Vertus, — de Chichée, — de Serain, — de la Chapelle-Vieille-Forest, — du Monceau ou de la Sogne, — du Pontot, — de Coulan, — de Plasse, — du Luat.

Alliances : familles : Prevost, — Bélin, — Foret, — de Vienne, — Mirey, — de Cabaret, — de Longueil, — de Combles, — de Saint-Blaise, — Le Bascle d'Argenteuil, — de Malain, — Loizeau, — de Pernes, — Quelain, — de Goullard, — de Clermont-Tonnerre, — Bazard, — de Braque.

Cinquième branche

Edme de Boucher, qualifié chevalier, baron de Milly, page de la grande écurie du roi (1731), justifie sa filiation depuis

Nicolas de Boucher, écuyer (second fils de Philippe Boucher, auteur du quatrième degré de la quatrième branche, et de Madeleine Mirey), auteur de cette cinquième branche.

Seigneuries de Milly, — de Roffey, — de Chemilly, — de Linan ou de Lignau, — d'Argenteuil, — de Beauregard, — de Fontaine-Géri, — de Beinne.

Alliances : familles : de Brouillard, — de Veelu, — Le Bascle d'Argenteuil, — Gauthier du Tronchoy, — d'Avigneau, — de Guyon.

Armes : *D'argent, à trois écrevisses de gueules, posées deux et une.*

BOUCHER[1]

Généralité de Dijon — Diocèse de Langres

Edme-Antoine-Claude Boucher, écuyer, justifie sa filiation depuis

Tristan Boucher (1511).

Seigneuries de Milly, — de Roffye, — de Fontaine-Géri, — de Villiers-sur-Tholon.

Alliances : familles : Gautier, — Le Bascle, — de Veelu, — de Mirey.

Armes : *D'argent, à trois écrevisses de gueules, posées deux et une.*

[1] La Chesnaye établit deux branches principales dites de Milly et de Roffye et commence à Guillaume, sieur de Gisy, gendre du chancelier de Morvilliers (1304), bisaïeul de Tristan. — Nous ferons encore remarquer que ces deux articles ne concernent que la même famille. (E. B.)

BOUCHER DE MORLAINCOURT

Dans le Barrois

Joseph Boucher, écuyer, justifie sa filiation depuis

Jean Boucher, anobli en 1621 par le duc Henry de Lorraine.

Seigneuries de Morlaincourt, — d'Andernay.

Alliances : familles : Marlier, — Heblot, — Christophe, — Haraucourt-Dordelu ou d'Ordelu, — Hierosme-de-Choisy, — du Terel, — Durand, — Plunket, — Bogelot, — Colliquet, — Claudot, — de Vassart.

Armes : *D'azur, à un chevron d'or, chargé à la pointe d'une croisette de pourpre, accompagné en chef de deux lions d'argent, affrontés et langués de gueules.*

DE BOUET-DU-PORTAL

En Poitou et en Saintonge

François de Bouet, écuyer, justifie sa filiation depuis

Pierre Bouet, écuyer (1539).

Seigneuries de Cousay, — de la Vallée, — du Portail ou du Portal, — de Bazauge.

Alliances : familles : de la Lande, — Roquet, — Baudouin, — des Giltons, — du Bourg, — Fretard, — de Luchet.

Armes : *D'argent, à trois hures de sanglier de sable, posées en pal, ensanglantées de gueules, défendues d'argent et contournées.*

DU BOUEX

Généralité de Bourges — Diocèse de Poitiers

Robert du Bouex, chevalier de Saint-Louis, justifie sa filiation depuis

Guillaume du Bouex, écuyer (1461).

Seigneuries de Villemort, — de Fontmorand, — de Méré, — de Lermont, — de Lisle, — de Richemont.

Alliances : familles : du Ligondais, — Dauvet des Marets, — d'Escoubleau, — l'Huillier, — de Beauvau du Rivau, — de Moussi la Contour, — de Malessec de Chatelus, — Chauvelin, — de Saint-Maur.

Armes : *D'argent, à deux fasces de gueules.*

DE BOULLONGNE

Louis de Boullongne, premier peintre de Sa Majesté, directeur de l'Académie royale de peinture et de sculpture, fut anobli avec sa postérité par lettres patentes données à Fontainebleau au mois de novembre 1734.

Alliances : familles : Baquet, — Larchevesque, — de Beaufort.

Armes : *De gueules, à une tour d'argent; au chef d'azur chargé de trois étoiles d'or.*

BOULON

Généralité de Dijon — Autun

Edouard Boulon, chevalier de Saint-Louis, fut anobli par lettres patentes datées de Paris, du mois d'août 1720, en considération de trente-trois ans de service dans les armées du roi.

Armes : *D'azur, à une fasce ondée d'or, chargée d'une étoile de gueules, l'écu timbré d'un casque de profil.*

BOURDIN

Généralité d'Amiens — Diocèse de Beauvais

ADRIEN-PIERRE-AIMÉ BOURDIN, écuyer, justifie sa filiation depuis

JACQUES BOURDIN, secrétaire du roi, mort en 1534 [1].

Seigneuries de Monssures, — de Vilaines, — de Chars, — de Vilette.

Alliances : familles : de Gueului, — de Villepoix, — Tiercelin, — Cauchon, — Bochetel, — Brinon.

Armes : *D'azur, à trois têtes de cerf d'or, posées de front deux et une.*

BOURGEVIN

A Paris

CHARLES-MARIE BOURGEVIN, conseiller du roi au Parlement de Paris, justifie sa filiation depuis

Noble ANTOINE BOURGEVIN, avocat en Parlement (1656) [2].

Seigneuries de la Norville, — de Moligny.

Alliances : familles : Paré, — de Xaintonge, — Huby, — Boucher, — de la Haye, — des Fosses, — Guyard de Saint-Clair.

Seconde branche

LOUIS-PAUL BOURGEVIN DE LA NORVILLE, écuyer, trésorier général des maréchaussées de France, fils de Charles-Antoine-Jacques Bourgevin, écuyer, et de Thérèse Boucher.

Seigneurie de la Norville.

Alliances : famille Pillet.

Armes : *D'azur, à une fasce d'hermine, accompagnée de trois coquilles d'or, posées deux en chef et une en pointe.*

[1] Autre famille de ce nom à Poitiers.

[2] Originaire de Champagne, remontant à Thibaut, sieur de Moligny et *Bourg-ès-vins* (1399); se fit substituer à la famille de sa femme, née de Vialard. (La Chesnaye.)

BOURGUIGNON

Marseille

JEAN BOURGUIGNON, écuyer, justifie sa filiation depuis

CLAUDE BOURGUIGNON, écuyer (1550) [1].

Seigneurie de la Mure.

Alliances : familles : Croiset, — d'Audiffret, — de Bissière.

Armes : *D'or, à un sanglier de sable passant sur une terrasse de sinople, mouvante de la pointe de l'écu, et percé d'une flèche d'argent en barre ; au chef d'azur, chargé de trois étoiles d'or.*

BOURLIER

Généralité de Lion

PHILIPPE BOURLIER, écuyer, conseiller du roi, trésorier de France au bureau des finances de la généralité de Lion.

Alliances : familles Messier, — la Croix.

Armes : *D'argent, à un chevron de gueules, accompagné en pointe d'un chien de sable passant, et au chef d'azur, chargé d'un soleil d'or.*

BOUTET

Généralité de Moulins — Diocèse de Bourges

GILBERT BOUTET, écuyer, justifie sa filiation depuis

[1] La Chesnaye commence à Pierre de Bourguignon, 1300, quatrième aïeul de Claude.

Gilbert Boutet, écuyer (1536).

Seigneuries de Sazeret, — de Villefranche.

Alliances : famille : des Fontis.

Armes : *D'azur, à un chevron d'or, accompagné de trois tours d'argent, posées deux en chef et une en pointe, et un lambel d'argent, de trois pendants en chef.*

LE BOUTILLIER DE MAIGREMONT

Généralité de Rouen — Diocèse de Rouen

Jean-Baptiste-Robert Le Boutillier de Maigremont, écuyer, justifie sa filiation depuis

Toussaint Le Boutillier, écuyer (vers 1520)[1].

Seigneuries de Saint-Cir, — de Roménil, — de Maigremont, — de Féron.

Alliances : familles : Boucher, — de la Selle, — de Grainville, — de Cuissi, — d'Allerai.

Armes : *D'azur, à sept chevrons d'argent, posés l'un au-dessus de l'autre, et un cerf de même, courant de droite à gauche, à la pointe de l'écu.*

BOUVIER

Dans l'Orléanais

Guillaume Bouvier, page du grand maître de Malte, justifie sa filiation depuis

Guillaume Bouvier, écuyer (mort avant 1524).

Un chevalier de Malte, Guillaume Bouvier (1697).

Seigneuries du Saussay, — de la Motte-Poirier, — de la Motte-Dergonville, — de la Motte-Bouron, — de Marcault, — de Montivrault, — de la Muscadière, — de Thimory, — de la Brière, — de Cépoy[1], — des Ecuyers, — de Gondreville, — de Perche, — des Écuyers, — de Prix, — de Tréminville, — de Préfontaine, — de Girolle, — de Beauvert.

Alliances : familles : de Brieux, — Pingot, — Le Prévôt, — Corneille, — Ozon, — Le Maistre, — Guyon, — Fouquet, — de Béthune, — Tourtier, — de Beauharnois de Moulon.

Armes : *De gueules, à un chevron d'or, accompagné de trois trèfles de même, posés deux en chef et l'autre à la pointe.*

DE BRAQUE

Famille de Paris

Répandue dans l'Ile-de-France, en Normandie, dans la Touraine, etc.

[« L'un des plus anciens et plus illustres noms qu'il y ait en la capitale. »]

Pierre Braque, écuyer (1449), remonte par sa filiation à

Arnoul Braque, anobli avec permission de prendre et de recevoir honneur et enseigne de chevalerie, par lettre de Philippe de Valois (1239).

Seigneuries du Bois-Guillaume, — du Plessis, — de la Geole.

Alliances : familles : de Fleury, — de Berguette, — du Moulinet, — du Mesnil, — de Crévecœur, — de Fontaine, — de Pilloys, — de Lyon.

Seigneurs de Châtillon-sur-Loing, de Saint-Maurice-sur-Laveron, etc.

Branchet de Braque, chambellan de Charles VI, petit-fils de

Nicolas Braque, troisième fils d'Arnoul Braque, chambellan de Charles V, (1348).

Seigneuries de Châtillon-sur-Loing, — de Saint-Maurice-sur-Laveron, — de Nogent-sur-

[1] Maintenue du 20 décembre 1669 avec filiation, depuis Guillaume Bouteille, qui parut à l'arrière-ban de Vernon en 1470. (E. B.)

[1] Erigée en marquisat par lettres d'avril 1748. (B. E.)

Seine, — de Croissy, — de Croquetaine, — de Choisy, — Le Luys, — d'Ozoir le Voulgi, — d'Aillant, — de Luzarches, — de Souvigny, — de Courcelles le Roi, — de Dannemarie, — de Saint-Mars, — de Cramoyau, — de Danmartin, — de Boissy-sur-Troisne, — de Magency, — du Luat, — de Montigny, — du Bois-Guillaume.

Alliances : familles : du Tremblay, — Le Boutillier de Senlis, — de Villebeon, — de Trée, — de Courcy, — de Châtillon, — de Courtenay, — Jean de Saligny.

Seigneurs du Luat, de Tresme, de Blémur, etc.

Louis de Braque, écuyer, major au régiment du marquis de Saint-Luc (1668), justifie sa filiation depuis

Amalric ou Amaury Braque, fils aîné d'Arnoul Braque et de Jacqueline d'Ipre [1].

Seigneuries de Piscot, — du Luat, — de Tresme, — de Blémur, — de Saint-Arnoul, — de Hugot, — de la Motte, — de Villiers au Bosc, — de Maugarni, — de Guiencourt, — de Traix, — de Châtillon-sous-Bagneux, — du Goyet, — du Parc.

Alliances : familles : de Montmorency, — le Mire, — d'Estellant, — Gentien, — de Rouvroy Saint-Simon, — du Mont-Saint-Eloy, — Thiessart, — de Thuillières, — Bimdesalle, — de Landes, — Pièdefer, — Luillier, — de Canlers, — Curet, — de Courtignon, — de Roussay, — de Claux, — de Coucy, — Perrier, — de Saint-Clair, — de Fassilon.

Seconde branche

Louis de Braque, écuyer, capitaine dans le régiment royal des vaisseaux, fils de Louis de Braque, écuyer (capitaine dans le régiment de Montgomery, 1636, (quatrième fils de René de Braque et de Françoise de Saint-Clair).

Un chevalier de Malte, Guillaume de Braque (1668).

Seigneuries du Parc, — de la Métairie, — de Boistibout, — de la Hourlière, — du Rothoir, — de Mezerville.

Alliances : familles : Blanche, — Agis, — de Line, — du Caurel.

Troisième branche

François-Henri de Braque, capitaine d'infanterie, justifie sa filiation depuis

Philippe Braque ou de Braque, (cinquième fils de Philippe Braque et de Marguerite de Canlers), 1496.

Seigneuries de la Motte, — du Luat, — de Baudeduit, — de Garcy, — de Châteauvert, — de Piscot, — de l'Isle, — de Montorgueil, — de Touteville, — de la Cave.

Alliances : familles : Stuart, — de Saint-Clerc, — Lindsey, — de Bar, — de Gilbertés, — Fretel, — Damas, — de la Gache, — de Saint-Benoist, — de Héricourt, — des Gués, — le Prevost, — de Garges, — Picot, — de Mauvoisin, — Bouette, — Briçonnet, — du Cles, — le Febvre, — Blondel de Joigny, — de Marguerie, — Gibout, — Roger de Chanlecy, — Laval.

Quatrième branche

Paul-Emile de Braque (comte de Braque), justifie sa filiation depuis

François de Braque (deuxième fils de François de Braque et d'Anne Picot), capitaine de chevau-légers, 1627.

Seigneuries de Volhart, — de Piscot, — de Châteauvert, — de Montorgueil, — du Luat, — de la Motte, — d'Ozonville, — de

[1] Cet Arnoul Braque est l'auteur de la famille et le premier du nom cité par d'Hozier qui dit, à son article, que le nom de sa femme est inconnu, et qui cependant donne ici ce même nom. (E. B.)

Saint-Brice, — de Bourdon, — de Grandesse.

Alliances : familles : de la Rue, — Bertrand du Lis, — de Liée, — de Rilly, — de la Barre, — de Vienne, — Dreux, — de Grillet, — de Guiry, — Forest de Bellefontaine, — l'Huillier, — le Franc du Val'David, — Amyot, — Lorimier.

Armes : *D'azur, à une gerbe de blé d'or liée de gueules.*

DE BREDA

A Paris et dans l'Isle de France

Nicolas-François de Breda de Trossi, lieutenant des maréchaux de France au bailliage de Senlis, justifie sa filiation depuis

Noble homme Maitre Etienne de Breda, payeur des gages du Parlement de Paris (1553).

Seigneuries de Guisbert, — de Laleval, — de la Folie-Guerard, — du Bella, — de la Chauchée, — de Hauteborne, — de Trossi, — de Hangest.

Alliances : familles : de Dampmartin, — du Duit, — de Picard, — de Goussencourt, — de Belleau, — d'Orsié, — Bodin, — du Trousse - d'Hericourt, — de Noé, — de Saint-Leu, — Bidault, — de Belleval, — Boullanc.

Armes : *D'argent, à une fasce de gueules, chargée d'une étoile d'or, et accompagnée en chef d'un perroquet de sinople, et en pointe d'un croissant de sable.*

DE BRESSEI

Nancy

Charles-Anne-Nicolas de Bressei, écuyer, justifie sa filiation depuis

Claude de Bressei, écuyer (1520).

Seigneuries de Manoncourt, — de Roville, — de Frétigni, — de la Coste, — de Rougemont, — de Borei, — de Coulenot, — de Cubri, — de Saint-Julien, — de Mélincourt.

Alliances : familles : de Ragecourt, — Poutier, — de Bildstein, — de Thomassin, — Joufroi, — d'Abonne.

Armes : *D'azur, à deux fasces d'or, une étoile d'argent au canton gauche du chef de l'écu, et un franc-quartier d'or, chargé d'une clef de gueules posée en pal, l'anneau en bas.*

BRETAGNE

Généralité de Dijon — Diocèse d'Autun

Joseph-André Bretagne, écuyer, justifie sa filiation depuis

Claude Bretagne, conseiller au parlement de Bourgogne (1554).

Seigneuries de Ruère, — de Blancei, — de Trémont, — de Loisi, (baronnie), — de Bruaille, — de Montagni.

Alliances : familles : Bresse, — de Montholon, — Barjot, — de Massol, — Lesnel, — Filsjean, — Maillard, — Galois.

Armes : *D'azur, à une fasce ondée d'or, accompagnée en chef de trois grelots de même, et en pointe d'un croissant d'argent.*

DE BRETTES

Généralité de Limoges — Diocèse de Limoges

Pierre de Brettes, écuyer, justifie sa filiation depuis

Jeannot de Brettes, écuyer (1537).

Seigneuries du Cros, — de Cieux.

Alliances : familles : Petiot, — de Neuville.

Armes : *D'argent, à trois vaches de gueules, accolées et clarinées d'azur, et passantes l'une au dessus de l'autre.*

DU BREUIL

Dans la Manche et le Bourbonnais

François du Breuil, écuyer, justifie sa filiation depuis

ANTOINE DU BREUIL : écuyer (1549).

Seigneuries du Breuil, — de la Motte, — d'Arseville, — de Védignac, — de la Vergne, — de l'Escluse, — de Saint-Etienne de Chaussenat, — de Lourdoueix Saint-Pierre, — d'Ars, — de Chastellus le Marcheix.

Alliances : familles : de la Motte, — de Ténelle, — du Peyroux, — de Sens, — Autier de Villemontée, — de la Fosse, — de Saint-Mort, — André, — Le Roux de Lussac.

Seconde branche

VINCENT DU BREUIL, mousquetaire du roi dans la seconde compagnie, justifie sa filiation depuis

JEAN DU BREUIL, écuyer (second fils de Pierre du Breuil et de Gabrielle de Ténelle).

Seigneuries d'Arseville, — de Saint-Maurice, — de Gallemeau, — du Cros, — du Breuil, — de la Vaux-du-Maine, — de Védignac, — de la Brosse, — de Bressolles, — de Chauvière.

Alliances : familles : de Beaulne, — Bouchet, — Galichier, — Bétholand, — de Ségouzat, — de la Motte, — de Saint-Mort-de-Lourdoueix, — de Bosredon, — de Monchy, — de la Roche, — de Salvert.

Armes : *D'azur, à une ancre d'argent, posée en pal, et au chef de gueules chargé de trois étoiles d'or.*

DE BRIDIEU

Généralité de Bourges — Diocèse de Bourges

CLAUDE DE BRIDIEU, écuyer, justifie sa filiation depuis

JACQUES DE BRIDIEU, écuyer, maître d'hôtel de François de Bourbon, prince dauphin (1531).

Seigneuries du Claveau, — de Montbron, — de Luchet, — de la Gléole.

Alliances : familles : de Billi, — Bartet, — de Maroles, — de la Roue, — de Rigal, — de Montferrand, — de Marci.

Seigneurs de la Baron

Généralité de Poitiers — Diocèse de Poitiers

CHARLES-PAUL-JACQUES-JOSEPH DE BRIDIEU, écuyer, seigneur de la Baron, justifie sa filiation depuis

PIERRE DE BRIDIEU, écuyer, seigneur de la Baron (1593).

Seigneuries de la Baron, — de la Saulaie, — de la Jalletière, — du Breuil.

Alliances : familles : Bergeron, — Maillasson, — Berland, — Rougier, — de Montfort.

Armes : *D'azur, à une macle d'argent, cramponnée par le bas et accompagnée de trois étoiles d'or, posées deux en chef, et une à la pointe de l'écu.*

DE BRIE[1]

Généralité de Limoges — Diocèse de Limoges

JEAN DE BRIE, écuyer, justifie sa filiation depuis

Noble homme LOUIS DE BRIE, écuyer (1562).

Seigneuries de Soumagnac, — de la Bastide, — de Beaufranc.

Alliances : familles : de la Breuille, — de Turene.

Armes : *D'or, à trois lions de gueules, langués, onglés et couronnés d'azur, et posés deux et un.*

BRILLET

Diocèse d'Angers

Originaires de Bretagne, établis en Anjou

PIERRE-CLOVIS BRILLET justifie sa filiation depuis

[1] Autre famille Brie de Serrant en Anjou, et aussi un autre Brie de Sablonnière en Beauvoisis. (E. B.)

N... BRILLET (avant 1459).

Seigneuries de Loiré, — de Villemorge du Plessis, — de Laubinière, — de Monthorin, — de la Rivière, — de Maubuisson, — de la Ferté, — de Launay, — de la Grée, — de la Suzonnière, — du Parvy, — de Beauchesne, — de la Peroussaie, — de la Gandonnière.

Alliances : familles : le Heudre, — Princé, — de la Rivière, — Doré, — d'Orange, — de Montbourcher, — Marchand, — Becdelièvre, — Painel, — de la Hunaudaie, — de Saint-Germain, — de Houssemagne, — de la Jouvaudière, — Pihu, — du Mortier, — de Scépeaux, — de la Grandière, — Bignon, — Turpin de Crissé, — Gilloteau, — Brault, — de Juigné, — de Montplacé.

Seconde branche

ANNE BRILLET, fils de JEAN BRILLET, écuyer (deuxième fils de Thimothée Brillet et de Catherine Pihu, (1672).

Seigneuries de Villatte, — de Villemorge.

Alliances : familles : Rousseau, — Théronneau, — le Petit.

Armes : *D'argent, à trois têtes de loup de gueules, arrachées et posées deux et une.*

DE BRIOIS

Flandre — Lille

ROBERT-HYACINTHE-JOSEPH DE BRIOIS, écuyer, justifie sa filiation depuis

JEAN BRIOIS, écuyer (1583), avec mention de WAST BRIOIS, son ascendant (XVe siècle) [1].

[1] La Chesnaye mentionne un chevalier du Temple, oncle de Wast, seigneur de Briois, en 1336 (*sic*), et commence la filiation à Wast II de Briois, créé chevalier de l'ordre, le 15 août 1461.

Seigneuries d'Hullucq, — de Baque.

Alliances : familles : le Merchier, de Coupigni.

Armes : *De gueules, à trois gerbes de bled d'or posées deux et une, et une bordure de même, chargée de huit tourteaux de gueules.*

DE BRIQUEVILLE DE BRETTEVILLE

En Normandie

[« Famille sortie anciennement de la même tige que les seigneurs de la Luzerne : les seigneurs des deux familles sont compatriotes et ne forment ensemble qu'une seule et même maison. »]

GUILLAUME-ANTOINE DE BRIQUEVILLE, lieutenant général de la Capitainerie des garde-côtes du Val de Sacie, justifie sa filiation depuis

GUILLAUME DE BRIQUEVILLE, chevalier (1369).

Le premier personnage du nom paraît en 1153.

Seigneuries de Laune, — de Briqueville la Blouette, — de Briqueville en Bessin, — de Lacette, — de Caligny, — de Gerville, — de la Haie, — de Bretteville, — de Sebeville, — de la Vallée, — de Saint-Martin, — de la Rousserie, — de Saint-Germain.

Alliances : familles : de Meullent ou Meulan (qui lie les Briqueville à la maison royale, Jeanne de Meullent, femme de Guillaume de Briqueville, ayant pour onzième aïeule paternelle Elisabeth de Vermandois, fille du comte de Vermandois, Hugues de France, surnommé le Grand, frère puîné du roi Philippe Ier), — de Juvigny, — le Moine, — de Clinchamp, — d'Escajeul, — des Monstiers, — de la Haie, — de Courcy, — Campion, — de Vieulx, — Picot, — L'Ours, — Morin, — de Garsalles, — de Noriolle, — de Beuzeville, — de Percy, — Heuzey (ou, suivant la Roque, de Bauren), — de Sainte-Marie, — de Brébeuf,

— du Saussay, — Boucart, — le Bunetel, — le Comte, — d'Urevie, — du Gardin, — Morin, — de Grimonville, — le Berceur, — d'Aigremont, — le Castel, — le Poupet, — Morel, — Osbert, — de Fontaine de Cardonville, — le Fèvre, — de la Motte.

Armes : *D'argent, à six feuilles de chêne de sinople, posées trois, deux et une.*

DE BROC

Généralité de Tours — Diocèse d'Angers

VICTOR DE BROC, écuyer, justifie sa filiation depuis

Noble RENÉ DE BROC (1533 [1]).

Seigneuries de la Ville-aux-Fouriers, — de la Cour de Broc.

Alliances : familles : de la Barre, — Bouju, — d'Estrées.

Armes : *De sable, à cinq fusées et deux demies d'argent, rangées en bande.*

DES BROSSES

Généralité d'Alençon — Diocèse de Séez

RENÉ-NICOLAS DES BROSSES, écuyer, justifie sa filiation depuis

SIMON DES BROSSES, écuyer (1469 [2]).

Seigneuries du Goulet, — du Boisyon, — de Batigni.

Alliances : familles : de la Grange, — Droullin, — de Mélicourt.

Armes : *D'argent, à un lion de sable, langué de gueules.*

BROSSIER

Bailliage du Perche — Bellesme

JEAN-FERDINAND BROSSIER, conseiller du roi, président et lieutenant général civil, criminel et de police au bailliage du Perche à Bellesme.

Seigneurie de la Rouillière.

Alliances : familles : du Val, — d'Avesgo.

Armes : *D'azur, à un chevron d'or, accompagné en chef de deux étoiles de même, et en pointe d'un croissant d'argent.*

DE BRUET

Dans l'Agénois

GÉDÉON DE BRUET, écuyer, justifie sa filiation depuis

LAURENT BRUET, damoiseau (1429).

Seigneuries de Femme-Morte, — de la Garde, — de Longueville, — de Saint-Caprazi, — de Peirecave, — d'Arzens, — de Saint-Blancard.

Alliances : familles : de Saintrailles, — Brachet, — de Caussade, — de Madaillan, — de la Coste, — de la Ramière, — de Vignal de Bréval, — de Massiot, — de Morelli-de-Choisi, — d'Alba, — de Bar-de-Mauzac, — de Grosolles.

Seconde branche

SEIGNEURS DE LA GARDE

Généralité de Bordeaux — Diocèse d'Agen

JEAN-LOUIS DE BRUET, justifie qu'il est petit-fils de JACQUES DE BRUET, écuyer (sixième fils de Jacques de Bruet et de Françoise de Morelli), (1667).

Seigneuries de la Garde, — de la Tucque, — de Longueville, — de Saint-Caprazi.

Alliances : familles : de Briet, — de Pichard, — Feytis, — de la Roque.

Armes : *De gueules, à un lion d'argent, écartelé d'argent à une croix de Malte de gueules.*

[1] La Chesnaye commence à Baudouin de Broc, seigneur de Richelieu en Touraine, 1402, et blasonne : de sable, à la bande fuselée de neuf pièces d'argent : couronne de *comte*. Il fait vivre René de Broc en 1440.

[2] Selon La Chesnaye, 1425.

thoille, — du Quesnel, — de Bricourt.

Alliances : familles : de la Caille, — Fuzelier.

Armes : *D'argent, à une fasce de gueules, chargée de trois boucles d'or, à l'antique, l'ardillon posé en pal.*

BURIN

A Paris et en Bretagne

François-Simon Burin de Ricquebourg, écuyer, justifie sa filiation depuis

Rolin Burin, écuyer, conseiller secrétaire du roi en 1654[1].

Seigneuries de Ricquebourg, — d'Yerres, — de la Grange du Milieu, — de Brezons, — de Brunoy, — de Valfayeu, — de Dannemois, — de la Neufville, — de Saint-Nicolas d'Aliermont, — du Bas-Mats, — de Buquerel, — du Fief Mesnage, — du Fief du Muid-Grangé.

Alliances : familles : Massieu, — de Bombelles, — Sanson, — de Palme, — Martin-du-Parc.

Seconde branche

Dominique-Jean Burin de la Neufville, fils de

Jacques - Alexandre Burin (1682), fils de François Burin et de Catherine Sanson.

Seigneuries de la Neufville, — de Bellecour, — de Ricquebourg.

Alliances : familles : Wattier, — de Grenier, — Herbert.

Armes : *D'azur, à une bande d'argent, côtoyée de deux fleurs de souci d'or.*

BUTTET

Marin Buttet, lieutenant de vaisseaux et lieutenant du roi au quartier de Bayaha, dans l'isle de Saint-Domingue, fut anobli par lettres patentes en forme de charte, données à Versailles, au mois d'aoust de l'an 1730, en considération de ses services dans l'armée navale.

Armes : *D'azur, à deux ancres d'argent, rangées en pal au-dessus d'une mer de sinople, mouvante de la pointe de l'écu, et cinq étoiles d'or posées en chef.*

BARDON[1]

A Paris et en Vivarais

François-François de Salles Bardon-de-Valicieux, écuyer, Louis Bardon de Parteville, écuyer, André-Antoine-Augustin Bardon de Belmont, ses frères, justifient leur filiation depuis

Noble Jean Bardon, procureur général du roi au grand conseil (1549).

Seigneuries de Grosbois, — de Valicieux, — de Belmont, — de Chaillau, — de Saclay. — de Sainte-Marthe.

Alliances : familles : Durand, — des Moulins, — de Mozac, — Maciot, — Rolland, — Rozée, — Creton, — Jolly, — Blanquet, — Paillart de la Roussillière, — Maréchal, — de la Noue.

Seconde branche

André-Antoine Bardon-de-Belmont, écuyer, fils de

Barthélemi Bardon, écuyer, (troisième fils de Jacques Bardon et de Catherine Paillart de la Roussillière, (1669).

Seigneuries de Valicieux, — de Belmont.

Alliances : familles : Blanquet, — de Suffise de Villeneuve.

Armes : *De sable, à un bourdon d'or posé en pal, chargé au milieu d'une coquille de même, et accosté en chef de deux molettes d'éperon aussi d'or.*

---

[1] La Chesnaye le rattache à MM. de Burin-l'Abry et de Burin-Brizon, du XVIe siècle.

[1] Autre famille Bardon, en Périgord, maintenue le 26 janvier 1667.

DE BARGETON DE CABRIÈRES

En Languedoc

PIERRE DE BARGETON justifie sa filiation depuis

MATHIEU DE BARGETON, anobli par lettres de François Ier, en 1533.

Seigneuries de Vallabrix, de Sagriers, — de la Baume, — de Cabrières, — de Lèdenon, — d'Arpailhargues, — de Montarent, — de Laugnac, — de Cruviers.

Alliances : familles : de Jeannis, — Toulouze, — de Fabre, — de Sibert, — de Massanes, — de Narbonne-de-Caylus.

Seigneurs des Pierres-des-Ports

JACQUES DE BARGETON, chevalier de Saint-Louis, justifie sa filiation depuis

DENIS DE BARGETON DE CABRIÈRES, (deuxième fils de Nicolas de Bargeton et de Jeanne de Jeannis), (1635).

Seigneurie de Cruviers.

Alliances : familles : des Pierres-des-Ports, — Puget, — Bocarut, — Trousset, — de Vergèzes, — Fabre.

DENIS-MATHIEU DE BARGETON (troisième fils de Pierre de Bargeton et de Marguerite Bocarut), (1700).

Alliance : famille du Faux.

Armes : *D'azur, à un chevron d'or, accompagné d'une rose d'argent, posée à la pointe de l'écu; et un chef aussi d'argent, chargé de trois croisettes de gueules.*

DU BATUT DE LA PEYROUSE

En Bas-Limousin

(Dans la vicomté de Turenne)

JOSEPH-JACQUES DU BATUT, écuyer, justifie sa filiation depuis

JEAN DU BATUT, conseiller du roi Henri IV, anobli par lettres de ce prince, en 1593.

Seigneuries de la Peyrouse, — de la Martinie, — de la Garigue.

Alliances : familles : de Conthie, — de Vivant-de-Castelvieil, — de Saint-Viance (du surnom de Phelip), — de Castres, — de la Gorse, — de Lescot.

Armes : *D'azur, à un lion d'or, au chef d'argent chargé d'une étoile de gueules.*

BAUDRAND DE PRADEL

En Lyonnais

BENOIT BAUDRAND DE PRADEL DE LA ROUE, écuyer, justifie sa filiation depuis

Noble homme GONET BAUDRAND, damoiseau (1445).

Seigneuries de Ronzuel, — de Longes, — de la Combe, — de la Maison forte du Chaffaut, — — de Volzi, — de Champrémond, — de Montréal, — de Remeillère.

Alliances : familles : de Chalenderon-de-Rochetaillée, — Langlois, — Caul (ou Chol), — Faure, — de Coursan, — Deolry, — de Laudaverre.

Armes : *D'azur, à une bande d'or, accompagnée de trois molettes d'éperon de même, posées une en chef, une à chaque flanc, et un croissant d'argent à la pointe de l'écu.*

DE BECCARIE DE PAVIE DE FOURQUEVAUX

En Languedoc

FRANÇOIS-DENIS-CHARLES-GABRIEL DE BECCARIE-DE-PAVIE-DE FOURQUEVAUX, justifie sa filiation depuis

SIMON DE BECCARIE-DE-PAVIE-DE-ROUER (1538), avec mention d'ascendants du XVe siècle.

Seigneuries de Fourquevaux[1], — de Damiac, — de la Villenouvette, — de Caillac, — de la Chapelle.

Alliances : familles : de Rouer, — Dodieu, — Ysalguier, — de Murviel, — d'Apchier, — de Bozène, — de Beauville, — de Magnan (Manhan), — Mullatte (ou Mulfat), — Gillequin, — Anticamareta, — de la Jugie de Rieux, — de la Rogue, — Bouillac, — de Chaumeilh, — de Cadillac, — Ciron, — de Baulac, — de Mauléon de Foix, — de Prohenques, — de Sède, — de Saint-Félix, — de Catellan.

Armes : *Vairé d'or et de sinople ; écartelé de gueules à l'aigle d'or éployée à deux têtes couronnées de même à l'antique, et ayant sur l'estomac une aigle de sable aussi éployée et à deux têtes couronnées.*

DE BÉGASSON

Bretagne — Évêché de Saint-Malo

François-René de Bégasson, (chef de la famille) justifie sa filiation depuis

Marquis de Bégaczon (avant 1430).

Seigneuries de Bégaczon, — de la Herbelinaie, — de la Lardaie, — de la Pagaudaie, — du Roncerai, — de la Bouexière, — du Bot, — de Kergars.

Alliances : familles : de Brignac, — de Bresol, — de Chef du Bois, — Couldebouc, — du Boschet, — de la Haye, — Le Contellier, — Robitel, — Bouan, — de Guillou, — Collobel, — de Saint-Martin, — Gouro, — Guido, — Gabart.

Seconde branche

François-René de Bégasson, fils de

Julien de Bégasson (deuxième fils de Clément de Bégasson et de Marie Guido), écuyer (1669).

Seigneuries de la Lardaie, — de Kergars.

Alliances : familles : du Bochet, — Grimaudet.

Seigneurs des Métairies et de la Villeguichart

Noble écuyer Clément de Bégasson, justifie sa filiation depuis

Noble Olivier de Bégaczon, (deuxième fils de Jean de Bégaczon et de Jeanne de Couldebouc), (1555).

Seigneuries des Métairies, — de la Villeguichart, — de la Béraudaie, — du Renac, — de la Porte-Brégault.

Alliances : familles : Jouchet, — de Couedro, — Riou, — du Bot, de Kerrault (ou Kereraud), — de Kermabon, — Grignart-de-Champ-Savoir.

Armes : *D'argent, à une bécasse de gueules.*

BÉRAUD DE COURVILLE

Originaire du Languedoc

Isle de France — Diocèse de Paris

Jean-François Béraud de Courville, écuyer, justifie sa filiation depuis

Noble Imbert Béraud (avant 1462[1]).

Seigneuries de Chatard, — de Bonlieu, — de Puissart, — de Choisi, — de Hugo, — d'Hôtel, — de Sannois, — des Charités.

Alliances : familles : Chatard, — Martial, — Jamme, — Marguerit, — Carel, — Pagès, — de Rumilly, — Barellier, — Olivarez, — de Penelle, — Le Royer, — Drouart, — Willemart de Chastillon, — Compagnot.

Armes : *D'azur, à une bande d'or.*

[1] Baronnie érigée en marquisat par lettres de mars 1687.

[1] La Chesnaye le fait vivre en 1400.

BERNARD

Famille d'Anjou établie dans le Blésois et en Bretagne

Seigneurs de Beaulieu.

JACQUES-FRANÇOIS BERNARD DE BEAULIEU, écuyer, justifie sa filiation depuis

JEAN BERNARD, anobli par lettres de Louis XI données à Pont-Sainte-Maxence en 1477.

Seigneuries d'Estiau, — Conan (baronnie), — de Longué, — de Beaulieu, — de la Maisonneuve, — de la Fosserie.

Alliances : familles : Conan, — de Beaune, — Brethe, — du Bellai, — le Sourd, — de Barbançon, — Goussault, — Douineau.

Seigneurs de Courville.

GUI-ANDRÉ BERNARD DE COURVILLE, sous-lieutenant de grenadiers, justifie sa filiation depuis

JEAN BERNARD, (second fils de Jean Bernard et d'Anne Brethe), avant 1562.

Seigneuries de Courville, — de la Cocheraie de Pichardet.

Alliances : familles : du Bot, — le Dos, — Collas, — Cousin.

Armes : *D'argent, à deux lyons de de sable, langués et onglés de gueules, et passants l'un au-dessus de l'autre,* autrement *léopardés.*

CABOCHE[1]

Généralité d'Amiens — Diocèse d'Amiens

ANTOINE CABOCHE, écuyer, justifie sa filiation depuis

JEAN CABOCHE, écuyer (vivant avant 1540).

Seigneuries d'Etilli, — de Montovilliers, — de Lalval, — de Beaumont, — de Belloi.

[1] Maintenue le 11 novembre 1697.

Alliances : familles : Roussin, — Rose, — Boirée.

Armes : *D'argent, à trois quintefeuilles de sable, posées deux et une.*

DE CACHELEU

Généralité d'Amiens — Diocèse d'Amiens

CHARLES DE CACHELEU, écuyer, jusitfie sa filiation depuis

VALERAN dit WALQUIN CACHELEU, écuyer (1495).

Seigneuries de Bouillancourt, — de Maillefeu, — de Bussu, — de Thoras, — de Poupaincourt, — — de Loches.

Alliances : familles : de Louvencourt, — de Chéri, — de Maillefeu, — de Séricourt, — du Maisniel, — de Morvilliers, — de la Garde.

Seigneurs de Thoras

CLAUDE DE CACHELEU II, fils de JACQUES DE CACHELEU et de FRANÇOISE DE MAILLEFEU.

Seigneuries de Thoras, — de Saint-Léger, — de Houdan, — de Framicourt, — d'Augicourt.

Alliances : familles : de Louvencourt, — Truffier, — de Manneville, — de Saisseval.

Seigneurs de Poupaincourt

ROBERT DE CACHELEU, écuyer, fils puîné de JACQUES DU CACHELEU et de FRANÇOISE DE MAILLEFEU.

Seigneurie de Poupaincourt.

Alliances : famille Tilloloi.

Armes : *D'azur, à trois pattes de loup d'or, posées en pal, deux et une.*

DE CADRIEU

ALEXANDRE-LOUIS DE CADRIEU, lieutenant-général des armées du roi, justifie sa filiation depuis

Isarn de Cadrieu (mort avant 1352).

Seigneuries d'Auriac, — de Cadrieu, — de Cazelès, — de Puicalvari, — de Callar, — de Montredon, — de Caumont, — de Concorès, — d'Antès en Agénois, — de Cuzols, — de Langle, — de Puilaunais.

Alliances : familles : de Saint-Nectaire, — de Lostanges, — de Selve, — de Castagnède, — de la Roque, — de Narbonnès, — de Gausseran, — de Sales, — de la Jugie, — de la Font, — de Guiscard, — de Glandières.

Armes : *D'or, à un lion parti de gueules et de sable, langué, onglé et couronné de gueules.*

DE CAHORS, anciennement du surnom de **POL**

Querci

Jean - Bertrand de Cahors, écuyer, justifie sa filiation depuis

Pierre Pol dit de Cahors, écuyer (avant 1529).

Seigneuries de Malmont, — de la Sarladie en Querci.

Alliance : famille de Tremeilles.

Armes : *D'azur, à un ours d'or passant, et un chef d'argent, chargé de trois croix de gueules.*

CAIGNET

Diocèse de Beauvais

Wast Caignet, écuyer, justifie sa filiation depuis

Pierre Caignet, anobli par Louis XI (1477).

Seigneurie de Friancourt.

Alliances : familles : Vatri, — d'Ers.

Armes : *D'argent, à trois aigles de sable, posées deux et une.*

DE CAIRON

Diocèse de Cahors

François de Cairon, écuyer, justifie sa filiation depuis

Guillaume de Cairon, écuyer (avant 1558).

Seigneurie de Mandens.

Alliances : familles : de Daï, — Dujol.

Armes : *D'azur, à un chevron d'argent, accompagné de trois billettes de même, posées en pal, deux en chef, et une à la pointe de l'écu.*

CALABRE

[« Famille originaire de Champagne, établie à Paris, qualifiée anciennement du titre de noble et jouissant actuellement de tous les privilèges de la noblesse, en conséquence, d'un office de conseiller-secrétaire du roi en la grande chancellerie. »]

Pierre Calabre, écuyer, conseiller secrétaire du roi.

Alliances : famille : Jacquemin, — Bourote.

Armes : *D'argent, à un chêne de sinople fruité d'or, mouvant d'une terrasse de même ; et un bras au naturel, vêtu de gueules, sortant du côté droit de l'arbre, tenant un sabre d'argent, la pointe en haut, ayant la poignée et la garde d'or ; et un casque de sable, posé de profil sur ladite terrasse, au côté gauche de l'écu.*

DE CALMEIL

Généralité de Guienne

Jean Lancelot de Calmeil, écuyer, justifie sa filiation depuis

Charles de Calmeil, écuyer (vivant avant 1550).

Seigneuries de Saujan, — de la Fosse, — de Tourteault.

Alliance : famille Gombault.

Armes : *D'azur, à trois yeux d'argent rangés en fasce, surmontés chacun d'une étoile d'or, et une levrette de même courante à la pointe de l'écu.*

CAMELIN-DU-REVEST

Provence — Fréjus

Joseph Camelin-du-Revest, fut anobli par lettres patentes en forme de charte, données par Sa Majesté à Fontainebleau, au mois d'octobre, l'an 1727, en considération de sa naissance, des charges considérables qu'il avait remplies et des services rendus par ses ancêtres.

Armes : *D'azur, à un chameau d'or, et trois étoiles aussi d'or, posées en chef.*

DE CAPENDU

Généralité de Soissons — Diocèse de Soissons

CHARLES DE CAPENDU, écuyer, justifie sa filiation depuis

CHARLES DE CAPENDU, écuyer (1539).

Deux chevaliers de Malte, RENÉ DE CAPENDU (1673) et AMABLE-PAUL-JEAN-BAPTISTE DE CAPENDU (1703).

Seigneuries de Capendu, — d'Hennezis, — de Boursonne (vicomté), d'Ouchi le Châtel, de la Villeneuve, — de Prounai.

Alliances : familles : de Gaune, — de Vassan, — de Sebouville, — de Mailli, — Tiercelin, — de Monchi, — de Ligni.

Armes : *D'argent, à trois fasces de gueules et trois merlettes de sable, rangées en chef.*

CAPPY

En Champagne

GILLES-JEAN-FRANÇOIS-DENIS CAPPY, écuyer, capitaine dans le régiment d'Harcourt (cavalerie), justifie sa filiation depuis

Noble TOUSSAINT CAPPY, originaire de Mantoue, qui s'attacha au service de Louis XIII, en 1628.

Seigneuries d'Athys, — d'Oiry, — de Foinville, — du Grand et Petit Écury, — de Champagne, — de Bussy-le-Château, — de Bussy-l'Estrée, — de l'Estrée, — de la Cheppe, — de Recy, — de Cuperly.

Alliances : familles : Cartier, — Collet, — Taverne, — le Meusnier-de-Lartige, — de Châtillon, — de Bougard.

Armes : *D'azur, à un chevron d'or, accompagné de trois merlettes de même, posées deux en chef et l'autre à la pointe de l'écu.*

DE CAQUERAI

Province de Bretagne — Évêché de Rennes

ALEXANDRE DE CAQUERAI, écuyer, justifie sa filiation depuis

GUILLAUME DE CAQUERAI, écuyer, (vivant avant 1497 [1]).

Seigneuries des Landes, — des Molières, — du Chatelier, — de la Folie.

Alliances : familles : d'Aurillac, — le Vaillant, — du Bosc, — — Bouju.

Armes : *D'or, à trois roses de gueules, posées deux en chef et une en pointe.*

DE CARBONIÈRES

Généralité de Limoges — Diocèse de Limoges

MELCHIOR DE CARBONIÈRES, écuyer, justifie sa filiation depuis

HUGUES DE CARBONIÈRES (1499[2]).

Seigneuries de Saint-Brice, — de Chamberri, — de la Vigne, — de Jayac.

Alliances : familles : de la Breuille, — de la Tour, — de Bessai, — des Montiers, — Pot, — Guiot, — de la Bastie, — de la Geauchapt (dite depuis La Jonchapt).

Armes : *D'argent, à trois bandes d'azur, accompagnées de huit charbons de sable, allumés de*

[1] La Chesnaye met 1470 : il était marié avec Antoinette du Bosc de Rapont.

[2] La Chesnaye commence à Rigald, cité dans Baluze au XIe siècle. — Marquis au XIIIe siècle. (E. B.)

gueules, posés entre les bandes, un, trois, trois, un.

CARDON

François Cardon, chevalier de Saint-Louis et capitaine dans le régiment de Vaudrai-Cavalerie, fut anobli par lettres patentes, en forme de charte, données à Paris par Sa Majesté, au mois de mars 1721, en considération de ses longs services militaires.

Seigneurie du Bronquart.

Alliance : famille Vanderbergh.

Armes : *D'azur, à trois chardons d'or, posés deux et un.*

CARETTE

François-Henri Carette, chevalier de l'ordre de Saint-Louis, l'un des chevau-légers de la garde ordinaire du roi, fut anobli par lettres patentes, en forme de charte, données à Marly par Sa Majesté, au mois de janvier 1727, en considération de ses services militaires.

Seigneurie de Somereux.

Armes : *De gueules, à un bras droit de carnation, gantelé d'argent, mouvant du flanc gauche de l'écu et tenant de sa main une épée aussi d'argent, la garde et la poignée d'or, et posée en barre, la pointe en haut.*

DE CARRION DE NISAS

En Languedoc

Jean-François de Carrion de Nisas, capitaine au régiment de Thiérache, justifie sa filiation depuis

Raymond de Carrion, qualifié noble (1545).

[« Cette famille se dit originaire d'Espagne et même issue par alliance de plusieurs rois; ce sont ses premiers chefs connus qui figurent dans l'*Histoire d'Espagne* de l'abbé de Bellegarde, comme petit-fils du roi Froilla II, du nom, ou le Cruel, vivant en 999. Le Cid maria ses deux filles à deux fils du seigneur comte de Carrion. »]

Seigneuries de Nisas, — de la Coste, — de Lastorrès, — de Sallelles.

Alliances : familles : de Fayet, — de Montagu, — de Contour, — de Mariotte, — de Lauzières, — de Billas, — de Gua, — de Faourier, — de Romieu, — de la Treille, — de Gaillac, — de Pujol, — Rousseau.

Seconde branche

Henri de Carrion (marquis de Nisas), (deuxième fils de Henri de Carrion et de Ceute de Gaillac), lieutenant général des armées du roi.

Seigneuries de Murviel, — de Nisas, — de Paulin, — Caussiniojouls, — de Roquesels, — de Soumartre, — de Veiran, — de Coujan, — d'Aumes, — de Casouls.

Alliances : familles : de Murviel, — Spinola.

Armes : *D'azur, à une tour d'argent donjonnée de trois tourelles de même, crénelées et maçonnées de sable* (mises en tête de l'article, ces armes figurent comme celles des quatre premiers chefs) *après eux les armes sont :*

Au 1 et 4, comme ci-dessus; écartelé, au 2 et 3 d'azur, à une comète d'or de 16 rais qui est de Gaillac. (Ces dernières venant du mariage du père de Henri de Carrion, chef de la deuxième branche).

DE CARVOISIN

Noyon

César de Carvoisin, écuyer, justifie sa filiation depuis

Vespasien de Carvoisin, chevalier de l'ordre du roi (1531).

Seigneuries de Belloi, — d'Achi, —de Choqueuse,— de Villepois, — du Fresne.

Alliances : familles : Scaron, — Bernin-de-Valentinai-d'Ussé,— de Belloi, — de la Martelière, — de Nolent, — de l'Isle, — de Péquigni.

Armes : *D'or, à une bande de gueules et un chef d'azur.*

DE CASSANT[1]

Généralité de Paris — Diocèse de Beauvais

FRANÇOIS DE CASSANT, écuyer, justifie sa filiation depuis

CHRISTOPHE CASSANT, anobli par Charles III, duc de Savoye (1544).

Seigneuries de Châteaupré, — de Collandré, — de Menouville.

Alliances : familles : Bergeret, — d'Auvergne.

Armes : *Bandé d'or et de sinople de six pièces, les bandes de sinople chargées chacune d'une fourmi de sable, et un chef d'or, chargé d'une aigle de sable les ailes étendues.*

DE CASTILLON

Provence — Arles

MARC-ANTOINE DE CASTILLON, écuyer, justifie sa filiation depuis

Noble RENÉ DE CASTILLON (vivant avant 1500).

Seigneurie de Beine (marquisat en 1673).

Alliances : familles : Duché, — — Scaron, — de Varadier, — de Grasse, — de Castellane, — — de Gérente.

Armes : *De gueules, à trois annelets d'or, posés deux et un.*

DE CASTILLON DE MOUCHAN

En Condomois

JOSEPH DE CASTILLON DE MOUCHAN, lieutenant au régiment de Joyeuse, justifie sa filiation depuis

Noble JEAN DE CASTILHON, premier du nom (1510).

Seigneuries de Mauvezin, — de Carboste, — de Lescout, — de la Cocutsaute, — de Moissan, — de Courtran,— de Mouchan, — de la Salle.

Alliances : familles : de Berrac, — du Bouzet, — de Montlezun, — de Patras, — de Lupiac, — de Salles, — de Gestas-de-Floran, — de Montesquiou, — de Bezolles, — de Masparaut, — de Gere, — de Cous, — de Mélignan, —de Faulon, — le Sueur de Perès, — Dudon de Chantegrit, — de Bigos-du-Belloc.

Armes : *De gueules, à trois tours d'argent posées deux et une, maçonnées de sable ; écartelé d'azur, à un rocher d'argent, mouvant de la pointe de l'écu.*

DE CAULAINCOUR[1]

Généralité de Soissons — Diocèse de Noyon

LOUIS-ARMAND DE CAULAINCOUR, écuyer ordinaire de la petite écurie du roi, justifie sa filiation depuis

GILES DE CAULAINCOUR (1449).

Seigneuries de Caulaincour (marquisat),— de Verchi,— de Beauvoir, — de Tombes, — de la Chapronière, — des Ifs.

Alliances : familles : de Bovelle, de Béthune, — Hourlier, — de Miée, — d'Estourmel, — d'Ailli, — du Biez.

Armes : *De sable, à un chef d'or.*

DU CAYLAR

En Provence et en Languedoc

Diocèse d'Uzès

Noble JEAN-MATHIEU DU CAYLAR,

[1] Famille de Cassan, au diocèse de Béziers. (E. B.)

[1] La Chesnaye mentionne Jean de Caulaincour en 1200 et commence au père de Giles, seigneur de Caulaincour, Vendelle, etc. — Marquisat de Caulaincour, érigé le 21 juin 1755. (E. B.)

écuyer, justifie sa filiation depuis

Noble JEAN DU CAYLAR (1448[1]).

Seigneuries : — —

Alliances : familles : de Cabannes, — de Virgille, — Batailhe, — des Pierres, — de Vachères, — du Jal, — de Froment, — de Chabert, — de Prunet, — de Ferre, — de Ribes, — de Castillon, — Roblot, — de Cymon, — Pont.

Armes : *D'or, à trois bandes de gueules, au chef cousu du champ, chargé d'un lion naissant de sable, armé et langué de gueules; ce chef soutenu d'une devise aussi d'or, chargée de trois trèfles de sable; écartelé d'azur au porte-harnois d'argent, chargé d'une croix de gueules, au chef d'argent, chargé d'un soleil ombré de gueules, accosté de deux croissants de même.*

[1] La Chesnaye commence la filiation à Bernard du Caylar, chevalier, mort avant le 13 novembre 1296. (E. B.)

DE CAZE

En Languedoc, en Provence et à Paris

GASPARD - HENRY DE CAZE, écuyer, maître des requêtes de l'hôtel ordinaire du roi, justifie sa filiation depuis

Noble JEAN CAZE, écuyer (1530).

Seigneuries de la Bove (baronnie), — des Barres, — de Charleval, — du Grand et du Petit Juvincourt, — de Montchâlons, — de Bièvre, de Bouconville, — d'Orgeval, — de Dame-Marie, — d'Arrancy, — de Ploiart, — de Mauchamps, — de Villembray.

Alliances : familles : de Michel, — de Grézolon, — Rigon, — David, — le Gele, — Béraud, — de Rostang, — de Massanes, — Huguetan, — d'Arquier (de Charleval), — Chauvin, — d'Arquier (de Barbégan), — d'Arquier (de Saint-Estève), — de Vincheguerre, — de Bonnaud, — de Watelet, — Brunet d'Evry, — Lescarmotier, — Rouillé d'Orfeuil, — de Louet-de-Murat-de-Nogaret, — de Forbin, — de Boullongne.

Seconde branche

FRANÇOIS CAZE (1652), écuyer, justifie sa filiation depuis

FRANÇOIS CAZE (troisième fils de Jean Caze et de Jeanne de Michel), (1549).

Alliances : familles : Candolle, — de Nouveau, — de Vincheguerre, — Martin.

Troisième branche

Noble PIERRE DE CAZE (1653), petit-fils de

ANDRÉ CAZE, consul pour le roi de l'Isle de Scio (1590), (deuxième fils de François Caze et de Catherine Candolle).

Alliances : familles : de Vitalis, — de Bourguignon, — de Georges-d'Olières.

Armes : *D'azur, à un chevron d'or, accompagné en chef de deux losanges de même, et en pointe d'un lion aussi d'or.*

DE CAZENAVE

ANTOINE DE CAZENAVE, — JEAN DE CAZENAVE DE LESCOMBE, capitaines au régiment de la Reine-Cavalerie, — et JEAN DE CAZENAVE DE SOURILLAC, lieutenant au même régiment, tous trois chevaliers de Saint-Louis, furent anoblis par lettres patentes en forme de charte, données à Paris par Sa Majesté, au mois de septembre 1720, en considération de leur famille et des services militaires qu'ils avaient rendus.

Armes : *D'azur, à une maison d'or et un chef d'argent, chargé de deux canards de sable.*

DU CERF[1]

Flandres — Ypres

Jean-François du Cerf, écuyer, justifie sa filiation depuis

Guillaume du Cerf (1550).

Seigneuries de Flammartinghen, — de Wintershove, — de Trine.

Alliances : famille Heindrick.

Armes : *D'or, à une tête de cerf de gueules ; écartelé d'argent, à deux fasces de sable.*

DE CHABOT DE SOUVILLE

En Gâtinois et en Beauce

François de Chabot, écuyer, justifie sa filiation depuis

Antoine de Chabot, écuyer (1554 [2]).

Seigneuries de la Fons, — de Souville, — de Fresnay, — l'Aubry, — du Coulombier, — de la Brosse, — de la Grange, — du Turlurette, — de Courguilleret (ou Corqueblerov), — du Fief Chartrain, — de Perrinet, — d'Izy, — du Préau, — de Boins, — d'Arconville, — de Nacelle, — de Gauville, — des Pouilliers, — de Fréville, — de Tournebœuf, — des Vacquins, — de Chanceville (ou Sancheville), — d'Oinpuis, — de la Cailleterie, — des Vaux, — de Thenville, — de la Motte d'Estouy.

Alliances : familles : Lombart, — Ponson, — Bizet, — Destin (ou d'Estin), — de la Taille, — Daussy, — de Runes, — de Bonnard, — de l'Espinay (ou l'Epinay,) — Sardé, — de Tarragon, — de Blosset-de-Certaine, — d'Estrez, — Richard, — le Brun, — d'Estrez-de-Theuville.

Armes : *D'azur, à une étoile d'or, chargé d'une tour de gueules.*

[1] Il y a une famille du nom de Le Cerf, originaire de Pont-Audemer, anoblie en 1449, et deux en Champagne.

[2] La Chesnaye commence la filiation à Jean de Chabot, présumé fils de Pierre, seigneur de Torette, au comté de Nice, 1483 : la branche des comtes de Torette, formée par le fils aîné de Jean, s'éteignit vers 1770 ; la seconde, dite de Souville, descend d'Antoine, second fils de Jean précité. (E. B.)

DE CHALLET[1]

Généralité d'Orléans — Diocèse de Chartres

Philippe de Challet, écuyer, justifie sa filiation depuis

Christophe de Challet, écuyer (1540).

Seigneuries de Chanceville, — de Bessé, — de Loinville, — de Challet, — de Souville.

Alliances : familles : de Pontbreand, — de Saint-Martin.

Armes : *D'azur, à trois chevrons d'argent, l'un au-dessus de l'autre, accompagnés de trois étoiles d'or, posées deux en chef et l'autre à la pointe de l'écu.*

DE CHALUP

Périgord

Léonard-Alexis de Chalup, page de la petite écurie du roi, justifie sa filiation depuis

Itier de Chalup, père de Guillaume, élu maire de Périgueux en 1491.

Seigneuries des Rocs, — du Repaire, — de Beaulieu, — de Fareirou, — d'Egliseneuve, — de la Gouterie, — de Boulou, — de Carly, — de Puymarteau.

Alliances : familles : de Maiguenac, — Pastourelle, — de Mestayer, — le Blanc, — d'Escata, — Hamelin, — Saunier, — Arnaud, — de Tourtel, — d'Alexandre, — du Chassaingt, — de Magniac.

Seconde branche

Pierre-Aignan de Chalup,

[1] Maintenues d'avril 1667 et mai 1700. (E. B.)

écuyer, chevalier de Saint-Louis, justifie sa filiation depuis

JEAN DE CHALUP, écuyer avocat au Parlement de Bordeaux (onzième fils de Jacques de Chalup et de Françoise Pastourelle).

Seigneuries de la Faucherie, — de Magoulard, — de Villoche, — du Grangier, — du Bost.

Alliances : familles : Roubert, — Godeffre, — Bodin, — Souc, — de Cremoux, — Arnaud-de-la-Borie-Friquart, — de la Bastide, — Aultier.

Armes : *De gueules, à un lion rampant d'or, couronné, langué, et armé de même ; écartelé d'argent, à trois cloches de sinople mises en pal.*

CHALVET DE ROCHEMONTEIX

En Auvergne

HENRI GILBERT CHALVET DE ROCHEMONTEIX, dit le comte de Vernassal, mestre de camp de cavalerie, justifie sa filiation depuis

JEAN CHALVET (1440).

Seigneuries de Rochemonteix, — de la Jourdanie, — de Saint-Bonnet, — de Vernassal, — de Barlières, — de la Roche, — de Fougières, — de la Maurie, — de la Terrasse, etc.

Alliances : famille : de Saillans, — de Douhet, — de Cey, — de Vigier, — du Puy, — Chivallier, Vidal-Larenel, — Roche, — de Lavergne, — Dentil, — de Rochefort, — d'Artauld, — d'Auzon, — de Bonnerie, — le Bouthillier, — de Rancé, — de Chavaignac, — de Montmorin de Saint-Herem.

Armes : Les armes du nom sont : *De gueules, à un lévrier d'argent passant, accolé de gueules.* Ce sont celles des quatre premiers représentants de la première branche. Celles des autres sont : *Écartelé, au 1 et 4 du nom, au 3e et 4e d'argent, à une bande de gueules ondée, et accompagnée de six merlettes de même posées trois en chef, et trois en pointe en orle.*

Seconde branche

JACQUES CHALVET DE ROCHEMONTEIX, dit le comte de Nastrac, justifie sa filiation depuis

ANTOINE CHALVET DE ROCHEMONTEIX, écuyer (fils puiné de Gugnot Chalvet de Rochemonteix, auteur du troisième degré de la branche aînée).

Seigneuries de Bailleret, — du Caire, — de Rochemonteix, — des Rousières, — de Marmier, — de Nastrac, — de Pichouzet.

Alliances : familles : de Laubar, — de Molen de la Vernède, — de Salesses, — de Boulier, — d'Oradour, — d'Apchon de Saint-André, — de Léautoing, — du Mas de Lodines, — du Saunier, — de la Tour d'Auvergne.

Premier rameau

GUYOT OU GUYON CHALVET DE ROCHEMONTEIX (deuxième fils d'ANTOINE CHALVET DE ROCHEMONTEIX et de JEANNE DE LAUBAR).

Seigneurie de la Maisonneuve.

Alliances : familles : de Saillans, — de la Rochette.

Deuxième rameau

GABRIEL CHALVET DE ROCHEMONTEIX (troisième fils d'ANTOINE CHALVET DE ROCHEMONTEIX et de JEANNE DE LAUBAR).

Seigneuries de Montreix, — de la Jarrige.

Alliances : familles : de Pralat, — Macip.

Troisième rameau

HENRY CHALVET DE ROCHEMONTEIX, écuyer (cinquième fils d'ANTOINE CHALVET DE ROCHEMONTEIX et de JEANNE DE LAUBAR).

Seigneuries de la Garde, — de Pichouzet.

Alliances : familles : de la Rochette, — d'Olivier.

Quatrième rameau

JACQUES CHALVET DE ROCHEMONTEIX, écuyer (neuvième fils d'ANTOINE CHALVET DE ROCHEMONTEIX et de JEANNE DE LAUBAR).

Seigneurie du Vernet.

Alliances : familles : de la Broue, — d'Escouroles.

Armes : *De gueules, à un lévrier d'argent passant, accolé de gueules.*

DE CHALVET

En Languedoc

FRANÇOIS-AUGUSTE DE CHALVET, sénéchal de Toulouse (1668), justifie sa filiation depuis

ANTOINE DE CHALVET (fils aîné de Gugnot de Rochemonteix et de Anne de Puy, sa deuxième femme).

Seigneuries de Rochemonteix, — de la Jourdanie, — de Buzet, — de Gaujouse, — de Brantalon, — de la Fauvelie, — de Belhargue, — de Merville, — de Saint-Loup, — de Fenouillet (baronnie).

Alliances : familles : de Bernuy, — de Lancefoc, — de Reynier, de Garroche, — de Lanselergie, — de Claret, — Baderon de Maussac, — de Valette, — de Reich.

Armes : *De gueules, à un lévrier d'argent rampant, accolé de gueules, et une bordure d'or; écartelé d'azur, avec bande d'or chargée de trois croisettes de gueules* (elles sont de sable dans le dessin) *et accompagné en chef d'une tête de lion arrachée et languée de gueules, et en pointe d'une rose d'argent.*

DE CHAMBON[1]

Généralité de Moulins
Diocèse de Clermont en Auvergne

JACQUES DE CHAMBON, écuyer, justifie sa filiation depuis

ANTOINE DE CHAMBON, écuyer (1523).

Un chevalier de Malte : LOUIS DE CHAMBON (1675).

Seigneuries de Marcillac, — des Ternes, — de Montcloud, — de Chaumejan, — de Mimorin.

Alliances : familles : de Biotière, — de Villars, — de Culant, — de Rochedragon, — du Gué, — de Chaumejan.

Armes : *D'or, à une fasce de gueules, surmontée de deux merlettes de sable ; coupé de sable, à trois chevrons d'hermine posés l'un au-dessus de l'autre.*

DE CHAMBORANT

Dans le Poitou, — le Limousin, — la Marche, — le Berri — et la Touraine

[« Vieille et très-noble maison dont on voit dès représentants dès l'an 1086. »]

BRANGON DE CHAMBORANT, chevalier (1473), petit-fils de

FOUCAUT DE CHAMBORANT (1422), chambellan du roi.

Seigneuries de Chamborant — de Droux, — de la Clavière, — d'Orsenne, — des Marches, — de Montchevrier, — de Courtaillet, — des Lignes, — de Varzelle, — de l'Aumône, — de Saint-Project le Betoux, — des Bonnes Longues, — de la Vrillière, — de la Chassagne, — de Dompierre, — du Puibernard du Terrail, — de Bonneval, — du Pin, — de Mathasanges.

[1] Il y a deux autres familles de ce nom : l'une qui a fourni plusieurs membres du Parlement de Paris, connue dès 1490 : l'autre des marquis de Chamborant d'Arbouville. (E. B.)

Alliances : familles : de Cluys, — Maleret, — de Menou, — du Cartier, — Chouvet, — de Pierrebuffière, — de Bièvre, — de Grossolles.

Branche cadette devenue l'aînée

Gui de Chamborant, chevalier (fils de Jacques de Chamborant et de Marguerite Chouvet).

Seigneuries de Droux et de la Clavière.

Alliances : familles : de Salagnac, — de la Vau, — de Rancé.

Première branche

SEIGNEURS DE DROUX

Pierre de Chamborant, écuyer, lieutenant-colonel du régiment de Saint-Germain, justifie sa filiation depuis

Pierre de Chamborant, écuyer (1531), (fils de Gui de Chamborant et de Françoise de Salagnac).

Seigneuries de Droux, — de Neuvy-Saint-Sépulcre, — d'Ars, — Batieres, — de Laige, — de Meung-sur-Yèvre, — Montgivray, — de la Beausse, — de la Pouzerie, — du Coulombrail, — de Lage-Maillot, — de Montaute, — d'Armantis.

Alliances : familles : Loubbes, — de la Forest, — Ysoré, — Martin, — de Séguiers, — de la Béraudière, — de Chasteauvieux, — Couraud de la Rochechevreux, — de Mouraud, — de Galliot, — de Legalis, — Pot.

Seconde branche

SEIGNEURS DE LA CLAVIÈRE

Claude de Chamborant (dit le comte de la Clavière), lieutenant-colonel du régiment d'Enghien-Infanterie, justifie sa filiation depuis

Gaspard de Chamborant, chevalier (troisième fils de Gui de Chamborant et de Françoise de Salagnac), (1529).

Seigneuries de la Clavière, — d'Azai-le-Féron, — de Chaume, — de la Bertaudière, — du Plex, — de Regnier, — de Chamblet, — de Lavis, — d'Aiguzon, — de Puilaurent, — du Noyer, — de Villemandeur.

Alliances : familles : de Reilhac, — Faucon, — de Pouyennes, — de Razès, — de la Mothe, — Billard, — de Gentils, — de la Chastre, — de la Marche, — Bertrand, — Phelippes, — de Barbançois, — de Bridiers, — Le Fort, — Hébert, — Moret de Bournonville.

SEIGNEURS DE LAVAUX

Ici d'Hozier cite, sans établir de filiation, une suite de personnages dont le premier est :

Guillaume de Chamborant, chevalier (1402).

Et le dernier :

Jean de Chamborant (1599).

Seigneuries de Lavaux, — du Plaix-Goulard, — de Mesne.

Alliances : familles : de Sainte-Maure, — le Groing, — de Voudenay, — de Lévy, — d'Aubusson, — de Saint-Mort, — de Lezay, — Rance, — Augustin, — de Forge, — de Montosre, — de la Celle, — Tiercelin, — Leclerc, — de Magnac.

SEIGNEURS DU TERRAIL DE JOUILLAC

Le premier cité est : Guillaume de Chamborant, Noble homme et damoiseau, fils de Guillaume de Chamborant, seigneur de Lavaux (1402).

Et le dernier cité est :

Jean de Chamborant, écuyer (1540), chevalier de Malte.

Seigneuries du Terrail, — de Jouillac, — de Bonnevaux, — des Portes, — de Pionnat.

Alliances : familles : de la Chapelle, — Bertrand, — du Peiroux, — d'Aubusson, — de Chasteaubodeau, — Faure.

Armes : *D'or, à un lion de sable, armé et lampassé de gueules.*

DE CHAMBRE

Famille établie à Tartas

André de Chambre, écuyer, justifie sa filiation depuis

Job Chambre, venu d'Écosse (1451).

Seigneuries d'Urgons (baronnie), — de Saint-Genès, — de Peyros.

Alliances : familles : de Curclosse, — de Mongran, — du Sanguinet, — du Souil dit de Fortisson, — d'Estoupignan, — de Mérignac, — du Boys, — de la Lande-de-Montaut, — d'Amou, — d'Urtubie de Garro, — de Marignac, — du Pin, — de Rol de Montpellier.

Seconde branche

Jean-Jacques de Chambre, écuyer, conseiller du roi, justifie sa filiation depuis

Bertrand de Chambre, écuyer (1641), (deuxième fils de Thomas de Chambre et de Jeanne de Mérignac).

Alliances : familles : de Maurian, — de Nolibois, — de Batz, — de Saint-Martin, — Larremar.

Armes : *D'or, à une fasce d'azur, surmontée d'un lion de gueules naissant à demi-corps, et accompagnée en pointe d'une fleur de lys aussi de gueules.*

DE CHAMPAGNE

En Champagne

Première branche

Henri de Champagne, chevalier, premier capitaine dans le régiment d'Espagny (1657), remonte sa filiation à

Jean de Champagne, premier du nom, écuyer (1513).

Seigneuries : de Lonvoisin, — de Vendeuil sur Vesle, — de Saint-Bon, — de Neuvy, — de Leschelle, — de Latour de Leschelle, — de Ronvilliers ; — de la Court de la Sausotte, — de Limay.

Alliances : familles : de Véélu, — de Verdelot, — Bouzié, — de Ravenel, — de la Place, — de Vandière, — de Sauvage, — le Bourgoing, — Danquechin, — de Montigny, — de la Serre, — de Forges, — de Coiffart, — Bourdon.

Deuxième branche

Bénigne-Antoine de Champagne, chevalier de Malte (1700), remonte sa filiation jusqu'à

Robert de Champagne, premier du nom, écuyer (second fils de Rolland de Champagne, auteur du troisième degré de la branche aînée et de Jeanne de Ravenel) (1579).

Seigneuries de Limay, — de Sainte-Colombe, — de Sepveille, — de Lourps, — de Longeville, — de Montigny.

Alliances : familles : le Cordelier, le Goux, — de Boubers, — de Reilhac, — Hodoart, — de Morru, — de Saint-Bélin.

Troisième branche

Antoine de Champagne, écuyer, marié en 1744, descend par sa filiation de

Jean de Champagne, écuyer, maintenu dans sa noblesse le 17 septembre 1668, (second fils de Charles de Champagne, auteur du sixième degré de la seconde branche et d'Antoinette Hodoart).

Seigneuries de Longeville, — de Thoulotte, — de Lourps.

Alliances : familles : de la Motte, — de Lomoy, — de Longuyot, — Taillandier.

Quatrième branche

Gabriel-Jacques de Champagne, écuyer, maintenu dans sa noblesse le 26 décembre 1700, fils de

Jacques de Champagne, premier du nom, (troisième fils de Robert de Champagne, auteur du cinquième degré de la seconde branche et de Claude le Goux), (1640).

Seigneuries de la Borde, — des Mœurs, — de Longeville, — de Lourps, — de Mauléon.

Alliances : familles : de la Serre, — de Martinangue, — du Perret de la Gauffraye.

Cinquième branche

René - Paul - Louis de Champagne, chevalier de Saint-Louis, remonte sa filiation à

Nicolas de Champagne, écuyer, (second fils de Louis de Champagne, auteur du troisième degré de la branche aînée et de Madeleine Bouzié).

Seigneuries de Morsins, — de Leschelle, — de Fonds, — de Leuze, — de Fresnoy, — de Neuvy, — de Lignières, — de Condry, — de Montbléru, — d'Agaulne, — des Vidames, — de la Villeneuve, — de Beauregard, — de Joisel, — du Fort de Neuvy, — des Hantes, — du Chesne, — de Ventelay, — de Vendières

Alliances : familles : de Verdelot, — le Fèvre, — Barbin, — de Montigny, — de Chavigny, — de Baleine, — de Champetin, — de Guidoti, — de Hanniques, — de Chaumont, Daucour, — de Vaudetard, — de Challemaison, — le Goux, — de Geps, — de Saint-Maurice, — Nacquart, — de Chartogne, — Largentier, — de Mongeot, — de Vitard-de-Passy, — de Champagne.

Sixième branche

Charles-François-Ferdinand de Champagne, chevalier de Saint-Louis, fils de

Claude-Charles de Champagne, capitaine de cavalerie dans le régiment d'Arlus, (septième fils de Claude de Champagne auteur du sixième degré de la cinquieme branche et de Susanne de Geps).

Seigneuries de Chapton, — de la Villeneuve, — de Leuze, — de Saint-Prix, — de la Noue Regnauld, — de Soisy au Bois, — de Salnove, — de Frécus, — de Courbetin, — de Torailles, — de Vauxmartin, — d'Ormoy, — de Croulero, — de Rognon, — d'Inville.

Alliances : familles : du Bellay, — de Vendeuil, — de Marguerie.

Armes : *D'azur, à une bande d'argent, cotoyée de deux cotices potencées et contrepotencées de treize pièces d'or.*

DES CHAMPS

En Normandie

Noble François des Champs (1572), petit-fils de Robin, dit aussi Robert des Champs, écuyer (1439).

Seigneuries d'Esnitot, — de Cabourg, — d'Igneaumare, — du Mesnil-Tournant, — d'Escures, — de Bennetot, — de Rébultot, — de Roquefort.

Alliances : familles : de Plaimblou, — de la Mare.

SEIGNEURS DE GRENGUES ET DU BOISHÉBERT

Raoul des Champs, écuyer (1667), justifie sa filiation depuis

Noble Adam des Champs, écuyer (1501).

Seigneuries de Grengues, — de Loriot, — de Beuzeville-la-Guérard, — du Montlévesque, — des Landres, — du Fief Hancelin, — de Hautot-le-Vatois, — d'Anvronville, — de Roquefort, — de la Bouteillerie, — de la Lande, — du Boishébert.

Alliances : familles : d'Escrépintot, — de la Mare, — le Pougneur, — le Grand, — de Bailleul, — de Bennetot, — Dedes, — Le Bouteiller, — Asselin, — Clouet, — des Pommare ou d'Espommare, — Coimpoinctz, — le Canu, — de Pelletot, — Bretel.

SEIGNEURS DE COSTECOSTE

FRANÇOIS-ADRIEN DES CHAMPS, écuyer, justifie sa filiation depuis

JEAN DES CHAMPS, écuyer (troisième fils de CHARLES DES CHAMPS, seigneur du Boishébert et de SUSANNE LE BOUTEILLER), (1629).

Seigneuries de Costecoste, — de Montaubert, — des Landres, — de la Bouteillerie, — de Cliponville, — d'Hardenville, — du Boishébert, — du Montlévesque.

Alliances : familles : de Bin, — Boullays, — de Quiros de Coqueroaumont, — Auber.

Armes : *D'argent, à trois perroquets de sinople, passants et contournés, onglés et becqués de gueules.*

CHANCEL DE LA GRANGE

En Périgord

FRANÇOIS-JOSEPH CHANCEL, écuyer, justifie sa filiation depuis

GÉRAUD CHANCEL ou CHANSSEL, conseiller, — magistrat au siége p ésidial de Périgueux (1542).

Seigneuries de la Veyssonnie, — de Genebrières, — de la Chalupie ou de la Chaloupie, — du Basty, — du Maine, — de Boulazac, — de la Foucaudie, — de la Fouillouze, — de la Borie, — de Barbadaud, — de Borifrogne, — de la Grange, — d'Antoniac.

Alliances : familles : Vigoureux, — Chalup, — de Marquessac, — Foucaud-de-Lardimalie, — de Mellet, — le Verrier, — Faure, — de Bonnet, — de la Brousse, — de Jean, — Langlade, — de Montozon, — Bertin, — Stoppa, — du Cluzel, — le Fèvre de la Falluère.

Armes : *De gueules, à un chêne d'or, arraché, soutenu d'un croissant d'argent, et au chef d'azur, chargé de trois étoiles d'argent.*

DE CHANTELOU[1]

Généralité de Caen — Diocèse de Coutances

HENRI DE CHANTELOU, écuyer, justifie sa filiation depuis

Noble homme LOUIS DE CHANTELOU (avant 1582).

Seigneuries de la Rivière, — de Moi, — de la Marre.

Alliances : famille : Gautier du Tertre, — Regnard, — Osber.

Armes : *D'argent, à un loup de sable, langué et onglé de gueules, passant.*

CHAPPUIS

Dans le pays de Forez et dans le Lyonnais

CLAUDE CHAPPUIS (1641), justifie sa filiation depuis DURAND CHAPPUIS, qualifié noble homme (avant 1377).

Seigneurie de Pomiers.

Alliances : familles : de Cunière, — de Génas, — Peirolier, — de la Besse, — Menon, — Gayand, — de la Martinery, — de Villars, — de Coet, — de la Rivière, — Fromenton.

Deuxième branche

LOUIS CHAPPUIS, marquis de Mirebel, justifie sa filiation depuis

Noble JEAN CHAPPUIS (deuxième fils de PIERRE CHAPPUIS), (1430).

Seigneuries de Chaumont, — du Bouchet, — de Margnolas, — de Gléteins, — de Tramoye, — de Saint-Germain, — des Alimes, — de Gerbet, — de Mirebel.

[1] Autre famille de Chanteloup en Normandie, portant *losangé d'or et de able.* (E. B.).

Alliances : familles : de Chaumont, — Verdier, — de Vinols, — d'Orelle, — Boyer, — de Gayardon de Crésolles, — de Rochebaron, — du Bois, — Bourgeys, — de Serre, — de Chalo, — Cachet, — du Lieu, — Fayard, — de Laffrasse de Seynas.

Troisième branche

PIERRE CHAPPUIS, écuyer (1657), petit-fils de VITAL CHAPPUIS, écuyer (quatrième fils de GABRIEL CHAPPUIS et de CLAUDINE VERDIER), (1591).

Seigneuries de Foris, — de Panissière, — de Trézette, — de la Goutte, — du Sappey, — de Villette, — de Montpéron, — de Rilly.

Alliances : familles : de la Veuhe, — Henry, — de la Mure, — Reymond, — Simonelly, — Courtin de Neubourg.

Quatrième branche.

CLAUDE VITAL CHAPPUIS, écuyer, justifie sa filiation depuis

JACQUES CHAPPUIS, écuyer (deuxième fils de VITAL CHAPPUIS et d'ANNE DE LA VEUHE), (1617).

Seigneuries de la Salle, — du Tronchy, — de Grénieux, — de Nervieux.

Alliances : familles : Allard, — Chassain, — de Gaulne, — Verne, — de Bayle, — Daudieu, — Thoynet, — Jourdan de Saint-Lager.

Cinquième branche

BARTHÉLEMI CHAPPUIS, écuyer, fils de PIERRE CHAPPUIS, écuyer (deuxième fils de VITAL CHAPPUIS, de la quatrième branche et d'ÉMÉRANTIENNE CHASSAIN), (1683).

Seigneurie de Clerimbert.

Alliances : familles : Rochet, — Servonnet, — Saladin du Fresne.

Sixième branche

PIERRE-ANTOINE CHAPPUIS DE LA GOUTTE DE MAUBOU, écuyer, justifie sa filiation depuis

PIERRE CHAPPUIS, écuyer (troisième fils de VITAL CHAPPUIS de la troisième branche et d'ANNE DE LA VEUHE), (1617).

Seigneuries de la Goutte, — du Sappey, — de Maubou, — de Jonzac, — de la Bruyère, — de Roche-la-Molière.

Alliances : familles : Reymond, — Perrin, — Bertaud, — Barailhon, — de Girard de Vaugirard, — de Reynaud, — du Rozier, — Thoynet, — Bernou de Nantas, — Girard.

Septième branche

ANDRÉ CHAPPUIS, écuyer, cornette de cavalerie dans le régiment de Royal-Piémont (troisième fils de CLAUDE CHAPPUIS, et de CLAUDINE BARAILHON).

Seigneuries de la Goutte, — de Laval, — du Sappey, — de la Valmitte, — de Charlieu, — d'Yzeron, — de Saint-Laurent des Vaux, — d'Hoyrieux, — de Montromand, — de Mallecombe.

Alliances : familles : de Losme, — de Mazenod, — de Montillet, — de Montdor, — de Harenc.

Armes : *D'azur, à une fasce d'or accompagnée de trois roses d'argent, posées deux en chef et l'autre à la pointe de l'écu.*

CHAPT DE RASTIGNAC

En Limousin et en Périgord

Première branche

JEAN CHAT, damoiseau (1445), remonte par sa filiation à

ABON CAT-ARMAT (895), qui est le premier auteur connu des anciens sires DE CHABANAIS et de CONFOLANT.

Seigneuries de Chabanais, — de

Confolant, — de Lage-au-Chat, — la Jonchapt, — de Mansac, — de Rastignac, — de Laxion, — de Firbeys, — de Puiguilhem, — de Chamberis.

Alliances : familles : de Salagnac,— Flamenc, — de la Renie, — de Cornil, — de Vinella, — de Grelière, — de Rosiers, — de Carbonnières, — de Beaulieu.

Deuxième branche

SEIGNEURS DE RASTIGNAC

ARMAND - HIPPOLYTE - GABRIEL CHAPT, appelé le vicomte DE RASTIGNAC, justifie sa filiation depuis

JEAN CHAPT, second fils de GUICHARD CHAT (1400).

Seigneuries de la Germanie, — de Jalecht ou Jaletz, — de Rastignac, — du Poget, — de Saint-Rabier, — de Lage-au-Chatou, de la Jonchapt, — de Serval, — du Cerf ou du Cern, — de la Bachellerie, — de la Tour del Boscq, — de Saint-Antoine, — de Fallac ou de Fanlac, — de Courgnac, — de Lamanceaulx, — d'Azerac, — de Ciourac, — de Rion, — de Saint-Jory, — de Brignac, — de Messillac, — de Pleaux, — de Griffol, — de Montagnac, — de Puechmurol ou de Poumeyrols, - de Paleyrac, — de Belveys, — de Lastour, — de Luzech, — de Coulonges, — de Sarazac, — de Peyrignac, — de Sargat, — de Serval, — de Clermont, — de Combebonnet, -- de la Besse, — Milhac, — du Peuch. — du Moustier, — de Cabirac, — du Sabloux, — de la Roque Saint-Christophe.

Alliances : familles : Boutier, — Foucaud, — Milhac, — de Pélisses, — de Luziès, — de Lespinay, — Brun, — de Chalon, — de Serval, — de Bellehade, — de Lubersac, — du Pouget, — de Montberon, — d'Andaux, — de Calvimont, — de Sauniac, — d'Hautefort, — du Saillant-du-Luc, — de Genouillac, de Lastours, — d'Abzac, — du Saillant ou de Fromant du Saillant de Pompadour, — de Giscart. — de Beaumont, — de Clermont-Vertillac, — de Narbonne-Arnouil, — de Monclar, — de la Grange-Gourdon, — de Gaubert, — Foucaud-de-la-Besse.

Troisième branche

SEIGNEURS DE LAXION ET DE FIRBEYS

CHARLES CHAPT DE RASTIGNAC, écuyer, justifie sa filiation depuis

PEYROT OU PERROT CHAPT DE RASTIGNAC, écuyer, troisième fils d'ADRIEN CHAPT et de JEANNE DE HAUTEFORT (1572).

Seigneuries de Laxion, — de Courniac, — de Nanteuil, — d'Eyserat, — de Turssac, — de Saint-Jory la Bloux, — du Pouget, — de Firbeys, — de Coupiac, — de la Glodie.

Alliances : familles : de la Martonie, — Malet de Chastillon, Arlot, — du Bary, — d'Aubusson, — de Prugue.

Quatrième branche

MARQUIS DE LAXION

JACQUES - GABRIEL - LOUIS CHAPT DE RASTIGNAC, appelé le marquis DE CHAPT, justifie sa filiation depuis

FRANÇOIS CHAPT DE RASTIGNAC, (troisième fils de PEYROT CHAPT DE RASTIGNAC et de MARGUERITE CHAPT DE RASTIGNAC), (1631).

Seigneuries de Laxion, — de Turssac, — de Corgnac ou Courniac, — d'Eyserat, — de Nanteuil, — de Saint-Jory la Bloux, — de la Chabroulie, — de Lambertie, — de Pansol, — de Vaunac, — de la Navoye, — de la Forest Beron, — de Lage, — de l'Isle Saint-Macaire.

Alliances : familles : d'Hautefort, — de la Martonie, — du Chesne,

Malet, — Reynier, — de Lestrade, — d'Aydie-de-Ribeirac, — du Mas.

Cinquième branche

SEIGNEURS DE PUIGUILHEM.

PIERRE-LOUIS CHAPT DE RASTIGNAC, page de la grande écurie du roi, justifie sa filiation depuis

JACQUES-FRANÇOIS CHAPT DE RASTIGNAC (troisième fils de FRANÇOIS CHAPT DE RASTIGNAC et de JEANNE D'HAUTEFORT), (1689).

Seigneuries de Puiguilhem, — de Villars, — de Milhac, — de Firbeys, — de Monchapeys, — — de la Glodie, — de Coupiac, — de Lencontrade.

Alliances : familles : de Rocquard, — du Lau.

Armes : *D'azur, à un lion d'argent, armé, lampassé et couronné d'or.*

CHARON [1]

Généralité de Bordeaux
Diocèse de Périgueux

ÉTIENNE CHARON, écuyer, justifie sa filiation depuis

BERNARD CHARON, chevalier, conseiller d'État du roi de Navarre (1542).

Seigneuries de Brie, — de Lelnos.

Alliances : familles : de Niole, — de Chantemerle.

Armes : *D'argent, à trois fleurs de chardon d'azur, mouvantes d'une même tige de sinople et posées une et deux.*

DE CHARRI

Généralité de Moulins — Diocèse de Nevers

PAUL DE CHARRI, écuyer, justifie sa filiation depuis

FRANÇOIS DE CHARRI, écuyer (1549).

Seigneuries du Fourvieil, — de Giverdi, — de Goui, — de la Roche, — de Vuez.

Alliances : familles : Berthier, — de Boni, — du Verne, — de Maumigni, — de Meung.

Armes : *D'azur, à une croix d'argent ancrée.*

CHARTON

GABRIEL-CLAUDE CHARTON, chevalier de Saint-Louis et sous-aide major de la compagnie des Gendarmes de la garde ordinaire du roi, fut anobli par lettres patentes en forme de charte, données à Versailles par Sa Majesté, au mois de novembre 1722, en considération de ses services et de ceux de sa famille.

Seigneuries de Rousière, — des Maugulns.

Alliances : famille Mahiet.

Armes : *De gueules, à une bande d'or, chargée de trois étoiles d'azur.*

DE CHASSI

Généralité de Bourges — Diocèse de Bourges

EDME-ALEXANDRE DE CHASSI, écuyer, justifie sa filiation depuis

JEAN DE CHASSI, écuyer (1517).

Seigneuries de Saint-Hilaire, — de Gondilli, — de Looze, — du Marais, — de Doys (baronnie).

Alliances : familles : de la Porte, le Fort, — de Hannique, — de Meung de la Ferté, — de Regnier.

Armes : *D'azur, à une fasce d'or, accompagnée de trois étoiles de même, posées deux en chef et l'autre à la pointe de l'écu.*

[1] Autres familles le Charon ou Charon, et Charon qui obtint l'érection du marquisat de Ménars, en septembre 1676. (E. B.)

DE CHASTELLARD
anciennement **D'HAUTERIVE**

En Dauphiné

[On voit un Amédée d'Hauterive (avant 1150), qui mérita par la sainteté de sa vie le surnom de vénérable et qui fut mis au nombre des saints par les Religieux de l'ordre de Cîteaux.]

François de Chastellard, appelé le marquis de Chastellard, brigadier des armées du roi, justifie sa filiation depuis

Berlion d'Hauterive ou de Chastellard, damoiseau (1240).

Seigneuries d'Hauterive, — de Planese, — de Charmes, — de Lemps, — de Clermont, — de Saint-Geoire, — de Chastellard-lès-Hauterive, — de Levaux, — de Vaux, — de la Contamine, — de la Maisonblanche, — de Fontagé, — de Saint-Lattier.

Alliances : familles : Gaudin, — Aynier, — de Givort, — de Clavayson, — Rostain, — Bonet, de Quincieu, — Maugiron, — — de la Bastie, — de Murinais, — d'Urre, — Ollanier, — de Bressieu, — du Palais, — de Chavanes, — de Salignon, — Barbier, — de Chapponay, — Musy, — du Cros, — de Legue, — de Flotte, — de Virieu de Beauvoir, — de Gruel, — Roux-Deageant, — de la Morte de Laval.

Deuxième branche

Alexis-Antoine de Chastellard, appelé le marquis de Salières, gouverneur de l'École royale militaire (1752), justifie sa filiation depuis

Henri de Chastellard, appelé le marquis de Salières, colonel du régiment de Carignan (1664), (sixième fils de Claude de Chastellard et de Jeanne Musy).

Alliances : familles : de Maty, — d'Assigny, — de Rignac, — de Narbonne-Pelet.

Armes : *D'or, à trois chevrons d'azur.*

DE CHASTELLIER DU MESNIL

En Dauphiné

Esprit-Joseph de Chastellier, chanoine du chapitre noble de Saint-Pierre de Vienne, justifie sa filiation depuis

Charles Chastellier, qui exerça les principales charges des finances, sous les rois Charles VIII et Louis XII.

Seigneuries de Millieu, — de la Coste Saint-André, — de Saint-Saphorin d'Ouzon, — de Beaumont, — de Mousteroux, — de Cérisolles, — de Servières, — de Solleges, — de la Vache, — de Vergne, — de Vitrieu, — de Saint-Alban, — de Terrebasse, — de Gatuzières.

Alliances: familles: Rossi ou Roussi, — de Collet, — Mazoyer, — de Scaravelly, — de la Colombière, — Rouer de Saint-Severin, — de Bessonnet, — de Ferron, — de Ferralhon, — de Cheilus, — d'Yzerand, — de Villars, — de Corbeau de Lanfrey.

Deuxième branche

Charles-Louis-Joachim, marquis de Chastellier du Mesnil, chevalier, lieutenant général des armées du roi, justifie sa filiation depuis

Scipion de Chastellier, qualifié chevalier (second fils de Gabriel-Philippe de Chastellier et d'Alix de Bessonnet), chef de cette branche.

Seigneurie de Cérisolles.

Alliances: familles : de Mistral, — de Poisson du Mesnil, — d'Aurel, — Monnier de Prilli, — Petit de Marivats.

Troisième branche

Joachim de Chastellier, écuyer, justifie sa filiation depuis

GUILLAUME DE CHASTELLIER, écuyer (second fils de SCIPION DE CHASTELLIER et de DOROTHÉE DE MISTRAL), chef de la troisième branche.

Seigneurie du Charau.

Alliances : familles : l'Hotellier, — de Durand.

Armes : *D'azur, à un château d'argent, flanqué de deux tours de même, et sommé d'une autre tour aussi d'argent, le tout maçonné de sable, les trois tours donjonnées chacune de trois pièces d'argent.*

DEVISE : *Fatum, virtus, labor.*

Cimier : *Un bras d'argent ayant son armure et tenant un marteau d'armes de sable.*

DE CHASTENAI

Généralité de Dijon — Diocèse de Langres

CLAUDE MAURICE DE CHASTENAI, écuyer, justifie sa filiation depuis

THIBAUD DE CHASTENAI, écuyer (1435[1]).

Seigneuries de Bricon, — d'Aizanville, — de Villiers en Auxois, — de Lanti.

Alliances : familles : de Raigecourt, — de Bar, — de Grand, — Pot, — de Senailli, — de Courtenai, — d'Eltouf de Pradines, — de Foissi, — de Rives, — de Récicourt.

Armes : *D'argent, à un coq de sinople, crêté, becqué, barbé, onglé, et couronné de gueules, ayant la patte droite levée.*

Seigneurs de Lanti.

ANTOINE DE CHASTENAI, écuyer (second fils de THIBAUD DE CHASTENAI et de JEANNE DE RÉCICOURT.)

Un chevalier de Malte : ISAAC DE CHASTENAI (1649).

[1] La Chesnaye mentionne Emard de Chastenay, 1288. — Marquis de Lanty, comtes de Rochefort, sans érections.

Seigneuries de Lanti, — d'Eschalot, — de Rochefort, — de Mauvilli, — de Puisaie.

Alliances : familles : de Foissi, — de Nantes, — d'Ugni, — de Dinteville, — de Montléon, — de Coligni, — de Villers la Faye, — Bouton, — de Bellujon, — du Fresnoi, — Gardien.

Seigneurs d'Eschalot

GABRIEL DE CHASTENAI (second fils de NICOLAS DE CHASTENAI et de MADELENE BOUTON), chevalier de Malte (1649), justifie sa filiation depuis

THIBAUD DE CHASTENAI, tige commune des autres branches.

Seigneuries d'Eschalot, — de Lochère,

Alliances : familles: Fleutelot, — Girault[1].

Armes : *D'argent, à un coq de sinople, crêté, becqué, barbé, onglé, et couronné de gueules, ayant la patte droite levée, et accompagné de trois roses aussi de gueules, posées deux en chef et l'autre à la pointe de l'écu.*

DU CHATEL

Diocèse de Tournai

ALBÉRIC-ADRIEN-FRANÇOIS-JOSEPH DU CHATEL, justifie sa filiation depuis

[1] Ancienne maison noble de Langres, qui possédait les seigneuries de Prangey, Cray, Recourt, Fresnoy, Esson, Belfond, etc., et remontait à François, seigneur de Chilley, en 1416. Jean Girault, son arrière petit-fils, eut une fille mariée en 1512, à Thierry de Sancey, seigneur d'Aubepierre, écuyer, fils de Raimbaud, procureur-général de la ville de Langres, et de Marguerite de Rennecourt, lequel avait en outre trois filles unies à Martin de Bar, Mongin de Barthélemy et Jean de Comtest, seigneur de Séraulmont. (*Décade de J. Vignier*, mms. à la Bib. imp. fond. Saint-Germain, 2026.) Les Girault formèrent les branches de Seymoutier, de Cray et de Belfond (encore existantes). Girault porte d'azur à la fasce d'argent, accompagnée de trois croissants

Jacques du Chatel, chevalier (avant 1569 [1]).]

Seigneuries de Pétrieu, — de Houpelin, — de Beaumanoir, — de Blangerval (comté), — de Rolleghem, — de la Bourse, — de Marconelles.

Alliances : familles : de Houchin, — de Gand, — Andréa, — de la Salle, — du Bois.

Armes : *D'azur, à un chevron d'or, accompagné de trois croix de même, recroisetées et les pieds fichés, posées deux en chef et l'autre à la pointe de l'écu.*

DE CHAUGI

Province de Bourgogne — Diocèse d'Autun

François de Chaugi, mestre de camp de cavalerie, justifie sa filiation depuis

Antoine de Chaugi, écuyer (1467 [2]).

Seigneuries de Savigni, — de l'Estang, — de Savoigni-le-Bois, — de Villiers les Aux, — de Roussillon, — de Monceaux, — de la Bussière, — de Cuzi, — de Montigni, — de Laizi, — de Chesnai, — de Chissei, — de Vézannes.

Alliances : familles : de Chevigni, — du Crest, — de Choiseul, — du Vivier, — du Pin, — de Bousseval, — de Lantage.

Seigneurs de Lantilli.

Jacques de Chaugi, premier du nom, écuyer (quatrième fils de Louis de Chaugi et de Charlotte de Lantage), (1575).

mis en fasce et en pointe d'un bouc issant de même. (E. B.)

[1] La Chesnaye commence à Gille, conseiller de Philippe le Hardi, comte de Flandres. — Erection du comté de Blangerval, en 1664.

[2] La Chesnaye mentionne un Michel de Chaugy qui acquit la terre de Roussillon par mariage, en 867. — Marquis et comtes de Roussillon, sans érections.

Seigneuries d'Anost, — de Lantilli, — de Massingi.

Alliances : familles : de Créci, — d'Anlezi, — de Hodouard, — Vernot, — de Conclais, — Damas.

Armes : *Écartelé d'or et de gueules.*

DE CHAUVIREI

En Bourgogne

Anne-Marie-Joseph-Françoise de Chauvirei et Anne-Marguerite de Chauvirei de Bouzingue, justifient leur filiation depuis

Gabriel de Chauvirei (avant 1594 [1]).

Seigneuries de Jallaucourt, — de Massoi en Barrois, — d'Esche, — d'Onze, — de Savigni, — d'Isché.

Alliances : familles : Dongelberghe de Resve, — de Mouvilli des Trompes, — de Bellevaux, — de Malabarbe de Boromée, — de Gleizenove, — de Choiseul.

Armes : *D'azur, à une bande d'or, accompagnée de sept billettes de même, posées en bande, quatre en chef, une et trois, et trois en pointe.*

DE CHAVAGNAC

En Auvergne

Claude-Ferdinand de Chavagnac, justifie sa filiation depuis

Noble Pierre de Chavagnac (1413).

[D'Hozier cite plusieurs personnages de ce nom, possesseurs de la terre de Chavagnac, dont le premier est Bompar de Chavagnac en 1257.]

Seigneuries de Chavagnac, — de Biers, — de Fontredonde, — du Bousquet, — d'Andredieu, —

[1] La Chesnaye commence à Vauthier de Chauvirei, marié au commencement du XIVe siècle avec Elisabeth d'Oiselet, issue des anciens comtes de Bourgogne.

de Chazelles, — de Lugarde,— de Sainte-Amandine, — de Peyrelade, — d'Aubepeyre, — de la Bresle, — de la Rouzière.

Alliances : familles : de Viveyroux, — Volpilhière, — Guillierme, — le Comte de la Marche, — de Chariol, — d'Auzon, — de Sailhans, — de Jacquard, — d'Andredieu,— de Calvisson, — de Cat-de-Cocural, — de Tourniat, — d'Estampes de Valencey, — d'Estaing, — du Bos, — de Montboissier Canillac.

Deuxième branche

GILLES-HENRI-LOUIS-CLAIR DE CHAVAGNAC, aide-major au port de Rochefort, petit-fils de

ANNET DE CHAVAGNAC (fils de FRANÇOIS DE CHAVAGNAC et de LOUISE DU BOS, sa deuxième femme), enseigne dans la Gendarmerie (1698).

Seigneuries de Chavagnac, — de Saint-Marcellin, — du Vernet, — de Bièvres, — de Saint-Roman, — d'Andredieu, — de la Rochette, — de Blesse, — de Lugarde, — de Pont-Quellenec, — de Sainte-Amandine.

Alliances : familles : Charpin de Gennetines des Halles, — d'Espinchal, — des Nos-de-Champmeslin, — de Froullay-Tessé.

Armes : *De sable, à trois fasces d'argent et trois roses d'or en chef.*

DE CHAVIGNI

Généralité de Paris — Diocèse de Meaux

ANTOINE DE CHAVIGNI, écuyer, justifie sa filiation depuis

CHARLES DE CHAVIGNI, écuyer (1541).

Seigneuries de Courbois, — de Neuilli, — de Chavigni, — de la Ronce, — de Courbonnin, — du Mesnil, — de Raucourt.

Alliances : familles : Chopin, — de Lestre, — de Rivaie,— de Sapincourt, — de Chassi, — Poinssart. — de Grandmont, — de Postel, — de Nulli, — de Seisson.

Armes : *D'argent, à une croix de gueules, endentée de sable et alaisée, surmontée d'un lambel aussi de sable, de trois pendants.*

CHEBROU

Poitou — Niort

JEAN-MADELENE CHEBROU, lieutenant-général de police et subdélégué dans la ville de Niort, et JEAN-VICTOR CHEBROU, son frère puiné, furent anoblis par lettres patentes en forme de charte, données à Paris au mois de mai 1736, en considération des services rendus par leur famille.

Alliances : familles : du Temps,— Ferrand.

Armes : *D'azur, à un chef d'argent rampant.*

DU CHEMIN

En Normandie

DU CHEMIN DU MESNIL-DURAND

PIERRE-CLAUDE-ROBERT-CAMILLE DU CHEMIN, mousquetaire de la garde du roi, justifie sa filiation depuis

ROBERT DU CHEMIN, écuyer (avant 1517).

Seigneuries de Saint-Germain, — du Féron, — de la Haulle, — de Semilly, — du Mesnil-Guillaume, — de Montbrai, — de la Vaucelle, — de la Morlière, — de Hebecrevon, — du Mesnil-Durand, — de Saint-Luc, — de Bahaye, — des Pezerils.

Alliances : familles : de Hangest, — Fournier, — Regnauld, — le Mazurier, — de Saint-Martin, — Jourdin, — Renard de Claids.

Deuxième branche

SEIGNEURS DE LA TOUR

Luc-François du Chemin, lieutenant des maréchaux de France, justifie qu'il est fils de

François du Chemin, écuyer (troisième fils de Luc du Chemin et de Françoise de Saint-Martin), lieutenant dans le régiment du Roi-Infanterie.

Seigneuries de la Tour, — de la Haulle, — de Bahaye, — de la Vaucelle.

Alliances : familles : Radulph, — du Chastel, — Hellouin, — Pellé.

Armes : *De gueules, à un lion d'hermine.*

DE CHÉRI

Généralité de Moulins — Diocèse de Nevers

Jean-François-Eustache de Chéri, écuyer, justifie sa filiation depuis

François de Chéri, écuyer, (1588).

Seigneuries de Beaumont, — de la Loge, — de Neuvi, — de Maroles, — du Tremblai, — de Chéri, — de Montgazon.

Alliances : familles : le Bascle-du-Pin, — des Prez, — du Lis.

Armes : *D'azur, à un chevron d'or, accompagné de trois roses d'argent, boutonnées d'or, posées deux en chef et l'autre à la pointe de l'écu.*

DU CHESNE

Généralité de Poitiers — Diocèse de Poitiers

Isaïe du Chesne, écuyer, justifie sa filiation depuis

François du Chesne, écuyer (avant 1586).

Seigneuries de Saint-Léger, — de Vauvert, — de Landraudière.

Alliances : familles : Pidoux, — Audouin.

Armes : *D'azur, à trois glands d'or, posés deux et un.*

CHEVALIER[1]

Généralité de Poitiers — Diocèse de Poitiers

François Chevalier, écuyer, justifie sa filiation depuis

Léon dit Lionnet Chevalier, écuyer (avant 1500 [1]).

Seigneuries d'Availle, — de la Frapinière.

Alliances : familles : Maubué, — de la Fite, — de Chamborant, — de Linax, — Escars, — Parthenai, — Gillier.

Armes : *De gueules, à trois clefs d'or, posées en pal, deux et une, les anneaux en bas, les deux clefs du chef adossées.*

DE CHÉVERUE

En Anjou et en Normandie

Noble Jacques de Chéverue (1587), justifie sa filiation depuis

Pierre de Chéverue, écuyer (1458 [2]).

Seigneuries de la Lande, — de la Fourmillonnière, — de la Dorionnaye, — de la Boutonnière, — des Fontenelles.

Alliances : familles : Cadoré, — Goueau, — le Vayer, — Provoust, — Loriot, — Bauldin, — de Scépeaux, — Cornu, — Veillon.

Deuxième branche

Julien-Charles-Georges de Chéverue, écuyer, sous-lieutenant au régiment des Gardes Françaises, justifie sa filiation depuis

Jean de Chéverue, écuyer (se-

[1] Autres familles de ce nom en Champagne, en Provence et en Flandre, cette dernière transportée ensuite à Paris.

[2] La Chesnaye nomme Pierre Chéverue, chevalier, 1347.

cond fils de PIERRE DE CHÉVERUE et de JEANNE CADORÉ (1530).

Seigneuries de la Haussière, — de la Guibaudière, — de la Blanchardière, — de la Gobetière, — du Teil, — du Vaux-de-Glaine, — de la Gelousière, — de Mesnil-Toüe.

Alliances : familles : de Goué, — Hamel, — Chupin, — de Lhuisierre, — Hodebert, — de Chappedelaine, — de Méaulne, — de Poilvilain, — d'Auray, — des Près, — de la Rocque, — de Saint-Germani.

Armes : *De gueules, à trois têtes de chèvres d'argent, arrachées et posées deux et une.*

DU CHIC

Dans les pays d'Armagnac et de Fesensac, dans le Condomois et l'Agenois

Noble JACQUES DE CHIC, capitaine au régiment d'Orléans-Infanterie, justifie sa filiation depuis

Noble PIERRE DE CHIC (vivant vers l'an 1420).

Seigneuries de Boulin, — de Roquaing, — de la Roque-Fimarcon, — de Torrebren, — d'Arcamont, — d'Aumensan, — de la Rouquette.

Alliances : familles : du Puy, — de Castagnet, — de la Rocque, — de Luppé, — de Gars dit de Paynarrocque, — de la Fitte, — de Lauriac, — de Mauléon, — de Bonnot, — de Sorberisse, — de Saubusse, — de Massas, — de la Font, — Doumaignac, — de Mazeret, — de Cambon.

Branche des seigneurs d'Arcamont

Noble JEAN-FRANÇOIS-JOSEPH-CLAUDE DU CHIC D'ARCAMONT, justifie sa filiation depuis

Noble GASPARD DU CHIC, homme d'armes des ordonnances du roi (second fils de Jean de Chic et de Miramonde de la Rocque), (1559).

Seigneuries d'Arcamont, — d'Aumensan, — de Saint-Martin Vinagré, — de la Batut, — de Pujos, — d'Ensajas, — de la Roque, — du Trens en Armagnac, — d'Avezan, — de Longard, — de Roquelaure.

Alliances : familles : de la Fitte, — de Batz, — de Rapin, — de Faudoas, — de Barreau, — de Goulard, — de Gélas, — de Gailhac, — de Malaubert, — de Borista, — du Barbier, — Goudin, — de Rouillan, — de Puylormont, — du Four de la Lanne, — Popon de Maucune.

Armes : *Parti au premier d'azur, à trois fasces d'or ; au second de gueules, à un lion d'or, armé et langué de sable.*

DE CHIEUSSES[1]

En Provence — Diocèse de Fréjus

Noble LOUIS-ANDRÉ DE CHIEUSSES, écuyer, justifie sa filiation depuis

Noble JACQUES CHIEUSSES (avant 1536.)

Seigneuries de Taulanne, — de Combaud, — de Roquebrune.

Alliances : familles : de Chabert, — de Boyer, — de Vintimille, — d'Arbaud, — d'André, — de Barry, — de Raymondis, — de Bartholle, — d'Escalis.

Armes : *D'azur, à un chevron d'or, accompagné en pointe d'une rose de même, et au chef d'argent.*

DE CHILLAUD DES FIEUX[2]

Généralité de Bordeaux — Diocèse d'Agen

JEAN DE CHILLAUD DES FIEUX, écuyer, justifie sa filiation depuis

[1] Maintenue du 19 mars 1708.

[2] Familles : Chillaud de Soumensat, issue, dit-on, de la même, mais portant *de gueules au globe d'or, accompagné de trois besants d'argent, 2 et 1, et en chef un laurier d'or* — et de Chilleaud en Poitou (1280), marquis de Chilleaud et d'Evrault, sans érections.

Jean de Chillaud, écuyer (1584).

Seigneuries de Parenchères, — de la Lande des Fieux, — de la Chapelle des Fieux, — des Fieux.

Alliances : familles : Richard, — des Champs, — Mosnier, — de Fillols, — de Fayoles, — de la Porte.

Armes : *D'azur, à trois moutons d'argent, passants, deux en chef et un en pointe.*

DE CHOURSES[1]

Généralité de Châlons — Diocèse de Reims

Godefroi-François de Chourses, chevalier de Saint-Louis, justifie sa filiation depuis

Hervé de Chourses, écuyer (1489)

Seigneuries de Beauregard, — de Boisfrelon, — de Bremien.

Alliances : familles : Wissingh, — de la Condamine, — Pasquinot, — de Comines, — de Thianges, — de Vieuxpont, — de Castelnau de Clermont, — de Gouzoles, — de Bailleul.

Armes : *D'argent, à cinq fasces de gueules.*

CHRESTIEN[2]

En Bretagne — Diocèse de Quimper

Alexandre Chrestien, écuyer, justifie sa filiation depuis

Pierre Chrestien, écuyer (1578).

Seigneuries de la Masse, — de la Villehélion.

Alliances : famille de Kereraut.

Armes : *De sinople, à une fasce d'or, accompagnée de trois casques de même, posés de profil, deux en chef et l'autre à la pointe de l'écu.*

[1] Autre famille de ce nom, de Chourses-Malicorne, connue dans le Maine dès le XIe siècle; la branche subsistante commence sa filiation dans La Chesnaye à Jean sr de Bremien, mort avant 1486, d'après l'arrêt de maintenue de 1666.

[2] Maintenue du 15 janvier 1669.

DE CLARIS[1]

de Cordes, en Languedoc

François de Claris de Florian, écuyer, justifie sa filiation depuis

François de Claris, lequel marie son fils Antoine le 4 janvier 1505.

Seigneuries de Florian, — de Nogaret, — de Castaudet, — de Logrian, — de la Blaquière, — de Courniac, — de Lauret, — de Pierredon, — de la Rouvière.

Alliances : familles : de Lorme, — d'Arlende, — Massiot, — d'Amalric, — de Villas, — Privade, — de Pize, — Fizès, — Arnaud, — Molles, — de Perdrix, — Mignot, — Salgues.

Branche des seigneurs de Saint-Martin.

Jacques de Claris, justifie sa filiation depuis

Jacques de Claris (fils de Gille de Claris et de Jeanne d'Amalric), (1616).

Seigneuries de Saint-Martin, — de Perdiguier, — de la Tour.

Alliances : familles : Gabourde, — de Molles, — Aldebert, — Dolhadeau, dit aussi Daladeau-des-Hours, — Ginhoux, — d'Arvieu, — Rivière, — De Portal.

Armes : *D'or, à une aigle éployée de sable, et un chef d'azur, chargé d'un soleil d'or.*

CLAUTRIER

Gilbert Clautrier, écuyer, avocat au Parlement, fut anobli par lettres patentes en forme de charte, données par le roi à Versailles, au mois d'août 1728, en considération de ses services.

[1] Autre famille Claris, issue, selon La Chesnaye, d'Eude d'Aquitaine, seigneur d'Oisy sous Charlemagne et cadet des ducs de cette province : marquis de Lavern-Bodes par substitution de cette famille.

Alliances : familles : Feuli, — Le Seur, — le Tourneur, — Guiller.

Armes : *D'azur, à un sautoir d'or, accompagné de quatre triangles d'argent apointés et posés un dans chaque canton.*

DE CLEMENS

Diocèse d'Avignon — Tarascon

ANDRÉ DE CLEMENS, écuyer, justifie sa filiation depuis

NOBLE JEAN DE CLÉMENS (1556)[1].

Quatre chevaliers de Malte : 1° ANDRÉ DE CLÉMENS (1656), — 2° LOUIS DE CLÉMENS (1665), — 3° JEAN-BAPTISTE DE CLÉMENS, 4° JOSEPH DE CLEMENS (1698).

Seigneuries de Gravezon, — de Castelet, — de Montroux, — de Tourade, — de Ventabren.

Alliances : familles : Du Deffand, — Icard, — de Gras, — de Quiqueran.

Armes : *D'argent, à trois pals de gueules.*

DE CLERI

Généralité de Rouen — Diocèse de Rouen

CHARLES-FRANÇOIS DE CLERI, écuyer, justifie sa filiation depuis

NICOLAS DE CLERI, écuyer, vivant avant 1547.

Seigneuries de Serans, — de Cosni, — de Frémainville, — de Piennes.

Alliances : familles : de Troies, — — de Dampont, — d'Ailly, — de Guiri, — de Piennes, — de Hardeville.

Seigneurs de Piennes.

LOUIS DE CLERI, écuyer, second fils d'ANDRÉ DE CLERI et de GENEVIÈVE D'AILLY (1681).

[1] La Chesnaye commence la filiation à Raymond de Clémens, XVIe siècle. — Marquisat de Gravezon, érigé en août 1718.

La famille Clément de Blavette paraît issue de cette maison. (E. B.)

Seigneuries de Piennes, de Menou.

Alliances : familles : de Hazeville, — Fougeu d'Escures.

Seigneurs de Fremainville.

FRANÇOIS DE CLERI, écuyer, troisième fils de NICOLAS DE CLERI et de CATHERINE DE HARDEVILLE (avant 1759).

Seigneurie de Frémainville.

Alliances : familles : de Guiri, — de Dampont, — du Tot, — Bouju, — Le Boucher.

Armes : *D'hermine, à un franc-quartier de gueules, chargé de trois boucles d'or, posées deux et une.*

DU CLOS DE LESTOILLE

En Auvergne et en Bourgogne

MAXIMILIEN DU CLOS DES MARSSANE, qualifié chevalier, ancien capitaine d'infanterie, justifie sa filiation depuis

MICHEL DU CLOS, écuyer (1509).

Seigneuries de Martillac, — de Fontnoble, — de Coulombiers, — de Lestoille, — de la Tour Fromentalet, — de Villotte, — de Monceaux, — d'Esset, — de Chabannes.

Alliances : familles : de Veiny, — Regia, — d'Ossendon de Lolière, — de Terrières, — de Reclaines, — de Saint-Georges, — de Francquemont, — d'Escrots, — de Lattier, — de Belriant, — de Sommièvre, — Guérin de la Rochette.

Armes : *D'azur, à une fasce d'argent, accompagnée en chef de deux coquilles de même, et en pointe d'une aigle d'or ayant le vol étendu.*

CLOUET

ANDRÉ CLOUET, chevalier de Saint-Louis et premier capitaine exempt des gardes du corps de

M. le duc d'Orléans, fut anobli par lettres patentes données à Paris, au mois de décembre 1720, en considération de ses services militaires.

Seigneurie du Ramier.

Armes : *D'argent, à un sautoir de gueules, accompagné de quatre fers de pique de même.*

DE CLUGNI

Dijon

Marc-Antoine de Clugni, doyen de l'église collégiale de Saint-Denis de Vergi, transférée à Nuis-sous-Beaune, conseiller clerc au Parlement de Dijon, et Etienne de Clugni, son frère, conseiller au même Parlement, sont fils de

Etienne de Clugni, conseiller audit Parlement.

Seigneuries de Nuis-sur-Armançon, — de Pralai, — de Villiers-les-Hauts, — de Mereuil.

[Voir la généalogie de cette famille dans le supplément du Dictionnaire universel de Morcri.]

Armes : *D'azur, à deux clefs d'or, adossées et posées en pal, les pannetons en haut, et les anneaux travaillés en losange, pommetés et enlacés.*

DE COATAREL

En Bretagne — diocèse de Tréguier

Gabriel-Jean-René de Coatarel de Kernaudour, écuyer, justifie sa filiation depuis

Louis de Quoytarel (1555) [1].

Seigneuries de Kernaudour, — de Kerverau, — de Kermerault, — de Kervisien, — de Keranbally, — de Tromleff, — de Launay, — de Cosquern, — de la Bouexière, — de Kerdrain, — de Kercadiou — du Cun, — de Lanven.

[1] La Chesnaye mentionne un membre de cette famille en 1427.

Alliances : familles : le Rouge, — Gelyn, — Poulart, — du Boisgelin, — du Hallegoet, — Jean, — de Kersalliou, — de Trogoff, — le Priset, — Men, — Auffray, — de Kerlech du Chastel, — de Kerdaniel, — de Bouvens.

Armes : *D'argent, à trois fasces d'azur.*

DU COETLOSQUET

Province de Bretagne — Évêché de Léon

Jean - Baptiste - François du Coetlosquet, écuyer, justifie sa filiation depuis

Jean du Coetlosquet (1443) [1].

Seigneuries du Coetlosquet, — de Kermorvan, — de Kergouarec.

Alliances : familles : de la Noe, — du Trévoux, — Le Segaler, — Simon, — de Kersausen, — de Brezal, — du Mesgoetz.

Armes : *De sable, semé de billettes d'argent, et un lion morné aussi d'argent, brochant sur le tout.*

DE COIGNI

Généralité de Paris — Diocèse de Chartres

Louis de Coigni, écuyer, justifie sa filiation depuis

Jean de Coigni (1561).

Seigneuries de Bréauté, — de Loré.

Alliances : famille de Hazeville.

Armes : *D'argent, à trois loups de sable, passants, deux en chef et un en pointe, ceux du chef affrontés, et une fleur de lis de gueules placée au milieu de l'écu, accostée de deux pattes de griffon d'azur, l'une posée en bande et l'autre en barre.*

[1] La Chesnaye constate que cette famille est citée en 1443 dans le livre de réformation du diocèse de Léon, « *ab antiquo.* »

COLLAS-DU-LONGPREY

En Normandie

Jacques Collas, écuyer, justifie sa filiation depuis

Guillaume Collas, écuyer, anobli en considération de ses services, par lettres de 1576.

Seigneuries de Venoix, — de Couyeres, — de Premare, — de Gassé ou Gacé, — de Beauchamps, — du Parc, — du Longprey.

Alliances : familles : Hurel, — du Prael, — du Val, — Le Bas, — Nicolle.

Armes : *D'argent, à une givre de sable, tortillée de six pièces et engloutissant le bas du corps d'un enfant de gueules, et un chef aussi de gueules, chargé de trois roses d'argent.*

COLLIN DE L'ISLE

Champagne

Toussaint-Madeleine Collin de l'Isle, écuyer, justifie sa filiation depuis

Pierre Collin, brigadier des gardes du corps, anobli en mai 1675.

Seigneuries de l'Isle.

Alliances : familles : Gueuvin, — le Dieu [1].

Armes : *D'argent, à la bande d'azur, chargée de trois molettes d'or, accompagnée de deux cotices d'azur.*

DE COLNET-DE-MONPLAISIR

En Hainaut et en Picardie

Charles de Colnet, écuyer, justifie sa filiation depuis

Englebert de Colnet, écuyer (1621).

Seigneuries de la Clopperie, — de l'estang, — de Longpré, — de Monplaisir, — du Fief du Hoüy.

Alliances : familles : de Bossu, — du Pense, — de Foucaut, — de Préseaux, — Pétré, — de Blondin, — de la Merye, — de Beauregard.

Armes : *D'argent, à un bras de gueules vêtu d'argent, mouvant du côté gauche de l'écu vers la pointe, la main ayant un gantelet d'or, portant sur le poing un faucon au naturel, becqué et membré d'or, chaperonné de gueules, et accosté de deux branches de fougère de sinople.*

[1] Le Dieu, de Châlons-sur-Marne, remontant à Jean Le Dieu, marié en 1406 à Madeleine Cuissotte.

DE COMBLES

En Lorraine, en Bretagne et en Champagne

Première branche

François-René-Marie de Combles, écuyer, justifie sa filiation depuis

François de Combles, écuyer, surintendant des affaires du roi de Sicile (1435).

Seigneuries de Noiveo, — d'Angierais, — du Hochot, — de Neuville, — marquisat de Noncourt, sans érection.

Alliances : familles : de Naives, — Casset, — Mourot, — Simony, — Boucher, — Gainot, — Collin, — Grandjambe, — Langlois, — le Grand de la Hutterie, — Peltre, — Petit, — Girard, — Marchand, — de la Place, — Bolle, — de Lage, — Le Jarriel, — Bréal des-Chapelles, — de la Bourdonnaye, — de Francheville, — Couessin.

Seconde branche

Antoine de Combles, écuyer, capitaine au régiment de la Chatre, justifie sa filiation depuis

Guichard de la Comble, écuyer, quatrième fils de François de Combles (1650).

Seigneuries de Dainville, — de Menutz, — de Naives, — de Vaux, — de Plichancourt, — de Lorgerin, — de Dagonville, — de Tournizet.

Alliances : familles : Thiérion, — Pernet, — Garnot, — Maillet, — Gilles, — L'Escuyer, — de Bermondes, — de Collesson, — Daudenet, — Le Grand, — Dombale, — Aubry, — Laurent, — André.

Troisième branche

Louis de Combles, dit le marquis de Noncourt, écuyer, officier de dragons, justifie sa filiation depuis

François de Combles, écuyer (second fils de Guichart de Combles et de Marguerite Thiérion), (1570).

Seigneuries de Villouzel, — de Dainville, — de Germay, — de Lesseville, — de Morionvilliers, — de Maconcourt, — de Broutière, — de Noncourt, — de la Motte-Tenance, — de Tenance-les-Moulins, — d'Armentières, — de Trampot, — de Touraille, — de Mestiercelin.

Alliances : familles : Vollant, — de Guerre, — Boucher de Flogny, — Alleaume de Tilloy, — de la Vefve, — de Rémigny de Joux.

Armes : *Écartelé au 1 d'or, au 2 de gueules, à une étoile d'or, au 3 d'azur, au 4 d'argent, et une croix de sinople, bordée de sable, brochant sur le tout.*

DE COMBYS

En Provence

Noble Jean-Baptiste François de Combys, écuyer, justifie sa filiation depuis

Raymond Combe (écrit aussi Comby), (1588).

Alliances : familles : Amique, — de Saint-Martin, — Moutte, — Queirelle, — d'Augustine, — d'Aymar, — de Franc.

Armes : *D'azur, à une montagne d'or, séparée en pal, et un chef de gueules, chargé de trois étoiles d'or.*

CONSTANTIN DE LA LORIE

En Anjou et en Bretagne

Première branche

Gabriel - Félix Constantin, écuyer, et Jules Constantin, son frère, justifient leur filiation depuis

Noble homme Robert Constantin (1588).

Seigneuries de la Fraudière, — de Montriou, — de la Porée, — de Varennes, — d'Aulnai, — de Saint-Mars la Jaille, — de la Lorie, — de Marans, — de Dail-lon, — de Bersenne.

Alliances : familles : Rousseau, — Lasnier, — de Langan, — Martineau, — François, — Ferron, — de Guersan, — Pelletier, — de la Motte, — de l'Esperonière, — le Clerc, — Boilesve de Soucelles.

Seconde branche

Jules Constantin (frère de Gabriel, qui est en tête de l'article), fils de Gabriel-Constantin et de Perrine-Renée le Clerc.

Seigneurie de Marans.

Alliances : famille de Crespi.

Armes : *D'azur, à un rocher d'or, mouvant d'une mer d'argent.*

DE COPPEQUESNE

Généralité d'Amiens

Charles de Coppequesne, écuyer, justifie sa filiation depuis

Jean de Coppequesne, écuyer (1562).

Seigneuries de Fressenneville, — de Friville, — de Wonicourt, — de Feuquerres.

Alliances : familles : Sentier, — Cornu, — de Rune.

Armes : *De gueules, à trois glands d'or, posés deux et un.*

COQUELIN

Besançon

Henri-François Coquelin, conseiller à la cour de Parlement de

Besançon, justifie sa filiation depuis

BLAISE COQUELIN (qualifié noble), (1631[1]).

Seigneuries — —

Alliances : familles : Richardot, — Vauderet.

Armes : *D'azur, à trois coquilles d'argent, posées deux et une ; l'écu timbré d'un casque de trois quarts, orné de ses lambrequins, ayant pour cimier une coquille.*

[1] Autre famille Coquelin de Germigney, même province, 1582.

DE COQUET

En Guyenne

Première branche

CHARLES-FRANÇOIS DE COQUET DE LA ROCHE, écuyer, justifie sa filiation depuis

Noble PIERRE DE COQUET, écuyer (1558).

Seigneuries de Montbrun, — de la Garetie, — de Thuquet, — de Barreau, — de la Roche de Guimps.

Alliances : familles : Imbert, — Malbec, — Danduran, — Douzon ou Douzou, — du Bernard, — de la Mothegalaup, — de Nort, — de Bergues, — de Lustrac, — de Pomairols, — de Cours, — de la Roche, — de Bran, — Sabouroux, — de Gasquet de Clermont.

Seconde branche

ALEXANDRE DE COQUET, écuyer, fils de

FLORENT DE COQUET, écuyer (quatrième fils de GABRIEL DE COQUET et de CATHERINE DE NORT), (1690).

Seigneurie de Saint-Lary.

Alliances : familles : de Nouailhan, — d'Augis.

Troisième branche

JEAN-VINCENT DE COQUET, écuyer, major du régiment de Cordes, petit-fils de

Noble CHARLES DE COQUET, écuyer (second fils de Géraud de Coquet et de Louise Danduran), (1635).

Alliances : familles : de Jacoubet, de Bonnefoy, — de la Ville.

Armes : *D'azur, à un chevron d'or, accompagné en pointe d'un coq de même, crêté et barbé de gueules, et un chef cousu de gueules, chargé de deux étoiles d'argent.*

DE CORNEILLAN (anciennement du surnom de VERNÈDE)

Diocèse de Rhodez

VICTOR-FRANÇOIS DE CORNEILLAN, page du roi dans sa petite écurie, justifie sa filiation depuis

JEAN DE VERNÈDE (1450)[1].

Seigneuries de Corneillan, d'Orlhonac, — de Montalègre, — de Saint Germain.

Alliances : familles : Du Puio, Benoist, — de Gozon, — du Lau, — de Galard, — de Montesquiou, — de Tuzaguet, — du Villars.

Armes : *D'or, à trois corneilles de sable, posées deux et une; écartelé de gueules, à une croix d'or tréflée.*

DE COSTARD

Généralité de Rouen — Diocèse de Lisieux

PHILIPPE DE COSTARD, écuyer, justifie sa filiation depuis

PIERRE COSTARD, écuyer (1537).

Seigneurie de Saint-Léger.

Alliances : familles : de Nollent, — de Bouilli.

Armes : *Burelé d'argent et de sable, de dix pièces.*

[1] La Chesnaye mentionne des membres de cette maison dès le XIe siècle, et commence la filiation à Arsieu, vicomte de Corneillan, 1206.

COTTIN

Péronne

Henry-Daniel Cottin, capitoul de Toulouse, descendant incontestablement d'Antoine Cottin, échevin de Péronne en 1587.

Seigneuries de Fontaine-Notre-Dame, — Fieulaine, — Méraulien.

Alliances : familles : Poupart, — du Moutier de Vatre, — Fromaget, — du Rocher, — Girardot.

Armes : *D'azur, à deux chevrons d'argent, accompagnés de trois hures d'or, deux et une.*

DE COUCY

Maison illustre, originaire de Picardie, et actuellement établie en Champagne

Raoul, seigneur de Coucy, fit en 1248 le voyage de Terre-Sainte, il remonte par sa filiation à

Dreux de Boves ou de Coucy (1042).

Seigneuries de Boves, — de Corbie, — de Parpes — de Coucy, — de la Fère, — de Marle, — de Vervins, — de Montaigu, — d'Amiens, — de Crécy, — de Pinon, — de Landouzy, — de Fontaines, — de Saint-Gobin, — de Folambray, — de Saint-Aubin, — d'Assi, — du Chastellier, — de la Ferté-Ancoul, — de Crèvecœur, — de la Ferté-Gaucher, — de Condé-en-Brie, — d'Oisy, — de Montmirel, — de Chateau-Thierry, — de Boissy, — de Tre-mes, — de Belo, — de Romeny, — d'Havraincourt, — Chalon-le-Petit, — d'Arleux.

Alliances : familles : de Roucy, — de Chasteau-Portien, — de Torotte, — de Haynaut, — de Louvain ou de Montaigu, — de Crécy, — de Chimay, — d'Orbais, — de Breteuil, — de Gournay, — de Baugency, — de La Ferté-Béliard, — de Dreux, — de Grandpré, — de Nesle, — de Beaumès, — de Saxe, — de Montmirel, — de Gueldres, — de Dampierre, — (royale) d'Écosse, — de Brienne, — de Mailly, — de Guines, — de Dampmartin.

Branche des seigneurs de Vervins

Jacques de Coucy, chevalier, chevalier de Saint-Michel (1556), justifie sa filiation depuis

Thomas de Coucy, chevalier (second fils de Raoul de Coucy et d'Al.x de Dreux), (1225).

Seigneuries de Vervins, — de Fontaines, — de Landouzy, — d'Eruel, — de Saint-Pierremont, — de Parfondeval, — de Bosmont, — de l'Eschelle, — de Bourrous, — de Montchaulon, — de Villers sur-le-Mont, — de Balleure, — de Sapongne, — de Saint Aignan, — de Glaire, — de Torcy, — de Connage, — de Quatrechamps, — de Cheveuge, — de Marcellon, — de Brieulle-sur-Bar, — du Fief d'Aisnel, — de Brie, — de Montaguillon, — de Stonne, — de Chastillon, — de Bulson, — de Chemery, — de la Bezace, — de Trie le-Bardouil, — de Charmantray, de Marle, — de Vadelaincourt, — de Tellone, — de Fresnoy d'Ige, — de Chaumont, — de Bruyeres, — de Neuvillette, — de Burelles, — de Lerzy, — de la Berlière, — de Chehéry, — de Vreignes-aux-Bois, — de Tandrecourt, — de Saint Basle, — de Morinvilliers, — de Boutancourt, — de Charbogne, — de Voulpaix, — du Bois de la Marphée, — de Sauvemes, — d'Artaize, — de Maisoncelle, — de Poillecourt, — de Curbigny, — de Montchevillon, — du Grand et du Petit Mesnil, — de la Queue, — de la Verdevalle, — de la Motte lez-Franqueville, — de la Valle-le Bledz, — de Saint-Aignan, — du Biez.

Alliances : familles : de Rethel, — de Mortagne, — d'Apremont, — de Montmirail, — de Pequigny,

— de Torotte, — de Trie, — de Heilly, — de Los, — de Ham, — de Montchalon, — le Mercier, — Jouvenel des Ursins, — de Vignory, — de Belleforière, — de Hames, — du Biez, — de Grandmont, — de Fay, — d'Ognies de Chaulnes, — de Mailly, — de Cominges, — du Bec, — de la Chapelle.

Branche des seigneurs de Poillecourt, issus des seigneurs de Vervins

CHARLES-NICOLAS DE COUCY, chevalier, ministre de la guerre, justifie sa filiation depuis

RAOUL DE COUCY, chevalier, (deuxième fils de RAOUL DE COUCY et de demoiselle HÉLÈNE DE LA CHAPELLE). (1536).

Seigneuries de Vervins, — de Poillecourt, — de Vaulpoix, — de la Bezace, — de Chéhéry, — de Montchouet, — de Chénoys-les-Rivieres, — d'Ecordal, — de Laubrelle, — de Juzancourt, — de Vendy, — de Quatrechamps.

Alliances : familles : de Bezannes, — de la Bruyère, — du Courtil, — Torchet, — de Vendière, — Le Dieu, — de Guérin, — d'Hézecques, — du Bois, — de Prins, — Renart de Fuchsamberg, — du Bois de Laubrelle.

Branche des seigneurs de Bercy

HENRY DE COUCY, chevalier, fils de

FRANÇOIS DE COUCY, lieutenant au régiment de Bourg, (deuxième fils de BENJAMIN DE COUCY et de ANNE DE LA BRUYÈRE).

Seigneuries de Poillecourt, — de la Motte, — de la Loge, — de Saux-Saint-Rémy, — de Bercy.

Alliances : familles : Sonnet, — Poullet, — d'Aguerre.

Seigneurs de Pinon

ROBERT DE COUCY, avant 1377, petit fils de

ROBERT DE COUCY, chevalier (avant 1239).

Seigneuries de Pinon, — de Paillart, — de Tartigny, — de Saint-Pierremont.

Alliances : familles : de Pierrepont, — de Bailleul, — de Berlaymont, — de Clermont, — de Roucy, — de Mainières.

Seigneurs de Boves

ROBERT, seigneur et baron de Boves, petit-fils de

ROBERT, seigneur et baron de Boves (1191).

Seigneuries de Boves, — de Fœncamp.

Alliances : familles : Candavene, — de Guisnes, — de Rosoy, — de Rumigny.

Addition

SECONDE RACE DES SIRES DE COUCY

ENGUERRAND, sire et baron châtelain de COUCY (1380), noble et puissant seigneur, surnommé le Grand, remonte par sa filiation à

ALIX DE COUCY (deuxième fille d'ENGUERRAND, sire de COUCY, mort en 1242, et de MARIE DE MONTMIREL — femme du comte de Guines).

Seigneuries de Coucy, — de Bourbourg, — d'Ardres, — d'Auderwic, — de Bredenarde, — de Colewide, — de Langee, — de Meaux, — de la Ferté-Ancoul, — de la Ferté-Gaucher, — de Boissy, — de Tresmes, — de Belo, — de Romény, — de Condé, — de Pauvant, — de Marle, — de la Fère, — d'Oisy, — d'Havraincourt, — de Montmirel, — de Châlon-le Petit, — de Chamigny, — de Dronay, — de Chateau-Thierry, — du Chastellier, — de Courcelles, — d'Encre, — de Bailleul, — d'Hornoy, — de Ham, — d'Origny, — de Pinon, — de Montcornet, — de Folembray, — de Saint-Aubin, — de Saint-Gobin, de Fleurines, — de Saint Lambert, — d'Acy, — de Gercy, — de Soissons. — de Bedford, — d'Aumarle, — de Buren, — de Nidau, — de

Beaurain, — de Mortaigne, — d'Aubermont, — de Mainneval.

Alliances : familles : de Guines, — de Montmorency, — de Bouteiller, — de Chastillon, — de Bazoches, — de Faillouel, — Bertould, — de Harcourt, — de Roucy, — de Neele, — de Villesavoir, — de Mailly, — de Raineval, — de Lisac, — (royale) d'Autriche, — (royale) d'Angleterre, — de Lorraine, — de Bar, — de Veer, — de Bourgogne.

Branche des vicomtes de Meaux

PHILIPPES DE COUCY, chevalier, fils de

ENGUERRAND DE COUCY, chevalier (deuxième fils d'ENGUERRAND DE GUINES, sire de COUCY, et de CHRESTIENNE DE BAILLEUL), (1324).

Seigneuries de Meaux, — de Condé-en-Brie, — de la Ferté-Ancoul, — de Pauvant, — d'Autresche, — de Tresmes, — de Belo, — de Rompst, — d'Havraincourt, — d'Escornay, — de Buissu, — de Vienne.

Alliances : familles : de Vienne, — de Béthune, — le Flamenc de Cany, — de Ligne, — de Chastillon.

Armes : *Fascé de vair et de gueules de six pièces.*

COURAUD

Généralité de Tours — Diocèse de Tours

RENÉ-CÉSAR COURAUD, écuyer, justifie sa filiation depuis

PHILIPPE COURAUD, écuyer (avant 1540)

Seigneuries de Bonneuil, — du Breuil, — de la Rochechevreux, — de la Lande, — de Montlouis, — de la Grande-Roche.

Alliances : familles : Jouye, — Binet, — d'Aloneau, — de Neufchèze, — Chauvelin, — de Rechignevoisin, — Chasteigner, — de Cognac.

Armes : *De sable, à une croix d'argent, et une bordure de gueules.*

DE COURRIVAUD[1]

LOUIS-FRANÇOIS DE COURRIVAUD, chevalier de Saint-Louis, premier capitaine en second du régiment de la Rocheguion (cavalerie), fut anobli par lettres patentes datées de Paris, du mois d'octobre 1720, en considération de ses services militaires et de ceux de sa famille.

Armes : *D'or, à deux épées de gueules, passées en sautoir, les pointes en haut, les gardes et les poignées d'or ; et un chef d'azur, chargé de trois canettes d'argent.*

DE COURS

Généralité de Bourdeaux — Diocèse d'Agen

JACQUES DE COURS, écuyer, justifie sa filiation depuis

JACQUES DE COURS, écuyer (1579).

Seigneurie de Pauliac.

Alliances : familles : de Burin, — de Reissac.

Armes : *D'azur, à un lion d'or, écartelé de gueules, à une meule de moulin d'argent.*

COURTIN[1]

PIERRE-GODEFROI COURTIN, brigadier de la compagnie des chevau-légers de la garde du roi, fut anobli par lettres patentes datées de Versailles, du mois de juin 1735 en considération de ses services militaires et de ceux de son fils.

Seigneurie de Torsai.

Armes : *De gueules, à trois roses d'or, tigées et feuillées d'argent et posées deux et une.*

[1] Autres familles de Courtin, en Touraine, 1345 ; Courtin de Tanquay, en Brie, 1783 ; Courtin, en Picardie, 1619.

DE COURTOUX

Généralité de Tours — Le Mans

Simon-Louis de Courtoux, écuyer, justifie sa filiation depuis Jean de Courtoux, écuyer (1451).

Seigneuries de Noyan, — du Plessis, — de Courtoux, — de la Jeudonière, — du Rancher, — de Beauvais, — de Raiseuls.

Alliances : familles : Merault, — Maudet, — Le Tourneur, — Ligier, — Gatelier, — Pitard, — le Porc, — Velart.

Armes : *D'argent, à une fasce d'or, bordée d'une bordure de sable, dentelée et accompagnée de trois roses de gueules, posées deux en chef et l'autre à la pointe de l'écu.*

DE COUVERT DE COULONS

Bayeux

Gui-Auguste-Henri de Couvert de Coulons, écuyer, justifie sa filiation depuis Marin de Couvert (avant 1480)[1].

Seigneuries de Beuvrigni, — de Coulons, — d'Auderville, — de Sainte-Croix-Grand'homme, — de Sotevast.

Alliances : familles : Chardon, — de Bretel, — de Saint-Simon, — Courtomer, — Potier, — de Mathan, — Carbonel.

Armes : *D'hermine, à une fasce de gueules, chargée de trois fermaux d'or.*

DE COUX[2]

Diocèse de Limoges

Louis de Coux, justifie sa filiation depuis Germain de Coux, écuyer (1548).

[1] La Chesnaye mentionne Guillaume de Couvert, 1253, et commence sa filiation à Guillaume de Couvert, sieur dudit, 1392.
[2] Maintenue de l'année 1666.

Seigneuries du Bouchet, — de la Vareille, — du Châtenet.

Alliances : familles : de Dounac, — de Limoges de la Gorce.

Armes : *D'argent, à trois fasces d'azur, et une bande de gueules, brochant sur le tout.*

DE CREMAINVILLE[1]

Généralité d'Orléans — Diocèse de Blois

Pierre-Nicolas de Cremainville, écuyer, justifie sa filiation depuis Giles de Crèmainville, écuyer (avant 1540).

Seigneuries de Jutigni, — des Mussets, — de Souëtte, — de Champ, — de Villeseaux.

Alliances : familles : de Bracquemont, — Le Fèvre, — de Saint-Meloir, — de la Goupillière, — de Surmont, — de la Chaussée, — de Courcelles.

Armes : *D'azur, à un besant d'or, et un chef de même, chargé de deux tourteaux d'azur.*

DE CREQUI-HÉMONT[2]

Robert de Crequi-Hémont, chevalier de Malte (1719), justifie sa filiation depuis Philippe de Créqui, gouverneur de Thérouenne (1508)[3].

Seigneuries de Hémont, — de Souverain-Moulin, — Bénéhen (baronnie), — de Wimille, — d'Auffeu, — de Pillefaut, — de Wiquinghen, — d'Aouste, — de Cantepie, — de Bernieulles, — de Bléquin.

Alliances : familles : de Mannai, d'Auxi, — Le Fèvre de Cau-

[1] Maintenue des années 1667 et 1700.
[2] La maison de Créquy commencerait, suivant La Chesnaye, à l'année 857.
[3] Claude, second fils de Claude de Créquy, sieur de Bernieulles, 1568, père de Philippe, gouverneur de Calais, mort en 1645; — marquis de Hémont, sans érection.

martin, — de Vieuxpont, — de Bourbon, — de Guisancourt, — de Lannoi.

Armes : *D'or, à un créquier de gueules.*

DE CRESPIN DE BILLY

Dans l'Anjou et l'Orléanais

Première branche

PIERRE DE CRESPIN, écuyer, justifie sa filiation depuis

FRANÇOIS CRESPIN, chancelier du duc d'Orléans (1559).

Seigneuries du Gast, — des Loges, de Baracé, — de la Chabosselaye, — des Mottes, — de Cussé, — des Clotteaux.

Alliances : familles : Poncher, — de Baillony, — Regnaud ou Renault, — de la Grezille, — de Renouard, — de la Chevallerie, — d'Espinoze ou de Pinoze, — de la Forest, — Nepveu, — Chenone.

Seconde branche

ALEXANDRE-JEAN-BAPTISTE DE CRESPIN, écuyer, capitaine au régiment de Thianges-Infanterie, justifie sa filiation depuis

JEAN CRESPIN écuyer (quatrième fils de PIERRE CRESPIN et de MARGUERITE DE BAILLONY).

Seigneuries de la Chabosselaye, — de Billy, — de la Courtousie, — de Poullaines, — de la Roche.

Alliances : familles : Grangier, — de la Porte, — de Thianges, — de Thais, — de Combrenal, — Boju, — de Potin, — de Rodde, — Lambert.

Armes : *D'azur à un chevron d'or, accompagné de trois pommes de pin de même, posées deux en chef, et une en pointe.*

DU CREST

Généralité de Dijon - Diocèse de Langres

RENÉ DU CREST, écuyer, justifie sa filiation depuis

PHILIPPES DU CREST, écuyer (avant 1520).

Seigneuries de Montigni, — de Ponai, — de Valette, — de Montveuillon, — de Chigi, — de Vaux.

Alliances : familles : Meugnier, — de Paroi, — des Paillars, — Ballard, — Le Prestre, — Le Bourgoing, — de Semur, — de Gevingi.

Seigneurs de Chigi

CHARLES-FRANÇOIS DU CREST, écuyer, seigneur de CHIGI, justifie sa filiation depuis

FRANÇOIS DU CREST, écuyer, fils de GILBERT DU CREST et d'ANNE LE BOURGOING (1588).

Un chevalier de Malte : CLAUDE DU CREST (1632).

Seigneuries de Chigi, — de Montfou, — de Beaumont.

Alliances : familles : de Vichi, — de Berthelon, — d'Escorailles, — Chaussin, — de la Menue.

Armes : *D'azur, à trois bandes d'or ; et un chef d'argent, chargé d'un lion de sable à demi corps, lampassé, onglé et couronné de gueules.*

DE CROEZER

Ypres

JOSEPH-ANTOINE LOUIS DE CROEZER, écuyer, justifie sa filiation depuis

CORNIL CROEZER écuyer, (avant 1600).

Seigneuries d'Ennebruch, — d'Audincthum, — d'Arbelinghem.

Alliances : familles : Van Wel, — Cordier, — Clais Vanderhulst, — de Boom, — de Rodoan, — de Samillan.

Armes : *De sable, à trois chevrons d'argent, accompagnés de trois gobelets de même, posés deux en chef et l'autre à la pointe de l'écu.*

CROMOT

En Bourgogne

Jules-David Cromot, écuyer, premier commis des finances, fils de

Charles-Robert Cromot, écuyer, capitaine au régiment de Tavannes (1707), anobli en 1761.

Alliances : familles : Boudrey, — L'Ecureuil de la Touche, — Dodun, — Gaulard de Journy, — Baudon.

Armes : *D'azur, à un sautoir d'or engrêlé, accompagné de quatre clefs d'argent, les pannetons en haut.*

DE CRUGY DE MARCILLAC

Rouergue, — Saintonge, — Poitou

Charles-Alexandre Henry de Crugy de Marcillac, écuyer, reçu page du roi en 1735, justifie sa filiation depuis

Jacques de Crugy (1502).

Béraud, chevalier de Saint-Jean de Jérusalem (1537). — Silvestre, évêque de Mende (1628).

Seigneuries de Fauroux, — la Cardonne, — Marcillac, — la Mothe, — Bardigne, — Saint-Béar, — Greze (vicomté), — Rouzier, — Sauveterre (baronnie), — Escatalem, — Thillon, — Barge, — Pannesac.

Alliances : familles : de Rozet, — de Revel, — de Gout de Marcillac, — de Voisins-Montaut, — de Montret, — Le Mazuyer, — de Bennevent, — de Durfort, — Vinsonneau, — de Puiguion, — Eschallard de Chastillon, — de la Touche-Leurault.

Armes : *D'azur, au rocher d'or, mouvant d'une mer d'argent.*

DE CUERS DE COGOLIN

Provence — Toulon

Joseph-Madelon de Cuers de Cogolin, capitaine de vaisseau du roi, justifie sa filiation depuis

Pierre de Cuers (1472), secrétaire du roi René.

Seigneurie de Cogolin.

Alliances : familles : Martin, — Garnier, — de Vitalis.

Armes *D'azur, à une fasce d'or, accompagnée de trois cœurs de même, posés deux en chef et un en pointe.*

DE CUINGHIEN

Valenciennes

François-Gérard-Joseph de Cuinghien, écuyer, justifie sa filiation depuis

Giles de Cuinghien, dit de Hem, écuyer (avant 1529).

Seigneuries de Saint-Laurent, — de Fontaine-l'Etalon, — Oudenhove, — de Ramicourt, — d'Ovenhoult, — de Mauroi, — de Bachimont, — de Guincourt, — de Séracourt, — de Basfelt.

Alliances : familles : de la Porte, Pittepanne, — Boudart, — de Lattre, — Picanet.

Armes : *D'argent, à quatre chevrons de gueules, posés l'un au-dessus de l'autre.*

DE CULON

Généralité de Bourges — Diocèse de Bourges

René de Culon, écuyer, justifie sa filiation depuis

Jean Culon, écuyer (1498).

Un chevalier de Malte : Jean de Culon (1667).

Seigneuries de la Charnaie, — de Cru, — de Mazelou, — de Sevri.

Alliances : familles : de la Rivière, — Vaillant de Guelis, — de Bar, — Anjorrant, — Tizard, — de Courtenai, — de Villelune, — de Cresanci.

Armes : *De gueules, à trois demi-targes ou boucliers à l'antique, d'argent, posés deux et un, et un chef d'azur.*

DE CUMONT

Maine

Fleuri-Alexandre de Cumont, écuyer, justifie sa filiation depuis
Giles de Cumont, écuyer (1484).

Seigneuries du Puis, — de Froidefond, — du Buisson, — de la Guérinière, — de Poissière, — de la Choletière, — de Saint-Philibert.

Alliances : familles : Reverdi, — du Puis-Bacher, — de la Grue, — du Tillac.

Armes : *D'azur, à trois croix d'argent, pattées et posées deux et une.*

DE CUNCHI

Diocèse de Boulogne-sur-la-mer

François de Cunchi, écuyer, justifie sa filiation depuis
Jean de Cunchi, écuyer (1541).

Seigneuries de Fleuri, — du Trembloi, — de Breivillers, — d'Eseaumont, — de Sailli, — d'Erin.

Alliances : familles : de la Porte, Le Vasseur, — de Bacquehem, — Bernard, — Cornaille.

Armes : *De gueules, à une fasce d'argent, vivrée.*

DE CURSAI

Généralité de la Rochelle—Diocèse de Saintes

Jacques de Cursai, écuyer, justifie sa filiation depuis
Baud de Cursai, écuyer (1543). L'histoire de la maison de Chateigner, et des ordonnances de 1593, 1599 et 1699 la font remonter jusqu'à
Baud de Cursai, écuyer (1332).

Seigneuries de Saint-Maixent, — de Coulonges, — de Puiraud, — de Vignoles, — de Rouillac, — de Saint Mari, — de Boisbertaud, — de Parsai.

Alliances : familles : Mehée, — de Montalembert, — Goulon, — de la Porte, — de Rochechouard, — Pot, — de Montléon, — Raïole.

Armes : *D'argent, à un cœur enflammé de gueules, soutenu d'un croissant aussi de gueules.*

DE CUSSI

Généralité de Caen — Diocèse de Coutances

Michel de Cussi, écuyer, justifie sa filiation depuis
Jacques de Cussi, écuyer (vivant avant 1500).

Seigneuries de Verquereul, — de la Couture, — de la Coudraie, — d'Estrehan, — de Belval, — de l'If, — de Vouilli.

Alliances : familles : Le Valois, — de Pierre, — Le Cordier, — Frolet, — Lescallei, — Guillebert.

Seigneurs de Belval

Jacques Louis de Cussi de Belval, page du roi dans la petite écurie, justifie sa filiation depuis
Jean de Cussi, écuyer (1563).

Seigneuries d'Estrehan — de Belval, — de Mandeville.

Alliances : familles : Michel, — Adam, — Le Breton, — Poupinel, — de Faoucq.

Armes : *D'azur, à une fasce d'argent, accompagnée en chef de deux roses de même, et en pointe d'une molette d'éperon aussi d'argent.*

DAGIEU

Charles Dagieu, capitaine dans le régiment d'Anjou-Infanterie et chevalier de Saint-Louis, fut anobli par lettres patentes données à Versailles, au mois de novembre 1736, en considération de ses services militaires et de l'ancienne noblesse de sa famille.

Alliances : famille Regnier.

Armes : *D'azur, à une croix d'argent alaisée.*

DAMAS

Louis-François Damas, dit marquis d'Anlezy, colonel du régiment de Nice-Infanterie, page de la petite écurie du roi, justifie sa filiation depuis

Jean Damas, écuyer (avant 1556)[1].

Seigneuries d'Anlezi, — de Drui, — de Montigni, — de Pierrefite, — de Crux, — de Marcilli, — de Saint-Parize le Châtel, — de Demain, — de Montigni-aux-Amoignes, — de Sardi.

Alliances : familles : des Vaux, — Tiercelin, — Hanapier, — Arnaud, — de Crux, — de Bar.

[Voir, pour les détails, le VIIIe vol. de *Grands officiers de la couronne*, à l'article Gui Damas.].

Seigneurs de Crux

Estienne Damas de Crux, page de la grande écurie du roi, justifie sa filiation depuis

Paul Damas, baron d'Anlezi (1616).

Un chevalier de Malte : Jean-François Damas (1668).

Seigneuries de Demain, — de Crux, — de Saint-Thibaut, — de Lignières, — de Soussei (baronnie), — des Gouffiers, — de la Cave.

Alliances : familles : Coutier, — de Pracomtal.

Armes : *D'or, à une croix de gueules, ancrée.*

[1] Elziran de Damas, seigneur de Cousan en Forez, 1063. — Il s'agit dans cet article de la branche d'Anlezy. (Voir le P. Anselme.) (E. B.)

DE DAMPIERRE

Généralité d'Amiens

François de Dampierre, écuyer, justifie sa filiation depuis

Henri de Dampierre, écuyer, maintenu dans sa noblesse le 21 mai 1667, comme issu de

Adrien de Dampierre, écuyer (1525).

Seigneuries de Millencourt, — d'Izengremel, — de Sainte-Agathe.

Alliances : familles : de Gomer, — Bernard.

Armes : *Un écu d'argent, à trois losanges de sable, posées deux et une.*

DANGUY

Famille noble de la ville de Nantes

Jacques Danguy, écuyer, conseiller du roi, justifie sa filiation depuis

Noble Jacques Danguy, échevin de la ville de Nantes (1680).

Seigneuries d'Hérédie, — de la Hulonnière, — de Lécurais, — de la Mesnais.

Alliances : familles : Fontaine, — du Plessis-Geffrard, — du Cassla, — Bidé, — Moysan de la Corbinaye, — Perraud, — Le Court, — Touzé, — Bouchaud, — Le Masne, — Luzeau, — Souchay, — Le Jeune, — de la Bourdonnaye, — Le Flo de Trémélo.

Armes : *D'argent, à un pin de sinople, la tige accostée de deux mouchetures d'hermine de sable.*

DANIEL

Généralité de Rouen — Diocèse de Rouen

Claude Daniel, écuyer l'un des écuyers de la reine (1733), justifie sa filiation depuis

Michel Daniel, écuyer (1469).

Seigneuries du Bois d'Annemetz, — de Fours, — d'Auteverne, — de Cantiers, — du Veneur, — de Viennois, — de la Heaumerie, — de Neuvillette, — de Forêts.

Alliances : familles : Le Prince, — du Framez - l'Evêque, — d'Espinoi, — de Marle, — de Mustrecolle, — d'Aguenet.

Armes : *De gueules, à une bande d'argent, chargée de trois molettes d'éperon de sable, et accompagnée de deux lions d'or, l'un en chef et l'autre en pointe de l'écu.*

DANZEL

Généralité d'Amiens — Diocèse d'Amiens

ANTOINE DANZEL, écuyer, justifie sa filiation depuis

JEAN DANZEL, écuyer (1543).

Seigneuries de Boffles, — de Beaujeu, — d'Hestruval.

Alliances : familles : de Coppequesne, — Le Sellier, — de La Garde, — de Belval, — de Boffles, — Le Blond.

Armes : *De gueules, à un lion d'or.*

DASSIER

En Angoumois

JEAN-FRANÇOIS DASSIER, écuyer, justifie sa filiation depuis

GUILLAUME DASSIER (1330).

Seigneuries des Brosses, — de la Courterie, — de Chassac, — de Villechaize, — de Charzat, — de Villette, — de Saint-Simeux, — de Tourteron, — de Pers.

Alliances : familles : de Maillact, — de Prunh (écrit aussi de Prung), — Aymery, — Hellies, — Chambon, — Blanc, — Galichier, — de Chasteauneuf, — Singareau, — Chauvet, — de Rouziers (de Charonnat), — de Lhousme, — Plument, — de Rouziers (du Rus), — Guymard, — Barbarin, — d'Outreleau, — Régnaud, — de Chazaud, — de la Breuille de Chantrezac, — Poussard, — du Pin, — de Cescaud.

Armes : *D'or, à trois bandes de gueules.*

DAUPHIN

Clermont

CÉSAR DAUPHIN, conseiller du roi, président en l'élection de Clermont et prévôt général de la Basse-Auvergne, fut anobli par lettres patentes en forme de charte, données à Versailles, au mois de mars 1732, en considération de ses services et de ceux de sa famille.

Armes : *De gueules, à un dauphin d'argent, crêté, oreillé et barbé d'azur.*

DAVI

Généralité de Caen — Diocèse de Coutances

PHILIPPE DAVI, écuyer, justifie sa filiation depuis

REGNAUD DAVI, écuyer (avant 1558).

Seigneuries des Marets, — de Hautbourg, — de Vierville, — de Saint-Aubin, — du Bois.

Alliances : familles : Bernard, — Drieu, — du Quesne, — Varron, — du Prei, — d'Auxais, — du Mesnildot.

Armes : *D'azur, à un chevron d'or, accompagné de trois harpes de même, posées deux en chef et l'autre sous le chevron, celles du chef affrontées.*

DAVOUST [1] (anciennement orthographié DAVOUD et DAVOT)

Généralité de Moulins — Diocèse de Nevers

JEAN-NICOLAS DAVOUST, écuyer, justifie sa filiation depuis

CLAUDE Davoud, écuyer (1546).

Seigneuries de Vignes, — de Romanet, — de Domeri, — de Tormassin.

Alliances : familles : Potrelot, — Labé, — de Sainte-Maure, — de Vaussin, — de Chapes, — de Marri.

Armes : *De gueules, à une croix d'or, chargée de cinq molettes d'éperon de sable.*

[1] Duc d'Auerstaedt et prince d'Eckmülh, sous l'Empire.

DAX

Généralité de Toulouse — Diocèse d'Alet

François Dax, écuyer, justifie sa filiation depuis
Arnaud Dax (1478).
Un chevalier de Malte : Anne Dax (1704).

Seigneuries d'Axat, — d'Artigues, — de Leuc, — de Cézales, — du Caila, — de Trévas, — de la Serpent, — du Lion, — de Gayere.

Alliances : familles : de Bruyères-Chalabre, — de Monstron, — d'Astorg, — de Montesquieu-Coustaussa, — de Saint-Félix, — de Narbonne-Pelet, — de Saint-Julien, — de Narbonne-Taleiran.

Armes : *D'azur, à un chevron d'or, chargé sur la pointe d'une quintefeuille de gueules.*

DERZOFFI

Valentin Derzoffi, colonel d'un régiment de hussards, chevalier de Saint-Louis, brigadier des armées du roi, justifie sa filiation depuis
François Derzoffi (1514).
Un chevalier de Malte : Jean Derzoffi.

Alliances : familles : de Kleinholtz, — Kormos.

Armes : *D'or, à une aigle de sable, le vol étendu, accompagnée en chef d'un croissant d'azur à droite et d'une étoile de gueules à gauche, et en pointe d'un bras avec sa cuirasse au naturel, mouvant du dernier canton de l'écu et tenant de la main, qui est de carnation, un sceptre de gueules, en pal.*

DEXMIER

Généralité de Poitiers — Diocèse de Poitiers

Charles Dexmier, écuyer, justifie sa filiation depuis
Jean Dexmier (1460) [1].

Seigneuries de la Coste de Chénon, — de Châteaugaillard, — de Coutures, — de Doumezac, — de Cougens, — de Roche, — de la Chaux, — de Mirande, — du Breuil.

Alliances : familles : Bonnin, — Gaschet, — Farin, — Guiot, — Jai, — de Barbezières, — de Coignac, — de Saint-Amand, — de Chaillac.

Armes : *Écartelé d'azur et d'argent, à quatre fleurs de lis de l'une en l'autre.*

DIEL

Généralité de Rouen — Diocèse d'Évreux

Gabriel-Alexandre Diel, écuyer, justifie sa filiation depuis
Adrien Diel, seigneur d'Enneval, écuyer (1541) [2].

Seigneuries d'Enneval, — de Brazais, — de la Vaudelle, — de Clermont, — de la Fosse.

Alliances : familles : de Hodenc, — d'Esparbez, — de Vipart, — Blondel, — de Berque.

Armes : *D'argent, à un chevron de sable, chargé à la pointe d'une étoile d'or, et accompagné de trois trèfles de sinople, posés deux en chef et l'autre à la pointe de l'écu.*

DE DIO DE MONTPEIROUX

Généralité de Dijon — Diocèse de Langres

Claude-Henri Palatin de Dio de Montpeiroux, écuyer, justifie sa filiation depuis
Jean de Dio, chevalier (1115).
Cinq chevaliers de Malte : Georges de Dio, — Jacques de Dio (1579), — Henri François-Charles de Dio, — Nicolas-

[1] La Chesnaye commence à Foucaud Dexmier, seigneur de l'Ubroire, 1083.
[2] La Chesnaye commence à Robert, 1150; branches de Vaudrocques du Parquet, d'Enneval, de Montaval, de Graville.

François de Dio (1690), — Pierre Palatin de Dio.

Seigneuries de Montmor, — d'Essaules, — de Saint-Vandenesse, — de Rochefort, — de la Coudraie, — de Montpeiroux, — de Vesvre, — de Saint-Beuri, — de la Roche en Berni. — de Boyer, — de Dio, — de Bressei.

Alliances : familles : des Salles, — de Busseul, — du Maine, — Damas de Digoine, — Damas — de Coligni, — de Saligni, — Damas d'Eltouf, — de Malain, de la Guiche, — de Choiseul de Traves, — Palatin.

Armes : *Fascé d'or et d'azur de six pièces, et une bordure de gueules.*

DODART

Denis Dodart, successivement conseiller au Chatelet, conseiller au Parlement, maître des requêtes, etc., est fils du second lit de

Claude Jean Baptiste Dodart, conseiller du roi et premier médecin de Sa Majesté, qui fut anobli par lettres patentes données à Paris, au mois de mai 1720, en considération de ses services et de ceux de son père.

Alliances : familles : Le Picart, — Burlet, — Denis.

Armes : *D'azur, à un sautoir d'argent, accompagné de quatre besants d'or, posés un dans chaque canton.*

DE DONISSAN

Bordeaux

Gui de Donissan, écuyer, justifie sa filiation depuis

Guilhem-Arnaud de Dauneyssan, donzel (1303).

Seigneuries de Citran, de Saint-Genest, — de Romefort, — de La Lande de Bourdeaux, — de la Prade. — de Donissan, — de Jaubastas, — d'Angladet.

Alliances : familles : d'Abadie, — de Maniban, — Pasquier, — de Brémond, — Achard, — de Villeneuve, — de Gassies, — de Tardes, — de Lisle, — le Blaignan, — de Durfort, — de Fins, — de la Motte.

Armes : *D'argent, à une bande d'azur; écartelé de gueules, à un lion d'or.*

DONODÉI ou DONADIEU

Venise et Provence

François-Louis Alexis Donodei, écuyer, justifie sa filiation depuis

Vincent Donodei, dont le fils Sauvaire testa le 20 octobre 1580.

Seigneurie de Campredon.

Alliances : familles : de Jouffrei, Guiard, — Ravaneau, — du Gast, — de Prisie.

Armes : *D'argent, à trois chardons de sinople, fleuris de gueules, deux et un.*

DORAT

Paris

Première branche

Claude-Joseph Dorat, écuyer, justifie sa filiation depuis

Joseph Dorat, notaire et secrétaire du roi (1612), qui obtint de changer son nom de Dinnematin contre celui de Dorat, sous lequel il était plus connu.

Seigneuries de la Barre, — de Vilaines, — de Chatelus.

Alliances : familles : Peleus, — d'Espinoi, — de Chaillou, — de Prunelé, — Plançon, — de Champfeu, — du Bois, — Guyot, — Fourel, — de Cordes.

Seconde branche

Claude Dorat, auditeur en la chambre des Comptes, justifie qu'il est fils de

Charles-Léon Dorat, écuyer (troisième fils de Joseph Dorat et de Françoise d'Espinoi), (1695).

Seigneuries de la Barre, — de Chameulles.

Alliances : familles : Aubriot, — de la Mouche, — de Rotrou.

Armes : *De gueules, à trois croix d'or ancrées et posées deux en chef et l'une en pointe.*

DORIA

Gênes et Provence

Étienne Doria, capitaine de cavalerie, justifie sa filiation depuis

François Doria, docteur ès droit, reconnu en 1577, issu des Doria de Gênes.

Seigneuries : —

Alliances : familles : Faure, — de Joannis, — de Sade, — de Rignac, — Collet.

Maintenue en Provence le 21 février 1668.

Armes : *Coupé d'or et d'argent; à l'aigle de sable, brochant, couronnée de même, éployée.*

DORNANT

Normandie

Marie-Henry Dornant, reçu page de la reine en 1765, justifie sa filiation depuis

Jean Dornant, écuyer (1596).

Seigneuries de la Vallée, — Besnières, — Seuilly.

Alliances : familles : de Marcilly, — Caget, — du Val, — de Chabot, — Billon, — le Barbier de Preaux.

Armes : *De gueules, à la tour d'or, sommée d'un donjon de même.*

DOUAI

Artois

Froment-Alpert de Douai, justifie sa filiation depuis

Nicolas de Douai, échevin d'Arras (1665).

Seigneuries de Préhédré, — le Bois-Habart, — Barines.

Alliances : familles : le Gambier, Cardon, — d'Henné.

Armes : *D'azur, au pal d'argent, chargé de trois tourteaux de sinople.*

DROULLIN DE MESNIGLAISE

En Normandie

Claude-Charles de Droullin, écuyer, justifie sa filiation depuis

Jean Droullin, écuyer (1420).

Deux chevaliers de Malte : François de Droullin, 1623, — Maurice, 1619. — .....: de Droullin, 1641, était page du grand maître.

Seigneuries de Fleuriel, — de la Fontaine, — de Bois d'Avenne, — de Chantelou, — d'Urou, — de Placy, — du Goustel, — de Mesniglaise, — de Vaulx, — de Boncourt, — de Caillouet, — de Mautry.

Alliances : familles : Moinet, — de Briqueville, — Avesgo, — Mesange, — le Lièvre, — de Cornegrou, — le Febvre, — de Gislain, — Loison, — de la Haie, — de Morru, — Mahault, — Auvrai, — de Rosevignan, — de Fouilleuse de Flavacourt, — de Fréville, — Carrel de Vaux.

Armes : *D'argent, à un chevron de gueules, accompagné de trois quintefeuilles de sinople, posées deux en chef et l'autre à la pointe de l'écu.*

DUFOUR DE PRADE

En Auvergne

Louis Dufour de Prade, chevalier de Saint Louis, mestre de camp et brigadier de dragons, fut anobli par lettres patentes données à Versailles, au mois de novembre 1753, en considération de ses services militaires et de l'ancienneté de sa famille dans la province d'Auvergne.

Armes : *D'argent, à un chevron de sable, accompagné en chef de deux étoiles de gueules, et en pointe d'un croissant de même.*

DURAND [1]

En Bourgogne

PHILIBERT DURAND D'AUXY, chevalier, justifie sa filiation depuis
MARTIN DURAND, capitaine du chateau d'Auxonne en 1508.

Seigneuries de Chalas, — la Tour du Bost, — Montessus, — Lagny, — Matougues, — Pringy, — la Forest-Ronde, — Fontenay, — Saint-Vrain, — Scrut, — la Feuillée, — Villers-Bonneuil, — Baby, — Saint-Eugène, — Trouan, — Romilly, — Chagilly, — la Jonchère, — Bourneuf, — Fauverney.

Alliances : familles: Malassis, — du Sellier, — de Hangard, — Potillon, — Callard, — d'Arlay, — de Clermont-Chavannes, — de Siry, — Richard de Vesvrotte, — Durey, — Durand de Saint-Vrain, — Masson, — La Dosne, — Bonnard, — Gagnerot, — de Tournebulle, — de Mouret, — de Culant, — de Jouffroy.

Maintenue en Bourgogne le 18 avril 1698.

Armes : *D'or, à la fasce de gueules, chargée de trois têtes de lion d'or, arrachées de gueules; à la bordure engrêlée de gueules.*

[1] Autre famille en Provence, 1480.

DE DURAT

En Bourbonnais et dans le pays de Combrailles

Première branche

FRANÇOIS DE DURAT, garde du corps, justifie sa filiation depuis
ANTOINE DE DURAT, écuyer (1442).

Seigneuries des Portes, — de Leirat, — de Saint-Mion, — de Chazeaux, — de Lascoutz, — de Viers, — de la Celette, — du Ludaix, — de Rocheneuve, — de Ronnet, — de Deux Aigues

Alliances : familles : de Marche, — de la Grange, — de Miel, — de Montagnac, — de Coligny, — de Veillan, — d'Artaud, — de Maussabré, — de la Roche-Aymon, — de Reillac ou Rillac, — de Boussac, — Goyon, — de Luchat, — de Chambon, — de Rollat, — du Bouy.

Seconde branche

FRANÇOIS DE DURAT, chevalier, enseigne dans le régiment Royal de la marine, justifie sa filiation depuis
LÉONARD DE DURAT (troisième fils de FRANÇOIS DURAT et de CLAUDE DE MIEL), (1542.)

Seigneuries de Lauroux, — de Vaurene, — du Mazeau, — de la Cousture, — de la Vermeliere, — de Gouzon, — de la Serre, — du Bussière-Vieille, — de Vauchaussade, — de Villevaleix, — de la Mane, — de Brian, — de la Mazière, — de Fournoux, — de la Moutade.

Alliances : familles : d'Escars, — de Chaussecourte, — du Peiroux, — de Beaufort, — de Moulins, — de Lauzane, — de Cluis, — de Rigaud, — de Doulhet, — de Pichard, — de Saunade, — de Vallot, — de la Trollière, — de Bosredon, — du Taut, — d'Allemaigne, — d'Assy.

Armes : *Échiqueté d'or et d'azur.*

DUVERGIER

Évêché de Vannes

PAUL-RENÉ DUVERGIER, écuyer, justifie sa filiation depuis
PIERRE DUVERGIER (avant 1438).

Seigneuries du Poux, — du Méneguen, — du Monstouer, — de Locouziern, — de Kéraudré.

Alliances : familles : de Lantivy, — Le Clerc, — d'Arassens, — Rogon, — des Portes, — de Kerpuncze, — Lucas, — d'Estaningham, — de Kermagoaer, — Le Baillif.

Armes : *De gueules, à deux bandes de vair.*

LE DUC

Châlons-sur-Marne

Jean Le Duc, écuyer, justifie sa filiation depuis

Jean Le Duc (avant 1550).

Seigneurie de Compertrix, en Champagne.

Alliances : familles : Fagnier de Montflambert, — Clément.

Armes : *D'azur, à un chevron d'or, accompagné en chef de deux roses de même, et en pointe d'une croix aussi d'or, tréflée.*

LE DUCHAT

Champagne — Troyes

Charles Le Duchat, capitaine dans le régiment Dauphin-Etranger-Cavalerie, fut maintenu dans sa noblesse et anobli en tant que de besoin, par lettres données à Paris, au mois de mai 1721, en considération de ses services et de l'ancienneté de sa famille, établie depuis plus de trois cents ans à Troyes, en Champagne, notamment depuis

Claude Le Duchat (1538).

Seigneuries de Miri, — de Montlepotier, — de Bordes, — de Maugis, — de Ruranges.

Alliances : familles : Pericard, — d'Autrui, — Le Fèvre.

Armes : *D'argent, à cinq fusées de gueules rangées en fasce.*

DURAND

En Bourgogne

Première branche

Jean-Maurice Durand de Chalas, qualifié chevalier, justifie sa filiation depuis

Martin Durand, écuyer, capitaine du château d'Auxonne (1508)[1].

Seigneuries de Fontaine, — de Fauverney, — de Chaumont, — de Saint-Eugène, — de Trouhans, — de Romilly, — de Chalas, — de la Tour du Bost, — de Montessus, — de Lagny, — des Mathougues, — de Pringy.

Alliances : familles : Malassis, — du Sellier, — de Haugard, — Potillon, — d'Arlay, — Callard, — Brunet, — de Clermont de Chavannes, — de Siry, — Richard, — Durey, — Durand de Saint-Verin, — Masson.

Seconde branche

Philibert Durand d'Auxy, qualifié chevalier, justifie sa filiation depuis

Noble Philibert Durand, écuyer (l'un des fils puînés de Pierre Durand et d'Anne Potillon), chef de cette seconde branche.

Seigneuries de Fontenay, — de la Forest-Ronde, — de Saint-Verin, — Villers-Bonneuil, — de Baby, — de Briotte, — de Chambolle, — d'Estroye-lez-Châlon-sur-Saône, — de Soucarière, — de la Jonchère, — de Bourneuf.

Alliances : familles : La Dosne, — Bonnard, — Gagnerot, — Rougeot, — de Mouret, — Durand (de Lagni), — de Culant, — de Jouffroy.

Armes : *D'or, à une fasce de gueules, chargée de trois têtes de lion d'or arrachées, et une bordure engrêlée de gueules.*

Supports : Deux lions.

DE DURFORT[2]

Perpignan

Nicolas de Durfort, écuyer, justifie sa filiation depuis

[1] Autre famille en Provence, 1480.

[2] La maison de Durfort-Duras re-

Guillaume de Durfort (1563), fils de Jean de Durfort (1524).

Seigneuries de Rousines, — de Vernioles.

Alliances : familles : Cruzé de Bourdeville, — d'Alboui, — de Rouset, — de Nadal, — de Genibrouze, — de Gassion.

Armes : *D'azur, à une bande d'or.*

D'ELTOUF (anciennement DE LE TOUX et DE LE TOUF)•

Diocèse de Langres

Louis d'Eltouf, écuyer, justifie sa filiation depuis

Jean de le Toux, écuyer (avant 1546).

Les titres qui l'ont fait maintenir dans sa noblesse en 1669, remontent jusqu'à

Guillaume de Le Toux, chevalier (vivant avant 1316).

Un chevalier de Malte : Baptiste d'Eltouf (vers 1624).

Seigneuries de Pradines, — de Venans, — des Moulins, — de Seigneville, — de Tenance, — de Pouilli-en-Bassigni, — de Semontier, — de Provenchères, — de Richebourg.

Alliances : familles : de Thelis, — de Choiseul, — de Baussancourt, — de Saucières, — de la Chastre, — de la Tour, — de Zurle.

Armes : *Écartelé au premier et quatrième d'or, à deux chevrons de sable, l'un au-dessus de l'autre, et un lambel de trois pendants de gueules, posé en chef; au deux et trois, écartelé d'argent et de sable, et une bordure de gueules, engrêlée.*

D'ELVERT

Alsace — Diocèse de Bâle

Michel d'Elvert, écuyer, justifie sa filiation depuis

Philippe Elvert, seigneur de Groenrod, lieutenant-colonel de la cavalerie impériale, natif de Wianden, mestre de camp de cavalerie (1576).

Seigneuries de Bourscheid, — de Zillinghen, — de Courserode, — d'Illigen, — de Hérauge, — de Veckersviller, — d'Archeville, — d'Euvelbourg, — de Groenrod.

Alliances : familles : de Noblat, — de Stoock, — Climlin de Widerhold, — d'Alhenfeldt, — de Betzheim, — Freundsberg-de-Mandelheim.

Armes : *D'or, à un arbre de sinople, chargé d'un écusson d'argent, à trois cœurs de gueules, posés deux et un, et un mouton de sable, passant au pied de l'arbre sur une terrasse de sinople.*

D'ENTRAIGUES-DU-PIN

En Languedoc

Noble Jean-François d'Entraigues-du-Pin, justifie sa filiation depuis

Noble Jean d'Entraigues (avant 1529).

Seigneurie du Pin.

Alliances : familles : de Micheaux, — de Guérin, — de Brueix, — de Baudan, — d'Hozier.

Armes : *Écartelé au premier et quatrième de gueules, à une tour maçonnée d'argent, qui est* d'Entraigues; *au deuxième d'or, à un lion de gueules, qui est de* Brueix; *et au troisième d'azur, à trois chiens d'argent, à demi-corps, posés deux et un, accompagnés d'un croissant et d'une étoile de même, qui est de* Micheaux.

D'ERNEVILLE

Généralité d'Alençon — Diocèse d'Évreux

Jean-François d'Erneville, écuyer, justifie sa filiation depuis

montant au XIe siècle, porte *d'argent à la bande d'azur.*

JEAN D'ERNEVILLE (1444)[1].

Seigneuries de Poligni, — de Bigarre, — de Launai, — de Barquet, — de la Vallée, — de Maubuisson, — de la Cour-du-Bosc, — de Goutières.

Alliances : familles : d'Arquema, — de Garencières, — de Mainteternes, — de Tilly, — de la Vove, — Le Comte, — Pigace, — Chrestien.

Seigneurs de Goutières.

GASPARD-POMPONE D'ERNEVILLE, écuyer, justifie sa filiation depuis JEAN D'ERNEVILLE, quatrième du nom, second fils de Louis d'Erneville et de Françoise de la Vove.

Seigneuries de Maubuisson, — de la Cour-du-Bosc, — de Grigneuzeville, — de Goutières, — de Mafmorin.

Alliances : familles : de Beaumaitre, — le Picard.

Seigneurs de Barquet.

ALEXANDRE-JACQUES-CHARLES D'ERNEVILLE DE BARQUET, justifie sa filiation depuis PHILIPPE D'ERNEVILLE, (fils puîné de Jean d'Erneville et de Marie Chrestien).

Seigneuries de Barquet, — du Cormier, — de Colandon, — d'Argouges.

Alliances : familles : de Paillès, — Le Velu, — de Quièvremont, — de Saint-Martin, — de Franqueville, — du Houlai, — Guion.

Armes : *D'argent, à un chevron de gueules, accompagné de trois merlettes de sable, posées deux en chef, et l'autre à la pointe de l'écu.*

D'ESCAIRAC

Généralité de Montauban — Diocèse de Cahors.

JEAN-FRANÇOIS D'ESCAIRAC, écuyer, justifie sa filiation depuis HUGUES D'ESCAIRAC, écuyer (1556)[1].

Un chevalier de Malte : FRANÇOIS D'ESCAIRAC DE LAUTURE (1669).

Seigneuries de Vignials, — de Saint-Paul, — de la Dugnie, — de Montairal, — de Lauture, — d'Escairac, — de Cayriech.

Alliances : familles : de Motes, — de Séré, — de Bonnal, — de Durfort, — de la Garde, — de la Boissière, — de Beaumont.

Armes : *D'argent, à trois bandes de gueules, et un chef d'azur, chargé de trois étoiles d'or.*

[1] La Chesnaye mentionne des membres de cette maison dès 1210.

[1] La Chesnaye commence la filiation à Bernard d'Escayrac, chevalier, vivant dès la fin du XIIIe siècle. — Baron de Lautrec.

D'ESCROTS, anciennement du surnom de PELLETIER

Diocèse d'Autun

CHARLES D'ESCROTS, écuyer, justifie sa filiation depuis PIERRE PELLETIER, écuyer, seigneur d'Escrots (avant 1507).

Deux chevaliers de Malte : CHARLES D'ESCROTS (1632), — EDME D'ESCROTS (1651).

Seigneuries d'Estrées, — du Péage, — d'Uchon, — d'Escrots, — de Bussières, — de Champignoles, — de la Vesvre.

Alliances : familles : de la Tour, — d'Aval, — Popillon du Riau, — d'Andraut, — Doyen, — Belin, — Doucet, — de Thiard.

Armes : *D'azur, à une bande d'or, chargée de trois écrevisses de gueules, et accompagnée de trois molettes d'éperon d'or, posées deux en chef, et l'autre à la pointe de l'écu.*

DES ESCURES

Bretagne — Diocèse de Quimper

CONSTANT DES ESCURES, enseigne des vaisseaux du roi et lieutenant d'une compagnie franche de la marine, justifie sa filiation depuis

LOUIS DES ESCURES, écuyer (1546) [1].

Un chevalier de Malte : CLAUDE DES ESCURES (avant 1603).

Seigneuries de Pontcharault, — de Ginssai, — du Bost, — des Escures, — de la Tour-du-Bois.

Alliances : familles : Dourgui, — de Grasleuil, — le Long, — de Biguë, — de Sarre, — de la Halle.

Armes : *De sinople, à une croix d'argent, ancrée, chargée au milieu d'une étoile à huit rais de sable.*

D'ESMALLEVILLE [2]

Normandie

ROBERT-VINCENT D'ESMALLEVILLE, capitaine dans le régiment Royal-Infanterie, justifie sa filiation depuis

JEAN D'ESMALLEVILLE, écuyer (avant 1500).

Seigneuries d'Esmalleville de Panneville (marquisat en 1725), — de Freville, — de Carville, — de Cailletot, — de Beuzebosc, — de Cani, — de Gruchet, — de la Rivière, — de Haudin, — de Durescu, — de Saint-Rémi.

Alliances : familles : de Becdelièvre, — de Rieux, — Châlon, — de Fontaines, — de Lomblon, — Cavelet, — de Clère, — du Moncel, — Selles, — Marguerie.

Armes : *D'azur, à un chef d'argent, endenté, et chargé d'un lion léopardé de gueules.*

[1] La Chesnaye commence la filiation à Philippe, seigneur de Ginssai, 1435, chambellan du duc de Bourbon. — L'abbé de Vertot cite six chevaliers de Malte de cette famille.

[2] La Chesnaye commence à Robert, seigneur d'Esmalleville, 1268.

D'ESPAGNE [1]

Anjou

LOUIS-HENRI D'ESPAGNE, écuyer, justifie sa filiation depuis

JEAN D'ESPAGNE, écuyer (avant 1540).

Seigneuries de Vennevelles, — de Coulaines, — d'Avennes, — de la Saucelière, — d'Espagne, — d'Aunai, — de la Brousse, — de Chailli, — de Saint-Brice, — de Champdurault, (Marquisat de Vennevelles, érigé en 1654).

Alliances : familles : Ervoil-Doré, — Chanson, — Goyon de Beaufort, — Le Vasseur, — de Pons, — Boutault, — de Ranconnet, — de Coussac, — de Savonières, — de Dureil.

Armes : *D'azur, à un peigne d'argent, posé en fasce, et accompagné de trois étoiles d'or, placées deux en chef et une à la pointe de l'écu.*

D'ESPIE

A Toulouse

Première branche

FÉLIX-FRANÇOIS D'ESPIE, chevalier de Saint-Louis, justifie sa filiation depuis

JEAN ESPIE, qualifié noble en 1531, et dont le fils fut capitoul.

Seigneuries de Saint-Lis, — de la Serre, — de la Bastide-Caprifeuillet, — de Lencontrade, — de Sarrecave, — de la Masquère, — de Portet, — de Fonsorbes, — de Gaure, — de Neguevedel, — de Maistre.

Alliances : familles : Tabard, — d'Astorg, — de Gout, — de Mondran, — de Comère, — Martiny, — de Saint-Latger, — de Jammes, — de Tiffault, — d'Aiquesplatz, — de Guerguy, — Trebosc, — d'Ardailhon, — Robert, — de Faure-de-Montau-

[1] Autre famille de ce nom, marquis d'Espagne, se disant issue de la famille royale, en Nébouzan.

riol, — de Jésus, — Nunes-Colares, — de Bessa, — de Catellan-de-la-Masquère.

Seconde branche

BARTHÉLEMI - MICHEL - ANDRÉ D'ESPIE, petit-fils de

ANDRÉ D'ESPIE, écuyer et troisième fils de Jean-Jacques d'Espie et de Jeanne d'Ardailhon (1653).

Seigneurie de Maistre (ou Meste-Huguet).

Alliances : familles : Constans, — de Saint-Avit, — de Carrière-d'Aufrery.

Armes : *D'azur, à un épi de blé d'or, posé en bande ; écartelé d'argent, à un bœuf de gueules ; passant, et un chef de sable, chargé de trois coquilles d'argent.*

D'ESPINCHAL

Généralité de Riom — Diocèse de Saint-Flour

THOMAS D'ESPINCHAL, exempt des gardes du corps du roi, mestre de camp de cavalerie, justifie sa filiation depuis

ANTOINE D'ESPINCHAL, chevalier, conseiller - chambellan du roi Charles VIII (1487).

Seigneuries d'Espinchal (baronnie), — de Dunières-lez Joyeuse, — de Saint-Marcelin, — du Vernet, — de Saint-Prix, — de Massiac, — de Vieille-Espèce, — des Ternes, — de la Clause, — de Pierrefort, — de Tagenac.

Alliances : familles : de Chavagnac, — de Montmorin, — d'Albon, — de Lévis, — de Polignac, — de la Roue, — d'Apchon, — de Leautoing, — de la Tour de Rochebrune.

Armes : *D'azur, à un griffon d'or, rampant, accompagné de trois épis de bled de même, posés en pal, deux en chef et l'autre à la pointe de l'écu.*

D'ESTELLE

En Provence

JEAN-BAPTISTE-ANDRÉ D'ESTELLE, écuyer, justifie sa filiation depuis

Noble JEAN-ANDRÉ ESTELLE, commissaire d'artillerie (1531) [1]

Seigneurie de la Plage d'Aren.

Alliances : familles : Pastier, — Ripert, — Sicolle, — de Rénalde, — de Moustier, — de Fauris-de-Beaune, — de Bonaud, — Curraud, — de Laugier.

Armes : *D'azur, à trois étoiles d'or, posées une et deux, et un chef de gueules, chargé d'un lion d'argent passant.*

ESTIÈVRE

En Normandie

PIERRE-BRUNO-EMMANUEL D'ESTIÈVRE DE TRÉMAUVILLE, écuyer, capitaine au régiment d'Harcourt, justifie sa filiation depuis

PIERRE ESTIÈVRE, avocat au Parlement de Paris (1669).

Seigneuries de Montessart, — d'Argence, — de Geffosse, — de Courcy, — de Trémauville, — de la Motte.

Alliances : familles : de Pépin, — de Giverville, — Auber, — de Brévedent, — du Four, — de Grouchy.

Armes : *D'argent, à un cygne de sable, nageant dans une mer d'azur, et un chef de même, chargé de trois croissants d'argent.*

D'ESTRESSES[2]

Diocèse de Limoges

Anciennement du surnom de Roquet en Limousin et en Rouergue.

JEAN-LOUIS D'ESTRESSES, écuyer, justifie sa filiation depuis

[1] La Chesnaye fait remonter cette famille à Naples, au XIe siècle.
[2] Maintenue en 1667.

N*** de Roquet (avant 1563).

Seigneuries d'Estresses, — de Carennac, — de Mercœur, — de Samsat, — de Saint-Jal, — de Beaumont, — de Saint-Salvadour, — de Liourdec, — de Meigne, — de Senat, — de la Garde.

Alliances : familles : de Plaz de Vallon, — de Siretz, — de Plaz de la Vergne, — de Soubez, — de Lastic, — de Montaignac, — Plaisant de Bouchiac, — du Buisson, — Merigot.

Armes : *D'azur, à un chevron d'or, accompagné de trois fers de lance de même, posés deux en chef et l'autre à la pointe de l'écu.*

D'ETERNO

En Franche-Comté

Lambert d'Eterno, lieutenant-colonel du régiment de Grosbois, chevalier de Saint-Louis, justifie sa filiation depuis

Eudes d'Esternoz, chevalier (1263) [1].

Seigneuries d'Eterno, — de Refranche, — de Salgret, — de Malan, — d'Alaise, — d'Ornon, — de Montmahoux.

Alliances : familles : de la Haie-de-Verp, — Aubert, — Cécile, — Quanteau, — Grand, — Coitaud, — Poisier, — de Nozerois.

Armes : *De gueules, à une fasce d'argent, accompagnée de trois arrêts de lance de même, posés deux en chef et l'autre à la pointe de l'écu.*

FABRE

Diocèse de Lodève.

Joseph-Henri Favre, écuyer, justifie sa filiation depuis

Louis Fabre, capitaine d'une compagnie d'infanterie (1545 [1]).

Un chevalier de Malte : Louis-Auguste Fabre (1713).

Seigneuries de La Tude, — de Saint-Michel d'Alajon, — de Madière, — de Villecœur, — de Pégairoles, — de Leiras.

Alliances : familles : Truc, — de Bonnal, — de la Treille, — de Montfaucon, — de Prunières.

Armes : *D'azur, à une tour d'argent renversée, et surmontée d'un pélican d'or avec ses petits.*

FAGNIER DE VIENNE

Brie

Claude-Thierri-Nicolas Fagnier de Vienne, écuyer, justifie sa filiation depuis

Guillaume Fagnier, écuyer, seigneur de Romecourt, capitaine de cuirassiers (1484 [2]).

Seigneuries du Breuil, — de Villepré en Brie, — des Conardins, — de Glatigni, — de Moussi, — de la Malmaison, — de Jaudreville, — de Romecourt.

Alliances : familles : Braux du Sorton, — Le Duc, — Le Gorlier de Verneuil, — Oudan, — de Paris, — Braux, — Bugot.

Armes : *D'azur, à un chevron d'or, chargé de deux lions de gueules affrontés, et accompagné de trois molettes d'éperon d'or, deux posées en chef, et l'autre à la pointe de l'écu, qui est de* Fagnier : *écartelé de gueules, à un dragon d'or, ailé de même, qui est de* Braux [3].

DE FALANTIN

Dans le pays de Foix.

Noble François de Falantin, justifie sa filiation depuis

1 La Chesnaye commence à Etienne, chevalier, 1132. — Comté d'Esterno, érigé en 1724.

1 La Chesnaye mentionne des familles de ce nom en Provence et en Languedoc et à Riez encore. En Provence (1451).

2 Maintenue du 5 février 1699.

3 Braux, famille châlonnaise, anoblie le 1er février 1366. Branches de Florent Anglure, de Saint-Valery et du Sorton

Noble JEAN DE FALANTIN, réformé (1547[1]).

Seigneuries de Saintenac, — d'Alieres, — de Gabre, — de la Fitte, — d'Escosse, — de Sieuras, — de la Nougarasse, — de Pradières, — de Batz.

Alliances : familles : d'Escaig, — de Castet, — de Sentouch, — de Castet-de-Miramon, — de Baricave, — d'Usson, — de Baillé, — de Comminges.

Armes : *D'argent, à un pin de sinople, portant de chaque côté une pomme d'or.*

DE FARCI

En Normandie, en Anjou, en Bretagne, dans le Maine et anciennement en Picardie

Première branche

JACQUES-FRANÇOIS-ANNE DE FARCI, justifie sa filiation depuis JEAN FARCI (avant 1468).

Seigneuries de la Courtière, — de Montabert, — d'Auterive, — de Painel, — de la Ville-du-Bois, — de Mué, — de Pont-Farci, — de Villiers, — de Saint-Laurent.

Alliances : familles : de Briqueville, — de Broon, — le Bailli, — Richer, — de Marcilli, — du Moulinet, — Caget, — Bizeul, — de Launai, — Douesseau, — Grimaudet, — de Vauborel, — Barbier, — de Francier, — de la Prouvère, — de Gennes, — Bérauden, — de Saint-Germain, — l'Évesque, — Prépetit, — du Breil.

Seconde branche

SEIGNEURS DE MALNOE ET DE LA VILLE-DU-BOIS

JEAN-CHARLES-MICHEL DE FARCI, écuyer, justifie sa filiation depuis JEAN DE FARCI (troisième fils de Jacques Farci, écuyer, et de Catherine de Gennes).

[1] Maintenue de janvier 1701.

Seigneuries de Mué, — de Malnoe, — de la Ville-du-Bois.

Alliances : familles : de Ravenel, — de Gennes, — le Vicomte du Rumain, — Taillart.

Troisième branche

SEIGNEURS DE SAINT-LAURENT

FRANÇOIS-JACQUES DE FARCI, écuyer, justifie sa filiation depuis FRANÇOIS FARCI, écuyer (quatrième fils de Annibal de Farci et de Guionne de Launai) (1629).

Seigneuries de Saint-Laurent, — du Rocher-Portal, — de Beauvais, — de Kerlo.

Alliances : familles : Uzille, — Charéard, — du Croesker, — de Bérenger, — du Boisgelin, — de Conen, — Liais, — de Suasse, — Harembert, — de Farci de la Carterie.

Quatrième branche

SEIGNEURS DE LA DAGUERIE ET DE PONT-FARCI

RENÉ-FRANÇOIS DE FARCI, écuyer, justifie sa filiation depuis RENÉ FARCI, écuyer (cinquième fils d'Annibal Farci et de Guionne de Launai).

Seigneuries de la Daguerie, — du Pont-Farci, — d'Arquené, — de Montbron, — de Champfleuri, — de Linières, — de Balée, — de Montavalon, — de la Troquerie, — de Pleinchêne.

Alliances : familles : de Gennes, — Fournier, — du Breil, — Moland, — de Langan.

Cinquième branche

SEIGNEURS DE CUILLÉ

JACQUES-DANIEL-ANNIBAL DE FARCI, conseiller au Parlement de Bretagne, justifie sa filiation depuis CHARLES FARCI, écuyer (sixième fils d'Annibal Farci et de Guionne de Launai).

Un chevalier de Malte : CA-

MILLE-HIPPOLYTE-ANNIBAL DE FARCI (1726).

Seigneuries de la Carterie, — du Bois-de-Cuillé, — du Roserai, — de Gastines, — de la Rivière, — de Chantelou, — de Vigré, — du Rocher.

Alliances : familles : Renaud, — Uzille, — Morel, — de Ravenel, — De Guillon, — du Moulin, — du Breil, — Marigo, — du Fournet, — Gourio de Lanoster.

Sixième branche

SEIGNEURS DU ROZERAI

JACQUES DE FARCI, écuyer (troisième fils de Charles de Farci, seigneur de Cuillé, et de Marguerite Uzille, sa seconde femme) (1689).

Seigneurie du Rozerai.

Alliances : familles : Pineau, — Bellot.

Armes : *D'or, fretté d'azur de six pièces, et un chef de gueules.*

FARIN DE LA PERRELLE

PIERRE FARIN DE LA PERRELLE, lieutenant d'artillerie, premier major et capitaine des cinq bataillons du régiment Royal-Artillerie, fut anobli par lettres patentes données à Paris au mois de juin 1722, en considération de ses services militaires et de l'ancienneté de sa famille.

Armes : *D'argent, à trois bombes de sable, allumées de gueules.*

DE FAULONG

En Guyenne

Noble NICOLAS DE FAULONG, écuyer, justifie sa filiation depuis
CARBON DE FAULONG, commandant pour le roi de Navarre des Tours de Barbaste (1571).

Seigneuries de Saint-Leau, — de Las-Arroques, — du Bosq de Nauses, — de Lasserens.

Alliances : familles : d'Espaze, — Serous, — Lignac, — Dumau, — de Montlezun, — Pinolle, — de Saubat, — Jalras, — de Gerbous, — de Castillon de Mauvezin.

Seconde branche

NICOLAS DE FAULONG, docteur en médecine, justifie sa filiation depuis
Noble NICOLAS DE FAULONG (second fils de Jean-Jacques de Faulong, écuyer, seigneur de Las-Arroques, et d'Isabeau de Saubat), chef de cette seconde branche.

Alliances : familles : de Cheverry, — Dunes.

Armes : *D'or, au chevron de gueules, accompagné de trois faulx longues de sable, emmanchées de même et posées deux en chef et une en pointe.*

DU FAY

Généralité de Rouen — Diocèse de Rouen

JACQUES-GEORGES DU FAY, comte de Maulevrier, justifie sa filiation depuis
RENAUD DU FAY, écuyer (1367)[1].

Seigneuries de Maulevrier, — du Bourgachard, — de Pelletot, — d'Estennemare. — de Saint-Jouin, — du Taillis, — du Trait, de Sainte-Marguerite, — de la Houssaie, — de Saint-Turiout.

Alliances : familles : Rochon, — de Montholon, — Bouquetot, — — de Fouilleuse, — de Chaumont, — Aux-Epaules, — Jubert, — de Croismare, — du Moncel, — de Bailleul, — de Chambrai, — de Bezu.

Seigneurs du Taillis

NICOLAS-LOUIS-EMMANUEL DU FAY, page de la chambre du roi

[1] La Chesnaye commence à Guillaume, seigneur du Fay, 1215. — Comté de Maulevrier érigé en duché en 1622 à la maison de le Marix.

(1735), justifie sa filiation depuis
GEORGES DU FAY, second fils de Jean du Fay et de Catherine de Fouilleuse (1668).

Seigneuries du Bourgachard, — du Taillis, — du Trait, — de Sainte-Marguerite.

Alliances : familles : d'Auxi de Monceaux, — Lucas.

Armes : *De gueules, à une croix d'argent, accompagnée de quatre molettes d'éperon de même, posées une dans chaque canton.*

DE FAY DE VILLIERS

En Dauphiné[1]

JEAN-BAPTISTE-CÉSAR DE FAY DE VILLIERS, justifie sa filiation depuis
PIERRE DE VILLIERS, écuyer (1527).

Seigneuries de Peyraut, — des Roches, — de Villiers, — de la Preste, — de Champbatty, — de Tholondières, — de Clavaz.

Alliances : familles : de Boutillier, — Vallier, — Faure, — Sigaud, — de Baronat, — de Mille, — de Lestrange, — Fayard, — Assalin de la Gardette, — Boutier de Bourges, — Badon, — Génevey.

Armes : *De gueules, à un chevron d'or, et un chef de même, chargé d'une fouine d'azur, passante.*

DE FAYET

Diocèse de Mende

Noble FÉLIX DE FAYET, justifie sa filiation depuis
ANTOINE DE FAYET, qualifié noble (avant 1597).

Seigneuries du Mazel, — de Tignad, — de Gabriac.

Alliances : familles : de Sabran, Folgeyrolles, — du Mond, — Rossel, — du Champ, — de Bouton, — du Périer, — Bourzes, — de Gabriac, — Le Blanc de Genouillac, — de la Croix.

Seconde branche

JEAN-CLAUDE DE FAYET, écuyer, justifie sa filiation depuis
CHARLES DE FAYET DE CHABANES, 1680.

Seigneuries de Chabanes, — du Villaret.

Alliances : familles : de Tremuéjols, — Forestier, — de Reynal, — Broquin, — Charles, — Roche, — Roussel.

Armes : *D'azur, à une fasce de sable bordée d'or, chargée d'une coquille d'argent, accostée de deux étoiles d'or, et accompagnée en chef d'une levrette d'argent courante, ayant un collier de gueules, bordé et bouclé d'or, et en pointe de trois losanges aussi d'or rangées en fasce.*

DE FÉNIS DE LA PRADE

En Limousin

FRANÇOIS-MARTIAL DE FÉNIS DE LA PRADE, écuyer, conseiller au grand conseil, justifie sa filiation depuis
Noble JEAN DE FÉNIS (avant 1558).

Seigneuries de Fés, — de la Prade, — de Gouzon, — du Theil, — de la Borie.

Alliances : familles : de Dones, — de Maruc, — Meynard, — du Poujet, — de Saint-Chamans, — de Vezy, — Darche, — Merigot de Sainte-Fère, — de Borderie, — de la Porte de Lissac.

Armes : *D'azur, à un phénix d'or, prenant son essor sur un bûcher de gueules, et regardant un soleil d'or, mouvant du côté droit de l'écu.*

DE FERGEOL

En Normandie

JEAN-BAPTISTE DE FERGEOL, qua-

[1] Famille du Fay d'Athies, en Picardie, marquis de Gilly et de la Neufville.

lifié chevalier, justifie sa filiation depuis

PIERRE FERGEOL, écuyer, vivant sur la fin du XIVe siècle, et servant dans les armées du roi Charles VI, qui lui fit don de la maitrise et administration de l'Hôtel-Dieu de Vierzon.

Seigneuries de Villers, — de Thiberville, — d'Orival, — de Saint-Pierre de Manneville.

Alliances : familles : de Colombières, — de Franchelaines, — Le Courtois, — Toustain, — Le Flament, — de Maromme, — Burguel, — Gouley, — Lamy, — de Rouves.

Armes : *De gueules, à un fer à cheval d'argent, accompagné de trois molettes d'éperon d'or, posées deux et une. Cimier : une tête de cheval blanc.*

Supports : deux chevaux blancs.

DE FERRIÈRES[1]

Généralité de Poitiers — Diocèse de Poitiers

ANTOINE-JOACHIM DE FERRIÈRES, écuyer, justifie sa filiation depuis

THOMAS DE FERRIÈRES, écuyer (1542).

Un chevalier de Malte : JACQUES DE FERRIÈRES, 1648.

Seigneuries de Massée, — du Monteil, — de Charrais, — de Champigni-le-Sec.

Alliances : familles : Thoreau, — Petitjean, — de Marconai, — de Brillac, — Martel, — Le Bel, — Binel.

Armes : *D'azur, à trois pommes de pin d'or, posées deux et une.*

DE FESQUES

Généralité de Tours — Diocèse d'Angers

LOUIS-JOSEPH DE FESQUES, écuyer, justifie sa filiation depuis

[1] Autres familles de ce nom en Normandie, l'une remontant à la conquête, dont une branche passée en Angleterre a pris le surnom de du Vair; l'autre de la Tresbamelière et de Paillepré.

JEAN DE FESQUES, écuyer (avant 1420).

Seigneuries de la Roche-Bousseau, — de Marmande, — de la Noue, — de Chartrigni, — de la Folie-Herbault, — de la Perrière, — de Gennetoi, — de Paillé.

Alliances : familles : de Vassé, — de Souvigné, — de Ferrières, — de Lhomeau, — de Chambon, — de Monstiers, — Le Beveux, — Buget, — de Lesperonière, — du Pré.

Seigneurs de l'Argenterie

MICHEL DE FESQUES, écuyer, fils puîné de Charles de Fesques et de Jeanne de Chambon, forme la branche des seigneurs de l'Argenterie.

Seigneuries de Lesperonière, — de Marmande, — de Montemain, — de l'Argenterie.

Alliances : familles : de Barville, — Hubert, — Pelletier.

Armes : *D'or, à une aigle de gueules à deux têtes.*

DE FICTE

Généralité de Paris — Diocèse de Paris

JEAN-FRANÇOIS DE FICTE, capitaine dans le régiment Royal-Artillerie et chevalier de Saint-Louis, justifie sa filiation depuis

PIERRE DE FICTE, chevalier, conseiller du roi, trésorier de son épargne (1576).

Seigneuries de Souci, — de Préfontaine, — de Bruyères-le-Chastel.

Alliances : familles : Jordi, — Biet, — de Laffemas, — des Essarts, — de Fera, — Le Grand, — de Hacqueville.

Armes : *Fascé, contrefascé d'azur et de sable, de quatre pièces, celles d'azur chargées d'une branche d'olivier d'or posée en fasce.*

FIZICAT

Généralité de Lyon — Diocèse de Lyon

JEAN-FRANÇOIS FIZICAT, écuyer, justifie sa filiation depuis

MICHEL FIZICAT, anobli en considération de ses services militaires, au mois de février 1655.

Seigneuries de Beauregard, — de Bellièvre.

Alliances : familles : Bertet, — Mareschal.

Armes : *D'or, à un griffon de gueules rampant, soutenant de ses deux pattes de devant un écusson d'azur, chargé d'une fleur de lis d'or ; l'écu principal orné d'une bordure d'azur, semée de fleurs de lis d'or.*

DE FLAVIGNY

Dans le Soissonnois et le Laonnois

Première branche

VALÉRIEN DE FLAVIGNY, docteur en théologie, doyen des professeurs du roi au collége royal de France, justifie sa filiation depuis

GUILLAUME DE FLAVIGNY, écuyer, conseiller au siége présidial de Laon, confirmé dans sa noblesse par lettres patentes du roy Henri III (août 1586)[1].

Seigneuries d'Espuisart, — de Chigny, — de Gaucourt, — de Beaucourt, — de Saint-Audebart, — d'Effilieux.

Alliances : familles : de Blois, — Aubelin, — d'Y.

Seconde branche

ANDRÉ DE FLAVIGNY, écuyer, justifie sa filiation depuis

BALTHAZAR DE FLAVIGNY, écuyer (troisième fils de Guillaume de Flavigny et de Marine de Blois), chef de cette seconde branche.

[1] La Chesnaye commence la filiation à Godefroy et Regnaut, frères, qualifiés chevaliers en 1039.

Seigneuries de Malaise, — de Chambry.

Alliances : familles : Coignet, — Béchon, — de Hannon, — de Lézines, — de Gorgias, — de Fay d'Athies.

Troisième branche

LOUIS-JOSEPH DE FLAVIGNY, écuyer, justifie sa filiation depuis

VALENTIN DE FLAVIGNY, écuyer (troisième fils de Balthazar de Flavigny et de Marguerite Coignet), chef de cette troisième branche.

Seigneuries de Filain, — de Malaise, — de Chambry, — de l'Avoué de Chaerise.

Alliances : familles : Robert d'Ully, — de Ganne ou de Gaune, — Guyon du Fresne, — Rousseau, — de Villelongue.

Quatrième branche

FRANÇOIS DE FLAVIGNY, écuyer, né à l'île de la Grenade, le 7 octobre 1706, fils de

FRANÇOIS DE FLAVIGNY, écuyer, (second fils de Christophe de Flavigny et de Catherine Guyon), chef de cette quatrième branche.

Alliances : familles : Thalas, — Gacherie.

Armes : *Échiqueté d'argent et d'azur, à un écusson de gueules en cœur, et une bordure de sable.*

DE FLÉCELLES

Famille originaire de la ville d'Amiens, puis établie à Paris

GERMAIN-CHRISTOPHE DE FLÉCELLES, dit le marquis de Brégy, Mestre de camp, justifie sa filiation depuis

Noble GABRIEL DE FLÉCELLES, échevin de la ville de Paris en 1605.

Seigneuries de Brégy (marquisat), — de Corbeil, — de Sainte-Sévère, — du Plessis-du-Bois, — d'Yverny, — de la Mallemaison, —

de la Baste, — de Tigery, — de Villepinte, — de Mory, — de Saint-Ambroise de Melun, — de Cluis-Dessous, — d'Aigurande, — d'Aigurandelle, — de Flécelles, — de la Vervolière, — de Champguessier, — de la Chapelle-Yger, — de Vaux-sous-Vallée, en Brie.

Alliances : familles : Le Thuillier, — Robinet, — Pajot, — de Machault, — Vaillant de Guellis, — Canaye, — Le Clerc, — de Chefdeville, — Lambert, — Durand, — Brice, — de Louvencourt, — d'Elbène, — des Landes, — Larcher, — Hurault de l'Hospital, — de Saumaize-de-Chazan, — Hébert, — de Croisettes-de-Sainte-Même, — Auzanet, — de l'Hostel, — de Thumery-de-Boissize, — Ferrand, — de Coquelard de Préfosse.

Armes : *D'azur, à un lion d'argent, et un chef d'or, chargé de trois tourteaux de gueules.*

DE FLEURI

André-Hercules de Fleuri, cardinal, aumônier de la reine Marie-Thérèse d'Autriche et de Louis XIV, évêque de Fréjus, précepteur de Sa Majesté, fut élevé à la dignité de duc et pair de France. La noblesse de sa famille remonte à

Pierre de Fleuri (vivant avant 1630).

Seigneuries de Pérignan, — de Dio, — de Valquières, — de Vernazobres, — de Prades.

Alliances : familles : de la Treille, — de Rosset.

Armes : *D'azur, à trois roses d'or, posées deux et une, qui est de* Fleuri; *Écartelé d'un coupé, le chef de gueules, à un lion d'or, à demi-corps, et la pointe d'azur, qui est de* La Treille.

DE FLEURY[1]

En Lorraine, — en Champagne — et à Paris

Marcellin de Fleury, écuyer, commissaire ordinaire des guerres, justifie sa filiation depuis

Noble homme Pernet Fleury (1469).

Seigneuries de Sorcey, — de Donnemarie, — de Moiron, — du Fay, — de Mandres.

Alliances : familles : de Vincent, — Hurault, — Le Page, — Picard, — Gilleton, — de Bistolst, — d'Estas, — Thomas, — Massu, — Roussel, — Oryot, — Cuny, — Colin, — Barrois, — Maillard, — de Dompmartin, — Paris, — Le Vautrel, — Le Moine, — Le Tondeur, — de la Planche, — Cordier de Launay, — l'Empereur, — Denis, — des Fresnes.

Seconde branche

Jean-Henry de Fleury, écuyer, justifie sa filiation depuis

Pierre, dit aussi Petrée Fleury, (troisième fils de Simon Fleury et de Michelette Hurault) (1535).

Seigneuries de Bouiolle, — de Marson, — de Longchamp, — Neufviller.

Alliances : familles : Jullien, — de Confaureux, — Maugras, — Villers ou Villiers, — Robinot, — Hannel, — Légier, — Mourot, — Le Moyne, — La Faye, — Génin, — Peschart, — de Mortaigne.

Troisième branche

Charles-Louis Fleury, écuyer, justifie sa filiation depuis

Simon Fleury (second fils de Jean Fleury et de Catherine Hannel).

Alliances : familles : Vignon, — Parisot, — Platel, — Dambrouillier, — Crévoisier, — Collot.

Armes : *D'azur, à trois croix d'or*

[1] Autre famille de ce nom en Languedoc, et aussi celle de Rosset, depuis duc de Fleury.

fleuronnées, ayant les pieds fichés, posées deux et une, et une étoile aussi d'or, posée au cœur de l'écu.

DE FONTAINES[1]

Généralité d'Alençon — Diocèse d'Évreux

CHARLES DE FONTAINES, écuyer, justifie sa filiation depuis JEAN DE FONTAINES, écuyer (1495).

Seigneuries du Boiscart, — de Bantelu, — de Badencourt, — de Blanqueleu, — de Chambine.

Alliances : familles : Le Forestier, — Roussel, — Le Roi, — Henri, — de Goron, — du Bosc, — Royer, — Bardoul.

Armes : *D'argent, à un chevron de sable, accompagné de trois mouchetures d'hermine de même, posées deux en chef et l'autre à la pointe de l'écu.*

DE FONTANGES

Dans le Limousin, l'Auvergne et le Quercy

JEAN-PIERRE DE FONTANGES, justifie sa filiation depuis Noble GUI dit GUINOT DE FONTANGES (1460). (On trouve un RIGAL DE FONTANGES en 1279).

Deux chevaliers de Malte : LÉONARD DE FONTANGES.—CHARLES DE FONTANGES (vers 1690).

Seigneuries de Fontanges, — de Palamon, — de Saint-Angel de la Sale, — de Valon, — de Calvet, — d'Auberoque, — de Tinières, — de la Besserette, — de Vilsie, — du Chambon, — de Mouretz, — de Jossat, — de Saint-Hilaire, — de Hauteroche, — de Verrines, — de Chaslus, — de Peirissac, — de Châtres, — de Cantecore.

Alliances : familles : d'Auteroche, — de Buscaillet, — du Chambon, — de Veilhan (ou Veillan), — de Monceaux, — Trinquier, — de la Croix dit d'Ussel, — de Chaunac, — de Saint-Martial de Puideval, — du Bousquet, — Fite, — de Bonneval, — de Loupiac de la Devèze, — de Heère, — du Fraisse.

Seigneurs de Masclas et de la Borie.

JEAN-PIERRE DE FONTANGES, capitaine au régiment de Poitou-Infanterie, justifie sa filiation depuis ANTOINE DE FONTANGES, chevalier (deuxième fils de Louis de Fontanges et de Cécile du Chambon), mestre de camp (1551).

Seigneuries du Chambon, — de Blanchefort, — de Masclas, — de la Borie, — de la Fargue.

Alliances : familles : de Blanchefort, — de la Garde, — de Mirandol, — de Vassal, — de Gatinhol, — de Montal, — de Fontaines.

Armes : *De gueules, à un chef d'or chargé de trois fleurs de lis d'azur.*

DE FONTVIELLE[1]

RAIMOND-LOUIS DE FONTVIELLE, écuyer, justifie sa filiation depuis ANTOINE DE FONTVIELLE (1543).

Seigneuries de Saliès, — d'Orban, — de Sequestre, — de Maussac, — de Sossen.

Alliances : familles : de Giron, — du Pui, — de Salvan, — Brun, — Chambert, — Guiot.

Armes : *De gueules, à un lion d'argent lampassé d'or, accolé d'une chaîne d'or et tenant un drapeau de sinople entre ses deux pattes de devant.*

[1] Familles de Fontaines en Poitou, 1091. — De Fontaines, en l'élection de Valognes, maintenue en 1627, comme issue de Bertrand, vivant en 1480 en Languedoc. Autre dans le diocèse de Bayeux; autre dans l'élection d'Alençon; autre à Mantes; autre Fontaine des Montées; autre en Picardie, 1119, avec titre de marquis sans érection; autre en Albigeois.

[1] Maintenue du 9 juin 1666, depuis Guillaume, écuyer, s[r] de Manetot (1520).

FOUCQUES

En Picardie

Pierre Foucques, écuyer, justifie sa filiation depuis
Pierre Foucques (1688).

Seigneuries de Bonval, — de Balingan, — de Valopuy, — de Teufles, — de Francqueville, — de Vironchaux.

Alliances : familles : Levesque, — du Val, — Crignon, — Manessier, — Remy-du-Fermont.

Armes : *D'or, à trois foulques de sable, huppés de même, becqués et membrés de gueules, posés deux en chef et un en pointe.*

FOUGERET

A Paris

Jean-Pierre Fougeret, écuyer, fils de Jean Fougeret, écuyer, trésorier de l'extraordinaire des guerres (1739).

Seigneuries de Montpreuil, — de Saint-Crun, — de Montbron.

Alliances : familles : de Parvillers, — Tribolet, — Puzos.

Armes : *D'argent, à trois branches de fougère de sinople, mouvantes par le pied d'une aigle à deux têtes de sable, posée à la pointe de l'écu.*

DE FOURNAS DE LA BROSSE

Famille originaire du Lyonnais et actuellement établie en Languedoc, en Dauphiné et en Bretagne.

Louis de Fournas, écuyer, justifie sa filiation depuis
N*** Fournas, dit le capitaine de la Brosse, vivant sous les rois François Ier et Henry II qu'il servit avec la plus grande distinction.

Seigneuries de la Brosse, — de Terreneuve, — de Fabre.

Alliances : familles : Durand, — de Jacquemet de Melot, — de Conseil, — de Rozel, — du Vidal, — de Lambertin, — de Kerpaen de Kersallo.

Deuxième branche

Charles de Fournas de la Brosse, écuyer, justifie sa filiation depuis
Claude de Fournas, écuyer (troisième fils d'André de Fournas et de Gabrielle de Jacquemet de Melot), chef de cette seconde branche.

Seigneuries de la Brosse, — de Truilhas, — de Fabrezan.

Alliances : familles : de Massia, — d'Augé, — de Brettes, — Durantel, — de Gailhac.

Armes : *D'argent, à trois fasces d'azur, et un griffon ailé d'or sur le tout, onglé, langué et couronné d'azur.*

FOUSTEAU

En Normandie

Gilles Fousteau, écuyer, justifie sa filiation depuis
Jean Foustel, écuyer (1480).

Seigneuries de la Mondrouzière, — des Vaux, — de Villelouvel, — de la Fresnaye, — du Puy, — du Coudray, — de Lozier, — du Bonmars, — du Chenay, — du Tertre, — de Prés-Patour.

Alliances : familles : du Pastis, — Odillard, — de Blanchouin, — de la Livre, — Chrestien, — Marchand, — de Nollent, — de Glapion, — du Portail, — Mouchet, — Denizot, — Travers, — Abot, — d'Escorches, — du Grenier, — de Guéroust, — Perrier.

Seconde branche

Jacques-Adolphe Fousteau, écuyer, justifie sa filiation depuis
Noble Mathurin Fousteau, écuyer (sixième fils de Denis Fousteau et de Jeanne du Pastis) (1603).

Seigneuries du Tertre, — du Grand-Gaige.

Alliances : familles : Travers, — Ailleboust, — Le Moul, — du Bosc.

Armes : *D'argent, à un hêtre de sinople ; écartelé d'azur à une cigogne d'or.*

DE FRANCE[1]

Rennes

Olivier-Louis-Joseph de France, écuyer, justifie sa filiation depuis Pierre de France (1513).

Seigneuries de Landal, — de Bléruais, — des Vergers, — de Fonténio, — de France, — du Val, — du Plessis-Cohan.

Alliances : familles : Gautier, — Boisleve, — du Verger, — de Laval, — Mauvi, — de Fontenio, — de Saint-Pern.

Armes : *D'argent, à trois fleurs de lis de gueules, posées deux et une.*

DES FRANCS

Diocèse de Poitiers

Georges-Augustin des Francs, écuyer, justifie sa filiation depuis
Silvestre des Francs, écuyer (1545).
Un chevalier de Malte : Louis des Francs (1583).

Seigneuries du Plessis, — de la Bretonnière, — de Saint-Denis, — des Francs.

Alliances : familles : Montenai, — Gilibert, — Palustre, — de Mondion, — de Tusseau, — Chevaleau.

Armes : *D'argent, à deux fasces de sable.*

FREDI

Paris

François Fredi, écuyer, justifie sa filiation depuis
Pierre Fredi, dit La Motte, l'un des valets de chambre du roi Louis XI (1477).

Seigneuries de Juilli, — de Coubertin, — des Malets, — de Valanson.

Alliances : familles : Morel, — Fournier, — Labeille, — d'Yanowits de Besme.

Armes : *D'azur, à neuf coquilles d'or, posées trois en chef, trois en fasce, et trois en pointe, celles-ci rangées deux et une.*

DE FREMONT

Originaire de Normandie, établi à Paris

Nicolas de Fremont, président au Parlement de Paris, justifie sa filiation depuis
Guillaume de Fremont (1550).

Seigneuries de Rozay[1], — de Charleval, — d'Auneuil, — du Mazy, — de Gressy, — de Moulignon, — d'Orgueil, — d'Andainville, — de Dominois, — de Boisseguin, — de la Bretonnière de Belloup, — de Mussegros, — de Villeparisis, — de Flagy, — de Noisy, — de Bellefontaine, — de Férette.

Alliances : familles : Le Cordier, — Jehan, — Baduel, — Catelan, — Damond, — de Civille, — Rioult, — Pucelle, — de Durfort, — Hedelin, — Polaillon, — Pavyot de la Hauteville, — des Vieux, — Hurault.

Seconde branche

SEIGNEURS DE GRESSY

Nicolas de Fremont, écuyer, petit-fils de Robert de Fremont, écuyer, troisième fils de Jacques de Fremont et de Marie Baduel (1657).

Seigneuries de Gressy, — de Moulignon, — de Villeparisis, — de Flagy, — de Férette, — de Noisy, — de Bellefontaine.

[1] Familles de France-Noyelles, en Artois, marquis de Noyelles, comtes de Hezecques.

[1] Marquisat de Rozay, érigé en février 1680.

Alliances : familles : Cherouvrier, — de Civille, — Rioult, — Hedelin, — Polaillon, — Grailly de Vaudricourt, — de Ranko de Reuilly, — Martin, — Guillemeau, — Alexandre, — Guyot de la Boissière.

Armes : *D'azur, à trois têtes de léopards d'or, posées deux et une.*

FREMYN

En Champagne

PHILIPPE-PIERRE FREMYN DE FONTENILLE, écuyer, chevalier de Saint-Louis, justifie sa filiation depuis

JACQUES FREMYN, bailli du comté de Portien (avant 1470).

Seigneuries de Fontenille, — de Lapicourt, — du Godart, — de Savigny-sur-Ardres, — de Bailleux ou Baslieu, — de Branscourt, — de Beyne, — de Mouchery, — de l'Estang, — du Charneaux, — de la Feuillière, — de Laignery, — des Favières, — de Roizy, — de la Barre.

Alliances : familles : Lescot, — Cauchon, — Collet, — Laignelet, — Bachelier, — Cocquebert, — le Cerf, — Moët, — Marlot, — Amé, — l'Espagnol, — le Clerc, — de la Salle, — de la Planche, — de Mongeot. — Blanchon d'Arzilliers, — Maillefer, — de Clèves, — de Cerny, — Robin, — de Colnet, — de Bongard d'Aspremont.

Armes : *D'argent à une fasce d'azur bordée d'or, de laquelle sortent des flammes de gueules dessus et dessous, opposées à d'autres flammes mouvantes du chef et de la pointe de l'écu.*

DE FREVOL

En Languedoc

Noble JEAN-BRUNO DE FREVOL DE LA COSTE, écuyer, justifie sa filiation depuis

Noble JEAN DE FREVOL (1605).

Seigneuries de la Coste, — de Chadrac, — de Chanalettes, — — de la Chapelle, — des Souls, — d'Arlempde.

Alliances : familles : de Colin, — de Goys, — de Belvézer de Jonchères, — de Brunel, — Bouscharenc de Fabreges, — de Garidel de Malpas, — de Curtil, — Barrial.

Seconde branche

Noble JEAN-LOUIS DE FREVOL, écuyer, justifie sa filiation depuis

Noble FRANÇOIS DE FREVOL (l'un des fils puinés de Jean de Frevol et de Jeanne de Colin), chef de cette seconde branche.

Seigneuries d'Aubignac, — de Fontfreide, — de Rouret, — de Saint-Paul.

Alliances : familles : Réal, — de Belvézer, — Faure, — de Béchon, — de Lendes de Bellidentis, — du Champ, — Le Forestier, — de Colin, — de Vielfaure, — du Puy.

Troisième branche

Noble JEAN-BAPTISTE DE FREVOL D'AUBIGNAC, écuyer, fils de

Noble JEAN-FRANÇOIS DE FREVOL D'AUBIGNAC, écuyer (second fils de Jean de Frevol et d'Antoinette Faure), chef de cette troisième branche.

Seigneuries de Villaret, — de Ribeins, — de Masigon.

Alliances : familles : Forestier, — de Lachamp, — de la Boissonade, — de Romieu.

Armes : *De gueules, à deux lions d'or affrontés, tenant une roue de même sur un mont aussi d'or.*

FROTIER

Généralité de Poitiers — Diocèse de Poitiers

BONAVENTURE FROTIER, maréchal de camp ès armées du roi, justifie sa filiation depuis

GEOFFROI FROTIER, chevalier (avant 1508)[1].

Deux chevaliers de Malte : GASPARD FROTIER (1623), — et CHARLES FROTIER (1698).

Seigneuries de la Messelière (marquisat), — de Chamouceau, — de l'Epinai.

Alliances : familles : Forest, — Irland, — Chissé, — de la Rochefoucauld-Bayers, — de Voyer, — Goumard, — de Polignac.

Armes : *D'argent, à un pal de gueules, accompagné de dix losanges de même, posées deux, deux et une de chaque côté.*

FUZÉE

Généralité de Paris — Diocèse de Sens

LOUIS-CLAUDE FUZÉE, écuyer, justifie sa filiation depuis

ROBERT FUZÉE (avant 1573).

Seigneuries de Voisenon, — de Lugni, — de Bierville, — de Galandre.

Alliances : familles : du Mont, — du Val, — Hodoart, — Aguenin.

Armes : *D'azur, à trois fusées d'or, rangées en fasce.*

GAI[2]

Généralité de Montpellier

LOUIS GAI, écuyer, justifie sa filiation depuis

ROBERT GAI, écuyer (1552).

Seigneuries de Planhols, — de la Blache, — de Blagnac.

Alliances : familles : d'Esbrayat, — de Miremont, — de la Roche-Negli, — Veirier, — Alier, — Beraud.

[1] La Chesnaye commence à Jean, seigneur de Meljean, écuyer du comte de Valois, 1408.

[2] Autre famille Gai, originaire de Naples, venue en Provence sous le roi René : *D'azur, à la tour d'argent, couverte de gueules.* Maintenue de 1667. (La Chesnaye des Bois.)

Armes : *D'azur, à un lion d'or, la langue et les ongles de gueules, et une étoile d'argent posée au premier canton droit de l'écu, le tout surmonté d'un chef de gueules, chargé de trois étoiles d'argent.*

DE GAILHAC DE PAILHÉS

En Languedoc

HENRI-GUILLAUME DE GAILHAC, capitaine dans le régiment de Tiérache-Infanterie, justifie sa filiation depuis

Noble BERNARD DE GAILHAC, capitoul de Toulouse (1502).

[Le nom de Gailhac se présente dès l'an 1290 dans la liste des capitouls de Toulouse, et revient souvent sur les rangs jusqu'en 1551 ; il est à croire que tous ceux du même nom qui ont rempli ce poste depuis la fin du XIIIe siècle jusqu'à Bernard de Gailhac doivent être comptés parmi ses ancêtres. Mais leur filiation n'est pas prouvée.]

Seigneuries du Puy-Saint-Pierre-de-Caussiniojouls, — de Fenouillet, — de Pailhés (baronnie).

Alliances : familles : De la Guaye-Marie, — de Ribes, — de Castilhon, — Estaniol, — de Carrion, — Pouget, — de Pradines, — d'Olivier de la Gardie, — de Fournas de la Brosse.

Armes : *D'azur, à une étoile d'or de seize rais.*

GAILLARD[1]

En Picardie

GAILLARD DE BOENCOURT

LOUIS-JOSEPH GAILLARD DE BOENCOURT, écuyer, justifie sa filiation depuis

N*** GAILLARD (avant 1485).

Seigneuries de Boencourt, — de Laleu, — de Séré, — de Mori-

[1] Familles Gaillard de Lonjumeau, en Provence ; de Gaillard de Bellafaize, même province ; Gaillard de Heligmer (baron de l'Empire), en pays Messin.

val, — de Limeu, — de Grébaumesnil, — d'Angerville, — d'Omatre, — des Osteux, — des Alleux, — de Framicourt le Grand, — d'Auberville-sur-Yère, — d'Estalinde, — de Mancheville, — de Douxmesnil.

Alliances : familles : Le Roy, — Lenglé, — de Calonne, — du Bus, — Tillette, — Flamen, — L'Yver, — Gaillard d'Ochencourt, — de Lesle, — de Saulnier, — Vincent, — Duché, — Le Ver, — Creton, — d'Auberville-sur-Yère.

Seconde branche

SEIGNEURS DE GAPENNE ET DE COURCELLE

GAILLARD DE COURCELLE

LOUIS GAILLARD, écuyer, justifie sa filiation depuis

ROBERT GAILLARD (troisième fils d'ALEXANDRE GAILLARD, écuyer, 1515).

Seigneuries de Gapenne, — de Courcelle, — de Larcheville, — d'Ochencourt, — de Belloy, — de Menchecourt, — du Fayel, — de Senonville, — du Valvret, — de Coulonvilliers, — de Rouquerolle, — de Saint-Sulpice, — de Cuvière, — de Calincourt, — de Vieuville, — de Guebienfait, — de Bracheux, — de la Hauterue, — du Poutil, — d'Olivet, — de Bellincourt, — de Pinchesne.

Alliances : familles : de Beaufort, — Mourette, — de Lestoille, — Lesperon, — Rohault, — Brœullet, — de Calonne, — d'Escaules, Maillard, — Tillette, — Goyer, — Griffon, — Mannessier, — Le Febvre, — de L'Espinay, — Sanson, — de Riencourt, — Fougeu d'Escures.

Armes : *D'azur, à un chevron d'argent, accompagné de trois croix pattées de même, posées deux en chef et l'autre à la pointe de l'écu.*

GALICHON

Anjou. — Château-Gontier

LOUIS GALICHON, écuyer, justifie sa filiation depuis

ZACHARIE GALICHON, conseiller du roi (avant 1635).

Seigneuries de Courchamp, — de Princé.

Alliances : familles : Gehard, — Foureau, — de Halus, — Le Cornu, — de Saint-Aubin, — Bitault.

Armes : *D'azur, à une fasce d'or, accompagnée de trois merlettes d'argent, posées deux en chef et l'autre à la pointe de l'écu.*

DE GALLIFFET

En Dauphiné, en Provence, en Savoie, dans le pays d'Aunis et dans l'Ile de France

LOUIS-FRANÇOIS DE GALLIFFET, appelé le marquis de GALLIFFET, justifie sa filiation depuis

Noble GUILLAUME DE GALLIFFET, (1489).

Seigneuries de Dorville, — du Tholonnet, — d'Honon, — de Galliffet, — de Cassin, — de Preuilly, — de Lavaux, — de Marcilly-sur-Seine, — d'Asay, — de Clairette, — de Fontboudry, — de Ris, — du Grand et du Petit Tournon, — de Dercy, — de Villiers-aux-Corneilles.

Alliances : familles : de Louat, — Durand, — de Monteil, — de Berlaudet, — de Gauteron, — de Gallien, — Paillette, — Féret, — de Salvancy, — de Bernard de Lagnes, — de Galiens, — de Salvan-Isoard, — d'Aiguières, — d'Urre, — de Faure, — de Trichaud, — de Clapiers-de-Séguiran, — de Bonfils, — de Badier, — de Bérenger, — de Bonot, — Pucelle.

Premier rameau

FRANÇOIS DE GALLIFFET (troisième fils de PIERRE DE GALLIFFET et de

MARGUERITE DE BONFILS), chevalier de Saint-Louis.

Seigneurie de Cassin.

Alliances : famille : Aubert.

Deuxième rameau

CHRISTOPHE-PHILIPPE AMATEUR DE GALLIFFET, dit le comte de GALLIFFET, fils de

PHILIPPE DE GALLIFFET, lieutenant des maréchaux de France, (quatrième fils de PIERRE DE GALLIFFET et de MARGUERITE DE BONFILS).

Un chevalier de Malte : PAUL-ALEXANDRE DE GALLIFFET (1741).

Seigneuries de Granzay, — du Rivau, — de Dampierre-sur-Boutonne, — de Rocheroux, — de Verguier.

Alliances : familles : Beraudin, — de Levis.

Deuxième branche

SIMÉON-ALEXANDRE-JEAN DE GALLIFFET, chevalier, conseiller du roi, petit-fils de

JACQUES DE GALLIFFET, écuyer, (deuxième fils d'ALEXANDRE DE GALLIFFET et de LUCRÈCE DE TRICHAUD) (1647).

Un chevalier de Malte : GABRIEL DE GALLIFFET (1695).

Seigneuries du Tholonnet, — de Montbijoux, — des Sieyes, — de Roques-Hautes.

Alliances : familles : de Ballon, — d'Augustine, — d'Aymar, — Dedons, — Boery, — de Moricaud, — de Léotard, — d'Arlatan.

Troisième branche

JOACHIM DE GALLIFFET, écuyer, justifie sa filiation depuis

JACQUES DE GALLIFFET (troisième fils de GUILLAUME DE GALLIFFET, premier auteur connu de cette famille) (1489).

Seigneuries de Pipardière, — de Brun.

Alliances : familles : de Dorgeoise, — Grimaud, — de la Place, — de Corbeau de Lanfray, — des Malliez, — du Broca, — Godon.

Armes : *De gueules, à un chevron d'argent accompagné de trois trèfles d'or, posés deux en chef et un en pointe.*

DE GANTÉS

En Provence et dans le pays d'Artois

Noble PIERRE-HENRY-ANNE DE GANTÉS DE RAPHAËLIS, écuyer, justifie sa filiation depuis

Noble PIERRE GANTÈS (1482) [1].

Seigneuries de Valbonnette, — de Saint-Joseph.

Alliances : familles : de Cuers ou de Coraye, — d'Amic, — de Bénaud, — de Vintimille de Lascaris, — de Cormis, — de Lauris, — Reysson, — de Forbin, — de Raffélis, — de Beaulieu, — de Caux, — de Léotaud ou Lieutaud, — de Vetéris, — Félix, — Robert, — de Croze, — Clapiers de Vauvenargues, — de Ferrier, — de Gaillard, — d'Isnard, — d'Oraison, — de Crestian, — de Roux.

Deuxième branche

établie en Artois

FRANÇOIS-MICHEL-BERNARD DE GANTÉS, écuyer, justifie sa filiation depuis

Noble MICHEL DE GANTÉS, écuyer, capitaine d'artillerie, qualifié noble seigneur (1666), maintenu dans sa noblesse justifiée depuis 1471 (en 1702).

Seigneuries de Valbonnette, — d'Ablainsvelle, — de Rebèque, — de Saint-Marcq, — de la Pastourel, — de Foncqvilliers, — d'Héringuel, — de Frammecourt.

Alliances : familles : Hannedouche

[1] La Chesnaye commence à Bertrand, chevalier, compagnon de Charles d'Anjou, en 1264 ; Pierre-Henry en descendrait au septième degré.

de Rebèque, — de Lombardy, — de Pontevés, — d'Allard, — de Leval, — du Pont.

Armes : *D'azur, à un chef émanché de quatre pièces d'or.*

GARNIER[1]

Généralité de Lyon — Diocèse de Lyon

LOUIS GARNIER, écuyer, justifie sa filiation depuis
FRANÇOIS GARNIER (1526).

Seigneuries des Garets, — d'Ars, — du Colombier, — de Bernis.

Alliances : familles : Georges de la Grange, — de Thelis, — de Busseul, — Le Gourd, — de Tourneon.

Seigneurs d'Ars.

JEAN GARNIER, second fils de LÉONOR GARNIER et de MARIE DE THELIS.

Seigneurie d'Ars.

Alliances : famille Guichard.

Armes : *D'or, à un chevron d'azur, accompagné en chef de deux têtes de bœuf de gueules, posées de front, et en pointe d'une étoile aussi de gueules, et un chef d'azur, chargé de trois molettes d'éperon d'or.*

GARNIER

Saint-Malo

JEAN-BAPTISTE-YVES GARNIER, officier de marine, commandant un vaisseau, fut anobli par lettres patentes données à Versailles, au mois d'octobre 1723, en considération de ses services dans la marine.

Armes : *D'or, parti d'azur, le parti d'or chargé d'une coquille d'azur posée à la pointe, et le parti d'azur chargé d'une coquille d'or placée en chef, et une épée d'argent posée en bande sur le tout, la pointe en haut, la garde et la poignée d'or.*

DU GARREAU

En Limousin et en Périgord

GABRIEL DU GARREAU, écuyer, justifie sa filiation depuis
PIERRE DU GARREAU, écuyer (avant 1591).

Seigneuries du Puy-de-Bete, — de Leyssart, — de Bourdelas, — de Germont, — de Lisle, — de Grésignac, — du Chastain.

Alliances : familles : Polyer, — de Villoutreys, — de Noaille, — de Leymarie, — Le Blont, — de Sanzillon, — Chassarel, — de Beaupoil, — de Jarrige de la Robertie, — Picaud.

Seconde branche

SEIGNEURS DE LA MESCHENIE

GABRIEL DU GARREAU, écuyer, justifie sa filiation depuis
JEAN DU GARREAU, écuyer (second fils de FRANÇOIS DU GARREAU (1653).

Seigneuries de la Meschenie, — de la Foucaudie, — du Masbarteith.

Alliances : familles : de Joussineau, — de la Fon, — Chiquet.

Armes : *D'azur, à un chevron d'or, accompagné en pointe d'un cœur de même, ayant une croix aussi d'or.*

DE GARRIGUES-LA-DEVÈZE

En Languedoc

Noble JEAN-JOSEPH DE GARRIGUES-DE-CITON-LA-DEVÈZE, justifie sa filiation depuis
Noble JEAN DE GARRIGUES, gouverneur du château d'Ambialet (diocèse d'Alby) (1540).

Seigneuries de la Grifoulède, — de Naujac, — de Rosières, — d'Espine, — de Montégut, — de Mirabal.

[1] Familles de ce nom en Dauphiné, au Maine, deux à Paris, deux en Provence, à Toulon.

Alliances : familles : de Soubes, — de Calvet, — de Barthes, — Rousel, — Terral, — Molin, — de Glizes, — de Cabrol, — de Saint-Martin, — de Raînaud, — de Citon-d'Espine, — de Cabrol de Grualgue, — de Montcalm de Gozon.

Armes : *D'azur, à un chevron d'argent et un chef d'or, qui est* de Garrigues; *écartelé d'azur à une fasce d'or, accompagnée de trois molettes d'argent, posées deux en chef, et une en pointe, qui est* de Citon.

DE GAUGY

En Normandie

ANTOINE DE GAUGY, écuyer, justifie sa filiation depuis

ROBERT DE GAUGY, écuyer (1505)[1].

Seigneuries de la Roserais, — de Fourneaux.

Alliances : familles : de Nollent, — Primoult, — des Haies, — Mullot, — de la Rue, — Michel, — de Grouchet.

D'azur, à trois roses d'or rangées en chef, et trois croissants d'argent posés sur la même ligne à la pointe de l'écu.

GAULMYN

En Bourbonnais

GILBERT GAULMYN, qualifié chevalier, justifie sa filiation depuis

HUGUES GAULMYN, écuyer (1539).

Seigneuries de Sauzay, — de la Guyonnière, — de Laly, — de Montgeorges, — de Châtignoux, — de Chézelles, — de Norat, — du Mas, — du Theil, — du Bouchet, — de Pomay, — des Forges, — de la Pointe, — du Roy, — de la Forest.

Alliances : familles : Tridon, — de Forest, — d'Obeilh, — de Bron, — Malvoisine, — de la Garde, — Caillé, — Charon, — de la Barre, — Foullé, — Groullard, — de Montpellé, — Le Sesnes, — Auzanet.

[1] Maintenue du 26 novembre 1670.

Seconde branche

MARC-ANTOINE GAULMYN, qualifié chevalier, justifie sa filiation depuis

NICOLAS GAULMYN, écuyer (second fils de GILBERT GAULMYN et d'ANNE D'OBEILH) (1632).

Seigneuries de la Goutte, — des Chastres, — des Bordes, — de Sauzay, — de la Vignolle.

Alliances : familles : de Ballore, — Roux de Moisset, — Aymier, — de Dreuille, — Charlet.

Troisième branche

NICOLAS GAULMYN, écuyer, capitaine au régiment des dragons d'Estrades, fils de

ANTOINE GAULMYN, qualifié chevalier (troisième fils de NICOLAS GAULMYN et de GILBERTE DE BALLORE), capitaine de cavalerie au régiment de Montgeorges (1668).

Seigneuries des Maisons, — de Seauve.

Alliances : familles : de la Barre, — Dorat.

Quatrième branche

GILBERT GAULMYN DE BEAUVOIR, page de la petite écurie du roi, justifie sa filiation depuis

JEAN GAULMYN, écuyer (second fils de GILBERT GAULMYN et d'ANNE DE FOREST) (avant 1644).

Seigneuries de Laly, — de Beauvoir, — des Places, — de Tronget, — des Preux, — de Saint-Pourçain-sur-Besbres, — de Monbaillon, — de la Faye, — de Bourselaize.

Alliances : familles : Doutre, — Mayat, — Tallière, — Béraud — de Rolat, — de Culant, — Gayent d'Ormesson, — de Montbel, — Farjonel,

Cinquième branche

Claude Gaulmyn, écuyer, capitaine d'infanterie au régiment de Touraine, fils de

Gilbert Gaulmyn, qualifié chevalier, connu sous le nom de chevalier de Laly (deuxième fils de Jean Gaulmyn et d'Elisabeth-Thérèse de Culant) (1713).

Seigneurie de Laly.

Alliances : familles : Roy, — de la Motte d'Aspremont.

Armes : *D'azur, à trois glands feuillés d'or, renversés, posés deux et un.*

DE GAYARDON

Généralité de Lyon — Diocèse de Lyon

Antoine de Gayardon, écuyer, justifie sa filiation depuis

Noble Emmanuel de Gayardon (avant 1532).

Un chevalier de Malte : Guillaume-Jean de Gayardon (1516).

Seigneuries de Montblanc (en Bretagne), — de Luré, — de Bornes, — de Mellerie, — des Planes, — de Gresolles, — de Bufferdent, — de Chardon. — de Saint-Nizier, — de la Prée, — de Mochallés.

Alliances : familles : de Badiers, — de Polignac de Saint-Lans, — d'Ogeroles, — de l'Estouf, — d'Arci, — de Lamberton, — du Vernet de la Garde, — Cotton, — de la Salle, — de Lamur, — Fournier, — de Bais, — Chavet de la Prée, — Cachet.

Seconde branche

Laurent-François de Gayardon de Fénoyl, écuyer, justifie sa filiation depuis

Raymond de Gayardon de Gresolles (troisième fils de François de Gayardon et de Marie de Bais).

Seigneuries de Tiranges, — de Boisset, — de Chaumont, — de Montagnac, — de Fornier, — de Fénoyl.

Alliances : familles : Chapuis, — de Fénoyl, — Laisné.

Autre branche

Jean-Baptiste de Gayardon, écuyer (1711).

Famille maintenue dans la possession de sa noblesse par jugement des commissaires généraux du conseil du 20 avril 1690, et reconnue de même lignage que la branche de Laurent-François de Gayardon de Fénoyl.

Armes : *D'azur, à un lion d'argent, langué, onglé et couronné de gueules, accompagné de trois besants d'or, posés deux en chef et l'autre à la pointe de l'écu.*

DE GAYON

En Languedoc

Noble Jean-François-Henry-Antoine de Gayon, écuyer, conseiller du roi en la cour des comptes, aides et finances de Montpellier, justifie sa filiation depuis

Noble Pierre de Gayon (1596).

Seigneuries du Bousquet, — de Saléson, — de Libouriac.

Alliances : familles : de Nicolay, — de Rouch, — de Baudan, — de Torches, — de Thomas, — de Bonnet de Maureillan, — d'Erignac, — de Saint-Gilles, — de Cellier, — de Raousset, — de Caussert de Cabrerolles, — de Calmès de Lercare, — de Nattes.

Armes : *Écartelé au premier et au quatrième d'azur, à une croix d'or bretessée et alaisée, au deux et trois d'or, à un arbre de sinople, qui est* de Gayon, *et sur le tout d'azur à un chevron d'or, accompagné de trois roses de même, posées deux en chef et l'autre en pointe, qui est de* Saint-Gilles.

GAZEAU

En Poitou

Jacques-Louis Gazeau, écuyer de la reine, justifie sa filiation depuis

Jean Gazea ou Gazeau, écuyer (1446).

Seigneuries du Marçai, — de Champagné, — de Champdoré, — du Langon, — de la Brandasnière, — du Fief-Gazeau, — de la Boutarlière, — de Saint-André.

Alliances : familles : de Marçai, — de Russel, — Prévost, — Audouard, — Bodin, — Bonnevin, — Roirand, — Vigier, — Menanteau, — de Plouer, — Du Vergier, — Barrière, — des Villattes, — le Roux.

Seconde branche

SEIGNEURS DE LA BOISSIÈRE

Alexandre-Joseph Gazeau de la Boissière, page du roi en sa grande écurie, justifie sa filiation depuis

Charles Gazeau (troisième fils de Léon Gazeau et de Marie du Vergier) (1670).

Seigneuries de la Boissière, — de la Greffelière, — de Grosbreuil, — de la Baslinière.

Alliances : familles : Aubert, — Audoyer, — de Morais.

Troisième branche

SEIGNEURS DU PLESSIS ET DES GRANDES-MAISONS

Jean Gazeau (1650), écuyer, petit-fils de

François Gazeau, écuyer (deuxième fils de Jean Gazeau et de Jacquine Vigier) (1578), d'abord chevalier de Malte.

Seigneuries du Plessis, — des Grandes-Maisons, — de Lausonière.

Alliances : familles : Roirand, — Bertrand, — Gerrée.

Quatrième branche.

SEIGNEURS DE LA COUPERIE ET DU LIGNERON

Pierre-Louis Gazeau, écuyer, justifie sa filiation depuis

Jacques Gazeau, écuyer (troisième fils de Jean Gazeau et de Jacquine Vigier) (1578).

Un chevalier de Malte : Gabriel Gazeau (1677).

Seigneuries de la Couperie, — du Ligneron, — des Noues, — de la Courtaizière, — des Touches, — de Puiraveau.

Alliances : familles : d'Argenton, — Suzanneau, — Guérin, — Espinasseau, — Bertrand, — de Baudri-d'Asson.

Armes : *D'azur, à un chevron d'or, accompagné de trois trèfles de même, posés deux en chef et l'autre à la pointe de l'écu.*

GELLÉ DE SAINTE-MARIE

Michel Gellé de Sainte-Marie, chevalier de Saint-Louis, lieutenant-colonel du régiment de Chépi-Cavalerie, fut anobli par lettres patentes données à Paris, au mois de mars 1720, en considération de ses services militaires.

Alliance : famille de Charlus.

Armes : *De sinople, à trois étoiles d'argent, posées deux et une.*

DE GEOFFROY[1]

En Provence

César de Geoffroy, écuyer, justifie sa filiation depuis

Emmanuel Geoffroy, citoyen de Nice, qualifié noble (1517), marié à Honorade de Grimaldi.

Seigneuries du Rouret, — de la Cainée.

Alliances : familles : de Grimal-

[1] Autre famille de ce nom : Geoffroy de Maret; autre en Languedoc et à Paris. (E. B.)

di, — de Chabaud, — Lombard, — de Galléan, — Dalmassy, — de Vitalis, — de Barbaroux, — de Grassy, — Rabuis, — Le More, — de Moricaud, — de Villeneuve de Bargemon.

Armes : *Tranché de gueules sur argent.*

GEORGES[1]

Thionville

Claude-François Georges, écuyer, justifie sa filiation depuis Philippe Georges, anobli par Charles III, duc de Lorraine (26 mai 1628).

Seigneuries de la Grange-aux-Isles, — de Meilbourg, — de Maquenon, — des Isles de Vertelope et de Stelzelope.

Alliances : familles : Vautrin, — Ceintrei.

Armes : *D'azur, à un lion d'or, à demi corps, langué et onglé de gueules, coupé d'un bandé d'azur et d'or de six pièces et une fasce d'argent, chargée sur chacune de ses extrémités d'une croix de gueules ancrée.*

DE GÉRIN

Branche d'une famille d'Italie du surnom de GERINI, établie en Provence

Jean-Joseph de Gérin, lieutenant général en l'amirauté des mers du Levant, justifie sa filiation depuis Jean Gerini de Florence (1476).

Alliances : familles : Rose, — Boniface, — Carbonel, — Sommati, — Sigaloux, — Fabre, — Chautard, — Garjan, — de Cuges, — Garnier, — Ricard ou Ricardi, — de Capel, — de Pallas, — d'Entrechaux, — Roux.

Armes : *De gueules, à trois chaînes d'or posées en bande, et un chef aussi d'or, chargé d'un cor de chasse, lié de gueules.*

Cimier : *Une aigle à deux têtes d'azur.*

Devise : *Cœlum, non animum, muto.*

DE GERVAIN

Généralité de Bordeaux — Diocèse d'Agen

Pierre-Hector de Gervain, écuyer, justifie sa filiation depuis Pierre Gervain, capitaine de la ville de Montclar (1492).

Seigneuries des Landes, — du Vigier, — du Rasle, — de Roquepiquet, — de Ribéroles, — de Favoles, — de Montclar.

Alliances : familles : Penaud, — Guibert, — de Galard, — de Ségur, — du Vigier, — Béraud, — Faure du Bouquet, — de Digeon, — de Vivant, — de Vinhals, — de Montratier, — de Cours.

Armes : *D'azur, à un chevron d'or, accompagné de trois roses de même, posées deux en chef et l'autre à la pointe de l'écu.*

GERVAIS[1]

En Bretagne

Gervais de la Vallée

Jean-Pierre-Léon Gervais, écuyer, justifie sa filiation depuis Jean Gervais, anobli par lettres du duc de Bretagne, son prince souverain (1441).

Seigneuries de la Vallée, — de la Mabonnaie, — de la Godelle, — du Pont, — de la Ville-Archer, — de Moulin-Neuf, — du Tertre.

Alliances : familles : de la Chapelle, — de Bois-Jagu, — Paris, — Philippes, — Clément, — Morel, — Goret, — Tranchant.

[1] Famille Georges d'Ollières, en Provence, branches Anhulte, Georges en Normandie. (E. B.)

[1] Autre originaire de Milan, établie à Marseille (La Chesnaye).

Seconde branche

GERVAIS DE LA MABONNAIE

GUILLAUME-FRANÇOIS GERVAIS, écuyer, justifie sa filiation depuis

FRANÇOIS GERVAIS (deuxième fils de GUILLAUME GERVAIS et d'YVONNE CLÉMENT) (1635).

Seigneurie de la Mabonnaie.

Alliances : familles : Pepin, — des Aages, — Potier des Chesnayes.

Armes : *D'or, à une pomme de pin de sable placée au côté droit du chef; un merle aussi de sable posé au côté gauche du même chef, et un crapaud pareillement de sable à la pointe de l'écu.*

GESTART DE VARVILLE

A Paris et en Normandie

JEAN-FRANÇOIS GESTART, écuyer, justifie sa filiation depuis

RENÉ GESTART, secrétaire du roi (1634) [1].

Seigneuries de la Brosse, — de Neuville, — de Saint-Esman, — de Préaux, — de Puisaloux, — de Saint-Léger, — de Vaubrun, — de Varville.

Alliances : familles : de Mauroy, Chevalier, — Passart, — de Gaissart d'Escle, — Macaire, — de Cairon.

Armes : *D'azur, à un sautoir d'argent, accompagné de quatre flammes d'or.*

GIBOT

Généralité de Tours — Diocèse d'Angers

PIERRE-RENÉ GIBOT, écuyer, justifie sa filiation depuis

ALAIN GIBOT, seigneur de la Perinière [2] (1483).

Deux chevaliers de Malte : CLAUDE GIBOT (1631), — PIERRE-DAVID GIBOT (1667).

Seigneuries de la Perinière, — de Moulinvieux, — de Portaut, — de la Carrelière, — de la Buissonnière.

Alliances : familles : d'Aubigné, — Le Bascle, — Dorin, — de Maridor, — Herbelin, — de Courtalvert, — de la Boessclière, — Urvoi, — Gueho.

Armes : *D'argent, à un léopard de sable.*

[1] Maintenue de 1669 et 1700.

[2] La Chesnaye mentionne le père d'Alain, vivant en 1456. (E. B.)

GIGAUT DE BELLEFONDS

CHARLES GIGAUT DE BELLEFONDS, lieutenant des maréchaux de France au département de Loches, justifie sa filiation depuis [1]

HÉLION GIGAUT, écuyer (1489).

Un chevalier de Malte : JULIEN-VICTOR-CLAUDE GIGAUT (1703).

Seigneuries du Chassin, — de Châteaulandon, — de Marenne, — de Mesvres.

Alliances : familles : Binet, — Salmon, — de Preville, — de Planche, — Grassignone.

Armes : *D'azur, à un chevron d'or, accompagné de trois losanges d'argent, posées deux en chef et l'autre à la pointe de l'écu.*

GILLABOS

Bourgogne — Arbois

JUST-IGNACE GILLABOS, justifie sa filiation depuis

PHILIPPE GILLABOS, anobli le 7 octobre 1620, par l'empereur Ferdinand II, en considération des services militaires rendus par ses ancêtres.

Seigneurie de Baudain.

[1] Son fils, qualifié comte de Bellefonds. — Autre branche dont était le maréchal Gigault, marquis de Bellefonds) 8 juillet 1668, suivant La Chesnaye). Autre famille de ce nom en Champagne. (E. B.)

Alliances : familles : Chevassi de Molambo, — Dagai, — Ratelot.

Armes : *D'azur, à trois colombes d'argent, becquées et onglées de gueules, posées deux et une; écartelé de gueules à un chêne d'or, arraché.*

GILLEBERT DE LA JAMINIÈRE

En Normandie

Brice-François Gillebert de la Jaminière, capitaine lieutenant des chevau-légers de la garde du roi, justifie sa filiation depuis

Henri Gillebert, écuyer (1506).

Seigneuries de la Guyardière, — de la Jaminière, — du Belestre, — d'Haleines, — d'Herblay-sur-Seine.

Alliances : familles : des Landes, — Boisroussel, — Pernot, — de Boisseret, — de Merville, — Le Silleur, — Gallery de la Tremblaye.

Armes : *D'azur, à une croix d'argent, engrêlée, et cantonnée de quatre croissants d'or.*

GILLI

Simon Gilli, député par les États de la province de Languedoc près de Sa Majesté, fut anobli par lettres patentes données à Versailles, au mois de mai 1733, en considération des services rendus depuis vingt ans à l'État.

Armes : *D'azur, à un phénix d'or enflammé de gueules sur un autel d'argent, et un soleil d'or naissant, mouvant de l'angle droit du chef de l'écu.*

DE GIOVE

Claude-Charles de Giove, gentilhomme génois, justifie sa filiation depuis

Nicolas de Giove (avant 1470).

Seigneuries......

Alliances : famille du Jardin.

Armes : *D'azur, à une muraille d'or posée en fasce, longée d'argent; et un chef d'or chargé d'une aigle de sable.*

GIRARD DE LANGLADE

En Périgord

Pierre-Girard de Langlade, écuyer, maintenu dans sa noblesse par ordonnance du 18 juin 1698, justifie sa filiation depuis

Raymond Girard de Langlade, écuyer, avocat au parlement de Bordeaux, maire de Périgueux en 1592, anobli par lettres patentes du roi Henri IV, du mois de février 1594.

Seigneuries d'Aillac, — de Lavignac, — de Labatut, — de Manzat, — de la Borie.

Alliances : familles : Chillaud, — du Pescher, — Toumasson, — Roubert, — de Valbrune, — Girard, — d'Alesme, — de Puyardy, — Bourdier, — Jouiay ou de Gouay, — de Montozon de la Faye, — Mignot.

Deuxième branche

Pascal-Girard de Langlade, écuyer, justifie sa filiation depuis

Jean-Girard de Langlade, écuyer, maire de Périgueux (1647) (troisième fils de Geoffroy Girard de Langlade et de Suzanne du Pescher), auteur de cette seconde branche.

Seigneuries de la Vaysse, — de la Rampinsole, — de Lavignac.

Alliances : familles : de la Borie, — d'Autressard, — de Gerbaud, — d'Alesme, — de Bournazel, — de Crevoiseret.

Troisième branche

Jean-Girard de Langlade, écuyer, petit-fils de

Jean-Girard de Langlade, écuyer, avocat au parlement de Bordeaux (second fils de Raymond Girard de Langlade et d'Anne

Chillaud), auteur de cette troisième branche (1605).

Seigneurie de la Veyssière.

Alliances : familles : Choumelte, Noualis, — Chancel.

Armes : *D'or, à un globe de gueules sommé de sa croix de même, accosté de deux branches de chêne de sinople fruitées et affrontées, le globe soutenu par une fleur de lis de gueules posée à la pointe de l'écu, et un chef d'azur chargé de trois étoiles d'or.*

GIRAUD DE CREZOL[1]

Dans l'Amérique et à Rochefort

Pierre-André Giraud de Crezol, écuyer, officier de la compagnie des cadets à Rochefort, justifie sa filiation depuis son aïeul

Pierre Giraud, écuyer, capitaine d'infanterie dans l'île de Saint-Christophe, anobli en 1667 pour ses services militaires.

Seigneuries du Poyet, — de Crézol.

Alliances : familles : Hubert, — Riflet, — le Merle, — d'Angennes, — de Beaumanoir, — Mithon, — le Vassor, — de Cacquerai, — Courtois.

Armes : *D'azur, à un chevron d'or, surmonté d'une trangle de même, et de trois étoiles aussi d'or, rangées en chef, et trois croissants d'argent posés un et deux à la pointe de l'écu.*

DE GISLAIN

Généralité de Paris — Diocèse de Sens

Jacques-Louis de Gislain, écuyer, justifie sa filiation depuis

Jean Gislain, écuyer, seigneur de Boisguillaume[2] (1490).

[1] Familles Giraud à Arles, à Toulon et Hyères; Girault, à Langres (La Chesnaye).

[2] Maintenue du 2 août 1634.

Seigneuries de Vertron, — de Rouvrai, — de la Brosse, — des Chapelles, — de Montacher, — de Granne, — du Houssai, — du Hail, — de Boisguillaume, — de Corbeon, — de la Gastine, — de Saint-Mars de Coulonge.

Alliances : familles : du Merle-Blancbuisson, — de Loisi, — Souhet, — le Jai, — le Diacre, Bouju.

Armes : *D'azur, à un cerf d'or passant.*

DE GIVÉS

Dans l'Orléanais

SEIGNEURS DE BELNEUF

Jacques de Givés, capitaine d'infanterie, justifie sa filiation depuis

Noble homme et sage maître Jean Givés, avocat du roi (avant 1500).

Seigneuries de Belneuf, — de Coudreseau, — du Coudray, — de Chameulles, — de Villeserveux, — du Larri, — du Desveau, — de Pouilly.

Alliances : familles : Michon, — Baude, — de Champront, — des Coutures, — le Tonnellier, — Lhuilier, — Hue, — Blanche, — de Hallot, — de la Jarrielle, — Vaillant, — Fleureau, — de Bourdeaux, — de Dinan, — de Colom, — Aubriot, — Dorat, Colombeau, — Sevin, — Bonvalet, — Doillet de Saint-Agnan, — Calles, — Budé, — du Four, — d'Aguesseau.

Deuxième branche

SEIGNEURS DES BOIS-BESNARDS

Denis de Givés, écuyer, justifie sa filiation depuis

Antoine de Givés, écuyer (second fils de Nicole de Givés et d'Elisabeth Fleureau) (1641).

Seigneuries de Villardu, de Lancosme, — de Creusi, — des Bois-Besnards.

Alliances : familles : du Fayot, — Salomon, — Pellaut, — Ozon, — Morin, — de Morestz, — d'Avalleau, — Rochard, — de Rohard, — Regnard, — Musnier, — Cathala, — Bourgeois, — de Boisguyon, — de Loubes, — du Mouchet.

Troisième branche

SIEURS DE CREUSI

PIERRE DE GIVÉS, écuyer, fils de PIERRE DE GIVÉS (troisième fils de DENIS DE GIVÉS et de CATHERINE MUSNIER, sa seconde femme).

Seigneuries de Fontenai, — de Creusi, — de la Falconnière, — de Montguignard, — de Fresnay-les-Chaulmes.

Alliances : familles : Mollard, — Turtin.

Armes : *D'azur, à un chevron d'or, chargé de cinq annelets de gueules.*

GOBELET

Champagne

JEAN-MÉDARD GOBELET, demeurant à Varenne en Argonne, justifie sa filiation depuis

NICOLAS GOBELET, professeur ès droit dans l'université de Louvain, fondateur dudit collége (1622).

Seigneuries de Haucourt, — de Malancourt, — d'Arthe, — de Warisoul, — de Fraucourt, — de Branson, — de Beausse.

Alliances : familles : Buard, — Strabins.

Armes : *D'or, à trois merlettes de sable, posées deux et une.*

GOSSELIN DE BOISMONTEL

En Normandie

JEAN-JACQUES GOSSELIN DE BOISMONTEL, écuyer, justifie sa filiation depuis

NICOLAS GOSSELIN, procureur des Etats de Normandie (1550).

Seigneuries de la Vacherie, — de Moulineaux, — de Boismontel.

Alliances : familles : Morel, — Le Sauvage, — Mauger, — d'Aumont, — Le Bastier, — Doisnel.

Armes : *D'argent, à un chevron d'azur, chargé de sept besants d'or et accompagné en chef de deux molettes d'éperon de sable, et en pointe d'une aigle à deux têtes, aussi de sable, les ailes étendues et abaissées, et un chef de gueules.*

GOURJAULT

Généralité de Poitiers — Diocèse de Poitiers

CHARLES GOURJAULT, écuyer, justifie sa filiation depuis

JEAN GOURJAULT, écuyer (1520).

Seigneuries de Cerné, — de la Berlière, — de Couzai, — de Villefai, — de la Millière, — de Passac, — de Panièvre, — de la Groie, — de la Couharde.

Alliances : familles : Suirot, — Hélie, — de la Barre, — de Vivone, — Geoffroi, — Taveau.

Armes : *De gueules, à un croissant d'argent.*

DE GRAVERON

Généralité de Rouen — Diocèse d'Évreux

ADRIEN-LOUIS DE GRAVERON, écuyer, justifie sa filiation depuis

ROBERT DE GRAVERON, écuyer (1502).

Un chevalier de Malte : JACQUES-ADRIEN-JOSEPH DE GRAVERON (1734).

Seigneuries d'Heudreville-sur-Eure, — de la Haie de Calleville, — de la Haie en Artois, — de Sainte-Colombe, — de Gondreville, — de Graveron.

Alliances : familles : du Val, — de Livet, — de Changi, — Le Neveu, — le Fort, — de la Haie, — de Bethencourt.

Armes : *De gueules, à une fasce d'or, surmontée d'une branche d'arbre de même, écotée et posée en fasce.*

GRENIER[1]

En Normandie

François-Guillaume-Augustin Grenier, écuyer, justifie sa filiation depuis

Guillaume Grenier, capitaine des vaisseaux du roi sous le titre de capitaine ordinaire pour Sa Majesté de la marine du Ponant (1574).

Seigneuries d'Ernemont en Caux (baronnie), — de Cantepie, — de Thibouville.

Alliances : familles : Le Conte, — Patille, — Plainpel, — de Saint-Léger, — de Montigny, — Brasdefer, — de Cabeuil.

Deuxième branche[2]

François-Claude Grenier, qualifié chevalier, justifie sa filiation depuis

Etienne Grenier, échevin et capitaine des bourgeois de la ville du Havre-de-Grâce (1613) (second fils de Guillaume Grenier et de Sainte Le Conte), auteur de cette seconde branche.

Seigneuries de Cauville, — de Raimbertot, — de Mantevillette, — de Saint-Ouen, — de Touffreville.

Alliances : familles : du Chesne, — Teterel, — Plainpel, — du Buisson, — Erard, — de Saint-Ouen.

Troisième branche

Antoine-Jacques Grenier de Cauville, écuyer, capitaine de la compagnie de grenadiers de Neufchâtel au régiment des grenadiers royaux de le Camus, fils de

Jacques Grenier de Cauville, écuyer, dit le Chevalier de Cauville (second fils de David-François Grenier de Cauville et de Marguerite du Buisson).

Seigneurie de Cauville.

Alliances : familles : de Guillaume de la Villette, — Châtillon.

Armes : *De gueules, à trois épis de blé d'or posés en pal l'un à côté de l'autre, et un chef aussi d'or chargé de trois étoiles d'azur.*

GRIMOUARD

Poitou

Jacques-Geoffroy Grimouard, écuyer, et Henri-Marie Grimouard, écuyer.

Seigneuries du Peré, — de Vagnes, — de la Tabarotière, — de la Loge, — de Saint-Laurent de la Salle, — de Guignefolle.

Ont déclaré, en attendant la preuve de leurs filiations, qu'il portaient pour

Armes : *D'argent, à un fretté de gueules de six pièces, et un franc-quartier d'azur.*

DE GRIPIÈRE DE MONCROC

En Normandie, en Agenois et en Bresse

Louis-Gaston de Gripière, écuyer, lieutenant dans le régiment de Royal-Artillerie, justifie sa filiation depuis

Tassin de Gripière, écuyer (av. 1538).

Seigneuries de Collemont, — du Quesney, — de la Gripière, — de Moncroc, — de la Frenée ou Fresnaye, — de Collombière, — de la Roque, — de Laval, — de Cezerac, — de Vecours, — de Montsimon, — de Montalibore, — de Moisiat.

Alliances : familles : de Pouilly, — de Beaumoncel, — Le Bienvenu, — Vauquelin, — Le Grand, — de Fayolles, — du

[1] Familles Grenier en Guyenne et à Mortagne (baron. d'Oléron).

[2] Branche anoblie par le roi en 1655.

Freisse, — du Bois-de-Fretière, — de la Goutte de la Pouyade, — Betous, — Simony de Broutière, — de Reyre, — du Pré.

Armes : *De gueules, à une croix d'argent, cantonnée de quatre molettes d'éperon d'or.*

GROS DE BOZE[1]

Claude Gros de Boze, né à Lyon, le 12 novembre 1687, successivement secrétaire perpétuel de l'Académie royale des inscriptions et belles-lettres (1706), l'un des quarante de l'Académie française, reçu en 1715 en la place de M. de Salignac de Fénelon, archevêque de Cambrai, reçu en la chambre des comptes de Paris, le 14 décembre 1724, auteur de l'Histoire et des Mémoires de l'Académie des inscriptions et belles-lettres.

Alliances : famille de Chastre de Cangé.

Armes : *D'or, à un chevron de gueules, dentelé et accompagné de trois merlettes de sable, posées deux en chef et l'autre à la pointe de l'écu.*

DE GROUCHI

Généralité de Rouen — Diocèse de Rouen

Thomas de Grouchi, écuyer, justifie sa filiation depuis

Colard de Grouchi, écuyer, déclaré noble le 14 janvier 1479[2].

Seigneuries de Gréni, — de la Chaussée-sur-Longueville, — de Robertot, — de la Marre-Gouvis, — de Bressi, — de la Chaussée de Greni, — de Soquentot, — de la Rivière, — de la Cauchée, — de Monstieraullier.

Alliances : familles : de Clerci, — de Dampierre, — Toustain, — de Monssures, — Le Prevost, — de Morand, — de Fontaine.

Seigneurs de la Marre-Gouvis.

François-Jacques de Grouchi de Robertot, page du roi dans sa grande écurie (1732), justifie sa filiation depuis

Jacques de Grouchi, écuyer (1616) (troisième fils de François de Grouchi et de Marie Toustain).

Seigneuries de Robertot, — de Bressi, — de la Marre-Gouvis.

Alliances : familles : Le Roux, — Cousin.

Armes : *D'or, fretté de six pièces d'azur, et sur le tout un écusson d'argent, chargé de trois trèfles de sinople posés deux et un.*

DE GUALY

En Rouergue

François de Gualy, qualifié chevalier, justifie sa filiation depuis Messire Bérenger Galy (1519).

[Un Bérenger Galy, chevalier, est ainsi qualifié dans une reconnaissance du 17 des calendes de décembre 1262.]

Seigneuries de Galière, — de Saint-Rome, — du Roucous, — de la Gineste, — de la Gruelle, — du Gua, — d'Auriac, — de Lhom, — de Saumane, — de Saint-Martin-de-Corconac, — de Bussas, — de Massevaques, — de Cabrilhac, — de Peyre, — de Creissel, — de Montagnac.

Alliances : familles : Sigalda, — Eralh, — Chaffary (ou Chaffarin), — Borzes, — Durand, — de Molinier, — de Tauriac, — du Puy, — de Crozat, — Artis, — de Mazerand, — de Rozel-de-Lhom, — d'Auriac, — de Conducher, — de Bonnefous, — d'Albignac, — de Corcoral, — de Cabrol, — Durand de Vibrac.

Armes : *D'or, à une bande d'azur, chargée de trois roses d'argent et*

[1] Familles Le Gros, à Aix, et à Coiffy, en Champagne.

[2] La Chesnaye mentionne le père de Colard, sr de Montchereulles, 1416.

accompagnée de dix losanges de sable rangées en bande, cinq en chef et cinq en pointe, deux et trois, trois et deux.

GUENANT

Généralité de Bourges — Diocèse de Bourges

CHARLES GUENANT, écuyer, justifie sa filiation depuis
LOUIS GUENANT, écuyer (1480).

Seigneuries de Chaubuisson, — de la Chalonerie, — de la Voletière, — de la Courtaisière, — du Breuil, — de Vitré, — de Saint-Paul, — de Saint-Ciran, — de la Roche-aux-Belins, — de Beauregard, — de la Touche-Saint-Ciran, — de Lourlière.

Alliances : familles : Patoufleau, — Simon, — de Baillou, — de Vauroger, — de Tranchelion, — de Villiers, — Chauveron, — Chevaleau, — Isoré.

Seigneurs de Saint-Paul et de Lourlière

RENÉ GUENANT, écuyer, fils puîné de CHARLES GUENANT et d'ANTOINETTE DE TRANCHELION, forme la branche des seigneurs de Saint-Paul et de Lourlière.

Seigneuries de Saint-Paul, — de Lourlière, — de Chevaunai.

Alliances : familles : Du Pui, — Du Breuil.

Armes : *D'or, à cinq losanges de gueules, posées en fasce.*

GUÉRIN DE SAUVILLE, DE TARNAUT ET DE BRUSLARD

En Champagne et dans l'Isle de France

SEIGNEURS DE SAUVILLE

JEAN DE GUÉRIN, écuyer (1638), remonte par sa filiation à
DIDIER GUÉRIN, écuyer (1541).

Seigneuries de Sauville, — de Champvoissi.

Alliances : familles : le Gendre, — Noël, — d'Estaldoff, — l'Evesque, — de Boussac, — l'Empereur, — Soufflier, — Priou, — de Ponssort, — de Crennequin, — Quesmart, — de Noël, — Colinet, — Chevillet, — Le Fèvre.

Seconde branche

SEIGNEURS DE TARNAUT

PIERRE GUÉRIN, seigneur de TARNAUT, gouverneur du Gros-Varadin en Hongrie, justifie sa filiation depuis
ACHILLE GUÉRIN (second fils de DIDIER GUÉRIN et de GENEVIÈVE LE GENDRE) (1561).
PIERRE GUÉRIN est mort sans descendants.

Seigneuries de Bruslard, — de Tarnaut, — de la Neuville, — des Conardins, — de Goyencourt, — de la Baillie.

Alliances : familles : Michon, — le Philipponnat, — Aubelin, — — de Berziau, — Huaut de Montmagni, — de Riencourt, — Caboche, — Hatte.

Troisième branche

SEIGNEURS DE BRUSLARD

GASPARD-ROBERT GUÉRIN DE BRUSLARD, major au régiment de Picardie, justifie sa filiation depuis
ACHILLE GUÉRIN (second fils d'ACHILLE GUÉRIN et de BARBE MICHON) (1608).

Seigneurie de Bruslard.

Alliances : familles : Cabaret, — Lievaut, — le Philipponat, — Janart, — Alligret, — Bouchel, — de Courtenai, — de Jordi de Cabanac.

Quatrième branche

HENRI GUÉRIN DE BRUSLARD, écuyer, fils de ALEXANDRE GUÉRIN DE BRUSLARD, capitaine au régiment de Picardie (fils unique du deuxième lit de JEAN GUÉRIN et de ANTOINETTE JANART) (1684).

Seigneurie de Lhuy.

Alliances : familles : Richelet, — — Le Seurre.

Cinquième branche

ANTOINE GUÉRIN DE BRUSLARD, écuyer (second fils d'ACHILLE GUÉRIN et de MARGUERITE CABARET), est l'auteur de cette branche (1618).

Seigneuries de Bruslard, — de Violaine.

Alliances : familles : Richelet, — Soulain, — Alligret, — La Barge, — Le Fèvre, — Longin, — Le Dieu.

Sixième branche

JEAN-BAPTISTE GUÉRIN DE BRUSLARD, écuyer (troisième fils de CLAUDE-CHARLES GUÉRIN et de MARGUERITE LE FÈVRE), est auteur de cette branche (1690).

Seigneurie de Bruslard.

Alliance : famille Moreau.

Septième branche

ISAAC GUÉRIN DE SAUVILLE, écuyer (fils aîné de DIDIER GUÉRIN et de JACQUELINE NOEL), est auteur de cette branche (1590).

Seigneurie de Sauville.

Alliances : familles : de Valencourt, — Haudouin, — de la Pierre, — Godet.

Autre branche

SEIGNEURS DE POISIEUX, EN CHAMPAGNE

JACQUES GUÉRIN, seigneur de POISIEUX (1654), justifie sa filiation depuis

Noble homme ROBERT GUÉRIN, écuyer, père de DIDIER GUÉRIN (1533).

Seigneuries de Poisieux, — de Chappes, — de Martreu, — de la Roche, — de Gastevin, — de Tourville, — de Mareuil, — de Vaujour, — de Sainte-Croix, — des Essarts-le-Vicomte.

Alliances : familles : Miron, — de Fontenailles, — de Crevant, — d'Arcambourg, — de la Trémoille, — André, — d'Ancienville, — de Normanville, — de Crèvecœur, — du Creux.

Armes : *D'or, à trois lions de sable, langués, onglés et couronnés de gueules.*

GUERRI D'IZY

Dans le Blésois

ANGE GUERRI, écuyer, justifie sa filiation depuis

JEAN GUERRI, premier du nom, écuyer (1528).

Seigneuries de la Croix, — de la Rochebourgogne, — d'Izy, — de la Guillaumière.

Alliances : familles : Baussay, — Richard, — de Baugé, — du Chesne, — de Veret, — des Fourneaux, — Chicoineau, — Herissan, — du Noyer, — Boursier, — de Beauchesne, — de Massac, — Hue de Courson.

Deuxième branche

PIERRE GUERRI, écuyer, fils de

PIERRE GUERRI (deuxième fils de JACQUES GUERRI et de MADELÈNE CHICOINEAU) (1649).

Seigneuries des Loucheries, — de Boisgaullier, — d'Izy.

Alliances : familles : Blanchet, — de Marescot.

Armes : *D'or, à une fasce de gueules, accompagnée de trois roses de même, posées deux en chef et une à la pointe de l'écu.*

GUILLAUME[1]

Généralité de Paris — Diocèse de Sens

MAXIMILIEN-ROCH-LOUIS-ROBERT GUILLAUME, écuyer, justifie sa filiation depuis

CHRISTOPHE GUILLAUME, bailli et capitaine de la ville de Sens (1565).

[1] Familles Guillaume en Franche-Comté, en Bretagne (de la Creuille), à Châlons. (E. B.)

Seigneuries de Marsangi, — de Brassi les Simonets, — de Brai.

Alliances : familles : Gautier, — Vincent, — Canelle, — Hemard.

Armes : *D'azur, à une fasce d'or, accompagnée en chef d'une étoile de même entre deux roses d'or, et en pointe d'une tête de cerf aussi d'or posée de front.*

DE GUILLAUME

Dans l'Orléanais et en Limousin

CHARLES DE GUILLAUME DE ROCHEBRUNE, qualifié chevalier, justifie sa filiation depuis

MATHIEU GUILLAUME, écuyer (avant 1554).

Seigneuries de Cormainville, — de Pussy, — de la Grange, — de Marçay, — de Rochebrune, — de Touriet, — du Colombier, — de la Beausserie, — de Cordelas.

Alliances : familles : Noblet, — de Gombeau, — de Grivy, — Danyaud, — de Verthamont, — de Girard, — Chastagnat, — de Maledent, — Nycollas, — Colombeau, — David de la Vergne, — Pinot, — Limousin de Neuvic, — Touzac de Saint-Etienne.

Branche des seigneurs des Hors, de Léry et de l'Espinasserie

JEAN DE GUILLAUME, écuyer, fils de

JEAN DE GUILLAUME, écuyer, contrôleur-audiencier près la cour des aydes de Montauban (troisième fils de CHARLES GUILLAUME et de MARIE DANYAUD).

Seigneuries des Hors, — de Léry, de Lespinasserie, — du Chalard, — de la Rivière.

Alliances : familles : du Faure, — Bonnet de la Roche, — du Mas, — de Caux, — Teyssier de Regis.

Armes : *Écartelé, au 1 et 4 d'azur, à un chevron d'or, accompagné en chef de deux étoiles d'argent et d'un croissant de même en pointe; au 2 et 3 d'azur, à trois fasces d'or, écartelé de gueules, à trois chevrons d'or.*

GUILLIER

En Bourgogne

GUILLAUME-LÉONOR GUILLIER DE SERRIGNY, écuyer, capitaine au régiment Royal-Comtois, justifie sa filiation depuis

Noble ANTOINE GUILLIER (avant 1550).

Seigneuries du Bois de la Motte, — d'Escuelles, — de Pont-de-Vaux, — du Moulan, — de Serrigny.

Alliances : familles : Galois, — Tappin, — de Mucie, — d'Anguillon, — Arbaleste, — de Richard, — de Thomassin de Serrigny, — Burgat.

Armes : *D'azur, à une bande d'argent dentelée.*

DE GUISCARD

En Quercy

JEAN-LOUIS-ARMAND DE GUISCARD, appelé le comte de GUISCARD, capitaine de cavalerie dans le régiment de Rohan, justifie sa filiation depuis

BERNARD DE GUISCARD, chevalier (1246).

Deux chevaliers de Malte : BERTRAND DE GUISCARD (1384). — JEAN DE GUISCARD DE LA COSTE (1668).

Seigneuries de la Coste, — de la Laurie, — de Moncuc, — de Lolmie, — de la Gardelle, — de Jarnac, — du Vernoux, — de Pons, — de Saint-Jean, — d'Arvieux, — de Bruels, — de Bru.

Alliances : familles : Finelle, — de Grezels, — de Saint-Geniez, — de Cermet, — de Montagut, — de Lolmie, — de Narcés, — de Salviac, — de Saint-Julien, — d'Aragon, — de Rozet, — de

Veyrac, — de Landore, — de la Boissière de Narcés, — de Ferrières, — de Lesergues, — Siquet, — de Preyssas, — Valete, — de Lomagne, — de la Duguie, — de Genouillac, — de Castéja, — de Gourdon, — Lambert, — de Mandosse, — Brun, — de la Boissière, — — de la Barthe, — de la Sudrie, — de Bonnefont, — du Tilhet, — de Lord, — le Berton, — del Pere de Belfort, — de Guilhen, — de la Roques-Senezergues, — de Mirandol, — de Cadrieu.

Seconde branche

RAIMOND DE GUISCARD, chevalier de Saint-Louis, justifie sa filiation depuis

JEAN DE GUISCARD (deuxième fils de JEAN DE GUISCARD et de FRANÇOISE DE LA BARTHE) (1596).

Seigneuries de la Vercantière, — de Rampous, — de Saint-Martin, — de Montcorneil, — de la Laurie, — de Pech de Sirech, — del Cairo, — de Bar, — de Courbenac, — de la Tour, — de Cledelles.

Alliances : familles : de Saint-Astier, — de Guiscard, — de Falmon de Raymond, — de Raffin, — de Lord, — de Roudanes, — de Jouards, — de la Boissière.

Troisième branche

SEIGNEURS DE LA BOURLIE

MARQUIS DE GUISCARD

LOUIS DE GUISCARD, lieutenant-général des armées du roi, justifie sa filiation depuis

GABRIEL DE GUISCARD (troisième fils de JEAN DE GUISCARD et de FRANÇOISE DE LA BARTHE) (1598).

Seigneuries del Cairo, — de la Gardelle, — de la Laurie, — de Montcorneil, — de Brueix, — de Puycalvary, — de Bovila, — de la Roquerie, — de la Coste, — de Neufvy, — de la Bourlie, — de la Selle, — de la Boulverie, — de Fourdrinoy, — de Magny, — de Guivry, — de Baugy, — Maucourt, — de Muirencourt, — de Berlancourt, — de Buchoir, — de Beines, — de Rouvrel, — de Rezavoine, — de Tirlancourt, — de Bétancourt, — d'Hérouval.

Alliances : familles : Laquay, — de Thémines, — de Navinal, — de Losse, — de Cadrieu, — de Longueval, — Savary, — de Langlée, — d'Aumont.

Armes : *D'argent, à une bande de gueules.*

DE GUISLAIN

Originaires de Flandre, établis en Vermandois

TRISTAN-LOUIS DE GUISLAIN (1608), chevalier, justifie sa filiation depuis

Honoré seigneur PIERRE DE GUISLAIN - WAESBERGH, écuyer (1547).

Seigneuries de Bousebecque, — de Waesbergh, — de la Mothe, — des Quatrevaulx, — de la Barre, — de Rémigny, — d'Audencourt.

Alliances : familles : de Bonnières de Souastre, — du Bouchet, — Lance, — Plonchart, — de Navet, — de Riencourt, — de Sapincourt, — de Sorny, — de la Heurière, — Vaucquet, — de Hangest, — de Crécy, — Giraud.

Seconde branche

LOUIS-ALEXANDRE DE GUISLAIN DE LA VIÉRUE, maréchal de camp, justifie sa filiation depuis

ALEXANDRE DE GUISLAIN, chevalier (quatrième fils de JEAN DE GUISLAIN et de ANTOINETTE DE SAPINCOURT).

Seigneuries de la Viérüe, — de Barbonval, — du Verger, — de Malval, — de Trusy.

Alliances : familles : de la Burte, — de Saint-André, — de la Roque, — de la Martonie.

Armes : *D'azur, à un chevron d'argent, accompagné en chef de deux étoiles d'or, et en pointe d'une merlette de même.*

DE GUISTELLE orthographié aussi GHISTELLE

Artois — Diocèse de Boulogne

LOUIS-IGNACE DE GUISTELLE, écuyer, justifie sa filiation depuis

JACQUES DE GUISTELLE, chevalier, mayeur de Saint-Omer, et souverain bailli de toutes les Flandres (1478).

Seigneuries de Serni, — d'Aquembrone, — de Roclencourt, — de la Franche-Garène, — de Saint-Floris, — des Marais, — de Proüène, — de Wassenar, — de la Motte, — de Merlin.

Alliances : familles : de Guernonval, — de Coupigni, — de Wissoc, — de la Planque, — de Croï, — de Baenst, — de la Barre, — de Marle, — de Fontaines, — de la Viefville, — de Bieuraing.

Armes : *De gueules, à un chevron d'hermines.*

GUITON [1]

Généralité de Limoges
Diocèse d'Angoulême

ELIE GUITON et FRANÇOIS GUITON, en attendant leur filiation,

Seigneuries de Linars, — de Saint-Michel, — de Florac, — du Tranchard, — de la Touche.

Ont déclaré porter pour

Armes : *D'or, à une branche parasite appelée gui, chargée d'un taon de sable, et un chef d'azur chargé de trois étoiles d'argent.*

[1] Familles de Guitton à Avranches, et Guitton-Ganhl, à Marseille. (E B.).

DE HACQUEVILLE

Généralité de Paris — Diocèse de Sens

CHARLES-FRANÇOIS DE HACQUEVILLE, écuyer, justifie sa filiation depuis

JACQUES DE HACQUEVILLE [1] (avant 1492).

Seigneuries de Jamar, — d'Aumont, — de Garges, — d'Attichi, — de Vaux, — d'Ons-en-Brai, — de Gardevilliers.

Alliances : familles : Robillard, — Driard, — Rouffine, — Le Menager, — Capitain, — Loisel, — Avrillot, — Barthelemy, — Bouette, — Courtin, — de Ficte, — Charmolue, — Popillon, — Bochart, — Hennequin.

Armes : *D'argent, à un chevron de sable, chargé de cinq aiglons d'or et accompagné de trois têtes de paon d'azur, posées deux en chef et l'autre à la pointe de l'écu.*

DES HAIES DE CRIC

Généralité de Tours — Diocèse du Mans

GASTON-JEAN-BAPTISTE DES HAIES DE CRIC, écuyer, justifie sa filiation depuis

MARIN DES HAIES (avant 1524).

Seigneuries de la Périne, — de Cric, — de la Motte, — de la Saussaie, — de la Fosse, — du Bois-Blanc, — de la Veronière, — de la Boissière, — de Fontenailles.

Alliances : familles : de Longueil, — de Scepeaux, — Leshenaut, — Le Cornu, — de Bonniot, — Ferrand, — du Grenier, — de Charnacé, — d'Anez, — de Clinchamps, — de Montecler, — de Chivré, — d'Illiers.

Armes : *D'argent, parti de gueules, et trois annelets de l'un en l'autre, posés deux et un.*

[1] La Chesnaye mentionne Jean, père de Jacques, député vers le roi Louis XI, en 1460.

H'AINCQUE

En Touraine et à Paris

ALEXANDRE-BERNARD HAINCQUE, écuyer, justifie sa filiation depuis Noble ADRIEN HAINCQUE (1620).

Seigneuries de Boissy, — de Saint-Senoch, — de Rouvray, — de la Loge, — de Guiffault, — de la Chaise.

Alliances : familles : Loiret, — Chaspoux de la Piardière, — de Vaucelles, — Brossin, — Pénissaud, — Coüet, — Gillette, — Guesnard, — Oré, — Véron.

Armes : *D'argent, à une ancre de sable, posée en pal, surmontée de deux étoiles de gueules.*

DE HALLOT

Généralité de Paris — Diocèse de Chartres

NICOLAS-GÉDÉON DE HALLOT, écuyer, justifie sa filiation depuis CHARLOT DE HALLOT, écuyer, qualifié veneur du roi Charles VI, le 6 juillet 1417 [1].

Seigneuries d'Aufreville, — de la Mairie, — de Hallot, — de la Couture, — de Beaulieu.

Alliances : familles : Boucher, — de Hazeville, — du Valdavid, — de Baignard, — de la Beruyère, — de la Pierre, — Ragonière.

Seigneurs de la Mairie et de la Chartre

ROBERT DE HALLOT (second fils de SALOMON DE HALLOT et d'ANNE DU VALDAVID), écuyer, forme cette branche.

Seigneuries de la Mairie, — d'Aufreville, — de la Chartre.

Alliances : familles : Le Roi, — d'Abos.

Armes : *D'argent, à deux fasces de sable, et trois annelets de même, posés en chef.*

[1] La Chesnaye commence à Guy, seigneur de Hallot, mort en 1229, sixième aïeul de Charlot.

DU HAMEL [1]

Généralité de Caen — Diocèse de Bayeu

LUC DU HAMEL, écuyer, a reçu le 9 juillet 1712 des lettres qui le relèvent de la dérogeance de NICOLAS DU HAMEL, son grand-père, qui avait exercé le commerce de draperies en gros dans la province de Bretagne.

Armes : *De sinople, à trois roses d'argent, posées deux et une; écartelé d'azur à une fasce d'or, accompagnée en chef de deux étoiles aussi d'or, et en pointe d'un croissant de même.*

D'HARAMBURE

Généralité de Tours — Diocèse de Tours

PAUL D'HARAMBURE, écuyer, justifie sa filiation depuis Noble BERTRAND D'HARAMBURE, capitaine et gouverneur de Mauléon de Soule, en Gascogne (1550).

Seigneuries de la Chevrie, — de Romefort, — des Augères, — de la Boissière.

Alliances : familles : de Moussi, — Piozet, — Guignebaud, — de Brion, — Hatte, — de Pierrebuffière, — Tallemant, — Secondat, — de Belzunce.

Armes : *D'or, à un arbre de sinople arraché, et un ours de sable, posé au côté gauche de l'écu, appuyé contre la tige de l'arbre, et une bordure de gueules, chargée de huit sautoirs d'or, posés trois, deux et trois.*

HARDI DE LA TROUSSE [2]

En Brie

PHILIPPE-AUGUSTE LE HARDI, maréchal de camp, justifie sa filiation depuis Noble homme GÉRARD HARDI, écuyer (1450).

[1] Familles de Hamel en Champagne, et Hamel en Artois.

[2] Familles le Hardy à Paris et à Alençon. (E. B.)

Un chevalier de Malte : ADRIEN LE HARDI (1630).

Seigneuries du Mai, — de la Trousse, — de Coucherel, — de Crespoil, — de Massi, — de Rademont, — du Vivier les Riches, — de Tanneron, — de Vieux-Moulins, — du Fief-Vert, — de Venderets, — du Fay, — de Lizi-sur-Ourcques.

Alliances : familles : Cappel, — Le Clerc, — Olivier, — Hennequin, — de Grossolles, — Barthélemi, — de La Pallu, — d'Alamont, — de l'Hôpital de Choisi, — de Coulanges, — de la Fond, — del Pozzo.

Seconde branche

SEIGNEURS DU MAI ET DE BOLIARD

PHILIPPE-AUGUSTE LE HARDI, chevalier, gentilhomme ordinaire de la chambre du duc d'Orléans, justifie sa filiation depuis

Noble homme GÉRARD HARDI, (second fils de JEAN HARDI) (1547).

Seigneuries du Mai, — de Boliard, de Gaillon, — de Neufmoutier.

Alliances : familles : du Val, — Buquet, — Larthault, — Bochart, — Macé, — Antoine, — de La Pallu.

Armes : *D'azur, à un chevron de sable bordé d'or, potencé et contre-potencé de même, et un chef d'or chargé d'un lion de gueules passant.*

HARPAILLÉ DU PERRAI

LOUIS HARPAILLÉ DU PERRAI, l'un des deux cents chevau-légers de la garde ordinaire du roi, fut anobli par lettres patentes données à Versailles, au mois de décembre 1728, en considération de ses services militaires.

Armes : *D'azur, à un chevron d'or, accompagné en chef de deux croissants d'argent et en pointe d'une étoile de même.*

DE HAUTECLAIRE (anciennement du surnom de COUILLAUD.)

Généralité de Limoges

Diocèse d'Angoulême

FRANÇOIS-PHILIPPE DE HAUTECLAIRE, écuyer, justifie sa filiation depuis

CIBARD COUILLAUD, écuyer (1503).

Seigneuries de Fissac, — de Gourville, — de Bonneville, — de Lucé, — du Mesnil-Gaignaud, — de Hauteclaire, — de la Combe-Saint-Jean, — d'Heurtebize, — du Rapant.

Alliances : familles : Craste, — Héraud, — Pastoureau, — de Lescours, — de Lemeric, — du Mas, — de Grigneuse, — de Saint-Gelais, — de Ferrière, — de Calvimont, — Girard.

Armes : *D'azur, à une tour d'argent.*

HENNEQUIN

En Champagne

PIERRE-GILLES HENNEQUIN, qualifié chevalier, justifie sa filiation depuis

GÉRARD HENNEQUIN, écuyer (1455) [1].

Seigneuries de Villermont, — d'Allonneaux, — de la Motte, — de Cramant, — de Saint-Martin aux Champs, — de Vieudampierre, — de Charmont, — de Cuys, — de Chouilly, — de la Tour.

Alliances : familles : de Cheppe, — Chenu, — Bizet, — Dommangin, — Horguelin, — Oulry, — Pillon, — Passart, — Mathé, — Colbert, — Godet de Crouy, — Loisson, — Clozier, — Le Duc, — de Sabrevois, — de Molinier,

[1] La Chesnaye commence à Pierre Hennequin, qui donne une verrière à l'église de Troyes, en 1309.

Branches des comtes de Curel en Lorraine; des barons de Boinville, marquis d'Ecquevilly, de Cury, d'Assy.

— de Validetard, — Gargani, —Fagnier, —Cornet, —de Failly.

Armes : *Vairé d'or et d'azur, et un chef de gueules; chargé d'un lion d'argent passant.*

HÉRAULT

Originaires de Normandie, répandus dans la même province, en Bretagne, à Paris, en Picardie.

GILLES HÉRAULT, écuyer (1567), remonte par sa filiation à

GEOFFROY HÉRAULT, seigneur fieffé de Genest, écuyer (1380).

Seigneuries de la Sergenterie de Genest, — de Plomb, — de Saint-Jean du Corail, — du Motet, — de Dragey.

Alliances : familles : Corbel, — d'Anneville, — Le Breton, — de Poilvilain, — du Homme, — de la Luzerne, — Doulcet, — de la Cour.

Seconde branche

MICHEL HÉRAULT, écuyer (1636), remonte par sa filiation à

GEOFFROY HÉRAULT (fils de JEAN HÉRAULT et de GUILLEMETTE CORBEL) (1530).

Seigneuries de la Sergenterie-Hérault, — de la Benoitière, — de la Bassecourt, — de Glatigny.

Alliances : familles : de Saint-Cler, — Louvel, — Guitton, — de Poilvilain, — de la Broise, — d'Harcourt.

Troisième branche

POSTÉRITÉ DE PIERRE HÉRAULT SIEUR DE LA VALLÉE

PIERRE HÉRAULT, écuyer (1669), petit-fils de

PIERRE HÉRAULT (second fils de JACQUES HÉRAULT et de FRANÇOISE DE POILVILAIN) (1624).

Seigneurie de la Vallée.

Alliances : familles : des Esnaudières, — Rouveraye.

Quatrième branche

POSTÉRITÉ DE BERTRAND HÉRAULT SEIGNEUR DE LA BASSECOURT

RENÉ HÉRAULT, écuyer (1712), justifie sa filiation depuis

BERTRAND HÉRAULT, écuyer (fils de JACQUES HÉRAULT, seigneur de LA BASSECOURT et de FRANÇOISE DE POILVILAIN).

Seigneuries de la Bassecourt, — du Porche, — d'Epones, — de Mézières, — de Fontaine-l'Abbé, — de Vaucresson.

Alliances : familles : Gérard, — Richer, — du Guey, — Bouret, — Guillard, — Durey, — Moreau, — Feydeau de Marville.

Cinquième branche

LOUIS-GUSTAVE HÉRAULT (1740), capitaine au régiment de Souvré, fils de

GABRIEL HÉRAULT, écuyer (second fils de JEAN HÉRAULT) (1693).

Seigneuries de la Bassecourt, — de la Benoitière, — de Bellesmes, — de la Petitière, — de la Chaise, — de la Motte.

Alliances : familles : L'Empereur, — de Malherbe, — Langevin, — de la Rochette de Saint-Pierre.

Branche des Hérault de Dragey

GUY HÉRAULT (sans date) justifie sa filiation depuis

GUILLAUME HÉRAULT (aussi sans date).

Seigneuries de la Vallée, — des Fresches, — de Dragey.

Alliances : familles : Talvaude, — Langevin, — de Saint-Cler, — le Bret, — Bouesnez.

Armes : *D'argent, à trois canes de sable, becquées et membrées d'or, posées deux et une.*

HERBERT[1]

Poitiers

LAURENT - JACQUES HERBERT, écuyer, justifie sa filiation depuis

[1] Famille Herbert, à Valognes. (E. B.)

François Herbert, seigneur de Bellefonds, écuyer (1530).

Seigneuries de Grandmont, — de Pieugué, — de Bellefonds, — de la Garenne, — de Crué, — de l'Isle.

Alliances : familles : Curieux, — Richeteau, — Thoreau, — Henri, — Chateigner, — de Maulai, — du Bellai, — Baron, — Le Basclc, — Vernon.

Armes : *De gueules, à trois besants d'argent posés deux et un, et un chef de même, chargé d'une hure de sanglier de sable, les défenses d'argent.*

DE HERCÉ

Généralité de Tours — Diocèse de Tours

Jean-Baptiste de Hercé, écuyer, justifie sa filiation depuis

Jean de Hercé, écuyer (avant 1527).

Seigneuries du Plessis, — de Hercé, — de Rubesnard, — de Landel, — de la Haie, — de la Haie-Peaudeloup, — des Loges.

Alliances : familles : Tanquerel, — Galeri, — des Ormes, — des Vaux, — Baslin, — Regnaut, — de Vanembras, — Rabinard.

Armes : *D'azur, à trois herses d'or, posées deux et une.*

HESSELIN[1]

Généralité de Soissons

Jean-Baptiste Hesselin, écuyer,

Seigneurie d'Outreval,

A déclaré, en attendant la justification de sa filiation, porter pour

Armes : *Écartelé d'or et de gueules, à un lion écartelé de l'un en l'autre, et seize fleurs de lis péries dans la bordure, aussi de l'un en l'autre.*

[1] Famille Hesselin, en Picardie (1440); autre dans la même province, anoblie en 1597 (La Chesnaye des Bois).

HEURTAUT DE LAMMERVILLE

En Normandie

Jean-Louis-Thomas Heurtaut de Lammerville, écuyer, page de la petite écurie du roi, justifie sa filiation depuis

Adrien Heurtaut, qualifié noble (1513).

Seigneuries de Sainte-Geneviève, — de Saint-Ouen le Mauger, — de Gruchet, — de Lammerville.

Alliances : familles : Vautier, — Fautrel, — Nagerel, — Jubert, — Lambert, — du Chesne, — Arondel, — de Guérin, — Boullays, — Paviot, — Lemercier, — Thomson, — Hubert, — Lernault, — de Gonor, — Grossin de Saint-Thurien, — de Rouen.

Armes : *D'azur, à trois têtes d'aigle d'or, arrachées et posées deux et une.*

HOCART

En Champagne

Nicolas Hocart, écuyer (1608), conseiller du roi, justifie sa filiation depuis

Philippe ou Philibert Hocart, (avant 1536).

Seigneuries de Vaux, — de Viesne la Ville, — de la Gravière, — de Lesnière, — de Dampierre-sur-Auve, — de Rouvroy, — de Marnelamaison, — du Bois de Lor.

Alliances : familles : Galus, — de Récourt, — Cauchon, — Constant, — d'Aspremont, — Fillet, — Aubin, — de Guibourg, — Briffauld, — de Courtelance, — de Mairy, — Chaalons.

Seconde branche

Louis Hocart, écuyer, conseiller du roi, justifie sa filiation depuis

Claude Hocart, écuyer, contrôleur du grenier à sel de Sainte-Menehould (fils de Philippe Hocart et de Jaquette Galus) (1507).

Seigneuries de Vaux, — de Mirel, — de Felcourt, — de Dommartin la Planchette, — du Pavillon.

Alliances : familles : de Loingtier, — de Pradines, — d'Origny, — de Paris de Branscourt, — Chaalons, — Baillet, — de Vassan, — de Pinteville, — de Vavray, — Boyot, — Morel, — le Goix, — Hacqueteau, — le Doux, — Raulin, — Braux, — Tisserand, — Baudelot, — le Sérurier.

Troisième branche

François Hocart, écuyer, conseiller du roi (troisième fils de François Hocart et d'Elisabeth de Pinteville).

Seigneuries de Felcourt, — de Saint-Lumier, — du Fresne, — de Saint-Marc, — de Renneville.

Alliances : familles : Henriet, — Aubertin, — Gérard, — Le Vautrel, — Baudouin, — Morel, — Barbier, — de Bellenger.

Branche
des seigneurs de Montfermeil
et de Coubron

Établie à Paris

Jean - Hyacinthe - Emmanuel Hocquart, qualifié chevalier, justifie sa filiation depuis

Jean Hocard ou Hocquart, écuyer, seigneur de Vaux (second fils de Gérard Hocart et d'Anne Fillet) (1576).

Seigneuries de Vaux, — de Muscourt, — d'Essenlis, — de Montfermeil, — de Coubron, — de Serville, — de Loisail, — de Gagny, — de la Marcelle, — de Bésigny.

Alliances : familles : Colbert, — Vermant, — Michelet du Cosnier, — de la Lande, — Bergeret, — Sallier, — de Franginy, — Compoint du-Boulhard, — Chrestien, — le Tellier, — Le Petit de Richebourg, — Gaillard de la Bouexière, — de Cossé de Brissac, — d'Ossun, — de Montesquiou, — Poullard.

Branche
des seigneurs de la Motte

Établie en Bretagne

Jean-Marie Hocquart, seigneur de la Motte, lieutenant dans le régiment de la Reine-Infanterie, fils de

Etienne Hocquart, écuyer (second fils de Jean Hocquart et de Claude Colbert) (1656).

Seigneurie de la Motte.

Alliances : familles : Billet, — Lesrat.

Armes : *De gueules, à trois roses d'argent posées deux et une.*

HODENEAU DE BREUIGNON

Généralité d'Orléans — Diocèse d'Auxerre

Pierre-Claude Hodeneau, écuyer, justifie sa filiation depuis

Pierre Odeneau, écuyer (1461).

Seigneuries de Breuignon, — de Magny, — de Gourdon, — de Bonneaux, — de la Trault.

Alliances : familles : Oriot, — de Mullot, — de Boisselet, — de Loron, — de la Borde, — de Tespes, — de Guigeot, — de Courtignon, — Juissard, — de Barse, — Chaulière.

Armes : *D'azur, à un chevron d'or, accompagné de trois étoiles de même, posées deux en chef et la troisième sous le chevron.*

D'HOMMEI

Jacques d'Hommei, gendarme de la garde du roi, chevalier de Saint-Louis, fut anobli par lettres patentes données à Versailles, au mois de novembre 1722, en considération de ses services militaires et des services de sa famille.

Armes : *D'azur, à trois bandes d'argent, et sur le tout deux épées passées en sautoir les pointes en*

haut, les lames de gueules, les gardes et les poignées d'or.

D'HOZIER

En Provence et à Paris

DENIS-LOUIS D'HOZIER, président de la chambre des comptes de Rouen, page de la chambre du roi, justifie sa filiation depuis

ETIENNE HOZIER, qualifié noble en 1528, en la ville de Salon.

Seigneurie de la Garde.

Alliances : familles : Humbert, — Raoux, — Peyras, — Chaillol, — Martel, — Bernard, — Arquier, — Guinot, — Bezaudin, — du Destrech, — Le Tellier, — d'Arennes, — Gaillardon, — de Vignal,— Forestier,— d'Antraigues, — de Cerrini, — Terrier,—de Bourgeois de la Fosse, — Petitpied, —de Robillard, — Perrotin de Barmond, — de Vassart.

Armes : *D'azur, à une bande d'or, accompagnée de six étoiles de même, posées en orle.*

HUCHET

Province de Bretagne — Évêché de Saint-Malo

JOSEPH HUCHET, écuyer, justifie sa filiation depuis

JEAN HUCHET (avant 1572).

Un chevalier de Malte : JEAN HUCHET DU LANGOUET (1646).

Seigneuries de Cintré, — du Breuil, — d'Iffendic, — de la Roche, — de Treguil, — du Plessis-Cintré, — de Kerbiquet, — de la Hidouze, — du Langoüet, — du Val-au-Houle, — de la Villebeuve, — de Rédillac, — de la Bédoyère.

Alliances : familles : Crosnier, — de Sesmaisons, — Rabinard, — de Kerbiquet.

Armes : *D'azur, à six billettes d'argent, percées en rond, et posées trois, deux et une.*

HUET

Normandie et Orléanais

ANTOINE HUET, lieutenant du roi au gouvernement d'Auvergne, justifie sa filiation depuis

OUDART HUET, écuyer (1618).

Seigneuries d'Ambrun, — d'Arlon, — du Bois.

Alliances : familles : Froment, — Pecquot de Saint-Maurice, — Le Proust. — Le Roux, — Herouet, — de Marguerit, — de Campion, — de Bethencour, — Le Jeune, — Lucas.

Armes : *D'azur, à un cerf d'or, sortant à demi-corps d'une rivière d'argent, mouvante de la pointe de l'écu, et un chef de gueules, chargé de trois molettes d'éperon d'argent.*

HUGO

En Lorraine

CHARLES-HYACINTHE HUGO, chevalier, auditeur en la chambre des comptes (d'abord volontaire à la suite du régiment de Condé-Cavalerie), justifie sa filiation depuis

GEORGES HUGO (fils de JEAN HUGO, capitaine des troupes de René II, duc de Lorraine, et anobli en 1535 par le cardinal Jean de Lorraine).

Seigneuries de l'Isle-en-Rigaut, — du Fief de Rouvroy.

Alliances : familles : Guyot, — de Blamont, — Morot, — Raulet, — Tusson, — Raoulet, — de Mussey, — de Labry, — Tabouret, — de Taillefumier, — de Doncourt, — de la Marre, — Collin, — de Massiac, — de Guilbon, — Le Tabarry, — L'Huilier de Spitzemberg.

Armes : *D'azur, à un chef d'argent, chargé de deux merlettes de sable.*

HUGON DU PRAT

Généralité de Limoges — Diocèse de Limoges

CLAUDE HUGON DU PRAT, écuyer, justifie sa filiation depuis

AUBERT HUGON (avant 1507).

Deux chevaliers de Malte : FRANÇOIS HUGON, — CLAUDE HUGON (1644).

Seigneuries du Masgonthière, — du Pommeau, — de Mazière, — du Prat, — de la Triquerie en Limousin.

Alliances : familles : de Boisse, — Grain de Saint-Marsaut, — Joffré de Chabrignac, — Forest, — de Villelume, — de Bonneval, — de Montagnac, — de Betoulat, — de la Porte, — de Saint-Clar.

Armes : *D'azur, à deux lions d'or, posés en pied, les langues et les griffes de gueules.*

D'HUGUES DE BEAUJEU

Originaires du Languedoc, établis en Dauphiné et en Provence

CHARLES D'HUGUES, premier consul de la ville d'Aix, justifie sa filiation depuis

PANDULPHE D'HUGUES, damoiseau (1090).

Seigneuries de Villaret, — de Beaujeu (baronnie), — de Belbèze, — du Boisclos, — de Villerne, — de Mariant, — de la Motte du Caire, — de Turriers, — de Vaumeilh.

Alliances : familles : de Rocozel, — de Veirac, — de Brignac, — de Toulouze, — du Pré, — du Losérant ou Lauzeran, — du Serre, — de Roux (de la Préusse), — d'Eissautier, — de Castellane, — de Plan, — de Roux (de Belle-Affaire), — de Pracomtal.

Armes : *D'azur, à un lion d'or, chargé de trois fasces de gueules brochantes sur le tout, et surmonté de trois étoiles d'or rangées en chef.*

D'HUISSEL orthographié aussi VISSEL et BUISSEL

Berri — Diocèse de Bourges

CHARLES D'HUISSEL, chevalier, chevalier de Malte (1682), justifie sa filiation depuis

JEAN DE WISSEL, écuyer (avant 1554).

Seigneuries de la Ferté, — de Beuri, — de Palleau, — de la Ferté-Sainte-Fauste, — de la Charité en Brie, — du Chaillou, — de Touzel, — de Beauregard, — d'Arfeuil.

Alliances : familles : de la Châtre, — François, — de Patoufleau, — de Barbançois.

Armes : *De gueules, à un vol d'argent.*

DE HUMES DE CHERISI [1]

Généralité de Paris — Diocèse de Langres

LOUIS-BÉNIGNE DE HUMES DE CHERISI, écuyer, justifie sa filiation depuis

GEORGES DE HUMES, écuyer (1534).

Seigneuries de Villedieu, — de Chérisi, — de Savizi, — de Montomble.

Alliances : familles : Hue de Miromesnil, — d'Origni, — de Sivri, du Pé, — du Perron, — de Conigan, — de la Croix, — Stuart, — de la Boissière.

Armes : *De sinople, à un lion d'argent, la langue et les griffes de gueules.*

HURAULT [2]

Angleterre et Bretagne

FLORIMOND HURAULT, capitaine de vaisseau du roi, justifie sa filiation depuis

[1] La Chesnaye produit cette famille du comte d'Humes, comme cadette du comte d'Humes de Merch, d'Ecosse, formée par Georges.

[2] Famille qui a formé les branches de

Philippe Hurault (avant 1352).

Seigneuries de Montigni, — de la Borde, — de Saint-Denis.

Alliances : familles : Pissonet de Belfonds, — Daniel, — Gallois, — Chauvel, — Molein de la Vernède, — de Saint-Quentin, — de Refuge.

Armes : *D'or, à une croix d'azur, cantonnée de quatre ombres de soleil de gueules.*

IMBAUT

René-Charles Imbaut, commissaire ordinaire de l'artillerie de France, justifie sa filiation depuis

Olivier Imbaut, écuyer (avant 1448).

Seigneuries de Marigni, — de la Charlotière, — de la Pouqueraie, — de Plourhan.

Alliances : familles : du Bois, — Moucheron, — Février, — Postel.

Armes : *De gueules, à cinq cotices d'argent.*

ISLE

Généralité de la Rochelle — Diocèse de Saintes

Abraham Isle, écuyer, justifie sa filiation depuis

Jean Isle, écuyer, seigneur de la Matassière (1557).

Seigneuries de Beauchesne, — du Breuil, — de la Touche, — de la Cave, — de la Matassière, — de Lilleau.

Alliances : familles : de la Chapelle, — Cros, — Esneau, — de Bessai, — Guichard, — du Chesne, — de Mortagne.

Armes : *D'argent, à trois roses de gueules, feuillées et boutonnées de sinople, et posées deux et une.*

Saint-Denis, Cheverny (baron d'Uriel, marquis de Vibraye), comtes de Cheverny, de Marais, de Cherigny, de Belesbat (celle-ci substituée en l'Hôpital; 1580), d'Aimery. (E. B.)

DE JAMBON DE SAINT-CIR

Généralité d'Alençon — Diocèse de Lisieux

Cir-Yves de Jambon, écuyer, chevalier de Saint-Louis, justifie sa filiation depuis

Jacques Jambon, seigneur de Saint-Cyr, écuyer (1595) [1].

Seigneuries de Saint-Cir d'Estrancourt, — de la Coudre (dans la vicomté d'Orbec), — de Bois ménard, — de la Chartrie.

Alliances : familles : le Hure, — de Mailloc, — d'Avesgo, — de la Haye.

Armes : *D'argent, à une plante de laurier de sinople, et un chef d'azur chargé de trois étoiles d'or à six rais.*

DE JAMES

En Poitou

Élie de James, écuyer, justifie sa filiation depuis

Pierre James, écuyer (avant 1528).

Seigneuries des Frénaudies, — de la Tour, — de Quirielle, — de Boistizon, — de Montifaut, — de Montcombroux, — de Beaudeduit, — des Forges, — du Therron.

Alliances : familles : de Pons, — Prevost, — de Poivre, — de la Laurentie, — Bonnin, — de Buffevant, — Mallet de Pairai, — de Chamborant, — de Chantelot, — Odin, — de Meschatin, — de Montcorbier.

Seigneurs de Montcombroux

Henri de James, écuyer, justifie sa filiation depuis

Henri de James, écuyer (troisième fils de François de James et de Perronelle de Montcorbier), chef de la branche des seigneurs de Montcombroux.

[1] Maintenue du 28 mars 1641.

Seigneurie de Montcombroux en Bourbonnois.

Alliances : familles : de Balorre, — Girard, — de la Rama, — Mauroi, — Roland.

Armes : *De gueules, à un dauphin d'or, pâmé et couché.*

JAQUOT[1]

Généralité de Besançon — Diocèse de Besançon

ANTOINE-PROSPER JAQUOT, écuyer, justifie sa filiation depuis

CLAUDE JAQUOT, conseiller au Parlement de Dôle (1621).

Seigneuries de Rosei, — d'Andelard, — d'Audelarot.

Alliances : familles : Rouhier, — Mairot, — Nardin, — Othenin.

Armes : *D'argent, à trois fleurs de violette au naturel, tigées et feuillées de sinople et posées deux et une.*

DE JARNAGE

Généralité de Bourges — Diocèse de Bourges

FRANÇOIS DE JARNAGE, écuyer, justifie sa filiation depuis

JEAN DE JARNAGE, écuyer (1513).

Seigneuries de la Fontaine, — des Aubruns, — de la Rivière, — de Larai, — de la Rochecadou, — des Cognées, — de la Jaquelinière.

Alliances : familles : de Quinemont, — Renard, — Gaudrion, — Simon, — Duret, — Cottereau, — de Cornouaille, — Soret, — de la Tuille.

Armes : *De gueules, à deux chevrons d'or, accompagnés en chef de deux croissants de même et en pointe d'un scorpion d'or.*

[1] Famille de ce nom à Dijon.

DE JAUBERT[1]

En Quercy

PIERRE-JEAN-BAPTISTE DE JAUBERT, écuyer, justifie sa filiation depuis

Noble PIERRE DE JAUBERT (1546)[2].

Seigneuries de Rassiols, — de Caribens, — de Carlucet, — de Cantagret.

Alliances : familles : de Malhié, — de Beaumont de Bonnecoste, — de Chouvigny, — de Boisset de la Salle, — du Fraust, — du Jolz, — de Conthie, — Gasc, — de Cadrieu, — de Camy, — de la Tude, — de Combal, — de Gasquet, — de Conquans, — de Beaumont de Verneuil, — de Cahors.

Armes : *Écartelé, au 1 d'azur, à une fleur de lis d'or, et une demi-fleur de lis de même, mouvante de la partition de l'écu; au 2 de gueules, à trois palmes d'or, posées l'une au-dessus de l'autre; au 3 de gueules, à une croix tréflée d'or, et au 4 d'azur, à trois étoiles d'or, posées l'une au-dessus de l'autre.*

JAUNAI

PIERRE JAUNAI, doyen des conseillers de la prévôté royale de Saumur, fut anobli par lettres patentes en forme de charte, données à Versailles, au mois de décembre 1726, en considération de l'ancienneté de sa famille, et des services administratifs et militaires qu'elle a rendus.

Armes : *D'azur, à deux canettes d'argent, nageantes sur une rivière de sinople, et cinq étoiles d'argent, posées en chef, trois et deux.*

[1] Familles Jaubert, comtes de Barrault, et Jaubert de Saint-Gelais.
[2] Maintenue du 28 novembre 1674.

JAUSSELIN DE BRASSAY

En Guyenne

Jean-Paul de Brassay-Jausselin, écuyer, justifie sa filiation depuis

Noble Pierre Jausselin (1554).

Seigneuries de la Grange-Monrepos, — du Caudère, — du Petit-Guilhem, — de Saint-Martin, — de Houilles.

Alliances : familles : Brocas, — de Brassay, — de Laroque, — de Baroque, — de la Borde, — Borderie, — du Puy, — de la Roche, — de la Coste, — de Laumont, — de Melet.

Armes : *De gueules, à un chevron d'argent, accompagné de deux étoiles d'or, posées l'une en chef et l'autre en pointe; parti d'azur, à un lion d'or surmonté d'une étoile de même.*

JOUFFREI

Provence

Paul Jouffrei, lieutenant du roi à Montdauphin en Dauphiné, justifie sa filiation depuis

Noble Guillaume Jouffrei (1434).

Seigneuries de la Vallée de Bardonnenche, — de Sainte-Cécile, — de Vibray.

Alliances : familles : Cabassolle, — Henrici, — Lombard, — de Verdonnei, — Garret, — Emé de Saint-Julien.

Armes : *D'azur, à un croissant d'argent, et un chef d'or, chargé de trois étoiles de sable.*

JOURDAIN

Poitou

Achiles Jourdain, écuyer, justifie sa filiation depuis

Jean Jourdain, écuyer (avant 1459).

Seigneuries de Boistillé, — de Maisonais, — de Crissé, — de Traslebost.

Alliances : familles : Aubineau, — Foucault, — Rousseau, — de Brillac, — de la Rochefoucaud, — Guiot d'Asnières, — de Montfriant, — Bonine.

Armes : *De gueules, à un tau ou croix de Saint-Antoine d'argent.*

JOUSSINEAU DE FAYAT

Limousin

François-Aimé Joussineau de Fayat, écuyer, justifie sa filiation depuis

Hugues Joussineau (avant 1494).

Un chevalier de Malte : Pierre Joussineau (1617).

Seigneuries de Bessou, — de la Valade, — de Fayat, — de la Vergne, — de Fraissinet, — de Tourdonet en Limousin, — de Rillac.

Alliances : familles : de Veini, — de Gain de Linars, — de Bonneval, — Chantois, — de la Vergne, — de la Foucaudie, — de Badefol, — de Mesclayot, — de Perissac.

Armes : *De gueules, à un chef d'or.*

DE JULIANIS

En Provence et dans le Comtat d'Avignon

Jacques de Julianis, prêtre, justifie sa filiation depuis

Noble Laurent de Julianis (1479)[1].

Alliances : familles : Roque, — de Signier, — de Boissely, — de Rougéri, — Thomas, — de Caradet, — Barillade, — Pasery, — Roux, — Bernardy, — Peyrani, — Pèbre, — Bella, — Spère, — Bellin, — Inguimbert.

[1] On voit un Gilles de Julianis en 1212. (E. B.)

Seconde branche

Jean-François de Julianis du Rouret, écuyer, page de la petite écurie du roi, justifie sa filiation depuis

Noble François de Julianis (troisième fils de François de Julianis et d'Yolande de Caradet (1551).

Seigneurie du Rouret.

Alliances : familles : Gaufridi, — Péna, — de Mazargues, — de Rémusat, — de Sinéty, — de Vivaud.

Armes : *De sinople, à un pal d'or, chargé d'un autre pal de gueules, et un chef d'argent, chargé d'une épée de sable en fasce.*

JULLIENNE

Jean Jullienne, entrepreneur des manufactures royales des draps fins et teintures en hautes couleurs, façon d'Angleterre et de Hollande, fut anobli par lettres patentes données à Versailles, au mois de septembre 1736, en considération des avantages que ces manufactures avaient produits dans l'intérieur du royaume.

Alliances : famille de Brecei.

Armes : *D'azur, à un chevron d'or, accompagné de trois tiges de jullienne d'argent, fleuries de même, les tiges et les feuilles de sinople.*

DE KAERBOUT (anciennement D'ESCARBOT)

Généralité de Tours — Le Mans

François-René de Kaerbout, écuyer, justifie sa filiation depuis

Jean d'Escarbot (avant 1527).

Seigneuries de Teillé, — de la Cruche, — de Boismauclerc, — de la Brosse, — de la Harangère, — de la Gourdinière, — de Gémasses, — de Couléon, — de la Besnière, — des Aunais, — de Launai.

Alliances : familles : du Bois, — de Fontenai, — de Vallée, — des Loges, — de Houdon, — de Vaugiraúlt, — de Blavette, — de Rosni, — de Saint-Berthevin, de la Teillaie.

Armes : *De gueules, à trois boucles d'argent, posées deux et une.*

DE KATER

Pierre de Kater, négociant et jurat de la ville de Bordeaux, fut anobli par lettres patentes données à Versailles, au mois d'août 1733, en considération de l'estime et de la confiance qu'il s'était conciliées dans son commerce et dans ses charges.

Armes : *De gueules, à un vaisseau d'or, voguant sur une mer de sinople, et un chef d'argent chargé de trois têtes de nègre de sable, bandées d'argent et posées de front.*

DE KERBOUDEL

Diocèse de Nantes

Jean-Marie de Kerboudel, écuyer, justifie sa filiation depuis

Thomas de Kerboudel (avant 1528).

Seigneuries de la Courpéan, — de la Morinière, — de la Motte au Chancelier, — de la Lande, — de Port de Roche, — de la Ville au Voyer, — de Lesperan.

Alliances : familles : Gardin, — Madic, — Colobel, — de Caradeuc, — des Ridelières, — de Quelen, — de la Grée, — Bonnet, — de Chateautro.

Armes : *De sable, à deux épées d'argent, passées en sautoir, les pointes en bas.*

DE KERHOENT (anciennement KERCOENT)

François-Toussaint de Kerhoent, chevalier de Saint-Louis, justifie sa filiation depuis

Alain Kercoent (1530).

Seigneuries de Coëtanfao, — de Kerautret, — de Mescouin, — de Crechquéraut, — de Locmaria, — de Kergournadec, — de Coetquelfen, — de Trohéon.

Alliances : familles : Bertault,—de Rougé,— de Kergoet, — de Calloet,— de Kerouzeré, — de Créchquéraut, — de Rosmadec, — du Cozkaer, —de Ploeuc, — Penancoet, — de Kergournadec.

Seigneurs de Locmaria

JOSEPH-MARIE DE KERHOENT DE LOCMARIA, page de la petite écurie du roi, justifie sa filiation depuis
CLAUDE DE KERHOENT (fils puîné de CHARLES DE KERHOENT et d'ISABEAU DE CRECHQUÉRAUT).

Seigneurie de Locmaria.

Alliances : familles : Cheberi, — Guiller, — de Rameru.

Armes : *Losangé d'argent et de sable.*

DE KERMEL

Bretagne — Évêché de Tréguier

YVES-PIERRE-LOUIS DE KERMEL, écuyer, justifie sa filiation depuis JEAN DE KERMEL (avant 1553).

Seigneuries de Kermézen, — de Kervégan, — de Kermadec, — de Tuoulan, — de Coatguialen, — de Kergonio,—de Keraumessen.

Alliances : familles : de Coetrieu, —du Trevou,— de Kergadaran, — de la Noe, — de Botloi, — de Rosmar, — de Kerespers, — de Coatnevenoi.

Armes : *De gueules, à une fasce d'argent, accompagnée de deux léopards d'or, posés un en chef et l'autre à la pointe de l'écu.*

DE KLASTEN

Normandie — Diocèse de Séez

JEAN - GILBERT DE KLASTEN, écuyer, justifie sa filiation depuis ERNEST DE KLASTEN, comte de l'Empire par lettres de Frédéric III (1455).

Seigneuries de Cohon, — de Lignerote, — de Klasten, — de Falkembourg, — de Weissenfels, — d'Arensheim, — de Ruckenwald, — d'Iéterstorf, — de Liebenthal.

Alliances : familles : Darot, — Laudier, — de Czarnekow, — de Misback, — de Wedel, — de Felden.

Armes : *De gueules, à un lion d'or, couronné de même, écartelé de pourpre, à une licorne d'argent, sortant à demi-corps d'une rivière de même, et sur le tout d'or, à une aigle de sable, à deux têtes, les ailes étendues.*

L'ABBÉ[1]

Généralité d'Alençon — Diocèse de Lizieux

CHARLES L'ABBÉ, écuyer, justifie sa filiation depuis
GUILLAUME L'ABBÉ (1525).

Seigneuries des Autieux, — des Mottes, — de Gaspré, — de la Barre, — de Saint-Léonard, — de la Rosière, — du Bois-Hardrei.

Alliances : familles : Du Four, — Le Cesne, — de Nocei, — Gocurot, — Droulin.

Armes : *D'argent, à un chevron d'azur, accompagné en chef de deux molettes d'éperon de sable, et en pointe d'une rose de gueules.*

DE LA BARRE

Généralité de Moulins — Diocèse de Nevers

Branche aînée

MICHEL DE LA BARRE, écuyer, justifie sa filiation depuis
JEAN DE LA BARRE, écuyer (1464).
Un chevalier de Malte : GABRIEL DE LA BARRE (1608).

[1] Famille Labbey, en Normandie (1470).

Seigneuries des Troches, — de Cloux, — des Nouettes.

Alliances : familles : de Reugni, — de Maroles.

Armes : *D'azur, à trois feuilles de chêne d'or, tigées de même, garnies chacune d'un gland d'or, et posées en pal, deux et une.*

DE LA BONNINIÈRE

Généralité de Tours — Diocèse de Tours

Claude-Guillaume de la Bonninière, justifie sa filiation depuis

Pierre de la Bonninière, écuyer (1494).

Deux chevaliers de Malte : Joseph de la Bonninière et Jacques-Philippe de la Bonninière, frères du produisant.

Seigneuries des Chasteliers, — du Fresne-Savari.

Alliances : familles : Simon, — Huraut, — du Bois, — Oudart, — Galois, — de Montplacé.

Armes : *D'argent, à une fleur de lis de gueules.*

LA CHAISE

Christophe La Chaise, chevalier de Saint-Louis, major de la ville de Cambrai, fut anobli par lettres patentes, en forme de charte, données à Versailles par Sa Majesté, au mois de mars 1733, en considération de sa famille et de ses services militaires.

Seigneurie du Capblanc.

Alliances : familles : Portoi, — Grumelier.

Armes : *De sable, à un griffon d'argent, chargé d'un croissant de gueules.*

DE LA CHAPELLE

En Berri

Jean de La Chapelle, écuyer, académicien, justifie sa filiation depuis

Guillot de La Chapelle, damoiseau (1384).

Un chevalier de Malte : Guillemin de La Chapelle.

Seigneuries du Pleix, — des Boucheroux, — de la Seurette, — de Saint-Port-sur-Seine.

Alliances : familles : de Châteauneuf, — de Bron, — Gillet, — Legier, — de Bourges, — de Chanteraine, — Barrat, — Béchereau, — Chenu, — de Margat, — Gassot, — Pellart.

Armes : *D'azur, à une fasce d'argent, accompagnée de trois étoiles d'or, posées deux en chef et l'autre à la pointe de l'écu.*

DE LA CHAUSSÉE

Généralité de Soissons — Diocèse de Laon

Eustache-Armand de La Chaussée, écuyer, justifie sa filiation depuis

Pierre de La Chaussée, écuyer (1460).

Seigneuries de Boisville, — de Saint-Dizier, — de la Lucazière, — de Theuvi.

Alliances : familles : Le Fevre, de Beaulieu, — Fagon, — de Nollent, — Goret, — Gouffier, — La Gaultière.

Armes : *D'azur, à trois losanges d'argent, posées deux et une, et un chef de sable, chargé d'un lion d'argent, passant.*

DE LA CORBIÈRE

Généralité de Tours — Diocèse d'Angers

Charles-Guillaume de La Corbière, écuyer, justifie sa filiation depuis

René de La Corbière, écuyer (avant 1517).

Un chevalier de Malte : François-Marie de La Corbière (1669).

Seigneuries de Juvigné, — de la Chapelle Craonoise, — de Boisrobin, — de la Besnichère, — de Mortelesne, — de la Corbière.

Alliances : familles : de Fontenelles, — des Nos, — de la Monneraye, — du Poulpri, — Pidoux, — de Megaudais, — de Cornesse, — Cornu, — de Charnacé, — de Villiers.

Armes : *D'argent, à un lion de sable, langué, onglé et couronné de gueules.*

DE LA COUR

En Languedoc

Première branche

Noble François de la Cour de Montcamp, écuyer, justifie sa filiation depuis

Noble Bernard de la Cour, damoiseau (1461).

Noble François de la Cour de Montcamp, écuyer, fut maintenu dans sa noblesse par lettres patentes du roi, du 12 novembre 1733.

Seigneuries de la Bellière, — de Montcamp, — de la Bessède.

Alliances : familles : de Buxière, — Bragouze, — Réal, — Malon ou Nalon, — de Mandajors, — Gigotte, — Bousquet, — de Tarrou, — de Villangea, — de Caladon, — Nissoles, — Vaquier, — de Laune, — de Villaret.

Seconde branche

Noble Jean-Jacques de la Cour, écuyer, commandant à Valleraugue en Languedoc, justifie sa filiation depuis

Noble Abraham de la Cour, écuyer (second fils de Pierre de la Cour de Montcamp et de Jeanne de Laune), chef de cette seconde branche.

Seigneurie du Viala.

Alliances : familles : de Seguin, — Finiels, — Daudé de la Valette, — Law.

Armes : *De gueules, à une aigle d'or, couronnée d'azur, languée, becquée et onglée d'argent.*

DE LA CROIX

En Languedoc — en Champagne — en Limousin et à Paris

De la Croix de Castries

Charles-Eugène-Gabriel de la Croix, chevalier, gouverneur de Montpellier, justifie sa filiation depuis

Jean de la Croix, chevalier (1421).

Cinq chevaliers de Malte : Louis Languedoc de la Croix de Castries. — Roch-François de la Croix de Castries. — Jean de la Croix (1522). — Nicolas-François (1622). — Louis-Augustin de la Croix de Castries (1728).

Seigneuries de Castries, — de Gourdièges, — de Plancy, — de Frauville, — de Semoine, — de Montfenier, — de Miremont, — d'Anglars, — de Champrigaut, — de Saint-Brez, — d'Oradour, — de Charlies, — de Champagnac, — de Castelnau, — de Salezon, — de Figaret, — d'Epeix, — de la Roquette, — de Saint-Geniez, — de Granges, — de Tauves, — de Saignes, — de Saint-Sauve, — de Murat, — de Châteauneuf, — de Montjouvent, — de Saint-Nizier, — de Puilaurens, — de Lézignan.

Alliances : familles : de Cezelly, — Bossavini, — de Montfaucon, — de Guilhem, — d'Albenas, — de Bonnet, — de la Volhe, — de Belloy, — de l'Hospital, — Brachet, — de Bonzi, — de Brunet de Pujols, — de Rochechordau, — du Mouceau de Nollant, — de Talaru, — de Chalmazel, — de Rosset de Rocozel de Fleury.

Branche de de La Croix de Mairargues

En Languedoc

Jean de la Croix de Mairargues, justifie sa filiation depuis

Noble Gaspard-François de la

Croix (deuxième fils de Jacques de la Croix de Castries et de Diane d'Albanas) 1606.

Seigneuries de Mairargues, — de Colias, — d'Argeliers, — de Gaujac, — de Saint-Jean, — de Dominargues, — de Sagriers.

Alliances : familles : de Gueydan, — de Reynaud, — de Bouet de Servezanne, — de Cuny, — de Prolène, — de Mirmand, — de Cabot, — de Bérard de Montalet, — de Blottefière.

Branche des seigneurs de Vagnas

En Languedoc

Henry-Félix de la Croix, petit-fils de

Noble Jacques de la Croix (troisième fils de Gaspard-François de la Croix de Mairargues et de Jeanne de Gueydan) (1645).

Seigneuries de Vagnas, — de Cassagnolle.

Alliances : familles : Védier ou Verdier, — de Chalendar de la Motte, — de Fayet, — de Blisson, — du Monteil.

Branche des barons d'Anglars

En Limousin

Etienne de la Croix, chevalier, justifie sa filiation depuis

Noble Jean de la Croix, dit d'Ussel (second fils de Henry de La Croix de Castries et de Marguerite de Guilhem) (av. 1619).

Seigneuries de Champagnac, — d'Ussel, — d'Anglars.

Alliances : familles : de Clavières, — de Fontanges, — de la Motte, — de Lignerac, — Quintin, — de Sartiges, — de Loupiac, — de Bosredon de Saint-Avy, — de la Saigne de Saint-Georges.

Branche des seigneurs de Candilhargues

En Languedoc

Antoine-René de la Croix, page de la petite écurie du roi, justifie sa filiation depuis

Noble François de la Croix (fils d'Henry de la Croix et de dame Marguerite de Guilhem) (1596).

Seigneuries de Saint-Brez, — de Figaret, — de Sueilles, — de Candilhargues, — de Planque, — de Sainte-Colombe.

Alliances : familles : d'Azémar, — de Solas, — de Courseulles, — de Bouillac, — de Soïgnac, — de Reversac, — de Cabot, — Vedel, — de Pierre des Ports, — de Grégoire.

Armes : *D'azur, à une croix d'or.*

DE LA CROIX

Généralité de Tours — Diocèse du Mans

Louis-Pierre de la Croix, écuyer, justifie sa filiation depuis

Philippe de la Croix, chambellan du roi François Ier (1526).

Seigneuries de Cérisai, — de Beaurepos.

Alliances : familles : de Bonvoust, — Vedeau, — Morin de London, — Julien de Bedariddes, — de Poitiers, — Bazile.

Armes : *D'or, à trois fasces d'azur ondées, celle du chef surmontée d'un lion de gueules à demi-corps.*

DE LA CROIX

En Bourgogne — à Paris — et à Metz

Arnoul-Pierre de la Croix, écuyer, justifie sa filiation depuis

Jean de la Croix, prévôt royal de la ville d'Auxonne (1560).

Seigneuries d'Evry, — d'Aulnois, de Fresnes.

Alliances : familles : Boillaud, — Jacquot, — Jannon, — Guyon, — Marin, — Grizollet d'Evry, George de Chelaincourt.

Armes : *D'azur, à une croix pattée et alaisée d'or; écartelé de gueules, à un coq d'or, et sur le tout un écusson de même.*

DE LA CROPTE

François-Isaac de la Cropte, justifie sa filiation depuis

Hugon de la Cropte, damoiseau, (avant 1448).

Seigneuries de Bourzac, — de Vandoire, — de Belleville, — du Mas de Montet, — de Chassagne, — de Cumont, — de la Motte Saint-Privast, — de Sallebeuf, — de la Menardie, — de Saint-Abre, — de Chanteirac.

Alliances : familles : Tiraqueau, — Vangangelt, — de Gimel, — de Montagnac, — Jaubert de Saint-Gelais, — de la Place, — de Seris, — Grimoard de Frasteaux, — de Chabans, — de Cagnac, — de la Porte de Fleurac, — de Chenevieres, — de Morillon, — Vigier.

Seigneurs de Chassagne et de Saint-Paul

François de la Cropte-Bourzac de Chassagne, reçu page du roi dans sa petite écurie, justifie sa filiation depuis

Jean de la Cropte, écuyer (1678).

Seigneuries de Saint-Paul, — de Chassagne, — d'Auriac.

Alliances : familles : de Chabans, — de Jusson.

Seigneurs de Chanteirac

Henri-François de la Cropte de Chanteirac, page du roi dans sa grande écurie, justifie sa filiation depuis

Jean de la Cropte, écuyer (1488).

Seigneuries de Chanteirac, — de la Barde, — de la Chapelle, — du Château, — du Puis-Imbert, — de la Mauzie, — de Beauvais, — de Carmazat, — de Pouques.

Alliances : familles : de la Porte de Fleurac, — de Taillefer, — de la Place de Torsac, — de Bruzac, — Massin, — de Fayole, — d'Auzanneau, — Martel, — de Savoie, — Raimond, — Gauchet, — de Salagnac, — du Chazeau, — de Bourdeilles.

Armes : *D'azur, à une bande d'or, accompagnée de deux fleurs de lis de même, l'une posée en chef et l'autre à la pointe de l'écu.*

DE LA FAIRE DE VAUZELLE

Généralité de Tours — Diocèse de Poitiers

François de La Faire de Vauzelle, écuyer, justifie sa filiation depuis

Jacques de La Faire, écuyer (1476).

Seigneuries du Bouchaut, — de Vauzelle, — du Cottait, — de Pont en Bourbonnais.

Alliances : familles : Planchet, — Simonnot, — Rifaud, — de la Chastre.

Armes : *De gueules, à une bande d'argent.*

DE LA GRANGE

En Limousin

Melchior de la Grange, écuyer, justifie sa filiation depuis

Jean de la Grange, écuyer gentilhomme ordinaire de Monseigneur, frère du roi (en 1670).

Seigneuries de Tarnac, — de Courtiaux, — de Gransaignes, — de Reignac, — de Grammat, — de Murat, — de Comps, — de la Gane.

Alliances : familles : Bardoulat, — Forest, — de Moreaux, — de Gay de Nexon, — de Joussineau-de-Fayat, — Garat de Nedde.

Armes : *De gueules, à trois merlettes d'argent, posées deux et une, au franc-quartier d'hermines.*

DE LA HAYE

En Normandie et à Paris

Charles-Marin de la Haye, écuyer, l'un des fermiers généraux de Sa Majesté depuis 1761, justifie sa filiation depuis

MARIN DE LA HAYE (vivant vers 1610).

Seigneuries de Précarré, — des Fosses, — de Saint-Germain-des-Vaux, — de Marcenou, — de Draveil, — de Beaumont, — de l'Estre, — de Bazinville, — du Colombier, — de Cully, — de Vierville, — de Louvres.

Alliances : familles : Viel, — Le Boucher, — de Saint-Mars, — Havart, — Boula de Mareuil, — Bourgevin, — Bergeret, — Blondel d'Azaincourt, — Bouret.

Armes : *D'argent, à un chevron de gueules, accompagné de trois senelles de même, tigées et feuillées de sinople, posées deux et une.*

DE LA HOUSSOIE

Généralité d'Amiens — Diocèse d'Amiens

FRANÇOIS DE LA HOUSSOIE, capitaine de cavalerie dans le régiment Dauphin, justifie sa filiation depuis

FRANÇOIS DE LA HOUSSOIE, seigneur de MAISICOURT, écuyer (1557).

Seigneuries de Maisicourt, — de Neuvillette, — de Goui, — d'Avaux en Flandre, — de Loncourt, — du Chesnoi.

Alliances : familles : Chabot, — Langlois, — de Boubers, — de Bacouel, — de Saint-Blimont, — de Bofles.

Armes : *D'argent, coupé d'azur, et sur le tout un lion de gueules, langué, onglé et couronné d'or.*

LAISNÉ DE PARVILLI

Paris et l'Ile de France

ANTOINE LAISNÉ, écuyer, justifie sa filiation depuis

GRATIAN LAISNÉ, écuyer (avant 1590).

Seigneurie de Parvilli.

Alliances : familles : Ansoult, — Liégeard, — de la Vallée, — de Moucheni, — Brossard, — Coupé, — Loyer, — Waubert, — Le Roy.

Seconde branche

ANTOINE-BERNARD LAISNÉ, écuyer, lieutenant d'artillerie au service du roi de Sardaigne, fils d'ANTOINE LAISNÉ, écuyer, conseiller du roi (second fils d'ANTOINE LAISNÉ, écuyer, et de demoiselle SIMON DE MOUCHENI).

Alliances : familles : le Fèvre, — de Gayardon.

Armes : *D'azur, à une croix d'or, alaisée, et accompagnée de trois étoiles de même, posées deux en chef et l'autre à la pointe de l'écu.*

DE LAIZER DE BRION

Généralité d'Auvergne — Diocèse de Clermont

FRANÇOIS DE LAIZER DE BRION, chevalier de Saint-Louis, justifie sa filiation depuis

REINARD DE LAIZER, écuyer (av. 1471)[1].

Seigneuries de Brion, — de Compain, — de Sieugeac, — de Châteaugai, — de Laizer, — de Chidrac.

Alliances : familles : Bequet, — de Bellinais, — de Chambon, — de Docq, — du Monteil, — de Baron, — d'Oradour, — de la Guesle, — de Saulx, — de la Tour, — de Landouze, — de Vaisseras.

Armes : *De sable, à une bande d'argent, accompagnée en chef d'une étoile et d'une rose de même, et en pointe d'une rose et d'une étoile aussi d'argent.*

DE LA LAURENCIE

En Angoumois, en Poitou et en Saintonge

Généralité de Poitiers — Diocèse de Saintes

CHARLES-HENRI DE LA LAURENCIE (ou, suivant l'orthographe de quel-

[1] La Chesnaye commence à Guillaume, chevalier (1227).

ques titres, DE LA LAURANCYE et DE LA LORANCYE), ensemble NOEL-BERTRAND DE LA LAURENCIE, son cousin, justifient leur filiation depuis

LOUIS DE LA LAURENCIE, écuyer (avant 1493).

Un chevalier de Malte : FRANÇOIS DE LA LAURENCIE (1699).

Seigneuries de la Laurencie, — de Charas, — de Claix, — de Villeneuve la Comtesse, — de Beaulieu Saint-Meard, — de la Fontguion, — des Vallées, — de la Croix la Comtesse, — de la Thibaudière, — de Puigarreau, — de Moulières.

Alliances : familles : de Plouer (de Plouier et de Ployer), — de la Chambre, — de Canquelin, — Frotier de la Messelière, — du Nourigier, — Chesnel, — Girault, — de Montberon, — Aubert, — d'Algret d'Aulède, — de Castelo, — Jourdain, — du Laux.

Seconde branche

SEIGNEURS DE CHARAS

NOEL-BERTRAND DE LA LAURENCIE DE CHARAS, déjà indiqué en tête de l'article, lieutenant des maréchaux de France à Angoulême, justifie qu'il descend du chef de la seconde branche de la famille de LA LAURENCIE, lequel est

PHILIPPE DE LA LAURENCIE, écuyer (second fils de CHRISTOPHE DE LA LAURENCIE et de MARIE DE LA CHAMBRE) (1573).

Seigneuries de Charas, — de Villeneuve la Comtesse, — de Montgeillas ou Montguillard, — de la Plaigne, — de Séguiniac, — de Jumillac, — de Chadurie, — des Thibaudières, — de Rodas, — de Nevic, — de Sonneville, — des Seurres, — des Borderies de la Fresnaie.

Alliances : familles : de Lerisse, de la Garde, — Audier, — des Dousetz, — Cladier, — Arnauld de Méré, — du Chazeau, — Paulte.

Troisième branche

SEIGNEURS DE CHADURIE

FRANÇOIS DE LA LAURENCIE (second fils d'ARMAND DE LA LAURENCIE et de MARIE CLADIER), est auteur de cette branche (1677).

Seigneuries de Chadurie, — des Thibaudières, — de Chez, — de Faure.

Alliances : familles : — des Forges, Challier.

Armes : *D'azur, à une aigle d'argent à deux têtes, le vol abaissé.*

DE LA LOÈRE

En Bourbonnais et à Paris

ANTOINE DE LA LOÈRE, échevin de la ville de Paris, justifie sa filiation depuis

JEAN DE LA LOÈRE, notaire et secrétaire des rois Charles VII et Louis XI (1445).

Seigneuries de Bonnefons, — des Bos, — de Sazeret, — des Bordes, — des Montets, — des Ferrons, — de Chaume, — du Grand-Malay, — des Gonnards, — de la Bretesche.

Alliances : familles : Gougnon, — Bayard, — de Cordebœuf, — Millay, — Robertet, — Morin, — de Chalus, — Bohier, — Le Camus de Jambeville, — Le Roy, — Potdevin, — Testart, — Boisseau, — Adine, — de Johanne de la Carre de Piffonds, — Sandrier.

Seconde branche[1]

ANDRÉ-FRANÇOIS DE LA LOÈRE, écuyer, conseiller du roi, notaire

[1] Cette famille a été traitée en détail dans la première partie du troisième registre de la noblesse du royaume, imprimé en 1752, sous le titre d'Armorial général, mais faute de titres qui aient fait connaître une branche qui

au Châtelet de Paris, justifie sa filiation depuis

GILLES DE LA LOÈRE, écuyer, avocat au Parlement (1687).

Seigneurie de Saint-Gilles.

Alliances : familles : Populus, — le Guery, — Baudouin.

Troisième branche

BERNARD DE LA LOÈRE, écuyer (troisième fils de FRANÇOIS DE LA LOÈRE et de CATHERINE LE ROY).

Seigneurie de Monsivry.

Alliances : famille : Martin.

Armes : *D'or, à un chevron d'azur, accompagné de trois trèfles de même, deux en chef et un en pointe.*

DE LA MARTELIÈRE

Dans le Perche et à Paris

ALEXANDRE-LOUIS DE LA MARTELIÈRE, capitaine d'une compagnie de dragons, justifie sa filiation depuis

FRANÇOIS DE LA MARTELIÈRE, conseiller du roi, lieutenant-général civil et criminel du bailliage du Perche (1564).

Seigneuries de Fay, — d'Agny, — d'Amilly, — de Champaillaume, — des Vaulx, — de la Martelière, — de Montbertran, — de l'Hermitière, — de la Page, — de Villeneuve, — de la Méherie, — du Tartre, — du Bourg de Mansigné, — de Passeau, — de Fief au Prieur, — de Théval le Coudray, — de la Rhenière, — de Blanchard, — de Courtolain, — de la Giraudière, — de Chamfort, — de la Roucinière, — des Loges, — de Brossin, — de Grandbaujour, — de Grandmont, — de Saint-Germain de la Coudre.

Alliances : familles : Feillet, — de Fontenay, — Le Grand, — Allamant, — de Carvoisin, — de Longueval, — Marescot, — Fraguier, — de Hodic, — de Goujon de Thuisy, — de Thibault de la Roche-Thulon.

ALEXANDRE-PIERRE DE LA MARTELIÈRE, obtint, au mois de juillet 1671, des lettres patentes portant érection en dignité de comté de la terre de Fay, ancienne baronnie.

Armes : *D'or, à un chevron d'azur, accompagné de trois feuilles de laurier de sinople, posées deux en chef et l'autre à la pointe de l'écu.*

DE LA MARTONIE

Généralité de la Rochelle — Diocèse de Saintes

LÉON-RAIMOND DE LA MARTONIE, écuyer, justifie sa filiation depuis

ETIENNE DE LA MARTONIE, conseiller au parlement de Bordeaux (vivant encore en 1486) [1].

Seigneuries du Gaignon, — de Roussillon, — de la Martonie, — de Bouzac, — de Puimer, — de Puibérard, — de Bruzac, — de Bas, — de Farges, — de la Roche, — de Milhac, — du Chaslard Saint-Paul, — de Puiguilhem, — de Saint-Jean d'Ecole, — de Thiviers, — de Condat, — de Bonnes.

Alliances : familles : Galateau, — de Guip, — Guiton de Maulevrier, — Chapelle, — de Montagrier, — de la Bastide, — de

doit être placée la seconde et qui renvoie à la troisième celle des sieurs de Monsivry. Cette seconde branche vient de justifier sa descendance depuis le septième degré, formé sous le nom de François de La Loëre, écuyer, sieur de la Bretesche, qui de son mariage eut pour second fils Gille de La Loëre, et pour troisième fils Bernard de La Loëre, sieur de Monsivry, dont la veuve obtint, le 1er septembre 1720, un arrêt du conseil d'Etat qui maintint ses enfants dans leur noblesse d'extraction.

[1] La Chesnaye mentionne Guy, en 1251.

Hauteclaire, — de Crevant, — d'Arbessan, — d'Aloue, — Goumard, — de Javerlhac, — de Mareuil de Villebois, — de Beinac, — Vernon, — de Pompadour.

Armes : *De gueules, à un lion d'or, la langue et les ongles de sable.*

DE LAMBERT

En Angoumois — en Bourgogne et en Périgord

Ancienne famille dont la noblesse se prouve par sept titres latins originaux, dont le premier est une vente que les enfants d'un Guillaume de Fonfaites firent le lundi, fête de saint Thomas apôtre, de l'an 1276, de tous les biens qu'ils possédaient au lieu de Bonnes, dans la mouvance et les domaines de PIERRE DE LAMBERT, damoiseau.

HENRI-FRANÇOIS DE LAMBERT, (connu sous le nom de marquis DE LAMBERT), lieutenant-général des armées du roi, justifie sa filiation depuis

Noble GUILLAUME DE LAMBERT (av. 1441).

Seigneuries de Bonnes, — de Lamourat-la-Filolie, — de la Mazardie, — de Nadalens, — de la Jarissie, — de la Roussie, — des Ecuyers, — de Saint-Bris (marquisat), — de Chitry.

Alliances : familles : de Poudenas, — de Lamourat, — d'Abzac de la Douze, — de la Saludie, — Chasserel, — Arnal de la Faye, — du Laux de la Coste d'Allemans, — de Durfort, — de la Salle, — de la Porte, — Robinet de la Serve, — Bocholt, — de Champagnac, — Dénard, — de Gentils, — d'Apremont, — Le Marguenat, — de Beaupoil, — de Larlan de Kercadio de Rochefort, — de Menou.

Seigneurs de Rouziers, de Lamourat et de la Mazardie

En Périgord

HENRI DE LAMBERT, mousquetaire du roi, capitaine de cavalerie dans le régiment de Chabrillant, justifie sa filiation depuis

PIERRE DE LAMBERT, conseiller de la reine de Navarre (deuxième fils de JACQUES DE LAMBERT, seigneur de Lamourat, et de MARGUERITE ARNAL DE LA FAYE) (1564).

Seigneuries de Rouziers, — de Lamourat, — de la Mazardie, — de Gandillac, — du Change, — de Saint-Antoine.

Alliances : familles : d'Albi, — de Belli de Razac, — de Ciourac, Sandillon de la Foucaudie, — de Brochard, — Texier, — d'Abzac, — d'Arnal de la Faye, — des Ecuyers, — du Clapier, — Guiot du Dognon, — de Vassan, — de la Taste, — Glane, — de Guischard.

Armes : *Coupé, émanché de gueules, de trois pièces sur deux, et deux demi-pièces d'argent.*

DE LAMBILLI

En Bretagne

PIERRE-LAURENT-MARIE DE LAMBILLI, écuyer, justifie sa filiation depuis

GUILLAUME DE LAMBILLI, vivant en 1379, et qualifié en ce temps-là de *monseigneur*.

Seigneuries de Lambilli, — de la Soraie, — de Quengo-Breant, — de la Ville de Naché, — de Kergroix, — de Broutai.

Alliances : familles : de la Motte, — de la Soraie, — de Beaumanoir, — de Castel, — Renault, — de Quelen, — Giffart, — Henri, — Coyer, — de Saint-Brieuc, — du Houx, — Brehault, — Gatechair, — Rogier, — Le Fevre, — de

Rollée, — Magon, — Le Pennec, — de Ruelan.

Armes : *D'azur, à six quintefeuilles d'argent, posées trois, deux et une.*

LAMIRAULT

Dans l'Orléanais et dans le Soissonnais

[D'Hozier cite une suite de personnages de ce nom, dont le premier vivait en 1224].

Dans le Soissonnais

Seigneurs de la Lande, de Cerny, etc.

JEAN-BAPTISTE LAMIRAULT, écuyer, lieutenant au régiment d'Enghien-Infanterie, justifie sa filiation depuis

JEAN LAMIRAULT, écuyer (avant 1561).

Seigneuries de Sabusson, — du Coulombier, — de la Lande, — de la Villatte, — des Watinès, — d'Etréaupont, — de Cerny, — de Noircourt, — du Thuel, — de Foisdettré, — de Saint-Lazare-Neuvillette.

Alliances : familles : de la Roche, — Chauvin, — Guitton, — Pelault, — Godin, — de Plainchesne, — de Brodart, — des Forges, — de Préseau, — de Lancry.

Dans l'Orléanais

FRANÇOIS-DE-PAULE LAMIRAULT, écuyer, justifie sa filiation depuis

HERVÉ LAMIRAULT, écuyer (1587).

Seigneuries de Langlaischère, — du Bouchet, — de Marchais-Lambert, — de Plissay, — de Soulerre, — de Puiselet, — des Francsbois, — de la Touche, — du Grand et du Petit Mouillerant, — de Laizeau, — de Mantellon, — de Champcarré, — de Cheminiers, — de Ruys, — de Chaussy.

Alliances : familles : Amanjon, — Aubelin, — Rancher, — de Mareau, — Ferrand, — Fleuretteau, — de Vassan, — l'Hoste, — de Héere, — de Raganne, — — Hardoin, — du Chon, — Robert, — d'Orléans, — le Rebours, — Bezanson.

Deuxième branche

SIEURS DE RUYS ET DE COTTINVILLE

ANTOINE LAMIRAULT, écuyer, fils de

ANTOINE LAMIRAULT (troisième fils d'ETIENNE LAMIRAULT et de MARIE DU CHON) (1660).

Seigneuries de Ruys, — de Cottinville, — du Guay du Roi.

Alliances : familles : du Coing, — Sinson de Sevestreville, — de Tolède, — d'Orléans.

Troisième branche

SIEURS DE MARCHAIS-LAMBERT

JEAN-CLAUDE LAMIRAULT, écuyer, justifie sa filiation depuis

HERVÉ LAMIRAULT (second fils d'HERVÉ LAMIRAULT et d'ANNE AMANJON) (1620).

Seigneuries de Plissay, — de Marchais-Lambert, — de Portmorant, de la Saugerie, — de Pierrefitte, — de Lormoye.

Alliances : familles : Colas, — de la Font, — de Beauxoncles, — de Troyes, — Geuffroneau, — Costé, — Luillier, — Tourtier, — Bardin d'Origny, — Rousseau.

Quatrième branche

(SIEURS DE LA SAUGERIE

JEAN-FRANÇOIS LAMIRAULT, écuyer, justifie sa filiation depuis

CHARLES LAMIRAULT, écuyer (troisième fils d'HERVÉ LAMIRAULT et d'ANNE AMANJON) (1620).

Seigneuries de la Saugerie, — du Buisson, — de la Fosse, — du Courtois, — de Flament, — du Vivier, — de Prenainville, — du Courvoy.

Alliances : familles : Nouel ou Noël, — Brachet, — Pothier, —

Gauvignon, — du Val, — Charpentier, — de Tullières.

Armes : *D'or, à une rose de gueules, et un chef de même.*

DE LA MYRE

En Languedoc — en Guyenne — et en Picardie

GABRIEL-MELCHIOR DE LA MYRE, lieutenant du roi au gouvernement de Picardie, chevalier de Malte (août 1729), justifie sa filiation depuis

Noble PIERRE MIRI (avant 1378), et des actes font mention de

BERNARD MIR, en janvier 1189; actes fournis par le comte de MORY, ci-devant chevalier de Malte, et dont les ancêtres ont porté indistinctement les noms DE MIR, MIRE, MIRI, LE MIRE, MYRE, DE LA MYRE.

Trois chevaliers de Malte : GABRIEL-MELCHIOR DE LA MYRE, ci-dessus, — FRANÇOIS-JEAN DE LA MYRE, dit le comte DE MORY, ci-dessus, — CHARLES-HENRY DE LA MYRE (1731).

Seigneuries de la Mothe-Séguier, — de Douazac, — d'Hangest, — d'Avenescourt, — de Bartombale, — de Manaut, — du Moutet, — de Montbrison, — de Merles, — d'Esterpigneul, — d'Ermain, — de Boucly, — d'Hainnecourt, — d'Honnenghem, — de Catrix, — de Rœux, — de Congy, — de Vilers-les-Rigault.

Alliances : familles : de Biran, — Bertier de la Tapie, — de Villemur, — de la Serre, — de Marty, — de Mory, — de Folleville, — Largentier, — Boisnet, — Marc de la Ferté, — de Chamborant, — de Runes, — de Cardevaque d'Havrincourt.

Armes : *Écartelé, au 1 et 4 d'azur, à trois aigles d'or, bécquées et membrées de gueules, posées deux et une, les deux du chef affrontées; au 2 et 3 d'or, à la bande de gueules, chargée de trois merlettes de sable, et accostées de deux tourteaux d'azur, l'un en chef et l'autre en pointe, et sur le tout d'or, à une fasce d'azur, chargée de trois étoiles d'or.*

LANCI

Dans l'Ile de France

PIERRE-CHARLES DE LANCI, écuyer, lieutenant des gardes françaises, justifie sa filiation depuis

JEAN DE LANCI, écuyer (avant 1525).

Seigneuries de Niville, — de Blarus, — du Coudrai, — de Frénoi, — d'Orgemont, — de Suine, — de Laval, — de Nouvian, — de Charlemont, — de Barenton, — de Cocquebine.

Alliances : familles : de Villiers, — Branche, — de May, — Le Brun, — Crochart, — de Resnel, — Le Parmentier, — Ysoré, — Labbé.

Seigneurs de Rarai

GASTON-JEAN-BAPTISTE DE LANCI, justifie sa filiation depuis

CHRISTOPHE DE LANCI, écuyer (second fils de CHARLES DE LANCI et de MARIE DE VILLIERS) (1535).

Seigneuries de Nouvian, — de Rarai, — d'Aramont, — de Ribecourt, — de Pimpré, — de Neri, — de Faverolles, — de Verines, — de Bethizi, — de Verberie.

Alliances : familles : de Louen, — Lami, — de Lanchise, — le Maître, — de Mornai, — d'Angennes, — des Acres de Laigle, — Auberi de Vatan, — le Conte de Nonant.

Armes : *D'or, à une aigle de sable, les ailes étendues, et chargée sur l'estomac d'un écusson d'azur, à trois lances d'or, rangées en pal, les pointes en haut.*

DE LANCRAU

Généralité de Tours — Diocèse d'Angers

MARC-ANTOINE DE LANCRAU, écuyer, justifie sa filiation depuis
GIRARD DE LANCRAU (avant 1459).

Seigneuries de Chanteil, — de la Motte-Saint-Péan, — de la Motte-Boisroyer, — de la Grandmaison, — du Tertre, — de la Saudraie, — de la Haute Bergère, — de la Haute Porée, — de la Prévôté, — de Piard, — de Lancrau.

Alliances : familles : Le Chat, — de Breon, — de Meaulne, — de Salles, — Le Voyer, — Gaidon, — de la Bouessière, — du Châtelet, — du Pré, — de Porsal, — Boutier, — Ridouet, — Cheminart, — de Brie.

Armes : *D'argent, à un chevron de sable, accompagné de trois roses de gueules, boutonnées d'or, et posées deux en chef et l'autre à la pointe de l'écu.*

DE LANEAU

Généralité de Dijon — Diocèse de Langres

JEAN DE LANEAU, écuyer, justifie sa filiation depuis
HENRI DE LANEAU, écuyer (1546).

Seigneuries de Marei, — de Bard, — de Montfort.

Alliances : familles : Gayot, — Mouhard, — de Damoiseau, — de Vaussin, — Gillet, — de Chaugi.

Armes : *D'azur, à un barbeau d'argent, posé en fasce, et un chef d'azur, chargé de trois besants d'or.*

DE LANGLE

Généralité de Rouen — Diocèse d'Évreux

MATHIEU-CLAUDE DE LANGLE, écuyer, justifie sa filiation depuis
GUILLAUME DE LANGLE (1630), receveur des tailles de l'élection d'Evreux, dont le fils, MATHIEU DE LANGLE, fut anobli par lettres patentes de décembre 1675.

Seigneuries : de Fontaine-sous-Joui, — de Launai, — de Conches, — de Mosni, — du Plessis, — de Dardez, — de Roncenai.

Alliances : familles : Giraud, — Bridier, — du Resnel, — du Vaucel.

Seconde branche

MATHIEU DE LANGLE, capitaine d'infanterie au régiment de Caumont, justifie sa filiation depuis
MATHIEU DE LANGLE, écuyer, (quatrième fils de MATHIEU DE LANGLE ET DE MARIE DU RESNEL (1661).

Seigneuries de Dardez, — de Mosni, — de la Ronce.

Alliances : familles : Louin, — de Varstat, — Rotrou.

Armes : *D'azur, à une fasce d'or, accompagnée en chef de deux glands de même, tigés et feuillés chacun d'une seule feuille de sinople, et une seule rose d'or, posée à la pointe de l'écu.*

LANGUET

Famille de Bourgogne

On trouve le nom de cette famille dans des actes antérieurs à l'année 1373, et il est probable que ceux qui le portent sont des ancêtres de
JACQUES-VINCENT LANGUET-ROBELIN, président à mortier au parlement de Bourgogne, qui justifie sa filiation depuis
Noble homme GERMAIN LANGUET, capitaine du château de Viteaux (avant 1537).

Seigneuries de Saint-Côme, — de Gergy, — de Rochefort, — de Saffre, — d'Allerey, — de Montigny-sur-Vingeanne, — de Villeneuve.

Alliances : familles : Dévoyot, — Brigandet, — de Chassanée, — Pivert, — de Ponthoux ou Pontoux, — Le Conte, — Bretagne, — de Loynes, — Robelin, — Rigoley, — Quarré, — de Lévis de Châteaumorand.

Comtes de Gergy

JACQUES-VINCENT LANGUET, ambassadeur de France auprès de la république de Venise (1730) (second fils de DENIS LANGUET et de MARIE ROBELIN).

Seigneuries de Gergy, — de la Grange, — de Saint-Jean.

Alliances : familles : Henri, — de Cardevaque, — d'Havrincourt.

Armes : Les armes des comtes de Gergy et de tous les membres indiqués par d'Hozier de la famille Languet, père du comte de Gergy, ambassadeur auprès de la république de Venise, sont :

D'azur, à un triangle d'or, cleché et renversé, chargé de trois molettes d'éperon de gueules, posées deux et une à chaque extrémité du triangle.

Les armes de Jacques-Vincent Languet, qui commence cet article, et de son père, sont :

D'azur, à un triangle d'or, cleché et renversé, chargé de trois molettes d'éperon de gueules, posées une à chaque extrémité du triangle, qui est de Languet ; *écartelé d'azur, à un chevron d'or, accompagné de trois étoiles de même, posées deux en chef, et la troisième sous le chevron, et surmonté en chef d'un bélier d'argent passant, dans une nuée de même, mouvante des deux angles supérieurs de l'écu,* qui est de Robelin.

DE LA NOGARÈDE

Généralité de Montpellier — Diocèse d'Alais

JEAN-LOUIS DE LA NOGARÈDE, écuyer, justifie sa filiation depuis
JEAN DE LA NOGARÈDE (1552).

Seigneuries de la Garde, — de Saint-Germain de Calbert, — de la Fons, — de Flandres, — de Flandonnenque.

Alliances : familles : de Lantalle, — de la Farelle, — de Ginestoux, — d'Airebaudouze, — de Leuze.

Armes : *Fascé d'argent et de gueules, de huit pièces.*

DE LA PIVARDIÈRE

Province de Berry

LOUIS DE LA PIVARDIÈRE, le jeune, qualifié chevalier, justifie sa filiation depuis
Noble homme PIERRE DE LA PIVARDIÈRE, écuyer (1519).

Seigneuries de Vinceuil, — des Chézeaux, — de Villemessant, — de la Touche-Villemessant, — du Bouchet, — d'Isopt, — du Plessis, — de la Pivardière, — de Narbonne.

Alliances : familles : d'Oridier, — de Botz, — de Salignac, — de la Bastide, — de la Touche-Ravardière, — de Chauveron, — de Bétoulat, — Chauvelin.

Seconde branche

LOUIS DE LA PIVARDIÈRE, écuyer, justifie sa filiation depuis
GERMAIN DE LA PIVARDIÈRE, qualifié chevalier (quatrième fils d'ANDRÉ DE LA PIVARDIÈRE et de LÉONORE DE LA BASTIDE).

Seigneuries de Richelieu, — de Villemessant, — de Lage, — de Guimont, — de la Chassagne.

Alliances : familles : de Miomandre, — de Malleret, — Musnier, — de Noblet de Tercillac.

Armes : *D'argent, à trois merlettes de sable, posées deux et une.*

LA PLANCHE DE MORTIÈRES

En Beauce et en Gâtinois

JULES-CLAUDE-PIERRE DE LA PLANCHE DE MORTIÈRES, colonel

d'infanterie, justifie sa filiation depuis

JEAN DE LA PLANCHE, écuyer (1499).

Seigneuries de Saint-Gratien, — de Villiers, — de la Planche, — de Mortières, — de Villeneuve le Bœuf, — de Fouquelinai, — de Rigaud, — de Chemereau, — de la Grande Brosse, — de Courci, — de Viabon, — de Ballainvilliers, — de Mervilliers.

Alliances : familles : Baron, — Compagnon, — Couperel, — Vincent, — Le Vigneron, — Gobelin, — le Roux, — Menager, — de Morelli, — de Chesnelong, — Hoogwood-Keeper, — de Hessin, — Pestalozzi, — de Solages, — de Gauville.

Deuxième branche

PIERRE DE LA PLANCHE DE MORTIÈRES (troisième fils d'ADAM DE LA PLANCHE DE MORTIÈRES et de demoiselle JULIE PESTALOZZI), capitaine au régiment d'Artois (1704).

Alliance : famille : de Villebois.

Troisième branche

JEAN-BAPTISTE DE LA PLANCHE DE MORTIÈRES, écuyer, enseigne au régiment des gardes françaises, justifie qu'il est petit-fils de

THOMAS DE LA PLANCHE DE MORTIÈRES, écuyer (deuxième fils d'ADAM DE LA PLANCHE DE MORTIÈRES et de demoiselle ANNE HOOGWOOD-KEEPER), lieutenant dans le régiment du Roi-Infanterie (1670).

Seigneuries du Plessis, — de Boinville, — de Reignevillette, — de la Prée, — de Saint-Martin de Nigelle, — de Ponceaux.

Alliances : familles : de Folarton, — de Longueau, — de Gédoyn, — Charrier de Mitterant.

Armes : *D'azur, à un chevron d'or, et un chef d'argent chargé de trois merlettes de sable.*

DE LA PORTE DE LISSAC

En Limousin

JOSEPH DE LA PORTE, écuyer, justifie sa filiation depuis

Noble ARNAUD DE LA PORTE (av. 1538).

Deux chevaliers de Malte : FRANÇOIS DE LA PORTE (1657), et FRANÇOIS DE LA PORTE (1731).

Seigneuries de la Rétaudie, — de Puimège, — de Palisses, — de la Porte, — de Lissac, — de Caquereix.

Alliances : familles : du Puis, — — de Garrigon, — de Pechizela, — de Prouilhac, — de Giscard, — Meynard, —. Esclafer, — d'Ambert, — de Malcap, — de Mauriolles, — de Cosnac, — de Mirandol, — d'Auberi, — de Meynard, — de Marqueissac, — de Fenis.

Armes : *D'argent, à trois pals de gueules, alaisés par le bas et mouvants d'une devise ou fasce de même, et un chef d'azur, chargé de trois étoiles d'or.*

LARDENOIS DE VILLE

Duché de Bouillon — Diocèse de Liége

ALBERT-LOUIS LARDENOIS DE VILLE, écuyer, justifie sa filiation depuis

THOMAS LARDENOIS DE VILLE (1545).

Un chevalier de Malte : CHRISTOPHE LARDENOIS (1664).

Seigneuries de Bolandre, — de Beuteville, — de Charme, — d'Aspremont, — de Dohan, — de Haomée, — de Lavaux, — de Chavanes, — de Habronval.

Alliances : familles : de Neverlée, — de Orei, — de Mouzai, — de Lierneux, — de Cheoux.

Armes : *D'azur, à une fasce d'argent, cablée.*

DE LA ROCHE

Marche — Diocèse de Limoges

Antoine de la Roche, chevalier de Saint-Louis, justifie sa filiation depuis

Jean de la Roche, écuyer (1572).

Seigneuries du Rouzet, — de Giat.

Alliances : familles : du Breuil, — de Bard, — de Bosredon, — La Blanchisse, — de la Borde, — Faye.

Armes : *D'azur, à trois bandes d'or.*

DE LARRARD
(anciennement DE LARRALDE)

En Guyenne

Alexandre de Larrard, écuyer, gentilhomme de la grande vénerie du roi, conseiller-secrétaire de Sa Majesté, maison, couronne de France et de ses finances en 1743, justifie sa filiation depuis

N*** de Larralde, lieutenant-colonel du régiment de Piémont, père de

Adam de Larralde, écuyer, gentilhomme ordinaire de la chambre du roi (1579).

Seigneuries de Larrard, — du Plaisir, — du marquisat de Puiguilhem, — de la baronnie de Saint-Barthélemy, — de Monville, — de Claverie, — de Mélac.

Alliances : familles : d'Arambos, — de Beaujon, — Dibildolts, — de Bidart, — de Haytze, — de Beaupuy, — Gailhart ou Gaillard, — Laumond, — de Laumond, — du Pré, — Gallois, — Cavé, — L'Esperon, — Gouvois, — Martin.

Branche de Larrard-Mélac

Jacques de Larrard de Mélac, écuyer, justifie sa filiation depuis

Noble Paul de Larralde ou de Larrard, écuyer (fils d'un frère d'Alexandre de Larrard, écuyer, seigneur de Larrard), auteur de cette seconde branche.

Seigneuries de la maison noble de Jeanfaux, — de Mélac.

Alliances : familles : du Puch de Paillas, — de Corbiers, — de Geres de Camarsac.

Armes : *Parti, au premier d'argent, à un chevron d'azur, accompagné de trois coquilles de sable posées deux en chef et une en pointe, et un chef d'azur, chargé de trois têtes de loup d'argent ; au second d'or, à un chevron de gueules, accompagné en chef de deux merlettes de sable, et en pointe d'un pin de sinople.*

DE LARREY[1]

En Normandie et en Allemagne

Thomas-Isaac de Larrey, comte du Saint-Empire, grand sénéchal de la comté de Kniphausen, ministre des Etats-Généraux auprès du roi de France, justifie sa filiation depuis

Robert de Larrey, écuyer (1560).

Seigneuries [2] (du Mesnilgirard, — de Quatrefaveris, — de Montreuil, — de Flauville, — du Mesnil de Trun, — de Larrey, — de Pistrat, — de Moyaux), — de Vaufouquet, — de Courmenil.

Alliances : familles [3] : [de Grandval, — de Grainville, — de Tournebu, — de Longaunay, — de Silly, — d'Aché, — de Cordai, — de Guerpel, — de Bailleul], — Le Poigneur, — Appris, — Miffant, — Eudes, — de Wilich, — de Weltzien.

[1] D'Hozier donne une suite de Larré ou Larrey, dont le premier vivait avant 1207.

[2] Les seigneuries entre parenthèses appartiennent aux Larré, qui vivaient avant Robert (1560).

[3] Les noms entre crochets sont ceux des familles alliées aux premiers de Larré (ou Larrey) dont nous avons parlé.

Armes : *D'or, à neuf losanges d'azur, posées en pal, trois, trois et trois.*

DE LA SALLE

En Guyenne

Jean-Joseph de la Salle de Bordes, écuyer (1667), justifie sa filiation depuis
Noble Jean-François de la Salle, seigneur de Bordes (1486).

Seigneuries de Bordes, — de Soubzargues, — de Brocas, — de Sarraziet, — de Balazin.

Alliances : familles : de Grossoles, — Coutin, — de Prugnes, — de Sérignac, — Girard.

Seconde branche

SEIGNEURS DE CÉRÉ, DE PLAISANCE

Joseph de la Salle (1667), capitaine au régiment d'Espenan, justifie sa filiation depuis
Noble Martin de la Salle (second fils de Jean de la Salle et d'Anne Coutin).

Seigneuries de Saint-Martin de Céré, — de Plaisance.

Alliances : familles : de Fors, — du Courneau, — de Poiferré, — de la Borde.

Troisième branche

SEIGNEURS DE CANEUS
ET MARQUIS DE ROQUEFORT

Pierre-François de la Salle, chevalier d'honneur au parlement de Bordeaux, justifie sa filiation depuis
Noble Joseph de la Salle, conseiller du roi (1613) (fils de Jean de la Salle et de Odette de Poiferré).

Seigneuries de Caneus, — du Nard, — de Saint-Go, — de Roquefort, — de Sarraziet, — de Castelmerle.

Alliances : familles : de Mehari, — de Mesmes, — d'Arbo, — de Tastet, — du Lion, — de Mons, — de Castelnau, — de Cours, — de la Roque.

Quatrième branche

SEIGNEURS DE SARRAZIET

Jean-Louis de la Salle (second fils de Jean-Martin de la Salle et de Jeanne de Mons), lieutenant au régiment de la reine.

Seigneurie de Sarraziet.

Alliances : famille : de la Roque.

Armes : *D'or, à un lion de gueules, écartelé d'azur, à neuf losanges d'or, posées trois, trois et trois.*

DE LA SERRE

En Limousin

Noble Léon de la Serre, écuyer, conseiller du roi en ses conseils, lieutenant-général en la sénéchaussée de Martel, justifie sa filiation depuis
Noble Paul de la Serre, capitaine du château de Saint-Céré pour Agne de la Tour, vicomte de Turenne (1450).

Seigneuries de la Gorsse, — de Bournissard, — de Conques, — de Langlade.

Alliances : familles : du Bos, — de Moustoulac, — de Vès, — de Linas ou de Linars, — de la Gorsse, — de Raquie, — de Cosnac, — de Losse.

Seconde branche

François de la Serre, qualifié chevalier, justifie sa filiation depuis
Noble Géraud de la Serre (second fils de noble Jean de la Serre et de Marguerite de Moustoulac).

Seigneuries de la Maletie, — de Las-Soignie, — du Blancher, — de la Boissière, — de Saint-Denis, — de Molières, — de Saint-Martin, — de Maubuisson.

Alliances : familles : du Périer, — del Jaricq, — de la Verrie, —

de Javel, — de Montmaur, — de Molinié, — du Battut de la Peyrouse.

Armes : *De gueules, à un cerf d'argent passant, et un chef d'azur, chargé de trois étoiles d'or.*

DE LA SUDRIE

Généralité de Montauban — Diocèse de Cahors.

François de la Sudrie, écuyer, justifie sa filiation depuis

Noble Guillaume de la Sudrie (1451).

Seigneuries de Puechguizel, — de Brocart, — de Calvairac.

Alliances : familles : de Bronq, — de Bonnefons, — de Vieilcastel de Marmignac, — de Durfort, — de Vieilcastel, — de Cadrieu, — du Pui de la Ichairie.

Armes : *D'azur, à un lion d'or, accompagné de douze besants d'or posés en orle.*

DE LA TOUR

Généralité de Montauban — Diocèse de Cahors.

Paul-Louis de la Tour, capitaine d'infanterie, justifie sa filiation depuis

Noble Flotard de la Tour (avant 1529).

Seigneuries de la Tour, — de Langle, — de Saint-Paul, — du Cros, — de la Calmontie, — de la Peire, — de Salles Comtaux, — de Rochebrune.

Alliances : familles : Vaquier, — de Geniez de Langle, — de Felzins, — de la Panouze, — de Manhac, — de Loubens de Verdal, — de Caires, — de Gaulejac, — de Murat, — d'Artigous.

Armes : *De gueules, à une tour d'argent, crénelée de trois pièces.*

DE LA TULLAIE

Évêché de Rennes

René de la Tullaie, écuyer, justifie sa filiation depuis

Noble Nicolas de la Tullaie (avant 1525).

Seigneuries de la Jaroussaie, — de Chambort, — de Fresne, — du Mée, — de Belleisle.

Alliances : familles : de la Corbinaie, — de Couasnon, — Bonnier, — de La Touche, — de La Presse, — Richerot, — Censier.

Armes : *D'or, à un lion de gueules.*

LAURENS

Claude Laurens, conseiller du roi, maître ordinaire en la chambre des comptes, aides et finances de Normandie, établie à Rouen, fut anobli par lettres patentes données à Versailles, au mois de janvier 1723, en considération de ses services administratifs.

Armes : *De gueules, à trois croisettes d'argent, posées trois en chef et une en pointe.*

LAURENTI ou DES LAURENTS

Dans le comtat d'Avignon

Joseph-Balthazar des Laurents, haut et puissant chevalier, justifie sa filiation depuis

Raimond Laurenti, chevalier (1348).

Seigneuries de Champfort, — de Saint-Alexandre, — de Saint-Nazaire, — de Montagut, — de Cairan.

Alliances : familles : de Gorde, — de Raimond, — de Grignan, — Trivulce, — Sabionelli, — de Carence, — de Thieuloy, — de Buisse, — de Marteauville, — de Forcalquier, — Brisaudi, — de Lopis, — de Barras, — de Serre, — de Quiqueran, — Garcin, — Ferrand, — Poule, — Ferrand, — de Gay, — de Ribère.

Seconde branche

HYACINTHE-DOMINIQUE DES LAURENTS D'ESTRÉES, chevalier, dit le marquis DES LAURENTS, justifie sa filiation depuis

JEAN DES LAURENTS (second fils de JÉROME LAURENTI ou DES LAURENTS et d'ISABEAU DE LOPIS) (1559).

Seigneuries de l'Ollive,—du Broc, —de Beaumont,—de Montserein, — de Brantes, — d'Ampus.

Alliances : familles : le Blanc, — Bérenger, — de Bellis, — de Roddes, — de la Cepède, — Reboul, — de Crouy, — de Grosseteste, — de Lauris-d'Ampus, — de Vervin, — de Fay, — de Klenowice, — d'Estrées, — Le Blond de la Joupierre.

Armes : *D'or, à deux palmes de sinople adossées et posées en pal.*

Ces armes sont indiquées jusqu'à HYACINTHE-DOMINIQUE DES LAURENTS D'ESTRÉES, qui porte :

Écartelé, au 1 et 4 d'argent, fretté de sable de six pièces, et un chef d'or chargé de trois merlettes de sable, qui est d'Estrées; *au 2 et 3 d'or, à un lion d'azur,* qui est de la Cauchie; *et sur le tout d'or, à deux palmes de sinople, adossées et posées en pal,* qui est des Laurents.

Son frère, JOSEPH-LOUIS DES LAURENTS, dit le comte d'AMPIES, porte :

Écartelé, au 1 et 4 d'argent, à trois bandes, celles du milieu de sinople, et les deux autres de gueules, qui est de Lauris; *au 2 et 3 de gueules, à un château d'or, maçonné de sable, et donjonné de trois tours de même,* qui est de Castellane, *et sur le tout du nom.*

Troisième branche

CHARLES DES LAURENTS, écuyer, aide-major au régiment de Morbeck-Walon, fils de

LOUIS DES LAURENTS, écuyer, gentilhomme servant ordinaire du roi (sixième fils de JEAN DES LAURENTS et de LUCRÈCE LE BLANC) (1613).

Seigneurie de l'Ollive.

Alliances : familles : de Fresne, — de Polastron, — de Nains, — Bonvalet.

Armes : *D'or, à deux palmes de sinople, adossées et posées en pal, et au chef d'azur chargé de trois étoiles d'or.*

DE LAURÈS

Agénois

GUILLAUME DE LAURÈS, écuyer, justifie sa filiation depuis

BÉRAUD DE LAURÈS, conseiller au Parlement de Pau (avant 1590).

Seigneuries de Malian, — d'Arnaudet, — de la Devèze, — de la Chapelle.

Alliances : familles : de Fousseries, — Bourgade, — Plombin, — de Belcastel, — de Raffin, — de Loches.

Armes : *D'or, à trois branches de laurier de sinople en pal, posées deux et une, et un chef de gueules chargé de trois foudres d'argent.*

DE LAURIS

En Provence et à Paris

LOUIS-JOSEPH-FRANÇOIS DE CASTELLANE DE LAURIS, appelé le marquis DE LAURIS, justifie sa filiation depuis

HUGON DE LAURIS, qualifié de Messire (1276).

Trois chevaliers de Malte : RAYMOND DE LAURIS (1334); — JEAN DE LAURIS (1625); — JEAN-CHARLES DE LAURIS (1674).

Seigneuries de Valbonnette, — de Malemort, — de Lambesc, — des Taillades, — de Bonneval, — d'Ampus, — de Lagneroux, — de Villehaute, — de Vaqueiras, — de Montmiral, — de Vassadel, — de Reynier, — de —Thury, — de la Forest-Galond.

Alliances : familles : Gaufridi, — Austoaude, — Isnard, — d'Alamanon, — Gantès, — Roux, — de Fabry, — d'Eiguières, — Mondol, — de Forbin, — Mérindol, — de Castellane, — Chapus, — Seguin, — Arquier, — de Damians, — de Cappeau, — de Faudran, — de Saint-Chamas, — de Castellane des Gérards de Brancas, — des Laurents, — de Vassadel de Montmiral, — de Montcalm de Gozon, — du Deffand de la Lande, — de Rivière de Bruis.

Armes : *D'argent, à trois bandes, dont deux de gueules, celle du milieu de sinople.*

DE LAUZON

Poitiers

PHILIPPE DE LAUZON, écuyer, justifie sa filiation depuis

JAMES DE LAUZON, avocat du roi à Poitiers, et échevin de ladite ville (1532).

Seigneuries de la Poupardière, — de la Roullière, — de Chaumeil, — de Chazaux, — de Prémilli, — de Bagnaux, — de la Mosnerie, — de la Gorellière, — de Liree.

Alliances : familles : d'Escoubleau, — Gueslon, — Garnier, — Jouslard, — Pidou, — de Lage, — de Cujac, — Boinet, — Laurent.

Armes : *D'azur, à trois serpents d'argent, arrondis et posés deux et un.*

DE LA VAISSIÈRE

Généralité de Montauban — Diocèse de Rhodez

FRANÇOIS-IGNACE DE LA VAISSIÈRE, page du roi en 1684, justifie sa filiation depuis

PHILIPPE LA VAISSIÈRE, damoiseau (1327) et chevalier (1366).

Seigneuries de Cantoinet, — de Candèze, — de Cocural, — de l'Albaret, — de Saint-Amand, — de Langlade, — de Beauregard.

Alliances : familles : de Saint-Martin d'Aglié, — de Peironenc, — Cat, — de Gibertez, — de la Roque, — Brenguier de Montmouton, — Dantil, — de Cabrerols, — Caminade, — de Severac de la Roque, — Aimeric, — Rousse.

Armes : *D'azur, à un coudrier d'or, et une bande de gueules brochante.*

DE LAVAUR DE GAIGNAC

Quercy

Noble JEAN-BAPTISTE DE LAVAUR, écuyer, justifie sa filiation depuis Noble FRANÇOIS LAVAUR et DE LAVAUR (1619).

Seigneuries de Gaunhac ou Gaignac, — de la Boissière, — de Puibousac.

Alliances : familles : d'Henry, — Daniel, — de Masip, — Barrade, — de Gasquet, — Vaysse, — de Germain.

Armes : *D'argent, à un chevron de gueules, accompagné de trois croissants de même, posés deux en chef et un en pointe, et un chef d'azur chargé de trois étoiles d'or.*

LAVECHEF DU PARC

CLAUDE-FRANÇOIS LAVECHEF DU PARC, écuyer, conseiller secrétaire du roi et de ses finances (1733).

Alliances : famille Mercier.

Armes : *D'azur, à un cygne d'argent, nageant sur une rivière de sinople, sa tête plongée dans l'eau, et trois étoiles d'or posées en chef.*

DE LA VIEFVILLE

Diocèse de Bruges

FRANÇOIS-JOSEPH-GERMAIN DE LA VIEFVILLE, capitaine de la garde wallone du roi d'Espagne, justifie sa filiation depuis

PHILIPPE DE LA VIEFVILLE, chevalier banneret de Jérusalem (1498).

Seigneuries de la Viefville, — de Steenvorde, — de Oudenhove, — de Villiers Sire-Simon, — de la Chapelle, — de Watou, — — de Mamez, — d'Anvin, — de la Prée.

Alliances : familles : Le Poivre, — de Ranst, — de Mérode, — de Blondel, — de Marnez, — d'Ideghem, — de Failli, — de Ghistelles, — de Monceaux (orthographié aussi Moncheaux).

Armes : *Fascé d'or et d'azur de huit pièces, et trois annelets de gueules posés en chef, brochant sur les deux premières fasces.*

DE LAVIER

En Franche-Comté

[Famille dont le nom est encore orthographié Laviez, — Laisvez, — Laviel, Lavy, — Lavey, — Lavel, — Level. — Ces différents noms se trouvent souvent dans un même titre avec celui de Lavier, et s'appliquent aux mêmes personnes.]

CLAUDE-FRANÇOIS DE LAVIER, chevalier, justifie sa filiation depuis

PHILIBERT DE LAVIER (avant 1459).

Un chevalier de Malte : CHARLES-JOSEPH-FRANÇOIS DE LAVIER (1735).

Seigneuries de Noroi, — de Calmoutier.

Alliances : familles : de Pierre-Fontaine, — de Mugnans, — Barier, — de Neuilly, — Belin, — de Cambaron, — de Chazeaulx, — d'Espenois, — de Vi, — Le Doux, — de Rye de la Pallud, — Prevost de Pelouzey, — de Varin, — de Bellegarde, — de la Bazinière.

Armes : *D'azur, à une fasce d'argent.*

DE LAVIER DE VAIVRES

En Franche-Comt

[Famille évidemment de la même origine que la précédente, mais faute de lumière, on ne peut dire ce qu'étaient entre eux les membres des deux branches, les premiers degrés étant fort confus, et n'ayant aucune liaison.]

ANNE DE LAVIER et DE LAVIEZ, qui porta tous les biens de sa famille dans celle d'ESPOSTOT, avait pour père

Noble seigneur ANTOINE DE LAVIER OU DU LAVIER, écuyer (1600), petit-fils de

PIERRE DE LAVIER, qualifié noble seigneur, écuyer (1567).

Seigneuries de Vaivres, — de Magny-les-Jussey, — de Poncey.

Alliances : familles : d'Amance, — de Mandre, — de Ferroux, — de Gelombert, — de Thuillière, — du Bois, — de Saint-Moris (alias Saint-Mauris), — d'Espostot ou d'Espoutot.

Armes : *D'azur, à une fasce d'argent.*

LAW

En Écosse et à Paris

JACQUES-FRANÇOIS LAW, appelé le chevalier LAW, chevalier de Saint-Louis, major-général et commandant des troupes du roi dans l'Inde, justifie sa filiation depuis

GEORGES LAW DE LITHRIE, libre baron dans la vicomté de Fife (1542).

Seigneuries de Lithrie, — de Brunton, — de Lauriston, — d'Effiat, — de Charleval, — de Toucy, — de Valançay, — de Tancarville, — de Saint-Suplix, de Roissy, — de Guirmant.

Alliances : familles : Strang de Balcaskie, — Dundass de Newliston, — Boyle de Kelburn, — Kately de Melliston, — Stralege, — Lunden de Auchtermairnie, — Preston de Prestonhall, —

Campbell, — de Melvil, — Desves, — de la Cour, — de Boisserolles, — Carvalho.

Armes : *D'hermines, à une bande de gueules, accompagnée de deux coqs de même, posés un en chef et l'autre en pointe, et une bordure engrêlée aussi de gueules.*

LE BACHELIER DES VIGNERIES

Généralité de Caen — Diocèse de Coutances

JEAN-BAPTISTE LE BACHELIER obtint des lettres d'anoblissement en avril 1721, pour suppléer à la possession de noblesse interrompue dans sa famille pendant un siècle et demi.

Seigneurie des Vigneries.

Alliances : familles : d'Escaieul, — du Mesnil, — Boudier, — de l'Epinai, — Haran, — Cotel, — de Beaumont, — Le Trésor, — du Bois.

Armes : *D'azur, à un cygne d'argent, et un chef de même, chargé de trois coquilles de gueules.*

LE BACHELLÉ

Lorraine — Metz

JACQUES LE BACHELLÉ fut confirmé et maintenu dans la possession de sa noblesse et anobli de nouveau, en tant que besoin, avec sa postérité, par lettres patentes du mois d'avril 1632. Les titres qu'il produisit justifiaient de sa noblesse depuis

MAUGIN LE BACHELLÉ (1556).

Armes : *D'azur, à une fasce d'argent, chevronnée de deux pièces, et surmontée de deux étoiles d'or.*

LE BARBIER

Généralité de Paris — Diocèse de Chartres

ROBERT LE BARBIER, écuyer, justifie sa filiation depuis

ROGER LE BARBIER, écuyer 1481).

Seigneuries de Bézu, — de Saint-Iliers-la-Ville, — d'Aigleville en Beauce.

Alliances : familles : de Feuqueroles, — de Monstiers.

Armes : *D'argent, à trois mains droites de sable, posées deux et une, et appaumées.*

LE BAS

A Paris et à Besançon

Branche aînée

CLAUDE LE BAS DE MONTARGIS, fils de

FRANÇOIS LE BAS, écuyer, maître d'hôtel ordinaire de Sa Majesté (1639).

Seigneuries de Lescheneau, — du Bouchet-Valgrand, — de Vanvres.

Alliances : familles : Roger, — Hardouin-Mansart, — Hénault, — d'Arpajon.

Seconde branche

DITE DE GIRANGY

PIERRE-RENÉ LE BAS DE GIRANGY, fils de

LOUIS LE BAS DE GIRANGY, écuyer (quatrième fils de FRANÇOIS LE BAS et de CATHERINE ROGER) (1698).

Seigneurie de Claye.

Alliances : familles : de Sauvion, — Quentin, — de Clerc, — Boquet de Courbouzon, — Roualle.

Troisième branche

DITE DU PLESSIS

MICHEL-FRANÇOIS LE BAS DU PLESSIS, écuyer (cinquième fils de FRANÇOIS LE BAS et de CATHERINE ROGER).

Seigneuries du Plessis Saint-Jean dit Praslin, — de Pailly, — de Clévant, — de Lescheneau.

Alliances : familles : Serre, — Renouard.

Premier rameau

CHARLES LE BAS, écuyer (troisième fils de MICHEL-FRANÇOIS LE

BAS DU PLESSIS et de CHARLOTTE SERRE) (1694).

Seigneuries du Plessis Saint-Jean dit Praslin, — de Pailly.

Alliances : famille Quentin.

Second rameau

NICOLAS LE BAS DU PLESSIS, écuyer (quatrième fils de MICHEL-FRANÇOIS LE BAS et de CHARLOTTE SERRE).

Alliances : familles : le Griffe, — Rossignol, — Daguay.

Troisième rameau

MARQUIS DE BOUCLAN

JOSEPH LE BAS DE CLÉVANT, (sixième fils de MICHEL-FRANÇOIS LE BAS et de CHARLOTTE SERRE), écuyer.

Seigneuries de Bouclan, — de Pugey, — de Varignolle.

Alliances : famille Hermand de Varignolle.

Quatrième rameau

ANNE-CLAUDE LE BAS DU PLESSIS DE CLOUANGE (neuvième fils de MICHEL-FRANÇOIS LE BAS DU PLESSIS et de CHARLOTTE SERRE), écuyer.

Alliances : famille Fadot de Grandmaison.

Cinquième rameau

NICOLAS LE BAS DE PAILLY (dixième fils de MICHEL-FRANÇOIS LE BAS, et de CHARLOTTE SERRE), écuyer.

Alliances : famille Parque.

Sixième rameau

LOUIS-DOMINIQUE LE BAS DE COURMONT, écuyer (onzième fils de MICHEL-FRANÇOIS LE BAS et de CHARLOTTE SERRE).

Alliances : familles : Saget, — Le Noir.

Armes : *D'or, à un lion de gueules, accompagné de trois arbres de sinople arrachés, posés deux en chef et un en pointe.*

LE BÈGUE DE MAJAINVILLE

PIERRE LE BÈGUE DE MAJAINVILLE, écuyer, justifie sa filiation depuis

CHARLES LE BÈGUE, écuyer (1667).

Seigneuries de Jonville, — de Conteville, — de Majainville, — de Saunières.

Alliances : familles : de Fiquemont, — Fougeu-d'Ecures.

Armes : *D'azur, à un cep de vigne d'or, fruité de même, tortillé autour d'un échalas aussi d'or, et surmonté d'une molette d'argent, entre deux croissants de même.*

LE BIHAN

Bretagne — Évêché de Léon

TOUSSAINT LE BIHAN, écuyer, justifie sa filiation depuis

JEAN LE BIHAN, écuyer (1528).

Seigneuries de Pennelé, — de Treouret, — de Kérello.

Alliances : familles : Gourio de Lannostre, — de Sévigné, — Treouret.

Armes : *D'or, au chevron de gueules, et une onde d'azur, mouvante de la pointe de l'écu.*

LE BLOI

Généralité de Bourges — Diocèse de Bourges

PIERRE LE BLOI, écuyer, justifie sa filiation depuis

ANTOINE LE BLOI, écuyer (1512).

Seigneuries de la Pornerie, — de la Chesnaie, — de la Bellanderie.

Alliances : familles : de Poix, — de Boisvilliers, — Guenand, — de Boislinars.

Armes : *D'azur, à un lion d'or, rampant, la langue de gueules.*

LE BORGNE

Province de Bretagne — Évêché de Léon

JACQUES LE BORGNE, page du roi, justifie sa filiation depuis
JEAN LE BORGNE (1565).

Seigneuries de Kermorvan, — de la Tour.

Alliances : familles : Leborgne de Tréuscoet, — de Kerguennec.

Armes : *D'azur, à trois huchets ou cors de chasse d'or, enguichés de même et posés deux et un.*

LE BOTEUC

Bretagne — Évêché de Nantes

MICHEL LE BOTEUC, chevalier de Saint-Louis, justifie sa filiation depuis
OLIVIER LE BOTEUC (1496).

Seigneurie de Coessal.

Alliances : familles : Le Sage, — du Bouexic, — Garnier.

Armes : *De gueules, à une croix d'argent, accompagnée de quatre étoiles de même, posées une dans chaque canton.*

LE BOUTILLIER DE MAIGREMONT

Généralité et diocèse de Rouen

JEAN-BAPTISTE LE BOUTILLIER DE MAIGREMONT, écuyer, justifie sa filiation depuis
JEAN LE BOUTILLIER, écuyer (1549).

Seigneuries de Maigremont, — de Féron, — de Saint-Cyr, — de Roménil.

Alliances : familles : d'Allerai, — de Cuissi, — de Grainville, — de la Selle, — Boucher.

Armes : *D'azur, à sept chevrons d'argent, posés l'un au-dessus de l'autre, et un cerf de même, courant de droite à gauche, à la pointe de l'écu.*

LE BRETON DE LA DOINETERIE

(anciennement du surnom d'ENVRICH)

En Touraine et à Paris

DENIS LE BRETON, écuyer, roi d'armes de France en 1603, justifie sa filiation depuis
DENIS LE BRETON (1496), dont le père se nommait NICOLAS D'ENVRICH, et qui obtint de Charles VIII des lettres de réhabilitation de noblesse et d'anoblissement en tant que besoin.

Seigneuries de Godemaine, — de Dangereux.

Alliances : familles : de Saugi de Godemaine ou de Gaudinière, — Le Conte.

Seconde branche

SEIGNEURS DE LA DOINETERIE

PIERRE LE BRETON, écuyer, justifie sa filiation depuis
ROBERT LE BRETON, écuyer (second fils de PIERRE LE BRETON et d'ANTOINETTE LE CONTE).

Seigneuries de la Doineterie, — de la Chesnaye, — de Saint-Michel-sur-Indre, — du Breuil, — de Dorsai.

Alliances : familles : Le Forestier, — de Mouys, — de Housse, Edeleine, — Riolland, — Bigot, — Collin, — Laisné.

Armes : *D'azur, à trois colombes d'argent, posées deux et une, celles du chef affrontées ; au milieu de cet écu, un autre écu d'azur, bordé de sable, chargé d'une fleur de lis d'or ; et un chef d'or, chargé d'un lion de gueules, à demi-corps, ou naissant.*

LE BRUN

JACQUES-POMPONE-FRANÇOIS LE BRUN, brigadier de la seconde compagnie des mousquetaires à cheval, fut anobli par lettres patentes en forme de charte, données par Sa Majesté à Compiègne, au mois de juillet de l'an 1736, en considération de ses services dans les armées du roi.

Seigneurie de Breuilli.

Alliances : famille Estard.

Armes : *Parti d'hermines et d'azur, à un lion parti de l'un en l'autre, couronné d'or et tenant de ses deux pattes de devant une lance de gueules posée en pal.*

LE BRUN DE LA FRANQUERIE

GILES LE BRUN DE LA FRANQUERIE fut anobli par lettres patentes en forme de charte, données à Paris par Sa Majesté, au mois d'octobre 1720, en considération de ses services dans l'armée navale. Ces lettres ont été adressées aux cour de parlement à Rennes, et chambre des comptes à Nantes, pour y être registrées.

Armes : *D'azur, à un lion d'or et un croissant d'argent posé en chef, accosté de deux étoiles d'or.*

LE CARLIER

[Famille originaire du Cambrésis et transplantée en Picardie vers le commencement de 1600. (C'est une des plus anciennes du Cambrésis.)]

JACQUES-NICOLAS LE CARLIER, mousquetaire du roi dans la première compagnie, justifie sa filiation depuis

JEAN LE CARLIER, écuyer (avant 1472).

Seigneuries de la Prée, — d'Herlyes, — de Pinon, — de Masnières, — de Rieux, — de Quéan, — de Punchy, — d'Estalon, — de Curchy, — de Fonchette, — de Neufchastel, — de la Haye, — de la seconde seigneurie du Busquoy, — de Trofly, — de Briquenay, — de Chaltrait.

Alliances : familles : de Flory, — de Louverval, — de Réniaulme, — de la Quellerie, — de Hennin, — Godin, — de Hertaing, — Malapert, — de Maigniac, — des Cordes, — Thomas, — de Rommecourt, — d'Anneux, — Créton, — de Roquigny, — de Nogentel, — du Pont, — d'Espie, — Brunier, — Paget, — Le Duchat, — Trinquand, — de Lattaignant, — Pépin, — de Maquerel, — de Berry-d'Esserteaux.

Armes : *D'argent, à un lion de sable, la langue et les griffes de gueules, parti de sable, à une roue d'or.*

LE CLERC DE LESSEVILLE

CHARLES-NICOLAS LE CLERC DE LESSEVILLE justifie sa filiation depuis

NICOLAS LE CLERC, secrétaire du roi (avant 1590).

Seigneuries de Saint-Luc, — de Saint-Prix, — de Charbonières, — de Lesseville, — de Maillebois, — d'Incourt, — d'Imécourt, — d'Auton.

Alliances : familles : Forest, — Le Camus, — Diel, — de Fortia, — Le Prestre, — Boulanger, — Isambert, — Bouteroue, — Le Prevost.

Armes : *D'azur, à trois croissants d'or, posés deux et un, surmontés d'un lambel de même, à trois pendants.*

LE COMPASSEUR

En Bourgogne

GASPARD LE COMPASSEUR DE CRÉQUY-MONTFORT justifie sa filiation depuis

BERNARD LE COMPASSEUR (dont l'arrière petit-fils, EDME LE COMPASSEUR, vit en 1498).

Seigneuries du Compasseur de Créquy-Montfort, — de Courtivron, — de Tarsul, — de Jancigny, — de Heulley, — de la Mothe d'Ahuis, — de Ruffey, — de Belleneuve, — de Bévy, — de Thard, — de Ventoux, — d'Alcheu, — de Ressuel, — de la Chaume, — de Bère, — de Saulx le Duc, — d'Avot, — de Lusseroy, — de Poiseul.

Alliances : familles : de Senesterra, — de Ferrette, — d'Origny, — Hennequin, — de la Perière d'Auxonge, — de Maillard, — de Monge, — Frémyot, — Petit, — de la Croix, — Gagne, — Lesecq, — Blondeau, — Fourneret, — Brocard, — de Bout, — du May, — Fyot, — de Clermont, — Joly, — de Brancion, — Cornette de Saint-Cir, — de Fussey.

Armes : *Coupé, au premier du chef d'azur, à trois compas d'or ouverts, les pointes en bas, posés deux et un, parti d'or au créquier de gueules; au second de la pointe, d'azur à trois bandes d'or.*

LE DOULCET

En Normandie

Léon - Armand Le Doulcet, écuyer, justifie sa filiation depuis

Jean Le Doulcet, écuyer (avant 1400).

Seigneuries de Pontescoulant, — de Rully de Launay, — de Saint-Christophe de Plomb, ou de Saint-Jean de Plomb, ou même du Pont-Plomb, — du Demeine, — de la Fresnaye, — de la Trinité, — de Meslay, — de Saint-Martin.

Alliances : familles : Le Herissy, — Le Paincteur, — de Digny, — Heultes, — Péronne de la Bigne, — Mahéas, — Hérault, — de Oillenson (ou d'Oléançon), — de la Rivière, — Colardin, — de Madaillan, — du Mesnil, — de Chennevière, — de Brossard de Brevaux.

Armes : *D'argent, à la croix fleurdelisée de sable.*,

LE DUC

Champagne

Jean Le Duc, écuyer, justifie sa filiation depuis

Jean Le Duc (avant 1550).

Seigneurie de Compertrix.

Alliances : familles : Fagnier de Montflambert, — Clément.

Armes : *D'azur, à un chevron d'or, accompagné en chef de deux roses de même, et en pointe d'une croix aussi d'or tréflée.*

LE DUCHAT

Champagne

Charles Le Duchat, capitaine dans le régiment Dauphin-étranger cavalerie, fut maintenu dans sa noblesse et anobli en tant que de besoin, par lettres en forme de charte, données à Paris en mai 1721. Il y est reconnu qu'il descendait de

Claude Le Duchat (1538).

Seigneuries de Rurange, — de Miri, — de Montlepotier, — de Bordes, — de Maugis.

Alliances : familles : Péricard, — d'Autrui, — Le Fèvre.

Armes : *D'argent, à cinq fusées de gueules rangées en fasce.*

LE FESSIER DU FAY

Généralité d'Alençon

Giles Le Fessier, chevalier de Saint-Louis, anobli par lettres patentes données à Versailles, au mois de mars 1738, en considération de ses services militaires.

Seigneurie du Fay.

Alliances : famille de Manory.

Armes : *De gueules, à une aigle d'or, les ailes abaissées, et tenant de sa patte droite une épée d'argent, la pointe en haut, la garde et la poignée d'or.*

LE FÈVRE

Ile de France

André-Robert Le Fèvre, conseiller au parlement de Paris, puis président au grand conseil, justifie sa filiation depuis

Olivier Le Fèvre, intendant des finances, puis président à la chambre des comptes de Paris (1579).

Deux chevaliers de Malte : Louis-Michel et Bonaventure Le Fèvre.

Seigneuries d'Eaubonne, — de Bazoche, — de Longueval, — d'Ormesson.

Alliances : familles : Petitpied, — de Pomereu, — de Verthamon, — Hennequin, — d'Allesso.

Seigneurs d'Ormesson

André Le Fèvre (fils puîné d'Olivier Le Fèvre et d'Anne d'Allesso), forme la branche des seigneurs d'Ormesson.

Cette branche a fourni trois chevaliers de Malte : Charles Le Fèvre (1665). — Louis-François de Paule Le Fèvre (1732). — Antoine-François de Paule Le Fèvre d'Ormesson (1732).

Seigneuries d'Ormesson, — d'Amboile.

Alliances : familles : Le Prevost, — de Fourci, — Le Maitre, — de la Bourdonnaie, — Barentin.

Seigneurs du Cherré

Antoine-François de Paule Le Fèvre, conseiller au grand conseil, puis au parlement, maitre des requêtes et commissaire départi dans la généralité de Soissons.

Seigneuries du Cherré, — d'Ormessons en Brie, — des Tournelles.

Alliances : familles : Lefèvre (seigneurs de la Barre), — Bourgoin, — du Tillet, — Cahouet de Beauvais, — de Rosmadec.

Armes : *D'azur, à trois lis de jardin d'argent, fleuris d'or, tigés et feuillés de sinople et posés deux et un.*

LE FOURNIER

Joseph-François Le Fournier, mestre de camp de cavalerie, enseigne dans la compagnie des gendarmes du roi, justifie sa filiation depuis

Pierre Le Fournier, écuyer (1471).

Seigneuries de Wargemont, — de Baumez, — de Forets, — de Saurel, — de Graincourt, — de Méricourt, — de Ribaucourt, — de Baumez, — de Barlettes, — d'Heudelimont, — d'Isamberteville.

Alliances : familles : de Saint-Chamans, — de Lamet, — Truffier, — Favier, — du Gard, — Louvel, — du Mesnil, — de Boubers, — Carpentin, — Le Sénéchal, — de Boutevilain, — de Milleville.

Armes : *D'argent, à trois roses de gueules, posées deux et une.*

LE FRANC

En Quercy et en Languedoc

Jean-Jacques Le Franc, chevalier, marquis de Pompignan[1], justifie sa filiation depuis

Noble Démétrie Le Franc, trésorier de l'épargne du grand Scanderberg, roi d'Albanie, dont le fils

Simon Le Franc, chambellan du roi Charles VIII.

On trouve un Le Franc, dès 1252.

Seigneuries de Vindac, — de Caix, — de Lile, — du Thouron, — de Pompignan, — du Puy, — de Saint-Clair.

[1] Jean Jacques Le Franc de Pompignan, chevalier, conseiller du roi, etc., obtint au mois de janvier 1763 des lettres patentes portant érection de la terre et seigneurie de Pompignan en dignité de marquisat, sous la dénomination de Pompignan-le-Franc. (E. B.)

Alliances : familles : de Lange, — de Cazelles, — d'Auriole, — de la Croix, — de Caminade, — de Guerre de Montamel, — de Vaxis, — de Dominicy, — de Rey, — d'Ardennes, — de la Grange de Rouffillac, — de Courtois, — de Michel, — de Redon, — de la Coste, — de Caulet, — d'Assezat, — de Ramondy, — de Caulaincourt.

Seconde branche

Qui subsiste à Molières, ville du Quercy

JEAN-JACQUES LE FRANC DE LACARRY, dit le chevalier DE LACARRY, justifie sa filiation depuis

HONORÉ LE FRANC, conseiller du roi (second fils de noble ANTOINE LE FRANC et de JEANNE DE GUERRE DE MONTAMEL), chef de cette seconde branche.

Seigneurie de Saint-Victor.

Alliances : familles : de Lacarry, — de Gatinhol de Lentier, — de la Vigne, — d'Eslax.

Troisième branche

Actuellement éteinte

Noble JEAN LE FRANC, écuyer (second fils de noble ANTOINE LE FRANC et d'ANTOINETTE DE CAMINADE), auteur de cette troisième branche.

Seigneuries de Vindrac ou Vindac, — de Lile [1], — de la Tour, — de Salvagnac, — du Sart, — d'Hébrard.

Alliances : familles : Dadine, — de Lom du Cart, — de Cajare, — de Florens, — de Cambon.

Armes : *D'azur, à un cavalier armé d'argent, tenant en main une épée nue.*

[1] François, Guillaume, Jean et Raymond Le Franc, frères, étant morts sans postérité, la terre de Lile passa dans la branche aînée de cette famille, qui est celle du marquis de Pompignan. (Note de d'Hozier.)

LE GENDRE

JEAN-BAPTISTE LE GENDRE, natif de Paris, premier chirurgien du roi d'Espagne, fut anobli par lettres patentes données à Compiègne, au mois de mai 1732, en considération de ses services auprès du roi d'Espagne.

Armes : *De gueules, à deux mains d'or, appaumées, savoir, une droite et une gauche, chargées chacune d'un œil d'argent, et un chef aussi d'argent, chargé de deux vipères d'azur entrelacées.*

LE GENDRE

PAUL-GASPARD-FRANÇOIS LE GENDRE, conseiller au parlement, puis président à la chambre des comptes, justifie sa filiation depuis

JACQUES LE GENDRE, conseiller du roi (1626).

Seigneurie de Lormoi.

Alliances : familles : Roslin, — Pajot, — de Vieillevigne, — Hébert, — Pinon, — de Chaulnes, — Ardier.

Seigneurs de Saint-Aubin

PAUL LE GENDRE, écuyer, frère de JACQUES LE GENDRE, forme la branche des seigneurs de SAINT-AUBIN.

Seigneuries du Tillet, — du Vergier, — de Lucenai les Ais, — de Saint-Martin, — des Brosses, — de la Faye, — de Saint-Aubin, — de Chirat, — de Chavance, — de Savigni, — de Bagneux.

Alliances : familles : Bourgeois, — de Siri, — Durand, — du Buisson, — des Galois, — Viallet.

Dans les lettres patentes obtenues par GILBERT-CHARLES LE GENDRE, en avril 1728, qui érigent en marquisat la terre de Saint-Aubin-sur-Loire, Sa Majesté considère que sa famille était alliée aux « seigneurs de Neuville-Villeroi, — aux princes de Lorraine-Armagnac, — aux seigneurs de Marillac, — de la Trémoille, — d'Hennequin, — Nicolay, — Longueuil, — Rohan-Chabot, — Chaulnes, — Charri des Goutes, — Damas, — Le Souche, — Le Maître, — et d'Aguesseau. »

Armes : *D'azur, à une fasce d'argent, accompagnée de trois têtes de filles de même, chevelées d'or, et posées de front, deux en chef et l'autre à la pointe de l'écu.*

LEGIER

Généralité de Poitiers — Diocèse de Poitiers

René-Louis Legier, écuyer, justifie sa filiation depuis

Jacques Legier, écuyer (1516).

Un chevalier de Malte : Pierre Legier (1580).

Seigneuries de la Sauvagière, — de la Barre-Pouvreau, — de la Cressonière, — de Fontvairine.

Alliances : familles : Buignon, — Poitevin, — Goulard, — Claveurier, — Cathus, — de la Chaussée, — de Mauléon, — de la Chapellerie.

Armes : *D'argent, à trois roses de gueules, feuillées de sinople et posées deux et une.*

LEIMARIE

Généralité de Bordeaux — Diocèse de Périgueux

Jean de Leimarie, écuyer, justifie sa filiation depuis

Guillaume de Leimarie, écuyer (avant 1540).

Seigneuries de la Roche, — de Bassignac, — du Rat, — de l'Espinasse.

Alliances : familles : de Sauzillon, — Andrieu, — du Chillaud des Fieux, — de Bannes, — du Chillaud (seigneurs de la Chapelle), — de la Cropte, — de Saint-Astier, — de Landric, — Arnaud.

Armes : *D'or, à trois roses de gueules, posées deux et une.*

LE JEUNE DE CRÉQUY

En Artois et en Anjou

Cette maison est très-ancienne; les vieilles généalogies lui donnent pour première tige

Arnoul, sire de Créquy, dit le Vieil ou le Barbu, qui, suivant la Morlière, vivait en 857.

François Marin Le Jeune, appelé le comte de Créquy, chevalier de Saint-Louis, justifie sa filiation depuis

Tassart ou Eustache Le Jeune (1415).

Seigneuries de la Furjonnière, — de Bonnevau, — du Pré, — du Moult, — du Plessis, — d'Aubigné, — de la Beurelière, — de la Bruyère, — de la Grande Roche, — de la Morinière.

Alliances : familles : Potel, — Secart, — Thifaine, — de Meaulne, — Hubert de Lasse. — Thibaut, — Ferjon, — Le Fèvre, — Foullon, — de Brenne, — de Cerizay, — Eveillard, — Le Pelletier, — de Vabres, — de Montplacé, — de Vaujoyeuse, — Bascher, — Miollais, — de Mousseaux, — de Poussineau, — Richer de Neuville.

Armes : *De gueules, au créquier d'argent, et sur la première feuille du créquier à droite, un petit écusson aussi d'argent, à deux fasces de sable.*

LE LOUTEREL

Généralité d'Alençon — Diocèse d'Évreux

Louis Le Louterel, écuyer, justifie sa filiation depuis

Jean Le Louterel, écuyer (1463).

Seigneuries des Hauts-Chesnes, — de Saint-Aubin-sur-Rille, — de la Hermeraie, — des Jardins.

Alliances : familles : de Malleville, — Prudhomme, — de Béton, — d'Erneville, — des Châteaux, — d'Argence, — des Moulins-Neufs.

Seigneurs des Jardins

NICOLAS LE LOUTEREL, écuyer, fils de

JACQUES LE LOUTEREL, écuyer, (fils puîné de ROBERT LE LOUTEREL et de GENEVIÈVE DE BETON), chef de la branche.

Seigneurie des Jardins.

Alliances : familles : d'Erneville, — Marguerite.

Armes : *D'azur, à deux loups-cerviers d'or, passants, l'un au-dessus de l'autre.*

LE MERCIER DE MAISONCELLE

LOUIS LE MERCIER DE MAISONCELLE, chevalier de Saint-Louis et commandant pour le roi dans l'île de la Grande-Terre de la Guadeloupe, fut anobli par lettres patentes données à Versailles, au mois d'avril 1734, en considération de sa valeur et de ses services militaires.

Armes : *D'azur, à un chevron d'argent, accompagné en chef de deux étoiles d'or, et en pointe d'un cœur aussi d'or.*

LE MIÈRE

Généralité de Caen
(Plusieurs familles de ce nom)

JEAN-JACQUES-CHARLES LE MIÈRE, écuyer, justifie sa filiation depuis

JACQUES LE MIÈRE, maire de Caen (1631), et REGNAUD LE MIÈRE, anobli en 1697.

Seigneuries de Petiville, — des Carreaux.

Alliances : familles : Motet, — de Touchet, — Roullant, — de Mathan, — Néel de Tierceville.

Seconde branche

DANIEL LE MIÈRE, écuyer (second fils de REGNAUD LE MIÈRE et d'ANNE DE TOUCHET), auteur de cette branche.

Seigneurie des Carreaux.

Alliances : famille d'Aumesnil.

Armes : *D'argent, à deux lions de gueules affrontés, et un chef d'azur, chargé d'un croissant d'or.*

LE MINTIER

Évêché de Vannes

JEAN-MARIE LE MINTIER, écuyer, justifie sa filiation depuis

ANTOINE LE MINTIER, écuyer (avant 1575).

Seigneuries de le Hellec, — du Bignon, — de la Villeséon, — de la Motte, — des Granges.

Alliances : familles : de Caradeuc, Pasquier, — de la Haie, — Jouan, — de Bodean, — le Moine.

Armes : *De gueules, à une croix d'argent, engrêlée.*

L'EMPEREUR DE MORFONTAINE

Généralité de Paris — Diocèse de Meaux
En Champagne et en Brie

MICHEL L'EMPEREUR, écuyer, justifie sa filiation depuis

JEANNET L'EMPEREUR, dit NIVET, maintenu noble par sentence du 16 août 1533.

On trouve un JACQUES L'EMPEREUR en 1356, trésorier des guerres du roi et du duc de Normandie.

Seigneuries de Morfontaine, — des Courteaux, — de l'Estang, — d'Olizy, — d'Auzelles.

Alliances : familles : Adam, —

Vallerand, — de Sapincourt, — Guérin, — Boschot, — de Grassin, — le Dieu, — des Fourneaux, — Jarrot, — Clergeon, — Seguin.

Armes : *D'azur, à une aigle à deux têtes d'argent, les ailes étendues, l'aigle traversée par le milieu d'une fasce de gueules, et accompagnée en pointe d'une croix d'or à six pointes, suspendue par son anneau au bout d'un cordon de gueules.*

LE NEUF

En Normandie

François Le Neuf, écuyer (1620), justifie sa filiation depuis

Richard Le Neuf, écuyer (1451).

Seigneurie de Vaucongrin.

Alliances : familles : Mannoury, — Belot, — de la Longny, — de May, — Le Bigot, — du Pray, — de Chennevières, — de Sarcilly, — de Corday.

Deuxième branche

François-Jean-Auguste Le Neuf, écuyer, garde du corps du roi, justifie sa filiation depuis

Jacques Le Neuf, écuyer (1601).

Seigneuries d'Obranville, — de Barville, — de Tourneville.

Alliances : familles : Plainpel, — Laisné, — de la Barre, — Hurel, — de Masseille, — le Peley, — le Masurier de Durdan, — de Martonne, — l'Homme.

Troisième branche

Pierre-Gabriel-Louis Le Neuf, lieutenant-colonel du régiment de Rohan-Infanterie, justifie sa filiation depuis

Pierre Le Neuf, écuyer (second fils de Jean Le Neuf et de Jeanne Belot) (1522).

Seigneuries de Vénoix, — de Montenay, — de Courtonne, — de Sourdeval, — de Saint-Victor, — de Chrestienville, — de la Pévellière, — de la Houssaye, — du Mesnil-Adelee, — des Brulais, — d'Airon.

Alliances : familles : le Boucher, — de la Roque, — de la Ménardière, — Allain, — du Haulondel, — de Lesnerac, — du Noyer, — de la Luzerne, — de Pleurre.

Armes : *De gueules, à trois coussins d'or posés deux et un, et ayant leurs glands de même.*

L'ENFANT

Généralité de Tours — Élection de Laval

Jean l'Enfant, écuyer, justifie sa filiation depuis

Jean l'Enfant, chevalier (avant 1399).

Seigneuries de la Patrière, — d'Espaux, — de Cimbré, — de la Houssaie, — de Portebise, — de Boismoreau.

Alliances : familles : Cousturcau, — d'Alonville, — de Chivré, — du Plessis Pelaud, — Guérin, — de Brée, — de Tubœuf.

Armes : *D'or, à trois fasces de gueules.*

LE NORMAND

Paris

Charles-Guillaume Le Normand, écuyer, justifie sa filiation depuis

Jean Le Normand, conseiller du roi (avant 1669).

Alliances : familles : de Francine, — Parthon, — du Laurent.

Armes : *Écartelé de gueules et d'argent, à quatre rocs d'échiquier de l'un en l'autre.*

LE QUIEN DE LA NEUFVILLE

A Paris et à Bordeaux

Charles-Gabriel Le Quien de la Neufville de Fremicourt, qualifié chevalier, justifie sa filiation depuis

PIERRE LE QUIEN DE LA NEUFVILLE capitaine de cavalerie (mort en 1675).

Seigneuries de la Neufville, — de Frémicourt.

Alliances : familles : Maldamé, — Brocard, — de Wez, — Subtil, — Testas, — Bizet.

Armes : *Écartelé, au 1 et 4 de sinople, à un chien braque d'or passant, ayant un collier de sable, surmonté d'une palme d'argent en fasce ; au 2 et 3 bandé de vair et de gueules, de six pièces.*

DE LERETTE

Généralité de Tours — Blois

BALTHAZAR DE LERETTE, écuyer, justifie sa filiation depuis

JEAN DE LERETTE, écuyer (avant 1535).

Seigneuries du Poet, — de Rilli, — de Lerette.

Alliances : familles : Boutaud, — Renard, — du Croc, — Tonnelier, — de Bards, — de Vaux, — de Bournat, — de Hallebrot, — de Quinquempoix.

Armes : *D'argent, à trois grues de sable, becquées et onglées de gueules, ayant les extrémités aussi de gueules, et posées deux et une.*

LÉRIGET DE LA FAYE

En Angoumois, en Dauphiné et à Paris

JEAN-FRANÇOIS LÉRIGET DE LA FAYE, capitaine au régiment de Condé-Dragons, justifie sa filiation depuis

JEAN LÉRIGET, son bisaïeul (1647).

Seigneuries de la Faye, — de Condé, — de Sacconnay, — de Courthiési, — de Savigni, — de Beaune, — de Selles, — de Monthurel, — de Pargni, — de Montigni, — de This, — de Neuville, — de Houddi, — des Loges.

Alliances : familles : du Lignon, Héraud, — de Comps, — le Gras, — Pape de Saint-Auban.

Armes : *D'azur, à une bande d'or, chargée de trois aiglettes de gueules, les ailes étendues.*

LE ROI

Lorraine

ANNE-JEAN-VICTOIRE LE ROI, chevalier de Saint-Louis, justifie sa filiation depuis.

GUILLAUME LE ROI (avant 1572).

Seigneuries du Gué, — du Verdier, — d'Amigni, — de Daie.

Alliances : familles : Guérin, — Mariet, — de Mathiron, — Le Forestier, — de Montfriard, — du Mesnil-Urri.

Armes : *D'argent, à trois merlettes de sable posées deux et une.*

LE ROUILLÉ

Généralité d'Alençon

CLAUDE LE ROUILLÉ, écuyer, maintenu dans sa qualité d'écuyer par lettres patentes (août 1736), en conséquence des titres qu'il représenta depuis

Noble homme PIERRE LE ROUILLÉ, son bisaïeul (1610).

Armes : *D'argent, à un chevron d'azur, accompagné de trois coquilles de sable, posées deux en chef et l'autre à la pointe de l'écu.*

LE ROUX

En Bretagne

JEAN-BAPTISTE-MARIE-FRANÇOIS LE ROUX, dit le comte DE KERNINON, qualifié chevalier, justifie sa filiation depuis

GEFFROY LE ROUX, premier juveigneur issu de la maison de

KERBRESSELEC, bonne, riche et ancienne maison de l'évêché de Tréguier (1350).

Un chevalier de Malte : PRIGENT LE ROUX (vers 1545).

Seigneuries de Kerninon, — de Kerveniou, — de Kerloas, — de Kerbleguet, — de Brescavel, — de Keruidern, — de la Garde, — de Saint-Guinec, — de Buhart, — du Cheffdubois, — de Penchoat, — de Keranglas, — de Lezenor, — de Keropert, — du Boisdulié, — de Chelun, — de la Motte.

Alliances : familles : de Couetgoureden, — Regnard, — de Trolong, — de Kerléau, — du Coskaer, — Rannou, — Raison, — de Bellisle, — Le Lay, — de Kéréglas, — Le Danniou, — de Trogoff, — de Kerverder, — du Plessis, — Quintin, — de Boisadam, — de Coetlogon, — Lesparles, — Morant, — de Lauzane, — Pastour, — de Saint-Pern.

Armes : *Écartelé d'argent et de gueules.*

LE ROUX

En Artois

CHARLES-THÉODORE-IGNACE-MARIE LE ROUX, écuyer, justifie sa filiation depuis

CLAUDE LE ROUX, bourgeois d'Arras, anobli par lettres de l'empereur Charles V, du 14 avril 1527, confirmées au mois de juin 1531.

Seigneuries de Puisieux-au-Mont, — de Puisieux-au-Val, — d'Acheville.

Alliances : familles : de Colvert, — Le Conte, — Maille, — Capperon, — Dambrines, — des Maretz, — Bazin, — Petit, — Havet, — Baudelet.

Deuxième branche

ÉTIENNE-GUISLAIN-STANISLAS LE ROUX, écuyer, justifie sa filiation depuis

JÉROME LE ROUX, échevin de la ville d'Arras (1681).

Seigneuries du Chastelet, — de la Thieuloie.

Alliances : familles : Blaire, — de Carnin, — des Maretz.

Armes : *Écartelé, au 1 et 4 d'argent, à la fasce de gueules, et trois coqs membrés et crêtés de gueules, posés en chef; au 2 et 3 d'or, à une bordure de gueules engrêlée, et une fasce aussi de gueules et un écusson d'argent brochant sur le tout, chargé de trois fleurs de lis de gueules, surmontées d'un lambel d'azur, à trois pendants.*

Cimier : *Une fleur de lis de gueules entre deux ailes de même.*

LE ROY DE MACEY

En Normandie

GILLES LE ROY, écuyer, conseiller du roi (1641), remonte par sa filiation à

GUILLAUME LE ROY, écuyer, qualifié du titre de noble dès l'an 1470.

Seigneuries d'Espas, — de Macey, — des Hogues, — des Broizelles.

Alliances : familles : Millart, — Foullenge, — du Chastellier, — de Verdun, — de Mahé, — de Saint-Martin, — du Pontavice, — Perrault, — de Clomesnil de Coulvain, — de Montsautel, — Girard de la Barre, — du Vivier de Noron de Champigny, — Goyon.

Seconde branche

JEAN-BAPTISTE-MARIE LE ROY, écuyer, justifie sa filiation depuis

FRÉDÉRIC LE ROY (troisième fils de PIERRE LE ROY et de MARGUERITE DE MAHÉ) (1594).

Seigneuries de Brée, — de Noyant, — de Macey, — du Chastelier, — de la Brumanière.

Alliances : familles : de Neufville, — de Courtarvel, — de Signy,

— De Querally, — Le Porcher, — Davy, — Hay, — Philippes, — Tardif, — Le Champenois.

Armes : *D'argent, à trois roses de gueules, boutonnées d'or et posées deux et une.*

LE SENESCHAL DE CARCADO

des anciens sires seneschaux féodés et héréditaires de **ROHAN.**

En Bretagne

LOUIS-ALEXANDRE-XAVIER LE SENESCHAL DE CARCADO ou KERCADO (marquis de KERCADO), justifie sa filiation depuis

DANIEL LE SENESCHAL (1184).

Un chevalier de Malte : CLAUDE-SILVESTRE LE SENESCHAL DE KERCADO (1699).

Seigneuries du Bot de Saint-Caradec, — de Kercado, — de Brohais, de Châteauneuf, — de Maugremeeu, — de Saint-Mauden, — de Quelen, — du Gué de l'Isle, — du Bot de Seneschal, — d'Apignè, — des Cloets, — de la Ville de Maupetit, — de la Ridière, — de la Feuillée, — de Coetmel, — de Bignan.

Alliances : familles : de Trebrimoël, — de Ploeuc, — du Bois-Bouenel, — la Vache, — Frezeau, — de Froulay, — du Fou, — de la Roche, — de Baud, — Cotte, — le Veyer, — de Rohan, — du Gué de l'Isle, — d'Avaugour, — de la Motte-Vaucler, — de Kersauson, — de Tregarenteuc, — Maydo, — de la Villeon, — Harpin, — le Boudoul, — le Voyer, — de Lis, — Boterel de Quintin, — de Lannion, — de Beauvau, — du Boisgelin de Cucé, — de Montmorenci, — de la Neuville d'Aumont.

Seconde branche

COMTES DE CARCADO, MARQUIS DE MOLAC.

RENÉ-ALEXIS LE SENESCHAL DE KERCADO, colonel du régiment de Berri-Infanterie, justifie sa filiation depuis

RENÉ LE SENESCHAL DE KERCADO, (troisième fils de FRANÇOIS LE SENESCHAL DE KERCADO, onzième du nom, et de CATHERINE DE LIS (1652).

Seigneuries de Carcado, — de Molac.

Alliances : familles : de Rosmadec de Molac, — Magon, — de Beauvau.

Troisième branche

SEIGNEURS DE TRÉDUDAI

FRANÇOIS LE SENESCHAL, chevalier de l'ordre du roi (1654), petit-fils de

TANNEGUI LE SENESCHAL, écuyer (fils puîné de ROBERT LE SENESCHAL et de JEANNE MAYDO, sa seconde femme) (1614).

Seigneuries de Trédudai, — de Kerguizec, — de Kergoual, — de Kergouetgat, — de Bizot, — de Pacé, — de Saint-Jean Brévelai.

Alliances : familles : de Kerguizec, — du Botdéru, — Peschart, — Goyon de Vaudurant, — du Pont.

Armes : *D'azur, à neuf macles d'or, posées trois, trois et trois.*

LE SEURRE

En Champagne

ARNOULD-PHILIPPE LE SEURRE, écuyer, justifie sa filiation depuis

Noble RENÉ LE SEURRE, contrôleur ordinaire des guerres en la province de Champagne (1592).

Seigneurie de Mareilles.

Alliances : familles : Petit-Jean, — Goutières, — Petit, — Viardel, — Le Braconnier, — Chevrier, — Fisseux, — Régnard, — Millot.

Armes : *D'or, à un chêne de sinople, ayant ses racines de même, et empoigné au milieu de sa tige par la main d'un bras droit de gueules, mouvant de la partie sénestre.*

LESHÉNAUT DE BOUILLÉ

Anjou

ANTOINE-HERCULES LESHÉNAUT, écuyer, justifie sa filiation depuis son trisaïeul

Noble JACQUES LESHÉNAUT, écuyer (1524).

Seigneuries de Lépinai, — de Garnison, — de Beauregard, — de Bouillé-Théval, — de Saint-Sauveur de Flée, — de Montguillon.

Alliances : familles : Bonchereau, — Hardi, — du Breil, — Gouffier, — Aubert, — Le Couvreux, — des Hayes, — de la Planche, — Bionneau, — Louet, — de Scépeaux.

Armes : *D'or, à trois croix pattées de gueules, posées deux et une, et une étoile d'azur placée au milieu.*

DE LESPINAY DE MARTEVILLE

Picardie, Beauvaisis et Soissonnais

LOUIS DE LESPINAY, chevalier, mestre de camp de cavalerie, et JACQUES DE LESPINAY, son frère, justifient leur filiation depuis

PIERRE DE LESPINAY, écuyer (1420).

Seigneuries des Lorides, — du Bois-Aubert, — d'Yquelonde, — de la Neufville sur le Wault, — d'Ivers, — de Groserne, — de Canchi, — de Cressonière, — de Guate, — de Bucy, — de Soyecourt, — de Magni-à-la-Fosse, — de Rozière, — de Jeancourt, — de Vendelle, — de Marteville, — de Ville-l'Evêque, — d'Attilly, — du Verguier, — de Holnon, — de Pensy, — de Chamouille, — de Colligy.

Alliances : familles : de Caulières, — de Meilli, — Le Maire, — de Caulaincour, — de Hallencourt, — de Drouin, — de Martine, — de Bovelles, — Hourlier, — d'Abancourt, — Camus de Pontcarré, — de Lens.

Armes : *D'argent, à trois losanges de gueules, posées deux et une.*

DE LESPINAY

Bretagne et Poitou

CHARLES DE LESPINAY, déclaré noble et issu d'extraction noble, par arrêt de 1668, justifie sa filiation depuis

JEAN DE LESPINAY (1482).

Seigneuries de Bodouan, — de Lespinay, — de Trémar, — de Malarit, — du Chaffault, — de Monceaux, — de la Marzelle, — de la Limousinière, — de Pont-corhan, — de Trélières, — de Villée-lez-Guise, — d'Erselle, — de Pratz, — de Rozandal, — de Lodic, — de Briort, — du Pré-Nouveau.

Alliances : familles : Pinart, — Guyole, — Robelot, — de Marbré, — de Saint-Marsault, — du Chaffault, — des Hommeaux, — de La Cour, — du Perreau, — de Baïf, — Louet, — de Montsorbier, — des Roussières, — Jousseaume, — du Pé, — du Bois-Maineuf, — de Portebize, — de la Touche.

Seconde branche

SEIGNEURS DE LA RUFFELLIÈRE ET DE LA VRIGNONIÈRE

LOUIS-JACOB DE LESPINAY justifie sa filiation depuis

JACOB DE LESPINAY (deuxième fils de SAMUEL DE LESPINAY et de SUZANNE DES ROUSSIÈRES) (1629).

Seigneuries du Pré-Nouveau, — de Villée-lez-Guise, — de Buelle, — de la Roche, — de Lespinay, — de la Pommeraie, — de la Ruffellière, — de la Vrignonière, — de Briort, — de Soullandeau, — de la Flotterie.

Alliances : familles : Tinguy, — Joyau, — de Bessay, — de Goulaine, — Mandin, — Gautereau,

— de la Bussière, — de la Rochefoucaud, — le Bœuf, — des Nouhes.

Troisième branche

SEIGNEURS DE LESPINAY

En Bretagne

ISAAC DE LESPINAY, fils de ISAAC DE LESPINAY, écuyer (second fils de PIERRE DE LESPINAY et d'ALIÉNOR DU PERREAU).

Seigneurie de Lespinay.

Alliances : familles : du Plessis, — de la Vaizonzière, — Goyon de Touraude, — le Breton, — Goyon de Beaufort.

Armes : *D'argent, à trois buissons d'épines de sinople, posés deux et un.*

LESQUEN

Bretagne. — Évêché de Saint-Brieuc

RENÉ-YVES LESQUEN, écuyer, justifie sa filiation depuis Noble LOUIS LESQUEN (1400) [1].

Seigneuries de Largentais, — de la Ménardais, — de Kérohan, — de la Vieuville, — des Salles, — de la Marre, — de la Rougerais, — du Jeunebosc, — de Lévinaie.

Alliances : familles : de la Chapelle, — du Bouilli, — Bouan, — de Gourcuff, — Artur, — Lavocat, — de la Bouexière, — Chapin, — de Bréhant.

Armes : *De gueules, à un épervier d'argent, le bec, les pattes, les longes et les grillets d'or, la tête contournée et surmontée d'un croissant aussi d'or, ayant les pointes tournées du côté droit de l'écu, et trois molettes d'éperon de même posées deux en chef et l'autre en pointe.*

[1] La Chesnaye commence à Guillaume, chevalier (1346). (E. B.)

DE LESTANG

En Berry

PIERRE-JOSEPH DE LESTANG, écuyer, justifie sa filiation depuis PIERRE DE LESTANG, écuyer (av. 1610).

Seigneuries de Borderousse, — de Montaboulin, — de Villeclair, — de Pondeau, — de Bourdoiseau, — de Condé, — de la Chaise, — de Ronzay, — le Fresne, — de Vaux, — des Brosses ou de la Brosse, ou même de la Grande-Brosse, — de la Tremble, — de Rochepeau, — de Beauregard, — de Villement, — des Girards.

Alliances : familles : Beaujard, — Prevost, — Guillemet, — Bernard, — Pennier, — Baudichon, — de Valenciennes, — Heurtault, — Perrotin, — le Large, — Macé, — Bocquet, — Riglet, — Mayet, — Augier, — de la Chastre, — Berthier, — Courtin, — Thabaud, — Bonnin.

Seconde branche

SEIGNEURS DES GIRARDS

FRANÇOIS DE LESTANG, écuyer (troisième fils de FRANÇOIS-JOSEPH DE LESTANG et d'ANNE COURTIN) et ses enfants.

Seigneurie des Girards.

Alliance famille : Bonnin.

Troisième branche

SIEURS DE ROCHEPEAU

RENÉ DE LESTANG, écuyer, justifie sa filiation depuis FRANÇOIS DE LESTANG, écuyer (second fils de JACQUES DE LESTANG et de JACQUETTE MAYET).

Seigneuries de Rochepeau, — de la Courtauderie.

Alliances : familles : Péarron, — Courtin, — Le Roy.

Armes : *D'azur, à un chevron d'or, accompagné de trois étoiles d'ar-*

gent, posées deux en chef, et l'autre sous le chevron; celle-ci soutenue de deux cœurs de même, appointés, au bas de l'écu.

LESTENDART

Diocèse de Boulogne-sur-mer

CHARLES-DOMINIQUE LESTENDART, chevalier de Malte (1699), justifie sa filiation depuis

JEAN LESTENDART, qualifié chevalier (avant 1540).

Un chevalier de Malte : ANNE LESTENDART (1629).

Seigneuries de Verchoc, — de Pipemont, — d'Angerville, — de Saint-Martin, — de Sores, — de Chalandri, — de Bulli, — de Roncherolles, — d'Ouilli.

Alliances : familles : de Carnin, — de Pipemont, — du Caurel, — de Créqui, — Le Roux, — d'Humières, — Touchet, — du Bois, — de la Motte, — Poiret, — de la Haie-Hotot.

Seigneurs de Quénouville

RENÉ LESTENDART (second fils de GUI LESTENDART et de CATHERINE POIRET), forme la branche.

Seigneuries de Saint-Martin, — de Roncherolles, — de Quénouville, — des Hayons.

Alliances : familles : du Mesnil, de Sevestre, — de Férot, — Tardieu, — Rouillet, — de Grainville, — Trevet, — de Melcastel.

Armes : *D'argent, à un lion de sable, la langue et les griffes de gueules, chargé sur l'épaule d'un écusson bandé d'argent et de gueules de six pièces.*

LE SUEUR

CHARLES-ANTOINE LE SUEUR, chevalier de Saint-Louis, anobli par lettres-patentes du mois de juin 1721, en considération de ses services militaires.

Seigneurie de Givry.

Armes : *D'azur, à un chevron d'or, surmonté d'un croissant d'argent, posé à la pointe du chevron, accompagné en chef de deux étoiles d'argent, et en pointe d'une hure de sanglier de même.*

LE TELLIER

Généralité de Rouen — Diocèse de Rouen

PIERRE LE TELLIER, écuyer, conseiller au parlement de Rouen, justifie sa filiation depuis

Noble PIERRE LE TELLIER (avant 1624).

Seigneuries de Vaubadon, — de la Boullaie, — de la Vaquerie.

Alliances : familles : De Pestel, — Costé, — de Cussi, — Le Canu, — Thorel.

Armes : *De gueules, à une fasce d'argent, accompagnée en chef de deux molettes d'éperon de même, et en pointe d'une main droite aussi d'argent, posée en pal.*

LE TOURNEUR

Généralité de Poitiers — Diocèse de Poitiers

SÉRAPHIN LE TOURNEUR, écuyer, justifie sa filiation depuis

JEAN LE TOURNEUR, écuyer (1538).

Seigneuries de Burbures, — de la Bossonière, — de la Lande.

Alliances : familles : Barbot, — de Lerpinière, — Gobin, — Le Vesnier, — de la Brosse.

Armes : *D'azur, à trois tours d'argent, posées deux et une.*

LE TRÉSOR DE FONTENAY

Normandie

JEAN-ANTOINE-LOUIS LE TRÉSOR, écuyer, justifie sa filiation depuis

GUILLAUME LE TRÉSOR (avant 1547).

Seigneuries de Fontenay, — de Vauville, — de Saint-Sauveur, — de Tourville, — du Mesnil-Lambert, — de la Guinarderie, — de Béthune, — de Lizon.

Alliances : familles : Richer, — du Mesnildot, — de Pierrepont, — Patri, — Lévesque, — Le Bachelier, — Taitbout.

Armes : *D'azur, à quinze pièces de monnaies d'or et d'argent, posées en forme de montagne, 1, 2, 3, 4 et 5; savoir, les 1, 4, 6, 7, 9, 11, 13, et 15 d'or, les autres d'argent, et accostées de deux poignets de carnation, adossés, et tenant chacun une épée d'argent, la poignée en haut.*

LE TURQUIER DE CARDONVILLE

Normandie

Charles Le Turquier, écuyer, justifie sa filiation depuis

Thierry Le Turquier (1551).

Seigneuries du Buisson, — de Cardonville, — du Mesnil, — du Bois-Langlois.

Alliances : familles : du Mont, — Le Prévost, — Le Nepveu, — de Blanbaston, — Toustain, — de la Bouque, — de la Haye, — Carbonnel.

Armes : *D'azur, à une hure de sanglier d'or, surmontée d'une flamme de même, et un chef cousu d'or, chargé de trois étoiles d'azur.*

LE VACHER DE LA CHAISE

Anjou

Joseph-Louis-Victor Le Vacher, lieutenant en premier dans le régiment de Normandie, justifie sa filiation depuis

Pierre Vachier (1453).

Un chevalier de Malte : Joseph-Alexis Le Vacher (1699), quitta l'ordre en 1712.

Seigneuries de Teilly ou Tilly, — de la Chèze, — de la Tour aux Pommiers, — de la Chatonnière, — de la Giraudière, — de Lionnière, — de Varenelles, — de la Potardière, — de Saint-Germain d'Ancé, — de la Guérinière, — de la Rochebeculdebœuf, — de la Perrière, — de l'Eschigné de la Chaise.

Alliances : familles : Ronger, — Scollin, — de Bois-Lanfray, — Bouju, — de la Barre, — de Menthon, — d'Apelvoisin, — de Malherbe, — du Tremblay, — Le Roux, — de Villeneuve, — de Montplacé, — de Brez-Briand, — de Masseilles, — du Berziau de la Marcillère.

Seconde branche

SEIGNEURS DE DOUCÉ

Jacques Le Vacher, écuyer, justifie sa filiation depuis

Charles Le Vacher de la Chaise (second fils d'Antoine Le Vacher et de Jeanne de Bois-Lanfray) (1605).

Seigneuries de Varennes, — du Sentier, — d'Alancé, — de Doucé.

Alliances : familles : de Cherbon, — du Verger, — de la Roussière, — Matefélon, — d'Autefer, — de la Chapelle-Rainsouin, — d'Andigné, — de la Marqueraye.

Armes : *D'or, à trois têtes de vaches de gueules, posées de front, deux en chef et une en pointe.*

LE VAILLANT

En Normandie

Marguerin Le Vaillant, écuyer (vivant en 1599), remontait par sa filiation jusqu'à

Richard Le Vaillant, écuyer (vivant en 1358).

Seigneuries de Lignerolles, — de la Ferrière-Harenc, — du Val, — de la Lande, — de Vaux-Martin, — de Roucamp, — de Harenc, — de Montharderon, — de la Motte.

Alliances : familles : Harenc, —

du Val, — de Juvigny, — du Gay, — Fumée, — de Blancvillain.

Branche des vicomtes de Barbeville

JACQUES-FRANÇOIS LE VAILLANT, qualifié chevalier, justifie sa filiation depuis

JEAN LE VAILLANT, écuyer (quatrième fils de JEAN LE VAILLANT et de MÉLINE DU GAY), auteur de cette branche.

Seigneuries de Benneville, — de Barbeville, — de la Motte, — de Maisy, — de Vaucelles, — de la Ferté, — de Manvieux, — de Landes, — de Lamberville, — de Léaupartie, — de Livet, — de Ragny, — de Tournay, — de Renault, — de Villodon, — de Saint-Denis-le-Gast, — de Grimesnil, — du Tanu, — de Sainte-Marguerite-sur-la-mer, — d'Orbeville.

Alliances : familles : Fumée, — Lambert, — Béchevel, — de la Rivière, — d'Aché, — du Vivier, — Maillard, — de Miffant, — d'Hermerel, — de Guillebert, — de Grandval, — Bazire, — Douezy, — Le Marquetel de Saint-Denis de Saint-Évremont.

Armes : *D'azur, à un hareng d'argent et un chef d'or.*

[On observe, dit une note de d'Hozier, qu'il y a eu beaucoup de branches de cette famille dont les titres font mention, mais dont on n'a pu avoir le détail.]

LE VALOIS

Généralité de Caen

CHARLES-LOUIS LE VALOIS, capitaine au régiment de Bourgogne, justifie sa filiation depuis

JEAN LE VALOIS (1511).

Seigneuries d'Escoville, — du Ménil-Guillaume, — de Murçai, — de Mauzai, — de Vilette, — de Fontaines.

Alliances : familles : de Gaucourt, — Le Moine, — de Beaumont-de-Gibaud, — de Tubières-de-Pestel-de-Cailus, — de Montmorin-de-Saint-Herem, — de Châteauneuf, — Deschamps-de-Marcilli, — d'Aubigné, — Bourdin, — Du Val.

Armes : *D'azur, à un chevron d'or, accompagné de trois croissants d'argent, posés deux en chef et un à la pointe de l'écu, et un chef d'argent, chargé de trois roses de gueules.*

LE VASSEUR

Généralité de Paris — Diocèse de Beauvais

CHARLES LE VASSEUR, écuyer, justifie sa filiation depuis

PIERRE LE VASSEUR, écuyer (av. 1541).

Seigneuries d'Armanville, — de Montrelet, — de Neuilli-le-Dien, — d'Hiermont.

Alliances : familles : Pasquier, — de Lancri, — Le Blond, — du Mesniel, — Le Brun, — de Boubers.

Armes : *De sable, à une fasce d'argent, accompagnée en chef d'un lion naissant de même, et en pointe de trois croissants d'argent, posés deux et un.*

LE VENEUR

Bretagne — Évêché de Saint-Brieuc

MARC-GABRIEL LE VENEUR, écuyer, justifie sa filiation depuis

Noble FRANÇOIS LE VENEUR (av. 1552).

Seigneuries du Tertre, — de Beauvais, — de la Villeneuve, — de Kérampart, — de Bringolo, — de Portmartin, — de Coussedeuc, — de la Hazaie, — de la Villeveneur.

Alliances : familles : de Boisbilli, — Le Pape, — Thierri, — Pivert, — Turquet, — Renaud, — Le Vassal, — Limon, — Aliz.

Seigneurs de la Hazaie et de la Ville-Chaperon

Louis Le Veneur, écuyer, justifie sa filiation depuis

Jean Le Veneur, écuyer (troisième fils de Charles Le Veneur et de Jeanne Aliz) (1669).

Seigneuries de la Hazaie, — de Bouillon, — de la Ville-Chaperon, — des Fermes, — de Launai, — de Ravilli.

Alliances : familles : Le Duaren, — Le Mintier, — Moro, — Geslin, — Berthelot, — de la Lande.

Armes : *D'argent, à un cor de chasse de sable, enguiché de même, et accompagné de trois roses de gueules, posées deux en chef et une en pointe.*

LE VER

Généralité d'Amiens — Diocèse d'Amiens

Jean-Hubert Le Ver, capitaine d'infanterie dans le régiment du Roi, justifie sa filiation depuis

Pierre Le Ver, écuyer (avant 1568).

Deux chevaliers de Malte : André-Jacques Le Ver, en 1633, et Jérôme-Alexandre Le Ver, en 1715.

Seigneuries de Caux, — de Bernapré, — d'Auchi, — de Caours, — de Halloi, — de Framicourt, — de la Vassorie.

Alliances : familles : Gaillard, — Le Roi, — de la Rue, — de Gaillardbois, — des Groselliers, — Le Moictier.

Armes : *D'argent, à trois sangliers de sable passants, posés deux et un, et accompagnés de neuf trèfles aussi de sable, posés trois en chef, trois en fasce, et trois en pointe.*

LE VICOMTE

Bretagne. — Évêché de Saint-Brieuc.

Claude-Pierre Le Vicomte, écuyer, justifie sa filiation depuis

Noble Guion Le Vicomte (avant 1548).

Seigneuries de la Villevolette, — de la Vieuville.

Alliances : familles : Le Pape, — Robert, — Guihard, — de Bréhant, — Le Moine, — Gédouin, — de Boisjégu, — Péan, — de Tixne, — du Liscouet.

Armes : *D'azur, à un croissant d'or.*

DE LIANDRAS

Champagne — Diocèse de Troyes

Pompone de Liandras, écuyer, justifie sa filiation depuis

Antoine de Liandras, écuyer (avant 1561).

Seigneurie de Bouy.

Alliances : familles : de Laumoi, — de Vaumorain, — de Stavayé, — de Piédefer, — de Sommermont, — Grangier, — de Chasserat.

Armes : *D'argent, à trois merlettes de sable, posées deux en chef et une en pointe.*

DE LIGNI

Généralité de Soissons — Diocèse de Soissons

Charles-Adrien de Ligni, écuyer, justifie sa filiation depuis

Jean de Ligni, écuyer (avant 1506) [1].

Deux chevaliers de Malte : Emmanuel de Ligni (1651). — François-Emmanuel de Ligni (1694).

[1] La Chesnaye commence à Jean, fait chevalier par le duc de Bourgogne, 1381. (E. B.)

Seigneuries du Charmel, — du Plessis, — de Billi, — de Huleux, — de Rarai, — de Laleu.

Alliances : familles : de Bassompierre, — de Capendu, — de Vaudetard, — de Fleurigni, — de Saint-Blaise, — de Saint-Vincent, — de la Fontaine.

Armes : *De gueules, à une fasce d'or, et un chef échiqueté d'argent et d'azur de trois traits.*

DE LIMOSIN D'ALHEIM

Famille originaire du Brabant, transplantée depuis dans le duché de Luxembourg et actuellement établie à Thionville.

JEAN-BAPTISTE, baron de LIMOSIN-D'ALHEIM, écuyer, baron du Saint-Empire, justifie sa filiation depuis

CHARLES DE LIMOSIN et HENRY DE LIMOSIN, qui tous deux furent créés barons du Saint-Empire, par lettres de l'empereur Charles V, du 17 novembre 1540, et dans lesquelles ce prince les qualifie « ses très-nobles amés et féaux. »

Seigneuries de Roussy-le-Bourg, — de Roussy-le-Village, — de Hettange, — de Zoetrich, — d'Alheim, — d'Oberkintgen, — de Rintgen, — d'Altwiss, — de Filstroff.

Alliances : familles : de Diestrof, — de Pallant, — Vanrass, — de la Tour, — de Roye, — de Laittre, — Obert, — Schutz, — de Wolschlager, — de Corte, — de Boudet, — de Malateste, — de Cabanes, — de Chapuis de Tourville, — Staudt, — de Limpack, — Taverne.

Armes : *De sinople, à une fasce d'or, bordée de sable, chargée d'un lion de gueules passant, et accompagnée en chef de trois besants d'argent, et en pointe d'un besant et d'une étoile aussi d'argent, rangés en fasce.*

DEVISE : *Fortes creantur fortibus.*

DU LION

Généralité d'Auch — Diocèse d'Aire

PIERRE-GASTON DU LION, page de la grande écurie du roi, justifie sa filiation depuis

SPAIN DU LION, chevalier, gouverneur du comté de Foix et du château d'Orthez (1386).

Seigneuries de Gareins, — de Géloux, — de Campet, — de Cazaux, — de Bézaudun, — de l'Isle, — d'Aussamont, — de Podenas, — de Vieille-Ségure, — de Viarmes, — du Leu.

Alliances : familles : de Lons, — de la Salle, — de Mesmes, — Sacriste de Malbirade, — de Ségur, — de Pelati, — de Lane, — de Bailens, — de Bergoignan, — de Béarn, — de Luxe, — de Toleresse, — de Navailles.

Armes : *D'or, à un lion d'azur, la langue et les griffes de même.*

DE LISLE (anciennement de LYLE, de LYLA)

En Provence, originaire d'Écosse

LOUIS-AUGUSTE DE LISLE, chevalier de Saint-Louis, capitaine des vaisseaux du roi, justifie sa filiation depuis

GUILLAUME DE LYLE, originaire de Glascow, en Ecosse, qualifié généreux écuyer, archer du corps du roi (avant 1497).

Seigneuries de Taulane, — du Bourguet, — de Garron, — de Séranon.

Alliances : familles : de Boniface, — de Malvans, — de Blancard, — de Chailan, — d'Emeric, — de Grasse.

Seconde branche

JOSEPH-IGNACE DE LISLE, capitaine des vaisseaux du roi, justifie sa filiation depuis

JEAN DE LISLE (DE LYLE) (second fils de GUILLAUME DE LISLE et de demoiselle ELÉONORE DE BLANCARD) (1625).

Seigneuries de Callian, — de Roquebrune, — de Villepey, — de Paleison.

Alliances : familles : Niel, — Grassy, — de Raphélis, — de Lombard, — de Pontevés de Bargême, — d'Attenoux, — Ferrer, — de Pallas.

Troisième branche

JEAN-GASPARD DE LISLE, écuyer, justifie sa filiation depuis

CLAUDE DE LISLE (second fils de JEAN DE LISLE et d'HONORADE NIEL) (1658).

Seigneurie de Saint-Martin d'Allignosc.

Alliances : familles : de Bourg, — de Bayon, — Chaudon.

Armes : *D'azur, à deux palmes d'or adossées, posées en pal, et surmontées d'une étoile aussi d'or.*

DE LISSALDE

Originaires de Navarre, établis en Condomois

MARIE-JOSEPH DE LISSALDE, écuyer, lieutenant-colonel au régiment du Perche-Infanterie, justifie sa filiation depuis

Noble FRANÇOIS DE LISSALDE (1597).

Seigneuries de Casteron, — de Sainte-Croix, — de Soulens, — de Mondessein.

Alliances : familles : de Salenave Baratciart, — de Sarran de Soulens, — de Goyon ou Gouyon, — du Roy du Mirail, — Le Sage de Sainte-Ruffine.

Armes : *D'argent, à une salamandre d'azur, couronnée d'or, et posée sur des flammes de gueules; parti d'or, à trois merles de sable, becqués et membrés de gueules, posés deux et un.*

DE LIVRON

Généralité de Limoges — Diocèse d'Angoulême

SIMON DE LIVRON, écuyer, justifie sa filiation depuis

CHARLES DE LIVRON, écuyer (1528).

Seigneuries de Vandeuil, — du Maine-Gruyer, — de Beaumont.

Alliances : familles : Sarrazin, — Souqueux, — Fort, — Pastoureau, — Hervé, — Chaperon.

Armes : *D'argent, à trois fasces de gueules, et un franc-quartier d'argent, chargé d'un roc d'échiquier de gueules.*

LOIR DU LUDE (Alias LER ou LŒR)

Généralité de Caen — Diocèse de Coutances

DANIEL-RAOUL CHARLES LOIR, écuyer, justifie sa filiation depuis

JEAN LOIR, écuyer (1392).

Seigneuries du Quênai, — de Helleville, — de Mailloc, — de Thère, — de Farci, — de la Cambe en Bessin, — de Longueville, — du Lude, — de Bouilli, — de Noiremarre, — d'Aureville, — de Manoir.

Alliances : familles : du Fournel, Douesnel, — de Briqueville, — de Couvert, — Le Courtois, — de Grimouville, — Rogier, — Ervault, — des Moustiers, — du Bosc, — de Gouberville, — Julien, — Sorin, — Lucas, — Morel, — Chardon, — Bachelier.

Armes : *D'or, à trois fasces de sinople ondées.*

LOISSON

Champagne et Paris

CLAUDE-MARIE-LOUIS LOISSON DE GUINAUMONT, qualifié chevalier, justifie sa filiation depuis

CLAUDE LOISSON, écuyer, conseiller du roi, président trésorier de France et général de ses finances en la généralité de Châlons en Champagne (1627).

Seigneuries de Breuvery, — de Guinaumont, — de Marson, — de Blesme, — de Mairy, — de Bayarne.

Alliances : familles : Le Jeune, — Paillot, — de Pinteville, — Hennequin, — Lallemant, — Langault, — Le Leu.

Armes : *D'azur, à deux bandes d'or, et un chef aussi d'or, chargé de trois molettes de sable.*

DE LONGUEIL

Paris

CLAUDE-NESTOR DE LONGUEIL, écuyer, justifie sa filiation depuis

JEAN DE LONGUEIL, conseiller au parlement (avant 1496) [1].

Un chevalier de Malte : LOUIS DE LONGUEIL (1627).

Seigneuries de Beauverger, — d'Ozoi, — de Sèvre, — de la Vaudoire, — de Maisons-sur-Seine, — du Rancher.

Alliances : familles : Le Vasseur, — de la Ville, — du Val, — de Montrouge, — Séguier, — de Selve, — Quélain, — de Montmiral, — Le Maitre, — de Dormans, — Clutin, — de Marle.

Armes : *D'azur, à trois roses d'argent, et un chef d'or, chargé de trois roses de gueules.*

DE LONGUEVAL

Juridiction de Lauzun en Périgord

JEAN DE LONGUEVAL, écuyer, justifie sa filiation depuis son trisaïeul

FRANÇOIS DE LONGUEVAL, écuyer, anobli pour ses services militaires, par lettres de Henri IV, obtenues le 26 juin 1603.

Seigneuries de la Font-del-Nègre, — de Lauquerie, — de la Lande, — de Villard, — du Peyrat, — de Bonnepart.

Alliances : familles : de Gallet, — de Flottes, — de Carbonnier, — de Travey, — de Puymelot, — Vignal, — de Dardit de la Sauvetat, — de Champs, — de Giou ou Gieu, — de Gas, — de Gastebois, — de Lassaigne, — Crozat, — Chabrier, — Bugier, — Boussier.

Armes : *D'azur, à une fasce d'or, accompagnée de trois étoiles d'argent, posées deux en chef et l'autre à la pointe de l'écu.*

DE LOPIS

Provence

ANTOINE-GABRIEL DE LOPIS, chevalier de Saint-Louis, justifie sa filiation depuis

GARCIAS DE LOPEZ DE VILLANOVA, venu d'Espagne et établi dans le Comtat Venaissin en 1440.

Deux chevaliers de Malte, MARCEL DE LOPIS (1715). — LOUIS-SIFFREN-BENOIT DE LOPIS (1721).

Seigneuries de Saint-Privat, — de la Loupière, — de la Fare, — de Montdevergues, — de Montmirail, — de Villeneuve.

Alliances : familles : Tonduti de Malijac, — d'Aimar, — de Laurens, — de Verd, — Blanqui, — de Rueda, — de Pomard, — de Lopis, — Perez, — de Félix de la Fératière.

Seigneurs de la Fare

JEAN-PAUL-FRANÇOIS LOPIS DE LA FARE, page de la grande écurie du roi, justifie sa filiation depuis

JEAN DE LOPIS (second fils de GILLES DE LOPIS et d'ELÉONORE DE LOPIS), vice-recteur du Comtat Venaissin.

[1] La Chesnaye commence à Henry, seigneur de Luc, 1215, issu d'Adam, compagnon de Guillaume le Conquérant. (E. B.)

Trois chevaliers de Malte : Charles de Lopis, — Pierre-Joseph de Lopis, — Guillaume de Lopis (1660):

Seigneurie de la Fare.

Alliances : familles : de la Salle, — Gauthier, — de Guiramand, — Rabasse, — de Thézan-Vénasque, — de Galiens, — Astier de Sobiras.

Armes : *De gueules, à un château de deux tours d'argent, rondes et crénelées, et un loup de sable passant, et appuyé au pied du château.*

DE LORAS

Dauphiné

Scipion de Loras, écuyer, justifie sa filiation depuis

Antoine de Loras (av. 1504) [1].

Un chevalier de Malte : Claude de Loras.

Seigneuries de Jaillonas, — de Marsas, — de Montplaisant, — de Saint-Marcel de Milieu.

Alliances : familles : de Favrès, — de Butaud, — de Bellefin, — du Train, — de Buffevant, — Botut.

Seigneurs de Montplaisant

Louis de Loras, écuyer, justifie sa filiation depuis

Abel de Loras (second fils de Gaspard de Loras et de Louise de Buffevant) (1605).

Seigneuries de Montplaisant, — de Belacueil, — de Chamagnieux, — de Saix en Bresse, — de Genas, — de Vernas.

Alliances : familles : Rabot, — du Pré, — Alleman, — de Villars, — de la Poipe.

Armes : *De gueules, à une fasce losangée d'or et d'azur.*

[1] La Chesnaye commence à Anselin, chevalier, 1186. (E. B.)

DE LORDAT [1]

Généralité de Montpellier — Diocèse de Saint-Papoul

Louis de Lordat, page de la petite écurie du roi, chevalier de Saint-Louis, justifie sa filiation depuis

Hugues de Lordat (1488) [1].

Trois chevaliers de Malte : Jacques de Lordat (1643). — Louis de Lordat (1695).—Paul-Jacques de Lordat (1696).

Seigneuries de Bram, — de Villarsens, — de Prunet, — de Cazenove, — de la Bastide.

Alliances : familles : de Roux, — Potier, — de Saint-Jean d'Honoux, — de Mazencome, — Isalguier, — de Serres.

Armes : *D'or, à une croix de gueules.*

DE LORGERIL

Bretagne

Louis-François-Nicolas de Lorgeril, chevalier de Saint-Louis, page de la petite écurie du roi, justifie sa filiation depuis

Guillaume de Lorgeril, écuyer (vers 1533), descendant d'un cadet de l'ancienne maison de Lorgeril, dont le premier membre connu est

Olivier de Lorgeril (1311).

Seigneuries de Lorgeril, — du Bodon, — de Tressaint, — de Repentigné, — de Boisjan, — de la Tourniolles, — de la Vigne, — de l'Estourbillonnaye, — de Saint-Méen, — de la Villegeffroy, — de Follideuc, — de la Chesnaye, — de Trénascoet, — de Kerver ou Guerveret, — de la Coharie, — de la Houssaye, — des Perrières, — de la Chapronnaye, — du Verger, — du Chalonge, — du Val, — de Tré-

[1] La Chesnaye commence à Guillaume, chevalier, 1154.

bedan, — d'Orguelan, — de Carmoran, — de la Touche.

Alliances : familles : de Coetquen, — Bodin, — d'Espinay, — de Lanvallay, — du Boisjan, — Madeuc, — Milon, — Le Forestier, — de Saint-Pern, — Houlier, — d'Irrodouez, — de la Villéon, — Jarret, — de Launay, de Partenay, — de Rohan, — Hangoumar, — Poulain, — du Boisadam, — de Richebois, — Rouxel, — Garel, — Questier, — Jaccado, — Marie, — James, — de Rondier, — Le Bault, — Fiot, — Biré, — Lambert, — Chesnel, — Colas, — Le Forestier, — Monneraye, — Durand, — de Géraldin, — de Trémereuc, — Bégon, — de Saint-Germain.

Armes : *De gueules, à un chevron d'argent, chargé de cinq mouchetures d'hermine de sable, et accompagné de trois molettes d'éperon d'or, posées deux en chef et une en pointe.*

DE LORME DE PAGNAT

Bourbonnais — Diocèse de Clermont

JACQUES DE LORME DE PAGNAT, écuyer, justifie sa filiation depuis

JEAN DE LORME, damoiseau (av. 1403).

Deux chevaliers de Malte : JACQUES et autre JACQUES DE LORME (1652).

Seigneuries de Périgères, — de Mons, — de Limons, — de Pagnat, — de la Motte de Lorme.

Alliances : familles : de Douhet, — de Bellevezé de Jonchères, — de Beaulieu, — de la Souchère, — de Bonnevie, — de Mezières, — de Lamer, — d'Albiac, — des Ages, — Escarre, — de Monlheu.

Armes : *D'argent, à trois merlettes de sable, posées deux et une, et accompagnées de neuf étoiles de même, rangées trois en chef, trois en fasce, et trois en pointe.*

DE LOUAN.

Bourbonnais — Diocèse d'Autun

PIERRE DE LOUAN, écuyer, page de la grande écurie, justifie sa filiation depuis

JEAN DE LOUAN; écuyer (1538).

Seigneuries de Persac, — du Plaix, — de Fontarioles, — de la Jolivette, — de la Forest-Mauvoisin, — de Voussac, — de la Motte-Verger, — d'Arfeuille, — du Rondet

Alliances : familles : Aumaitre, — Renaut, — Heuillard, — des Fontis, — Boué, — du Buisson, — de Chapettes.

Armes : *D'azur, à un chevron d'or, accompagné de trois croissants de même, posés deux en chef et l'autre à la pointe de l'écu.*

DE LOUBERT

Généralité de Rouen — Diocèse d'Évreux

ADRIEN-ALEXANDRE DE LOUBERT, capitaine dans le régiment royal des Vaisseaux, justifie sa filiation depuis

BLAISE LOUBERT, qualifié noble en 1544.

Seigneuries d'Ardée, — de Breuil, de Maillonet, — d'Espiez, — de Neuilli, — de la Folletière, — de Nantilli, — de Martainville, — de Longue-Haie, — de Cantiers.

Alliances : familles : de Normanville, — des Plas, — de Mailloc, — Larcher, — Le Sens, — le Masson, — Doublet, — Dionis.

Seigneurs de Nantilli

JEAN DE LOUBERT, écuyer, justifie sa filiation depuis

JEAN DE LOUBERT, écuyer (second fils de GIRARD LOUBERT), chef de la branche.

Seigneuries de Nantilli, — de Chagnes, — de Bérengeville, — de Rayel.

Alliances : familles : de Souicaire, — de Nancelles, — Le Cornu, Vialart, — Hoyard, — Noniville.

Seigneurs de Martainville

ALEXANDRE DE LOUBERT, chevalier de Malte (1700), justifie sa filiation depuis

JEAN LOUBERT, écuyer (second fils de BLAISE LOUBERT et de JEANNE DIONIS) (1554).

Seigneuries de Martainville, — de Longue-Haie, — de Rochefort.

Alliances : familles : Anquetin, — Dézert, — du Chesne, — de Tilli.

Armes : *D'azur, à cinq épis d'orge d'or, posés trois et deux.*

DE LOUPIAC DE LA DEVÈZE

Diocèse de Rhodez

FRANÇOIS-EMMANUEL DE LOUPIAC DE LA DEVÈZE, page de la petite écurie du roi, justifie sa filiation depuis

DOMENGE DE LOPIAC (av. 1549).

Seigneuries de Loupiac, — de la Garrigue, — du Bosc.

Alliances : familles : d'Espinasse de la Bégonie, — de Montesquiou de Sainte-Colombe, — de Murat, — de Vassal, — de Saint-Géri, — de Veillan.

Armes : *D'argent, à trois fasces d'azur, un chêne de sinople arraché brochant sur le tout, et un loup de sable passant au pied du chêne.*

DE LOYAC — LA BACHELLERIE

En Limousin

IGNACE DE LOYAC, écuyer, capitaine dans le régiment de la Gervasais, justifie sa filiation depuis

Noble JEAN-ANTOINE DE LOYAC (1569).

Seigneuries de la Bachellerie, — de Lavez.

Alliances : familles : de la Forestie, — de la Fagerdie, — de Plaines, — de Chantegril, — de Montgaluy-d'Arluc.

Seconde branche

SEIGNEURS DE LA BACHELLERIE

JEAN-BAPTISTE-ANTOINE DE LOYAC, commissaire provincial d'artillerie, qui a présenté les titres en original d'après lesquels la noblesse de sa famille est prouvée, justifie sa filiation depuis

Noble ANTOINE DE LOYAC, écuyer, gouverneur de la Bastille (1653) (second fils de JEAN-BAPTISTE DE LOYAC et de JEANNE DE PLAINES).

Seigneuries de la Bachellerie, — de la Fage, — de Lavez, — de Puy-Donnarel, — de Malaret, — de Chaudon, — de Mourmoulin.

Alliances : familles : de Maruc, — Bochart, — Grenet.

Armes : *D'azur, à un chevron d'or, surmonté d'un croissant d'argent, et accompagné en chef de deux étoiles d'or, et en pointe d'un cygne d'argent, becqué et membré de gueules.*

LUILLIER [1]

Diocèse de Sens

ANNIBAL-FRANÇOIS LUILLIER, lieutenant de cavalerie, justifie sa filiation depuis

AMBROISE LUILLIER, lieutenant criminel au bailliage de Sens (av. 1552).

[1] Branches de Géronville, de Vé, de Saint-Mesmin, Bintencourt, La Malmaison, d'Orville, d'Ursmes, de Rinvenay.

Seigneuries de Préci, — des Quiers, — de Saint-Hubert, — de la Mazure, — de Brosseron, — des Loges de Quiers.

Alliances : familles : du Puis, — de Maliverné, — Bouquin, — Robert, — Huerne, — Maillet, — Puissaie, — Volant, — Bierne, — Hémard, — Chapelle, — d'Aunai, — Ferrand.

Armes : *D'azur, à une fasce d'or, accompagnée en chef de trois croissants d'argent.*

DE LUSTRAC

Périgord — Condomois et Agénois

NOBLE JEAN DE LUSTRAC, écuyer, justifie sa filiation depuis
Noble JEAN DE LUSTRAC (1519).

Seigneuries de Cazerac, — de Canabazes, — de la Martinie, — de Losse, — de la Barthe.

Alliances : familles : Delluc ou du Luc, — de Lezun, — d'Aspremont, — de Gensac, — de Préchac ou de Pressac, — de Goualard. — de Coquet, — du Barry, — de la Mazelière, — de Batz.

Seconde branche

JEAN-CLAUDE-PASCAL DE LUSTRAC, qualifié chevalier, justifie sa filiation depuis
Noble CHARLES DE LUSTRAC, écuyer (second fils de LOUIS DE LUSTRAC et de dame ISABEAU DE GENSAC), auteur de cette seconde branche (1615).

Seigneuries de Canabazes, — de la Plaigne, — de Lias, — de Saint-Orenx.

Alliances : familles : de Berrac, — Anne de Saint-Aubin, — du Léon, — Rivière de Sauques, — Claverie, — Pujol de Caupène, — Mongauses des Moulins.

Armes : *De gueules, à trois fasces d'argent; écartelé d'azur, à un lion d'or couronné de même, langué et onglé de gueules.*

LUTHIER

Généralité de Tours — Diocèse de Poitiers

ANNE-CLAUDE-CÉSARION LUTHIER, justifie sa filiation depuis
DANIEL LUTHIER, écuyer (1623).

Seigneuries d'Abin, — d'Armançai, — de Montourin, — du Chastelet, — de la Richerie, — de Biardeau, — du Plessis, — de Saint-Martin.

Alliances : familles : Sabatier, — Sauvage, — Gautier, — de la Chaize, — Lunois.

Seigneurs de Saint-Martin

RENÉ LUTHIER, écuyer, auditeur des comptes (second fils de DANIEL LUTHIER et d'ISABEAU LUNOIS), forme cette branche.

Seigneuries de Saint-Martin, — de Moreilles, — de Villi-le-Maréchal, — d'Assenai, — de Roncenai en Champagne.

Alliances : familles : Caille, — de Vonnes, — Langlois, — de la Ferté, — Imbert, — Moriau, — Grégoire, — de Montholon.

Armes : *D'argent, à un lion de sable, ayant dans sa gueule un serpent de sinople, langué de gueules, posé de fasce.*

MACÉ DE GASTINES

Normandie et Provence

[D'Hozier commence par la branche cadette, l'aînée ayant pendant deux générations omis de prendre la qualité de noble.]

JEAN-JOSEPH MACÉ DE GASTINES, chef de la branche cadette, écuyer, capitaine général garde-côte au département de Martigues, arrière-petit-fils de
NICOLAS MACÉ, avocat au présidial d'Alençon en 1641 (cinquième fils de GUILLAUME MACÉ et d'ANNE DU PONT). Ce GUILLAUME remontait par sa filiation à
SIMON MACÉ (1453).

Seigneurie de Gastines.

Alliances : familles : Filsdefemme, — de Rez, — du Pont, — d'Armand, — d'Augustine.

Branche aînée

ANTOINE MACÉ, justifie sa filiation depuis

Noble DAVID MACÉ (fils aîné de GUILLAUME DE MACÉ et d'ANNE DU PONT) (1612).

Seigneuries de Gastines, — d'Herses, — de Chauvigny, — des Noyers, — de la Tuillerie, — de la Tirelière, — de la Bendelière.

Alliances : familles : Brichard, — du Mesnil, — le Noir, — Damois, — du Moulinet, — Morel, — Plastrier.

Armes : *D'argent, à un chevron d'azur, accompagné en chef de trois roses de même, et en pointe d'un lion de gueules rampant.*

DE MACON

Généralité d'Auvergne — Diocèse de Clermont

EMMANUEL DE MACON, écuyer, justifie sa filiation depuis

LOUIS DE MACON, écuyer (avant 1546).

Seigneuries de la Martre, — du Sauzet, — du Poirier.

Alliances : familles : de la Salle, — de Prades, — Becaine, — de Baron, — de la Beïlie.

Armes : *D'azur, à une bande d'or, accompagnée de trois étoiles de même, posées deux en chef et une en pointe.*

MACQUART DE RUAIRE

Lorraine — Bar-le-Duc

ANTOINE MACQUART DE RUAIRE, receveur des tailles en l'élection de Coutances, et HENRI MACQUART, lieutenant d'infanterie dans le régiment d'Agénois, furent anoblis par lettres données à Lunéville, le 22 octobre 1723, par Léopold Ier, duc de Lorraine et de Bar, en considération de leur famille qui descendait de la famille d'Arc, dite du Lis.

Alliances : familles : Hébert, — Haldat.

Armes : *D'argent, à une épée d'azur, posée en pal, la pointe en haut, couronnée d'une couronne aussi d'azur, accompagnée de deux fleurs de lis de même, et un chef d'azur, chargé de deux étoiles d'argent.*

MAGUEUX

Ile de France

FRANÇOIS MAGUEUX, avocat au parlement de Paris, maître particulier des eaux et forêts de Saint-Germain-en Laye et inspecteur général du domaine de la couronne, fut anobli par lettres patentes données à Marly, au mois de février 1731, en considération de ses services personnels et de ceux de sa famille.

Armes : *D'argent, à trois coquilles de sable, posées deux et une.*

DE MAI

Généralité de Moulins — Diocèse de Limoges

GASPARD DE MAI, écuyer, chevalier de Saint-Louis, justifie sa filiation depuis

ANTOINE DE MAI, écuyer (avant 1536).

Seigneuries de Termont, — de Marmagne, — de Boucheroux, — de la Vedellerie, — de Salvert.

Alliances : familles : de la Roche-Aimon, — de la Chapelle, — Lotz, — Le Groing, — de Chaussecourte, — de la Maisonneuve, — Pelin, — de Souslebost.

Armes : *D'azur, à une fasce d'or, accompagnée de trois roses d'argent, posées deux en chef et une en pointe.*.

MAIGNOL

Bordeaux

JEAN-BAPTISTE MAIGNOL, avocat au parlement de Bordeaux, ancien jurat et procureur-syndic de ladite ville, fut anobli par lettres patentes données à Versailles, au mois d'août 1733, en considération de ses services personnels et de ceux de sa famille.

Armes : *D'azur, à un griffon d'or.*

MAILLI

Généralité de Châlons

HENRI-FRANÇOIS MAILLI, chevalier des ordres de Notre-Dame de Mont-Carmel et de Saint-Lazare de Jérusalem, justifie sa filiation depuis

PIERRE MAILLI, écuyer (avant 1564).

Seigneuries de Viéville, — de Rocourt, — de Bernai, — de Clermont, — d'Aillancourt, — d'Aigremont, — de Lignol.

Alliances : familles : Lézineau, — Henrion.

Armes : *De gueules, à un chevron d'argent, accompagné de trois étoiles d'or, posées deux en chef et une en pointe, et un chef de gueules, chargé de trois étoiles d'or, et soutenu d'une traverse de même.*

MALART

Normandie

JOSEPH-JEAN-BAPTISTE MALART DE MALARTVILLE, prêtre, justifie sa filiation depuis

COLIN MALART, écuyer (1350).

[Le nom de Malart (Mallard, Malart et Malard), est un des plus anciens de la Normandie. Robert Malart est compris dans le catalogue des seigneurs renommés en Normandie depuis Guillaume le Conquérant, jusqu'en 1212.]

Un chevalier de Malte : GILLES MALART (1631).

Seigneuries du Chesnai, — de Médavi, — de Fontaines, — de Vauferment, — de Mahéru, — de Falandre, — de Malartville, de la Varende, — des Hayettes, — de Saint-Céneri, — de Courtevesque, — de Ricordane, — de la Gasignière, — du Petit-Feugeroux, — de la Savetière, — de Fay, — de la Bussière, — de la Motte, — de Trémont, — de la Norgère, — de Barville, — du Jardin, — du Mesnil-Guyon, — des Maignans, — des Mardelles, — des Genettes, — de Boitron, — du Perron.

Alliances : familles : du Douet, — de Fontaines, — de Larré, — de Beauvaisien, — Gui, — de Pluviers ou Puviés, — du Plessis, — Moinet, — de Guerpel, — Gautier, — Le Cornu, — de la Bertrie, — du Val, — Gislain, — Georges, — de Neufville, — de Thiesse, — Bonenfant, — Juliote, — de Barville, — Bisse, — Bordin, — de Pierres, — de Nollent, — de Valdavid, — Osmont, — Erart, — de Châteauthierri, — de Saint-Agnan, — de Farci.

Seigneurs de la Varende

JACQUES-LOUIS MALART (1721), lieutenant dans le régiment d'Enghien, petit-fils de

JACQUES MALART (1656) (troisième fils de JEAN MALART et de MARIE DE CHATEAUTHIERRI).

Seigneuries du Jardin, — de la Varende, — de Boisclair, — de la Saussaie, — de Montbaudry, — des Authieux, — Papion.

Alliances : familles : Bouchard, — du Buat, — de Laval-Montmorency.

Armes : *D'azur, à une fasce d'or, chargée d'un fer à mulet de sable, cloué d'argent de six pièces, et accosté de deux losanges de gueules.*

DE MALBOSC DE MIRAL

Languedoc — Pays de Gévaudan

Félix de Malbosc, page de la petite écurie du roi, justifie sa filiation depuis

André de Malbosc, damoiseau (1275).

Seigneuries de Malbosc, — du Mas de Malleval, — des Bondons, — du Mas de Colas, — de Miral, — du Mas de Piulac, — du Mas de Finiels, — du lieu de Fayet, — d'Ariges, — de Montvert, — de la Vernède; — de Montal, — de Saint-Hilaire de Lavit, — de Prat-sous-Teyran, — de Saint-Frézal.

Alliances : familles : de Cabrière, — de Mayrières, — Yvernal, — de Rocheblave, — de Salayrons, — de Vilaret, — de Beauvoir, — du Roure, — de Malafosse, — de Gabriac, — Brunenc, — de Beauguet, — de la Garde, — de Montvaillent, — de Chappellu, — de Grégoire, — Comitis, — de Gueyffier, — Maurin, — Arnalde ou Arnaude, — de Ginestoulx des Plantiers, — de la Valette de Boulogne, — de Saint-Jory, — de Ginestous de Madières, — de Seguin de Prades, — de Ginestoux d'Argentières, — de Jossaud, — de Richard de Boyer, — de Pélamourgue, — du Pouget, — d'Altier de Borne.

Branche des seigneurs de Malbosc de Colas

On ignore leur jonction avec les seigneurs de Miral, quoiqu'il paraisse indubitable qu'ils sont de la même maison. Le premier dont on ait connaissance est

Noble Pons de Malbosc (1380).

Seigneuries de Colas, — de Rieumal.

Alliances : familles : d'Anton, — Chappelain, — de Malafosse, — du Caylar, — Michel.

Armes : *D'azur, à trois chevrons d'argent, posés l'un sur l'autre,* qui est de Malbosc; *parti de gueules, à une chèvre d'or rampante,* qui est de Cabrière-Miral.

DE MALHERBE[1]

Généralité de Tours — Diocèse du Mans

Joseph de Malherbe, écuyer, justifie sa filiation depuis

Jean de Malherbe, écuyer (1469).

Seigneuries de Poillé, — de la Pierre, — d'Huchigni, — de Châteauguibert, — de la Roche de Pierre, — de Villeneuve.

Alliances : familles : Peillot de la Garde, — de Vançai, — de Beauxoncles, — de Vachez, — de Chapuiset, — de Montauzier, — d'Esliées, — Gruel, — Huraut, — de la Goubertière, — Hautemerle, — de Garguesalle, — des Touches, — de Poillé.

Armes : *D'or, à trois jumelles de gueules posées en fasce l'une audessus de l'autre, et deux léopards aussi de gueules, affrontés et posés au chef de l'écu.*

DE MALVIN

Albret, Agenois et Languedoc

[Les noms d'Amalbin, d'Amalvin, d'Amalvy, d'Amaubin, d'Amauvin, de Malbin, de Malby, de Malvin, de Malvyn, de Maubin, de Maulbin, de Maulvin, de Mauloyn et de Mauvin ne sont qu'un même nom.]

La maison de Malvin est l'une des plus anciennes de sa province. Les seigneurs de La Lanne, du sur-

[1] Autre famille de ce nom (marquis), avec nombreuses branches, en Normandie. (E. B.)

nom de MALVIN, étaient établis et connus dans l'Albret et dans le Condomois vers le milieu du XIe siècle.

FILIATION PROUVÉE

JEAN DE MALVIN, écuyer, justifie sa filiation depuis

Noble BERTRAND DE MAUBIN, seigneur de LA LANNE (1325).

Seigneurie de la Lanne.

Alliances : familles : de Bouzet, — de Preissas, — de Pressac, — de Voisin, — de Montagut, — de Lescot, — de Montpezat, — de Moreville, — de Fillartigue, — de Grilly, — Chandrier, — de Sourbier, — de Burin, — du Bouzet de Marin, — de Bazon, — de Macau, — du Fouert, — du Roy, — Bossugne, — La Vernye.

Deuxième branche

FRANÇOIS DE MALVIN, écuyer, (1690), petit-fils de

Noble FRANÇOIS DE MALVIN, écuyer (deuxième fils d'autre FRANÇOIS DE MALVIN et de demoiselle ANNE DU BOUZET DE MARIN) (1621).

Seigneurie de Merlet.

Alliances : familles : de Pomeyrol, — de Loze, — Forcade.

Troisième branche

MICHEL DE MALVIN, écuyer, mort lieutenant au régiment de la Tour-du-Pin-Infanterie, descendait de

Noble FRANÇOIS DE MALVIN (second fils de FRANÇOIS DE MALVIN et de MARGUERITE DE POMEYROL) (1665).

Seigneuries de Mirande, — de Merlet.

Alliances : familles : Béteilhe, — Boc, — de Moutard de Villeserre.

Quatrième branche

ANNE-CHARLES-FRANÇOIS DE MALVIN, dit le marquis de MONTAZET, justifie sa filiation depuis

CHARLES DE MALVIN, écuyer (second fils de MENJON D'AMALVIN, seigneur de LA LANNE, et de JEANNE DE PRESSAC) (1506).

Deux chevaliers de Malte : ANTOINE-JEAN DE MALVIN DE MONTAZET (1572). — LÉON DE MALVIN, dit le chevalier de MONTAZET, chevalier de justice (1752).

Seigneuries de Montazet, — de Boussères, — de Prignan, — de Quissac, — de Nicolle, — de la Beausse, — de Barrault, — de Maumont, — de Plassac.

Alliances : familles : de Montpezat, — de Beaufort, — du Monteil, — de Prignan, — de Ponsan de la Barthère, — de Biran, — de Balsac, — des Hompz, — de Villères, — de Preyssas, — de Montlezun, — de Vassal de la Tourette de Montviel, — de Coquet, — d'Hébrard, — de la Cropte de Chantérac, — de Fontanges, — de Maumont, — de Saint-Matthieu, — le Velu de Clairfontaine, — du Luc, — de Robillard.

Cinquième branche

ANTOINE DE MALVIN, chevalier, colonel de cavalerie, fils de

ANTOINE DE MALVIN (troisième fils d'ANTOINE DE MALVIN et de FRANÇOISE DE MALVIN DE PRIMET) (1639).

Seigneuries de Quissac, — de Montazet, — de la Beausse, — de Saint-Loup.

Alliances : familles : du Puy, — de Blavignac, — du Pouy, — de la Ramière, — de Bridie.

Sixième branche

JEAN-HENRY DE MALVIN, justifie sa filiation depuis

Noble ANTOINE-JEAN DE MALVIN DE MONTAZET (quatrième fils de BARTHÉLEMY MALVIN et de JEANNE DU MONTEIL) (1572).

Seigneuries de la Barthère, — du Cassaignau, — de Lassegan, — du Blanin.

Alliances : familles : de Ponsan, — Daymier, — de la Violette, — de Beaustes, — de Sédilhac, — de la Barthe, — de Chappuis.

Septième branche

BERNARD DE MALVIN ou DE MALBIN, écuyer, justifie sa filiation depuis

CHARLES DE MALVIN (second fils de CHARLES DE MALVIN DE MONTAZET et de JEANNE DE MONTPEZAT) (1521).

Seigneuries de Cessac, — de Primet, — de la Bassane, — d'Ambès, — de Pépines, — de la Mothe-Souveraine, — de Saint-Siphorien.

Alliances : familles : de Gailhard, — de Salignac, — de Pontac, — de Montalembert ou de la Mothe-Lambert, — de Gimel, — de Villeneuve, — de Sevin, — de la Claverie, — d'Estabel, — de Montlezun, — de Cieutat, — le Clerc, — de Léaumond, — de Barbotan, — d'Alesme, — de Pichon, — de la Borie.

Huitième branche

JOSEPH-GEOFFROY DE MALVIN, chevalier, conseiller au parlement de Bordeaux, fils de

CHARLES DE MALVIN, chevalier, (second fils de GEOFFROY DE MALVIN et d'OLIVE LE CLERC), capitaine au régiment de Soult (1656).

Seigneuries de Primet, — de Saint-Siphorien.

Alliances : familles : de Cadouin, — de Robillard, — de Baritault.

Neuvième branche

CHARLES DE MALVIN, chevalier, capitaine au régiment de Dauphin-Infanterie (deuxième fils de CHARLES DE MALVIN et de THÉRÈSE DE CADOUIN) (1732).

Seigneurie de Barrault.

Alliance : famille : de Fontanges de Maumont.

Dixième branche

[Connue dès son origine sous le nom de Montazet, et qui a repris depuis environ quarante ans son ancien nom de Malvin.]

JEAN-FRANÇOIS-CÉSAR DE MALVIN DE MONTAZET, lieutenant au régiment de Vallé, justifie sa filiation depuis

Noble JEAN DE MALVIN (quatrième fils de CHARLES DE MALVIN DE MONTAZET et de JEANNE DE MONTPEZAT) (1521).

Seigneuries de Monviral ou Monvirac, — de la Motte, — de la Roque-Roquazel, — de Favrayrolles, — de Puechcam, — de Flamarenc, — de Pachins, — de Raissac, — du Mas de Caussé, — de Valaguier.

Alliances : familles : de Lisle, — de Cornac, — d'Azémar ou d'Azéma, — de Taurines, — de la Bastide, — de Saugnac, — de Toulouse de Lautrec de Montfa, — de la Croix, — de Viguier, — d'Audric, — Monachi de Monzé, — de Gréalon, — de Malian.

Onzième branche

PIERRE DE MONTAZET, fils de

Noble JEAN-CHARLES DE MONTAZET, chevalier de LA ROQUE (second fils de LOUIS-HERCULES DE MONTAZET et d'ANTOINETTE DE VIGUIER (1689).

Seigneurie de Flamarenc.

Alliances : familles : d'Audric, — Candelié, — d'Albis.

Douzième branche

LOUIS DE MONTAZET, fils de

Noble BERNARD DE MONTAZET (fils de FRANÇOIS DE MONTAZET et de CLAUDE DE TOULOUSE DE LAUTREC DE MONTFA, sa seconde femme) (1662).

Seigneurie de Favrayrolles.

Alliances : familles : de Foueras, — de Prévenquières.

[Les dixième, onzième et douzième branches n'ont de commun que leur origine avec les de Malvin, et ne possèdent pas la terre de Montazet, dont elles portent le nom.]

Armes : *D'azur, à trois étoiles d'or posées deux et une*, qui est de Malvin; *écartelé de gueules, à deux balances d'or, posées l'une au-dessus de l'autre*, qui est de Montpezat.

MARANDON

Berri

LOUIS MARANDON, écuyer, a été successivement pourvu des offices de trésorier de madame la duchesse de Berri (1715), de receveur général des finances de la province de Berri, et de conseiller-secrétaire du roi, maison, couronne de France et de ses finances.

Seigneurie de la Maisonfort en Berri.

Alliances : familles : Doulcet, — Guillois, — Pougin.

Armes : *De gueules, à un chevron d'or, accompagné de trois têtes de héron d'argent, arrachées et posées deux en chef et l'autre sous le chevron.*

MARCHAND[1]

Comté de Bourgogne

ANTOINE-JOSEPH-EMMANUEL MARCHAND, chevalier d'honneur en la Cour des comptes, domaines, aides et finances du comté de Bourgogne, justifie sa filiation depuis

PHILIPPE MARCHAND, écuyer (1555).

Seigneuries de la Châtelaine, — de Baunans, — des Planches.

Alliances : familles : du Saix, — Junet, — Gagnefin, — Mouchet.

Armes : *D'or, à trois têtes de paon d'azur, posées deux et une.*

[1] Familles de ce nom en Bresse, en Boulonnais; Le Marchant de Caligny, Le Marchant de Veny, en Normandie.

DE MARCHES

Généralité de Bordeaux — Diocèse de Condom.

ANDRÉ DE MARCHES, écuyer, capitaine de cavalerie, et JOSEPH DE MARCHES, écuyer, cornette de la compagnie de son frère, justifient leur filiation depuis

Noble THÉODOSE DE MARCHES, écuyer (av. 1602).

Seigneuries de la Saigne, — de Cellérier, — de la Plaine, — de Maneiras, — de Coussire.

Alliances : familles : de Vauclérois, — de Supériori, — le Doulx de Maignan.

Armes : *D'argent, à deux lions de sable affrontés, et soutenant un croissant d'azur.*

MARESCHAL

Champagne

FRANÇOIS MARESCHAL, écuyer, justifie sa filiation depuis

RAYMOND MARESCHAL, écuyer (av. 1535).

Seigneuries de la Bergerie, — d'Hortes, — de Vernoi.

Alliances : familles : de Montormentier, — Le Sain, — de Clairet, — Roussat, — de Joysel, — Arminot, — Périer du Treuil, — d'Auffzes, — Bigot.

Armes : *D'azur, à cinq losanges d'argent, bordées de sable et posées en croix, une, trois et une.*

DE MARGAT

En Berri

ROBERT-FRANÇOIS DE MARGAT DE BUSSÈDE, écuyer, et MARIE-FRANÇOISE DE MARGAT, sa sœur, justifient leur filiation depuis

Noble homme FRANÇOIS MARGAT, lieutenant général au siége et ressort de Concressault (1548).

Seigneuries de Crécy, — de la Brosse, — du Breuil, — du Coudrai-lès-Boni, — de Bussède.

Alliances : familles : Petau, — Fortet, — Alix, — Foucher, — Ruelle, — de la Chapelle, — Gascoing, — Robert de Pesselierre, — de Bonin.

Armes : *De gueules, à un chef d'argent, chargé de trois annelets de gueules.*

DE MARGUERIT

Normandie

SEIGNEURS DU BU

VICTOR-CONSTANTIN DE MARGUERIT, écuyer, justifie sa filiation depuis

PHILIPPE MARGUERIT, écuyer (1533).

Seigneuries d'Éran, — d'Outrelaize, — de Rénemesnil, — de Soignolles, — de la Motte sous Rouvres, — de Sacy, — du Bu, — de Guibray, — des Trais-la-Champagne, — de Saint-André de Briouze, — de la Cour du Hou, — de Saint-Pavin, — du Mesnilbénard, — de Cerceaux.

Alliances : familles : du Buisson, — des Rotours, — de la Rue, — Vauquelin, — de Séran, — Anzeray, — des Mares, — de la Rivière, — du Vauquelin, — de Picot, — de Bursy, — du Merle, — Blanchard, — Fortin, — Cotart, — du Touchet, — de Faucon, — de Brasdefer, — de Sainte-Marie, — de Cerceaux.

Seconde branche

SEIGNEURS DE SAINT-PAVIN

FRANÇOIS-PHILIPPE-FERDINAND DE MARGUERIT, écuyer, justifie sa filiation depuis

NICOLAS DE MARGUERIT, écuyer (1646) (second fils de FRANÇOIS MARGUERIT et de FRANÇOISE DU VAUQUELIN, sa seconde femme).

Seigneuries de Saint-Pavin, — de la Chapelle-Mauvoisin, — de Saint-Pierre de Fourneaux.

Alliances : familles : de Sarcilly, — des Haies, — de la Mare, — de Morel, — du Hamel.

Troisième branche

SEIGNEURS D'AIZY ET DU FRESNE

GUI-PHILIPPE-AUGUSTE DE MARGUERIT, écuyer, petit-fils de

PHILIPPE DE MARGUERIT (quatrième fils de JEAN-FRANÇOIS DE MARGUERIT et de FRANÇOISE DU VAUQUELIN) (1653).

Seigneuries du Bu, — d'Aizy, — du Fresne.

Alliances : familles : Baudouin, — de Sarcilly, — du Mallevoue, — Edeline.

Quatrième branche

SEIGNEURS D'ÉRAN ET DE LIVET

CHARLES-ANTOINE BRIX DE MARGUERIT, écuyer, petit-fils de

GUILLAUME DE MARGUERIT, écuyer (cinquième fils de FRANÇOIS DE MARGUERIT et de JEANNE DU VAUQUELIN).

Seigneuries des Loges, — d'Éran, — de Livet, — de Fontaine.

Alliances : familles : de Saint-Martin, — Osmont, — de Saint-Germain, — Viart d'Ingreville, — de la Perrelle.

Cinquième branche

SEIGNEURS DE ROUVRES
ET DE MALLESVILLES

JEAN DE MARGUERIT, écuyer, fils de

JACQUES MARGUERIT, écuyer (premier fils de JEAN MARGUERIT et de MARIE DES ROTOURS, sa seconde femme) (1618).

Seigneuries du Bu, — de Rouvres, — de Soignolle, — des Mallesvilles, — de Fosse, — de Quesnay.

Alliances : familles : le Hérissy, — de Négrier, — Gislain, — de Morel.

Sixième branche

MARQUIS DE MARGUERIT,
SEIGNEURS DE GUIBRAY
ET DE VERSAINVILLE

FRANÇOIS-JOSEPH DE MARGUERIT, écuyer, dit le marquis de VERSAINVILLE, président en la cour des comptes, petit-fils de

GUILLAUME MARGUERIT, écuyer (second fils de JEAN DE MARGUERIT et de MARIE DES ROTOURS, sa seconde femme) (1641).

Seigneuries de Guibray, — de Sacy, — de Saint-Pierre, — du Bu, — des Trais-la-Champagne, — de Versainville, — de Panthou, — de Maizières, — de Condé, — de Cirfontaine.

(Marquisat de Marguerit, érigé en 1731).

Alliances : familles : de Vigneral, — de Manoury, — d'Esson, — Thomson, — Huet de Grainville, — de Chaumont.

Armes : *D'or, à trois roses de gueules, posées deux et une, tigées de sinople.*

DE MARIN[1]

Provence et Canada

JOSEPH MARIN DE LA MALGUE, écuyer, chevalier de Saint-Louis, capitaine des troupes détachées de la marine au Canada, justifie sa filiation depuis

Noble PIERRE MARINI ou DE MARIN, maître-d'hôtel du roi en 1496, premier consul de Toulon (1497), viguier et capitaine pour le roi en la même ville (1502).

Alliances : familles : Chautard, — de Rodeillat, — Boéci-Pardaillan, — de Croiset, — de Carranrais, — de Signier de Piosin, — de Raphaëlis, — de Broves, — de Coquerel, — de Sommaty, — Niquet, — Dion des Prés, — de la Roche-Vernay, — Fleury de la Gorgendière.

Armes : *D'argent, à trois bandes ondées et entées de sable.*

[1] Famille de Marin de Beauvoisin, à Auray (1439).

DE MARLIAVE

Languedoc — Diocèse d'Alby

JEAN-PIERRE DE MARLIAVE, écuyer, chevalier de Saint-Louis, justifie sa filiation depuis

Noble GUI DE MARLIAVE (1542).

Seigneuries de Pontel, — de Saint-Lieux, — de la Fenasse.

Alliances : familles : de la Gascavie, — de Bonnel, — de Serviés, — de Brun, — de Sabazan, — de Brandouin de Balagnié de Frégefon.

Armes : *De gueules, à deux bars adossés d'argent.*

DE MARMANDE

Généralité de Châlons — Diocèse de Reims

FRANÇOIS-CLAUDE DE MARMANDE, gendarme de la garde du roi, justifie sa filiation depuis

MARTIN DE MARMANDE, écuyer, maître d'hôtel ordinaire du roi Louis XIV (1648).

Seigneuries de Tourville, — du Grand-Hameau, — de Romain en Champagne.

Alliances : familles : Houdan de la Cressonnière, — d'Avennes, — Chapuis.

Armes : *D'or, à un chêne de sinople*[1], *posé sur une terrasse de même, mouvante de la pointe de*

l'écu, et un lion de sable passant au pied du chêne.

MARQUET[1]

Armagnac et Paris

LOUIS MARQUET, écuyer, conseiller du roi, receveur général des finances de la généralité de Lyon, justifie sa filiation depuis

ANNIBAL MARQUET, qualifié noble (avant 1550).

[Cette famille fut maintenue dans sa noblesse d'extraction par arrêt du Conseil d'Etat du 9 juin 1742.]

Seigneuries de Bourgade, — de Rivière, — de Montsaintpère, — de Gland, — des Grèves.

Alliances : familles : Du Fau, — du Coin, — de Tourtoré, — La Serre, — de Compaigne, — Mercier, — Le Long, — de Montigny, — Vatboy du Metz, — Paris du Verney.

Armes : *D'argent, à une fasce d'azur, accompagnée en chef d'un croissant renversé de gueules, et en pointe d'un lion aussi de gueules.*

MASCARÈNE-DE-RIVIÈRE

Languedoc

PAUL MASCARÈNE, écuyer, justifie sa filiation depuis

MARTIN MASCARÈNE, qualifié noble (en 1555).

[Cette famille fut maintenue dans sa noblesse en novembre 1699.]

Seigneuries de Rivière, — de la Souque, — de Raissac, — de la Coudraye, — de Lessonach.

Alliances : familles : de la Roque, — de Matbert, — Faucher, — de Chauvet, — de Maurel, — Baron, — Le Borgne, — de la Pierre du Hesnant.

Armes : *D'argent, à un lion de gueules, langué et onglé d'or, et trois étoiles de sable, rangées en chef.*

1 Famille de ce nom en Dauphiné.

DE MASCUREAU

Généralité de Limoges — Diocèse de Limoges

CHARLES DE MASCUREAU, écuyer, justifie sa filiation depuis

JEAN DE MASCUREAU, écuyer (1511)[1].

Seigneuries de Plainbeau, — de la Chapelle, — de Moret, — de Meillac, — des Vergnes, — de Sainte-Tère, — de Puiraveau, — de la Pescherie.

Alliances : familles : de Couhé, — Barbarin, — Dauphin, — des Planches, — Raimond de Villognon, — de Chamborant, — de Chièvre, — du Cimetière, — des Champs, — de Monfrebeuf, — de Rosiers.

SEIGNEURS DE SAINTE-TÈRE

FRANÇOIS DE MASCUREAU, écuyer, justifie sa filiation depuis

JEAN DE MASCUREAU, écuyer (fils puîné de JEAN MASCUREAU, troisième du nom, et de JACQUETTE DES CHAMPS), chef de la branche des seigneurs de SAINTE-TÈRE.

Seigneuries de la Gaudinie, — de Villars, — de Sainte-Tère.

Alliances : familles : du Cimetière, — Caillou, — Augron, — Thoreau.

Armes : *Fascé d'argent et de gueules de six pièces; coupé d'argent, à trois étoiles de gueules, posées deux et une.*

DE MAUSSABRÉ

Touraine

ANTOINE DE MAUSSABRÉ, écuyer, mousquetaire du roi, justifie sa filiation depuis

CLAUDE DE MAUSSABRÉ, écuyer (1583)[2].

[1] La Chesnaye commence à Jean, seigneur de Puiraveau (1310).

[2] La Chesnaye commence à Guillaume, seigneur du Bois Saint-Père (1380). (E. B.)

Seigneuries des Genets, — de Bussière, — de la Sabardière, — de Chambrelain, — de Bordebure, — de Gastesouris.

Alliances : familles : Cothereau, — de Préaux.

SEIGNEURS DE GASTESOURIS

JEAN DE MAUSSABRÉ, écuyer, justifie sa filiation depuis

LOUIS DE MAUSSABRÉ, écuyer (avant 1554).

Seigneuries de Gastesouris, — de Badecon, — de la Sabardière, — de Bordebure, — des Bourdins.

Alliances : familles : de Douhaut, — de Mérigot, — de Durat de Portes, — de Razai, — de Saint-Irier, — de Barbançois, — de Ballu [1].

Armes : *D'azur, à un lambel d'or, de trois pendants.*

DE MAYES

Ville de Riom — Diocèse de Clermont

PIERRE DE MAYES, écuyer, justifie sa filiation depuis

JEAN MAYES (avant 1400).

Seigneuries de la Vilatelle, — d'Hauteroche, — de la Faye.

Alliances : familles : Bourdeix, — Barthomivat, — Pélisson, — de Macon, — de Prompsat, — de Réclaines, — Astorg, — de Bonnefont, — Biolet.

Armes : *D'or, à deux chevrons de gueules, posés l'un au-dessus de l'autre, et accompagnés en chef de deux demi-vols d'aigle abaissés d'azur.*

MAZADE

A Paris et à Montpellier

HENRI - GUILLAUME MAZADE, écuyer, commissaire aux requêtes du palais, justifie sa filiation depuis

Noble ÉTIENNE MAZADE, écuyer, contrôleur de la chancellerie établie près la cour des comptes, aides et finances de Montpellier (1719).

Alliances : familles : des Queulx, — Grimod de la Reignière, — de Blair de Boisemont.

Armes : *D'azur, à un chevron d'or, accompagné en pointe d'un lion de même, langué et onglé de gueules, et un chef de gueules, chargé d'un croissant d'argent, accosté de deux étoiles d'or.*

DE MEAUNE

Généralité de Tours — Diocèse d'Angers

ARMAND DE MEAUNE, écuyer, justifie sa filiation depuis

NOEL DE MEAUNE, écuyer, archer de la garde du roi (1477) [1].

Seigneuries d'Hunon, — de la Métairie, — de Beauvais, — de la Chesnelerie, — des Fourneaux.

Alliances : familles : le Jumeau, — de Mondion, — de Villiers, — de l'Etang, — de la Cour, — de Champagne, — le Bigot, — Richaudeau, — Robert, — de Gambres, — le Jai.

Armes : *D'argent, à une bande fuselée de gueules, accompagnée de six fleurs de lis de sable, posées en bande, trois en chef et trois en pointe.*

DE MÉLET

Condomois et Guyenne

Noble JEAN-PIERRE DE MÉLET,

[1]. Branches de Bois-Saint-Père, de la Sabardière, de Gastesouris, de Puibarbeau, de Villablin, de la Baratrie, de la Croix. (La Ch. d. B.)

[1] La Chesnaye commence à Guillaume II, seigneur de Meaulne (1392), et mentionne un Guillaume, écuyer (1078). — Branches des Aulnais, de Villeneuve, de Landeronde et des Fourneaux. (E. B.)

écuyer (1672), justifie sa filiation depuis

Noble JEAN DE MÉLET (avant 1487).

Seigneuries de la maison noble de la Salle, — de Gontaut, — de Mélet, — de la Roche-Marais, — du Faudon, — de la Conquette.

Alliances : familles : de la Touche, — d'Albert, — de Lusignan, — de Gordièges de Mazières, — de Ferrand, — de Rapin, — Régnaud, — du Pré, — de Verrier.

Seconde branche

Noble JEAN-JACQUES DE MÉLET, écuyer, justifie sa filiation depuis

Noble JEAN-PIERRE DE MÉLET, écuyer (troisième fils de JEAN-PIERRE DE MÉLET et de JEANNE DE GORDIÈGES) (1646).

Seigneuries du Faudon, — de Rochemont, — de Monbalen.

Alliances : familles : de Vaucocourt, — de Mimaud, — du Bois de la Grèze, — Clémentis, — de Chadoin, — Fortassis, — de Gironde.

Troisième branche

LAURENT DE MÉLET, écuyer, lieutenant de la compagnie colonelle au régiment d'infanterie d'Anjou, justifie sa filiation depuis

Noble BERNARD DE MÉLET, écuyer (1623).

Seigneuries de Fondelin, — de la Barthe, — de Saint-Orens, — de Cardonède, — de Las, — de Sainte-Livrade, — de Sarran, — de Vivent, — de Fouries.

Alliances : familles : du Bernet, — de Cauna, — Dancezis, — de Gariès, — de Raymond, — de Redon, — de Boutet, — de Polignac d'Orlan de Poipetict, — du Fossat, — de Tarride, — de Médrane, — d'Auxion de Vivent.

Quatrième branche

JEAN-MARIE DE MÉLET (quatrième fils de FRANÇOIS DE MÉLET et d'ANNE DANCEZIS) (1628).

Seigneuries de Sainte-Livrade, — de Sarran.

Alliances : familles : d'Auxion, de Vivent, — du Saige, — de Médrane, — du Sages.

Cinquième branche

JEAN-JACQUES DE MÉLET, écuyer, capitaine d'une compagnie d'infanterie au régiment de Poyanne, fils de

Noble ANNE DE MÉLET (fils de BERNARD DE MÉLET et de CLAIRE DE CAUNA) (1594).

Seigneurie de la Barthe.

Alliances : familles : de Marrain, — de la Basse, — de Poyousan ou Poyozan.

Sixième branche

Noble PIERRE DE MÉLET, écuyer, justifie sa filiation depuis

Noble PIERRE DE MÉLET, écuyer (troisième fils de JEAN MÉLET, auteur du premier degré connu) (1519).

Seigneuries de Hauteroque, — de la Haille, — de Maisonneuve, — de Laubesc, — de la Salle de Castevieil, — de Gontaut.

Alliances : familles : de Puimagnhan, — d'Abzac, — de Bouans ou de Souans, — de Fargues, — Arnoul de Saint-Simon, — de Bacalan, — de Borie, — Pascal, — Fortassis.

Septième branche

THOMAS DE MÉLET, écuyer (1694), petit-fils de

JACQUES DE MÉLET (second fils de PIERRE DE MÉLET et de MARGUERITE DE PUIMAGNHAN) (1567).

Seigneuries de Maupas, — de la Brousse.

Alliances : familles : Fournier, — de Reymond, — de Sentout, — de Laumont, — de Borie, — Renaud, — de Bacalan, — de Rémigion, — de Nolibois, — de Cazaux.

Armes : *D'azur, à trois ruches à miel d'argent, posées deux et une.*

DE MENGIN

Lorraine, Picardie, Guyenne et Flandres

Noble JOSEPH DE MENGIN DE MAUSSARD, écuyer, justifie sa filiation depuis

Noble MICHEL MENGIN, écuyer, au service d'Antoine, duc de Lorraine (1541) [1].

Seigneuries de la Gardolle, — de la Touchade, — du Bourg.

Alliances : familles : de Remerville, — Dion, — Ferriet, — de Klokiry de Bokenheim, — Collet, — Maillet, — Ailhaud, — Janin, — de Chastenois, — de Blaud, — de Garros, — de Maussard de Salabert, — de Leidet, — Chatellet de Goallard de Lecusan.

Seconde branche

LÉONARD DE MENGIN, chevalier, ancien brigadier des gardes du corps du roi (troisième fils de JEAN DE MENGIN, écuyer, seigneur de la TOUCHADE, et d'ANTOINETTE DE MAUSSARD DE SALABERT), auteur de cette seconde branche (né en 1697).

Seigneurie de Salabert.

Alliances : familles : de la Gobie, — de Moulenis.

Troisième branche

PIERRE DE MENGIN, chevalier, justifie sa filiation depuis

ISAAC DE MENGIN, qualifié chevalier (troisième fils de PIERRE DE MENGIN et d'ANNE DE GARROS), auteur de cette troisième branche.

Seigneuries de la Rouquette, — de Fondragon.

Alliances : familles : de Poupas, — d'Avach de Thèze, — des Burs, — de Leidet, — Courrent, — de Fontaine.

Armes : *D'azur, à une fasce d'or, et un griffon de même en chef, naissant à demi-corps de la fasce.*

[1] La Chesnaye commence à Maubert, noble de Lorraine, en 1396, en mentionnant Henri de Mengin, en Lorraine (1180). (E. B.)

DE MENOU

Généralité de Bourges — Diocèse de Bourges

EDMOND DE MENOU, lieutenant-colonel d'infanterie, chevalier de Saint-Louis, justifie sa filiation depuis

ANTOINE DE MENOU, écuyer (1496) [1].

Seigneuries du Mez, — de Pellevoisin, — du Plessis, — de Menou, — de Boutellaie.

Alliances : familles : de Bonvoust, — d'Assi, — Baraudin, — de Rochefort, — Quinaut, — Guenand.

Armes : *De gueules, à une bande d'or.*

DU MERLE [2]

En Normandie

JEAN DU MERLE, écuyer, justifie sa filiation depuis

MELLOC DU MERLE (av. 1300).

Un maréchal de France : FOUCAUD DU MERLE (1304).

Seigneuries du Merle-Raoul, — de Messei, — de Gorron, — de Saint-Julien, — de Foulcon, — de Couvrigny, — de Chanhault, — de Médavy, — de Gacei, — de Briouze, — de Bellou, — de Boisbarbot, — de Blancbuisson, — des Planches,

[1] La Chesnaye commence à Gervais de Menou, écuyer (1228), avec ascendance non établie jusqu'à Jean, sire de Menou (1055). — Branches de Boussay, La Roche-Alais, Billy, Narbonne, Champlivault, Cuissy, Charnisay, du Mée.

[2] Famille différente de celle des seigneurs de Grand-Champ, qui prend ce surnom. (E. B.)

— du Franc-Alleu, — de la Beuzelinière, — d'Escorches, — de Saint-Sulpice-sur-Loire, — de Juvigny, — de Montohier, — de Norei, — de Saint-Pierre, — de Saint-Martin du Bu, — des Fourneaux, — de Coudrai, — de la Trinité de Falaise, — de Guernetot, — du Buisson Saint-Gilles, — de Préaux.

Alliances : familles : de Nollent de Tancarville, — de la Champagne, — Affour, — de Mathefelon, — de Logy, — de Méri, — de Vaussemei, — de Beauville, — de Maimbier, — de Pommereul, — du Rozel, — de Bautot, — de Sillans, — des Buats, — de Montreuil, — de Chenevières, — le Hérici, — Marguerit, — de Fribois, — Le Georgellier, — des Landes.

Seconde branche

SEIGNEURS DE PRÉAUX

AUGUSTIN DU MERLE, écuyer, fils de
AUGUSTIN DU MERLE (second fils de LOUIS DU MERLE et de CHARLOTTE MARGUERIT).

Seigneurie de Préaux.

Alliances : familles : de Gaalon, — Flambart.

Troisième branche

SEIGNEURS DES FOURNEAUX

BRANDELIS DU MERLE, maintenu dans sa noblesse en 1666, fils de
RAVEND DU MERLE, écuyer (second fils de JACQUES DU MERLE et de JEANNE LE HÉRICI).

Seigneuries des Fourneaux, — de Brieux.

Alliances : familles : le François, — des Rotours.

Quatrième branche

SEIGNEURS DE BOISBARBOT, D'ORBEC, DE BLANCBUISSON ET DE BEAUVILLIERS

PIERRE DU MERLE, conseiller du roi, justifie sa filiation depuis
JEAN DU MERLE, écuyer (second fils de FOUQUET DU MERLE et de MARIE DE MATHEFELON).

Seigneuries du Boisbarbot, — de Vaux, — d'Escorches, — de Blancbuisson, — des Planches, — d'Orbec, — de Laurigni, — du Plessis, — de la Motte, — du Colombier, — du Grand et du Petit Beauvilliers, — d'Auval.

Alliances : familles : le Conte, — de Mailloc, — Le Sesne, — d'Orbec, — d'Achei, — de Pluviers, — de Guernon, — Le Gris, — de Clinchamps, — de Lesnerac, — de Bellemare, — Régnier, — Fouques, — Aupoix.

Cinquième branche

SEIGNEURS D'AUVAL

LÉONOR-JEAN DU MERLE, enseigne de vaisseau du roi, fils de
JEAN DU MERLE (second fils de JEAN DU MERLE et de FRANÇOISE RÉGNIER) (1667).

Seigneuries de Blancbuisson, — d'Auval.

Alliances : familles : de Chaumont, de Grouchi.

Sixième branche

SEIGNEURS DE LAURIGNI, DE LA SALLE

CHARLES DU MERLE, cornette au régiment de Rohan-Dragons, petit-fils de
CHARLES DU MERLE, gentilhomme ordinaire de la chambre du roi, (second fils de JEAN DU MERLE et de LOUISE D'ORBEC) (1646).

Deux chevaliers de Malte : LOUIS-CÉSAR DU MERLE (1666), et DAVID DU MERLE (1700).

Seigneuries du Boisbarbot, — du Plessis, — d'Orbec, — du Pré, — de Coudrai, — de Saint-Germain, — de la Campagne, — de Laurigni, — de la Salle, — du Bois-Gouet, — de la Bénardière, — de Neuvillette, — de Saint-Pierre, — de Saint-Clair du Mesnil.

Alliances : familles : Feideau, — Pétré, — d'Aubourg, — d'Abancourt, — de Monchi d'Angivilliers, — Souflot, — de Pipemont, — de Pluviers, — Gouhier.

Septième branche

SEIGNEURS DU PLESSIS ET DE ST-GERMAIN

CLAUDE DU MERLE, écuyer, fils de

PIERRE DU MERLE, écuyer (second fils de CHARLES DU MERLE et de CATHERINE FEIDEAU).

Seigneuries de Blancbuisson, — du Plessis, — de Saint-Germain.

Alliances : familles : de Nocei, — du Bois de Laval, — Yerzure.

Armes : *De gueules, à trois quintefeuilles d'argent, posées deux et une.*

DES MERLIERS[1]

Généralité de Bretagne — Évêché de Nantes

HENRI-PHILIPPE-EMMANUEL DES MERLIERS, écuyer, justifie sa filiation depuis

GUION DES MERLIERS (avant 1566).

Seigneuries de la Longueville, — de Beauregard, — de Boisvert.

Alliances : familles : Gautier, — Michel, — Thomas, — du Fresne, — du Ponceau, — de Lorière.

Armes : *D'argent, à trois merlettes de sable, posées deux et une.*

DE MESGRIGNI

Champagne — Troyes

FRANÇOIS DE MESGRIGNI, écuyer, justifie sa filiation depuis

JEAN DE MESGRIGNI, déclaré noble par sentence du bailliage de Troyes, du 28 décembre 1487[1].

Seigneuries de Souleaux, — de Saint-Pouange, — de Villebertin, — de Savoye, — de Moussai, — de la Loge-aux-Chèvres, — de la Villeneuve-aux-Chesnes.

Alliances : familles : Nevelet, — Le Prestre, — du Régnier, — Molé, — Coiffart, — Le Mairat, — Fontaine des Montées, — de Pleure, — Dorei, — de Vitel.

SEIGNEURS DE SAVOYE, DE VILLEBERTIN

JEAN-NICOLAS DE MESGRIGNI (fils puîné de NICOLAS DE MESGRIGNI et d'EDMÉE-GEORGETTE DU RÉGNIER), chevalier de Malte en 1693, a pour fils

PIERRE-FRANÇOIS DE MESGRIGNI, lieutenant-général d'épée au bailliage de Troyes (1733).

Seigneuries de Savoye, — de Chevillelle, — de Villebertin.

Alliances : familles : Fradel, — Le Courtois.

Armes : *D'argent, à un lion de sable.*

MEULH

En Guyenne

Noble JEAN MEULH, sieur DE PASQUET, justifie sa filiation depuis

IMBERT MEULH, conseiller procureur du roi des villes et juridictions de Nérac, Lavardac, Lausseignan et Estussan (vers 1530).

Seigneuries de Frinestes, — de Pasquet, — d'Espallengues, — de Briscombielles, — de Peilles, — de Bailiot, — de Rouzac.

Alliances : familles : de Casenave, — du Prat, — de La Nusse, — Brethon ou Le Breton, — La Serre, — de La Fite, — Capot, — Durand, — Marquet, — Lespiault.

[1] Arrêt de maintenue du 6 mars 1671.

[1] La Chesnaye, d'après Moréri, commence à Pierre, noble en 1340. — Branches de Villeneuve (marquisat en 1646), de Villebertin (comtes d'Aunay).

Armes : *D'argent, à un pin de sinople, fruité d'or de huit pommes de pin posées une, trois et quatre, et un écusson de gueules brochant sur le tout, chargé d'un dragon ailé d'or, tenant dans ses pattes un serpent d'argent, et d'un soleil d'or, mouvant du premier canton de l'écu.*

DEVISE : *Benin sans venin.*

DE MEYNIER

Bourgogne

Noble ANTOINE-IGNACE-JOSEPH DE MEYNIER, qualifié chevalier, justifie sa filiation depuis

JEAN MEYNIER (avant 1578)[1].

Seigneuries de la Salle, — de Publy, — d'Aulmont.

Alliances : familles : Pélissier ou Pelissonnier, — Millet, — Fabre dite Lurin, — Bault, — Nicod, — Tissot, — Crestien, — Aymé, — Voland, — de Lézay, — de Moustier, — de Millet de Gesne, — de Froissard de Bersaillin, — du Saix, — de Béthisy de Belleval, — de Manse.

Armes : *D'azur, à un griffon d'or rampant, la langue et les ongles de gueules.*

MICHEL DE CAMBERNON

Généralité de Caen — Diocèse de Coutances

FRANÇOIS-LOUIS-MICHEL DE CAMBERNON, écuyer, justifie sa filiation depuis

THOMAS MICHEL, écuyer, père de JEAN MICHEL, qui avait bien servi le roi à la journée d'Azincourt.

Seigneuries de Cambernon, — d'Isigni, — de Camprond, — de Marivaux, — de Bélouze, — du Hamel, — de Creulli, — du Châtel, — de la Chesnaie, — de Velli, — de la Michelière.

[1] Cette famille se disait issue de Jean, anobli par Charles-Quint, le 1er mars 1522 (La Chesnaye).

Alliances : familles : de La Vieuville, — Le Trésor, — Le Poupinel, — de Guesnon, — Adam de La Malherbière, — Hervieu, — de La Mare, — Meurdrac, — Adam de Monsbosc, — de Vilaine, — Morice, — Le Cordier.

Armes : *D'azur, à une croix d'or, cantonnée de quatre coquilles de même, une dans chaque canton.*

DES MICHELS DE CHAMPORCIN[1]

Provence

HENRI DES MICHELS DE CHAMPORCIN, écuyer, justifie sa filiation depuis

CLAUDE DES MICHELS (1410).

Seigneuries de Champorcin, — de la Javie, — de Chaudol, — de Sainte-Colombe.

Alliances : familles : de Cornut, — de Baile, — de Blieux, — de Borillon, — de Tuffet, — de Richaud, — de Bollogne, — de Grizoles, — de Brouchier.

Armes : *D'azur, à un cor de chasse d'or, virolé et lié de même, surmonté à droite d'une croix de Lorraine aussi d'or, et à gauche d'une épée d'argent, la pointe en haut.*

DE MOGES

Généralité de Caen

LÉONOR-THÉODORE DE MOGES, écuyer, justifie sa filiation depuis

PIERRE DE MOGES, écuyer (avant 1500).

Seigneuries de Saint-Georges, — de Champin, — de Rondefougère, — d'Ardène, — de Moges, — de Buron, — de la Bucaille, — de Saint-Georges-le-Benerai, — du Breuil, — de la Haie, — d'Estonville, — de Préaux.

[1] Cette famille a pour tradition qu'elle est originaire du Piémont, où elle portait le nom de Michaëlis. (E. B.)

Alliances : familles : Baudri, — Mahéas, — de Boivin, — Morand, — Baudouin, — de Prétonville, — de Bernière.

SEIGNEURS DE PRÉAUX

ALEXANDRE-RENÉ DE MOGES, écuyer, page de la petite écurie du roi, justifie sa filiation depuis

FRANÇOIS DE MOGES, écuyer, conseiller du roi (second fils de SCIPION DE MOGES et de MARIE BAUDOUIN), chef de cette branche.

Seigneuries de Préaux, — de Benerai, — de Colonges.

Alliances : familles : de Verdelai, — Marsolier.

Armes : *De gueules, à trois aigles à deux têtes d'argent, posées deux et une.*

DE MOLIÈRES

En Quercy

JACQUES DE MOLIÈRES, conseiller du roi en ses conseils et président en la cour des aides et finances de Montauban, justifie sa filiation depuis

Noble ANTOINE DE MOLIÈRES, écuyer (1540).

[On trouve dès 1839 noble BERTRAND DE MOLIÈRES].

Seigneurie de la Bastidette.

Alliances : familles : Teste, — de Gimbaille, — d'Estournel, — de Villars, — du Garric d'Uzech, — de Fermat, — de Marqueyret, — de Curson-d'Albignac, — de Lautron de Saint-Hubert, — du Buisson d'Aussonne, — de Savois, — de Seguin de La Tour de Bucelly, — de Garrisson, — Delbreil.

Armes : *D'azur, à trois besants d'or, posés deux et un; écartelé de gueules, à trois cloches d'argent, posées aussi deux et une, les battants de sable.*

DE MONGEOT D'AGUILLECOURT

En Champagne

JEAN-BAPTISTE DE MONGEOT, écuyer, chevau-léger de la garde du roi, et JACQUES CHRISTOPHE DE MONGEOT, écuyer, son frère, aussi chevau-léger de la garde du roi, justifient leur filiation depuis

PIERRE MONGEOT, écuyer (1526).

Seigneuries de Saucourt, — du Prétranché, — de Sompsois, — de Saint-Vrain, — de Rollecombois, — de Saint-Euphraise, — d'Aguillecourt, — de la Bouteillerie, — de Notre-Dame-d'Y, — de Fromenteau, — de Cheniers, — d'Hermonville, — de Toussicourt, — de Leuze, — de Champagne, — des Isles, — de Burie, — de Flavigny.

Alliances : familles : Le Boucherat, — Franche, — de Bar, — des Salles, — Clément, — Le Clerc, — Lallemant, — Béguin, — Linage, — Marlot, — Picot, — Cocquebert, — Ravineau, — de Vrevins, — de Champagne, — de Paris, — Regnard.

Armes : *D'azur, à trois glands d'or posés deux et un, et une coquille de même placée en chef.*

DE MONS

Languedoc — Diocèse de Béziers

ALEXANDRE DE MONS, écuyer, dit le chevalier DE MONS, chevalier de Saint-Louis, justifie sa filiation depuis

JEAN DE MONS (1620).

Seigneuries de Cabrairolles, — d'Aiguesvives, — de la Borie-Nouvelle, — de la Litière, — de la Borie de Marget, — de Linterigue, — de la Capellière.

Alliances : familles : de Marianne, — de Mercourant, — de Flottes, — du Fau, — Bringuier, — de Fabry, — Vaissière, — de La Fontaine-Wicart, — d'Onglebert de Waure, — d'Ondaz, — de Saint-Lo.

Armes : *D'azur, à trois monts d'or, deux et un.*

DE MONSPEI

Généralité de Lyon — Diocèse de Lyon

JOSEPH-HENRI DE MONSPEI, capitaine de dragons dans le régiment de Beaufremont, chevalier de Saint-Louis, justifie sa filiation depuis

LOUIS DE MONSPEI, maintenu dans sa noblesse le 10 juin 1667 [1].

Seigneuries de Vallières, — de Brameloup, — de Bionnai.

Alliances : familles : de Pontevez-d'Agoult, — de Champier, — David.

Armes : *D'argent, à deux chevrons de sable, posés l'un au-dessus de l'autre, et un chef d'azur.*

DU MONT

Ile de France et Picardie

NICOLAS DU MONT, écuyer, fut maintenu dans sa noblesse par arrêt du 11 avril 1722; il justifiait sa filiation depuis

JEAN DU MONT (1538).

Seigneuries de la Pipennerie, — d'Angermel, — de Longchamp, — de Souailles, — de Daicq.

Alliances : familles : de La Caurie, — de Tassart, — de Guizelin, — Ringard, — de La Marée, — de La Folie, — Lesne.

Branche des seigneurs barons de Courset

Établie à Boulogne-sur-Mer

GEORGES-MARIE-MADELEINE DU MONT DE COURSET, écuyer, justifie sa filiation depuis

FRANÇOIS DU MONT, écuyer (frère de JEAN DU MONT, seigneur de la Pipennerie).

[1] Depuis Geoffroy, écuyer, établi en Bresse en 1319, venant d'Angleterre (La Chesnaye). — Marquis sans érection, 1750.

Seigneuries de la Lutinière, — de la Brique, — de Courset, — de Saint-Maurice, — de Cours, — de Wierreffroy, — de Journy, — des Prez, — de Saint-Riquier, — de la Gaverie, — de Frencq, — de Fernehen, — de Florinctun.

Alliances : familles : Farée, — Flahault, — du Crocq, — Jubert, — Fourdinier, — Loste, — Wllard, — Houbronne d'Auvringhen.

Armes : *D'azur, à un chevron d'or, accompagné de trois serres ou pattes d'aigle de même, posées deux en chef et une en pointe.*

DU MONT

Diocèse de Tournai

ROLAND-CLAUDE-HONORÉ DU MONT, écuyer, justifie sa filiation depuis

CLAUDE DU MONT, écuyer, qui, en 1652, obtint des lettres patentes du roi d'Espagne, par lesquelles Sa Majesté Catholique, en considération de l'antique noblesse de sa famille et des services de Pierre du Mont, son père, lui permet de décorer ses armoiries d'une couronne au lieu d'un bourrelet.

Seigneuries de Croix, — du Mont, — de Beaulieu, — de la Sollière.

Alliances : familles : de La Motte-Baraffle, — de La Motte.

Armes : *D'azur, à un sautoir d'or, accompagné de trois molettes d'éperon de même, posées une en chef et une dans chaque flanc; écartelé d'argent, à un lion de sable, langué, onglé et couronné d'or, et deux jumelles de gueules, brochantes en bandes sur le tout du troisième et quatrième quartier.*

DE MONTAGU [1]

Généralité d'Alençon — Diocèse de Séez

MARIE-JOSEPH-FRANÇOIS-CLAUDE

[1] Autre famille Montaigu ou Montagu

DE MONTAGU, écuyer, justifie sa filiation depuis

COLAS, seigneur DE MONTAGU, écuyer (avant 1496).

Un chevalier de Malte : PHILIPPE DE MONTAGU (1631).

Seigneuries d'O, — d'Aunou-le-Faucon, — de la Brière, — de Montagu, — de la Pallu, — d'Aunoi.

Alliances : familles : Bruslé-des-Jouïs, — Romère, — des Barres, — Chalon, — des Buats, — Le Coustellier, — Le Valois.

Armes : *De sable, à trois mains droites d'argent, posées deux et une.*

DE MONTBEL

Savoie, Limousin, Touraine, Poitou et Bourbonnais

AYMAR DE MONTBEL, chevalier (1306), descend de

PHILIPPE, seigneur DE MONTBEL, qui fit le voyage de la Terre-Sainte en 1096.

Seigneuries de Montbel, — d'Entremonts, — d'Espine.

Alliances : familles : de Lascaris, — de Chalon, — de Vintimille, — de Grandson, — de Gruères, — de Beauvoir, — de Claveson, — de La Tour.

Deuxième branche

SÉBASTIEN DE MONTBEL (1539), descend de

HUMBERT, seigneur DE MONTBEL, chevalier (second fils de GUILLAUME, seigneur DE MONTBEL, et de JEANNE DE GRANDSON) (1260).

Seigneuries de Montbel, — d'Alpiguerre, — de Frusasque, — d'Entremonts-le-Neuf, — de Miribel, — de Grisy, — de Nattage, — d'Espine, — du Montelier, — de Pymorain, — de Dullins, — de Véray, — de Pierre-Chastel, — de Dolomieu, — de Chanves, — de Saint-Mauris, — de Vérignin, — de Saint-André de Briord.

Alliances : familles : de Gerbais, — de La Balme, — de Divonne, — de Miribel, — Aleman, — du Chastelard, — de Cordon, — de Clermont, — de Joinville, — de Villette, — de La Palu, — de Genève, — de Villars, — de Maubec, — de Seyssel, — de Savoye, — de Chalant, — Mareschal, — Raulin, — de Polignac, — de Varax, — de La Chambre, — de Sainte-Maure, — de Sassenage, — de Luyrieux, — de Lannoy, — de Migieu, — de Darbonnay, — de Chiel, — d'Oncieux, — de Savoye de Cavours, — de Salin, — des Amblards, — Pacheco, — de Batarnay, — de Coligny, — de Richardon.

Branche des seigneurs de La Tasche, d'Iseure, de Méré et de Champéron

FRANÇOIS-XAVIER DE MONTBEL, qualifié chevalier, justifie sa filiation depuis

FRANÇOIS DE MONTBEL, écuyer (fils de CHARLES DE MONTBEL et d'ANTOINETTE D'ONCIEUX) (1516).

Seigneuries de Montbel, — du Puivillairon, — de Champéron, — de la Tasche, — de la Grandfas, — d'Aureis.

Alliances : familles : Vergnaude, — de Bernies, — de Bridiers, — Pot, — L'Huillier, — Avoye de la Riè, — d'Eaux, — Marbeuf, — Robert, — Guillot, — Pignonneau, — Igonin, — de La Châtre, — de Nollet, — Lorent de Fontbufaut.

Branche des seigneurs d'Iseure, de Méré et de Champeron

FRANÇOIS DE MONTBEL, qualifié chevalier, capitaine au régiment d'Humières-Cavalerie, justifie sa filiation depuis

en Vivarais, dès le XIIIe siècle, marquis de Bouzols : *de gueules, à la tour donjonnée d'argent.* (E. B.)

ROBERT DE MONTBEL, chevalier (second fils de GUILLAUME DE MONTBEL et de GILLONNE POT).

Un chevalier de Malte : BAPTISTE-ROGER DE MONTBEL (1629).

Seigneuries de Champéron, — d'Iseure, — de Méré, — de Fontarcher, — du Rigollet, — de la Mesnardière, — de l'Hôpital, — de Martisay, — de Marigny.

Alliances : familles : de L'Age, — Taveau de Mortemer, — de La Combe, — de Gray, — de Mons, — de Rivaude, — Fumée, — Brossin, — de Préaux, — de Moussy.

Branche des seigneurs d'Iseure

ROGER DE MONTBEL, qualifié haut et puissant chevalier, fils de

LOUIS DE MONTBEL, qualifié chevalier (second fils de RENÉ DE MONTBEL et de MARIE FUMÉE) (1669).

Seigneuries d'Iseure, — du Rigollet, — de Champéron.

Alliances : familles : Dreux, — de Roquefeuil.

Branche des Seigneurs de Méré

ARMAND DE MONTBEL, qualifié haut et puissant seigneur, chevalier, justifie sa filiation depuis

CHARLES DE MONTBEL (son père) (quatrième fils de RENÉ DE MONTBEL et de MARIE FUMÉE) (1684).

Seigneuries de Méré, — du Traverzé, — de Crémeaux, — du Gautier, — de la Mortmartin.

Alliances : familles : de Coutances, — de Bessay, — de Conty.

Branche des seigneurs de Champéron

RENÉ-FRANÇOIS DE MONTBEL, qualifié chevalier, justifie sa filiation depuis

ANTOINE DE MONTBEL, qualifié chevalier (quatrième fils de ROBERT DE MONTBEL et d'ANNE DE L'AGE) (1647).

Seigneuries de Champéron, — de Poiriers, — de Laugère Saint-Marc, — de Wilgour.

Alliances : familles : de Menou, — des Pierres de La Tremblaye, — de Gaulmyn, — Farjonel.

Armes : *D'or, à un lion de sable, langué et onglé de gueules, et une bande componée d'hermines et de gueules, de six pièces, brochante sur le tout.*

DE MONTDOR

Lyonnais et Orléanais

LOUIS-JOSEPH-FRANÇOIS DE MONTDOR, écuyer, justifie sa filiation depuis

PHILIPPE DE MONTDOR, damoiseau (1344).

Seigneuries de Chambost, — d'Hoirieu, — de Chavanes, — de Valsonne, — de Montragier, — de Saint-Laurent de Vaux, — de Châteauvieux, — de Garon.

Alliances : familles : du Vernay, — d'Hoirieu, — du Fresne, — de Sainte-Colombe, — de Marzé, — de Sarron, — des Gouttes, — Perret, — de Sallemard, — Combet, — Roulleau.

Armes : *D'hermines, à une bande de gueules.*

DE MONTFAUCON

Généralité de Toulouse — Diocèse de Lavaur

CHARLES-EMMANUEL DE MONTFAUCON, écuyer, justifie sa filiation depuis

JACQUES DE MONTFAUCON, damoiseau (1480) [1].

Seigneuries de Rogles, — d'Hauteville, — de Belloc, — de Périeu, — de Cenan, — de Montagu, — de Roquetaillade.

[1] La Chesnaye mentionne trois autres familles de ce nom en Dauphiné, en Franche-Comté et en Poitou. (E. B.)

Alliances : familles : Couttié, — de Cassagniau de Saint-Félix, — Pingon, — de Grolée, — de Bellissend, — de Châteauverdun, — Durand, — de Saint-Jean, — de La Bailie, — de Bruère.

Armes : *De gueules, à un faucon d'argent, posé sur une montagne de même; écartelé de gueules, à trois chevrons d'or, posés l'un au-dessus de l'autre.*

DE MONTFORT

Anciennement du surnom de Marie; famille originaire de Normandie, établie en Champagne.

Nicolas Marie (1606), par sa filiation établie sur les preuves fournies par Jules-Anne de Montfort, chef de la seconde branche, remonte à

Denis Marie, écuyer (avant 1456).

Seigneuries de Saint-Julien, — de Noireville, — de la Carneille, — du Tremblay, — de Montfort.

Alliances : familles : de La Haie, Champion, — Abot, — de Romilly, — des Buats, — d'Odeman, — de Saint-Martin.

SEIGNEURS DE MONTFORT VICOMTES DE VILLETTE

François-Madeleine de Montfort, lieutenant reformé à la suite du régiment du roi, justifie sa filiation depuis

Jean Marie, écuyer (second fils de Jean Marie, écuyer, et de Catherine de la Haie.)

Seigneuries de Montfort, — du Breuil, — du Tremblay, — du Grand-Breuil, — de Villette, — de Dampleu, — de Méri, — de Saint-Euphraise, — de Prémecy, — de Martelot.

Alliances : familles : Toustain, — Lainé, — de Bridieu, — Fortin, — Abot, — Le Tourneur, — Baudouin, — Guellouet, — Le Vergeur, — de Sahuguet, — de Termes, — Gobelin, — Nacquart.

Seconde branche

Jules-Anne de Montfort (second fils de Guillaume-Henri de Montfort et d'Innocente de Sahuguet), capitaine au régiment de Champagne, auteur de cette branche (1696).

Seigneuries de Villette, — de Court.

Alliance : famille : Clocquet.

Troisième branche

François de Montfort, garde du corps du roi, justifie qu'il est fils de

François de Montfort (fils aîné du second lit de Jean de Montfort et de Marguerite Guellouet), capitaine au régiment d'infanterie du maréchal de Grancey (1663).

Seigneuries de Mandeville, — du Breuil.

Alliances : familles : de Longlai, — de Saint-Martin.

Armes : *D'argent, à trois trèfles de gueules, posés deux et un; écartelé de gueules, à une croix d'hermines givrée d'or.*

DE MONTIGNY[1]

Champagne et Paris

Nicolas-Louis, dit le marquis de Montigny, chevalier, justifie sa filiation depuis

Jacques de Montigny, écuyer (1478)[2].

[1] Cette famille fut maintenue dans sa noblesse en 1669.

[2] Une sentence de reconnaissance de noblesse de l'élection de Rennes, 6 février 1659, constate comme ascendant Gaulmin, qui porta l'oriflamme à Bouvines. — Autres familles en Bretagne de seigneurs de Montigny-sur-Vigeanne, en Champagne, en Normandie, et Le Mercier de Montigny, encore en Champagne (comme descendant d'un Montigny-sur-Vigeanne). (E. B.)

Seigneuries de Cramoiselle, — de Saint-Eugène, — de Champversy, — de Saint-Oyne, — de Savigny-sur-Ardres, — de Courtignon, — d'Aubilly, — de la Maison-Neuve, — des Grèves, — de Montberchis, — de Violaine, — de la Fère, — de Genevroy.

Alliances : familles : Bachelier, — de Ravenel, — de Soufflier, — de La Manaye, — d'Avenne (seigneurs de Toussicourt), — d'Avenne (seigneurs de Harmonville), — de Salnove, — de Champagne, — d'Isques, — de More, — de Drappières, — de Ture, — Herbelin, — Durmart, — Marquet.

Armes : *Semé de France, au lion naissant d'argent.*

DE MONTILLET

Savoye, Bugey, Dauphiné

Le nom de MONTILLET, MONTEILLET ou MONTELIER est connu dès le XIIe siècle dans les provinces de Bresse et de Bugey, néanmoins

PIERRE-ANTHELME DE MONTILLET DE CHAMPDORÉ, ne justifie sa filiation que depuis

JACQUES MONTILLET, qualifié noble (1479).

Seigneuries de Lordres, — de Chavagnat, — de Chastellard de Luyres, — de Champdoré, — de Rougemont, — de Pérés, — de Quincieu.

Alliances : familles : Poenet, — — de Chastillon, — Bachod, — Vugier, — Robin, — Jarcellat, — de Croison, — Rollet, — Goiffon, — Michaud, — de Rosetain, — du Plastre, — de Revol, — de Varax, — Quarré-de-Livron, — de Bellecombe.

Armes : *D'azur, à un chevron d'argent, surmonté à la pointe d'un croissant de même,* qui est de Montillet[1]; *écartelé de gueules, à deux bandes d'argent ondées,* qui est de Grenaud.

DE MONTMORILLON

Nivernais

HECTOR-ANTOINE-SALADIN DE MONTMORILLON, écuyer, justifie sa filiation depuis

CLAUDE DE MONTMORILLON, écuyer (1499).

Seigneuries de Chazoles, — d'Essanlai, — de Lucemer, — de Rochefort, — de la Garde, — de la Touche, — de Villers.

Alliances : familles : des Gentils, — d'Apchon, — Camus, — de Fay, — Bouton, — de Saint-Trivier, — de Fougères, — de La Cour.

Armes : *D'or, à une aigle de gueules, les ailes étendues.*

DE MONTREUIL

Paris

JACQUES DE MONTREUIL, l'un des maréchaux-des-logis de la compagnie des gendarmes de la garde ordinaire du roi, mestre de camp de cavalerie, chevalier de Saint-Louis, fut anobli par lettres-patentes en forme de charte, données à Fontainebleau, au mois de novembre 1726, en considération de l'ancienneté de sa famille et de ses services militaires.

Seigneurie de Charmanières.

Armes : *D'or, à trois coqs de sable, crêtés et barbés de gueules et posés deux et un.*

[1] Ce premier écusson paraît dans d'Hozier comme portant les armes de la famille de Montillet, jusqu'à Pierre-Anthelme de Montillet, qui commence cet article.

Le second, qui est de Grenaud, fut transmis par héritage à Jean-François de Montillet, évêque d'Orléans, frère de Pierre-Anthelme.

L'écusson, tel que je l'ai donné, figure avant l'article relatif à Pierre-Anthelme de Montillet. (E. B.)

DE MONTROND

Vivarais et Dauphiné

JACQUES DE MONTROND, écuyer, ancien major d'infanterie au régiment de Sardaigne, d'après les preuves fournies par PAUL-ALEXANDRE DE MONTROND (de la seconde branche), justifie sa filiation depuis

Noble homme LAMBERT DE MONTROND (1459).

Seigneuries de Montrond, — du Serré, — de Veillerman-Fays.

Alliances : familles : de Hérieux, — de Pozols (de Pouzoles ou Pouzols), — Botaud, — de Chambaret, — de Largier, — Le More, — Mathias, — Rivoire (*Aliàs* Revoire, Rouvoyre et Rouvoyrs), — de Seillier (Cellier), — Rosier, — de Beaulx, — d'Arbalestier, — Roman, — Escofier, — de Chamasson de Beaulieu, — de Crouzas, — de Loys de Chéseaux.

Seconde branche

PAUL-ALEXANDRE DE MONTROND, écuyer (second fils de DENIS DE MONTROND et d'ESTHER D'ARBALESTIER) (1682).

Seigneuries de Montrond, — de Veillerma, — du Plain de Baix, — de Baix, — de la Bastie.

Alliances : familles : de La Pize, — Eynard.

Armes : *Coupé d'or, à un monde d'azur, cintré et surmonté d'une croix recroisettée de sable, et un chef de gueules; et d'azur, à deux croissants d'argent, accostés de deux mouchetures d'hermines de sable, mises en fasce.*

DU MOSNARD

Basse Marche et Poitou

FRANÇOIS DU MOSNARD, écuyer, justifie sa filiation depuis

JACQUES DU MOSNARD, écuyer (1549)[1].

[1] Maintenue en 1667.

Un chevalier de Malte : JACQUES DU MOSNARD (1600).

Seigneuries de Villefavard, — de Saint-Martial en Poitou, — de Beaulieu, — de la Rie, — de Villemonteix.

Alliances : familles : Guillotin, — de Sauzet, — de Fricon, — Pastoureau, — de Burges, — de Ravenel.

Armes : *D'argent, à une fasce de gueules, accompagnée de trois aigles d'azur, les ailes étendues, posées deux en chef et l'autre à la pointe de l'écu.*

MOUCHET

Bourgogne — Diocèse de Châlon-sur-Saône

CLAUDE-PHILIBERT MOUCHET, écuyer, justifie sa filiation depuis

GUION MOUCHET, chevalier, bailli et juge enquêteur au pays de Charolois (1539).

Seigneuries de Beaumont, — d'Azu, — de Comigni, — de Serigni, — du Pont, — de Vauzelle, — de Château-Roland.

Alliances : familles : Thomassin, — de Saint-Clément, — Berthot, — Perrenot.

Seigneurs de Vauzelle

DANIEL-FRANÇOIS MOUCHET, major au régiment de cavalerie d'Aumont, justifie sa filiation depuis

DANIEL MOUCHET (second fils de GUION MOUCHET et d'ANTOINETTE PERRENOT), chef de la branche.

Seigneuries de la Béluze, — de Vauzelle, — de Saint-Martin, — de Lotinghen.

Alliances : familles : de Carrouge, — Burnot, — Gautier, — d'Audegaut, — Eude.

Armes : *De gueules, à trois émouchets d'argent, posés deux et un.*

DU MOUCHET DE LA MOUCHETIÈRE

Perche et Pays-Chartrain

HENRI-BARTHÉLEMY-MARIE DU MOUCHET, écuyer, justifie sa filiation depuis

PÉAN MOUCHET, reconnu comme noble d'après la déclaration faite en 1540 devant les élus d'Alençon, par JEAN DU MOUCHET, son arrière-petit-fils.

Seigneuries de la Mouchetière, — du Chaillonnay, — de la Mouchardière, — de la Croix, — de la Mare, — du Bois, — de la Cibollière, — de la Pigallière, — de Bougeastre, — de Guignonville, — des Patis, — de Saint-Amand ou Saint-Eman, — de Boisminard, — de Button, — de la Roff, — de Peton, — de Préaux, — du Vaumonteuil.

Alliances : familles : de Hunal, — de Fontenay, — Leschamps, — Mallet, — de Renes, — d'Orville, — Dousseron, — Lelièvre, — de Meaulon, — de Hoche, — de Malaise, — de Marcadé, — de Blavette, — Pigeart, — d'Ollon, — de Varade, — de Tascher, — Victor, — Richer, — Chalinne, — Janvier, — Gournil, — de Chambré, — de La Barre, — de Bazin de Fresne, — de Thieulin, — de Carvoisin, — de Givès des Bois-Besnards.

Armes : *D'argent, à trois hures de sanglier de sable, posées deux et une.*

DE MOULINS DE ROCHEFORT

Poitou et Blésois

LOUIS DE MOULINS, capitaine dans le régiment de Nétancourt, fut maintenu en 1702 dans sa noblesse, qu'il justifie depuis

JEAN DE MOULINS, écuyer, élu maire de Poitiers en 1464.

Un grand aumônier de France : FRANÇOIS DE MOULINS (1519).

Seigneuries de Rochefort, — du Breuil, — de Suilly, — de Maupancé, — de Loumeau-Rodier, — de la Neufville, — du Temple, — de Chamerolles, — de Repantin, — d'Archanger, — de Muide, — de la Roussière, — de Campaigne, — de la Haudumière, — de Mons, — de Vaurobert, — de Villedy, — de la Jacquetière, — de la Barrerie, — de Villeseur, — de la Salle, — de Villiers Saint-Oryen, — de Villelouet, — de Cernay, — de la Jallais, — de Térouane, — de la Hauteroche, — des Bordes, — du Coudray, — de la Ferté, — de Monlévrier, — de Villelard, — du Bois-la-Barbe, — de Parigny, — de la Roche de Gennes, — des Greslaires, — de Brizay, — de Chailles, — de Damiette, — de Louvrardière, — de la Vineuse.

Alliances : familles : Jamin, — Boilesve, — Gervain, — Hurault, — Brochard, — Bardon, — de Villebresme, — de Dorne, — du Puy, — de Baraudin, — de Barbanson, — Vaillant de Guélis, — de Nambu, — de Lorme, — Sathenat, — de Ganes, — Filleul, — de Montmorency, — de Langan, — de Courterne, — de Saint-Quintin, — de Pescherad, — de Goussé, — de Clisson, — Chabiel, — Maridor, — de Foyal de Donnery.

Armes : *D'argent, à trois croix nillées de sable, deux en chef et une en pointe.*

MOULLART DE VILLEMAREST

Picardie

CHARLES-JOSEPH-BARTHÉLEMI MOULLART, écuyer, justifie sa filiation depuis

BARTHÉLEMI MOULLART (1455).

Seigneuries de Beaumanoir, — des Marêts, — de Mottoi, — de Villemarest, — de Tancarville,

— de Torsi, — de Tilli, — de Longpré, — de Grandmoulin, — de Séhen.

Alliances : familles : Bonencan, — Thierri, — Vaillant, — Maréchal, — de Boullongne, — de Lamiable, — Héron, — Alleaume, — de Fontaine, — Mathon.

Armes : *D'or, à un lion de vair, langué et onglé de gueules.*

DE MUNG DE LA FERTÉ

Bourbonnais et Bourgogne — Diocèse d'Auxerre

CHARLES-ALEXANDRE DE MUNG DE LA FERTÉ, écuyer, justifie sa filiation depuis

PIERRE DE LA FERTÉ, chevalier (1377).

Seigneuries de Sichamp, — de Fouronne, — de Villiers, — de Chaumont, — de Villiers-le-Sec, — de Vilaines, — de Douhaix, — de Savigni, — de Saint-Germain-des-Bois, — des Minières, — de Boisjardin, — d'Alouze, — de la Ferté-Aurain en Beauce, — de Villegenezai, — de Neufvis, — de Vauvrilles, — de Huvers, — du Breuil.

Alliances : familles : Le Grand, — de Chéri, — de Saint-Quentin, — du Port, — de Grossove, — Belin, — de Cleves, — de Troussebois, — de La Rivière, — des Vignes.

Armes : *Écartelé, aux 1 et 4 d'hermines, à un sautoir de gueules,* qui est de la Ferté; *aux 2 et 3, écartelé d'argent et de gueules,* qui est de Mung.

DE MUSSET

Généralité d'Orléans — Diocèse de Chartres

OLIVIER-PIERRE-CÉSAR DE MUSSET, capitaine dans le régiment d'Estampes, chevalier des ordres de Notre-Dame de Mont-Carmel et de Saint-Lazare de Jérusalem, justifie sa filiation depuis

CLAUDE MUSSET, écuyer (1537)[1].

Seigneuries de la Bonaventure, — de Pré, — du Lude, — de la Courtoisie.

Alliances : familles : Pelsaire, — de Patai, — Moreau, — Bazin, — Arnaud, — de Peigné, — Girard dite de Salmet.

Armes : *D'azur, à un épervier d'or, chaperonné, longé et perché de gueules.*

DE NATUREL

Généralité de Dijon — Diocèse de Châlon-sur-Saône

JEAN-BÉNIGNE DE NATUREL, écuyer, justifie sa filiation depuis

ETIENNE NATUREL (av. 1529)[2].

Seigneuries de Balleure, — de Champlieu, — de Nanton, — de la Prévôté de Brancion, — de la Plaine en Beaujolais, — de Dulphé en Mâconnois, — de Gravenies, — de Collonges, — de Chavanes, — de Sommex, — de Courcelles.

Alliances : familles : de Rodde, — Guye, — de Chaugi, — de Saint-Julien, — de Saint-Ignan, — de Challes, — Godon, — Germanet.

Armes : *D'or, à une fasce d'azur, accompagnée de trois merlettes de sable, posées deux en chef et l'autre à la pointe de l'écu.*

DE NAVIER

Beauvoisis, Lorraine et pays Messin

JEAN-CHARLES-ÉDOUARD DE NAVIER, écuyer, officier d'artillerie, justifie sa filiation depuis

FRANÇOIS NAVIER, écuyer (1502).

[1] La Chesnaye commence à Simon, écuyer, seigneur de la Ruisselière, père de Denis, majeur avant 1498, et aïeul de Claude.

[2] La Chesnaye mentionne les deux branches de Balleure et de Vateline, comme s'étant séparées en 1480, et issues des Naturelli d'Italie.

On trouve un MANGIN NAVIER, citain de Toul, nommé dans un acte du 19 juillet 1444.

Seigneuries de la Berlière, — de Saint-Florent, — de Gréville, — du Saussay, — des Meulles, — de Courteval, — de Corbaucourt, — du Fief-Bertin, — de Sainte-Marguerite Délincourt, — de la Tour-Mory.

Alliances : familles : de Noirefontaine, — Capronnier, — de Coffin, — des Guez, — de La Villette, — du Maisniel.

Armes : *D'or, à un vaisseau de sable, naviguant sur une mer de sinople, le vaisseau ayant ses voiles et son pavillon de gueules, la principale voile du milieu chargée d'une croix de Lorraine d'or.*

NÉEL

Généralité de Caen — Diocèse de Coutances

ROBERT-CONSTANTIN NÉEL, écuyer, justifie sa filiation depuis PIERRE NÉEL (1539).

Seigneuries de Sainte-Marie-Laumont, — de Bernière, — de Corbigni, — de la Haulle, — de Tierceville, — de Tresli, — de Neuville, — de Fontenai, — de Virei.

Alliances : familles : Hue, — de Breslai, — Le Cervoisier, — d'Angerville, — de La Vigne.

Armes : *D'argent, à trois bandes de sable, et un chef de gueules.*

DE NICOLAS DE LA COSTE

Dans la vicomté de Turenne, originaire du Périgord

ALAIN DE NICOLAS, écuyer, garde du corps du roi, justifie sa filiation depuis

Noble LÉONARD DE NICOLAS (av. 1610).

Seigneuries de Laval, — de la Tour, — de la Coste, — de la Bastide, — de la Combes.

Alliances : familles : Delpy, — de La Faye, — de La Bermondie, — de La Verrie, — Meinier, — de Vachier, — de Lanteul, — de Giniés, — de Dumond.

Armes : *D'azur, à un lion d'or, langué, onglé et couronné de gueules, tenant de la patte droite une épée d'argent, la pointe en haut.*

NICOLAU

Languedoc et Lyon

CHRISTOPHE-FRANÇOIS NICOLAU, écuyer, justifie sa filiation depuis ETIENNE NICOLAU, écuyer, maire et lieutenant de roi de Poussan en Languedoc (1670).

Seigneurie de Poussan.

Alliances : familles : Gourdon, — Bonnevie de la Font, — Dicher, — Ollivier de Colombier, — Bathéon de Vertrieu.

Armes : *D'azur, à un coq d'or, posé sur une terrasse d'argent, mouvante de la pointe de l'écu, et surmonté de trois canes de sable dans un bateau d'argent.*

DE NICOLAY

Languedoc

Barons de Sabran

SCIPION DE NICOLAY DE MONTCALM, qualifié chevalier, justifie sa filiation depuis

Noble GUY NICOLAY (1279).

Un chevalier de Malte : HENRI DE NICOLAY DE MÉAS (1611).

Seigneuries de Méas, — du Mas de Béliac, — de Saint-Pons-sous-Couiron, — de Sabran, — de la Roque, — de Bagnols, — du Colombier, — de Cavillargues, — de Rochemont, — de Vallonnières, — de Proignes, — de Salezac, — d'Auriac, — de Ramas.

Alliances : familles : Baroncelli, — de Barjac, — de Casteljau, — de Montaigu, — Pons, —

de Bonas, — de Bruière, — de Banne, — de Gast, — d'Ancezune, — Panery, — Illaire, — de Sibert, — de Bellecombe, — de Fain, — d'Almeras, — de Montcamp, — de Cavaillon, — de Mantin, — de Marion, — de Cardebas de Bot de Tertulle, — de Rodes d'Auriac, — de Gras, — de La Fare, — de Saint-André, — de Trémollet de Bucelly de Montpezat.

Branche des seigneurs de Saint-Victor, Co-Seigneurs de Saint-Marcel d'Ardèche en Languedoc, marquis de Goussainville [1]

Ile de France

Aymar-Jean Nicolay, chevalier, justifie sa filiation depuis Noble Jean Nicolay (1469).

Deux chevaliers de Malte : Antoine Chrestien Nicolay (1715), fait maréchal de France en 1760. Aymar-Claude Nicolay (1738).

Seigneuries de Saint-Marcel d'Ardèche, — de Saint-Léger, — de Champcenais, — de Saint-Victor de la Coste, — de Louvres en Parisis, — de Vincy, — de Manœuvre, — de Goussainville, — d'Orville, — de Presles, — de la Cognardière, — de Courville, — de Champrond, — de Bernay, — de Silly, — d'Yvor, — de Raderay, — de Chauvigny, — de Glorières, — de Saint-Chartier, — d'Orgerus, — d'Osny, — de Villebourg, — de Sèvre, — de la Noiraye, — de Cerisay, — du Grand et du Petit Péray, — de Bournonville.

Alliances : familles : Audigier, — de Barjac, — de Serres, — Audigier de Saint-Paul, — Luillier, — de Vesc, — Morault, — Baillet, — Le Vaudetar, — Hennequin, — du Tillet, — de Billy, — de Maillé de La Tour Landry, — de Brecey, — Lucas, — de Roncherolles, — Molé (Mathieu), — Amelot, — du Bec, — de Fieubet, — de Brion, — de Coetquen, — Le Camus, — de Rochechouart, — de Lamoignon, — de La Châtre, — de Forbin, — de Vintimille, — Le Veneur de Tillières de Carrouges.

Armes : *D'azur, à un lévrier d'argent courant en fasce, ayant un collier de gueules bordé d'or, l'anneau de même.*

[1] Érection en marquisat-pairie, mai 1645.

NICOLE

Diocèse de Grenoble

Louis Nicole, capitaine d'infanterie dans le régiment étranger de Perri, justifie sa filiation depuis Humbert Nicole, bourgeois de Montmélian (1547).

Seigneurie de la Place, en Savoie.

Alliances : familles : Chavenet, — de Villeneuve, — Chaillol, — Sautereau, — de Crescherel.

Armes : *Coupé d'azur et d'argent, à un phénix aussi coupé d'or et d'azur, les ailes étendues, becqué, onglé et couronné de gueules, et posé sur un bûcher de même.*

DE NOAILLES

Limousin

Adrien-Maurice, duc de Noailles, pair et maréchal de France [1].

Seigneuries d'Ayen, — de la Mothe-Tilli, — de Montclar, — de Maintenon, — de l'Arche, — Terrasson, — Carlux, — de Chambres, — de Pénières, — Lentour, — Malemort, — de la Ville de Brive, — de Noailles,

[1] La filiation commence dans La Chesnaye à Pierre, seigneur de Noailles, mort avant 1248. (E. B.)

— de Noaillac, — de Salaignac, — de Mansac, — de Beaurepos, — de Calviat.

Alliances : familles : d'Aubigné, — de Cossé-Brissac.

[D'Hozier renvoie le lecteur à la généalogie de cette maison, rapportée page 782 du IVe volume des *Grands Officiers de la couronne.*]

Armes : *De gueules, à une bande d'or.*

DE NOBLET

Mâconnais et Bourgogne

BERNARD DE NOBLET (marquis de NOBLET D'ANGLURE [1]), lieutenant des maréchaux de France dans le comté de Mâconnais, et ETIENNE-CHARLES DE NOBLET (dit le marquis DE CHENNELETTE), chevalier de Saint-Louis, maréchal de camp, justifient leur filiation depuis

Noble JEAN NOBLET, damoiseau (1439).

Un chevalier de Malte : ANTOINE DE NOBLET CHENNELETTE (1699).

Seigneuries du Fournet, — du Mont de France, — des Prez, — de la Cour, — de Sauzai, — de Chennelette, — des Ardilhas, — de la Tour de Romanesche, — des Perriers, — de Grand-Vaux, — d'Avaize, — de Montgisson, — de Trémont, — d'Angiure, — de la Clayte [2].

Alliances : familles : de Mincé, — Laurain ou Lorain, — de Mirebel, — Barjot, — Damas, — Chapon, — de Cret, — de Rébé, — Thibaud, — de Riants-Villerai, — de Fougeard d'Avaise, — Pastural, — Seiturier, — de Gunay, — d'Ongni, — d'Origny, — Martin de Punétis, — du Bost de Petit-Bourg.

Armes : *D'azur, à un sautoir d'or.*

[1] Érection en mai 1715.
[2] Érigée en comté en juillet 1730.

DE NOBLET

Diocèse de Bourges

JACQUES DE NOBLET, écuyer, justifie sa filiation depuis

NICOLAS DE NOBLET (av. 1555).

Un chevalier de Malte : NICOLAS DE NOBLET (1613).

Seigneuries de Tersillac en Berri, — de Saint-Paul, — de Malleville, — de Villermont, en Beauce.

Alliances : familles : Bertrand (seigneurs de Béveron), — de La Volpillière, — de Passac, — Bertrand (seigneurs du Chassin), — des Moulins.

Armes : *De gueules, à un chevron d'or, et une gerbe de blé de même, posée sous le chevron.*

DU NOD DE CHARNAGE

Franche-Comté

FRANÇOIS-IGNACE DU NOD DE CHARNAGE, avocat au parlement de Besançon, anobli par lettres-patentes du mois de juillet 1737, et par les mêmes lettres substitué au nom de Charnage, à cause de l'ancienneté de sa famille et pour les services qu'elle a rendus dans la magistrature.

Seigneurie de Saint-Claude.

Alliances : familles : de Charnage, — Gendrot, — Chevallier.

Armes : *De gueules, à une fasce d'argent, accompagnée de trois besants d'or, posés deux en chef et l'autre à la pointe de l'écu ; écartelé d'azur, à une croix d'or, accompagnée en chef de deux étoiles de même,* armes d'une ancienne famille du nom de Charnage.

DE NOMPÈRE DE PIERREFITT

Forez

JEAN-BAPTISTE DE NOMPÈRE, ancien capitaine dans le régiment de Bigorre, justifie sa filiation depuis

Jean Nompère, qualifié noble homme (1540).

Seigneuries de Mons, — de Rongefer, — de la Motte, — de Nantillière, — du Pignon, — de Pierrefitte, — de Champagni.

Alliances : familles : Busson, — des Verchières, — Aurilion, — de Neufville, — Quarré, — de Bersac, — de Ponssac (ou Ponssard), — de La Salle, — de Rostaing, — de Montcorbier, — Chamerlat, — Courtin, — de La Mothe-Saint-Vincent, — de La Mothe, — de Burlet, — Mathieu.

Seconde branche

Henri de Nompère, écuyer (1670), justifie sa filiation depuis son grand-père

François-Louis de Nompère, écuyer (1600) (sixième fils de Louis de Nompère et de Claire des Verchières).

Seigneuries de Rongefer, — de Chantebourg, — de la Huchette, — des Fossés.

Alliances : familles : Perrin, — des Boucauds, — Pajot de La Font, — de Foudras.

Armes : *D'azur, à trois chevrons d'or, brisés et posés l'un au-dessous de l'autre.*

DE NORMANVILLE

Généralité de Rouen — Diocèse de Rouen

Pierre-François de Normanville, écuyer, justifie sa filiation depuis

Adrien de Normanville, écuyer (1527)[1].

Seigneuries des Héberts, — des Bordes, — de Boscault, — de Hotot-Saint-Sulpice, — de la sergenterie de Bolbec en Caux.

Alliances : familles : des Mares, — d'Herbouville, — Gouel, — Le Roi, — Brunet, — de Guerin, — du Crocq, — de Quibeuf, — de Saint-Pierre, — de Thiboutot, — du Crotei, — Aprix, — de Belleville, — de Canonville.

Armes : *D'azur, à trois merlettes d'or, posées deux et une.*

[1] La Chesnaye cite Hugues, seigneur de Rouville, 1180, et de nombreux membres de cette famille jusqu'en 1527. Branches de Foucaut et d'Auffy, des Héberts et des Bordes. (E. B.)

D'OFFAI

Diocèse d'Arras

Pierre d'Offai, écuyer, justifie sa filiation depuis

Jean d'Offai, écuyer (1498).

Seigneuries de Beauchamp, — de Rieux, — de Beaurepaire, — de Grets.

Alliances : familles : du Metz, — Daudet, — de Quen, — de Mazille, — Huyard, — Conquaut, — Perrin, — de Monssures, — de Boufflers.

Armes : *D'azur, à deux bandes d'or, accompagnées de trois lames d'argent, posées deux en chef et l'autre à la pointe de l'écu.*

O'KÉEFFE

Irlande et Ile de France

Constance ou Constantin O'Kéeffe, écuyer, ancien capitaine d'infanterie dans le régiment de Clare-Irlandais, justifie qu'il est de la véritable et très-ancienne famille des O'Kéeffe, du comté de Cork, en Irlande, famille reconnue noble de l'aveu de tous les historiens et généalogistes du royaume.

Alliances : familles : Plunkett, — O'Doy.

Armes : *Écartelé, au premier d'azur, à un lion d'or langué de gueules rampant, les deux pattes de derrière posées sur une terrasse de sinople; au second de sinople, à un cavalier armé de toutes pièces tenant de la main droite une épée d'or,* *posée en barre, la pointe en bas, le cheval d'argent, bridé et sellé de gueules, et le cheval passant sur une terrasse de sinople; au troisième, d'or, à un paon au naturel faisant la roue, et posé pareillement sur une terrasse de sinople; au quatrième, de sinople, à trois lézards d'or, posés l'un au-dessus de l'autre en fasce.*

DEVISE : *Forti et fideli nihil difficile.*

OLIVIER

Paris et Nivernais

NICOLAS OLIVIER, écuyer, justifie sa filiation depuis

Noble homme CHARLES OLIVIER, maître d'hôtel ordinaire du roi (1651).

Seigneuries du Puy, — de Beaujarry.

Alliances : familles : Paris, — Le Vasseur, — Gueffier, — Chabrey, — Durand.

Seconde branche

CLAUDE-LOUIS OLIVIER, lieutenant dans le régiment de Condé-Infanterie, fils de

BENOIST-GABRIEL OLIVIER, écuyer (second fils de GABRIEL OLIVIER et de ANNE-MADELEINE CHABREY) (1684).

Seigneurie de Maurepas.

Alliances : familles : Forget, — de Partenai, — d'Ainval.

Armes : *D'azur, à un olivier d'or, mouvant d'un croissant de même, surmonté de trois étoiles d'or, rangées en fasce.*

OLIVIER[1]

Provence

JOSEPH OLIVIER, sieur DU CLOS, ci-devant capitaine de navire, fut anobli par lettres-patentes données à Fontainebleau au mois de septembre 1726, en considération de ses services dans la marine. Il fut honoré de l'ordre de Saint-Michel en 1736.

Seigneurie du Clos.

Armes : *D'or, à un olivier de sinople, mouvant d'une terrasse de sable, et trois étoiles de gueules, posées en chef.*

OLYMANT DE KERNEGUÉS

Basse-Bretagne

JOSEPH OLYMANT DE KERNEGUÉS, écuyer, justifie sa filiation depuis

YVES OLYMANT, qualifié noble (1551).

Seigneuries de Launay, — de Kernegués, — de Lesnevez, — de Kéric, — de Gourin, — de Kerdaniel, — de Kerourio, — de Kerenor, — de Kerdudal.

Alliances : familles : Blonzard, — de Kernegués, — de Guingamp, — de Rosmar, — de Halgoet, — Nicole, — du Guengo, — Frulaye, — de Lentivi, — de Fages, — Le Bigot de Kerjegu, — des Cognets.

Armes : *D'argent, à trois fasces de gueules, et un chef de sable.*

D'ORGLANDES[1]

Généralité d'Alençon — Diocèse de Séez

NICOLAS D'ORGLANDES, baron DE BRIOUZE, justifie sa filiation depuis

JACQUES D'ORGLANDES (avant 1530).

Seigneuries de Briouze, — du Mesnil, — de Cramesnil, — de Saint-Martin des Bussières, — de Lessard, — de Prétot, — d'Auvers.

[1] La Chesnaye mentionne en outre la famille Olivier, en Normandie, qui a fourni un chancelier, Olivier de Venozan (comté érigé en novembre 1710); Olivier de la Gardie, en Languedoc; Olivier d'Hudonville, en Lorraine.

[1] La Chesnaye rapporte l'opinion de Clérot, qui fait sortir cette famille de celle de Reviers, alliée aux ducs de Normandie, et commence la filiation à Geoffroy, chevalier, vivant en 1125.

Alliances : familles : de Savonières, — de Beauchamp, — de Caignon, — du Saulcei, — du Pont-Bellenger, — Aux Epaules.

Armes : *D'hermines, à six losanges de gueules, posées trois, deux et une.*

D'ORLÉANS DE RÈRE

Orléanais, Beauce et Berri

D'Hozier commence son article par l'énumération de plusieurs personnages du nom d'Orléans qui peuvent appartenir à la maison d'Orléans de Rère, et de plusieurs autres qui paraissent en avoir formé la ligne directe. Les degrés suivis de la généalogie commencent à

GODEFROY D'ORLÉANS, écuyer (1372).

Un chevalier de Malte : CHARLES D'ORLÉANS DU BREUIL (1535).

Seigneuries de Rère, — d'Aubefons, — de la Cour de Ligny, — de Bastarde, — de la Grange, — de Canle, — de Montfoucault, — du Breuil, — du Grand-Pré de la Bourdelle, — de Vic, — de Ballane, — de Charnay, — de Beuffroy, — du Plessis, — de Preuilly, — de Souesmes, — de la Moussetière, — de la Billardière, — du Cormier, — de la Caillaudière, — d'Harpeau, — du Rouablay, — de la Guérinière, — de Tracy, — de Loré, — de la Bretonnière, — de Montefranc.

Alliances : familles : Le Bugle, — d'Autry, — de Lunery, — d'Ozançon, — de Tranchelion, — Rabotin, — d'Aucmay, — de Périgord, — de Rivaudes, — de Signy, — de Maignac, — de la Chastre, — de Mathefelon, — de la Marche, — de Prie, — de Bourzolles, — de Caumont, — Brun, — de Courtenay, — des Roches, — de Montjouan, — de Tenance, — Allemant, — Gaillard, — Le Fuzellier, — Le Chat, — d'Estampes, — de Berthereau, — David de Conflan, — Midou, — Lambert, — de Troyes.

Seconde branche

SEIGNEURS DE VILLECHAUVE.

PIERRE-FRANÇOIS D'ORLÉANS (second fils de JACQUES D'ORLÉANS et d'ELIZABETH DE BERTHEREAU), chef de cette branche (1695).

Seigneuries de Villechauve, — de la Turpinière.

Alliance : famille Prevost de La Janès.

Troisième branche

SEIGNEURS DE TRACY

FRANÇOIS D'ORLÉANS (second fils de PHILIPPE D'ORLÉANS et de CATHERINE LE CHAT), chef de cette branche (1687).

Seigneuries de Tracy, — de Nouan-le-Fuzellier, — de Charnay.

Alliances : familles : Lamirault de Plissay, — Lamirault de Ruis.

Quatrième branche

SEIGNEURS DU PLESSIS DE RÈRE

JACQUES D'ORLÉANS, écuyer (second fils de LOUIS D'ORLÉANS et d'AIMÉE DE MONTJOUAN), chef de cette branche (1616).

Seigneuries du Plessis de Rère, — de la Moussetière, — de Vic, — du Breuil, — de la Caillaudière, — de la Tartelinière, — de la Richardière.

Alliances : familles : Gallant, — Carré, — de Vellar, — du Moulin, — de Bonnafault, — de Mathefelon.

SEIGNEURS DE CRÉCY [1]

MICHEL D'ORLÉANS, lieutenant dans le régiment de Toulouse, justifie sa filiation depuis

[1] Cette branche paraît sortir de la même famille, quoique jusqu'à présent il n'ait pas été possible de découvrir le point d'attache. (E. B.)

Miles d'Orléans, qualifié noble homme (1538).

Un chevalier de Malte : Jean d'Orléans (1684).

Seigneuries de la Véserie, — de Courceine, — de la Billotière, — de Portal, — de Crécy, — de la Chevillonnière, — de Viefvre, — de Saint-Posant, — des Ragués, — du Mesnil, — de Bois-girault, — de Pierrefitte, — de Chevaise, — de la Clavinière, — de Clavières, — du Tremblay, — de la Croix de Marnay.

Alliances : familles : de La Mothe, — d'Estut d'Assai, — d'Anglars, — Le Fort, — de la Bussière, — de la Perrière, — de Peytavi, — du Houssay, — de Fréteville, — Gourdet, — du Lucet, — Bourguignon, — de Bonnestat, — de Boyau, — des Prés, — d'Alligret, — du Faur, — Faure, — de Barbarin, — d'Assigny, — de Finance.

Armes : *D'argent, à trois fasces de sinople, accompagnées de sept tourteaux de gueules, trois, trois et un.*

Les seigneurs de Crécy portent : *D'argent, à trois fasces de sinople, surmontées en chef de trois tourteaux de gueules.*

D'ORO

Gascogne — Diocèse de Dax

Jean-Louis d'Oro, écuyer, justifie sa filiation depuis

Pierre d'Oro (1490).

Seigneuries de Saint-Martin, — de Rion, — d'Oro, — de Léon.

Alliances : familles : de Borda, — de Saint-Martin, — de Baure, — de Léon, — de Niort, — de Montolieu.

Armes : *D'azur, à un lion d'or; écartelé de gueules, à trois pals d'or, et sur le tout d'argent, à une aigle de sable à deux têtes, les becs et les ongles de gueules.*

ORRY

Paris

Philbert Orry, ministre d'État (1736), justifie sa filiation depuis

Charles Orry (1691).

Seigneuries de Vignori, — de la Chapelle en Champagne, — de Fulvi, — de Mereuil, — de Villiers-les-Hauts.

Alliances : familles : Berthier, — Chaumont, — de La Pierre de Bouzies, — Esmonin, — Corcessin, — Le Cosquino, — Roussel, — Peillot de La Garde, — Mercadé, — Tartarin.

Armes : *De pourpre, à un lion d'or rampant, et grimpant sur un rocher d'argent, mouvant du côté droit de l'écu.*

D'ORVILLE

Généralité d'Alençon — Diocèse de Chartres

Charles d'Orville, écuyer, justifie sa filiation depuis

Guillaume d'Orville, écuyer (avant 1470).

Seigneuries d'Anglure, — de la Boullaie, — des Routies, — de la Bunelière, — de la Trinité, — de Pommeraie.

Alliances : familles : Novince, — de Bouju, — Moucheron, — Le Diacre, — Gislain, — Chalinc, — du Marchais.

Armes : *De sable, à un lion d'argent, la langue et les griffes de gueules.*

D'OSMONT (ou D'OSMOND[1])

Normandie

Généralité d'Alençon — Diocèse de Lisieux

René-Jean d'Osmont, capitaine de cavalerie dans le régiment de

[1] Une autre famille du même nom en Normandie (élection de Falaise), porte : *de gueules, écartelé d'argent, à trois fasces d'azur.* (E. B.)

S. A. S. M. le comte de Clermont, justifie sa filiation depuis

JEAN OSMOND, écuyer (1361).

Trois chevaliers de Malte : ANTOINE OSMOND (1638). — JEAN-BAPTISTE OSMONT (1668). — EUSTACHE-ANTOINE OSMONT (1690). Tous trois reçus au grand-prieuré de France.

Seigneuries de la Roque, — du Mesnil-Eude, — de Castelier, — de Creuilly, — d'Assy, — de Beuvilliers, — de Millouet, — de Malicorne, — du Plessis, — de Saint-Germain de Marolles, — d'Argentelle, — d'Aubri-le-Pantou, — de la Rozière, — de Pierrefitte, — du Mesnil-Froger, — de la Fresnaie-Fayel, — de Médavy, — de Roiville, — de Boitron.

Alliances : familles : de Bouquetot, — de Bagnart, — de Heudreville, — de Bures, — du Mesnil, — Fortin, — Fouques de Mannetot, — d'Anisy, — de Sabrevois, — de La Rivière, — Bertin, — Le Roi, — Malet, — de Hautemer, — Rouxel de Médavy, — de Bernard, — de Laval, — de Raveton, — d'Oinel de Montescot, — de Séran, — Bouvet, — de Saint-Pierre, — Mallart, — de Cardevaque, — de La Rue.

Deuxième branche

COMTES DE BOITRON

EUSTACHE OSMONT (fils de JEAN OSMONT et d'ANNE-RENÉE MALLART, sa seconde femme), aide de camp du duc de Vendôme (1702).

Deux chevaliers de minorité dans l'ordre de Malte : EUSTACHE-LOUIS et LOUIS-EUSTACHE, fils du précédent.

Seigneurie de Boitron.

Alliance : famille de Pardieu de Maucomble.

Armes : *De gueules, à un vol d'hermines*, autrement, *de gueules, à deux ailes d'argent volantes, jointes par le bas et semées de mouchetures d'hermines.*

D'OSTREL

Artois

ANTOINE-JOSEPH D'OSTREL, écuyer, justifie sa filiation depuis

PHILIPPE D'OSTREL, écuyer (av. 1589).

Un chevalier de Malte : GILLES D'OSTREL (1630).

Seigneuries de Flers, — de Cambligneul, — de Billemont, — de Haut-Capel, — de Canchi, — de Flamermont, — de Dieval, — de Baillescourt.

Alliances : familles : Bouquel, — Hapiau, — de Gernes, — de Créqui, — de Lannoi, — Croezer, — de Mailli.

Armes : *D'azur, à trois dragons d'or, langués de gueules et posés de profil, deux et un.*

D'OSTREL DE LIERRE

JACQUES-THÉODORE D'OSTREL DE LIERRE, page du roi dans sa petite écurie, justifie sa filiation depuis

JEAN D'OSTREL DE LIERRE, chevalier (1544).

Seigneuries de Saint-Venant, — de Lierre, — du Val, — de Nédon, — de Courteheuse.

Alliances : familles : de Thienne, — de Lens, — de La Tramerie, de Mailli, — d'Olhain.

Armes : *d'azur, à trois dragons d'or, langués de gueules et posés de profil, deux et un*, qui est d'Ostrel ; *écartelé d'argent, à deux bandes d'azur*, qui est de Lierre.

OUDAN

Champagne et Paris

NICOLAS OUDAN, écuyer, justifie sa filiation depuis

JACQUES OUDAN, écuyer, conseiller secrétaire du roi (1648).

Seigneuries de Montmarson, — de Gribonval, — de Gueux, — de Vrigni, — de Coulommès, — de la Cressonnière, — de Feuillet.

Alliances : familles : Fagnier, — d'Aumale, — de Saulx.

Armes : *D'azur, à un chevron d'or, accompagné en chef de deux roses de même, et en pointe d'un lion aussi d'or.*

OUDET D'ANGECOURT

Famille de Lorraine, établie en Champagne

FRANÇOIS-NICOLAS OUDET, écuyer, justifie sa filiation depuis

PIERRE OUDET, anobli par lettres données par François Ier et confirmées par Henri IV (1608).

Seigneuries de Luzy, — de la Neuville, — d'Inot, — d'Angecourt.

Alliances : familles : Norry ou Noury du Hayon, — de Circourt de Vion, — Renart de Fussemberg.

Armes : *D'azur, à un chevron d'or, accompagné en chef de deux annelets cordonnés d'argent, et en pointe d'un lion de même morné.*

OUVRELEUIL

Paris

PIERRE OUVRELEUIL, écuyer, conseiller secrétaire du roi, maison, couronne de France et de ses finances, honoraire (1720).

Seigneurie d'Artainville.

Armes : *Écartelé, aux 1 et 4 d'azur, à une fasce d'or, chargée d'un tourteau de gueules, et surmontée de trois étoiles d'or rangées en chef; aux 2 et 3 de gueules, à un chevron d'argent, surmonté d'une étoile d'or, et accompagné de trois quintefeuilles d'argent, posées deux en chef et une en pointe; et sur le tout d'argent, à une bande d'azur, chargée à l'extrémité du chef d'un soleil d'or et à la pointe d'un œil humain, ajouré d'or, regardant le soleil.*

DE PAGÈS [1]

En Catalogne et à Perpignan

JOSEPH DE PAGÈS ET DE VILLENEUVE, gentilhomme domicilié à Perpignan, justifie sa filiation depuis

Illustre GAUDERICH PAGÈS (1600).

Seigneuries de Saint-Jean de Pla de Corps, — de Saint-Etienne du Monastère, — de Montbran, — de Pujols.

Alliances : familles : Valgornère, — du Vivier, — de Villeneuve et d'Oluja, — de Copons et de Réart.

Branche

DE MM. DE PAGÈS, SEIGNEURS DE LA CALLETIÈRE ET DE FALLIÈRE.

Établis dans le pays d'Aunis

JEAN-HILAIRE DE PAGÈS DE LA CALLETIÈRE, écuyer, fils de

ABRAHAM DE PAGÈS, écuyer, chevalier de Saint-Louis.

On ne rapporte point ici la filiation de cette branche, quoiqu'elle descende de RAYMOND PAGÈS, capitoul de Toulouse (1489) ; on n'a pour objet que de faire voir l'intimité qui règne entre elle et la branche précédente, dont la souche commune remonte à

PONET DE PAGÈS, gouverneur de Castille en 1213.

Seigneuries de la Calletière, — de Fallière.

Alliances : familles : Dagieu, — Firmat, — de Campagnac, — Le Maître de Noblemaire, — Penaud.

[1] La Chesnaye mentionne les deux branches de Copons, et de la Calletière, issues de Ponet de Pagès, gouverneur de Castille en 1213. (E. B.)

Rameau

formé par

Hilaire-Benjamin de Pagès de Fallière, écuyer (fils puîné d'Abraham de Pagès et de Marie-Hilaire Dagieu).

Seigneurie de la Fallière.

Alliance : famille du Tronchay de la Fortemaison.

Armes : *D'or, à deux merles de sable, affrontés.*

PAILLOT

Champagne

Jean Paillot, écuyer, justifie sa filiation depuis

Antoine Paillot, écuyer (1443), gendarme du roi, seigneur de Lormoi.

Seigneuries de Boiscarré, — de Fouché, — de Favignes, — de Courtenon, — de Barberei, — de Lormoi.

Alliances : familles : Bertrand, — Bouillerot.

Armes : *D'azur, à un chevron d'argent, surmonté d'une étoile d'or et accompagné de trois feuilles d'orme de même, posées deux en chef et l'autre à la pointe de l'écu, et un chef de gueules chargé de trois couronnes d'or.*

DE PALHASSE

Quercy

Gilles de Palhasse, écuyer, justifie sa filiation depuis

Etienne Palhasse, qualifié *noble et égrège personne* dans un acte du 18 avril 1505.

Seigneuries de Salgues, — de Réveillon, — de Vidaillac.

Alliances : familles : de Turenne, — de Bonal, — de Cazes, — de Vinhies, — du Puy, — de Salvat, — de Vignal.

Seconde branche

Noble Jean-François de Palhasse-Lacalm, conseiller du roi, viguier, maire et lieutenant de police de la ville de Figeac, justifie sa filiation depuis

Jean Palhasse (second fils de Jean Palhasse et d'Antoinette de Bonal) (1652).

Seigneuries de Vidaillac, — de Saint-Jean, — de Bosredon.

Alliances : familles : de La Porte, — de Pépin.

Armes : *D'or, à trois chevrons d'azur.*

PANDIN

Angoumois

Charles Pandin, écuyer, justifie sa filiation depuis

Jean Pandin, écuyer (vivant avant 1526).

Seigneuries du Treuil, — de Boisgrand, — des Paillardières, — des Vaux, — des Tessonières, — du Parc, — de Beauregard.

Alliances : familles : Leriget, — du Sauvage, — Le Cocq.

Armes : *D'azur, à trois pals d'argent, un chef de gueules chargé de deux fasces d'or et une bande de même brochante sur le tout.*

PARCHAPPE DE VINAY

Champagne

François Parchappe, écuyer, lieutenant en l'élection d'Epernay, justifie sa filiation depuis

Jean Parchappe, écuyer, anobli en août 1592 pour ses services militaires.

Seigneuries d'Aulnay-aux-Planches, — du Fresne, — de Broussy, — du Château.

Alliances : familles : de Champy, — Vauchelet, — Ravineau, — Boyot, — Beschefer, — de Malval, — Cocquart.

Seconde branche

JEAN-BAPTISTE PARCHAPPE, écuyer, justifie sa filiation depuis

ROBERT PARCHAPPE, qualifié noble homme (second fils de NICOLAS PARCHAPPE et de MARIE VAUCHELET) (1659).

Seigneurie du Fresne.

Alliances : familles : Thuret, — Bennart, — de la Feuille, — Geoffroy, — Mopinot, — de Villemor, — de Lattre d'Aubigny.

Troisième branche

JACQUES PARCHAPPE, écuyer, justifie sa filiation depuis

MEMMON PARCHAPPE, écuyer (troisième fils de NICOLAS PARCHAPPE et de MARIE VAUCHELET).

Alliances : familles : Mauclerc, — de Joibert, — de Mertrus de Domprot.

Quatrième branche

CHARLES PARCHAPPE, écuyer, justifie sa filiation depuis

TOUSSAINT PARCHAPPE, écuyer (troisième fils de JEAN PARCHAPPE et d'OLIVE DE CHAMPY) (1567).

Seigneuries du Fresne, — des Correts.

Alliances : familles : d'Allier, — Langlois, — de Talois, — Barbier.

Cinquième branche

FRANÇOIS PARCHAPPE DE VINAY, commandant de la citadelle de Besançon, justifie sa filiation depuis

FRANÇOIS PARCHAPPE, écuyer (quatrième fils de JEAN PARCHAPPE et d'OLIVE DE CHAMPY) (1571).

Seigneuries des Noyers, — de Vinay, — de Tincourt.

Alliances : familles : Nevelet, — Billet, — de Parvillez, — de Froment.

Sixième branche

FRANÇOIS PARCHAPPE, écuyer (second fils de FRANÇOIS PARCHAPPE et de CHRISTINE PARCHAPPE), auteur de cette branche (1645).

Seigneurie de Broussy.

Alliances : familles : Le Soufflier, — de Fontagnieu, — de Villemor.

Septième branche

LOUIS PARCHAPPE, écuyer, justifie sa filiation depuis

LOUIS PARCHAPPE, écuyer (cinquième fils de JEAN PARCHAPPE et d'OLIVE DE CHAMPY) (1592).

Seigneurie des Fossés.

Alliance : famille d'Allier.

Armes : *D'azur, à un chevron d'or, accompagné de trois colombes d'argent, becquées et onglées de gueules, posées deux en chef et une en pointe.*

PARISOT[1]

Champagne

JEAN-EDME PARISOT, écuyer, justifie sa filiation depuis

DIDIER PARISOT, écuyer (1555).

Seigneuries de Santenoges, — de Senailly, — de Montroyer, — de Plesmont.

Alliances : familles : de La Croix, — Le Gros, — Petit, — du Puy, — Dié, — Pahin, — Lallemant.

Armes : *D'azur, à un lion d'argent et une étoile de même, posée au premier canton du chef.*

PASQUIER DE FRANCLIEU

Ile de France et Bigorre

JACQUES-LAURENT-PIERRE-CHARLES PASQUIER DE FRANCLIEU, brigadier des armées du roi d'Espagne, justifie sa filiation depuis

CHARLES PASQUIER, écuyer (av. 1538).

Seigneuries de Franclieu, — de

[1] Autre famille en Lorraine à laquelle le duc donne le titre de baron le 7 septembre 1707. (E. B.)

Villaines, — des Bergeries, — de Lavau, — de Caussade, — d'Estirac.

Alliances : familles : Robillart, — Bouvot, — Chauveau, — Goeslard, — Portas, — Chamoy, — Nivelle, — Hamelin, — de Crussol d'Uzès de Montauzier, — — de Wandre, — de Busca.

Armes : *D'azur, à un chevron d'or, accompagné en chef de deux têtes de maures de sable, posées de profil, ayant chacune un bandeau d'argent, et en pointe de trois fleurs appelées pâquerettes d'or, tigées de même, posées une et deux et mouvantes d'une terrasse aussi d'or.*

DE PAYAN

Comtat Venaissin et Dauphiné

Noble Jean-Antoine de Payan de l'Hotel, écuyer, justifie sa filiation depuis

Noble homme Philibert de Payan (1495).

Seigneuries de la Motte, — de la Garde-Pariol, — de Saint-Auban.

Alliances : familles : des Blancs, — de Champier, — de l'Hôtel, — de Philibert, — de Buys, — de Magnin, — de Bret, — de Lesglise, — de Groussant, — de Roquard, — de Coulet, — de Gordon.

Seconde branche

Noble Joseph de Payan de Lestang, colonel, commandant les croates français, justifie sa filiation depuis

Noble François de Payan (fils de Philibert de Payan, auteur du premier degré) (1550).

Alliances : familles : Genevès, — Morel, — Bouvier, — Marin, — de Marsane de Fontjulianne, — de Sibert de Montières, — de Bancenel, — de Vacherie, — Niel, — Arnaud, — Richard de Belvezet, — Genton, — Bernard, — de Beaussier, — de Ribère d'Antremon.

Troisième branche

Noble François de Payan, avocat au parlement du Dauphiné, justifie sa filiation depuis

Noble Benjamin-François de Payan, écuyer, docteur en droit, avocat au parlement du Dauphiné (1711).

Alliances : familles : Niel, — Charbonier, — Audiffret, — Isoard.

Quatrième branche.

Noble Joseph-François de Payan-Champier, justifie qu'il est petit-fils de

Jean de Payan, avocat au parlement du Dauphiné (second fils de Charles de Payan et de Lucrèce de Marsane) (1676).

Alliances : familles : Morin, — de La Roche-d'Eurre, — Félix, — Coulon, — de Turc des Arènes.

Armes : *D'azur, à un chevron d'or, accompagné de trois molettes de même, posées deux en chef et une en pointe.*

DEL PEIROU DE BAR

Limousin, vicomté de Turenne

Pierre del Peirou de Bar, écuyer, justifie sa filiation depuis

Noble Antoine del Peirou (aliàs del Peyroux) (1540).

Seigneuries de Bar, — de Garrel, — de Jarrigoux, — du Blanc, — du Breuil, — de Hautefage, — de Bassignac, — de Clavière, — de Murat.

Alliances : familles : de Leige, — du Bac, — de Pommeric, — de La Vergne, — d'Audubert, — Martignacol de Cantines, — de La Salle de Barrière, — de Graffeuil.

Armes : *De gueules, à une bande d'or, et un chef d'azur, chargé de trois étoiles d'or.*

PELET

Artois

Jacques Pelet, écuyer, justifie sa filiation depuis

Jean Pelet, écuyer (xve siècle)[1].

Seigneuries de Mirogis, — de Leuzeux, — de la Beausse, — du Bus, — de la Suzoye, — de la Houssoye, — de Warne.

Alliances : familles : Cuhault, — de Gouy, — de La Verderie, — Wagnart, — de Gargant, — Prévost, — d'Ailly, — de Bore, — de Chanteraine, — de Bernes.

Seconde branche

Antoine-Joseph-Ignace Pelet, écuyer, justifie sa filiation depuis

François Pelet, écuyer (second fils de Jacques Pelet et de Marguerite de Gargant) (1648).

Seigneuries de la Folie, — de Chimencourt.

Alliances : familles : du Bois, — Marissol.

Armes : *D'azur, à une fleur de lis d'or, et une bordure engrêlée de même.*

DE PELET DE SALGAS

Languedoc

Noble Claude de Pelet, lieutenant d'infanterie, justifie sa filiation depuis

Noble Guillaume de Pelet (av. 1441).

Seigneuries de la Vérune, — de la Carrière, — d'Arbousses, — de Salgas, — de Rocoulles, — de Solpérières, — de l'Hospitalet, — de Vebron, — de Montagut, — du Bousquet-Ollier, — de Rousses, — de Carnac, — de Montcamp, — des Ablatel.

Alliances : familles : du Cailar, — de Planque, — de Guillon, — de Rodier, — de Bringuier, — de Chappelain, — de La Mare, — de Rochemore d'Aigremont, — de Brignac, — de Michel du Roch, — de Pierre.

Armes : *D'azur, à trois chevrons d'argent, accompagnés de trois étoiles d'or, deux en chef et l'autre en pointe, au chef cousu de gueules*, qui est de la Mare-Salgas; *parti d'azur, à deux épées d'argent passées en sautoir, les pointes en haut, les gardes et les poignées d'or*, qui est de Planque; *et sur le tout du parti, un écu d'argent, à la bordure de gueules et au chef de sable*, qui est de Pelet.

[1] Maintenue en 1666, en Soissonnais et Artois.

PELLAS DE MAILLANE

Provence

Jean-Joseph de Pellas, écuyer, comte de la cour de Latran, général provincial des monnaies en Languedoc, justifie qu'il est fils de

Jean de Pellas, écuyer, général des monnaies au département de Provence (1696).

Seigneuries de Maillane, — de Milles.

Alliances : familles : de Mittre, — de Bonnieux.

Armes : *De gueules, à un lion d'or couronné d'argent, foulant aux pieds trois croissants de même, et un chef d'argent, chargé de trois étoiles de gueules.*

PÈNE DE LA BORDE

Provence et Normandie

[On écrit Pène, Penne, de Pène, de la Penne.]

Louis-Timoléon Pène de la Borde, écuyer, ingénieur, justifie sa filiation depuis

Alban ou Aubain Pène ou de la Pène, appelé noble (av. 1559).

Seigneuries de Valbonnet ou Vaubonnet, — de Saint-Louis, — de la Borde.

Alliances : familles : Margaillan, — Riquette, — Allansson, — Granier, — Sibille, — Le Brun, — de Prohencques, — Roger, — Chapuis, — Paupy de La Maisonrouge.

Seconde branche

Louis Pène de Vaubonnet, écuyer, ingénieur, justifie sa filiation depuis

Jacques Pène, écuyer (troisième fils de Pierre Pène et de Théodore Sibille) (1676).

Seigneurie de Vaubonnet.

Alliances : familles : Trieuve, — Maillet, — Fetrès, — des Angles, — de Billy, — de Bourget.

Troisième branche

Jean de la Pène, écuyer (second fils de Lazare Pène et de Mérite Riquette), auteur de cette branche (1607).

Seigneurie de Vaubonnet.

Alliances : familles : de la Bretonnière, — Le Normand, — Villedieu.

Armes : *D'azur, à un demi-vol d'argent, accompagné de trois grenades d'or, tigées et feuillées de même, et grainées de gueules, posées deux aux flancs, et la dernière à la pointe de l'écu, et une fleur de lis aussi d'or, posée en chef.*

DU PÉRENNO

Bretagne. — Évêché de Vannes

François du Pérenno, écuyer, justifie sa filiation depuis

Guillaume le Pérenno (ou le Perennou) (1426).

Seigneuries de Penvern, — du Penenguern, — du Perenno, — du Quilliou, — de Kerblesterien, — du Suillado, — de Baudrimont, — de Pesquern.

Alliances : familles : Jouan, — Le Bras, — de Kerouars, — Rouxel, — de Loenan, — de Kermadio, — de Lopriac, — Le Courhin (ou Coerhin), — le Heu, — Pinart, — Couppé, — des Cartes, — Le Diouguel, — du Bahuno.

Seconde branche

SEIGNEURS DE KERDUEL

Louis du Pérenno, écuyer (1669), petit-fils de

Jean du Pérenno (second fils de Henri du Pérenno et de Renée le Courhin) (1614), sénéchal de la principauté de Guémené.

Seigneuries de Kerduel, — de Launai, — de Courteauduc, — de Quenquaren.

Alliances : familles : de Coetvenec, — Rolland, — de Quifistre.

Armes : *D'azur, à une fleur de lis d'argent, accompagnée de trois poires d'or, tigées et feuillées de même, et posées deux en chef et l'autre à la pointe de l'écu, les queues en haut.*

PERROTIN

Berry et Paris

Jacques Perrotin, conseiller du roi, justifie sa filiation depuis

Charles Perrotin, écuyer (vivant avant 1499).

Seigneuries de Barmond, — de Jaquelin, — de Galifart, — de Beauregard, — d'Artigni.

Alliances : familles : Gineste, — Le Marié, — Bernard.

Armes : *D'argent, à trois cœurs de gueules, posés deux et un.*

DE PERTUIS

Vexin Français, et pays de Caux, en Normandie.

Antoine-Gui de Pertuis (anciennement du Pertuis), capitaine de cavalerie au régiment de Rohan, justifie sa filiation depuis

Pierre du Pertuis (av. 1471).

Seigneuries de la Franchise, — de la Goulardière-en-Puisaye, — d'Eragny de Gadancourt, — de Frémainville, — d'Oinville, — du Déluge, — de Montagny la Poterie, — d'Avernes, — de Jaigny, — de Feuquerolles, — de la Vallée, — de Braquemont, — de Chantemelle, — de Bérangeville, — de la Rivière, — de Baons-le-Comte.

Alliances : familles : de Chantemelle, — de Boucaumont, — Le Vaillant, — du Renouil, — Mignot, — de Faultreau, — de Bonnelle, — de Boulard, — Lombart, — de La Marre, — d'Offignies, — de Monssures, — de Canonville de Raffetot, — de Sermentel, — de la Berquerie, — de Poix, — de Betz de la Harteloise, — Le Grand de Beaunai.

Armes : *D'azur, à trois écussons d'argent, posés deux et un.*

PETIT

Dans les duché et comté de Bourgogne et à Paris.

Marie-Simon Petit de Marivats, lieutenant dans le régiment de la marine, justifie sa filiation depuis

Nicolas Petit, écuyer, conseiller du roi (1673).

Seigneuries de la Galanderie, — de Marivats, — de la Vaivre, — de Thurey, — de Peirouze.

Alliances : familles : Creney, — Pouher de Condé, — de Gui d'Airebeaudouze, — de Clairans, — de Pourcheresse.

Seconde branche

Nicolas-Marie-Thomas Petit du Bois d'Aunai, écuyer, lieutenant dans le régiment royal des vaisseaux, fils de

Nicolas-Pascal Petit (second fils de Nicolas Petit, conseiller du roi (1673), et de Marie Creney), gentilhomme ordinaire de la chambre du roi en 1716.

Seigneuries du Bois d'Aunai, — de Dracy.

Alliances : familles : Maussion, — de Canteil.

Armes : *D'azur, à un chevron d'or vivré, accompagné de trois étoiles aussi d'or, couronnées de même, posées deux en chef et l'autre sous le chevron.*

PHELYPEAUX

Paris

Georges Phelypeaux, conseiller au parlement de Paris (1709), puis lieutenant de roi dans le pays Blaisois (1727), justifie sa filiation depuis

Raymond Phelypeaux, secrétaire d'Etat en 1621.

Seigneuries d'Herbault, — de la Vrillière, — du Verger, — de la Cave, — des Landes, — de Pontchartrain, — Villesavin.

Alliances : familles : du Guesclin, — Gallon, — Boulanger de Viarme, — de France, — Le Féron, — de Buade, — de Neuville, — Villeroi, — du Blé, — de Crevant, — Gobelin, — Garraut, — Blondeau, — Bouthillier.

Armes : *D'azur, semé de quartefeuilles d'or, et un franc-quartier d'hermines.*

Seigneurs de la Vrillière

Louis Phelypeaux (second fils de Raymond Phelypeaux et de Claude Gobelin), secrétaire d'État en 1629, forme la branche des seigneurs de la Vrillière.

Deux chevaliers de Malte : Augustin Phelypeaux, mort en 1673. — Balthazar-Henri Phelypeaux, mort en 1709.

Seigneuries de la Vrillière, — de Châteauneuf-sur-Loire, — de Saint-Florentin. — d'Hervi.

Alliances : familles : Particelli, —

de Rochechouard, — de Fourci, — d'Aubuçon, — de Mailli, — de Brehand, — de Platen.

Armes : *D'azur, semé de quartefeuilles d'or, et un franc-quartier d'hermines*, qui est de Phelypeaux; *écartelé d'or, à trois maillets de sinople, posés deux et un*, qui est de Mailli.

Seigneurs de Pontchartrain

Paul Phelypeaux (quatrième fils de Louis Phelypeaux, seigneur de la Vrillière, et de Radegonde Garraut), secrétaire d'Etat, forme la branche des seigneurs de Pontchartrain.

Trois chevaliers de Malte : Paul-Jérome Phelypeaux de Pontchartrain (1703). — Jean-Frédéric Phelypeaux de Pontchartrain (1703), — et Charles-Henri Phelypeaux (1706).

Seigneuries de Pontchartrain, — de Maurepas, — de Palluau, — de Chefboutonne, — de Châteauneuf-sur-Cher.

Alliances : familles : de Beauharnois, — Maugot, — de Hodic, — Talon, — Bignon, — Habert, — de Meaupeou, — de la Rochefoucauld, — de l'Aubespine, — de Wateville, — Mazarini Mancini.

Armes : *D'azur, semé de quartefeuilles d'or, et un franc-quartier d'hermines.*

Seigneurs de Montlhéry et d'Outreville

Jean Phelypeaux (second fils de Louis Phelypeaux, seigneur de Pontchartrain, et de Marie-Suzanne Talon), conseiller d'Etat en 1693, forme la branche des seigneurs de Montlhéry et d'Outreville.

Seigneuries de Montlhéry, — d'Outreville.

Alliances : familles : de Beauharnois, — Voisin, — Gouffier.

Armes : *D'azur, semé de quartefeuilles d'or, et un franc-quartier d'hermines*, qui est de Phelypeaux; *écartelé d'argent, à trois lézards de sinople montants, deux et un*, qui est de Cotereau.

PICOT

Normandie

Michel-Julien Picot, écuyer, ensemble François-Louis Picot, écuyer, Michel Picot, écuyer, trois cousins demeurant à Saint-Mâlo, justifient leur filiation depuis

Olivier Picot (1477).

Sieurs de Closrivière

Seigneuries de la Barbotaie, — de la Briantaie, — de Bricourt, — de la Giguelaie, — de Malabri, — de Closrivière, — de Kériac, — de Saint-Buc.

Alliances : familles : Rolland, — Jocet, — Jourdan, — Morin, — Le Fer, — des Granges, — Michelot, — Brillault, — de Saint-Cirq, — Le Breton, — Colin, — Cochin, — Groult, — Boullain, — Joliff, — Eon, — Mascranni, — Trublet de Nermont.

Sieurs de Beauchesne

François-Louis Picot (cité en tête de l'article), fils de

Michel Picot (second fils de Michel Picot et de Marie Joliff).

Seigneurie de Beauchesne.

Alliances : familles : Joliff, — Vivien, — du Fresne.

Sieurs de Préménil

Michel Picot (cité en tête de l'article), petit-fils de

Noble homme Etienne Picot (second fils de Michel Picot et de Bertranne Groult) (1630), lieutenant-aide dans la fauconnerie de France.

Seigneurie de Préménil.

Alliances : familles : Le Fer, — Baulde, — Nouel.

Armes : *D'azur, à trois haches d'argent, posées deux et une; écartelé d'argent, à trois léopards de gueules, passants l'un au-dessus de l'autre.*

DE PINETON DE CHAMBRUN

Généralité de Montpellier — Diocèse de Mende

ALDEBERT DE PINETON DE CHAMBRUN, écuyer, justifie sa filiation depuis

JACQUES PINETON DE CHAMBRUN (vivant av. 1593).

Seigneuries de Lempéri, — de Recoulètes, — de Pommiers, — — de Villeret, — de Cénaret, — de Lareis, — des Hauts et des Bas Villars.

Alliances : familles : Baud, — Guiot, — de Seguin, — de Grangers.

Armes : *D'azur, à trois pommes de pin d'or, posées deux et une, les queues en haut,* qui est de Pineton ; *écartelé d'argent, à une aigle de sable, au vol abaissé,* qui est de Grangers.

DE PIOLENC

Généralité de Montpellier — Diocèse d'Uzès

FRANÇOIS DE PIOLENC, écuyer, justifie sa filiation depuis

JEAN DE PIOLENC, capitaine d'une compagnie de deux cents hommes de guerre à pied dans le régiment de la Roche (mort av. 1585)[1].

Seigneuries de Servas, — de la Motte.

Alliances : familles : Chapuis, — d'Oize, — Vanel, — de Gibert, — Mézerat.

Armes : *De gueules, à six épis de froment d'or, posés en pal, trois, deux et un, et une bordure de même engrêlée.*

[1] La Chesnaye commence la filiation à noble Girard de Piolenc, vivant en 1133. (E. B.)

PITOIS

Bourgogne et Nivernais

PIERRE PITOIS, écuyer, justifie sa filiation depuis

JEAN PITOIS, écuyer (1409).

Deux chevaliers de Malte : JEAN PITOIS (1498), — PIERRE PITOIS (1517).

Seigneuries de Monthelon, — de Souppèzes, — de Colonge-la-Madeleine, — de la Creuze, — de Mercurey, — de Charrecy, — de Lavault, — de Mimandes, — de Chaudenay, — de la Logette, — de la Charnaye, — de Cresteul, — de la Forest, — de Chaligny, — de Quincize, — — d'Estoulle, — de Bussy, — de Saint-Maurice.

Alliances : familles : d'Essauley, — de Chabannes, — de Fussey — de Charancy, — Brichard, — Cellérier, — de Marcilly, — de Lusy, — de Lespinasse, — de Malain, — Menessier, — Noël, — de Putillot, — Coujard, — Goussot, — Vaulcoret ou Vaucouret, — de Champs, — Gascoing, — de Torcy, — de Fradel, — Bourgoing, — de Paris, — Gevalois, — de Mung de la Ferté, — Brenot.

Armes : *D'azur, à une croix ancrée d'or.*

DES PLANQUES

Généralité de Caen — Diocèse de Coutances

GUILLAUME DES PLANQUES, écuyer, justifie sa filiation depuis

FRANÇOIS DES PLANQUES, lieutenant-général en l'élection de Caen, anobli en 1652.

Seigneuries de Lessei, — de la Ramée.

Armes : *D'azur, à une croix d'or, cantonnée de quatre pigeons de même, posés un dans chaque canton.*

PLUSBEL DE SAULES

Champagne

JEAN-CHARLES PLUSBEL, écuyer, justifie sa filiation depuis
CHRISTOPHE PLUSBEL, écuyer (1550).

Seigneuries de Grenant, — de Saules.

Alliances : familles : Le Nain, — Bocquin, — Maignien, — Girard de Chambrulard.

Armes : *D'azur, à un chevron d'or, accompagné de trois marguerites d'argent, deux et une.*

PLUVIÉ DE MÉNÉHOUARN

Bretagne — Évêché de Vannes

JEAN-BAPTISTE DE PLUVIÉ, écuyer, justifie sa filiation depuis
EON DE PLUVIÉ (1427).

Seigneuries de Kerdrého, — de Kernio, — de Ménéhouarn, — du Montoir, — de la Ville-Martel, — de Kerléau, — du Vieux-Château.

Alliances : familles : de Lopriac, — de Kermérien, — de Callac, — de Botmeur, — du Pou, — de Conquault, — de Chéverue ou Chévereu, — du Boesboexel, — de la Sauldraye, — de Launay, — Jégado, — de Botdéru, — de Kersandy, — Fleuriot, — Goyon, — Bizien, — Pezron, — du Bouestiez, — de La Pierre de Fremeur.

Armes : *De sable, à un chevron d'or, accompagné de trois roses de même, posées deux en chef et l'autre à la pointe de l'écu.*

DE PONS

Dauphiné

Noble CLAUDE DE PONS, justifie sa filiation depuis
Noble FRANÇOIS PONS (1468).

Seigneurie de Saint-Martin de Queyrière.

Alliances : familles : Baile de la Tour, — Emé, — Estieu, — Clavier, — Peytieu, — Courcier, — d'Aurelle, — Ferragut, — Celse, — de Villa, — Rostolan, — Eymeond, — d'Avrieux, — Roux de la Croix.

Armes : *Échiqueté d'argent et de sable, à un écu en cœur d'azur, à deux lions affrontés d'or, tenant un cœur de gueules, surmontés de trois étoiles d'or rangées en chef, et soutenus d'un croissant de même, posé à la pointe de l'écu.*

POTERAT

Champagne et à Paris

CLAUDE POTERAT, chevalier de Saint-Louis et des ordres de Notre-Dame du Mont-Carmel et de Saint-Lazare de Jérusalem, justifie sa filiation depuis
PIERRE POTERAT, écuyer (avant 1553)[1].

Seigneuries de Vauclos, — de Vieslaine, — de Batilly, — de Thurey, — de la Forge-Vallecons, — des Grand et Petit Vallecons, — de Chervin, — de la Forge, — d'Assenay, — de Mouchy-Saint-Eloy.

Alliances : familles : de Sens, — de Pleurs, — Le Gas, — de Lestre, — Fusart, — Yon, — Le Cornuat, — de Mauroy, — de Villeprouvée, — de Bourglabé, — Ludot, — Boillelot, — de Lévy, — de Jubert, — Mongin de Richebourg, — Paillot.

Armes : *De gueules, à un chevron d'or, accompagné de trois étoiles de même, posées deux en chef et une à la pointe de l'écu.*

DEVISE : *Prosperat tute.*

[1] La Chesnaye cite Jean, qui quitta Constantinople et se retira en Croatie, où il vécut en souverain (1204), et commence la filiation au bisaïeul de Pierre-Alexis, qui servait le roi de Hongrie en 1345. (E. B.)

DE POUILLI

Diocèse de Trèves.

Charles-Adrien de Pouilli, écuyer, justifie sa filiation depuis Guillaume de Pouilli (1443).

Seigneuries de Lançon, — de Binarville, — de Cornai, — de Fléville, — de Charmois, — de Stenai.

Alliance : famille de Herbemont.

Armes : *D'argent, à un lion d'azur.*

DE POUSSEMOTHE

Béarn, Paris et Bretagne

Charles-Antoine de Poussemothe, chevalier, lieutenant des vaisseaux du roi, justifie sa filiation depuis

Jacques de Poussemothe, chevalier, maître d'hôtel du roi de Navarre (av. 1459).

[Le nom de Poussemothe est connu dès 1367 par les comptes-rendus de Jean Clément, trésorier de Navarre, où figurent Henri de Poussemothe, 1367, et, après deux autres du même nom, Jacques de Poussemothe, l'auteur de la famille, 1459.]

Un chevalier de Malte : Charles-Antoine de Poussemothe de Thiersanville (1686).

Seigneuries de Salajuzan, — de Chénoust, — de Montbriseul, — de Thiersanville, — de Chenonteau, — de Ronquerolles, — de Vignezeul, — de la Motte.

Alliances : familles : de Lordat, — de Lusse, — de Polastron, — de Naillac, — Le Maupin, — Le Clerc, — de Belloy, — Rosée, — Ménard, — de Cirano, — Durand, — Bodin, — de Gennes.

Armes : *D'azur, à trois lis de jardin, grenés d'or, tigés et feuillés de sinople, posés deux et un.*

Seconde branche

Charles de Poussemothe, comte de Graville[1], justifie sa filiation depuis

Jean de Poussemothe (fils puîné de Jean de Poussemothe et de Geneviève le Maupin) (1595).

Deux chevaliers de Malte : Jean-Baptiste de Poussemothe de l'Estoile-Graville, chevalier non profès (1720); Louis-Armand de Poussemothe de l'Estoile-Graville (1725).

Seigneuries de Chenoust, — de Montbriseul, — de Graville, — Chenonteau, — de la Rissaudière, — de Tournensić, — d'Héricy, — du Mesnil.

Alliances : familles : de l'Estoile, — Hennequin, — Bouette, — Regnault, — de Montmorency, — de la Grange-Trianon, — de Paris, — de La Salle.

Armes : *D'azur, à trois lis de jardin d'argent, grenés d'or, tigés et feuillés de sinople, et posés deux et un; la pointe de l'écu entée de sable, à une étoile d'or.*

DE PRACOMTAL

Dauphiné et Nivernais

Léonor-Armand de Pracomtal, appelé le marquis de Pracomtal, chevalier de Saint-Louis, justifie sa filiation depuis

Rostaing de Pracomtal (1258).

Seigneuries d'Ouche, — d'Espeluche, — de Montboucher, — d'Ancone, — de Château-Sablier, — de Pracomtal, — de Gimar, — de Sénevas, — de Saint-Romain, — de Chaignon, — de Valflorie, — de Chatillon, — de Bernière, — du Breuil, — de Luis, — de Vesvre, — de Rouy, — de Chevanne-Gazeau, — de Moussy, — de Busseaux.

Alliances : familles : Florence ou Florent, — de Cruas, — Mercier, — Etienne, — Audoard, — Baile, — Rainaud, — de La Bastie-Roland, — de Chambaud,

[1] Érection en octobre 1685.

— La Rode ou La Roue, — de Bologné, — de l'Espine, — de Lhère, — Roux, — de Clavey-son, — de Mons de Velheu, — Sicard de Cublèzes, — Arod ou Harod, — d'Armes, — de Mornay de Montchevreuil, — d'Hugues, — Boucher d'Orsay, — Bloquel de Croix.

Seconde branche

Louise de Pracomtal, épouse de François Damas, justifie sa filiation depuis

Pons de Pracomtal (second fils de Guillaume de Pracomtal), auteur de cette branche (1323).

Un chevalier de Malte : Pierre de Pracomtal (1534).

Seigneuries de Château-Sablier. — du Charvène, — de Soussey, — de Beurisot, — de Saint-Beuri, — de Roche-en-Valois, — de Saint-Thibaut, — de Rochères.

Alliances : familles : de Cruas, — Ardenc, — de Montluel, — Lambert, — de Montfaucon, — Audoard, — de Rochefort, — de Mornant, — Baile, — Précie ou Pressie, — de Vaesc ou Vesc, — Grange, — Félice, — de Micheaulx, — de Luc, — de Besignan, — de l'Espine, — de l'Auberge, — de Poupet, — de Cléron, — de Saulx, — de Cluny, — de Bourbon-Busset, — Damas.

Armes : *D'or, au chef d'azur, chargé de trois fleurs de lis d'or.*

PREVOST

Paris et Bretagne

Jacques Prévost, écuyer, justifie sa filiation depuis

Robert Prévost, écuyer (vers 1654) [1].

[1] La Chesnaye commence à Jean, président au parlement de Paris (1530), aïeul de Robert.

Autres familles : Prévost de Sennes et de Poitiers; Prévost du Bec de la Vraye en Normandie, Prévost de Saint-Cyr, à Paris. (E. B.)

Seigneuries de Montreuil, — du Péreux, — de Fontaines, — de la Boissière, — de la Croix, — de Pressigny.

Alliances : familles : Pezant, — de l'Epine, — de Salins, — Vincent, — Acart, — de Sennecé, — Lestobec, — Carrérot.

Armes : *Tiercé, au premier d'azur, à un croissant d'argent; au second d'or, à trois étoiles d'azur; et au troisième de sable, à une sirène d'argent.*

PROST

Lyonnais

Étienne Prost, écuyer, justifie sa filiation depuis

Louis Prost, échevin de Lyon en 1583 et 1589.

Un chevalier de Malte : Sébastien Prost (1643).

Seigneurie de Grangeblanche.

Alliances : familles : Rubat, — Chevallier, — de Blangellis, — Paquet, — Giroud, — d'Ambournay, — Chardon, — Cochardet, — Le Blanc, — Gaultier, — Bourgelat.

Armes : *De gueules, à deux chevrons d'or, et un chef d'azur, chargé de deux étoiles d'or.*

DE PRUNIER

Dauphiné

Seigneurs de Saint-André

René-Ismidon-Nicolas de Prunier de Saint-André, chevalier de Saint-Louis, justifie sa filiation depuis

Noble homme Jean Prunier (1521).

Deux chevaliers de Malte : Joseph-Alexandre de Prunier de Bochaine (1681). — Joseph de Prunier de Saint-André (1700).

Seigneuries de Fouchaut, — de Grigny, — d'Agnières, — de la Buissière, — de Cuzieu, — de Bourgoin, — de Champeverse,

— de la Salle, — des Vaux, — de Quincieu, — de Montavit, — de Saint-André de Bochaine, — de Virieu, — de Saint-André en Rozans, — de Saint-Julien, — d'Agnielles, — d'Auberive de Presles, — de Bellecombe.

Alliances : familles : Rolland, — Fournier, — de Renouard, — Henri, — de Bellièvre, — de la Colombière, — Allemand de Laval, — de Bullioud, — de Chabo, — de la Porte-l'Artaudière, — de Simiane, — Pascal du Colombier, — de la Tourette, — de Montchenu, — de Virieux, — de Bazemont, — de Vachon, — de la Poippe, — du Faure, — de Sassenage, — de Forbin, — de la Croix-de-Chevrières de Saint-Vallier, — Cuchet, — de Beauvais.

Seconde branche

SEIGNEURS DE LEMPS

JEAN-BAPTISTE DE PRUNIER DE LEMPS, capitaine au régiment de Bretagne, justifie sa filiation depuis

ADRIEN DE PRUNIER, frère puîné de LAURENT DE PRUNIER DE SAINT-ANDRÉ (fils de ARTHUR DE PRUNIER DE SAINT-ANDRÉ et de HONORADE DE SIMIANE) (1621).

Deux chevaliers de Malte : NICOLAS (1687), et NICOLAS-FRANÇOIS DE PRUNIER DE LEMPS (1715).

Seigneuries de Lemps, — d'Agnières, — de la Cluze, — de Maubourg.

Alliances : familles : de Roux, — de Morges, — Blanc, — de Montchenu, — d'Arces de Morand, — de la Croix-de-Chevrières de Saint-Vallier.

Armes : *De gueules, à une tour d'argent, crénelée et sommée d'un donjon de même.*

PUGNET

Généralité de Poitiers—Diocèse de la Rochelle

JACQUES PUGNET, écuyer, fut maintenu dans sa noblesse par ordonnance du 16 août 1700.

Seigneurie de Boisvert.

Alliance : famille Moreau.

Armes : *De gueules, à une fasce d'argent, accompagnée en chef de deux javelots de même, et en pointe d'un croissant aussi d'argent.*

DU PUIS

Hainaut

PHILIPPE-EMMANUEL-JOSEPH DU PUIS, écuyer, petit-fils de

HENRI DU PUIS, échevin de la ville de Mons, anobli par lettres-patentes de Charles II, roi d'Espagne (1678), pour les « bons devoirs et assistances qu'il avait rendus pour la défense de la ville de Mons durant le dernier blocus des Français, et d'autres services ci-devant rendus. »

Alliances : familles : Lixon, — Poschet.

Armes : *De gueules, à une bande engrêlée d'argent, chargée de trois flammes de gueules.*

QUARRÉ D'ALIGNY

Bourgogne

PHILIPPE QUARRÉ D'ALIGNY, capitaine au régiment d'infanterie de Perrin, justifie sa filiation depuis

FRANÇOIS QUARRÉ, qualifié noble (1583).

[Cette famille se dit descendue de Huguenin Quarré, mari de Guillemette de Maupertuis, vivant longtemps avant 1412][1].

Deux chevaliers de Malte : ÉTIENNE QUARRÉ DE CHASTEAU-REGNAULT (1641), — ETIENNE QUARRÉ D'ALIGNY (1665).

Seigneuries de Château-Regnault, — de Loisy, — de Reglois, — de Gouloux, — de Bazole, — de

[1] La Chesnaye fait vivre Huguenin en 1302.

Fétigny, — de Chaumien, — de Jully, — de Guise, — d'Aligny, — de Montregard, — de Bouze, — de Chevane, — de Manlay, — de la Chaux, — de Malpertuy, — de Souvert, — de Fontaine, — de Mimaude, — de Vaublanc.

Alliances : familles : de Boucandaut ou Boucanseau, — Berbis, — de La Perrière, — Jacquot, — Potot, — Langlois, — de Renèves, — Arvisenet, — de La Croix, — de La Grange, — Bouhardet, — Nicolas, — de Perreault, — de Montessus, — d'Anstrude, — Damoiseau, — Buffot de Millery, — de Mauroy.

Armes : *Échiqueté d'argent et d'azur, et un chef d'or, chargé d'un lion de sable, lampassé de gueules.*

DE QUELEN

Province de Bretagne — Évêché de Tréguier

Maurille-Louis de Quelen, écuyer, justifie sa filiation depuis René de Quelen, écuyer (1540)[1].

Seigneuries de Quelen, — de la Ville-Chevalier, — de Quintillic, — de la Roche Saint-Bihi, — de Saint-Bihi, — de Murs en Anjou, — de Mauni, — de Pellen, — de la Grange.

Alliances : familles : Berthou, — Josson, — Henri, — Visdelou, — Jourdain, — Quatrebarbes.

Armes : *Burelé d'argent et de gueules, de dix pièces.*

QUEMPER

Bretagne — Évêché de Tréguier

Yves-Joseph-Jacques Quemper, écuyer, justifie sa filiation depuis

Jean Quemper (mort avant 1498).

[1] La Chesnaye cite deux familles de Quelen au diocèse de Saint-Brieuc ; l'une connue dès 1278 ; l'autre, dont il s'agit ici, commence à Jean, seigneur de Druitais, en 1371. (E.B.)

Seigneuries de Lanascol, — de la Lande, — de Ploumilio, — de Kermengui, — de Kergadiou, — de la Garenne.

Alliances : familles : de Cleux, — Urvoi, — du Coskaer, — de Goesbriand, — de Quelen, — Le Lagadec, — Berard, — Le Leizour.

Armes : *D'argent, à un léopard de sable, et trois étoiles de même posées en chef.*

QUESNEAU

Armand-François Quesneau, chevalier de Saint-Louis, ingénieur du roi, résident en chef à Douai, fut anobli par lettres-patentes données à Versailles au mois d'octobre 1723, en considération de ses services militaires et de son habileté stratégique.

Seigneurie de Clermont.

Armes : *D'azur, à un chevron d'or, accompagné en chef de trois étoiles de même, posées deux et une, et en pointe d'une canne aussi d'or.*

DU QUESNOI

Généralité d'Amiens — Diocèse de Boulogne-sur-Mer

François du Quesnoi, écuyer, fut maintenu dans sa noblesse par ordonnance du 4 octobre 1698, il justifia sa filiation depuis

Jean du Quesnoi, écuyer (1495).

Seigneuries des Cœulles, — du Quesnoi en Boulenois, — de Resti, — de Saint-Martin en Preure.

Alliances : familles : de Resti, — d'Acheux.

Armes : *D'or, à une aigle de sable, les ailes étendues.*

DU QUESNOY

Roumois et Basse-Normandie

[D'Hozier cite plusieurs personnages de ce nom, avant l'auteur du premier degré; le premier d'entre eux vivait en 1181.]

GASPARD DU QUESNOY (1650), écuyer, aide de camp aux armées du roi, justifie sa filiation depuis

JEAN DU QUESNOY OU DU QUESNAY, chevalier (1378).

Seigneuries du Quesnoy, — de Varneville-aux-Grès, — de la Haye, — du Plessis, — du Tuit Hébert, — de l'Espinay, — de la Cauchée, — des Rotiers, — de Feugueray, — de la Heuze, — de la Métairie, — de Boscbénard Cressy, — de Hodenc, — d'Aumale, de Boissay, — de Chanceaux, — des Aunais, — de Boispezats.

Alliances : familles: La Hautemaison, — de La Heuze, — de Franqueville, — de La Cauchée, — de Malleville, — de Vivefay, — de Craménil, — Doullé, — de La Haye, — Bourse, — de Pelletot, — de Martainville, — de Bautot, — de Lespine, — Vauquelin, — de Flancourt, — de La Moricière, — Le Gras, — de Bernières, — Boullais, — du Boscrenoult, — de Saint-Philbert, — Miée du Guespré.

Seconde branche

MARQUIS DU QUESNOY[1]

JACQUES DU QUESNOY justifie sa filiation depuis

ROBERT DU QUESNOY, écuyer (fils de ROBERT DU QUESNOY et de FRANÇOISE DE LA HAYE, sa seconde femme) (1568).

Seigneuries du Quesnoy, — de Saint-Martin-des-Champs, — de la Chaussonnière, — de la Louvetière, — de Chambeure, — de Verdun, — de la Porte, — du Plessis, — de la Grimaudière, — de la Réauté, — de la Courterie, — de Saint-Loup, — de la Coulome, — de la Ridellière, — de Baffert, — de la Godefroy, — de Clinchamps, — de la Jourdannière, — de Loraille, — de la Tiercerie, — du Pontfarcy.

Alliances : familles : Vivien, — de Saint-Germain, — de Crennes, — de Gouvetz de Clinchamp, — de Saint-Reny-Verduc, — Juhellé de Martilly.

Armes : *D'argent, à un lion de gueules, accompagné de neuf glands de sinople.*

[1] Érection en juillet 1714.

QUIERET

Généralité d'Amiens — Élection de Montdidier

ADRIEN QUIERET, écuyer, justifie sa filiation depuis

JEAN QUIERET, écuyer (1526)[1].

Seigneuries de Rionville, — du Quesnoi.

Alliances : familles : Picard, — Le Vasseur, — du Mesge, — de Mailloc.

Armes : *D'hermines, à trois fleurs de lis de gueules, posées deux et une, les pieds coupés.*

DE QUINCARNON

Généralité de Rouen — Diocèse d'Évreux

LOUIS-JEAN-BAPTISTE DE QUINCARNON, écuyer, justifie sa filiation depuis

JACQUES DE QUINCARNON (avant 1539)[2]

Seigneuries de Boissi, — des Ernolus, — de Moronville, — de la Salle, — de la Chapelle, — des Rousseaux.

Alliances : familles : Gouhier, — de Glapion, — du Rouil, — du Valet, — Henri, — Amelin, — de Bois-l'Évesque.

Armes : *D'argent, à trois trèfles de sinople, posés deux et un.*

[1] Hugues Quiéret, seigneur de la Tour en Vimeu, mort dans un combat naval contre les Anglais en 1340.

[2] Pierre de Quincarnon, seigneur des Rousseaux, 1410.

DE QUINEMONT

Généralité de Tours — Diocèse de Tours

Louis-Ours de Quinemont, écuyer, justifie sa filiation depuis
Androt de Quinemont, écuyer, archer de la garde du corps du roi Louis XI (1483).

Seigneuries de Varennes, — de Baugé, — de la Guénerie, — de la Croix, — des Cantelleries, — de Saint-Senoc.

Alliances : familles : Bodin, — Gervais de Salvert, — Chaspoux, — de Choupes, — de Saint-Père, — Fumée, — de Nepveto.

Armes : *D'azur, à un chevron d'argent, accompagné de trois fleurs de lis d'or, les pieds coupés, et posées deux en chef, et l'autre à la pointe de l'écu.*

DE QUIQUERAN DE BEAUJEU

Provence

Louis de Quiqueran de Beaujeu, justifie sa filiation depuis
Jean de Quiqueran, chevalier (1469).

Trois chevaliers de Malte : Honoré de Quiqueran, mort en 1642, — Jean de Quiqueran, mort en 1646, — Paul-Antoine de Quiqueran, mort en 1689.

Seigneurie de Beaujeu.

Alliances : familles : de Castellane, — Cais, — de Meiran, — de Thieuloi, — de La Rivière, — de Foresta, — de Bécherand, — de Lieutaud.

Seconde branche

Honoré de Quiqueran de Beaujeu, écuyer (fils de François de Quiqueran et d'Isabeau de Thieuloi), auteur de cette branche (1644).

Jacques et autre Jacques de Quiqueran, chevaliers de Malte (1657).

Seigneurie de Beaujeu.

Alliances : familles : de Grille, — de Léotaud, — de Portes.

Armes : *Écartelé d'or et d'azur, le trait du coupé émanché de deux pièces et deux demies de l'un en l'autre.*

DE RACAPÉ

Anjou

Henri-François de Racapé, écuyer, créé marquis de Magnane en 1701, justifie sa filiation depuis
Jean Racapé, écuyer (1419).

Seigneuries de Ménil, — de Magnane, — de Brézé, — de Bressaut, — de Taigné, — du Vau, — de la Goderie.

Alliances : familles : Milet, — Cornuau, — Marest, — Le Roux, — Samson, — de Panentais, — Esperon, — de Brie, — de La Faucille, — de Champagné.

SEIGNEURS DE LA BRISAIE ET DE CHEVIGNÉ

René de Racapé, écuyer (second fils de René de Racapé et de Suzanne Le Roux), est auteur de cette branche (1662).

Seigneuries de la Brisaie, — de Chevigné.

Alliances : familles : Chalopin, — de l'Etoile.

Armes : *De sable, à six rocs d'échiquier d'argent à l'antique, posés trois, deux et un.*

DE RAIMONDIS

Provence

Joseph de Raimondis, écuyer, justifie sa filiation depuis
Laugier Raimond, nommé noble (av. 1563).

Seigneuries d'Alons, — de Roquebrune, — de la Pène, — de Salettes.

Alliances : familles : Baruéti, — de Glandevez, — de Gardenc, — d'Amalric, — Raphaël.

Armes : *D'or, à trois fasces d'azur, et trois aigles de sable à deux* *têtes, les ailes étendues, posées entre les dernières fasces de l'écu.*

DE RAMADE DE FRIAC

Vicomté de Turenne, en Limousin

Charles de Ramade, écuyer, et Jean-Mercure de Ramade, écuyer, son frère, justifient leur filiation depuis

Jean Ramade ou de Ramade, écuyer (1634).

Seigneuries de Friac, — de Traversac, — du Claux, — de la Combette.

Alliances : familles : de Termes, — de Chourrinis, — de la Feuillade, — de Chabrignac, — Grœfeuilhe de la Valette, — Jouffré de Chabrignac.

Armes : *D'argent, à un chevron de gueules, accompagné en chef de trois étoiles de même, posées une et deux, et en pointe d'un arbre de sinople arraché.*

RAMEY

Forez et Champagne

François-Vital-Marie Ramey, écuyer, justifie sa filiation depuis Claude Ramey, écuyer (1639)[1].

Seigneuries d'Arfeuilles, — de Sugny, — de Grénieux, — de la Brosse, — de Montloup.

Alliances : familles : Chassain, — Chaslon, — de Chastre, — du Roure, — de Vaurillon de l'Estang.

Armes : *D'azur, à une bande d'argent.*

DE RANCONNET

Périgord

Antoine-René de Ranconnet, écuyer, justifie sa filiation depuis

François de Ranconnet, écuyer (1538).

[1] Maintenue du 28 avril 1671. (E. B.)

Seigneuries de Noyan, — d'Escoire, — de la Rocheguénec, — de Monroy, — de Saint-Médard, — du Rocher, — de Polignac.

Alliances : familles : de Rayer, — d'Aidie, — d'Hautefort, — du Chesne, — de Clermont, — d'Espagne, — de Polignac, — de la Foucaudie, — de Gimel, — d'Abzac de la Douze.

Armes : *De gueules, à une fasce d'argent, surmontée d'un taureau d'or passant.*

DE RASTEL DE ROCHEBLAVE

Dauphiné

Joseph-Jacques-Arthur de Rastel de Rocheblave, lieutenant dans le régiment de l'Isle de France, justifie sa filiation depuis

Raimond de Rastel, chevalier (1267).

Seigneuries de Rocheblave, — de Montolieu, — de la Bastie-Costechaude, — du Montroc, — de Curel, — de Vitrolle, — de Savournon.

Alliances : familles : Plasiane, — Sibille ou Massibille, — de Chaudebonne, — d'Ayroles, — d'Arnoux, — Rossine (Rossin ou Roussin), — Guilhe, — de La Tour, — de Cavaillon, — Boutin, — de Sillol, — de Bouffier, Artaud de Montauban, — de Lombard, — de Dillon, — de Massia, — Bertrand.

Armes : *D'azur, à un pal d'argent, ratelé de sable (ou à dents de rateau), soutenu par deux lions d'or, affrontés, lampassés et onglés de gueules.*

DE RAVENEL

Originaire de Picardie, établie en Bretagne

Théodore-Jean-Baptiste de Ravenel du Bois-Teilleul, conseiller au parlement de Rennes, justifie sa filiation depuis

Pierre Ravenel, chevalier (1440).

Seigneuries de Broys, — de Saint-Remi, — de Saint-Martin-Napz, — de Neuville, — du Perray, — de la Brouardière, — du Bois-guy, — du Bois-Teilleul, — de Boisfaroge.

Alliances : familles : Poinclain, — de Savigni, — des Orties, — Guesdon, — de Gennes, — Grislet, — de Farci, — des Champs, — Dampierre, — Bedée, — de Broise.

Deuxième branche

CHARLES-ANNIBAL-HIPPOLYTE DE RAVENEL, écuyer, justifie sa filiation depuis

LUC RAVENEL, écuyer (second fils de JEAN RAVENEL et de JEANNE GRISLET) (1651).

Seigneuries de Seran, — de Monterfil.

Alliances : familles : de Gennes, — Busnel, — Petiot, — de Chastenet.

Armes : *De gueules, à six croissants d'or, posés deux, deux et deux, surmontés chacun d'une étoile de même, et une étoile aussi d'or à la pointe de l'écu.*

DE RECHIGNEVOISIN DE GURON

Poitou

[D'Hozier cite le premier personnage de ce nom comme vivant en 1321.]

GABRIEL DE RECHIGNEVOISIN, écuyer (1660), remonte par sa filiation à

GUILLAUME DE RECHIGNEVOISIN, écuyer (1402).

Un chevalier de Malte : JEAN DE RECHIGNEVOISIN (1626).

Seigneuries de Guron, — de Rechignevoisin, — de la Roussière, — de la Cueille ou Queuille, — de la Roulière, — de la Maisonneuve.

Alliances : familles : Martin, — de La Celle, — Choisy, — de Besdon, — de Fay, — de Choisy, — de Puygirault, — Partenay, — d'Elbenne, — Chevallier, — Fleury, — de Brillac, — Brisson.

Deuxième branche

SEIGNEURS DE GURON

RENÉ DE RECHIGNEVOISIN, écuyer, justifie sa filiation depuis

ANTOINE DE RECHIGNEVOISIN, écuyer (troisième fils de PIERRE DE RECHIGNEVOISIN et de JEANNE DE LA CELLE) (1481).

Seigneuries de Guron, — de Fonssallemoys, — des Loges, — de Chassenon, — de Pénoreau, — de Monts-en-Prahec, — de la Grande-Epine, — de Loubille, — de Gurat, — de la Roussière, — de la Maisonneuve, — de Quinçay, — de la Madelène, — de Caunay, — de la Roche de Champeaux, — de Breuillac.

Alliances : familles : Rousseau, — — de Fay, — l'Evesque, — Darot, — Rorteau, — Favereau, — Guérin, — de Lestang, — de Nossay, — Bonnin, — Frottier, — Marrois, — d'Angoulesme, — Chevallier, — d'Albain, — de Marconnois de La Calotte, — de Castellane, — d'Anché, — du Pin, — Jourdain, — Garnier, — Jousserant de Lairé, — Juliot, — Du Rousseau.

Troisième branche

SEIGNEURS DES LOGES

CHARLES DE RECHIGNEVOISIN, petit-fils de

BERNARD DE RECHIGNEVOISIN, écuyer (fils de LOUIS DE RECHIGNEVOISIN et de JEANNE DE NOSSAY, sa seconde femme) (1582).

Seigneuries des Loges, — des Marais.

Alliances : familles : de La Béraudière, — de Massif, — Richer, — Le Pelletier, — Garnier, — Bruneau, — de Berlaymont, — de

Lescours, — de Nolay, — Van der Myle, — de Golstein.

Branche des seigneurs de Riadou,

Dont on n'a point trouvé la jonction avec les autres.

Jean de Rechignevoisin, écuyer (1580), fils de

Jean de Rechignevoisin, écuyer (1561).

Seigneuries de la Lande, — du Riadou.

Alliances : familles : de Vérinne, — de Vivonne, — Favereau, — Couraud, — du Rieu.

Armes : *De gueules, à une fleur de lis d'argent.*

DE RÉCOURT

Flandre

Ferdinand-Roch-Jean de Récourt de Lens de Licques, capitaine de dragons (1688), justifie sa filiation depuis

Jean de Récourt de Lens, chevalier (1429).

[D'Hozier renvoie à l'article de Charles de Récourt, amiral de France (1418), inséré dans le tome VII de l'*Histoire des Grands Officiers de la couronne*, par le P. Anselme.]

Seigneuries de Licques, — de Boninghen, — de Rodelinghen.

Alliance : famille Le Sart.

Armes : *Écartelé, aux 1 et 4 d'or, contre-écartelé de sable*, qui est de Lens; *aux 2 et 3 de gueules, à trois bandes de vair, et un chef d'or*, qui est de Récourt.

DE REDON

Condomois et Agenois

Noble Sébastien de Redon, écuyer, mousquetaire du roi, justifie sa filiation depuis

Noble Robert de Redon, écuyer (1521).

Un chevalier de Malte : Jean de Redon (1612).

Seigneuries de Limport, — des Fossés, — de Blanval, — d'Auriolle, — de Mausonville.

Alliances : familles : de Brucelles, — de Ram, — de Raymond, — de Goudail, — de Cieutat, — du Cause, — de Molère, — de Cambefort, — de Boyssonnade, — de Vesin, — d'Anglade, — Gueymus, — Mourlan, — du Long.

Deuxième branche

Géraud de Redon, justifie sa filiation (1698) depuis

Noble Jean de Redon, écuyer (second fils de Florimond de Redon et de Tècle de Cieutat) (1614).

Seigneurie de Laval.

Alliances : familles : de Laval, — de Verdier, — de Craissac.

Troisième branche

Jean de Redon, écuyer, conseiller du roi, justifie sa filiation depuis

Noble Laurent de Redon (troisième fils de Florimond de Redon et de Tècle de Cieutat) (1619).

Seigneuries de Saint-Jean.

Alliances : familles : de Chémillac, — du May, — de Roche, — Despans de Sainte-Colombe, — de Basignau, — du Gout.

Quatrième branche

Jean-Joseph de Redon, écuyer, lieutenant dans le régiment de la marine, justifie sa filiation depuis

Noble Charles de Redon (cinquième fils de Florimond de Redon et de Tècle de Cieutat) (1624).

Seigneurie de Montplaisir.

Alliances : familles : d'Anglade, — de Lescout, — d'Esparbès de Lussan, — Davach, — de Noé, — de Métau, — de Montméjan, — Tardieu, — de Bap de Pélambert.

Cinquième branche

Jean-Joseph de Redon de Las

Cassagnes, lieutenant-colonel du régiment de Beauvoisis, justifie sa filiation depuis

Noble Charles de Redon, écuyer (huitième fils de Pierre de Redon et de Jeanne de Ram) (1594).

Seigneuries de Tort, — de Las-Cassagnes.

Alliances : familles : de Fignat, — Calbiac.

Armes : *D'azur, à deux tours d'argent, posées l'une à côté de l'autre.*

REGNAULT

Paris

François Regnault, quartenier et consul de la ville de Paris, fut anobli par lettres-patentes en forme de charte, du mois de décembre 1720, en considération des qualités et du zèle dont il avait fait preuve dans l'exercice de sa charge.

Armes : *D'azur, à une tête et col de renard d'or, posés de profil, et surmontés de deux branches de chêne aussi d'or, passées en sautoir.*

DE REIDELLET

Bugey

Claude-Charles de Reidellet, chevalier de Saint-Louis, brigadier de la compagnie des chevau-légers du roi, fut anobli par lettres-patentes en forme de charte, de mai 1723, en considération de ses services militaires, et de ceux de ses ancêtres.

Seigneurie de Chavagnac.

Armes : *D'azur, à un lion d'argent, et une fasce de gueules, posée sur le tout, et chargée de deux étoiles d'or.*

DE REINES

Languedoc — Diocèse d'Albi

Géraud de Reines, écuyer, justifie sa filiation depuis

Noble Jacques de Reines (1536).

Seigneuries de la Dresche, — d'Ausseron de Montfort.

Alliances : familles : de Tournier, — du Puis, — d'Alary, — Matry, — de Brandouin de Balagnier, — de Genton.

Armes : *De gueules, à un chevron d'or, accompagné en chef de deux tours d'argent, et en pointe d'une croix de Toulouse de même, vidée, cléchée et pommettée, posée à la pointe de l'écu.*

DE RÉMÉON

Coudomois et Vendômois

Claude de Réméon, écuyer, justifie sa filiation depuis

Philippe de Réméon, écuyer (av. 1551).

Seigneuries de Moquet, — de Chapdasne, — de Saint-Firmin, — des Prés, — de l'Isle, — d'Orval.

Alliances : familles : Colheux, — Le Roux, — de Vernaison, — Cellier, — Viau, — des Champs, — de Rémilli.

Armes : *D'or, à un chevron de gueules, accompagné en chef de deux étoiles d'azur, et en pointe d'un pin de sinople, sur une terrasse de même, mouvante de la pointe de l'écu.*

RÉMOND

Bourgogne, Champagne et Paris

Joseph-François Rémond, écuyer, justifie sa filiation depuis

Jacob Rémond (1345).

Seigneuries de Bréviande, — de Fontenotte, — du Pré-Fauveau, — de Béneuvre, — de la Maladière, — du Fauxbourg Saint-Léger-lez-Châtillon, — de Thoires, — de Brion, — de Tiercevile, — d'Ormoy.

Alliances : familles : Le Goux, — Blin, — Bouvot, — de Hors, — Aigneau ou Aignel, — Saumaize, — de Gaud, — de Vienne, —

Fichot, — Arson, — Bégat, — le Grand, — de Nogent, — de La Baulme, — Michault, — Boulenger, — Régnier, — Logerot, — Velvot, — Parisot, — Andrieu, — Duneau, — de Gissey, — Lambert, — Soirot, — Collinot, — Moreau, — Daguier, — Morel, — Héliot, — Nicaise, — Le Grand de Rochepoise, — Le Grand de Sainte-Colombe, — Trémisot.

Seconde branche

JOSEPH-RÉMOND, écuyer, fils de NICOLAS RÉMOND, écuyer, capitaine d'infanterie au régiment de Mondejeux (second fils de JEAN RÉMOND et D'ODETTE LOGEROT) (1656).

Seigneuries de la Colombière, — de Massuot.

Alliances : familles : Boulenger, — Du Val, — Millelot.

Troisième branche

CLAUDE-HENRY RÉMOND, écuyer, justifie sa filiation depuis

Noble BONAVENTURE RÉMOND, écuyer (troisième fils d'EDME RÉMOND et de MARIE FICHOT) (1611).

Seigneuries de Vauxfontaine, — d'Estrochey, — de Beauregard, — de Praslay, — de Verneuil, — de Chauvirey, — de Réveillon, — de Couchey.

Alliances : familles : Chasot, — de Ganay, — Thierry, — Joly, — le Foul, — Grillot, — Bauyn, — Languet, — Févret.

Quatrième branche

PIERRE RÉMOND, écuyer, capitaine au régiment de Bourgogne, fils de

CLAUDE RÉMOND, écuyer (cinquième fils d'EDME RÉMOND et de MARIE FICHOT) (1611).

Seigneuries de Fauxbourg de la Maladerie, — de Châtillon, — du Petit-Maigny, — de Chaumény, — de Blumery, — d'Humberrin, — de Sancey.

Alliances : familles : Dacier, — Petit, — de Maigny de Saint-Simon, — Paillet, — D'Origny, — de Goyzel ou Goiselle.

Cinquième branche

FRANÇOIS RÉMOND, mestre de camp de cavalerie, chevalier, justifie sa filiation depuis

JEAN RÉMOND, écuyer (troisième fils de JEAN RÉMOND et de JEANNE LE GOUX) (1521).

Seigneuries de Bréviande, — des Bruyères, — de la Cassine, — de Montmort, — de Lucy, — de Saint-Mard, — de la Corre.

Alliances : familles : Le Chat, — Thomelin, — de Coussin, — de La Croix, — Logerot, — Brocard, — Petitpied, — du Chassy, — le Borgnat, — Brenot ou Brevot, — Guillaumot, — Hennequin, — Le Boucherat, — de Conigan, — Payen, — Rallu, — Senaut, — Méliant, — d'Estampes, — Apoil, — Fauvel, — Vidaud du Dognon.

Sixième branche

JACQUES-GUICHARD RÉMOND, écuyer, justifie sa filiation depuis

GEORGES RÉMOND, écuyer (troisième fils de PIERRE RÉMOND et de GABRIELLE BROCARD) (1603).

Seigneuries de Malassise, — de Château-Chinon.

Alliances : familles : Guichard, — Collinet, — Michelin, — Babelin, — Tétel.

Septième branche

JACQUES RÉMOND, écuyer, fermier général du roi, fils de

JACQUES RÉMOND, écuyer (second fils de GEORGES RÉMOND et de JACQUETTE GUICHARD) (1638).

Seigneuries de la Renouillière, — des Cours, — de Bercenay, — de Périers, — de Bréviande, — de Croncets.

Alliances : familles : Baillot, — Fouquet.

Armes : *De gueules, à trois roses d'argent posées deux et une.*

DE RÉMOND-MODÈNE

Provence et Comtat-Venaissin

Melchior-Joseph de Rémond-Modène (aussi orthographié Raimondi et Raimond), chevalier de Malte en 1703, puis page de la petite écurie en 1711, justifie sa filiation depuis
Huguenin Rémond, juge de la ville de Beaucaire (1452).
Cinq autres chevaliers de Malte : Jean Rémond (1550), — Antoine Rémond (1552), — Conrad de Rémond (1641), — Conrad de Rémond (1677), — Pierre de Rémond (1714).

Seigneuries de Pomérols, — de Modène, — de la Roque, — de Durbans, — de Caumont.

Alliances : familles : de Venasque, —de Saint-Martin,—de Villeneuve, — de Panisse, — de Montlaur, — Faure de Vercors, — de Reinaud, — Baralier, — du Pré, — d'Albertas, — de Vogué, — de la Tude de Ganges.

SEIGNEURS DE MODÈNE

Joseph-Antoine-Bernard de Rémond de Modène, page de la petite écurie (1730), justifie sa filiation depuis
Laurent Rémond, écuyer (second fils de François Rémond et de Sibile de Saint-Martin) (1566).
Trois chevaliers de Malte : Jean-Baptiste de Rémond (1633), — François de Rémond (1680), — Paul-Cajetan de Rémond (vers 1700).

Seigneurie de Modène.

Alliances : familles : Gautier, — d'Allemand, — de la Baume-Suze, — Lhermite, — Motier, — d'Alègre, — de Maistral de Montdragon, — de Gevaudan, — de Roland, — de Guilhem de Pascalis, — d'Orléans de la Motte.

Armes : *D'argent, à une croix de gueules, chargée de cinq coquilles d'argent.*

DE RETZ DE BRESSOLLES

Généralité de Riom — Diocèse de Saint-Flou r

Jacques de Retz de Bressolles, écuyer, justifie sa filiation depuis
Antoine Retz, écuyer (1526).

Seigneuries de Chaminade, — de la Ville de Serverette, — du Réroux, — de Bressolles, — de la Bussière, — du Crouzet, — de Servières, — d'Albenac.

Alliances : familles : Barthélemi, — Blanc du Bos, — de Besse, — de Chapelu, — Pélissier, — de Bressolles.

Armes : *D'azur, à un chevron d'or, accompagné en chef de deux étoiles de même, et en pointe d'une épée d'argent posée en pal, la pointe en bas.*

DE RÉVILLIASC [1]

Dauphiné

Joseph-Pierre de Révilliasc, écuyer, page de la grande écurie du roi (1752), justifie sa filiation depuis
Manfred de Révilliasc, qualifié noble seigneur (1378).

Seigneuries de Révilliasc, — de Lauset, — d'Aspres, — de Chabestan, — de Montbrand, — de Saint-Andéol, — de Veynes, — de Montgardin, — de Combesève, — de Poligny, — de la Fare, — de Tréminy.

Alliances : familles : Gaudellin, — *de Barbianis*, — d'Agoult, — Fores, dite Copre, — *de Passavadis*, — de Pierre, — de La Tour, — Berger, — du Pilhon, — de Ricoz, — de Garcin, — Chaix, — Flotte, — de Ponat, — du Roulx, — Martin, — de Bérard, — d'Abon, — de Brémond, — de La Villette, — de Roux.

Armes : *D'argent, au lion rampan de gueules.*

[1] D'Hozier et La Chesnaye le font venir de Piémont, avec la date de 1228. (E. B.)

DE REYNAUD-DE-MONTS

Auvergne

LÉONARD DE REYNAUD-DE-PONS DU GRIPPEL, nommé chanoine-comte de l'église de Saint-Julien de Brioude, justifie sa filiation depuis

GERMAIN REYNAUD (avant 1447).

Seigneuries du Grippel, — de la Rossilhe, — des Ages, — de Taillechausse, — du Tillet, — de la Royre.

Alliances : familles : Pons, — Le Loup de Beauvoir, — Grandon, — Pons de La Grange, — de Combettes, — du Buisson, — de Ligonnet, — de Sommièvre, — de La Salle de Saint-Poncis, — de Teraules.

Deuxième branche

JEAN-GASPARD DE REYNAUD-DE-PONS DU GRIPPEL DE MONTS, justifie sa filiation depuis

CLAUDE DE REYNAUD-DE-PONS DU GRIPPEL, écuyer (quatrième fils de LOUIS REYNAUD et de FRANÇOISE DE PONS DE LA GRANGE) (1600).

Un chevalier de Malte : MARC-ANTOINE DE REYNAUD-DE-PONS DU GRIPPEL DE MONTS (1746).

Seigneuries de Monts, — de Beaune, — d'Issards, — d'Issandolanges, — de Saint-Pal, — de Layre, — de Terreneyre, — du Pohat.

Alliances : familles : de Beaune, — Bon, — du Lac, — de Besse de La Richardie, — Chapuis de La Goutte, — de Montorcier.

Armes : *D'azur, à un lion d'argent, langué et onglé de gueules.*

RIBIER

Paris

ANTOINE RIBIER, écuyer, justifie sa filiation depuis

GUILLAUME RIBIER, écuyer (avant 1525).

Seigneuries de Villebrosse, — des Arpentis, — de Cherbourg, — du Martrai.

Alliances : familles : la Porte, — le Noir, — de Biez, — de Pommereu, — de la Motte-Houdencourt, — le Bossu, — Vachot, — du Val.

Armes : *De gueules, à une fasce d'argent ondée, et une tête de licorne aussi d'argent, posée à la pointe de l'écu.*

RICHARD[1]

Paris

LOUIS RICHARD, commissaire des guerres, anobli en tant que de besoin par lettres patentes en forme de charte, données au mois de juin 1723, en considération de ses services militaires et de l'ancienneté de sa famille.

Armes : *D'or, à un chevron d'azur, accompagné de trois œillets au naturel, tigés et feuillés de sinople, posés deux en chef et un en pointe.*

DE RIDOUET

Anjou

[Ce nom est écrit quelquefois Ridoit, Ridoy et Rydouët, etc.]

JACQUES-ANTOINE DE RIDOUET DE SANCÉ, chevalier, colonel du corps royal de l'artillerie et du génie, justifie sa filiation depuis

JEAN RIDOUET (avant 1420).

Seigneuries de Sancé, — de la Giraudière, — de Mortiergrain, — de Vielleplanche, — de Toucherouge, — de Villaine, — de Buron, — de la Denisière, — des Petits-Chéveluz, — de Gresillon.

Alliances : familles : le Maire, — Cresson, — de Lancrau, — le Gay, — Begeon, — Quatrebarbes de la Rongère, — de la Joyère, — Le

[1] Autre famille Richard, en Provence, XIV siècle. (E. B.)

Clerc de Juigné, — de Soucelles, — Le Vasseur, — Le Breton, — de Bronne, — Faultrier.

Armes : *De sable, à trois demi-losanges d'or en fasce, et trois molettes d'éperon de même, posées deux en chef et une en pointe.*

DE RIENCOURT

Picardie et Normandie

HUGUES, seigneur DE RIENCOURT, premier maître d'hôtel d'Antoine de Bourbon (avant 1583), descendait de

AMAURY sire DE RIENCOURT (bien av. 1193).

Un chevalier de Malte : CÉSAR DE RIENCOURT (1417).

Seigneuries de Riencourt, — de Franqueville, — de Saint-Léger, — de Dreuil, — d'Orival, — de Bergicourt, — de Tilloloy, — de Vaux, — de Boucainville, — de Palaël.

Alliances : familles : de Ribemont, — de Bovelles, — de Robersart, — d'Auxy, — de Héricourt, — d'Amiens, — de Montmorency, — de Bournel, — de Lameth, — de Quiéret, — d'Audenfort.

Seconde branche

CHARLES FRANÇOIS DE RIENCOURT, dit le marquis D'ORIVAL, mestre de camp du régiment de la Reine-Dragons, justifie sa filiation depuis

ANDRIEU DE RIENCOURT (second fils de ENGUERRAND de RIENCOURT).

Deux chevaliers de Malte : HABDON VICTOR (1698). — AMBROISE NICOLAS DE RIENCOURT.

Seigneuries d'Orival, — de Bergicourt, — du Quesnel, — de Lincest, — de Tilloloy, — des Authieux, — de Morvilliers, — de Hangest, — de Maizières, — de Tailly, — de Lalonne, — de Graville, — de Beaucamp, — de Bambures, — de Bignacourt, — d'Argies.

Alliances : familles : de Bergicourt, — d'Orgeau, — de Saint-Ernoul, — de Sénicourt, — Formés de Monthomer, — de Monssures, — de Sacquespée, — de Runes, — de la Motte, — de La Rue, — de Mailloc, — de Sèvemont, — de Moreuil, — de Venois, — du Blaisel, — des Friches, — d'Angennes de Saint-Georges.

Troisième branche

FRANÇOIS DE RIENCOURT (1689), descendait de

JACQUES DE RIENCOURT, lieutenant-général de la compagnie d'ordonnance du roi (huitième fils de RAOUL DE RIENCOURT et de JEANNE D'ORGEAU) (1512).

Seigneuries de Parfondru, — de Dronay, — de Ployart, — de la Croix.

Alliances : familles : d'Ambly, — Mouet, — de Certulas, — de Sarpe, — d'Yvory, — de Blois, — de Bezannes, — de Saint-Remy, — de Crespy, — de Carpeau, — de Guislain, — de Sons, — Bellenger, — de Joyeuse.

Quatrième branche

LOUIS-FERDINAND DE RIENCOURT, lieutenant de cavalerie au régiment Royal-Piémont, justifie sa filiation depuis

THOMAS DE RIENCOURT dit FLAMENT, chevalier (second fils d'ANDRIEU DE RIENCOURT et de MARGUERITE DE BERGICOURT) (1470).

Seigneuries de Tilloloy, — de Vaux, — de Saint-Séverin, — d'Oisemont, — de Caix, — d'Arleux, — de Marcq, — de Caulières, — d'Interville, — de Jonval, — de Montelon, — de Rambures.

Alliances : familles : Rouault, — d'Yaucourt de Vaux, — de Caix, — de Cochet de Jalage, — d'Oignies, — de Forceville, — Le Hochart, — de Caulières, — d'Ailly, — de Saisseval, — de La Rue, — de La Fontaine, — Lardé, — de Huppy, — Bernard Fortier, — Bail, — de Gaude de Ray du Tillœul, — Bonnet, — de Ternisien.

Cinquième branche

LOUIS-CLAUDE DE RIENCOURT, qualifié chevalier, petit-fils de

HENRY DE RIENCOURT, qualifié chevalier (troisième fils de FRANÇOIS DE RIENCOURT et de MARGUERITE DE LA FONTAINE) (1629).

Seigneuries de Riencourt, — d'Escoquières, — de Lignières, — de Tilloloy, — de Vaux, — d'Arleux, — de Saint-Séverin, — de Villers, — de Haussart, — d'Aumont.

Alliances : familles : de Haussart, — de Corvisiès, — du Maisniel, — d'Urre de Marsy, — de Maurin, — de Cacheleu, — de l'Estoille, — Langlois, — Gaillard de Gapenne.

Sixième branche

BARBE-SIMON DE RIENCOURT, dit le comte DE RIENCOURT, capitaine de cavalerie au régiment d'Archiac, justifie sa filiation depuis

LÉONOR-RENÉ DE RIENCOURT, qualifié chevalier (cinquième fils de FRANÇOIS DE RIENCOURT et de MARGUERITE DE LA FONTAINE) (1635).

Seigneuries de Montelon, — de Tilloloy, — d'Andechy, — des Grelets, — de la Neuville.

Alliances : familles : Vinet, — Guérin de Tarnaut, — de Forceville, — Tiercelin.

Septième branche

CHARLES-FRANÇOIS DE RIENCOURT, qualifié chevalier, petit-fils de

CLAUDE DE RIENCOURT, qualifié chevalier (second fils de NICOLAS DE RIENCOURT et d'ANNE D'AILLY) (1620).

Seigneurie d'Arleux.

Alliances : familles : de l'Espinay de Grossé, — de Couvelaire, — du Plessier, — Théri, — de Saint-Ouen, — Le Sénéchal, — de Bezu.

Armes : *D'argent, à trois fasces de gueules, frettées d'or.*

DU RIEU[1]

Rouergue, Languedoc et Agénois

Noble ANTOINE DU RIEU, écuyer, lieutenant dans le régiment de Vermandois, justifie sa filiation depuis

Noble DÉODAT DU RIEU (1383).

Seigneuries de Caumont, — de la Roquette, — de Saint-Salvadour, — de Marmont, — de Séverac, — de Romail, — de Monrecour, — de la Chapelle.

Alliances : familles : de La Roquette, — de Saint-Salvadour, — Colombière, — de Bar, — de — Solages, — de Lescure, — de Rabastens, — de Selgues, — de Vergnes, — Audouin, — de Turenne, — du Jas, — Raineau, — de Percy de Mondésir, — de Beauregard, — de Gripière.

Autre branche

Noble ANTOINE DU RIEU, écuyer justifie sa filiation depuis

Noble MARTIAL DU RIEU, écuyer (fils puiné de JEAN DU RIEU et de demoiselle MARIE DU JAS) (1650).

Seigneuries de Maisonneuve, — de Maynadié.

Alliances : familles : de Belves, — de Martin, — Bouyssy, — Brunet, — Jeudy de Grisac.

Armes : *D'argent, à trois fasces ondées d'azur, et un chef aussi d'azur, chargé de trois fleurs de lys d'or.*

DE RIGAUD DE VAUDREUIL

Languedoc

CHARLES DE RIGAUD, chevalier, baron DE VAUDREUIL, mort au mois de mai 1580, remontait par sa filiation jusqu'à

PIERRE RIGAUD (1249).

[Dès l'an 879, il est fait mention d'un « abbé Rigaud de la famille des nobles Rigauds » (*ex familia nobilium Rigaldorum*).]

[1] Autre famille de ce nom en Normandie. — De Rieux en Bretagne. (E. B.)

Un chevalier de Malte : JEAN RIGAUD (vers 1426).

Seigneuries de Sus (province de Béarn), — de Vaudreuil, — de la Becède, — de Bracadelle, — de Taranes, — de Villemagne, — de Soupex, — de Taix, — de la Bosse, — de Greffeil, — de Dreuil, — de Durfort, — de Peyrens, — de Tresville, — d'Issel, — de Saint-Félix, — d'Auriac, — d'Auriaguais, — de Trémolet, — d'Aliat, — de Génat, — d'Onat, — de la Pège, — de Laburat, — d'Anhaus, — de Cabanial, — du Faget, — de Cuq, — de Mouzens, — de Ludiez, — de Carlar, — de Sussat, — de Saint-Amadour, — de Carladet, — de Boscau, — de Barthèmes, — d'Aguts, — de Blaye, — de Sainte-Gème ou de Sainte-Génie, — de Lifernet, — de Lancastres, — des Ramounes, — de Carlaret, — de Péchaudier, — de Saint-Julien, — de Fournez.

Alliances : familles : de Pépyons, — d'Aure, — du Puy, — Signier, — de Quier, — Arpaix, — de Marsan, — de Lanta, — de Bellafar, — d'Ornesan, — Aignielle, — de Montlaur, — du Palais, — de Rochefort, — de Lauzières, — de Gallard, — de Toulouse de Lautrec de Montfa, — de Lordat, — de Montesquieu, — Bossète, — d'Anticamareta, — de Baraigne, — de Faudoas, — d'Antin, — de Laurens, — d'Arros, — de Lavedan, — de Narbonne.

Seconde branche

LOUIS-PHILIPPE DE RIGAUD DE VAUDREUIL, dit le marquis de Vaudreuil, chevalier, justifie sa filiation depuis

JEAN RIGAUD, chevalier (second fils d'ARNAUD RIGAUD, et de JEANNE DE LANTA, sa seconde femme), auteur de cette seconde branche.

[Les biens de Charles de Rigaud, dernier représentant de la première branche, passèrent à sa mort dans cette seconde branche.]

Seigneuries : de Greffeil, — de Montauriol, — de Vaudreuil, — de la Bécède, — d'Auriac, — d'Issel, — de Tresville, — de Pose, — de Saint-Sernin, — de Montgascon, — d'Aiguescaves, — de Lanta, — de Taix, — de Verfeuil, — de Miremont, — de Lautrec, — de la Salveta Saint-Gilles, — de Campboyer, — de Gousis, — de Lambry, — d'Aliat, — de Gaudiez, — de Beaupuy de Graniague, — de Cabanial, — du Faget, — de Dreuil, — du Londel.

Alliances : familles : de Montlaur, de Cominges, — de La Marche, — de Voisins, — de Gameville de Montpapoul, — de Pradines, — de Polastre, — de Fournier, — de Gargas, — de Verneuil, — de Gameville, — d'Azémar, — de Rabastens de Paulin, — de Bonfontan, — de Viguier, — de Chasteauverdun, — de Colombet, — de Foucaud, — d'Azémar de Lantagnac, — de Joibert, — Le Clerc de Fleurigny, — Fleury de La Gorgendière, — Guyot de La Mirande, — de Durfort, — de Villeneuve, — Le Moyne, — Le Gentil, — Durand de Beauval.

[Les quatre enfants de Louis-Philippe de Vaudreuil sont morts en 1746, 1755, 1756 et 1760.]

Armes : *D'argent, à un lion de gueules, couronné, langué, et armé de même.*

[D'Hozier imprime à la suite de cet article 95 pièces justificatives.]

DE RIGOLLOT

En Champagne

ANTOINE DE RIGOLLOT, écuyer, capitaine de cavalerie, chevalier de Saint-Louis, justifie sa filiation depuis

DENIS DE RIGOLLOT, écuyer (1603).

Seigneuries de Maisonneufve, — de Rentière, — de Fligny, — de Bourdon.

Alliances : familles : d'Handresson, — de Saintot, — de Ballidas ou de Ballidart, — Le Gendre, — Toupot, — Marez, — Dinet, — Contenot.

Armes : *D'azur, à une fasce d'or accompagnée de sept merlettes de même, 4 en chef, et 3 en pointe, toutes rangées en fasce.*

RIGORD

Provence

JEAN-PIERRE RIGORD, originaire de Marseille, anobli par lettres patentes, en forme de Charte, données au mois de juillet 1722, en considération des services de sa famille.

Armes : *De gueules, à deux branches de rosier d'or, passées en sautoir, et accompagnées de quatre roses d'argent, posées une dans chaque angle.*

DE RIOM DE PROLHIAC

Auvergne

BARTHÉLEMY-LOUIS-ISAAC DE RIOM, dit LE BARON DE PRADT, qualifié chevalier, justifie sa filiation depuis

Noble homme JEAN DE RIOM, écuyer de LOUIS DE BOURBON, comte de Montpensier, dauphin d'Auvergne (1434).

[Dès 1190, on rencontre un B. de Riom, « bailly du comté d'Auvergne ».]

Seigneuries de Prolhiac, — d'Eyrit, — de Rouvat, — du Cluzel, — de Pradt, — de Vernops, — de Vèze, — de Valantines, — de Landeyrat, — de Moranges.

Alliances : familles : de Neufve-Eglise, — du Chier, — Chanyn de Parentignac, — Albanel, — Valet, — du Claux, — de Lerette, — de Julhiard, — de Tourciat, — de Bressolles, — de Digons, — de Combettes, — de Méalet, — d'Aureille, — Marbart, — Monteil, — de Fourt, — de Lastic.

Armes : *Écartelé d'or et d'azur, à une croix trefflée, écartelée de l'un en l'autre.*

DE RIQUÉTY

En Provence et à Paris

VICTOR DE RIQUÉTY, chevalier, justifie sa filiation depuis

AZZUCCIUS ARRIGHETTY, de Florence (1268).

[Cette famille, par ordonnance du 17 décembre 1584, fut maintenue dans sa noblesse, à la suite de deux enquêtes juridiques qui la constatèrent.]

Onze chevaliers de Malte : THOMAS-ALBERT DE RIQUÉTY, dit LE CHEVALIER DE BEAUMONT (1639). — JEAN-FRANÇOIS DE RIQUÉTY, dit LE CHEVALIER DE MIRABEAU, page du grand maître de Malte (1645). — LOUIS DE RIQUÉTY DE VILLEBONNE (1650). — BRUNO DE RIQUÉTY, dit LE COMTE DE MIRABEAU (1655). — JEAN-FRANÇOIS ANNIBAL DE RIQUÉTY DE MIRABEAU (1669). — JEAN-ANTOINE DE RIQUÉTY, page du grand maître de Malte (1675). — VICTOR DE RIQUÉTY, mort en 1728. — JOSEPH DE RIQUÉTY (1720). — ALEXANDRE-LOUIS DE RIQUÉTY, (1725). — VICTOR DE RIQUÉTY, produisant ci-dessus nommé (en 1718). — ANDRÉ-BONIFACE-LOUIS DE RIQUÉTY DE MIRABEAU (1754).

Seigneuries de Riez en Provence, — d'Aiglun, — des Siéyes, — de Mirabeau (marquisat), — de Beaumont (comté), — de Négréaux, — de Châteauneuf, — de Saint-Auquille, — de Villebonne, — de Bauchery, — de Chantaloue, — de la Fontaine, — de Vaugien, — de Sauvebœuf, — de Biran, — de Saint-Mathieu, — de Pierrebuffière (baronnie), — de Roquelaure, — de Pierreaigu, — du Buignon, — de Cheronnac, — de la Tournelle, — de Brie, — de Champagnac, — de Puyméreau.

Alliances : familles : de Bras, — de Forlivio, — Farelle, — de

Laurent, — Lauthoyn, — Roux, — de Brianson, — Venelle, — Tilhere, — de Glandevés, — de Perrin, — de Bernier, — de Gerenton, — d'Albertas, — de Bézannes, — de Lenche, — de Pontevès, — Forests, — de Boullainvilliers, — de Royer, — de Clapiers, — de Rochemore, — de Grille, — de Roubiac, — de Castellane, — de Kunsberg, — de Vassan.

Armes : *D'azur, à une bande d'or, accompagnée en chef d'une demi-fleur de lys, fleuronnée de même, et en pointe de trois roses d'argent, posées en orle.*

ROBERT

Orléanais et Paris

Louis Robert, président de la chambre des comptes (1679), justifie sa filiation depuis

Antoine Robert, anobli par Louis XI en juillet 1481.

Seigneuries de la Borde, — de la Braquerie, — du Bardeau, — de Villetanneuse, — de Danebron, — de Beauvilliers, — de la Tournelle, — de Lay, — de la Forest, — de Loupigni, — du Plessis, — de la Fortelle.

Alliances : familles : Drouin, — Bruneau, — Merlin, — Jarry, — Minière, — Marchand, — Stuard, — Daneau, — Cabu, — Chauveau, — du Laurent, — Chauvelin, — Choart, — de Louvat, — Maudet, — Dauvet, — Sanguin.

Seigneurs de Pesselières

François Robert, écuyer, justifie sa filiation depuis

Noble Jacques Robert, écuyer, (second fils de Jacques Robert et d'Anne Marchand) (1563).

Seigneuries du Verger, — de Pesselières.

Alliances : familles : Rousselet, — Jaquet, — de Vaux, — Chazerai, — de Bonnault, — Gay, — Simon, — Millain, — de Lespinasse, — Lamirault, — de la Fons, — Heurtault, — de Margat, — Gascoing.

Armes : *D'azur à trois pattes de griffon d'or, posées deux et une.*

ROBIN[1]

Généralité de Tours — Diocèse de la Rochelle

François-Joseph Robin, mestre de camp (1706), justifie sa filiation depuis

Jean Robin, écuyer (av. 1465).

Un chevalier de Malte : Louis Robin (1621).

Seigneuries de la Tremblaie, — de Pallouail, — de la Lardière, — de la Bretonnière, — de la Martinière, — de la Boulaie, — du Buignon.

Alliances : familles : Parisot, — de Marconai, — Barjot de Moussé, — Mesnard, — de Voyer, — de Mallemouche.

Armes : *De gueules, à deux clefs d'argent posées en sautoir, accompagnées d'une coquille d'argent, posée en chef, et de trois coquilles d'or, placées une dans chaque flanc, et la troisième à la pointe de l'écu.*

ROGER DE CAMPAGNOLLE

Élection d'Angers

Louis-Anne Roger de Campagnolle, écuyer, justifie sa filiation depuis

Jean (dit Jennes) Roger, chevalier (1522).

Seigneuries de la Réauté, — de Kerdéozer, — de Pommérieux, — de Campagnolle, — du Mont, — de Béthencourt.

Alliances : familles : de Montplacé, — Alain, — Cossart, — d'Outreleau, — de Grouchet, — de Theuffles, — de Restoval.

[1] Familles de ce nom dans le Comtat (XIIIe siècle) ; à Nantes (XIVe siècle).

Armes : *D'argent, à trois léopards de sable, rampants, posés deux et un; et un chef aussi de sable, chargé de trois roses d'argent.*

DU ROI D'HAUTERIVE

Quercy

Pierre du Roy, écuyer, et Jacques Bertrand, et David du Roi, ses frères, justifient leur filiation depuis

Hugues du Roi, écuyer (1735), que des lettres patentes obtenues en avril 1735, confirmèrent dans sa noblesse d'extraction, justifiée par titres depuis l'an 1539.

Armes : *Parti émanché de gueules et d'argent de six pièces et deux demi-pièces, et un chef d'azur, chargé d'un croissant d'argent, placé entre six besants d'or, trois de chaque côté, posés un et deux.*

DE ROQUIGNI

Normandie — Diocèse de Rouen

Vivien de Roquigni, écuyer, justifie sa filiation depuis

Guillaume de Roquigni, écuyer, (1480).

Seigneuries de Bulonde, — de Linemarre, — de Roquefort, — de Crasville, — d'Epinai, — de Palcheul, — du Fayel.

Alliances : familles : des Mares, Labbé, — de Halescourt, — Le Carpentier, — Le Roux, — Mignot, — Le Charon.

Armes : *D'argent, à trois fers de lance à l'antique, de sable, posés deux et un, les pointes en bas.*

DE ROSSET

Languedoc

André-Hercule de Rosset, duc de Fleury (1736), justifie sa filiation depuis

Philippe de Rosset (av. 1444).

Deux chevaliers de Malte : Jean-André-Hercule de Rosset de Valquières (1731). — Pons-François de Rosset (1731).

Seigneuries de Monpaon, — d'Arboras, — de la Valette, — de Soubez, — de Brignac, — de la Vernède, — de Gorgas, — de Neffiès, — de Ceilhes, — de Rocozel, — de Bonloc, — de Pérignan, — de Floranges.

Alliances : familles : de Roquefeuil, — de Premillac, — de Pavie, — de Trinquier, — de Lasset, — de Chavagnac, — de Gep, — de La Tude, — de Soumaitre, — de Caunac, — de Rocozel, — de Pascal, — Pons de La Treille, — de Fleury, — Rey, — d'Auxide-Monceaux, — de Narbonne Pelet.

Armes : *Écartelé, au premier d'argent, à un bouquet de trois roses de gueules, rangées une et deux, la tige et les feuilles de sinople,* qui est de Rosset; *au deuxième, de gueules, à un lion d'or,* qui est de Lasset; *au troisième, écartelé d'argent et de sable,* qui est de Vissec de la Tude; *au quatrième d'azur, à trois rocs d'échiquier d'or posés deux et un,* qui est de Rocozel; *et sur le tout d'azur, à trois roses d'or posées deux et une,* qui est de Fleury.

ROUSSEL

Généralité d'Alençon — Diocèse d'Évreux

Charles-Pierre Roussel, écuyer, justifie sa filiation depuis

Jean Roussel, avocat du roi (1538).

Seigneuries du Fief-Brunet, — des Jardins, — de Beaupré.

Alliances : familles : du Bouillonnei, — Godet. — Daniel, — de Mary, — de Chambellan.

Armes : *D'argent, à un chevron d'azur, accompagné d'une molette d'éperon de sable, placée au premier canton du chef, et de trois roses de sinople, posées au*

deuxième canton, l'une au dessus de l'autre, en fasce, celle du milieu contournée, et un croissant de gueules, placé à la pointe de l'écu.

DE ROUSSEL

En Normandie

Nicolas-Charles-Auguste de Roussel, écuyer, justifie sa filiation depuis

Aubert Roussel (bien av. 1449).

Seigneuries de Goderville (baronnie), — d'Ecroville, — d'Avreménil, — de la Gaillarde, — d'Ecrainville, — de l'Esprevier, — de la Motte, — de la Porte, — d'Esclavelles, — de Quiévrecourt, — de Prestreval, — de Mesmoulins, — de Baigneville, — de Carville, — de Tourville.

Alliances : familles : d'Ellebeuf, — Ayeul, — d'Elin, — des Marquets, — Le Pelletier, — de La Motte, — de Monchy, — de Cauquigny, — de Sorel, — Barbey, — Thorel, — de Fautereau, — Paumier, — Marlet, — Poërier d'Amfréville, — Chuppin de Montulé.

Deuxième branche

Charles de Roussel, écuyer, petit-fils de Adrien de Roussel, écuyer (second fils de Jean de Roussel et d'Isabeau des Marquets) (1588).

Seigneuries de Caudecôte, — de Freuleville, — de Sasseville.

Alliances : familles : de la Montagne, — de Récusson.

Troisième branche

Jean de Roussel, écuyer, fils de Tannegui de Roussel, écuyer (troisième fils de Jean de Roussel et d'Isabeau des Marquets, sa femme) (1597).

Seigneuries de la Rivière, — de Frémont, — de Hautot, — de Clercy, — de Bornenbusc.

Alliances : familles : Roque, — de Pelletot, — de La Villette de Vazouis.

Quatrième branche

René-Louis de Roussel, écuyer, justifie sa filiation depuis

François de Roussel, écuyer (quatrième fils de Jean de Roussel et d'Isabeau des Marquets, sa femme).

Seigneuries d'Ireville, — de Saint-Etienne, — de Sausseumarre.

Alliances : familles : de Gaillardbois, — de Joigny, — Bellebrune, — Martel, — Le Roux, — Le Gras.

Armes : *Palé d'or et d'azur de six pièces, et un chef de gueules, chargé de trois merlettes d'argent.*

DE ROUX DE GAUBERT

En Provence

Paul-Auguste-Jean de Roux de Gaubert, premier président du Parlement de Pau, justifie sa filiation depuis

N... de Roux (en latin Ruffi), (bien avant 1382).

Un commandeur de Malte : Raimond-Benoit-Joseph de Roux de Gaubert. — Henri de Roux, chevalier.

Seigneuries de Chanolle, — de Bredulle, — de Salignac, — de Châteauneuf, — de Gareda, — de la Juvio, — des Sièyes, — de Gaubert, — de Courbons, — de Rochebrune, — de Saint-Vincent, — des Angles.

Alliances : familles : de Rochas, — Laugier, — Isoard, — de Meynier, — de Bardonnenche, — de Greffet, — de Grognard, — de Piolenc, — de Glandèves, — de Buellion, — de Lons.

Armes : *D'azur, à une bande d'or, accompagnée en chef d'une colombe d'argent, becquée et membrée de gueules, les ailes étendues pour prendre son vol, et en pointe d'un lion d'or, langué de gueules.*

DE ROUX DE SAINTE-CROIX

Provence

Bruno-Ignace de Roux, écuyer, viguier de la ville d'Apt, a été anobli, en considération de ses services, par lettres patentes de novembre 1741.

Seigneurie de Sainte-Croix.

Alliance : famille de Silvan.

Armes : *D'azur, à trois têtes de lion, languées de sable, arrachées et posées deux et une.*

DE ROZET

Quercy

Noble Charles-Armand de Rozet, baron de la Garde, justifie sa filiation depuis

Noble François de Rozet, chevalier (vers 1350).

[On trouve, dès 1263, Ségui de Rozet.]

Seigneuries de la Garde en Calvère, — de Rozet, — de Saint-Avit, — de la Peyrière, — de Montbeguy, — de Louverville, — de Pellerin, — du Falga, — de Goujonnac, — de Moulas, — de la Bordette, — de Saint-Hilaire.

Alliances : familles : des Lacs, — de La Tour, — Del Falgua, — de Rabastens, — (avec les seigneurs de la Dugnie, — de Bleis, — des Cassalhelz), — de Gourdon-Raffin, — de Hali, — de Gouze, — de Cours, — de Rivière, — de La Gelhie, — de Corneilhan, — du Lion, — de La Boissière, — du Tilhet, — d'Orgueil, — du Gout.

Deuxième branche

Noble Armand de Rozet de la Garde (second fils de Pierre de Rozet et de Marie de la Boissière), auteur de cette seconde branche (1694).

Seigneurie de la Bastide.

Alliance : famille Louvet.

Troisième branche

Noble Raimond de Rozet de la Garde, fils de noble Laurent de Rozet de la Garde, maintenu dans sa noblesse par ordonnance du 18 avril 1697, et petit-fils de

Noble Bras, dit aussi Pierre de Rozet de la Garde (troisième fils d'Antoine de Rozet et de Marguerite Raffin), auteur de cette troisième branche (1647).

Seigneurie de Bras.

Alliances : familles : de La Boissière, — du Tilh, — Rauly.

Armes : *D'azur, à un lion d'or rampant, armé, couronné et lampassé de gueules, tenant dans les pattes de devant une hache d'armes aussi d'or, le manche en bas.*

DE ROZIÈRES

A Metz

Thomas-Nicolas de Rozières, chevalier de Saint-Louis, obtint des lettres patentes, au mois de mars 1731, par lesquelles le roi le confirme dans sa noblesse, qui avait été reconnue en faveur de Didier de Rozières, frère de son bisaïeul, par lettres patentes de l'empereur Ferdinand II, données à Prague en février 1628.

[Les motifs de cette confirmation sont tirés des services et de l'ancienneté de sa famille.]

Armes : *Coupé d'or et d'argent, à une fasce d'azur, chargée de trois roses d'or, et accompagnée en chef d'une aigle de sable, les ailes étendues, et en pointe d'une grappe de raisin de gueules, pendante, la tige et les feuilles au nombre de deux, de sinople.*

RUAUT

Généralité d'Alençon — Diocèse de Séez

Jean-Emmanuel Ruaut, écuyer, justifie sa filiation depuis

Jean Ruaut, écuyer (1568),

Seigneuries de la Bonnerie, — de Saint-Olain.

Alliances : familles : Guérout, — Le Coutellier.

Armes : *Palé d'or et d'azur, de six pièces.*

DES RUAUX

En Angoumois

JEAN-ÉLIE DES RUAUX, capitaine d'infanterie au régiment de Rouergue, justifie sa filiation depuis

Noble homme FRANÇOIS DES RUAUX, écuyer (1586).

Seigneuries de Moussac, — du Breuil de Roussiac.

Alliances : familles : de Montalambert, — de Mouret, — Ferrand, — de la Rochefoucauld, — Bayers, — Houlier, — Morin, — de Rignol, — de Fé, — Nadaud, — Gandillaud.

Armes : *De sable, semé d'étoiles d'or, et sur le tout un cheval d'argent effaré et cabré.*

DU RUEL

Normandie et Bretagne

LOUIS DU RUEL, écuyer, chevalier de Saint-Louis, et PIERRE-JOSEPH DU RUEL, écuyer, son frère, justifient leur filiation depuis

JACQUES DU RUEL, écuyer (1489).

Seigneuries du Fontenil, — de la Boissière, — de Cessy.

Alliances : familles : du Pertuis, — de Monssures, — de Clèves, — Miffant, — le Boulenger.

Seconde branche

PIERRE DU RUEL, écuyer, brigadier des gendarmes du roi (1736), descend de

JACQUES DU RUEL (troisième fils de LAURENT DU RUEL, et de LOUISE DE MONSSURES) (1567).

Seigneuries du Fontenil, — de Saint-Maurice, — d'Omonville.

Alliances : familles : Le Tellier, — de Baudouin, — de Bouju, — Le Vaillant, — du Chastel, — de Kéroullan.

Armes : *D'or, au lion naissant de gueules, à moitié-queue séparée*

RUYANT DE CAMBRONNE

Flandre — Diocèse d'Arras

NICOLAS-FRANÇOIS-GUILLAIN RUYANT DE CAMBRONNE, conseiller au Parlement de Flandre, justifie sa filiation depuis

NICOLAS GUILLAIN RUYANT (1705).

Seigneurie de Cambronne.

Alliance : famille Le Court.

Armes : *D'hermines, à un chef d'azur, chargé de trois couronnes d'or.*

SACRISTE

Généralité de Bordeaux — Diocèse de Bazas

HENRI SACRISTE, écuyer, justifie sa filiation depuis

AMANIEU SACRISTE (avant 1544).

Seigneuries de Malvirade, — de Marquès, — de Bacouë, — de Grézet ou Grézai, — de Samazan, — de Tombebeuf.

Alliances : familles : de Briquemaut, — Gachon du Lion, — de La Lande, — Bacouë, — de Sapas, — de Goulard.

Armes : *D'azur, à trois lions d'or passants, l'un au dessus de l'autre.*

SAGUEZ

En Champagne

JEAN SAGUEZ, écuyer, mort sans postérité, remontait par sa filiation jusqu'à

JEAN SAGUEZ, écuyer (vers 1431).

[On trouve un Hugues Saguez dès l'an 1338].

Seigneuries de Montmorillon-lès-Marson, — de la Baume, — de Rozay.

Alliances : familles : Connort, — Lestache, — Le Gallois, — Brissier, — Lambert, — Le Cocq, — Morel, — Le Lorain, — Roussel, — Beschefer, — Mathé.

Seconde branche

PIERRE-LOUIS SAGUEZ, écuyer, justifie sa filiation depuis PHILIPPE SAGUEZ, écuyer (cinquième fils de JACQUES SAGUEZ et de MARIE MOREL), auteur de cette seconde branche (1615).

Seigneuries de Breuvery, — de Villers-aux-Corneilles, — de Moncetz.

Alliances : familles : de Besançon, — de La Place, — Didier, — Gargam, — Billet.

Armes : *D'azur, à un chevron d'or, accompagné de trois cors de chasse d'argent, virolés et liés d'or, et posés deux et un.*

SAINCRIC

Bordeaux

PIERRE-NOEL SAINCRIC, négociant en gros, fut anobli par lettres patentes données au mois d'août 1733, en considération de sa probité et de ses services.

Armes : *D'argent, à deux ancres de sable, posées en sautoir, et un chef d'azur, chargé de trois étoiles d'or.*

DE SAINT-BELIN [1]

Généralité de Champagne—Diocèse de Langres

FRANÇOIS-HENRI DE SAINT-BELIN, écuyer, justifie sa filiation depuis JEAN DE SAINT-BELIN, chevalier (1527).

Un chevalier de Malte : FRANÇOIS DE SAINT BELIN (vers 1689).

[1] Cette famille a été maintenue dans son ancienne noblesse par une ordonnance de 1670; et les titres qui y sont énoncés remontent jusqu'en 1452. (D'Hozier).

Seigneuries de Fontaine-en-Dunois, — de Voudenai, — de Bielle, — de Braux, — de Torterère, de Mareil. — de Thivets.

Alliances : familles : Rose, — Colombet, — de Malain, — d'Orge, — de Montconis, — de la Rivière.

Armes : *D'azur, à trois têtes de bélier d'argent, les cornes d'or, posées de front, deux et une.*

DE SAINT-DENIS DE LA TOUCHE

Généralité d'Alençon — Diocèse de Séez.

DANIEL-FRANÇOIS DE SAINT-DENIS, écuyer, justifie sa filiation depuis Noble FRANÇOIS DE SAINT DENIS (avant 1540).

Seigneuries de la Touche, — de Vieuxpont, — de Lancizière, — de Condé, — de Vervenne.

Alliances : familles : du Val, — Bérenger, — Bellocé, — d'Ango.

Armes : *De sable, fretté d'argent, au chef aussi d'argent, chargé d'un léopard de gueules.*

DE SAINT-DENIS DU PLESSIS-HUGON ET DU BREUIL

Normandie et Beauce

Généralité d'Orléans — Diocèse de Chartres

CLAUDE-DENIS-FRANÇOIS DE SAINT-DENIS, justifie sa filiation depuis LOUIS DE SAINT-DENIS (av. 1496).

Seigneuries de Saint-Denis-le Gast, — de Montpinson, — du Breuil, — de la Barre, — du Plessis-Hugon.

Alliances : familles : Le Provost, — d'Argences, — Le Meusnier, — du Chastel, — Le Pelletier, — d'Aureville, — du Laurent, — Boileau, — de la Poustoire, — Brandy, — Triballet.

Seconde branche

JACQUES DE SAINT-DENIS, écuyer, fils de JEAN-ANTOINE DE SAINT-

Denis (deuxième fils de Jean-Antoine de Saint-Denis, et de Françoise du Laurent) (1697).

Seigneurie du Breuil.

Alliance : famille Margas.

Armes : *D'azur, à un chevron d'or, accompagné de trois molettes d'éperon de même, posées deux en chef et l'autre à la pointe de l'écu.*

DE SAINT-JULIEN

Généralité de Montpellier — Diocèse de Lodève

Gaspard Fulcrand de Saint-Julien, écuyer, justifie sa filiation depuis

Antoine de Saint-Julien (avant 1479).

Seigneuries du Puech, — d'Albaigne, — de la Devèze, — de Sorbes, — de la Verrière, — de Madières.

Alliances : familles : d'Alichoux, — Ranchin, — Silhol, — Barthélemi, — de Capluc, — de Dieu.

Armes : *D'azur, à deux lions d'or affrontés, accompagnés d'une fleur de lys aussi d'or, posée en chef, et d'une colombe d'argent, placée à la pointe de l'écu, et portant dans son bec un rameau d'olivier de sinople.*

DE SAINT-JUST

Artois et Picardie

Antoine de Saint-Just, écuyer, justifie sa filiation depuis

Maurice de Saint-Just, écuyer (av. 1639).

Seigneurie de Guigue.

Alliances : familles : Jaquetant, — Chrestien, — Hedde, — Flamen, — Hébron, — Le Sage, — Parent.

Deuxième branche

François de Saint-Just, écuyer (troisième fils de Blaise de Saint-Just et de Marie Chrestien), est auteur de cette branche (1653).

Seigneurie de la Folie.

Alliance : famille Le Duc.

Troisième branche

Blaise de Saint-Just, écuyer (fils de Blaise de Saint-Just et de Marie Hedde), est auteur de cette branche (1670).

Seigneurie de Brillempré.

Alliances : familles : Joires, — de Maleray.

Armes : *D'azur, à une fasce d'or, accompagnée en chef d'une croix d'argent, alaisée et pattée, et, en pointe, d'un lion de même, langué et onglé de gueules.*

DE SAINT-MARTIN

Généralité et diocèse de Limoges

Pierre de Saint-Martin, écuyer, justifie sa filiation depuis

Gratien de Saint-Martin (av. 1530).

Seigneuries de Baignac, — de Martinest, — de Cuirat, — de la Lande, — de la Rochette, — du Breuil-Ferrand, — de la Roulle, — d'Escurat, — de Saint-Symphorien.

Alliances : familles : de Bonneval, — Sornin, — Papon, — Barbarin, — de Neufchèze, — de Villedon, — Bermondet, — Couraudin.

Seigneurs de Sarzai

Guillaume-Alexandre de Saint-Martin, écuyer, justifie sa filiation depuis

Jean de Saint-Martin, écuyer, second fils de Guillaume-Alexandre de Saint-Martin et de Marie Sornin (1651).

Seigneuries de Sarzai, — de Touveirac.

Alliance famille Sornin.

Armes : *Bandé d'argent et de*

gueules de six pièces, les bandes d'argent semées de mouchetures d'hermine.

DE SAINT-OFFANGE

Généralité de Tours — Diocèse d'Angers

Alexandre-Louis de Saint-Offange, écuyer, justifie sa filiation depuis

Jean de Saint-Offange, qualifié valet en 1400.

Seigneuries du Vivier, — de Saint-Sigismond, — des Châtelliers, — de la Frapinière.

Alliances : familles : L'Étourneau, — Courtin, — d'Aubigné, — de Riou.

Armes : *D'azur, à un chevron d'argent, accompagné de trois molettes d'éperon de même, posées deux en chef, et l'autre à la pointe de l'écu.*

DE SAINT-PERN

Bretagne — Évêché de Saint-Malo

Bonaventure-Hilarion de Saint-Pern, écuyer, justifie sa filiation depuis

Bertrand de Saint-Pern, chevalier (1350).

Seigneuries de Ligouyer, — de la Villernoult de Champalaune, — de Launai, — du Lattai.

Alliances : familles : Boterel de Quintin, — de Forsans, — de Saint-Giles, — du Parc, — de la Marzelière, — de Chateaubriand.

Seigneurs de Champalaune et de la Tour

François de Saint-Pern, écuyer, justifie sa filiation depuis

Jean de Saint-Pern, écuyer, second fils de René de Saint-Pern et de Mathurine de Saint-Giles (1632).

Seigneuries de Champalaune, — de La Tour, — de Kerguen.

Alliances : familles : Henri, — d'Andigné, — Chéreil.

Armes : *D'azur, à dix billettes d'argent percées en carré, et posées quatre, trois, deux et une.*

DE SAINT-PRIVÉ

Généralité de Paris — Diocèse de Sens

Henri de Saint-Privé, écuyer justifie sa filiation depuis

Marc de Saint-Privé, écuyer, (1520) [1].

Seigneuries de Richebourg, — d'Arrigni, — d'Auzon, — de Cloye, — de Gondcourt.

Alliances : familles : Boutet, — Moreau, — Ladvocat, — de Richebourg, — de Criston.

Armes : *D'argent, à un sautoir de gueules, bordé d'une dentelure de sable.*

DE SAINT-QUENTIN (anciennement du surnom de DODIN [2])

Généralité de Caen — Diocèse de Coutances

Henri-François de Saint-Quentin, chevalier de Saint-Louis, justifie sa filiation depuis

Richard Dodin, écuyer (1551).

Seigneuries de Saint-Quentin d'Elle, — de Launai, — de Banville.

Alliances : familles : de La Gonivière, — Godefroi, — Millet, — Torel, — du Buisson.

Seigneurs d'Asprigni

Henri-Charles de Saint-Quentin, justifie sa filiation depuis

Henri François de Saint-Quentin, écuyer, second fils de Raphael de Saint-Quentin et de Catherine Millet (1666).

[1] Maintenue du 23 juillet 1667. (D'Hozier).

[2] Raphaël Dodin obtint, en décembre 1641, des lettres patentes, qui l'autorisaient à porter, lui et sa postérité, le nom de Saint-Quentin. (D'Hozier.)

Seigneurie d'Asprigni.

Alliances famille Morel.

Armes : *D'azur, à un chevron d'or, accompagné en chef de deux croissants d'argent, et en pointe d'un cygne de même, nageant dans une rivière aussi d'argent, mouvante de la pointe de l'écu.*

DE SAINTE-HERMINE

Saintonge et Angoumois

Louis de Sainte-Hermine, chevalier de Saint-Louis, justifie sa filiation depuis

Jean de Sainte Hermine, écuyer (avant 1435).

Seigneuries de Mérignac, — de Chenon, — de la Foucherolle, — du Fa, — de la Laigne.

Alliances : familles : Guibert, — de Livenne-Briant, — de Polignac, — Le Valois de Villette, — de Mailli, — Goumard, — de Luzignan, — Joubert, — d'Estaing de La Duch.

Armes : *D'argent, semé de mouchetures d'hermine.*

DE SAINTE-MARIE

Généralité de Caen — Diocèse de Coutances

Thomas de Sainte-Marie, écuyer, justifie sa filiation depuis

Raoul de Sainte-Marie, écuyer (1460).

Seigneuries d'Agnéaux, — de la Haie-Belouze, — de Canchi, — d'Orbeville, — de Saint-Andrieu, — de Sainte-Marie d'Outreleau.

Alliances : familles : Mangon, — du Moustier, — Bontin, — de La Luzerne, — de Harlus, — Pigousse, — de Longueval, — de Pellevé, — d'Esquai.

Armes : *Écartelé d'or et d'azur; le 1er et le 4e quartier chargés d'un croissant de gueules.*

DE SAISSEVAL

Picardie

Claude-François de Saisseval, chevalier de Saint-Louis, justifie sa filiation depuis

François de Saisseval, écuyer (1538) [1].

Seigneuries de Feuquières, — de Feuquerolles, — de Meraucourt, — de la Vieuville, — de Pissi.

Alliances : familles : de Verduzan, — d'Ardres, — du Pont, — Poulet, — Le Bourachier.

Armes : *D'azur, à deux bars d'argent adossés.*

DE SALMON DU CHASTELLIER

Vendômois, Maine et Touraine

Alexandre Salmon, écuyer (1530), remonte par sa filiation à

Jean Salmon, écuyer (1449).

Seigneuries du Léhon, — de Fonteneau.

Alliances : familles : Fleury, — Savary, — Auray.

Deuxième branche

SEIGNEURS DU CHASTELLIER

François de Salmon, lieutenant des maréchaux de France, justifie sa filiation depuis

Claude Salmon, écuyer, fils de Jean Salmon (1487).

Un chevalier de Malte : Léonor de Salmon (1648).

Seigneuries du Chastellier, — de la Gillotière, — de la Festière, — de Vaudoux, — de la Roncière, — d'Estange, — de Montcémier, — de Boismoreau, — de la Javarière, — des Tuaudières, — de la Rougonnière, — des Creneaux, — des Roches, — d'Auvines, — de Marson, — de Villegager, — de la Fontaine,

[1] La Chesnaye commence la filiation à Gilles, écuyer, sieur de Saisseval, 102...? (E. de B.).

— des Mazures, — de Montgeffier, — de Courtangon, — de Leschettière, — des Vallées, — de Malitourne, — de Sainte-Cérolte, — du Vau.

Alliances : familles : Cherbeye, — de La Pierre, — Le Boucher, — de Vainçai, — de La Beschère, — de Renard, — de Guillot, — de Saint-Melloir, — de La Croix, — de Coutances, — de Bénard, — de Guvis, — de Menon, — du Boul, — Martin, — de Renty, — de La Barre, — Gigault de Bellefont.

Troisième branche

SEIGNEURS DE LA BROSSE

ANTOINE-FRANÇOIS DE SALMON, écuyer, capitaine dans le régiment de la Ferté-infanterie, fils de

ANTOINE DE SALMON, écuyer, (second fils d'URBAIN DE SALMON et de MARIE MARTIN) (1699).

Seigneuries de la Giraudière, — de la Lande, — de la Brosse, — de Chenusson.

Alliances : familles : Davy de La Pailleterie, — Hubert de Lauberdière.

Quatrième branche

SEIGNEURS DE LOIRÉ

HONORAT-JOSEPH-FRANÇOIS-JEAN DE SALMON, écuyer, fils de

CHARLES-CLAUDE DE SALMON, (troisième fils de URBAIN DE SALMON et de MARIE MARTIN), lieutenant au régiment royal-infanterie (1689).

Seigneuries du Grand et du Petit Loiré, — de Gastineau.

Alliances : familles : de Gaigné, — du Noyer, — Hubert, — de Cherbon.

Cinquième branche

SEIGNEURS DE COURTEMBLAY

LÉONOR-JACQUES DE SALMON, écuyer, lieutenant d'infanterie au régiment de Chartres, justifie sa filiation depuis

LÉONOR DE SALMON, écuyer (second fils de JEAN DE SALMON et de RENÉE DE COUTANCES) (1630).

Seigneuries de Negron, — de la Fertière, — du Liandon, — de Courtemblay, — de la Vignonnière, — d'Epuizay.

Alliances : familles : Dionneau, — de Musset, — de Petit-Jean, — de Guillot, — Le Jeune de Malherbe, — de Bellanger.

Armes : *D'azur, à un chevron d'or, accompagné de trois têtes de lion de même, arrachées et languées de gueules, posées 2 en chef et l'autre à la pointe de l'écu.*

DE SALVERT

Généralité de Moulins — Diocèse de Clermont

VINCENT DE SALVERT, écuyer, justifie sa filiation depuis

BERTRAND DE MONTROGNON, dit DE SALVERT, écuyer (1496).

Seigneuries de Fouranges, — de Jabian, — des Fourneaux, — de Rouziers, — de Villesouris, — de Vergeas, — de la Prade, — — de la Motte d'Arson.

Alliances : familles : Girault, — du Breuil, — Martin, — de Rollat, — de Ramezai, — de Villelume, — de Reclaine, — du Peiroux, — de La Rochebriant, — de Rouziers.

Seigneurs de la Motte-d'Arson

NICOLAS DE SALVERT DE LA MOTTE, page de la grande écurie du roi, justifie sa filiation depuis

ANTOINE DE SALVERT, écuyer, fils puiné de FRANÇOIS DE SALVERT et d'HÉLÈNE DU PEIROUX (1651).

Seigneuries de la Prade, — de la Motte-d'Arson, — du Luc.

Alliances : familles : du Vernet, — de La Salle, — Brevau, — Cuvier.

Seigneurs de Villatte et de Montlieu

GILBERT-ANTOINE DE MONTRO-

GNON DE SALVERT, ecuyer, justifie sa filiation depuis
NECTAIRE DE SALVERT, écuyer, second fils de FRANÇOIS DE SALVERT (avant 1562).

Seigneuries de Villatte, — de Montlieu, — de la Motte, — de Montrognon.

Alliances : familles : Astorg, — de Panneverre, — de Rondi, — de Villard, — de Biotière, — de Lauzane.

Armes : *D'azur, à une croix d'argent ancrée.*

SANGUIN

Paris

JEAN-PHILIPPE SANGUIN, justifie sa filiation depuis
CLAUDE SANGUIN, bailli du Louvre (1523).

Seigneuries de Roquencourt, — de Vaulusseaux, — de Santeni, — du Pont, — de Végron, — de Pierrelaie, — de Livri.

Alliances : familles : Goujon, — de La Barre, — Bezart, — de Cossé, — Ferrand, — Le Prévost, — Maillard, — de Baugi, — de Corbie.

Armes : *D'azur, à une bande d'argent, accompagnée en chef de trois glands d'or, posés deux et un, et en pointe de deux pattes de griffons d'or, posées en bande.*

DE SAPORTA DE CHATEAUNEUF

Provence et Comtat Venaissin

Noble JEAN-ÉTIENNE DE SAPORTA DE CHATEAUNEUF, capitaine au régiment de Bourbon, chevalier de Saint-Louis, justifie sa filiation depuis
Noble et égrège homme LOUIS SAPORTA, premier médecin du roi Charles VIII.

Seigneuries de Châteauneuf, — de Beaurepos.

Alliances : familles : Austric, — d'Amalric, — de Gévaudan, — de Gérard de Beaurepos, — de Berton de Crillon, — Raimond, — de Laugier, — Gautier.

Armes : *D'azur, à un portail d'or et un chef de gueules chargé d'un lion d'or passant.*

DE SARIAC

Armagnac

JACQUES-NICOLAS DE SARIAC, chevalier de Saint-Louis, justifie sa filiation depuis
DOMINIQUE DE SARIAC (1542) [1].

Seigneuries d'Arné, — de Pesques, — de Canet en Rivière, — de Navarron.

Alliances : familles : de Forgues, — de Preschac, — de La Violette, — de Devèze, — de Luzarei, — Grandhomme.

Armes : *D'argent, à une corneille de sable, les pattes et le bec de gueules.*

DE SARTIGES

Auvergne — Diocèse de Clermont

CLAUDE DE SARTIGES, écuyer, justifie sa filiation depuis
BERTRAND DE SARTIGES, écuyer (avant 1445).

Seigneuries de Lavandés, — de La Chaize.

Alliances : familles : Le Couvreur, — de La Croix-Castres, — d'Anglars, — de Textoris, — de Maslaurent, — de La Gane, — de Durfort, — de Turenne, — de Pleux, — de La Vilatte, — de L'Espinasse.

Armes : *D'azur, à deux chevrons d'or, accompagnés de trois étoiles d'argent, posées deux en chef et l'autre à la pointe de l'écu.*

[1] La Chesnaye donne une très-longue généalogie de cette maison, commençant à Arnaud, sieur de Sariac, au diocèse d'Auch, en 1156 ; branches de Sariac-Sarcei, Navarras-Canet, Ardenne, Tillac, et du marquis de Belmart. (E. B.)

DE SAUCIÈRES

Bourgogne — Diocèse de Langres

François-Antoine de Saucières, écuyer, justifie sa filiation depuis

Nicolas de Saucières, écuyer (avant 1500).

Un chevalier de Malte : Andrieu de Saucières de Tenance (1546).

Seigneuries de Tenance, — de Serigni, — de Fontaine-Géri, — de Marchais-Béton, — de Pensefolie, — de la Cour, — de Champignelles, — de Villiers-sur Suize, — de la Goulière, — de Récécourt.

Alliances : familles : Roland, — Fauvelet du Toc, — de la Motte, — de Traves, — d'Orléans-Rère, — de Rogres, — du Prat, — de Vieilchatel, — de La Tour, — de Saucières.

Armes : *De gueules à un lion d'or, couronné de même.*

DE SAULIEU

En Bourbonnais et en Nivernais

François de Saulieu, écuyer, capitaine dans le régiment de Navarre - infanterie, justifie sa filiation depuis

Noble homme Jean de Saulieu, écuyer (1541).

Seigneuries de Beaunoy, — de Rémeron, — d'Ascon, — de la Chaumonerie, — de Soulangis.

Alliances : familles : Riville, — Pernin, — d'Estrappes, — Tenon, — de Reugny, — Gascoing, — du Coing, — Maslin, — Guerin de Charmont, — Brisson, — Alixand de Maux.

Armes : *Tiercé en fasce, le chef de gueules à trois étoiles d'or, la fasce du milieu d'or plein, et celle de la pointe d'azur, à un lévrier d'argent passant.*

DE SCÉPEAUX

Généralité de Tours — Diocèse d'Angers

Gabriel-Pierre de Scépeaux, écuyer, justifie sa filiation depuis

Jean de Scépeaux (av. 1483)[1].

Un maréchal de France : François de Scépeaux (1562).

Seigneuries de la Chalonge, — de la Boissière, — de la Blérie, — de la Hauterivière, — du Coudrai, — de la Cherbonnerie, — du Vivier, — de Beauchesne, de Vieilleville.

Alliances : familles : d'Espinai, — Sevin, — Martin, — Cheminard, — Le Picard, — de La Touche, — Balue, — Gilet, — du Mortier, — de Bréon, — Mauviel — d'Orcisses, — de Mainbiez.

Seigneurs du Chemin et de Moulinvieux

Claude-Gaston de Scépeaux, écuyer, justifie sa filiation depuis

René de Scépeaux, écuyer, (1640) second fils de René de Scépeaux et de Jeanne Balue.

Seigneuries du Chemin, — du Houssai, — de Moulinvieux, — de Longlée.

Alliances : familles : Gouézaut, — Mabile — de Mainières, — Gaudon, — de Haïes.

Armes : *Vairé, contre-vairé d'argent et de gueules.*

SCOT

Bretagne — Évêché de Saint-Brieuc

François Scot, écuyer, justifie sa filiation depuis

David Scot, écuyer.

[Ledit François Scot obtint en 1669, des lettres-patentes du roi d'Angleterre, Charles II, par lesquelles ce prince le declara : « Noble et issu au neuvième degre de Michel Scot, baron de Balnérit, chevalier doré, ambassadeur de Norwége, l'an 1285. » Ces lettres furent confirmées par lettres-patentes de Louis XIV (1671).]

Armes : *D'or, à trois têtes de lion de gueules arrachées, languées d'azur, et posées deux et une.*

[1] Voir pour les degrés antérieurs le P. Anselme, t. VII, page 223 (d'Hozier).

SÉGUIER

Généralité de Rouen — Vexin français

François Séguier, chevalier de Saint-Louis, justifie sa filiation depuis

Gérard Séguier, conseiller au parlement (1489).

Seigneuries de Liancourt, — de la Verrière, — d'Antilli, — de Courthieux.

Alliances : familles : de Saint-Paul, — de France, — de Lannoi, — Vialart, — Tardieu, — du Pui, — du Prat, — de La Vergne, — d'Apchon, — Pinot.

Seigneurs de Courthieux

Jean-Claude Séguier, écuyer, (troisième fils de Claude Séguier et de Françoise de Lannoi) (1672).

Seigneurie de Courthieux.

Alliance : famille Chardin.

Armes : *D'azur, à un chevron d'or, accompagné en chef de deux étoiles de même, et en pointe d'un mouton d'argent passant.*

SÉMIN DE BRANSAC

En Bourbonnais

Gilbert Sémin, écuyer (1667), justifie sa filiation depuis

Pierre Sémin, écuyer (av. 1554).

Seigneuries des Fontaines, — de Chastel de Nauvre, — de Saint-Sornin, — de Moulinneuf.

Alliances : familles : Berthier, — — de Biotière, — de Culant, — Gilbert, — Jacob.

Seconde branche

SEIGNEURS DE FONTAINES ET DE BRANSAC

Nicolas Sémin, écuyer, justifie sa filiation depuis

André Sémin (troisième fils de Louis Sémin et de Jeanne Berthier) (1575).

Seigneuries de Fontaines, — de Châtelus de Doullaume, — des Bessons, — de Bransac, — de la Pouge, — de Follet, — de Champmost, — de Bayeux, — de la Tour de Chantemerle.

Alliances : familles : Gaulmin, — Roux, — Douet, — Alamargot de Fontbouilland.

Armes : *De gueules, à un chevron d'or, surmonté d'un soleil de même, accompagné de trois cœurs d'argent, posés deux en chef et l'autre à la pointe de l'écu.*

DE SÉNEZERGUES

Auvergne

Louis de Sénezergues, chevalier de Saint-Louis, fut anobli par lettres-patentes du mois de mai 1720, en considération de ses services militaires et de l'ancienneté de sa famille.

Seigneurie de La Rode.

Armes : *De gueules, à deux bandes d'argent vivrées.*

DE SENTIS

Diocèse de Comminges et sénéchaussée de Toulouse

Noble Guy-Bernard de Sentis, ci-devant mousquetaire du roi, justifie sa filiation depuis

Don Jouan Sentis, originaire d'Espagne (1590).

Alliances : familles : de Bouillon, — de Fonsblanc, — de Benque, — de Caussach de Saint-Jean, — Duston, — de Sérignac de Bellemont.

Armes : *D'azur, à un lion d'argent, et un chef de même, chargé de trois merlettes de sable.*

DE SERRE

Vivarais

Aimar de Serre et Fortunat de Serre de Rochecolombe, son frère, chevalier de Saint-Louis, furent anoblis par lettres-patentes du mois de septembre 1720, en raison de leurs services militaires, et de la distinction de leur famille.

Seigneuries de Saint-Marcel, — de Saint-Montan.

Armes : *D'argent, à un chevron d'azur, chargé de trois étoiles d'or, accompagné de trois trèfles de sinople, posés deux en chef et un en pointe.*

DE SERRE DE SAINT-ROMAN

En Languedoc et à Paris

ÉTIENNE DE SERRE, écuyer, conseiller du roi, maître ordinaire en la chambre des comptes de Paris, justifie sa filiation depuis

JEAN SERRE, qualifié noble (avant 1565).

Seigneuries du Fromental, — de Saint-Roman, — de Costeguisson, — de Montredon, — de Merveis, — de Combret, — de Montlaur, — de Villejuifve-lès-Paris.

Alliances : familles : Maffre, — de Coste, — de Saint-Julien, — de Pélissier, — de Lantal, — Planchon-Cantobre, — de Loubrieu, — Gérard, — des Periés, — de Roux, — de Molin, — d'Hortet, — de Luze, — de La Borie, — Le Noir du Breuil.

Armes : *D'or, à une montagne de sinople, mouvante de la pointe de l'écu, et un chef d'azur, chargé de trois étoiles d'or.*

DE SERVAUDE

Bretagne — Diocèse de Saint-Malo

GEORGE-ZACHARIE DE SERVAUDE, écuyer, justifie sa filiation depuis JEAN DE SERVAUDE (avant 1504).

Seigneuries de la Ville-ès-Cerfs, — du Bois-Durand, — de Lesmée, — de Blanon, — de Servaude, — de La Villeorée.

Alliances : familles : Le Gouvello, — Des Loges, — Huchet, — Percherel, — Du Mur, — de Saint-Jean, — de Clairefontaine, — Dollier, — de Fontenailles, — Gaudiger.

Armes : *De sable, à quatre fusées d'or rangées en fasce.*

DE SESMAISONS

Bretagne — Évêché de Nantes

CHARLES DE SESMAISONS, écuyer, justifie sa filiation depuis

GILES DE SESMAISONS, écuyer (1427).

[Famille maintenue dans sa noblesse d'extraction, depuis 1220, par arrêt du 19 janvier 1669.]

Seigneuries de la Sauzinière, — de Malleville, — de Portechai, — de la Caillière, — du Perret, — de Sesmaisons.

Alliances : familles : du Pé, — Le Penech, — de Bruc, — de Coutances, — Huteau, — des Champneufs, — de Laval, — Huchet de La Bédoyère, — Le Bigot, — de Lesrat, — Poyet, — Eder, — de Goulaines, — de Muzuillac, — du Chatelier.

Armes : *De gueules, à trois maisons d'or, posées deux et une.*

DE SIBERT

En Languedoc

CHARLES-TOUSSAINT DE SIBERT DE CORNILLON, capitaine au régiment de Forest, justifie sa filiation depuis

Noble JEAN DE SIBERT, habitant de la ville de Bagnols (av. 1559).

Seigneuries de Montières, — de Cornillon, — de Ceynes, — de Saint-Geniez de Claisse, — de Vallerargues.

Alliances : familles : de Portal, — Nicolay, — de Menonville, — Blanc, — Bruneau, — de Langes, — de Drevon, — de Barjac de Rochegude, — de Bouscaille, — de Charron, — du Pilhon, —

de Fabry, — de Pinières, — de Barruel, — de Laval, — de Volle.

Armes : *Écartelé, aux 1 et 4 de gueules, à un lion d'argent ; aux 2 et 3, d'or, à un bélier de sable rampant ; et sur le tout d'azur, à deux bandes d'or, et une rose d'argent, tigée et feuillée de même, posée entre les deux bandes.*

SICARD

En Poitou

Charles Sicard, écuyer, justifie sa filiation depuis

Guillaume Sicard, écuyer (1418).

Seigneuries de la Brunière, — du Chaillou, — de la Courrelière, — de Magny, — de la Bréthelière, — du Pouhet, — de la Bréchouère, — de la Brethonnière, — de Laudrayre.

Alliances : familles : Mestivier, — Soulet, — Jouannet, — Rouault, — Le Geay, — de la Géhellie, — Jousselin, — Gauvain, — de Mélais, — Garnier, — Priouzeau, — Nicolas, — Robin, — de Moussault, — de Kéremart, — des Nouhes.

Armes : *D'azur, à trois étoiles d'or, posées deux et une.*

DE SILHOUETTE

Bayonne et Paris

Étienne de Silhouette, écuyer, conseiller au parlement, fils de Arnaud de Silhouette, écuyer (1704).

Seigneurie de Juvisi.

Alliances : familles : Roffai, — de Saubagné.

Armes : *De sinople, à un vaisseau d'argent voguant sur une mer de même mouvante de la pointe de l'écu, et un chef parti, au 1 de gueules, à une croix d'or ancrée, au 2 d'or, à un lion de gueules.*

SIMON

En Normandie

Hervé-Joseph Simon, écuyer, justifie sa filiation depuis

Richard Simon, écuyer (1551).

Seigneuries de Breuville, — de Valferrand, — de Claire, — de la Sommaizerie, — de Barnavast, — de Touffreville, — de la Haye, — de la Ferrière, — de Briquehoulle, — d'Arqueville, — de Clermont, — du Breuil, — de Monsilly, — de la Foydre, — de la Cheinée, — de Virandeville, — de la Hecquerie.

Alliances : familles : du Moustier, — Houzey, — Meurdrac (sieurs de Benesville), — de Belleville (sieurs de Breuville), — Hurel, — Meurdrac (sieurs de Frebas), — Le Liepvre, — de Belleville (sieurs de Saint-Christophe), — Mangon, — Hoyau, — du Mesnildot, — Pigache, — de Pontroger, — Le Cauf, — Hommets, — de Belleville, — Pierre, — Jouhan, — de Lamprière, — Bollioud.

Armes : *D'azur, à une croix d'argent, chargée de cinq croissants de gueules, et accompagnée de quatre cygnes d'argent, becqués de sable.*

DE SINÉTI

Provence

Jean-Baptiste de Sinéti, écuyer, justifie sa filiation depuis

Noble Georges Sinéti (avant 1493).

Alliances : familles : de Julianis, — de Boulies, — Coulhet, — Hortic, — Vituli, — Aisagui.

Armes : *D'azur, à un cygne d'argent, le cou passé dans une couronne à l'antique de gueules.*

DE SOLAGES

(anciennement du surnom **D'ARJAC**)

En Rouergue

François de Solages, gouverneur du comté de Rhodez (1626), justifie sa filiation depuis

Noble homme Begon d'Arjac, qualifié damoiseau (1273).

Seigneuries du Cailar, — de Tholet, — de Pruhines, — de Miremont, — de Seyrac, — de Vine, — de Centres, — de Tayac, — de Châteauneuf de Peirelès, — de Castelnau, — de Saint-Salvadoux, — de Gabriac, — de Civrac, — de Solère, — de Sénapiac, — de Brussac.

Alliances : familles : Jorri, — de Solatges, — de la Panouse, — de Sévérac, — de Belcastel, — de Luzechs, — de Gourdon, — de Carmain de Négrepelisse, — de Voisins, — d'Estaing, — de Montboissier, — du Rieu, — de Raimond, — d'Apchon, — de Guesle, — de Saint-Sernin, — de Castelpers, — de Peyre-de-Cardaillac-Saint-Circ, — de Grolée de Viriville, — d'Albignac.

Branche des Seigneurs de Saint-Jean d'Alzac, et de Saint-Jean d'Alcapié

Antoine-Paulin de Solages, page du roi dans sa grande écurie, justifie sa filiation depuis

Noble Antoine de Solatges (second fils de Jean de Solatges et de Rose de Carmain de Négrepelisse) (1446).

Seigneuries d'Alzac, — de Saint-Jean d'Alcapié, — de Lauras, — de Robal, — de Saint-Etienne de Naucoules, — de Costris, — de Saint-Privat de Crameaux, — de Vailhausi, — de Salvanac de Rebourguil.

Alliances : familles : de Robalde, — de Roquefeuil, — de Madières, — Raynaldi, — Hugons, — de Lauzière, — de Rodez, — de Morlhon, — de La Valette, — de Gozon, — Ysarn-de-Fraissinet-de-Valadi, — de Loubeyrac, — de Blanc, — de Provenquières, — de Pindria, — Courtois, — de Goudon, — de Cahuzac, — du Moustier, — Raimbaud, — de la Planche de Mortières, — Charrier, — de Monstuejols, — de Galatrave, — de Ciron, — Guion de la Roque-Bouillac.

Armes : *D'azur, à un soleil d'or; écartelé d'azur, à trois rocs d'échiquier d'argent, posés deux et un.*

DU SOLIER D'AUDANS

Languedoc et Luxembourg

Antoine du Solier, chevalier de Saint-Louis, justifie sa filiation depuis

Noble Antoine du Solier (1539) [1].

Seigneurie d'Audans.

Alliances : familles : de Tello, — du Serre, — du Laurens, — Alard, — Faure.

Armes : *D'azur, à une bande d'argent, chargée de trois roses de gueules, et accompagnée de deux étoiles d'or, l'une posée en chef, l'autre en pointe, et un chef d'argent.*

DU SOLIER DE MARCILLAC

Poitou

Simon du Solier, chevau-léger de la garde du roi, et Martial, autre Martial, Léonard, François, Louis et Pierre du Solier, ses six frères, tous chevaliers de Saint-Louis, furent anoblis par lettres-patentes du mois d'octobre 1722, en considération de leurs services militaires et de l'ancienneté de leur famille.

Seigneuries de Marcillac, — de Lage, — de La Terrie, — de la Borie, — de Verdurier, — de la Motte.

Armes : *De gueules, à un lion d'or, tenant de sa patte droite une épée d'argent la pointe en haut, la*

[1] La Chesnaye commence à Raymond, écuyer, 1488, issu de Bertrand du Solier, chevalier, 1272. (E. B.)

garde et la poignée d'or, et accosté de deux gantelets aussi d'or.

SORBER dit DE SORBERIO

Béarn

François-André Sorber, dit de Sorberio, écuyer, justifie sa filiation depuis

Pierre Sorber, conseiller au Parlement de Pau (1621).

Alliances : familles : de Bruchelles, — de Coucdure de Bielle, — La Baigue.

Armes : *D'argent, à trois mouchetures d'hermine de sable, posées deux et une ; écartelé d'azur, à une tour d'argent.*

DE SORCI

Généralité d'Orléans — Diocèse d'Orléans

Armand-François de Sorci, écuyer, justifie sa filiation depuis Noel de Sorci, écuyer (1508).

Seigneuries de la Tuille, — du Buisson.

Alliances : familles : Jabart, — du Gard, — Hasterel, — d'Aguerre de Saint-Quentin, — d'Arnoul.

Armes : *Fascé d'or et d'azur de six pièces, et un chef de gueules.*

SOULLIÉ

Jean Soullié, maitre chirurgien et anatomiste en l'Université de Montpellier, fut anobli par lettres-patentes du mois d'octobre 1722, en considération de ses services et de ses talents.

Armes : *D'argent, à deux branches, l'une de laurier, l'autre de palmier, de sinople, passées en sautoir et liées de gueules ; et un chef d'azur chargé d'un soleil d'or côtoyé de deux étoiles de même.*

DE SOYRES

Au pays d'Albret

Pierre de Soyres, écuyer, ci-devant lieutenant de dragons, justifie sa filiation depuis

Jean de Soyres, qualifié écuyer (1529)[1].

Seigneuries de la Maison noble de la Béziade, — de Jourdan, — de la Peyre.

Alliances : familles : du Laur, — Martineau, — Faure, — de Mothes, — de Laryeu, — Delleca, — Roulet, — Lavelongue.

Seconde branche

Jean de Soyres, écuyer, ci-devant capitaine de dragons, justifie sa filiation depuis

François de Soyres, écuyer (troisième fils de François de Soyres et de Jeanne Delleca), chef de la deuxième branche (1708).

Seigneurie de Jourdan.

Alliances : familles : du Bousquet de Caubeyre, — Mallet du Puyvallier.

Armes : *D'argent, à un phénix de sable, posé sur un bûcher de gueules, et accompagné en chef d'un soleil et d'une étoile de même.*

DE STRADA

Généralité de Riom — Diocèse de Clermont

Jean de Strada, écuyer, justifie sa filiation depuis

Jacques de Strada, écuyer (1599).

Seigneuries de Sarliève, — de Cornon, — d'Aubières de Rosberg.

Alliances : familles : du Croc, — Fabrice de Grossain, — Hœufft — de Lutzembourg, — Skinkin de Rosberg.

Armes : *D'or, à une aigle de sable, les ailes étendues, et couronnée de sable ; coupé parti, au premier tiercé en fasce de sable, d'argen*

[1] La Chesnaye le pense issu de Guilhem, sieur de Causens, 1423. (E. B.)

et de gueules, et au second bandé de gueules et de sable de six pièces.

DE SUGNI

Généralité de Châlons — Diocèse de Reims

PHILIBERT-HENRI DE SUGNI, écuyer, justifie sa filiation depuis OGIER DE SUGNI, écuyer (1526).

Seigneuries de Sugni, — de Chappe, — du Mont-Saint-Martin.

Alliances : familles : Charpentier-d'Audron, — de Graimbert, — Danois, — de Graffeuil, — de Haraucourt, — de Joyeuse, — de Suzennes, — de Quievraing, — d'Orjault, — de Beaufort.

Armes : *D'argent, à une bordure d'azur, et un bâton noueux de gueules, posé en bande sur le tout.*

DE SURVILLE

Vivarais

JEAN-JOSEPH DE SURVILLE, écuyer, justifie sa filiation depuis Noble ANTOINE DE SURVILLE (1555).

Seigneuries de Gras, — de Saint-Montan, — des Hermestènes, — de Malval.

Alliances : familles : de Solignac, — de Boni, — de Labeau, — Bérard, — Bège.

Armes : *D'azur, à trois roses d'argent posées deux et une, et un chef d'hermines.*

TAHUREAU

Maine

PIERRE TAHUREAU, écuyer, justifie sa filiation depuis
JEAN TAHUREAU, écuyer (avant 1467).

Seigneuries de la Chevalerie, — du Chesnai de Chauvigni, — du Gué, — de la Fresnaie.

Alliances : familles : Hoyau, — Guibert, — Le Gras, — Aubourg, — Picard, — de Maridor, — Menard, — Clément, — Guéroult, — Tiescelin, — de Courthardhi ou Cothardi.

Armes : *D'argent, à trois hures de sanglier de sable, posées deux et une.*

DE TALHOUET

Bretagne

JEAN-FRANÇOIS-ARMAND DE TALHOUET, écuyer, justifie sa filiation depuis
Noble FRANÇOIS DE TALHOUET, Gouverneur de Redon (1577) [1].

Seigneuries de Sévérac, — de la Grationaie, — de Talhoüet, — de Kerménisi.

Alliances : familles : Hérisson, — Berthou, — Le Lagadec, — de Boisohrant.

Armes : *D'argent, à trois pommes de pin de gueules, posées deux et une, les queues en bas.*

TARDIF D'HAMONVILLE

Touraine et Paris

FRANÇOIS-RÉMI TARDIF D'HAMONVILLE, ingénieur ordinaire du roi à Metz, fut maintenu dans sa noblesse, et anobli en tant que besoin, par lettres-patentes du mois d'octobre 1735.

[Le père et l'oncle de l'exposant avaient obtenu, en octobre 1720, des lettres de maintenue dans la noblesse, dont leurs ancêtres étaient en possession dès 1589, en considération de leurs services militaires.]

Seigneuries d'Hamonville, — d'Arnoul.

Armes : *D'or, à trois palmes de sinople, posées deux en chef et l'autre en pointe.*

[1] Famille déclarée noble et issue d'extraction noble depuis 1416, par un arrêt de 1671.

DU TARTRE DE LAUBESPIN

Franche-Comté

Antoine-Joseph du Tartre de Laubespin, chevalier de Saint-Georges, justifie sa filiation depuis Guillaume du Tartre, créé chevalier par lettres-patentes de Philippe IV, données à Madrid, en juillet 1623, en considération de ses services militaires.

Seigneuries de Chilli de Lamaux, — de Villerspots, — de Laubespin, — de Vincelles.

Alliances : familles : Froissart, — de Salive, — du Laubespin.

Armes : *D'azur, à deux barbeaux d'argent adossés, accompagnés de quatre croix aussi d argent, posées une en chef, une à chaque flanc et la quatrième à la pointe de l'écu.*

DE TASCHER DE LA PAGERIE

Beauce et Blésois

Gaspard de Tascher justifie sa filiation depuis

Charles de Tascher, écuyer (avant 1571)[1].

Seigneuries de la Pagerie, — de Malassise, — de Palleteau, — de Saint-Mandé.

Alliances : familles : du Plessis de Savonières, — Bodin, — d'Arnoul, — de Ronssard, — de Phelines, — de Racine, — des Loges.

Armes : *D'argent, à trois bandes de gueules, chargées chacune de quatre sautoirs d'argent.*

DE TERMES

Limousin et Quercy

Pierre de Termes, écuyer, justifie sa filiation depuis

Pierre Termes, écuyer (1581).

[1] Famille maintenue dans sa noblesse depuis 1518.

Seigneuries de Termes, — d Lavaux de Saint-Martin, — d'Azirac, — de la Vaissière, — du Chassaing.

Alliances : familles : de Castres, d'Andrieu, — du Noyer, — de Felines du Bois.

Armes : *D'or, à trois fasces de gueules ondées, et un chef d'azur, chargé de trois étoiles d'argent.*

DU TERTRE

Généralité de Tours — Diocèse d'Angers

René du Tertre, écuyer, justifie sa filiation depuis

Jean du Tertre (av. 1434).

Seigneuries du Tertre de Mée, — de la Gastenellières, — de Sancé, — de la Bretonière, — du Plessis.

Alliances : familles : de La Porte, — Lanier, — de Possard, — de La Motte, — de Champagné, — de la Roc, — de la Vaizouzière, — d'Orvaux, — Frézeau.

Seigneurs de Sancé

Renée-Catherine-Jeanne du Tertre de Sancé justifie sa filiation depuis

Paul du Tertre, écuyer (fils puiné de René du Tertre et de Jeanne Lanier) (1692).

Seigneuries de Sancé, — de Baubigné.

Alliances : familles : Bionneau, — Trochon.

Armes : *D'argent, à un lion de sable langué, onglé et couronné de gueules.*

DE TESSIÈRES

Périgord

Aimar de Tessières, écuyer, justifie sa filiation depuis

Jean de Tessières, écuyer (1563).

Seigneuries de la Porte, — de la Coste, — de la Rolandie, — de Tessières, — de Beaulieu.

Alliances : familles : de Fayoles, — de Vaucocourt, — de La Faye, — Bouchard.

Armes : *Lozangé d'argent et de gueules.*

DE TESTARD

Périgord

François de Testard, écuyer, justifie sa filiation depuis

Noble Pierre Testard (av. 1480).

Seigneuries du But, — de la Caillerie, — de Lambertie.

Alliances : familles : Chapon, — de Grand de Belussières, — de Chantemerle, — de Calvimont, — de Morel, — Fouriend.

Armes : *D'azur, à une tête humaine d'argent, posée de front dans des flammes de gueules.*

TESTU DE PIERREBASSE

Touraine, Anjou et Paris

Charles-Érasme Testu de Pierrebasse, écuyer, justifie sa filiation depuis

Jean Testu, chevalier (1572).

Seigneuries de la Galaisière, — du Pin, — de Lavaux, — de Pierrebasse, — de Ménouville, — de Balincourt, — de Margicourt.

Alliances : familles : de Coulanges, — Richardeau, — de Chenevière, — de Broc, — Le Bel, — Clérembaut, — de Dampont, — Thiboust, — d'Ailli, — Le Sueur.

Armes : *D'or, à trois léopards de sable, les langues et les griffes de gueules, passants l'un au-dessus de l'autre; celui du milieu contourné.*

TEYSSIER DE CHAUNAC

Limousin et Paris

Jean-Blaise Teyssier de Chaunac, écuyer, chevalier de Saint-Louis (1734), justifie sa filiation depuis

Jean Teyssier, écuyer (avant 1629).

Seigneuries de Chaunac, — d'Augeat, — du Mazel, — de Boissy.

Alliances : familles : du Verdier, — Jarrige, — de Fénis, — de Bardoulat, — Baluze de Bessou, — de Lautonie, — d'Auteroche.

Armes : *De sinople, à un chevron d'or, accompagné en chef de deux roses de même, et en pointe d'un agneau pascal d'argent; le tout surmonté d'un chef cousu d'azur, chargé de trois étoiles d'or.*

Seconde branche

SEIGNEURS DES FARGES

Jean-Joseph-Hyacinthe Teyssier des Farges, écuyer, mousquetaire du roi (1744), justifie sa filiation depuis

Jean-Blaise Teyssier de Chaunac, écuyer (deuxième fils de Jean Teyssier de Chaunac, et de Julienne Jarrige) (1683).

Seigneuries de la Combe, — d'Augeat, — des Farges, — de Beaulieu, — de Pecy, — de Boissy-le-Gariel, — de la Grande-Fontenelle.

Alliances : familles : de Régis des Farges, — de Guillaume de l'Espinasserie, — Hugon du Prat, — d'Abzac, — Le Leu.

Armes : *D'argent, à deux jumelles de gueules, posées en bande,* qui sont des Farges.

DE THÉZAN DE PUJOL

Languedoc

Pons de Thézan de Pujol, page dans la petite écurie du roi, justifie sa filiation depuis

Noble Guillaume de Thézan (1483).

[Cette famille présente comme titres un contrat de mariage entre Pons de Thézan et Béatrix de Caylus, de 1294.]

Seigneuries d'Olargue, — d'Espondillan, — de Saint-Geniez, — de Pujol, — de Boussagues, — de Morcairols, — de Saint-Maximin, — de Saze.

Alliances : familles : de Blauzac, — de Mirmand, — de Sarred, — de Montfaucon, — d'Avanson, — de Cailus, — de Castillon, — de Cambis, — Cénami, — de Combret, — de Montlaur, — de Cahuzac.

Seigneurs de Saze

François de Thézan justifie sa filiation depuis

Jacques de Thézan, son père (second fils d'Olivier de Thézan et de Cassandre Cénami) (1600).

Seigneuries de Saze, — de Saint-Maximin.

Alliances : familles : de Marion, — de Roquefeuil, — de Castillon de Saint-Victor, — du Roi de Saint-Victor.

Armes : *D'or, écartelé d'azur, et une cotice de gueules, brochante sur le tout.*

THIBAUD DE NOBLET

Beaujolais

Claude-René Thibaud de Noblet, capitaine de dragons au régiment de Vitri, justifie sa filiation depuis

Hugues Thibaud, qualifié noble (1566).

Seigneuries des Prez, — de Thorigni, — de Tulon, — du Terreau, — de Chevagni-le-Lombard, — du Mont-de-France, — de la Roche.

Alliances : familles : de Saulx-Tavanes, — Martel, — Arleloup, — de Beaumanoir, — de Noblet, — Charreton.

Armes : *D'argent, à un chevron d'azur et un chef de même*, qui est de Thibaud; *écartelé d'azur, à un sautoir d'or, alaisé*, qui est de Noblet des Prez.

THIBAUD DE LA PINIÈRE

Poitou

Jean Thibaud, lieutenant général, garde-côte des Sables-d'Olonne, anobli par lettres-patentes du mois de septembre 1718, en considération de ses services militaires.

Seigneurie de la Pinière.

Armes : *D'azur, à trois molettes d'éperon d'or, posées deux et une.*

THIBAULT DE LA CARTE

En Poitou

(XIIe degré) : Philippe-Louis Thibault de la Carte, colonel du régiment de la Marche, marquis de la Ferté-Senneterre, justifie sa filiation depuis

Noble homme Jean Thibault, écuyer (1440).

Chevaliers de Malte : François Thibault de la Carte (1635). — Gabriel Thibault de la Carte, grand prieur d'Aquitaine en 1713 (1657). — Jean-Baptiste Thibault de la Carte (1689).

Seigneuries de la Fère ou de la Faire, — de Saint-Roman, — de la Carte, — de la Combe, — de la Vau, — de Chauffour, — du Fief-Perrot-des-Francs, — de la Chauvillière, — de Guignefolle, — de Nazai, — de Charsenai, — d'Orfeuille, — de Veuzé, — du Vieux-Brusson, — de la Châlonière, — de la Sibaudière, — des Planches, — de Boisbretier et de Jaulnai, — du Bourg-Barré, — du Plessis-au-Noir, — d'Immerault, — de la Roche-Quentin, — de la Guitonnière, — de la Sergenterie-des-Ouches, — de la Ferté-Senneterre, — de Mennetou, — de Sigonneau, — de Villette.

Alliances : familles : des Francs, — Mestivière dite de la Carte ou Quarte, — Arembert, — Esquart,

— de Marconnai, — Léger, — Châteignier de la Blouère, — de La Roche, — des Prez, — d'Argenton, — Vergereau, — Savatte, — de Neufchèze, — de Chary, — Rabault, — de Harpedane de Belleville, — de Gascagnoles, — Escart ou d'Escars, — de Vauselle, — Viault, — de la Sagette, — de Barbezières, — Chappot ou Chabot, — Chevalier, — Châteignier, — de Dévezeau, — de Nesmond, — Berland, — Chauvinière, — du Chilleau, — Boscal de Réal, — de Senneterre ou Saint-Nectaire.

Seigneurs de la Carte-Beaupui

JACQUES-FRANÇOIS-MARIE THIBAULT DE LA CARTE, mestre-de-camp de cavalerie, justifie qu'il est fils de

JACQUES THIBAULT DE LA CARTE, (deuxième fils de FRANÇOIS DE LA CARTE, et de MARIE-FRANÇOISE BERLAND), lieutenant général pour le roi au pays de Bas-Poitou (1717).

Seigneuries de Beaupui, — de la Carte, — de Veuzé, — de la Roche-Quentin.

Alliance : famille d'Aquin.

Seigneurs de la Chalonnière

FRANÇOIS THIBAULT DE LA CARTE, écuyer, fils de

FRANÇOIS THIBAULT DE LA CARTE, (quatrième fils de JACQUES THIBAULT et de FRANÇOISE DE BARBEZIÈRES) (1650).

Seigneuries de la Chalonnière, — des Roches-de-Vandœuvre.

Alliances : familles : de Colasseau du Houx, — Cherbonneau de l'Echasserie de Fortecuyère, — de La Lande.

Armes : *D'azur à une tour d'argent crénelée.*

[Plus tard, à partir de François-Gabriel, marquis de la Ferté-Senneterre, la branche aînée écartèle d'*azur à cinq fusées d'argent, rangées en fasce*, qui est de Senneterre.]

DE THIBAUT DE GUERCHI

Berry et Nivernais

FRANÇOIS DE THIBAUT, écuyer, justifie sa filiation depuis

BERTRAND THIBAUT, écuyer (1550).

Seigneuries de Guerchi, — de Vieux-Moulins, — de Mézières, — du Fort de Vèvres, — de Poligni, — du Colombier, — de Bessé.

Alliances : familles : de Lannel, — Monnot de Rochechouard, — de Troussebois, — Guérin.

Armes : *De gueules, à trois tours d'or crénelées de même, et posées deux et une.*

DE THIER

Alsace

GUILLAUME-OGIER DE THIER, originaire de Hollande, mestre-de-camp réformé d'infanterie, fut anobli par lettres-patentes du mois de septembre 1722, en considération de ses services militaires.

Seigneuries de Blaigne, — d'Elfosse, — des Trois-Fontaines.

Alliances : familles : Verger, — de Boek, — des Gouis.

Armes : *D'argent, à un chevron de gueules, accompagné de trois feuilles de houx de sinople, posées deux en chef et une en pointe.*

THIERRI[1]

Picardie

FRANÇOIS THIERRI, chevalier de Saint-Louis, anobli par lettres-patentes du mois d'août 1732, pour ses services militaires et l'ancienneté de sa famille.

Seigneurie de Douré.

Armes : *D'azur, à un chevron d'or, accompagné de trois étoiles de même, posées deux en chef et la troisième à la pointe de l'écu.*

[1] Autre famille Thiery, médecin à Paris.

DE THIERRY

Champagne

Gabriel-Auguste de Thierry, écuyer, justifie sa filiation depuis
Claude de Thierry, écuyer, lieutenant de la mestre-de-camp du régiment de Sautour (vivant vers l'an 1590).

Seigneuries de la Rotale, — du Chesnoy, — de Vougrey.

Alliances : familles : de Paucollot, — de Berey, — Mougnon, — Collet, — de Chopin-de-la-Tour, — Bouillerot des Bois.

Armes : *D'azur, trois lions d'or naissants, à demi-corps.*

DE THIEUVILLE

Généralité de Caen — Diocèse de Coutances

Jacques de Thieuville, écuyer, justifie sa filiation depuis
Noble Robert de Thieuville (avant 1533).

[La noblesse de cette famille fut prouvée dès le temps de Montfaux, et maintenue par ordonnance de mai 1668.]

Deux chevaliers de Malte : Guillaume de Thieuville (1663). — Charles de Thieuville (vers 1700).

Seigneuries de Briquebosc, — de Heauville, — de Helleville, — de Sionville, — de Crosville, — de Psalmonville, — du Bosc, — de Traci, — de Tourville.

Alliances : familles : de Gourmont, — de Ravalet, — Le Bourgeois, — d'Escajeul, — du Crocq, — de Crosville.

Armes : *D'argent, à deux bandes de gueules, accompagnées de sept coquilles de même, posées une, trois et trois.*

DE THIVILLE

Généralité d'Orléans — Diocèse d'Orléans

René de Thiville, écuyer, justifie sa filiation depuis
Geoffroi de Thiville, écuyer (1460).

Seigneuries de Séris, — d'Ozoir-le-Marché de Bapaume, — de Champromain, — de la Pionière, — de Migobert, — de Viviers-les-Bellottes.

Alliances : familles : de Villeneuve, — Le Bègue de Majainville, — de Molitard, — Le Fuzelier, — d'Orval, — de Fleuri, — de Maroles, — d'Eschelles, — de Saint-Jean de la Héraie, — de la Rable, — de La Vallée, — Praslier, — de Melesse, — de Saint-Mesmin.

Armes : *De gueules, à trois fusées d'argent posées en fasce.*

THONIER

A Paris et en Brie

Nicolas-Antoine Thonier, écuyer, justifie sa filiation depuis
Noble homme Gilbert Thonier, écuyer, secrétaire ordinaire de la chambre du roi Louis XIII (1620).

Seigneuries de Montréal, — de Nuisement, — de la Grand'Croix, — de la Croix.

Alliances : familles : Régnier, — Boissier, — de Lousteau, — Le Roy-des-Isles, — de Malescot, — Baudouin, — de Marle.

Armes : *D'azur, à une fasce d'or, accompagnée de trois glands de même, les queues en haut, posés deux en chef et l'autre à la pointe de l'écu.*

THOREL

Normandie

Jean Thorel, écuyer, justifie sa filiation depuis
Noble Pierre Thorel (1531).

Seigneuries de Bocancé, — de Sartres, — de Saint-Clair, — de l'Epinai, — de Castillon.

Alliances : familles : d'Auton, — Jourdain, — Grimoult, — Patri.

Armes : *D'azur, à un taureau d'or passant, issant du flanc dextre de l'écu, et affronté d'un lion de même, tous deux posés sur une terrasse de sinople, et un chef de gueules, chargé de trois molettes d'or.*

DE TILHET

Diocèse de Cahors

Charles de Tilhet, écuyer, justifie sa filiation depuis

Noble Jean de Tilhet (avant 1500).

Seigneuries de Mauroux-de-la-Capelle, — de Thouron, — d'Orgueil.

Alliances : familles : d'Arjac de Morlhon, — de Gontaut, — du Lac, — d'Abzac, — de La Sudrie, — de Gordièges, — de Lezergues, — de Barbusson.

Armes : *De gueules, à un lévrier courant d'argent, le collier de même, et un chef d'azur, chargé de trois étoiles d'or.*

DU TILLET DE LA BUSSIÈRE

Angoumois, Brie et Paris

Jean-Baptiste-Charles du Tillet, marquis de la Bussière, président en la seconde chambre des enquêtes, justifie sa filiation depuis

Élie du Tillet, contrôleur général des finances de Charles d'Orléans, anobli en cette qualité par lettres du roi (1484).

Un chevalier de Malte : Élie du Tillet de Giroles (1624).

Seigneuries de la Bussière, — de Nogent, — de Panne, — de Giroles, — de Chenevières, — de Gois, — de la Salle de Rais, — d'Aulaigne de Boisruffier.

Alliances : familles : Le Fèvre d'Ormessons, — Brunet, — Turgot, — Le Picart, — Frézon, — de La Fin, — Faucon, — Nicolay, — de Saint-André, — Séguier, — Brinon, — Pichon, — Petitot.

Seigneurs de Gouaix, de Loré, et de Marçay

Élie-Claude du Tillet, page du roi en sa petite écurie, justifie sa filiation depuis

Élie du Tillet (second fils de Jean du Tillet et de Jeanne Brinon) (1569).

Seigneuries de Gouaix-en-Brie, — de Servole, — du Bourg-Baudouin, — de Saint-Leu, — de Loré, — de Marçay.

Alliances : familles : Viole, — Le Fèvre, — de Béthisi, — de Marle, — de La Vergne, — de Bragelongue, — Cazet de Vautorte, — Bonneau, — du Bellai.

Armes : *D'or, à une croix de gueules, pattée et alaisée.*

DU TILLET DE MONTRAMÉ

Brie et Paris

Charles-Claude du Tillet[1], mestre-de-camp, justifie sa filiation depuis

Élie du Tillet, vice-président en la chambre des comptes de Paris (1514).

Seigneuries : de la Salle de Rais, — d'Aulaigne, — de Gouaix, — de Boui, — de Saint-Mathieu, — de Chalaute-la-Petite, — de la Malmaison, — de Montramé.

Alliances : familles : Petitot, — Brinon, — Viole, — Le Maître, — de Brunfai, — de Calleaux, — Mainard, — Belot, — de Cueuret.

Seigneurs de Chalmaison

Louis-François du Tillet, fils de François du Tillet (second

[1] C'est lui qui a présenté les titres en original qui prouvent sa jonction avec les du Tillet de la Bussière, dans Jacques du Tillet, deuxième fils de Élie du Tillet et de Philippe Viole (1580).

fils de JACQUES DU TILLET et de MADELAINE MAINARD) (1657).

Seigneuries de Chalmaison, — de Saint-Sauveur, — de Bernai.

Alliance : famille Simon.

Armes : *D'or, à une croix de gueules, pattée et alaisée.*

DE TILLI

Généralité d'Alençon — Diocèse d'Évreux

URBAIN DE TILLI, écuyer, justifie sa filiation depuis

Messire JEAN DE TILLI (avant 1525) [1].

Seigneuries de Saint-Ilier, — d'Acon, — de Lorleau, — de Blaru, — de Prémont, — de Villegast, — de Mondreville, — du Port de Villiers, — du Grand Poligni, — de Villiers-lès-Gast.

Alliances : familles : de Guillon, — d'Acon, — Le Pelletier, — de Limoges, — de Croismare, — de Boufflers, — de Vaudrai, — Lavocat.

Seigneurs de Prémont

LOUIS DE TILLI, écuyer, justifie sa filiation depuis JEAN DE TILLI, écuyer, second fils de JACQUES DE TILLI et d'ADRIENNE DE BOUFFLERS (1602).

Seigneuries de Prémont, — de Vaudrimart, — de Pré.

Alliances : familles : Aubert, — de Loubert, — de Goron, — Le Forestier, — de Lommeau, — Chauveau.

Armes : *D'or, à une fleur de lis de gueules.*

DU TISSEUIL

Limousin et Marche

BARTHÉLEMI DU TISSEUIL, écuyer, justifie sa filiation depuis

[1] La Chesnaye commence la filiation à Ernaud, sieur de Tilly, compagnon de Guillaume le Conquérant. Branches de Tilly-Tilly, Boissay, Charney, Blaru (marquis), de Villelégat, de l'Orleau, de Prémont, de Mondreville, etc. (E. B.)

PIERRE DU TISSEUIL, écuyer (1485).

Seigneuries d'Anvaux, — du Chesne-Pinier, — des Courades, — du Rus.

Alliances : familles : Valentin, — de Cognac, — du Moulin, — Turpin, — Primat, — de Genoilhe.

Armes : *D'argent à trois hures de sanglier de sable, posées deux et une.*

DE TIVOLEI DE BARAT

Dauphiné

LOUIS DE TIVOLEI DE BARAT, commandant de grenadiers dans le régiment du Perche, justifie sa filiation depuis

Noble ARMAND DE TIVOLEI (av. 1513).

Seigneuries de la Maisonforte de Barat, — d'Auterive.

Alliances : familles : Flotte, — de Vitrolles, — de Chastelard, — Bernard, — Tabernier, — Chaponai.

Armes : *De gueules, à une bande d'or, chargée de trois lozanges et deux demi-lozanges de sable.*

DE TONDUTI

Comtat-Venaissin

JOSEPH-PIERRE-FRANÇOIS DE TONDUTI, écuyer, justifie sa filiation depuis

JEAN-ANDRÉ TONDUTI, premier consul de Nice (avant 1579) [1].

Seigneuries de Malijac, — de Saint-Léger, — de Beauregard, — de Peillon, — de Blauvac.

Alliances : familles : de Clemens de Gravezon, — de Lopis, — La

[1] La Chesnaye commence à Absale, écuyer du comte de Savoie, 1388. — Branches de Falicon, de l'Escarène (comtes), de Blauvac, de Malijac (barons). (E. B.)

Fare, — Baroncelli, — d'Aloard, — Guyon, — de Joannin, — de Roquemore.

Armes : *Écartelé, au 1 et au 4, de gueules, contre-écartelé d'argent, a une rose de l'un en l'autre brochante sur le tout ; aux 2 et 3 d'argent, à une bande de sable, chargée de trois molettes d'éperon d'or.*

DU TOT

Normandie et Soissonnais

JEAN DU TOT, écuyer, justifie sa filiation depuis

Noble JEAN DU TOT (avant 1482).

Seigneuries de Villefort, — de Vaudessons, — de Grandmaison, — de Gonfreville, — d'Ancerville en Caux, — du Tot.

Alliances : familles : Charpentier, — Le Fèvre, — de Reclènes, — de Moy, — de Pardieu, — du Mesnildot.

Armes : *De gueules, à trois têtes de griffon d'or arrachées et posées deux et une.*

TOUSTAIN

Normandie

FRANÇOIS-JOSEPH TOUSTAIN, page du roi en sa petite écurie, justifie sa filiation depuis

Noble GUILLAUME TOUSTAIN (1508) [1].

Seigneuries de Carenci en Artois, — de Vauchetain, — de Fresnes, — de Frontebosc, — de Limésis, — du Roule.

[1] La Chesnaye fait remonter cette famille au xe siècle : — Branches des vicomtes de Toustain-Richebourg, des marquis de Limésis, des marquis de Carency. — Maintenues en 1419, 1463, 1486, 1603, 1647, 1667, 1698, 1758.

Autres familles : Toustain de Fultot, Toustain de la Colombe, et Toustain de Fontenelle, toutes de Normandie (E. B.)

Alliances : familles : de Mailloc, — de Bétencourt, — Le Hanivel, — de Civille, — de Croismare.

Armes : *D'or, à une bande échiquetée d'or et d'azur de deux traits.*

DE TREILLE

Rouergue

FRANÇOIS DE TREILLE, chevalier de Saint-Louis, fut anobli par lettres-patentes données à Meudon, au mois de Juillet 1723, en considération de ses services militaires.

Armes : *De sinople, à un cep de vigne d'argent, fruité de gueules, rampant autour d'un échalas d'argent.*

DE TRÉMIGON

Bretagne — Évêché de Quimper

LOUIS DE TRÉMIGON, enseigne des vaisseaux du roi, justifie sa filiation depuis

Noble FRANÇOIS DE TRÉMIGON (1573).

Seigneuries de la Rivière Trémigon, — de la Ville-Rue, — de la Touche, — du Dicq, — de Quérinan, — du Plessis, — de Langan.

Alliances : familles : de Longueville, — Picot, — Troussier, — Jamin, — du Guini, — de La Bouexière.

Armes : *D'argent, à trois écussons de gueules, posés deux et un, et chargés chacun de trois fusées d'or posées en fasce.*

DE TRÉMONT

Généralité d'Alençon — Diocèse de Lisieux

GILLES DE TRÉMONT, écuyer, justifie sa filiation depuis

Noble RAOUL DE TRÉMONT (1520).

Seigneuries de Coru, — de Bois-Thorel, — de Bordelans.

Alliances : familles : du Paisot, — de Raveton, — Trassard, — des Essarts, — de Vernier, — de La Boulaie.

Armes : *De sable, à trois cygnes d'argent, posés deux et un.*

DE TRESSEMANES

Provence — Diocèse de Riez

GASPARD DE TRESSEMANES, justifie sa filiation depuis

PONCET DE TRESSEMANES, (avant 1556).

Trois chevaliers de Malte : CLAUDE PALAMÈDE DE TRESSEMANES (1637). — VINCENT et MARION DE TRESSEMANES.

Seigneuries de Brunet, — de Chasteuil.

Alliances : familles : de Bellier, — de Suffren, — de Forbin, — Roland, — Doria, — de Puget.

Seigneurs de Chasteuil

GASPARD DE TRESSEMANES, justifie sa filiation depuis

CHARLES DE TRESSEMANES, (second fils d'ARTUS DE TRESSEMANES et de CATHERINE ROLAND) (1643).

Quatre chevaliers de Malte : ANTOINE, AUGUSTE, ANDRÉ DE TRESSEMANES (1672 à 1679). — JEAN-FRANÇOIS DE TRESSEMANES (1699).

Seigneuries : de Chasteuil, — de Rousset.

Alliances : familles : Maurel, — de Glandevez, — Raimondis.

Armes : *D'argent, à une fasce d'azur, chargée de trois étoiles d'or, et accompagnée de trois roses de gueules, posées deux en chef et l'autre à la pointe de l'écu.*

DE TRESTONDAN

Franche-Comté et Champagne

FERDINAND DE TRESTONDAN, écuyer, justifie sa filiation depuis

PHILIPPE DE TRESTONDAN (1554)[1].

[1] Marquisat érigé en 1714. — La Chesnaye fait remonter la famille au XIIIe siècle. (E. B.)

Seigneuries de Suaucourt, — de Pisseloup, — de Génévrières.

Alliances : familles : Étienne de Procheville, — Benoist, — de Maudre, — de La Baume, — des Loges.

Armes : *D'azur, à trois chevrons d'or couchés en bande, entre deux cotices de même.*

TRICORNOT

Franche-Comté — Diocèse de Besançon

CLAUDE-ALEXANDRE TRICORNOT, écuyer, justifie sa filiation depuis

CHARLES-ANTOINE TRICORNOT, anobli en 1630 par lettres-patentes données à Madrid, au mois d'octobre, lesquelles lettres obtenues de Philippe IV, en raison des services de l'exposant et de l'ancienneté de sa famille.

Seigneuries du Trembloi, — de Chevignei.

Alliances : familles : Gérard, — Maudinet, — Le Pois, — Mairot,

Armes : *D'azur, à trois cors de chasse d'or, posés deux et un.*

DE TRIMOND

Provence et Languedoc

JEAN-LOUIS DE TRIMOND, chevalier d'honneur en la cour des comptes (1703), justifie sa filiation depuis

Noble THOMAS TRIMOND (1552).

Alliances : familles : Vaissière, — de Solas, — Baudan, — Fabre, Buez, — de Rochas.

Armes : *D'azur, à une cloche d'argent, surmontée d'une croix d'or fleurdelisée.*

DE TRISTAN

En Beauvaisis

NICOLAS TRISTAN, écuyer, capitaine au régiment de Richelieu, justifie sa filiation depuis

JEAN TRISTAN, écuyer (1479).

Seigneuries de Cardonnoy, — de la Tour, — de Houssoy, — de Saint-Just, — d'Avelon, — de Goincourt, — de Juvignies, — de Guchenguies, — de Verderel, — de Maisoncelles, — de Saint-Maurice, — de Saint-Pierre. — de la Rougemaison, — de Wagicourt, — du Mez, — de Crecé.

Alliances : familles : de Jouy, — de Hédouville, — Boileau. — du Bos, — Le Boucher, — Foy, — Guillier, — le Féron, — d'Ary, Langlet, — Martin, — Dury, — des Champs, — de l'Abadie (dit d'Espalungues).

Armes : *De gueules, à une bande d'or ; écartelé d'azur, à une tour d'argent.*

TROTEREL

En Normandie

François - Louis Troterel, écuyer, justifie sa filiation depuis Noble Michel Troterel, écuyer (vers 1560 [1]).

Seigneuries d'Eraines ou de Raines, — de Saint-Quentin, — de Soulengy, — de Doire, — de Tilly, — de Bosville.

Alliances : familles : de Fallaize, — de Vauquelin, — de Dodeman, — de Guerpel, — Le Prevost (sieur de Fourches), — de Thibout, — Le Prevost (sieur du Marais), — du Moulin.

Armes : *D'azur à trois pommes de pin d'or, posées deux et une.*

DU TROUSSET D'HÉRICOURT

Vermandois, Champagne et Paris

Bénigne - Jérome du Trousset d'Héricourt, conseiller d'honneur au Parlement de Provence, justifie sa filiation depuis

Henri du Trousset (1529).

1 Cette famille fut maintenue dans sa noblesse par lettres du mois de décembre 1698 et du 9 mars 1717.

Seigneuries du Boullai, — d'Obsonville, — de Poligni, — de Souppes, — de Renoncourt.

Alliances : familles : de Bréda, — Bouzitat, — de Roux, — du Pré, — Le Marguenat.

Armes : *De sinople, à un lion d'or, la langue et les pattes de gueules.*

DE TRUCHIS

Bourgogne

François-Charles de Truchis, écuyer, justifie sa filiation depuis Noble Barthélemi de Truchis (avant 1547).

Seigneuries du Molé, — de Commune, — de Laye, — de Bachelet.

Alliances : familles : Le Sage, — du Puis, — Armet, — Bourée, — Pélissonnier, — de Pinsis.

Nicolas de Truchis, écuyer (fils de Jacob de Truchis et d'Antoinette Bourée), justifie de sa filiation sur les mêmes preuves.

Seigneurs de Laye

Pierre de Truchis, écuyer, (second fils de Pierre de Truchis et de Françoise Armet), chef de la branche.

Seigneurie de Laye.

Alliances : familles : Cointot, — de Chanterai.

Benoit de Truchis (second fils de Pierre de Truchis et d'Anne-Charlotte Cointot).

Seigneurie de Laye.

Alliance : famille : de Chanterai.

Armes : *D'azur, à un pin d'or, soutenu par deux lions d'or, affrontés.*

DE TUDERT

Paris et Poitou

François de Tudert, lieutenant-colonel du régiment de Lestrange-

Infanterie, justifie sa filiation depuis

CLAUDE DE TUDERT, maître ordinaire de la Chambre des Comptes (1534).

Deux chevaliers de Malte : ANNE-CHARLES DE TUDERT (1693). — CHARLES-FRANÇOIS DE TUDERT (1719).

Seigneuries de La Bournalière, — de Saint-Etienne de Brilloët.

Alliances : familles : de Renon de La Couture, — de Vassé, — Fumée, — Le Boulanger, — de Macquenon, — du Bois, — Séguier, — Pidoux, — Hennequin, — Luillier.

Armes : *D'or, à deux losanges d'azur, et un chef de même, chargé de trois besants d'or.*

TUFFIN

Bretagne

ANNE-JACQUES TUFFIN, page du roi en sa petite écurie, justifie sa filiation depuis

Noble JEAN TUFFIN (1454).

Seigneuries de La Boirie, — des Portes, — Carnet, — de la Motte, — de Taillet, — du Breil, — du Taillet, — de Vaugarni

Alliances : familles : Fleuri, — du Gourai, — le Bourgeois, — de Langan, — de Kerveno, — Pinel, — du Meix, — Le Sénéchal, — de Furgon, — Pinier.

Armes : *D'argent, à une bande de sable, chargée de trois croissants d'argent.*

TUGGHE

Flandre

THOMAS-IGNACE TUGGHE, conseiller-pensionnaire du Magistrat et de la Chambre de commerce de Dunkerque, fut anobli par lettres-patentes données à Paris au mois de juillet 1721, en considération de ses services et de l'honorabilité de sa famille, laquelle en Angleterre avait le titre de chevalier-baronnet.

Alliances : familles : Barth, — Sergent, — de Cooninck, — Copens, — Malet.

Armes : *D'azur, à un chevron d'or, accompagné en chef de deux étoiles de même, et en pointe d'un soleil d'or.*

DE TULLES

Comtat Venaissin. — Diocèse de Carpentras

JEAN-DOMINIQUE DE TULLES, écuyer, justifie sa filiation depuis

Noble GABRIEL DE TULLES (avant 1516).

Un chevalier de Malte : GASPARD DE TULLES (1657).

Seigneuries de Soleilles, — de la Nerte, — de Villefranche.

Alliances : familles : de Doni, — de Thézan de Venasque, — de Lazari, — de Fougasse, — de Cocils, — de Seitres.

Armes : *D'argent, à un pal de gueules, chargé de trois papillons volants d'argent.*

DE TULLIÈRES

Dans le Dunois

[Cette famille croit descendre des Tullières ou Thuillières de Lorraine, dont d'Hozier énumère un certain nombre en tête de l'article.]

MARIE DE TULLIÈRES, mariée en secondes noces avec GÉDÉON DE TULLIÈRES, son cousin, justifie sa filiation depuis

GUILLAUME DE TULLIÈRES, écuyer (1473).

Seigneuries de Vallainville, — de Mazurolles, — de la Forçonnerie, — de Grissay, — de Bazoches en Dunois, — de Villiers.

Alliances : familles : des Faveris, — de Meaussé, — Parent, — du Bois, — de Gaston, — d'Ardenay, — de Courcillon, — de Honville.

Seconde branche

Claude de Tullières, écuyer, (second fils de Guillaume de Tullières et de Jacqueline du Bois), auteur de la branche (1570).

Seigneuries du Bois de Notonville, — de Bainville, — de la Folie, — de Vallières, — de la Bretesche, — de Villelard, — du Pont-Châtel, — d'Argançon, — des Brières, — de la Charmoie ou des Chermois, — de la Guimonnière, — d'Aumoy, — de Beaujardin, — de Lignerolles, — d'Allonne.

Alliances : familles : de Villeneuve, — de Saint-Mesloir, — de Marcadé, — de Moulins, — du Breuil, — de la Goupillière, — Rossard ou Roussard, — du Bois des Courts, — de La Haye, — de Beaufils, — Le Lièvre, — d'Authier, — de Montdoré, — Le Roux, — de Paris, — des Gués.

Armes : *De sable, à un lion d'argent, langué, onglé et couronné d'or.*

URVOI

Bretagne — Évêché de Saint-Brieuc

Toussaint-Annibal-Marin Urvoi, écuyer, justifie sa filiation depuis

Guillaume Urvoi (avant 1505).

Seigneuries de Saint-Bédan, — de la Touche, — Bréhault, — de la Villegourio, — de Saint-Glen, — de la Motte, — de Duault, — de la Cassouère, — de Bélorient.

Alliances : familles : Le Bigot, — de Keremar, — Le Gascoing, — Berthelot, — Le Vicomte, — Quemper, — Morice, — Bertho, — de La Roche, — d'Illefaut.

Louis-Jean-Baptiste Urvoi, écuyer (second fils de Gilles Urvoi et de Péronnelle le Gascoing (1676).

Alliance : famille : Coroller.

Armes : *D'argent, à trois chouettes de mer (ou poules d'eau) de sable, membrées de gueules, et posées deux et une.*

DE VAHAIS

Maine

René-Charles-Joseph de Vahais, écuyer, justifie sa filiation depuis

Jean de Vahaye (avant 1486).

Seigneuries de Vauloger, — des Forges, — de Fénesson, — de Vahais, — de Saint-Ouen, — du Bois, — de Riaillé.

Alliances : familles : de Salaines, — Vasse, — du Bailleul, — Le Jariel, — de La Dufferie, — Le Vicomte, — de La Roussière, — de Fontenailles, — de Courtoux, — de Tinteniac, — de Domaine.

Armes : *D'azur, à un soleil d'or de douze rayons.*

VAILLANT

Picardie

Charles Vaillant, chevalier, justifie sa filiation depuis

Noble homme Robert Vaillant (1457).

Seigneuries de Haultemarre, — du Bracq, — de Villers, — de Hodencq, — du Verbois, — de Caumondel, — du Cazelle.

Alliances : familles : Becqtarde, — de Buissy, — Le Bel, — Papin, — Le Roy, — Griffon, — Hecquet, — de Beauvarlet.

Deuxième branche

Philippe Vaillant, écuyer, fils de Claude Vaillant, écuyer (quatrième fils de Jean Vaillant et de Charlotte le Bel) (1651).

Seigneurie de Favière.

Alliances : familles : Le Roy, — Tillette.

Troisième branche

François Vaillant, qualifié chevalier, capitaine au régiment de cavalerie d'Horne, petit-fils de FRANÇOIS VAILLANT, écuyer (second fils de JEAN VAILLANT et de MARGUERITE DE BUISSY) (1638).

Seigneuries de Villers, — du Verbois, — de Vuirel, — de Hodencq, — de Béalcourt, — de Villiers l'Hospital, — de Caumondel.

Alliances : familles : de Canteleu, — du Gardin, — de Morant, — du Belvallet, — d'Herly, — Hecquet, — Tillette.

Quatrième branche

JEAN - BAPTISTE VAILLANT, écuyer, justifie sa filiation depuis
PIERRE VAILLANT, écuyer (deuxième fils de JEAN VAILLANT et de MARIE BECQTARDE) (1599).

Seigneuries de Crèvecœur, — de Romainvelle, — de la Pasture.

Alliances : familles : Tillette, — de La Garde, — du Maisniel, — du Wicquet, — Thierry, — Matissart, — de Forceville.

Armes : *D'argent, à un lion de sable, la langue et les ongles de gueules.*

DU VAL DE BEAUMONTEL

Généralité d'Alençon — Diocèse d'Évreux

CHARLES DU VAL, écuyer, justifie sa filiation depuis
GUILLAUME DU VAL, écuyer (1361).

Seigneuries de Beaumontel, — du Bourgdessus, — de Brai, — du Val, — de Gonnonville-en-Auge, — de Saint-Aubin-le-Guichart, — de la Marre-aux-Ouës, — de Malassis.

Alliances : familles : de La Warde, — de Longueil, — de Mezières, — des Haulles, — de Courteuvre, — de Trousseauville, — d'Orbec. — Affagart, — Mauvoisin.

Armes : *D'argent, à une bande de gueules.*

DU VAL DE DAMPIERRE

Généralité de Champagne—Diocèse de Châlons sur Marne

HENRI DU VAL, comte de Dampierre, colonel d'infanterie, justifie sa filiation depuis
ETIENNE DU VAL, chevalier (1551).

Seigneuries de Dampierre, — de Ham, — de Mondreville.

Alliances : familles : de Baussancour, — Cuissote, — de Galéan, — de Beaufort, — Le Blond, — de La Salle, — de Bossut.

Armes : *De gueules, à une tête et cou de licorne d'argent, posée de profil.*

DE VALAT

Languedoc

PIERRE DE VALAT, écuyer, justifie sa filiation depuis
Noble PIERRE DE VALAT (1671), maintenu dans la qualité de noble et d'écuyer qu'il avait justifiée par titres, énoncés dans l'arrêt, depuis 1504.

Seigneuries de Saint-Roman, — de Montalet, — du Sauzet.

Alliances : familles : de La Gorce, — Haudessens, — de Roquefeuil, — de La Croix.

Armes : *Émanché de gueules sur or, d'une pièce et deux demi-pièces.*

VALENTIN[1]

Poitou et Angoumois

FRANÇOIS VALENTIN, écuyer, justifie sa filiation depuis
WASTRE VALENTIN, écuyer (1448).

Seigneuries de Villeneuve, — de Montbrun, — de Germeville en Poitou, — de Saint-Maixant.

[1] Autre famille Valentin, en Vermandois, puis en Lorraine, que La Chesnaye commence à 1328; une branche de la Roche-Valentin. (E. B.)

Alliances : familles : Guérin de l'Estang, — Marchais, — du Tisseuil, — d'Aloue, — Ruffler, — de Lastre, — de Gardella, — de Barbezières, — de Graffort.

Seigneurs de Germeville et de Mons

François Valentin, écuyer, justifie sa filiation depuis

François Valentin, écuyer (second fils de Jacques Valentin et de Jeanne de Lastre) (1595).

Seigneurie de Germeville.

Alliances : familles : de Massongnes, — de Beauchamps, — de Boiscuvier, — Faure, — Juillé.

Armes : *D'argent, à une croix d'azur, chargée d'un croissant d'or sur le milieu, et de quatre étoiles de même à six rais, posées une à chaque extrémité de la croix.*

DE VALIER

Guyenne

[Famille privée, par les guerres qui ont ravagé la Guyenne, des titres les plus anciens de sa noblesse.]

Jesbaham de Valier, chevalier (1612), petit-fils de noble

Pierre de Valier, écuyer (1521).

Seigneuries de Serignan ou Sévignan, — de Talance, — de Géloux, — de la Crauste, — de Maurin, — de Calon, — d'Artassen, — de Montagut, — de Puyo, — de Tastes.

Alliances : familles : Arnauld, — Raoul, — de Capdeville, — de Ferron, — de Beuquet, — de Poyanne, — de Castille.

Branche des seigneurs de la Crauste, d'où sont issus les seigneurs de Bourg.

Jean-Louis de Valier, écuyer (1684), justifie sa filiation depuis

Noble Antoine de Valier, écuyer (1555).

Seigneurie de la Crauste.

Alliances : familles : de La Cave, — de Talance, — de Fort ou de Fos, — de Prugue, — de Fortisson, — de Siros.

Branche des seigneurs de Bourg

Noble Louis de Valier, écuyer, major du régiment de Grammont, justifiesa filiation depuis

Noble Jesbaham de Valier, écuyer (troisième fils de Martin de Valier et de Rachel de Talance) (1600).

Seigneuries de la Crauste, — de Bourg.

Alliances : familles : du Tilh, — de La Maison, — Dureau, — de La Coste, — d'Artigues, — de Lartigue, — de La Borde, — d'Estoupignan, — de Prugue, — de La Marque, — du Bourg, — de Biaudos.

Armes : *D'azur, à une fasce d'argent, accompagnée en chef de trois bezants d'or, et en pointe de trois merlettes de même.*

VALLÉE

Paris

Jacques-Olivier Vallée, écuyer, justifie sa filiation depuis

Nicolas Vallée, écuyer, maître des Comptes (1697).

Alliance : famille : Blanchet.

Armes : *D'azur, à un pal d'argent, accosté de deux aigles d'or, affrontés.*

DE VALLES DE BOBIGNI

Paris

François de Valles, écuyer, justifie sa filiation depuis

Jean de Valles, maître ordinaire en la Chambre des Comptes (1481).

Seigneuries de Bobigni, — des Housseaux, — de Bondi, — de Launai, — de la Vauve, — du Mesnil, — du Grandmesnil.

Alliances : familles ; Grosteste, — Angran, — Miron, — Le Fèvre, — Bellanger, — de Poussemothe, — Godefroi, — Le Beauclerc, — Martin.

Seigneurs de Montjai

François-Claude-Pierre de Valles justifie sa filiation depuis Balthazar de Valles (fils puiné de Pierre de Valles et de Catherine Godefroi) (1574).

Seigneuries de Montjai, — de la Fauconière, — de Coupepierre, — du Grand-Essart.

Alliances : familles : Le Picard, — Nevelet, — de l'Isle, — Frédi, — Guyard.

Armes : *D'azur, à un cerf d'or gisant au pied d'un chêne aussi d'or, et un chef de même, chargé de deux roses de gueules, feuillées de sinople.*

DE VALLES DU PLESSIS

Généralité de Rouen — Diocèse d'Évreux

Alexandre de Valles, écuyer, justifie sa filiation depuis Noble René de Valles (1542).

Seigneuries du Plessis, — de Boisnormand, — du Plessis Mayet (orthographié aussi Mahier).

Alliances : familles : Viard, — de Collon, — de Martainville, — de Malortie, — Le Lieur, — de Hallebout.

Armes : *De gueules, à une fasce échiquetée d'or et d'azur de trois traits, accompagnée de trois têtes d'aigle arrachées d'or, deux en chef et une en pointe, celles du chef affrontées.*

DE VANÇAI

Maine

Charles-Benjamin de Vançai, écuyer, justifie sa filiation depuis Pierre de Vançai (1386).

Seigneuries de la Barre, — Conflans, — de la Parisière, — de la Rangotière, — du Perrin, — du Fief-Bazile, — de la Roche, — de la Brinde, — de la Mourelière, — de la Béraudière, — de Rocheux, — des Créneaux, — de Bretet, — de Coulouasné, — de la Salle, — de la Cour du Bois, — de Bouy, — de Villiers, — de la Maleclèche, — de la Barre, près Saint-Calais au Maine, — de la Rambonière.

Alliances : familles : Thibergeau, — Maire, — Le Fuzelier, — de Préaux, — de Menou, — de Souvré, — Salmon, — d'Acumont, — Drouin, — Chouette, — Forestier.

Seigneurs de Bretel et de Coulouasné

Charles de Vançai justifie sa filiation depuis Jean de Vançai, écuyer (second fils de Jean de Vançai et de Louise Salmon) (1586).

Un chevalier de Malte : Calais de Vançai (1617).

Seigneuries de Rocheux, — de Bretel, — de Bouy, — de Coulouasné, — de Roissé, — de Tanssuë, — de Barges, — de Fosseclose.

Alliances : familles : de Tussé, — de Marcé, — Flottei, — de Hallot, — Malherbe, — Peschard, — Peillot de la Garde, — Quelquejeu, — de Genevières.

Armes : *D'azur, à trois besants d'argent, chargés chacun d'une moucheture d'hermine, et posés deux en chef et un en pointe.*

VAN-DAM

Hainaut

Jean-Florent Van-Dam, commandant dans la ville d'Alost (Pays-Bas), justifie sa filiation depuis Noble Pierre Van-Dam (avant 1470).

Seigneuries d'Audégnies, — de Moréansart.

Alliances : familles : d'Hardenbroeck, — d'Arkel, — de Boussu, — de Nasdewic, — Paffenroode, — De Jonge, — Van Derzeist, — Van Bronckorst, — Van Renesse.

Armes : *De gueules, à deux tours d'argent, rondes, donjonnées et ouvertes; coupé de sable, à une tour aussi d'argent, ronde, donjonnée et ouverte.*

VAN-EECHAUTE

Flandre

ALEXANDRE-EUGÈNE VAN-EECHAUTE, capitaine dans le régiment Royal-artillerie, justifie sa filiation depuis

CHARLES VAN DEN EECHAUTE, chevalier (1630).

Seigneuries de Pumbeck, — d'Aigremont, — de Rosnel, — de Roulers, — d'Eechaute, — de Watines, — d'Holbecque, — de Bouchaute, — d'Escoutette.

Alliances : familles : de Mailli-Marnet, — Obert, — de Lannoi, — d'Ognies, — de Camargo, — Van Warnewick, — de Baesdorp, — de Flandres, — Thieulaine.

Armes : *D'argent, à un sautoir de gueules.*

DE VANEL

Languedoc

JEAN-FRANÇOIS DE VANEL lieutenant des maréchaux de France, justifie sa filiation depuis

Noble LAURENT VANEL (1499).

Seigneuries de Récoulles, — de l'Isle-Roi, — de la Motte, — de Barengues.

Alliances : familles : Rouzier, — de Joyes, — de La Coste, — de Rippert, — de Noyel, — Sauvan d'Aramon, — de Ville, — de Blisson.

Armes : *D'azur, à trois rocs d'échiquier d'or, posés deux et un,* qui est de Roque; *écartelé d'azur, à une colombe d'argent, becquée de gueules, prenant son essor et tenant dans son bec un rameau d'olivier de sinople,* qui est de Joyes; *et sur le tout, d'argent, à un chêne de sinople, mouvant d'une terrasse de même,* qui est de Vanel.

DE VANOLLES, anciennement et originairement VAN HOLT, c'est-à-dire DE HOLT

Famille transplantée du pays de Gueldre en France

BARTHÉLEMY DE VANOLLES, maître des requêtes, justifie sa filiation depuis

JEAN VAN HOLTE, grand trésorier du duché de Gueldre (1448).

Seigneuries de Bleck, — de Biltien, — de Litterdinck ou Liefferinck.

Alliances : familles : Van Zelst, — Ten Heller, — Van Staverden, — Van Zwethen, — Reynders, — d'Aski, — de Molesson, — Rode de Heckeren, — Michau, — Quennols, — Kerboul, — Ten Haghe, — Baerken, — Zum-Kley, — Valeilles, — Caland.

Armes : *D'argent, à sept annelets de sable, posés trois et un.*

VAN-RHÉMEN

Artois

PHILIPPE-MARIE VAN-RHÉMEN, écuyer, justifie sa filiation depuis

JEAN D'YEMBERGH-VAN-RHÉMEN, (av. 1598), « issu de la très-noble et chevalereuse maison et famille des Van-Rhémen, de Travenhorst, au pays et duché de Gueldres. »

Seigneurie de Cortenhoorn.

Alliances : familles : Ximènes, — Wectyn, — de Grave, — Droste (alias Drosten).

Armes : *De gueules, à une fasce d'argent, surmontée de trois canes d'or, rangées de droite à gauche.*

VAQUEREL DE LA BRICHE

Vendomois

Louis Vaquerel de la Briche, l'un des chevau-légers de la garde du roi, anobli pour ses services militaires par lettres-patentes, données à Paris en janvier 1721,

Était fils de Louis Vaquerel, commissaire de la marine sous le duc de Beaufort.

Alliance : famille : du Coudrier.

Armes : *De gueules, à un chevron d'or, accompagné en chef de deux étoiles d'argent, et en pointe, d'un croissant de même.*

DE VARANGE

Bourgogne, Bresse et Barrois

Louis-Thomas de Varange, qualifié chevalier, capitaine d'infanterie, justifie sa filiation depuis

Edme ou Aymé-Philibert de Varange, écuyer, capitaine d'une compagnie de carabiniers et exempt des gardes du corps du roi Louis XIII (vers 1600).

[Cette famille, établie depuis environ un siècle dans le Barrois, tire son origine de Bresse et encore antérieurement de Bourgogne; les guerres arrivées dans les différentes provinces la mettent dans l'impossibilité de produire ses anciens titres; il paraît que son nom primitif était de Lor, et que ce fut vers 1620 que la famille prit celui de Varange depuis le mariage d'une Claudine de Varange, avec noble Artaud de Lor de Nargues, écuyer, accordé le 5 janvier 1601.]

[On trouve un Eudes de Varange, qui était en 1417 conseiller du duc de Bourgogne et maître de sa chambre des comptes de Dijon.]

Seigneuries de Varange, — de Saint-Amour, — de Sainte-Julie, — de Saint-Gras, — de Montigny, — de Monteval, — de Burey-en-Vaux.

Alliances : familles : de Varange, — de Thellis, — Le Cointe, — de Lyobard, — de La Servinière, — du Fei, — de Brussoncourt, — Dordelu, — de Monteval, — de Villeterque, — de Bourgeois.

Armes : *D'or, à quatre bandes d'azur.*

DE VASSAN

Champagne, Picardie et Paris

Zacarie de Vassan, écuyer, justifie sa filiation depuis

Noble Jean de Vassan (avant 1403).

Seigneuries de Puizeux en Valois, — de Rémigni, — de Macquelines, — de la Motte-Nullot, — de la Thuillerie, — de Chonville, — de Remimesnil, — de Pottemont, — de Crespi, — de Rizaucourt, — de Soissons, — du Fief-d'Olie.

Alliances : familles : de Lambert, — Taschereau, — Morel, — Hubert, — Forget, — de Cugnac, — du Roux, — Prévost, — de Grainbert, — de Capendu, — Amanjon, — Le Bert, — de Marle, — Le Petit, — Ferret, — de Gondrecourt, — de Beaujeu, — de La Ferté, — de Pleurre, — de Marisi, — Le Gudard, — de Grandvarlet.

Seigneurs de Rémigni

Louis de Vassan, écuyer (second fils de François de Vassan et d'Anne Prévost.)

Seigneuries de Macquelines, — de Rémigni.

Alliances : familles : Contesse, — Le Mire.

François-Charles de Vassan, écuyer (quatrième fils de François de Vassan et d'Anne Prévost), a eu un fils unique, Charles-François de Vassan.

Alliance : famille : Faure.

Armes : *D'azur, à un chevron d'or, accompagné en chef de deux roses d'argent, et en pointe d'une coquille de même.*

DE VASSART

A Bar-le-Duc

Étienne de Vassart, écuyer, justifie sa descendance de

Nicolas Vassart, anobli par lettres du duc de Lorraine du 17 avril 1624.

Seigneuries de Burnecourt, — de Gorze-Sallée, — de Tannoy, — d'Ancemont, — d'Andernay.

Alliances : familles : Rouyer, — Le Besgue, — de Voulton, — Gérard, — d'Auvilliers, — Gerbillon, — Gainot, — des Rozeaux, — d'Hozier de Sérigny, — Maillet, — Boucher de Morlaincourt, — Viart.

Armes : *De gueules, à un chevron d'or, accompagné de trois fleurs de lis d'argent, deux en chef et une en pointe.*

DE VASSAUX

Champagne

Daniel de Vassaux, écuyer, capitaine au régiment de Médoc-infanterie, justifie sa filiation depuis

Barthélemi de Vassaux, écuyer, (av. 1601).

Seigneuries de Brieulles-sur-Meuse, — d'Hadonville.

Alliances : familles : de Fleurimont, — Deniset, — de La Bouillée, — de Louvroi, — Sartellet, — Flament, — de Vaux, — Colson.

Armes : *D'or, à une croix de gueules, dentelée de sable, chargée de cinq coquilles d'or.*

DE VASSÉ

Maine et Poitou

François-René de Vassé, écuyer, justifie sa filiation depuis

Noble Charles Grognet de Vassé (av. 1491).

Deux chevaliers de Malte : René de Vassé (1597), Martin-Dominique de Vassé (1664).

Seigneuries de la Rochefaton, — de Châtillon, — de Peaumidi, — de l'Hommois, — de la Rolandière, — du Grand-Coudrai, — de Ponneville, — de Villelar, — de Plassé, — de la Mairie, — du Breuil, — d'Arclainville, — du Mesnil-Foucher, — de la Roche-Mabille, — de la Chapelle, — de Vassé.

Alliances : familles : De Tudert, Bernard, — Pidoux, — de Loubes, — de Courterne, — de Gondi, — de Feugerais, — Le Cirier, — Le Vavasseur, — de Brie, — de Hatri, — d'Aligni, — Lescot.

Armes : *D'or, à trois fasces d'azur.*

DE VAUBOREL

Normandie et Bretagne

Malo-Gabriel de Vauborel, capitaine de cavalerie dans le régiment de Dauphin-étranger, justifie sa filiation depuis

Noble Léonard de Vauborel (avant 1528).

Seigneuries de la Chapelle, — de la Grange, — de Brémanfani, — de Sainte-Marie du Bois, — de Lorgerie.

Alliances : familles : de Chérisi, — Liais, — Bérenger, — Coaisnon, — Pitard, — de Bure.

Armes : *D'azur, à une tour d'argent.*

DU VAUCEL DE VAUCARDEL

Normandie

Jacques-Barthélemi du Vaucel, écuyer, ancien mousquetaire de la garde du roi, justifie sa filiation depuis

Noble PIERRE DU VAUCEL, écuyer (av. 1646).

Seigneuries de Berville, — de Vaucardel.

Alliances : familles : de Guérin de Marcouville, — Béhotte, — Le Fèvre, — Germon, — Barré.

Armes : *D'azur, à une tête de cerf d'or, posée de front.*

DE VAUCELLES

Loudunois et Maine

EMMANUEL-GUILLAUME DE VAUCELLES, chevalier, justifie sa filiation depuis

PIERRE DE VAUCELLES, chevalier, qualifié noble et puissant seigneur (1576).

Seigneuries de la Voute, — de la Chaume, — de Massilly, — du Petit-Boussay, — de Cordoüen, — de Grillemont, — de Rouvray, — de la Guiépierre, — des Hays, — de Ravigny, — de Champfrémont, — de la Poste.

Alliances : familles : de Bidoulx, — de La Chapelle, — de Lescouet, — de Baillet, — de Chennevières, — de Courtarvel, — de Goué, — de la Fournerie, — de Fleuriel, — de La Motte.

Armes : *D'argent, à un chef de gueules, chargé de sept billettes d'or, posées quatre et trois.*

DE VAUCENNÉ

Maine et Anjou

CHARLES-FRANÇOIS DE VAUCENNÉ, capitaine au régiment de Gondrin-infanterie, justifie sa filiation depuis

Noble personne MAHÉ DE VAUCENNÉ, qualifié écuyer (1435).

Seigneuries de Vaucenné, — de Grenière, — de la Ménardière.

Alliances : familles : Paumard, — du Chastelier, — Tartroux, — Le Fèvre, — de Sully, — de Kermaru, — Favereau, — L'Enfant, — Avelot, — Gobbé, — Le Tourneux, — Adam, — Chevalier. — de Lorme, — de La Grézille, — de La Joyère, — Philippe, — Audouin.

Armes : *De gueules, à un lion d'or, langué et onglé de gueules.*

VAUQUELIN

Généralité de Caen — Diocèse de Coutances

JEAN-FRANÇOIS VAUQUELIN, écuyer, justifie sa filiation depuis

JEAN VAUQUELIN, écuyer (avant 1540).

Seigneuries du Désert, — de Beaumont, — de La Chapelle.

Alliances : familles : Gréard, — Scelle, — Poisson, — de Carbonel, — Anger.

Armes : *D'azur, à un sautoir d'argent engrêlé, et accompagné de quatre croissants d'or, posés un dans chaque angle du sautoir.*

DE VAY

Bretagne — Évêché de Nantes

LOUIS-SÉVÈRE DE VAY, président de la Chambre des Comptes de Nantes, justifie sa filiation depuis

Noble JEAN DE VAY (1542) (famille déclarée noble depuis 1377, par arrêt de 1669).

Seigneuries de la Fleuriais, — de Treffieuc, — du Plessis, — de Montjouvet, — de la Ragotière, — de la Rochefordière.

Alliances : familles : Le Meneust, — Cheminard, — Le Geai, — Le Maître, — de Rieux, — Buynard, — de La Musse, — Durand, — de Montberon.

Armes : *De gueules, à un croissant d'hermines, surmonté d'une croisette d'argent.*

VEDIER

Bretagne

Jean-François Vedier, général des finances dans la province de Bretagne, anobli par lettres-patentes données à Fontainebleau en septembre 1733, en considération de la sagesse, du désintéressement et de l'habileté avec lesquels il s'est acquitté de ses charges et emplois.

Armes : *D'or, à un sautoir de sinople, chargé de cinq besants d'or.*

DE VEINI D'ARBOUZE

Bourbonnais, Auvergne et Limousin

Gilbert-Henri-Amable de Veini d'Arbouze, mestre de camp de cavalerie, justifie sa filiation depuis

Michel Veini, chevalier (1559).

Seigneuries de Villemont, — de Neusville, — de Saint-Genest, — d'Arbouze, — de Miremont, — de Mirabel, — de Poizat, — de Chaume, — de Fernoil, — de Ménestrel, — de Jayet.

Alliances : familles : Colbert, — Pascal, — de Belvezer, — de Sedière, — de Bayard, — d'Espinac, — Marillac.

Seigneurs de Chaume et de Marcillac

Guillaume de Veini, écuyer, justifie sa filiation depuis

Bénigne de Veini, écuyer (second fils de Michel Veini et de Péronelle Marillac) (1571).

Seigneuries de Chaume et de Fernoil, — de Barges, — de Marcillac, — de Chabanes, — de Marsis, — de la Porte, — de Lissat, — des Aussines.

Alliances : familles : des Brandons, — Bertrand, — du Plantis, — de Chovigni-Blot, — des Assis, — de Chantelot.

Armes : *D'or, à un pin de sinople; écartelé de gueules, à une colombe d'argent fondant du haut en bas; et sur le tout d'azur, à trois molettes d'éperon d'or, posées deux en chef et l'autre en pointe, et un bâton de gueules, alaisé, posé en bande.*

DU VÉLAER

Zélande et Bretagne

Joseph du Vélaer, reconnu noble d'ancienne extraction, maintenu et gardé dans la qualité de noble et d'écuyer par lettres-patentes datées de Versailles du mois de juin 1733, justifie sa filiation depuis

Jean du Vélaer (1313).

Alliances : familles : Gillis, — Van-Campen, — de Zommerzée, — Van Gripskerk, — Willeboots, — Hubes, — Vandeputte, — Dalmatius, — de la Palma, — Le Sage, — Coomen, — Vandebrande, — Cravehyis.

Armes : *Parti, émanché d'or et de gueules, de huit pièces et deux demi-pièces de l'un en l'autre.*

DE VELLAR

Bourbonnais et Berry

Godefroy-Maurice de Vellar, écuyer, justifie sa filiation depuis

Antoine Vellar, écuyer (1529).

Un chevalier de Malte : Louis de Vellar (vers 1596).

Seigneuries de Pandi, — de Diou, — de Saint-Romain, — d'Availles, — des Salles, — des Borbes, — de Laugères, — de Montifaut.

Alliances : familles : d'Orléans, — du Lac, — Heurtault, — Chevrier, — de Montcoquier, — Treille.

Armes : *D'azur, semé de croisettes d'or, et un chef aussi d'or.*

DE VÉNEL

Provence

Jean-Joseph de Vénel, chevalier de Saint-Louis, lieutenant des vaisseaux du roi et d'artillerie de la marine, justifie sa filiation depuis

PIERRE VÉNEL, qualifié noble et écuyer du lieu de Signe (avant 1554).

Dès le XIIIe siècle, on trouve RAIMOND DE VÉNEL (1252) et PIERRE DE VÉNEL (1281).

Seigneurie de la Jaconière.

Alliances : familles : de Bussonis, — de Clapier, — Minuty, — Garron, — de Gaillard, — d'Antoine, — de Génas, — d'Hervart, — Fatière, — Garnier, — Arnoux, — d'Espinas, — Calvet, — de Séboulin, — de Avaye, — de Bononaud, — de Castillon, — de Garnier de Julhans, — Trullet.

Armes : *Coupé d'azur et de gueules, et une fasce d'or brochant sur le tout; l'azur chargé de trois pals d'or, et le gueules, d'un lion aussi d'or passant.*

DE VÉNIARD

Nouvelle-France et Normandie

ÉTIENNE DE VÉNIARD, chevalier de Saint-Louis, commandant sur le Missouri, en Louisiane, anobli par lettres-patentes données à Versailles en décembre 1725, en raison de ses services militaires.

Seigneuries de Bourgmond, — de Brière, — du Vergier.

Alliances : familles : de Nantrieul, — Jean.

Armes : *D'azur, à un sauvage au naturel, assis sur une montagne d'argent.*

VERDELHAN

Languedoc, Gévaudan, Gascogne et Bourbonnais

JEAN VERDELHAN (1667), justifie sa filiation depuis

PIERRE VERDELHAN (1376).

Seigneurie de Merveillac.

Alliances : familles : de Coudoulous, — d'Espinasson, — Alègre, — Perèdes, — d'Isarn, — de Laurens, — Vélay de Racoules.

Branche des seigneurs de Sarremejane

DANIEL VERDELHAN, écuyer (1584), descend de

ETIENNE VERDELHAN (1434).

Seigneuries de Sarremejane, — de Fabrègues.

Alliances : familles : Durant, — de Budos.

Branche des seigneurs des Molles

PIERRE-JACQUES VERDELHAN DES MOLLES, avocat au parlement de Toulouse, justifie sa filiation depuis

PIERRE VERDELHAN (1621).

Seigneuries de Thonas, — de la Bessède, — de Merveillac, — — des Molles, — de Saint-Germain de Calberte, — de Valmale, — de la Garde, — du Poujol.

Alliances : familles : Planque, — du Mas, — de La Rouvière, — de Teule des Camboux, — de Salin, — Canonge, — de Teissier.

Branche des seigneurs des Fourniels

BERNARD VERDELHAN, écuyer, justifie sa filiation depuis

RAYMOND VERDELHAN (1572).

Seigneuries du Mas, — de Frepestel, — des Fourniels.

Alliances : familles : Reymond, — Farellesse, — de Sabatier, — du Puy, — de Valmalette, — Privat, — de Beauquesne, — de Bonnal, — de Béringuier, — Artaud.

Branche cadette des seigneurs des Fourniels

JACQUES VERDELHAN, écuyer, fermier général, fils de

ANNIBAL VERDELHAN DES FOURNIELS (deuxième fils de PIERRE

VERDELHAN et de LUCRÈCE DE VALMALETTE) (1652).

Seigneuries des Fourniels, — de Saint-Nazaire, — de Guizans, — de Paris, — de Merlet, — de Gusmianne, — de Montanègues.

Alliances : familles : Le Vieux, — de Moreton de Chabrillan, — Morin.

Armes : *Ecartelé, au premier de sable, à une étoile d'argent; au deuxième d'azur, à trois coquilles d'or posées deux et une; au troisième d'azur, à un lion d'or, et au quatrième de gueules, à six besants d'argent posés trois, deux et un.*

DE VERDELIN

Pays de Comminges

FRANÇOIS DE VERDELIN, écuyer, justifie sa filiation depuis
TRISTAN-LOUIS DE VERDELIN, écuyer (1609 [1]).

Seigneuries de Montagut, — de La Vavre.

Alliances : familles : de Lasseran-de-Masencome-de-Montluc, — de Cazaux, — de Meun, — d'Armantieu.

Armes : *D'or, à une fasce d'azur, surmontée d'un verdelet de même, les pattes de gueules.*

DU VERGIER

Bretagne, évêché de Vannes

PAUL-RENÉ DU VERGIER, écuyer, justifie sa filiation depuis
PIERRE DU VERGIER (av. 1438).

Seigneuries du Poux, — du Méneguen, — du Monsfouer, — de Locouziern.

[1] La Chesnaye commence à Jean et Guinot de Verdelin, frères, écuyers, 1450.— Branches de Montaigut, de Tebiran-Jaunac, d'Aventignan et de Beaurepaire. (E.-B.)

Alliances : familles : de Lantivi, — Le Clerc, — d'Arassens, — Rogon, — des Portes, — de Kerpuncze, — Lucas, — d'Estaningham, — du Leslai, — de Kermagoaer, — Le Baillif.

Armes : *De gueules, à deux bandes de vair.*

DE VERGNETTE

Normandie

JACQUES DE VERGNETTE, écuyer (1575), arrière-petit-fils de
CHARLES DE VERGNETTE (1480).
Un chevalier de Malte : ANTOINE DE VERGNETTE (1551).

Seigneuries de Bonrepos, — de Farguettes, — de la Plesse-Farguettes, — de la Brosse.

Alliances : familles : Martrin, — de Saint-Maurice, — de Castelnau, — Le Monnier.

Deuxième branche

FRANÇOIS-RENÉ DE VERGNETTE, écuyer, justifie sa filiation depuis
JACQUES DE VERGNETTE, écuyer (deuxième fils de PIERRE DE VERGNETTE et de FRANÇOISE DE SAINT-MAURICE) (1578).

Seigneuries de Gacières, — de Vigny, — d'Hardencourt, — du Boisridon, — d'Auboy, — du Crocq, — de Mondreville, — de Labit, — de la Fontaine, — du Petit-Villette.

Alliances : familles : Marchant, — de La Garenne, — de Saugeuse, — de La Poterie, — Doublet, — de L'Estang, — de Hesbert, — Le Fort, — Viard, — de Soucanye, — Chevallier, — de Bence, — de La Barre.

Premier rameau

CLAUDE-ANTOINE DE VERGNETTE, (deuxième fils de PIERRE DE VERGNETTE et d'ANNE-CHARLOTTE VIARD, sa seconde femme), écuyer (1691).

Seigneurie de Labit.

Alliance : famille : de La Barre.

Deuxième rameau

Côme de Vergnette d'Alban, écuyer, lieutenant en second au régiment du Colonel-général de la cavalerie (cinquième fils de Pierre de Vergnette et d'Anne-Charlotte Viard) (1698).

Alliance : famille : Brunot des Arennes.

Armes : *D'azur, à un chevron d'argent, chargé de trois étoiles de gueules, et accompagné de quatre étoiles d'or, trois en chef et une en pointe.*

DE VERNI

Picardie — Diocèse d'Amiens

Aloph de Verni, chevalier de Saint-Louis, justifie sa filiation depuis

Antoine de Verni, écuyer (av. 1548).

Seigneuries de Grandvilliers-aux-Bois. — du Lorteuille-en-Beauvoisis, — de Faveroles, — de Laucourt.

Alliances : familles : Cuvier, — de Lancri, — de Maquerel, — de Franssures, — Le Parmentier, — de Pas, — Raguet.

Claude de Verni, écuyer (second fils de Louis de Verni et de Louise de Lancri) (1700).

Alliances : famille : de Villers-Mabourg.

Armes : *D'azur, à un lion d'argent, la langue et les griffes d'or.*

VÉRON DE FARAINCOURT

Franche-Comté, puis Langres

Claude-Nicolas Véron de Faraincourt, écuyer, justifie sa filiation depuis

Nicolas Véron, anobli par lettres de l'empereur Charles-Quint, du 7 juin 1540.

(Lettres de maintenue de noblesse du mois de mars 1722).

Seigneurie de Faraincourt.

Alliance : famille : Girault.

Armes : *D'azur, à trois vérons d'argent, émaillés de gueules.*

VIART

Blésois, Poitou, Bourgogne, Champagne et Étampes

Charles-Nicolas Viart d'Orval, chevalier, justifie sa filiation depuis

Jean Viart, écuyer de Charles, duc d'Orléans, père du roi Louis XII.

[On trouve dès 1342 un Jean Viart, bailli de Blois.]

Seigneuries de Villebazin en Anjou, — de Mihaudoin, — de la Courtaujay, — de Candé, — de la Sablonnière, — de Villebadin, — de Forge, — de Vollay, — de Villette, — de la Giraudière, — de Vauxfin, — d'Orval, de Boischambault, — de Noirepiné, — de Collon, — de Mézières.

Alliances : familles : Sebille, — Le Roux, — de Moulins, — Cordon, — Phélypeaux, — Seigneuret, — Sarret, — Badoux, — de Targatz ou de Tergatz, — Poisson, — de Rivière, — de Postel, — Compain, — de Boursault, — de Montesquiou de Sainte-Colombe, — Martin de Mauvoy, — d'Etat, — Thiballier, — des Pierres, — de Lucet, — du Tilliet, — de Poliart, — de Grilliet, — de Longueau, — Duris, — Regnault de Barres, — Gibier, — Baudry.

Seconde branche

Jacques-Joseph Viart, qualifié chevalier, justifie sa filiation depuis

Jacques Viart, qualifié chevalier (troisième fils de Nicolas Viart et de Susanne Martin de Mauvoy).

Seigneuries de Villette, — de la Vrounière, — de Francs, — de

La Mothe d'Usseau, — de Lamirault, — de Lemée, — des Closures, — de Remilly, — de Chairdechien.

Alliances : familles : Petit, — Carré de Beaumont, — du Tiers.

Troisième branche

Henri-Auguste Viart, chevalier, fils de
Henri Viart, chevalier (quatrième fils de Jacques Viart, auteur de la deuxième branche, et de Françoise Petit de la Montagne), auteur de cette troisième branche (1678).

Seigneurie des Francs.

Alliances : familles : Salé, — Le Fèvre, — Edeline.

Quatrième branche

Arthus-Alexandre Viart, écuyer, justifie sa filiation depuis
Raimond Viart, qualifié chevalier (huitième fils de Jacques Viart et de Françoise Phélypeaux), auteur de cette quatrième branche (1541).

Seigneuries de la Coudraye, — de Merville, — des Essars, — de Montillé, — d'Ancy-le-Serveux, — de Quémigny, — de Quémignerot, — de Chalvosson, — de Pimelle, — de Rignac.

Alliances : familles : Richard, — Le Gros, — Mugnier, — Quirol, — Fay, — Chavansot, — du Vivier, — Bu, — Le Clerc, — de Gand, — d'Arbonne, — Chauri, — Chambon.

Armes : *D'or, à un phénix de sable, posé sur un bûcher de gueules, et un chef d'azur, chargé de trois coquilles d'argent.*

Devise : VIvit et ARdeT, dont les majuscules qui forment le nom sont d'azur.

DE VIDAL

Gâtinais, Orléanais et Beauce

Charles-André de Vidal, écuyer, justifie sa filiation depuis
Noble Jean de Vidal (av. 1482).

Seigneuries d'Ézerville, — de Lavenant, — de Rouainvilliers, — d'Argeville, — de Thurelles, — de Fleuri-en-Bière.

Alliances : familles : de Longueau, — de Vigni, — Galleteau, — de Vièvre, — de Laumoi, — des Noyers, — de La Rainville, — de Lisle, — du Monceau, — Hue.

Armes : *D'azur, à trois heaumes d'argent, panachés de même et fermés, posés de front, deux et un.*

VIGIER

Saintonge et Angoumois

François Vigier, écuyer, justifie sa filiation depuis
Louis Vigier, écuyer (1505).

Seigneuries de la Pile, — de la Pigerie, — du Roc, — du Luchet.

Alliances : familles : Pigornet, — Préveraud, — Musset, — Bernard, — Terrasson, — Normand, — Le Meusnier.

Seigneurs de Beaucaire et de Plançon

Godefroi Vigier, écuyer, fils de Pierre Vigier, écuyer, lequel était second fils de Jacques Vigier et de Madeleine Musset (1688).

Seigneuries de Beaucaire, — de Plançon.

Alliances : familles : Aigron, — de Garoste.

Armes : *D'argent, à trois fasces de gueules.*

DE VIGNOLLES

Languedoc

Louis de Vignolles, capitaine des chevau-légers dans la compagnie du sieur de la Chaux, justifie sa filiation depuis
Étienne de Vignolles, qualifié noble (1549).

Seigneuries de Prades, — de Sainte-Croix, — de Saint-Giniez, — de Masseville, — de Campes, — de Saint-Jean-de-Gardonnenque, — de Cabrières, — de la Valette.

Alliances : familles : de Parades, — du Cros, — de Village, — de Baschi, — d'Aubais, — Gaudard, — de Crouzas, — de Bonneaux-du-Roure, — Bernard, — Boileau, — Richard.

Seconde branche

CHARLES DE VIGNOLLES (1613), fils de

Noble JEAN DE VIGNOLLES (second fils de JEAN DE VIGNOLLES et de GAUSIDE DE PARADES) (1598).

Seigneuries de Pauparelle, — de Bruguiès.

Alliance : famille Galtier.

Troisième branche

JACQUES DE VIGNOLLES-CARLOT, justifie sa filiation depuis

PAUL DE VIGNOLLES (troisième fils de JEAN DE VIGNOLLES et de GAUSIDE DE PARADES) (1585).

Seigneuries de Montredon, — de Vébron, — de Montvaillant, — du Claux, — de Cassale, — de la Valette, — de Villeneuve, — de Saint-Jean-de-Gardonnenque.

Alliances : familles : de Belcastel, — de Fontfroide, — de Giberne, — de Catusière, — de Carlot, — de Bringuier, — de Valcousse, — de Sauvage, — de Méjanel, — de Clauzel, — Ostallier.

Quatrième branche

JEAN-JACQUES DE VIGNOLLES, écuyer, capitaine au régiment de Hainaut-infanterie, fils de

Noble JACQUES DE VIGNOLLES, (second fils de FRANÇOIS DE VIGNOLLES et de SUSANNE DE FONTFROIDE) (1659).

Seigneuries de La Valette, — de Cabrières, — de Saint-Jean-de Gardonnenque.

Alliances : familles : de La Font de Cabrières, — de La Roche-Coste, — de La Coste.

Armes : *De sable, à un cep de vigne feuillé et fruité d'argent, et soutenu par un échalas de même.*

DE VILLAINES

Bourbonnais et Berri

NICOLAS PARDOUX DE VILLAINES (Villaynes ou Villenne), justifie sa filiation depuis

Noble homme JEAN DE VILLAYNES, écuyer (1434).

Trois chevaliers de Malte : ROBERT DE VILLAINES (1486), — PHILIPPE (vers 1500), — FRANÇOIS DE VILLAINES (1555).

Seigneuries de la Vesvre, — de Villaines, — de Chantemerle, — de Menestou, — Coulture, — de la Mothe-Bérault, — de Presle, — de la Mothe-les-Sygonne, — des Touzelains, — de la Maisonfort, — du Franchet, — de la Condamine, — de Bouy, — de Fleuri, — de Saint-Pardoux, — de la Biotière, — des Rongières, — de Parray.

Alliances : familles : Pelourde, — de Milli, — de Mailloc, — d'Anlezy, — Franche, — de la Mousse, — de Bar, — du Chastel-Chassi, — Andras, — du Peschin, — Chévrier, — Duret, — Cousin, — de Milles-des-Morelles, — du Buisson, — des Prez, — Béraud, — Valette de Bosrédon, — des Essarts, — Génin, — Tixier.

Armes : *D'azur, à un lion d'or passant; écartelé de gueules, à neuf losanges d'or, posées trois, trois et trois.*

DE VILLARS

Bourbonnais

GILBERT DE VILLARS, écuyer, justifie sa filiation depuis

JEAN DE VILLARS, écuyer (1521).

Seigneuries de Mauvésinière, — de Sallevert de la Motte, — de la Guierche, — de Jeux.

Alliances : familles : de Chambon, — de Courtais, — Jabaud, — Le Bel, — du Bois, — de La Loe.

Armes : *D'hermines, à un chef de gueules, chargé d'un lion à demi-corps d'argent.*

DE VILLENEUVE

Languedoc

GASPARD DE VILLENEUVE, écuyer, justifie sa filiation depuis

Noble JACQUES DE VILLENEUVE, (1559).

Seigneuries de la Croizille, — de Saint-Sernin, — de Maurens.

Alliances : familles : Rigaud, — de Montesquiou, — de Montfaucon, — du Buisson-de-Beauvoir, — de Voisins.

Armes : *De gueules, à une épée d'argent, posée en bande la pointe en bas.*

DE VILLETTE

En Normandie

JACQUES-SIMÉON DE VILLETTE, qualifié chevalier, justifie sa filiation depuis

JEAN DE VILLETTE, écuyer (1460), fils de

JEAN DE VILLETTE, écuyer, ainsi qualifié dans un acte du 17 août 1385.

Seigneuries de Torchamp, — de Villette, — de Cheniers, — de la Pallu, — de la Choppelinière, — de Goherays, — de Lendelinage, — de Vallaubin, — de la Sergenterie de Domfront, — de la Poitevinière, — du Creux, — de la Cirardière, — de la Barillère, — de la Rousselière, — de la Triquettière.

Alliances : familles : Balluau, — Laisné, — le Héricé, — de la Tousche, — de Montarguin, — Végeays, — Barre ou Barré, — des Chappelles, — Germont, — Tertrel, — Le Cilleur, — Millet, — de Cairon.

Seconde branche

CHARLES-MICHEL DE VILLETTE, écuyer, justifie sa filiation depuis

FRANÇOIS DE VILLETTE DE LA PALLU, écuyer.

Seigneuries d'Avenay, — du Plessis-Villette, — du Portail, — de Saint-Martin Longueau, — de Sacy-le-Grand, — de la Châtellenie de Sacy, — du Plessis-Longueau, — de Sarron, — du Mesnil-Sarron, — de Bazincourt, — d'Houdancourt, — de Fontaine-le-Comte, — du Grand-Trou, — des Marolles, — des Langlois, — de la Motte-Aubert, — d'Haridelle, — de Saint-Leu, — de Souvignies.

Alliances : familles : Gallois, — Orceau, — Cordier de Launay, — de Roissy, — de Prie.

[PIERRE-CHARLES DE VILLETTE, écuyer, obtint au mois de mars 1763 des lettres patentes « portant union à la terre et seigneurie du Plessis, de celles du Mesnil-Sarron, — de Bazincourt, — de Sarron, — du Grand-Trou, — des Marolles, — d'Houdancourt en partie, — des Langlois, — de la Motte-Aubert, — d'Haridelle, — de Saint-Leu, — de Souvignies et de Fontaine-le-Comte, et érection en dignité de marquisat, sous le nom du Plessis-Villette.»]

Armes : *D'azur, à six tours d'argent, posées trois, deux et une.*

DE VIMEUR DE ROCHAMBEAU

Famille de Touraine, établie dans le Vendômois

JOSEPH-CHARLES DE VIMEUR, lieutenant-général des maréchaux de France, justifie sa filiation depuis

Noble homme Marie de Vimeur (1477).

Seigneuries d'Ambloy, — des Loges, — de Monthubert, — de la Fosse, — de Rochambeau, — d'Aupui, — de la Boissière, — de la Nouraie, — de Villarceau, — du Plessis, — de Baine, — de Malignas, — de Gouffart, — du Tremblai, — de Samblemont, — de Chahannai, — de la Royauté, — de Besne.

Alliances : familles : de Juston, — Thibergeau, — de La Roche, — de Marrai, — de Rambourg, — Rossard, — d'Ellevant, — de La Charrière, — de Belon, — de La Forest, — de Maillé, — Salviati, — Filleul, — d'Arlanges, — de Bellanger, — Hurault de Saint-Denis, — de Fleury de Culant, — de Felins, — de Bombelles, — de Menon de Turbilli, — Brachet, — Bégon.

Armes : *D'azur, à un chevron d'or, accompagné de trois molettes d'éperon de même, posées deux en chef et l'autre à la pointe de l'écu.*

DE VINOLS

Lyonnais

Jean-Génis de Vinols, écuyer, justifie sa filiation depuis

Jean de Vinols (1485).

Seigneuries de la Liègue, — d'Aboin, — de la Tourette, — de Bellegarde, — de Gaite, — de Laincourt.

Alliances : familles : de Pinhac-de-la-Borie, — d'Apchon, — Berthon, — de Chatelus, — Domène, — d'Aurelle.

Armes : *D'or, à un cep de vigne de sinople, et un chef de gueules, chargé de trois coquilles d'or.*

DE VIRIEU DE BEAUVOIR

Dauphiné

Noble Pierre-Jacques de Virieu de Beauvoir, capitaine de cent hommes d'infanterie (1635) descendait de

Martin de Virieu, chevalier (1243).

Un chevalier de Malte : Antoine de Virieu (1460).

Seigneuries de Faverges, — de Montrevel, — de Cosances, — de Chimillin, — de la Crotte, — de Varassieu, — de la Palud, — de Villeneuve de Marc, — de Brezin, — de Granieu.

Alliances : familles : de Beauvoir, — de Cosances, — de Saint-Symphorien, — Bordet, — de la Forest, — de Grolée, — de Mielans, — de Paladru, — Bouvard de Rossillon, — Pignier, — de Loriol, — Revoire, — de La Balme, — de Gumin, — de Beauvoir de la Palud, — du Puy, — de Loras, — de Sassenage *alias* de La Tour, — Bérenger, — Palmier, — de Lucinge, — du Monet, — de Ruyns, — du Rouzier, — de Recleynes, — de Michalon, — Collioud, — de Virieu de Varassieu.

Seconde branche

SEIGNEURS DE VARASSIEU, BARONS DE FAVERGES.

Pierre de Beauvoir, (troisième fils de François de Virieu de Beauvoir et de Jeanne de Sassenage), auteur de la branche (1525).

Quatre chevaliers de Malte : Joseph-Louis, Jean-Loup, Nicolas-Alexandre, et Benoit-Toussaint de Virieu de Beauvoir (1750).

Seigneuries de Varassieu, — de Chintré, — de Saint-Saphorin d'Ozon, — de Favergés, — de Romagnieu, — de Villeneuve-de-Marc, — de la Palud.

Alliances : familles : de Mariste, — Clavel, — Bernard, — de Pignières, — de Nanton, — de Siccard, — de Vaulx, — de Florance, — de Tivoley, — de Virieu de Beauvoir (réunion des deux branches), — de Chastellard, — de Vermenton, — de Boffin.

Armes : *D'azur, à trois vires d'or, l'une dans l'autre,* qui est de Virieu; *écartelé, contrécartelé d'or et de gueules,* qui est de Beauvoir.

DE VOSSEI

Champagne

François de Vossei, chevalier de Saint-Louis, justifie sa filiation depuis

Bernard de Vossei (orthographié aussi Vaussé), écuyer (1534).

Alliances : familles : Barthélemi, — Badelle, — Salmon, — de Beaubard, — de Richecourt.

Armes : *D'azur, à une bande d'argent, chargée de deux hures de sanglier de sable.*

DE VOYER DE PAULMI D'ARGENSON

Touraine et Paris

René-Louis de Voyer de Paulmi, marquis d'Argenson, ambassadeur pour le roi en Portugal, justifie sa filiation depuis

Philippon dit Philippin Voyer (orthographié aussi Voés), écuyer (1374)[1].

Un chevalier de Malte : Joseph-Ignace de Voyer (1666).

Seigneuries d'Argenson, — de Vueil-le-Mesnil, — de la Guerche, — de Marmande, — des Ormes, — de Saint-Martin, — de Paulmi, — de la Roche-de-Gennes, — de Mouzé.

[1] La Chesnaye dit XIIIe siècle.

Alliances : familles : Méliand, — Le Gendre-de-Colandre, — Larcher, — de Verneuil, — de Sigoygne, — de Bez, — de Cluys, — des Aubuis, — du Pui, — Gueffault, — Hurault, — de La Font, — de Valori, — Houlier, — Le Fèvre de Caumartin.

Armes : Les armes de cette famille étaient ci-devant :

Écartelé, aux premier et quatrième d'azur, à deux lions léopardés d'or passants l'un au-dessus de l'autre, langués, onglés et couronnés de gueules, qui est de Voyer. *Aux deuxième et troisième d'argent, à une fasce de sable,* qui est de Gueffault; *et sur le tout, d'azur, à un lion ailé d'or, assis et tenant sous sa patte un livre d'argent ouvert,* qui sont les armes de la république de Venise.

Mais depuis la mort de M. le garde-des-sceaux d'Argenson, cette famille ne porte plus que les armes de Voyer, et pour cimier le lion de Saint-Marc, comme il vient d'être expliqué.

DE WAREL

Soissonnais

Paul de Warel, l'un des maréchaux-des-logis de la compagnie des gendarmes de la garde ordinaire du roi, anobli par lettres données à Versailles en juin 1735, en raison de ses services militaires.

Armes : *D'azur, à un chevron d'or, accompagné de trois étoiles d'argent rangées en chef, et d'un lion d'or, posé en pointe.*

DE WASSERVAS

Flandre et Artois

Ignace-Antoine de Wasservas, écuyer, justifie sa filiation depuis

Godefroi de Wasservas, écuyer (1563)[1].

Seigneuries de Marche, — d'Hapl aincour, — de Merchi, — de Chouélette, — de Gillebesse, — du Vieil-Mesnil, — de Bruslé, — de la Cour du Bois d'Epent.

Alliances : familles : des Auberts, — de Béthencour, — de Broide, — Le Gros, — de Namur-de-Dhui, — de Marbais, — de Waha, — d'Oizel, — de Sucre, — Courtemberg-Vanden-Heck, — de Henin, — Pourquin.

Armes : *D'azur, à trois pots ou aiguières d'or, à l'antique, posés deux et un.*

WATELET

Réthelois et Berry

Nicolas-Robert Watelet, écuyer, fils de
Nicolas Watelet, conseiller-secrétaire du roi (1680).

Alliances : familles : de Beaufort, — Caze, — Boucher, — Tiercelet, — Torchet de la Chapelle, — Roze, — Polonceau.

Armes : *D'azur, à une ancre d'argent, posée en pal, et accostée de deux étoiles de même.*

YON

Normandi

Pierre Yon, écuyer, justifie sa filiation depuis
Nicolas Yon, écuyer (av. 1583).

Seigneuries de Launai, — de la Rivière.

Alliances : familles : Leudet, — de Fillastre, — Siméon, — Brouault, — de Ponthis.

[1] La Chesnaye commence au père de Godefroi, Jean, baron de Wasservas, seigneur de Chauvelette (1522). (E. B.)

Armes : *D'or, à une bande d'azur, accompagnée en chef d'un lion de gueules.*

YVER DE SAINT-AUBIN

Normandie

Moyse Yver, écuyer, et Jacques Yver, écuyer, père et fils, furent déclarés nobles par arrêt de la cour des Aides de Paris du 22 juin 1660. Ils justifièrent leur filiation depuis
Gervais Yver, écuyer (1405).

Seigneuries de Clairefeuille, — de Saint-Aubin, — du Faveris, — de Villiers, — de Touchemoreau, — de la Hammonière, — de Magny, — des Rivières, — de Houllery, — de Fontaine-Amie.

Alliances : familles : Sivin, — Pitard, — Le Vieil, — de Bernières, — Pesnel, — Le Cornu, — de Trémont, — Jouvin.

Armes : *D'azur, à une fasce d'or, accompagnée de trois étoiles de même, deux en chef et une en pointe.*

D'YVERSEN DE SAINT-FONS

Albigeois

Noble Charles d'Yversen de Saint-Fons, justifie sa filiation depuis
Noble Jean Yversen ou d'Yversen (1557).

Seigneuries du Pouget ou Pujet, — de Saint-Fons.

Alliances : familles : de Reynes, — de Combettes, — de Passemar, — Rolland, — de Paule, — de Pelrous, — de Nupces, — de Cardaillac, — Le Maistre, — de Clergué de Linardie de Durfort.

Armes : *D'or, à un cerf courant ailé de gueules, ayant le bois de* *sable; et un chef d'azur, chargé d'un soleil d'or et de deux croissants d'argent.*

DE ZEDDES

Champagne

JOSEPH DE ZEDDES, écuyer, justifie sa filiation depuis PHILIPPE-CHRISTOPHE DE ZEDDES, écuyer (av. 1560).

Seigneuries de Vaux, — de Longchamp, — de Crépi, — de Mongei.

Alliances : familles : de Montangon, — de Berle, — de Saint-Privé, — Mauclerc, — Le François, — d'Origni, — de Caen, — Meunier, — de Reillac.

Armes : *D'or, à un Z de gueules.*

ARTICLES OMIS

D'ABZAC DE LA DOUZE

Périgord et Limousin

Première branche

HUGUES D'ABZAC, chevalier banneret (1338), est le chef de la filiation prouvée de la famille.

Trois chevaliers de Malte : JEAN D'ABZAC DE LA DOUZE (1478); — FRANÇOIS D'ABZAC DE LA DOUZE (1549); — GABRIEL D'ABZAC DE LA DOUZE (1560).

Seigneuries d'Abzac, — de la Douze, — de Prouet, — de la Cropte, — de Montastruc, — de Beauregard, — d'Escourac, — de Clarens, — de Montclar, — de Montledier, — de Brégerac ou Bergerac, — de Mourens, — de Bellegarde, — de Mayac, — de Reillac, — de Sénillac, — de Saint-Géraud, — de Saint-Félix, — de Saint-Cernin, — de Mortemer, — de Barrière, — de Vergn, — de Vieilleville, — de Peiramont, — de La Rue, — de Lastours.

Alliances : familles : de La Pradelle, — de Wals, — d'Aix ou Aitz, — d'Aubusson, — de Barrière, — de Montlouis, — de Carbonnières, — de Grossolles, — de Goth, — de Saint-Astier, — de Narbonne, — de Cauna, — de Salignac, — de La Cropte, — de Fayoles, — de Bourdeille, — de Bourbon-Malause, — Bernard, — de Lambertie, — de Sireuil, — de Royère, — de Montagrier, — de Calvimont, — d'Aubusson-Castelnouvel, — de Tilhet, — de Marquessac, — de Melet de Fayoles, — de Montlezun, — de Lastours, — des Coutures, — de Larmandie, — Gouffier, — Chapt de Rastignac, — Thinon, — de Besançon, — de Jossineau, — de La Tour, — de Ribeire, — de Taillefer, — de Clermont la Batut, — Pichon.

Seconde branche.

Noble PIERRE D'ABZAC DE LA DOUZE, écuyer (second fils de GABRIEL D'ABZAC DE LA DOUZE et d'ANTOINETTE BERNARD), chef de cette branche (1612).

Seigneuries de Reillac, — de Léguillac de Lauche, — de Montançais, — de La Cropte.

Alliances : familles : Jay, — de Royère, — Mérigat, — de La Marthonie, — de Hautefort, — Joumart-Tison-d'Argence, — d'Alesme de Lautairie, — du Chesne de Montréal, — de Combabessouze.

Troisième branche.

SEIGNEURS DE MAYAC.

Noble GUILLAUME D'ABZAC (cinquième fils de GUI D'ABZAC et d'AGNÈS DE MONTLOUIS), chef de cette branche (1476).

Seigneuries de Mayac, — de Limérac, — de Sarrazac, — de la Chouzedie, — de Villard, — de Cazenac, — de Malleroy, — de Bouix, — de Villautrange, — du Bourg, — de Roufflac, — de Migré, — de Montplaisir, — de Pomiers.

Alliances : familles : de La Cropte, — de La Vergne, — de Commarques, — Ranconnet, — de Belli, — de *Albusso*, — de Paleyrac, — du Bois, — du Fay, — de Maignac, — de Salignac-Rochefort, — de Cussac, — Roux, — de Heu, — Perry, — Jay, — de Biron-Montferrand, — de Cosnac, — Couraudin, — de Livenne, — d'Araupré, — Estourneau, — de Rabayne, — de Brémond-d'Ars, — de Vaulx, — de l'Estrade, — Saunier de Montplaisir, — de Jean, — de Boisseuil, — Faucher, — de Beaupoil-Saint-Aulaire, — d'Aydie-Riberac.

Quatrième branche.

SEIGNEURS DE VILLARS

DE SAINT-PARDOUX, ETC.

GUI D'ABZAC DE MAYAC, écuyer (deuxième fils de PIERRE D'ABZAC et de MARGUERITE DE SALIGNAC-ROCHEFORT), auteur de cette branche (1576).

Seigneuries de Villars, — de Fontladier, — de Tuffas, — de la Robertie, — de Saint-Pardoux, — de Mazières.

Alliances : familles : Brun de la Vallade, — Le Poivre, — d'Escranayac, — Chevalier, — de Boisseuil, — Perry, — de Lambertie, — de la Roche-Aimon, — d'Alogni.

SEIGNEURS DE PRESSAC.

RAIMOND D'ABZAC (quatrième fils de GUI D'ABZAC DE VILLARS et de LOUISE BRUN DE LA VALLADE), capitaine d'infanterie, puis de cavalerie (1613).

Seigneuries de la Forêt, — de Villars, — de Pressac, — de Vouzan, — de Savignac.

Alliances : familles : de Singarreau, — d'Aloue, — Raoul, — de La Breuille.

Armes : *D'argent, à une bande d'azur, chargée au milieu d'un besant d'or, et une bordure d'azur, chargée de neuf besants d'or.*

DE BANNE

Languedoc

PHILIPPE-ANNE DE BANNE-D'AVÉJAN, marquis D'AVÉJAN[1], enseigne dans la première compagnie des mousquetaires (1738), justifie sa filiation depuis

GUIGON DE BANNE, damoiseau (1222).

Seigneuries de Banne, — du Clos-Archer, — d'Avéjan, — de Castillon, — de Ferreyrolles, — de Corry, — de Malbosc, — de Saint-Privat, — de Terris, — de Méjannec, — de Cabiac, — de Révégüeys, — de la Nuéjol, — de Montjarderin, — de Nogent-les-Vierges.

Alliances : familles : Gilles, — de Castilhon, — d'Aygaliers, — de Roux, — Gret, — de Montjoc, — de Lussan, — de Barjac, — de Montaigu, — de Ponsard, — Aubert, — Maurin, — de Calvet, — Bonhomme, — Santel, — de Montcalm, — de Rosel, — de

[1] Par érection d'avril 1736.

Leuze, — de Rouverie de Cabrières, — de Carcenac, — de Georges-d'Aramon, — de Tuffain, — des Ours, — de Ribeirols, — de Gout, — de Gas, — de Caladon, — de Rochemore, — d'Agulhac, — de Gabriac, — de La Fare, — de Rocquart, — Vallot, — de Pérussis, — du Four de Nogent.

SEIGNEURS DE TERRIS ET DE MONTGROS.

Noble PIERRE DE BANNE, mousquetaire de la garde du roi (1731), et ses frères et sœurs justifient leur filiation depuis

Noble Jacques de Banne (second fils de CLAUDE DE BANNE-D'AVÉJAN et de DAUPHINE DE MONTCALM) (1588).

Seigneuries de Terris, — de Cavennes, — de Montgros, — de Lignemaille.

Alliances : familles : de Brignon, — de Grimoard, — de Beauvoir du Roure, — de Rocher, — d'Ilaire, — Imbert, — de Rosel, — de Chalas, — de Barre, — Fraissines, — Le Fils.

Armes : *D'azur, à une demi-banne ou bois de cerf d'or, posée en bande.*

DE BERTET DE GORZE

Mâconnais

CLAUDE-JOSEPH DE BERTET DE GORZE[1], écuyer, ancien capitaine de cavalerie (1730), justifie sa filiation depuis

Noble LOUIS BERTET, écuyer (1537).

Seigneuries de Sénecey-lez-Macon, — de Veiré, — de Germole, — du Clairon, — de Molle, — de Gorze, — de Combes, — de la Salle, — de Nagu, — de Sacogny, — de Fleuri, — de la Martellière, — de la Serre, — du Brouillot, — de Thiart.

Alliances : familles : Jobert, — — Gallant, — Bauderot de Sénecey, — de Thibault-des-Prés, — de Crai, — Charreton, — de Mole, — de Lugni.

Armes : *D'azur, à trois épis de blé d'or, rangés en pal, deux et un.*

[1] Marquisat érigé en juillet 1707.

DE LA ROQUE

Armagnac

Noble AMANT DE LA ROQUE, capitaine au régiment de la Vieille-Marine-Infanterie (1733), justifie sa filiation depuis

Noble ARMAND DE LA ROQUE, écuyer (1468).

Seigneuries de la Roque en Fézensac, — de Pouy-lez-Jégun, — de la Brane, — de Cassan.

Alliances : familles : de Besoles, — de La Cassagne, — d'Ambert, — d'Esparbès, — d'Auxion, — de Bar d'Ylemarde, — de Ferebouç, — de Floran de Gestas, — de Barboutan, — de Cours, — La Croix, — de Melet de Fondelin.

Armes : *D'azur, à un sautoir d'or.*

FIN

TABLE

DES ARTICLES CONTENUS DANS LES REGISTRES DE L'ARMORIAL GÉNÉRAL

Les chiffres romains indiquent le registre de d'Hozier; les chiffres arabes, la page de ce volume.

A

H

I

J

K

L

M

N

O

P

Q

R

U

V

W

Y

Z

Imprimerie L. Toinon et Cie, à Saint-Germain.

www.ingramcontent.com/pod-product-compliance
Lightning Source LLC
Chambersburg PA
CBHW072010270326
41928CB00009B/1604
* 9 7 8 2 0 1 2 5 2 4 7 8 1 *